Reclams
Englisches Wörterbuch

Reclams Englisches Wörterbuch

Englisch – Deutsch

Von Dieter Hamblock

Philipp Reclam jun. Stuttgart

Universal-Bibliothek Nr. 9476

Satz: Kösel, Kempten
Druck und Bindung: Reclam, Ditzingen
Printed in Germany 1996

ISBN 3-15-009476-3

Dictionaries are like watches; the worst is better than none, and the best cannot be expected to go quite true.

Samuel Johnson (1709–84), englischer Dichter, Kritiker und Verfasser des ersten bedeutenden Wörterbuches der englischen Sprache

Vorwort

Mit fast 5000 Einträgen enthält dieses Kompaktwörterbuch nahezu alle Wörter der englischen Sprache, die in verschiedenen Grund- und Aufbauwortschätzen erfaßt worden sind. Nach einem mit Hilfe des Computers vorgenommenen Abgleich von zunächst vier bekannten Listen in bezug auf die 4000 häufigsten englischen Wörter wurden weitere lexikalische Statistiken und Kleinwörterbücher konsultiert, um die auf einer Ergänzungsliste zusammengefaßten Abweichungen auf ihre Eignung für dieses Vorhaben zu überprüfen. Bei allem Vorbehalt gegenüber statistischen Methoden kann deshalb für die hier aufgeführten mehr als 4700 Lemmata der Anspruch geltend gemacht werden, daß sie in bezug auf die Häufigkeit ihres Vorkommens in mündlichen und schriftlichen Äußerungen eine durchaus repräsentative Auswahl darstellen.
Allerdings sagt ein lexikometrischer Befund wie der soeben skizzierte relativ wenig über die semantische Verwendung von Wörtern aus. Viele der besonders häufig anzutreffenden Lexeme zeichnen sich durch eine Vielfalt von Bedeutungen aus. Dies zu berücksichtigen ist die Aufgabe eines Lexikographen, der mehr als eine oder zwei geläufige zielsprachliche Entsprechungen anbieten will. So hat sich der Verfasser des vorliegenden Wörterbuches um eine möglichst ausführliche semantische Differenzierung bemüht, wobei die Rei-

henfolge der angeführten Bedeutungen nicht an historisch-etymologischen Kriterien, sondern am heutigen Sprachgebrauch orientiert ist.
Diese Reihenfolge wird jeweils durch arabische Ziffern angezeigt, während eine römische Ziffer einen Wechsel der Wortart signalisiert. Nach der jeweils unter **1.** aufgeführten geläufigsten wörtlichen Bedeutung des jeweiligen Stichwortes wird innerhalb derselben semantischen Kategorie auf eine übertragene Bedeutung (*fig.*) verwiesen, wenn die deutsche Entsprechung eine ähnliche Dopplung aufweist. Dieses Verfahren wird auch bei umgangssprachlichen Kongruenzen (*coll.*) praktiziert. Alle weiteren semantischen Kategorien werden sodann durch eigene arabische Ziffern gekennzeichnet. Britische und amerikanische Formen, Bedeutungen und Verwendungsmuster werden durch entsprechende Abkürzungen – (*GB*) bzw. (*US*) – als solche hervorgehoben. Ein Sternchen (*) erinnert den Benutzer daran, daß das betreffende Verb zur Gruppe der unregelmäßigen Verben gehört, die auf S. 383–386 tabellarisch zusammengefaßt sind. Im übrigen wird auf das Abkürzungsverzeichnis verwiesen, in welchem alle hier verwendeten Abkürzungen voll ausgeschrieben und, wo erforderlich, erläutert werden. Wenn an einigen Stellen auf die weibliche Form deutscher Nomina verzichtet worden ist, so geschah dies allein aus Gründen der Ökonomie.
Ein Wörterbuch, das nur den semantischen Kontext eines Lexems angibt, ist nicht mehr zeitgemäß. Es muß vielmehr versuchen, das typische sprachliche Umfeld nachzubilden. Damit sind in erster Linie nicht idiomatische oder sprichwörtliche Wendungen gemeint – obwohl beides hier berücksichtigt wird – als vielmehr authentische Kollokationen. Wenn der Benutzer sich als Lernender diese lexikalischen Solidaritäten zu eigen macht, dann hat das vorliegende kleine Wörterbuch auch einen Beitrag zum Erwerb authentischer Sprachmuster geleistet.
An dieser Stelle möchte der Verfasser all jenen danken, die zum Gelingen dieses Projekts beigetragen haben, insbeson-

dere dem Augsburger Kollegen Hans Schoft, der als Vater des Gedankens die ersten Minimal-Listen durch Computerabgleich erstellte und für eine Reihe von Buchstaben einen ersten Entwurf lieferte, sodann Kornelia Kramer, die das auf mehr als 5000 Karten festgehaltene Material in eine für elektronische Datenträger umsetzbare Form brachte und zudem mit zahlreichen Hinweisen für zielsprachliche Entsprechungen einen redaktionellen Beitrag leistete, und schließlich meinem Bochumer Kollegen Herbert Geisen, der das Manuskript noch einmal gründlich durchsah.

Bochum, im Herbst 1995 *Dieter Hamblock*

Abkürzungen

adj./Adj.	adjective/Adjektiv
adv./Adv.	adverb/Adverb
aeronaut.	aeronautics (Luftfahrt)
allg.	allgemein
anat.	anatomy (Anatomie)
arch.	archaic (archaisch, veraltet)
art.	article (Artikel)
attr.	attributive/attributiv
AUS	Australian (australisch)
bes.	besonders
biol.	biology (Biologie)
bot.	botany (Botanik)
bzw.	beziehungsweise
chem.	chemistry (Chemie)
coll./koll.	colloquial/kolloquial (umgangssprachlich)
comm.	commerce (Handel)
comp./Komp.	comparative/Komparativ
conj./Konj.	conjunction/Konjunktion
econ.	economics ([Volks-]Wirtschaft)
el./El.	electricity/Elektrizität
etw.	etwas
fig.	figurative/figurativ (übertragen)
GB	British English / britisches Englisch
geogr.	geography (Geographie)
geol.	geology (Geologie)
geom.	geometry (Geometrie)
gram.	grammar/grammatisch
hist.	historical (historisch)
indef.	indefinite (unbestimmt)
interj.	interjection (Interjektion)
interrog.	interrogative (interrogativ, Frage-)
Irl.	Ireland (Irland)
iron.	ironic/ironisch
jd.	jemand
jdm.	jemandem
jdn.	jemanden
jds.	jemandes
jur.	jurisprudence (Rechtswissenschaft) / juristisch
Lat./lat.	Latin/lateinisch
ling.	linguistics (Linguistik)
lit.	literary/literarisch
math.	mathematics (Mathematik)
mech.	mechanics (Mechanik)

med./Med.	medicine/Medizin
met.	meteorological (meteorologisch)
mil.	military (Militär)
min.	mineralogy (Mineralogie)
mus.	music (Musik)
n.	noun (Nomen, Substantiv)
naut.	nautical (Schiffahrt)
NZ	New Zealand (neuseeländisch)
o.s.	oneself
parl.	parliament (Parlament)
part./Part.	participle/Partizip
perf./Perf.	perfect/Perfekt
pers./Pers.	person/Person; personal/Personal-
pej.	pejorative/pejorativ (abwertend)
phon.	phonetics, phonology (Phonetik, Phonologie)
phot./Phot.	photography/Photographie
phys.	physics (Physik)
pl./Pl.	plural/Plural
pol./Pol.	politics/Politik
poss.	possessive/possessiv
präp.	präpositional
pred./präd.	predicative/prädikativ
pref.	prefix (Präfix)
prep./Präp.	preposition/Präposition
pret./Prät.	preterite/Präteritum
pron./Pron.	pronoun/Pronomen
prov.	proverb (Sprichwort)
psych./Psych.	psychology/Psychologie
refl.	reflexive (reflexiv)
rel.	religion (Religion)
relat.	relative (relativ)
sci.	science (Wissenschaft)
Scot.	Scottish (schottisch)
sg./Sg.	singular/Singular
s.o.	someone
s.th.	something
superl./Superl.	superlative/Superlativ
techn.	technology (Technik)
tel.	telephone (Telefon)
theat.	theatre (Theater)
u.	und
TV	television (Fernsehen)
US	American English/amerikanisches Englisch
v./V.	verb/Verb
v.aux	auxiliary verb (Hilfsverb)
v.i.	intransitive verb (intransitives Verb)
v.prep.	prepositional verb

v.refl.	reflexive verb (reflexives Verb)
v.t.	transitive verb (transitives Verb)
Vers.	Versicherung
vulg.	vulgar (vulgär, derb)
Wirtsch.	Wirtschaft(ssprache)
zool.	zoological (zoologisch)
zus.	zusammen

A

a [ə; betont: eɪ]; vor Vokalen **an** [ən] *indef. art.* **1.** ein(e): *a good book* ein gutes Buch; *an excellent meal* ein ausgezeichnetes Essen; *a habit of hers* eine ihrer Gewohnheiten; **2.** ein gewisser: *a Mr Brown wishes to speak to you* ein gewisser Herr Brown möchte Sie sprechen; **3.** ein einziger: *there wasn't a soul* keine Menschenseele war da; **4.** pro: *100 miles an hour* hundert Meilen pro Stunde.

abandon [ə'bændən] **I. 1.** *v.t.* verlassen (*wife and children*): *a. ship* das (sinkende) Schiff verlassen; **2.** aufgeben (*all hope*): *a. a game* ein Spiel vorzeitig beenden; **3.** *v.refl.: a. o.s. to s.th.* sich einer Sache hingeben; **II.** *n.* (*nur Sg.*) Hingabe: *with a.* mit Leib und Seele.

abide [ə'baɪd] **1.** *v.t.* ertragen, ausstehen (*that woman*); **2.** *v.prep.: a. by s.th.* sich an etw. halten (*the rules of the club*); **3.** *v.i.* (*arch.*) bleiben, verweilen.

ability [ə'bɪlɪtɪ] *n.* Fähigkeit: *to the best of my a.* nach besten Kräften.

able ['eɪbl] *adj.* **1.** (*pred.*) in der Lage (*to do s.th.*); **2.** geschickt, kompetent (*teachers*).

aboard [ə'bɔːd] **I.** *adv.* an Bord: *all a.!* alle einsteigen!; **II.** *prep.* an Bord (*the ship*).

abolish [ə'bɒlɪʃ] *v.t.* abschaffen (*capital punishment*).

about [ə'baʊt] **I.** *prep.* **1.** um, herum: *look a. you* schau dich um; **2.** (*Zeit*) gegen, um (*five o'clock*); **3.** betreffend, über: *know (all) a. it* (genau) Bescheid wissen; *write a book a. social problems* ein Buch über soziale Probleme schreiben; *how/what a. …?* wie wär's mit…?; **4.** beschäftigt: *while you are a. it* da du gerade dabei bist; *and be quick a. it!* aber schnell!; **II.** *adv.* **1.** herum, umher: *there was nobody a.* es war niemand in der Nähe; *she'll be a. again soon* sie wird bald wieder herumlaufen/gesund sein; **2.** (*Kehrtwendung*) herum: *the ship turned a.* das Schiff drehte sich um 180 Grad; **3.** ungefähr, etwa: *it'll cost you a. £100* es wird dich etwa 100 Pfund kosten; *that's a. the size of it* (*coll.*) so etwa stimmt's; **4.** *be a. to do s.th.* im Begriff sein, etw. zu tun.

above [ə'bʌv] **I.** *prep.* **1.** (*konkret*) über (*the clouds*); **2.** (*fig.*) über, größer/höher als: *a. average* über dem Durchschnitt; *a. the age of 50* über 50; *be a. s.o./s.th.* über jdm./etw. stehen; *rank a. s.o.* (rangmäßig) über jdm. stehen; *be a. reproach* über jeden Tadel erhaben sein; *a. all* vor allem; **II.** *adv.* **1.** (*konkret*) oben: *the rooms a.* die höhergelegenen Zimmer; **2.** (*fig.*) höher, älter, mehr: *people aged 60 and a.* Sechzigjährige und Ältere; **3.** (*Text*) oben: *see a.* siehe oben; **III.** *adj.* (*attr.*) obenstehend: *the a. section* der obenstehende Abschnitt; **IV.** *n.: the a.* das Obige; die Obengenannten.

abroad [ə'brɔːd] *adv.* **1.** im/ins Ausland: *go a.* ins Ausland gehen/verreisen; **2.** in der Öffentlichkeit: *there's a rumour a. that …* es geht ein Gerücht um, daß … .

absence ['æbsəns] *n.* **1.** Abwesenheit (*from school*): *be conspicuous by one's a.* (*coll.*) durch Abwesenheit glänzen; *leave of a.* Beurlaubung; *a. of mind* (*fig.*) Geistesabwesenheit; **2.** Fehlen, Nichtvorhandensein: *in the a. of evidence* mangels Beweises; **3.** abwesende Person: *count the ≈s* die Abwesenden zählen.

absent[1] ['æbsənt] *adj.* **1.** abwesend

(*from school/work*): *be a.* fehlen; **2.** geistig abwesend: *an a. look* ein Blick, der zeigte, daß er/sie nicht dabei war.

absent[2] [æb'sent] *v. refl.: a. o.s.* sich entfernen (*from s.th.*).

absolute ['æbsəlu:t] *adj.* **1.** absolut: *a. majority* absolute Mehrheit; uneingeschränkt (*power*); *a. zero* absoluter Nullpunkt; **2.** total (*nonsense*); **3.** absolut (*d. h. nicht relativ*): *in a. terms* absolut gesehen, für sich betrachtet.

absolutely [ˌæbsə'lu:tlı] *adv.* **1.** völlig (*impossible*): *she trusted him a.* sie vertraute ihm völlig; *you're a. right* Sie haben völlig recht; **2.** (*coll.*) genau, aber ja: *don't you agree? – Oh, a.!* Meinen Sie nicht auch? – Aber ja!

abstract[1] ['æbstrækt] **I.** *adj.* abstrakt (*art*): *a. noun* (*gram.*) abstraktes Nomen; **II.** *n.* **1.** (kurze) Zusammenfassung; **2.** abstraktes Gemälde; **3.** *in the a.* abstrakt, für sich gesehen.

abstract[2] [əb'strækt] *v.t.* **1.** trennen (*metal from ore*); **2.** abstrahieren; exzerpieren (*the most important points*); **3.** (*coll.*) anzapfen, stehlen: *a. electricity* Strom anzapfen.

abuse[1] [ə'bju:z] *v.t.* **1.** mißbrauchen: *a. one's power(s)* seine Machtbefugnisse überschreiten; **2.** mißhandeln (*children*); **3.** beschimpfen.

abuse[2] [ə'bju:s] *n.* **1.** Mißbrauch: *be open to a.* geradezu zum Mißbrauch einladen; *political ≈s* politische Mißstände; **2.** Mißhandlung: *child a.* Kindesmißhandlung; *drug a.* Drogenmißbrauch; **3.** Beschimpfung: *heap/hurl (a stream of) a. on s.o.* jdn. (heftig) beschimpfen; *term of a.* Schimpfwort.

accelerate [ək'seləreıt] **1.** *v.t.* beschleunigen: *a. the decline of manufacturing* den Niedergang der gewerblichen Wirtschaft beschleunigen; **2.** *v.i.* sich beschleunigen, schneller werden; (*Auto*) beschleunigen, Gas geben: *a. away* schnell davonfahren.

accelerator [ək'seləreıtə] *n.* **1.** Gaspedal; **2.** (*phys.*) Beschleuniger.

accent ['æksənt] *n.* **1.** (*ling.*) Akzent: *speak English without (a trace of) a.* (völlig) akzentfreies Englisch sprechen; **2.** (*ling.*) Betonung: *dissyllabic adjectives are compared with -er, -est if the a. is on the second syllable* zweisilbige Adjektive werden mit *-er, -est* gesteigert, wenn sie auf der zweiten Silbe betont werden; **3.** (*fig.*) Betonung, Schwerpunkt: *the a. is on safety* Sicherheit geht vor.

accept [ək'sept] *v.t.* **1.** annehmen (*a present*); **2.** akzeptieren, annehmen: *a. an apology* eine Entschuldigung akzeptieren; *we cannot a. responsibility for …* für … können wir keine Verantwortung übernehmen; **3.** hinnehmen, sich abfinden mit (*s.o.'s death*); **4.** (*comm.*) annehmen (*a bill of exchange*); abnehmen (*delivery of s.th.*).

acceptable [ək'septəbl] *adj.* **1.** annehmbar, willkommen; **2.** zulässig, tragbar (*risk*).

access ['ækses] *n.* **1.** Zugang, Zufahrt (*to the farm*): *a. road* Zufahrtsstraße; *»a. only«* (*Schild*) »Anlieger frei«; **2.** Zugang, Genehmigung: *gain a.* sich Zugang verschaffen; *have a. to the children after the divorce* nach der Scheidung Umgangsrecht mit seinen Kindern haben; **3.** (*Computer*) Zugriff.

accident ['æksıdənt] *n.* **1.** Unfall: *fatal a.* tödlicher Unfall; *road a.* Verkehrsunfall; *≈s will happen* Unfälle kommen nun einmal vor; **2.** Zufall: *by a.* durch Zufall; *by a. of birth* durch den (glücklichen) Umstand ihrer/seiner Geburt; *more by a. than design* eher durch Zufall.

accommodate [əˈkɒmədeɪt] *v.t.* **1.** unterbringen (*s.o. for a night*); **2.** Platz bieten für: *these shelves will a. all my books* auf diesen Regalen ist Platz für alle meine Bücher; **3.** entgegenkommen, aushelfen (*s.o. with a credit*).

accommodation [əˌkɒməˈdeɪʃn] *n.* **1.** Unterbringung: *hotel a.* Unterbringung in Hotels; *rented a.* Mietwohnungen; *»a. wanted«* »Zimmer gesucht«; *≈s* (*US*) (möblierte) Zimmer; **2.** Platz: *seated/ seating a.* Sitzplätze; **3.** Kompromiß: *come to / reach an a.* sich einigen.

accompany [əˈkʌmpənɪ] *v.t.* **1.** begleiten (*s.o. to the station*); **2.** (*fig.*) begleiten, dazugehören: *illustrations a. the text* der Text ist bebildert; **3.** (*mus.*) begleiten.

accomplish [əˈkɒmplɪʃ] *v.t.* erreichen (*a great deal in one's life*): *he's never ≈ed anything* er hat noch nie etwas zuwege gebracht.

accomplishment [əˈkɒmplɪʃmənt] *n.* **1.** Erreichen (*of one's aims*); **2.** Fertigkeit (*playing the piano*).

accord [əˈkɔːd] **I.** *n.* **1.** Übereinstimmung: *with one a.* einmütig; *be in a. with s.o.* mit jdm. übereinstimmen; **2.** *of one's own a.* aus freien Stücken, freiwillig; **II. 1.** *v.prep.: a. with s.th.* zu etw. passen (*her words with her deeds*); **2.** *v.t.* gewähren, bieten (*s.o. an enthusiastic welcome*).

according to [əˈkɔːdɪŋ tə] *prep.* **1.** entsprechend: *a. t. the rules* nach den Regeln; **2.** nach Aussage von: *a. t. John* John zufolge.

accordingly [əˈkɔːdɪŋlɪ] *adv.* **1.** entsprechend: *act a.* sich entsprechend verhalten; **2.** deshalb: *we were told that we weren't wanted, and a. we left* uns wurde gesagt, wir seien nicht erwünscht, und deshalb gingen wir.

account [əˈkaʊnt] **I.** *n.* **1.** Konto: *open/close an a.* ein Konto eröffnen/schließen; *checking* (*US*) / *current* (*GB*) *a.* laufendes Konto, Girokonto; *≈s* Bilanz: *keep the ≈s* Buch führen; *on one's own a.* auf eigene Rechnung (*auch fig.*); **2.** Darstellung: *give a full a. of s.th.* etw. ausführlich darstellen; *by all ≈s* nach allem, was man so hört; **3.** Berücksichtigung: *leave s.th. out of a.* etw. nicht berücksichtigen; *take a. of s.th.; take s.th. into a.* etw. berücksichtigen; **4.** *in Phrasen: on a. of* wegen; *on no a.* keineswegs; *call s.o. to a.* jdn. zur Rechenschaft ziehen; *give a good a. of o.s.* sich tapfer schlagen; *put/ turn s.th. to good a.* etw. (gut) ausnutzen; *settle an a. with s.o.* mit jdm. abrechnen; **II.** *v.prep.: a. for* **1.** Rechenschaft ablegen über, (sich) erklären: *a. for every penny* über jeden Pfennig Rechenschaft ablegen; *how do you a. for this?* wie erklären Sie sich das?; *there's no ≈ing for taste(s)* über Geschmack läßt sich nicht streiten; **2.** ausmachen: *whites a. for two thirds of the population* die Weißen machen zwei Drittel der Bevölkerung aus; *our new centre forward ≈ed for the first goal* das erste Tor ging auf das Konto unseres neuen Mittelstürmers.

accurate [ˈækjʊrət] *adj.* genau (*clock, map*).

accuse [əˈkjuːz] *v.t.* beschuldigen (*s.o. of having done s.th.*); *the ≈d* (*jur.*) der/die Angeklagte.

accustom [əˈkʌstəm] *v.t.* gewöhnen: *become ≈ed to s.th.* sich an etw. gewöhnen.

ache [eɪk] **I.** *n.* Schmerz(en): *(little) ≈s and pains* (*coll.*) Wehwehchen; **II.** *v.i.* **1.** schmerzen: *it makes my* *heart a.* (*fig.*) es schmerzt mich; **2.** sich sehnen (*for s.th.; to do s.th.*).

achieve [ə'tʃiːv] *v.t.* **1.** erreichen, leisten: *he'll never a. anything* er bringt's nie zu was; **2.** erzielen (*an increase in sales*).

achievement [ə'tʃiːvmənt] *n.* **1.** Erringen, Bewältigung: *sense of a.* das Gefühl, es geschafft zu haben; **2.** Leistung: *quite an a.* eine stolze Leistung.

acid ['æsɪd] **I.** *n.* (*chem.*) Säure: *acetic a.* Essigsäure; *prussic a.* Blausäure; *a. test* (*fig.*) Nagel-, Feuerprobe; **II.** *adv.* **1.** sauer (*taste*); **2.** (*chem.*) ätzend, sauer: *a. rain* saurer Regen; *a. remark* (*fig.*) ätzende Bemerkung.

acknowledge [ək'nɒlɪdʒ] *v.t.* **1.** einsehen, anerkennen: *a. defeat* sich geschlagen geben; *an ≈d expert* ein anerkannter Fachmann; **2.** bestätigen: *we a. receipt of your inquiry* (*comm.*) wir bestätigen den Eingang Ihrer Anfrage; **3.** zur Kenntnis nehmen (*s.o.'s presence*).

acknowledg(e)ment [ək'nɒlɪdʒ↓mənt] *n.* **1.** Bestätigung: *receive an a.* ein Bestätigungsschreiben erhalten; **2.** Anerkennung, Dank: *in a. of s.th.* als Anerkennung für etw.; **3.** Quellenangabe: *≈s* (*Buch, Film*) Danksagung.

acquaint [ə'kweɪnt] **1.** *v.t.* vertraut machen (*s.o. with the tricks of the trade*): *be ≈ed with s.th.* mit etw. vertraut sein; *be ≈ed (with s.o.)* (miteinander) bekannt sein; **2.** *v.refl.*: *a. o.s. with s.th.* sich mit etw. vertraut machen.

acquaintance [ə'kweɪntəns] *n.* **1.** Vertrautheit (*with s.th.*); **2.** vertraute Person, Bekanntschaft: *make s.o.'s a.* jdn. kennenlernen; *nodding a.* flüchtige Bekanntschaft.

acquire [ə'kwaɪə] *v.t.* **1.** erwerben, kaufen (*a small company*); **2.** (*fig.*) erwerben, sich zulegen (*better manners*): *an ≈d taste* ein Geschmack, an den man sich gewöhnen muß.

acquisition [ækwɪ'zɪʃn] *n.* **1.** Erwerb (*of a house*); **2.** (*fig.*) Erwerb: *the a. of knowledge* der Erwerb von Wissen; **3.** Kaufgegenstand: *her latest a.* ihre neueste Errungenschaft.

across [ə'krɒs] **I.** *adv.* **1.** hinüber, herüber: *help the old lady a.* der alten Dame über die Straße helfen; **2.** auf der anderen Seite: *from a.* von der anderen Seite; **3.** breit: *the river is a mile a.* der Fluß ist eine Meile breit; **4.** (*Kreuzworträtsel*) waagerecht; **II.** *prep.* **1.** über, von einer Seite auf die andere: *walk a. the road* die Straße überqueren; **2.** auf der anderen Seite: *the museum is a. the street* das Museum ist auf der anderen Seite der Straße; **3.** von der einen zur anderen Seite: *two parallel lines a. the cheque* zwei parallele Linien (quer) über den Scheck (= *Verrechnungsscheck*); *with his arms a. his chest* mit verschränkten Armen.

act [ækt] **I.** *n.* **1.** Handlung, Tat: *be caught in the a.* auf frischer Tat ertappt werden; *a. of God* (*jur.*) höhere Gewalt; **2.** (*theat.*) Akt: *a play in five ≈s* ein Fünfakter; *get in on the a.* mit von der Partie sein (*auch fig.*); *get one's a. together* etw. auf die Reihe bekommen; *put on an a.* Theater spielen; **3.** (*jur.*) (verabschiedetes) Gesetz: *Gun Control A.* Schußwaffengesetz; **II.** **1.** *v.i.* handeln: *(it's) time to a.* es ist Zeit zu handeln; *a. on s.th.* auf etw. reagieren; sich auf etw. auswirken; **2.** *v.t.* spielen: *who is ≈ing the part of Iago?* wer spielt (die

Rolle des) Jago?; *she's just ≈ing* (*fig.*) sie macht uns nur was vor; *he ≈ed out the part of the wronged husband* (*fig.*) er spielte die Rolle des Ehemanns, dem Unrecht zugefügt wurde, voll aus.

action ['ækʃn] *n.* **1.** Handeln: *a man of a.* ein Mann der Tat; *course of a.* Vorgehen; *a. group* Bürgerinitiative; **2.** Tat: *≈s speak louder than words* (*prov.*) die Tat wirkt mächtiger als das Wort; **3.** Betrieb: *in/out of a.* in/außer Betrieb; **4.** (*mil.*) Gefecht: *be killed in a.* als Soldat fallen; **5.** (*jur.*) (Zivil-)Klage: *bring an a. against s.o.* jdn. verklagen.

active ['æktɪv] **I.** *adj.* **1.** aktiv, rege: *lead an a. life* aktiv leben; *play an a. part* aktiv beteiligt sein; **2.** aktiv, funktionierend (*volcano*): *have an a. brain* geistig rege sein; **3.** (*gram.*) aktiv: *a. voice* Aktiv(form); **II.** *n.* Aktiv(form).

activity [æk'tɪvɪtɪ] *n.* **1.** Aktivität, geschäftiges Treiben: *there has been a lot of a. here lately* hier ist in der letzten Zeit viel los; **2.** Tätigkeit, Betätigung: *leisure activities* Freizeitgestaltung.

actor ['æktə] *n.* Schauspieler.

actress ['æktres] *n.* Schauspielerin.

actual ['æktʃʊəl] *adj.* tatsächlich: *in a. fact* eigentlich.

actually ['æktʃʊəlɪ] *adv.* **1.** (*rhetorische Floskel am Anfang oder Ende eines Satzes*): *a., I'm rather busy at the moment* ich bin zur Zeit ziemlich eingespannt (wenn ich mir die Bemerkung erlauben darf); **2.** eigentlich: *I don't a. want to …* eigentlich will ich gar nicht …; **3.** tatsächlich, in Wirklichkeit: *he a. invited me in* er lud mich tatsächlich zu sich ein.

acute [ə'kju:t] *adj.* **1.** akut, stark, schwer: *there's an a. shortage of food* es besteht eine große Lebensmittelknappheit; **2.** (*med.*) akut (*pain*); **3.** (*Sinnesorgane*) scharf: *have an a. sense of smell* einen ausgeprägten Geruchssinn haben; *an a. observer* ein genauer Beobachter; **4.** (*geom.*) spitz (*angle*); **5.** (*ling.*) akut (*accent as in »café«*).

adapt [ə'dæpt] **1.** *v.t.* anpassen: *a. an appliance to American voltage* ein Gerät auf amerikanische Spannung umstellen; (*lit.*) bearbeiten: *a television play ≈ed from a Dickens novel* ein Fernsehspiel nach einer Bearbeitung eines Romans von Dickens; **2.** *v.i.* sich anpassen (*to local practices*); sich gewöhnen (*to life abroad*).

add [æd] **1.** *v.t.* (*math.*) addieren: *a. four and/to three* vier und drei addieren; **2.** hinzufügen: *a. some brandy to improve the taste* etwas Weinbrand hinzufügen, um den Geschmack zu verbessern; *is there anything you would like to a.?* möchten Sie dem noch etwas hinzufügen?; *a. fuel to the fire* (*fig.*) Öl ins Feuer gießen; *a. insult to injury* die Sache nur noch schlimmer machen; **3.** *v.prep.: a. up* sich addieren lassen; (*fig.*) Sinn ergeben; *a. up to s.th.* auf etw. hinauslaufen.

addict ['ædɪkt] *n.* Süchtige(r): *drug a.* Drogensüchtige(r); *television a.* Fernsehsüchtige(r).

addition [ə'dɪʃn] *n.* **1.** (*math.*) Addition: *a. sign* Pluszeichen; **2.** Ergänzung, Bereicherung: *an a. to the family* Zuwachs in der Familie; **3.** *in a. (to s.th.)*: außerdem, zusätzlich.

additional [ə'dɪʃənl] *adj.* zusätzlich: *a. charge* Aufpreis.

address [ə'dres] **I.** *n.* **1.** Adresse: *home/business a.* Privat-/Firmenadresse; **2.** Ansprache; **3.** Anrede (*Sir X or Mr X*): *form of a.* Form der Anrede; **4.** (*Computer*) Adresse; **II. 1.** *v.t.* adressieren; **2.** richten (an): *complaints should be ≈ed to the manager* für Beschwerden ist der Geschäftsführer zuständig; **3.** (*Rede*) sprechen zu (*a group of businessmen*); **4.** anreden (*s.o. as »professor«*); **5.** angehen (*a difficult problem*); **6.** *v.refl.: a. o.s. to s.th.* sich einer Sache widmen.

adjective ['ædʒəktɪv] *n.* (*gram.*) Adjektiv: *≈s can be used attributively or predicatively* Adjektive können attributiv (*Nomina unmittelbar modifizierend*) oder prädikativ (*das Subjekt nach »be« oder einem ähnlichen Verb modifizierend*) gebraucht werden.

adjust [ə'dʒʌst] **1.** *v.t.* anpassen: *a. production to demand* die Produktion der Nachfrage anpassen; **2.** (richtig) einstellen: *»do not a. your set«* (*TV*) »Bildstörung«; **3.** beilegen (*differences*): *a. a claim* (*Vers.*) einen Schaden regulieren; **4.** *v.i.* sich anpassen (*to s.th.*); **5.** (*techn.*) sich einstellen lassen; **6.** *v.refl.: a. o.s. to s.th.* sich an etw. anpassen.

adjustment [ə'dʒʌstmənt] *n.* **1.** Anpassung (*to s.th.*); **2.** (*techn.*) Einstellung (*of the brakes*); **3.** (positive) Veränderung (*of s.o.'s salary*); **4.** Beilegung (*of differences*); (*Vers.*) Regulierung (*of a claim*).

administer [əd'mɪnɪstə] **1.** *v.t.* verwalten: *a. a country* ein Land regieren; **2.** gewähren: *a. justice* Recht sprechen.

administration [ədmɪnɪ'streɪʃn] *n.* **1.** Verwaltung: *be involved in the a. of s.th.* in die Verwaltung von etw. eingebunden sein; **2.** Gewährung: *a. of the last rites* (*rel.*) Spenden der Sterbesakramente; *a. of an oath* Vereidigung; **3.** (*US*) Regierung: *the Clinton A.* die Regierung Clinton.

admiration [ədmɪ'reɪʃn] *n.* **1.** Bewunderung: *be filled with a. for s.th.* voller Bewunderung für etw. sein; **2.** Objekt der Bewunderung: *be the a. of the world* von allen bewundert werden.

admire [əd'maɪə]] *v.t.* **1.** bewundern (*s.o. for s.th.*); **2.** sich begeistert äußern über (*his latest book*).

admission [əd'mɪʃn] *n.* **1.** Zulassung (*to university*): *gain a.* sich Zutritt verschaffen; **2.** Eintrittsgeld (*£1 for pensioners*); **3.** Eingeständnis: *on/by one's own a.* nach eigenem Eingeständnis; *a. of failure* Eingeständnis, daß man versagt hat.

admit [əd'mɪt] **1.** *v.t.* zulassen: *children not ≈ted* kein Zutritt für Kinder; *be ≈ted to hospital* ins Krankenhaus eingeliefert werden; **2.** (den Schluß) zulassen: *the evidence ≈s (of) no other explanation* nach der Beweislage gibt es keine andere Erklärung; **3.** zugeben: *a. (to) s.th.* etw. zugeben; *she ≈ted (to) having deceived him* sie gab zu, ihn getäuscht zu haben; *I must a. …* ich muß schon zugeben … .

adopt [ə'dɒpt] *v.t.* **1.** (*Kind*) adoptieren; **2.** (*fig.*) übernehmen (*new methods*); **3.** (*pol.*) nominieren (*s.o. as a candidate*); annehmen (*a resolution*).

adult ['ædʌlt; ə'dʌlt] **I.** *n.* Erwachsene(r): *≈s only!* (*Film*) nur für Erwachsene!; *a. education* Erwachsenenbildung; **II.** *adj.* erwachsen.

advance [əd'vɑːns] **I.** *n.* **1.** (*mil.*) Vormarsch; **2.** Fortschritt: *≈s in science* wissenschaftliche Fortschritte; **3.** (*comm.*) Vorschuß (*on my salary*); **4.** ≈**s** *pl.* Annäherungsversuche; **5.** *in a. (of s.th.)* im voraus; **II.** *v.t.* **1.** voranbringen, fördern: *a. one's own interests* (nur) seine eigenen Interessen im Auge haben; **2.** vorbringen (*a new theory*); **3.** vorstellen (*our *watches by one hour as from midnight*); **4.** vorschießen (*s.o. £ 1,000*); **5.** *v.i.* (*mil.*) vorrücken; näher treten; (*fig.*) Fortschritte machen; anziehen (*prices*); **III.** *adj.* Voraus-, Vorab- (*copies of the book*): *a. booking* Reservierung; *a. warning* Vorwarnung.

advanced [əd'vɑːnst] *adj.* **1.** fortgeschritten, alt (*in years*); **2.** fortgeschritten, auf einem höheren Niveau (*course, learners, studies*).

advantage [əd'vɑːntɪdʒ] *n.* Vorteil: *to s.o.'s a.* zu jds. Vorteil; *be an/of a.* von Vorteil sein; *gain an a. (over s.o.)* einen Vorteil erringen; *have the a. of s.o.* jdm. gegenüber im Vorteil sein; *take a. of s.th.* etw. ausnutzen; *turn s.th. to one's (own) a.* Nutzen aus etw. ziehen.

adventure [əd'ventʃə] *n.* Abenteuer: *look for a.* das Abenteuer suchen; *a. playground* Abenteuerspielplatz.

adverb ['ædvɜːb] *n.* (*gram.*) Adverb.

advertise ['ædvətaɪz] **1.** *v.t.* werben für (*the new soap powder*); **2.** (*fig.*) herausstellen (*your weak spots*); **3.** *v.prep.: a. for* inserieren, annoncieren: *a. for a home help* eine Annonce für eine Haushaltshilfe aufgeben.

advertisement [əd'vɜːtɪsmənt; *US:* ˌædvə'taɪzmənt] *n.* **1.** Werbung, Reklame (*auch fig.*): *he is not a good a. for his language school* er ist kein besonders gutes Aushängeschild für seine Sprachschule; **2.** Anzeige, Inserat, Annonce: *put an a. in the paper for s.th.* eine Anzeige für etw. in die Zeitung setzen.

advice [əd'vaɪs] *n.* (*nur Sg.*) **1.** Rat: *on my a.* auf meinen Rat hin; *seek a.* Rat suchen; *take s.o.'s a.* jds. Rat folgen; *a piece of a.* ein Ratschlag; **2.** (*comm.*) Mitteilung, Avis: *a. of dispatch* Versandanzeige.

advise [əd'vaɪz] *v.t.* **1.** raten: *a. s.o. against (doing) s.th.* jdm. von etw. abraten; *a. s.o. on s.th.* jdn. auf einem bestimmten Gebiet beraten; *be well ≈d to do s.th.* gut beraten sein, etw. zu tun; *I a. taking a different line* ich rate zu einer anderen Politik; **2.** (*comm.*) benachrichtigen (*s.o. of s.th.*).

adviser (auch, bes. *US:* **advisor**) [əd'vaɪzə] *n.* Berater(in): *legal a.* Rechtsberater.

advisory [əd'vaɪzərɪ] *adj.* beratend: *act in an a. capacity* (nur) beratende Funktion haben.

aeroplane ['eərəpleɪn] (*GB*) → **airplane** *n.* Flugzeug.

affair [ə'feə] *n.* **1.** Sache, Angelegenheit: *that's your a.* das ist dein Problem; *financial ≈s* finanzielle Dinge; *≈s of state* Staatsangelegenheiten; **2.** Skandal, Affäre: *the Watergate a.* der Watergateskandal; **3.** Liebesaffäre, Verhältnis: *she's had an a. with one of the staff* sie hatte ein Verhältnis mit einem der Mitarbeiter.

affect[1] [ə'fekt] *v.t.* **1.** sich auswirken auf: *drinking will a. your liver* Trinken ist nicht gut für deine Leber; *those ≈ed* die Betroffenen; **2.** berühren, treffen: *we were deeply ≈ed by the sad news* die traurige Nachricht hat uns tief getroffen.

affect[2] *v.t.* **1.** vortäuschen (*illness*); **2.** eine Vorliebe/Schwäche haben für (*French wines*).

affection [ə'fekʃn] *n.* Liebe, Zuneigung: *feel a. for s.o./s.th.* jdm./einer Sache zugetan sein; *win s.o.'s a.* jds. Zuneigung gewinnen.

afford [ə'fɔːd] *v.t.* **1.** (*normalerweise mit can, could u. able to*) sich leisten (können): *we can't a. a holiday this year* dieses Jahr können wir uns keinen Urlaub leisten; **2.** (*mit denselben Hilfsverben wie*

1.) (*fig.*) sich leisten (können): *I can't a. not to come* ich kann es mir nicht leisten, nicht zu kommen; **3.** gewähren (*s.o. s.th.*): *the room ≈ed a beautiful view* das Zimmer bot einen herrlichen Blick.

afraid [ə'freɪd] *adj.* (*nur präd.*) **1.** *be a. of s.o./s.th.* vor jdm./etw. Angst haben: *there's no need to be a.!* keine Angst!; **2.** *be a. of doing s.th.; be a. that …* etw. nicht wollen: *I was a. of upsetting her* ich wollte ihr nicht weh tun; **3.** (*Höflichkeitsphrase*): *I'm a.* leider; *I'm a. so/not* leider ja/nein.

African ['æfrɪkən] **I.** *adj.* afrikanisch (*elephant*); **II.** *n.* Afrikaner(in).

after ['ɑːftə] **I.** *prep.* **1.** (*Zeit*) nach: *the day a. tomorrow* übermorgen; **2.** (*Folge*) nach: *one thing a. another* eins nach dem anderen; **3.** (*Reihenfolge*) nach: *a. you* nach Ihnen; **4.** (*Ort*) hinter: *close the door a. you* mach die Tür hinter dir zu; **5.** (*Ergebnis*) nach, wegen: *a. what you've done* nach dem, was du getan hast; *a. all* schließlich; **6.** (*Verfolgung*): *run a. s.o.* jdm. nachlaufen (*auch fig.*); **7.** nach, betreffend: *inquire a. s.o.* sich nach jds. Befinden erkundigen; **8.** (*Vorbild*) nach: *a painting a. Manet* ein Gemälde im Stile Manets; **II.** *conj.* (*Zeit*) nachdem: *a. she had left* nachdem sie gegangen war; **III.** *adv.* danach, hinterher: *soon a.* kurz darauf; *they lived happily ever a.* (*Märchen – Schlußformel*); **IV.** *adj.* (*attr.*) **1.** später: *in a. years* in späteren Jahren; **2.** (*naut.*) achtern: *the a. deck* das Achterdeck.

afternoon [ˌɑːftə'nuːn] *n.* Nachmittag: *tomorrow a.* morgen nachmittag.

afterwards ['ɑːftəwədz] (*US* auch: **afterward**) *adv.* danach, hinterher.

again [ə'gen; ə'geɪn] *adv.* **1.** wieder: *a. and a.* immer wieder; *never a.* nie wieder; *you can say that a.* das kann man wohl sagen; **2.** wieder zurück: *she's home a.* sie ist wieder zu Hause; **3.** (*Gegensatz*) wiederum: *and then a. I might decide otherwise* und dann wiederum könnte ich (mich) anders entscheiden.

against [ə'genst; ə'geɪnst] *prep.* **1.** (*Opposition*) gegen: *a. my will* gegen meinen Willen; *swim a. the current* gegen den Strom schwimmen (*auch fig.*); **2.** (*Kontakt*) gegen, an: *lean a. a tree* sich an einen Baum lehnen; **3.** (*Kontrast*) gegen: *a. the light* gegen das Licht; *a. the background of* vor dem Hintergrund von (*auch fig.*); **4.** (*vorbeugend*) gegen: *be vaccinated a. tropical diseases* gegen tropische Krankheiten geimpft werden; *save money a. one's old age* für sein Alter Geld sparen; **5.** (*Tausch*) gegen: *a. payment of £ 50* gegen Zahlung von £ 50.

age [eɪdʒ] **I.** *n.* **1.** (Lebens-)Alter: *at the a. of 18* mit 18; *at your a.* in deinem Alter; *live to a ripe old a.* hohes Alter erreichen; *look one's a.* sein Alter nicht verheimlichen können; **2.** (hohes) Alter: *bent with a.* vom Alter gebeugt; **3.** (*jur.*) zulässiges Alter: *under a.* minderjährig; *come of a.* mündig werden; **4.** Zeitalter: *the Elizabethan A.* das elisabethanische Zeitalter; *the Middle Ages* das Mittelalter; **II. 1.** *v.i.* altern, reifen; **2.** *v.t.* altern lassen, reifen lassen (*wine*).

aged *adj.* **1.** [eɪdʒd] alt: *a girl a. five* ein fünfjähriges Mädchen; **2.** ['eɪdʒɪd] bejahrt, betagt: *the a.* die Alten.

agency ['eɪdʒənsɪ] *n.* **1.** Agentur:

travel a. Reisebüro; **2.** Einwirkung: *through the a. of rain* als Folge des Regens; **3.** (*bes. US*) Behörde: *Central Intelligence A.* (*CIA*) Geheimdienst.

agent ['eɪdʒənt] *n.* **1.** Vertreter: *insurance a.* Versicherungsvertreter; *travel a.* Reisebüro(inhaber); *estate a.* (*GB*); *real estate a.* (*US*) Immobilienmakler; **2.** Agent: *secret a.* Geheimagent; **3.** handelnde Person: *in a passive sentence, the preposition »by« denotes the a.* in einem Passivsatz zeigt die Präposition »by« die handelnde Person (d.h. das eigentliche Subjekt) an; **4.** (*chem.*) Wirkstoff: *washing a.* Waschmittel.

aggression [ə'greʃn] *n.* **1.** Aggression, Angriff: *an act of a.* ein Angriff; **2.** (*psych.*) Aggressivität.

aggressive [ə'gresɪv] *adj.* **1.** aggressiv, angriffslustig; **2.** dynamisch (*selling*).

ago [ə'gəʊ] *adv.* (*Zeit*) vor (*immer nachgestellt*): *long a.* vor langer Zeit; *ten years a.* vor zehn Jahren.

agree [ə'griː] **1.** *v.prep.: a. about s.th.* sich über etw. einig sein; **2.** *a. on s.th.* sich auf etw. einigen (*price*); **3.** *a. to s.th.* zustimmen (*proposal*); **4.** *a. with s.o.* sich mit jdm. einig sein; *a. with s.th.* zusammenpassen; *these sets of figures don't a.* diese Zahlenkolonnen stimmen nicht überein; *red wine doesn't a. with me* Rotwein kann ich nicht vertragen; **5.** *v.t.* (*mit Infinitiv*) sich einig sein: *we a. to differ on this issue* bei dieser Frage respektieren wir jeweils die Meinung des anderen.

agreement [ə'griːmənt] *n.* **1.** Übereinkunft, Abmachung: *enter into an a.* Übereinkunft erzielen; *sign an a.* Vertrag unterzeichnen; **2.** Übereinstimmung: *be in a. with s.o.* jdm. beipflichten; **3.** (*gram.*) Übereinstimmung (*between the subject and the verb*).

agricultural [ˌægrɪ'kʌltʃərəl] *adj.* landwirtschaftlich (*products*): *Common A. Policy* (*CAP*) Gemeinsame Agrarpolitik der Europäischen Union.

agriculture ['ægrɪkʌltʃə] *n.* Landwirtschaft.

ahead [ə'hed] **I.** *adv.* (nach) vorn: *the way a.* der Weg nach vorn (*auch fig.*); *go a. (with s.th.)* etw. in die Tat umsetzen; *keep straight a.!* immer nur geradeaus!; **II.** *prep.: a. of* vor: *be a. of one's time* seiner Zeit voraus sein.

aid [eɪd] **I.** *n.* **1.** Hilfe: *come to s.o.'s a.* jdm. zu Hilfe kommen; *legal a.* (*GB*) Rechtshilfe (*Armenrecht*); *in a. of* zur Unterstützung von (*charity*); **2.** Hilfsmittel: *hearing a.* Hörgerät; **3.** Hilfsleistung: *foreign a.* Auslandshilfe; **II.** *v.t.* **1.** helfen, unterstützen (*s.o. in/with s.th.*); **2.** (*jur.*) *a. and abet* Beihilfe leisten.

aim [eɪm] **I.** *n.* **1.** Ziel: *miss one's a.* sein Ziel verfehlen (*auch fig.*); *take a. (at s.th.)* (*Schußwaffe*) (auf etw.) zielen; **2.** (*fig.*) Ziel: *my a. in life* mein Lebensziel; **II. 1.** *v.t.* (*Schußwaffe*) richten (*a gun at s.o.*); **2.** richten: *a. remarks at s.o.* Bemerkungen gegen/an jdn. richten; **3.** *v.prep.: a. at doing s.th.* etw. anstreben; **4.** *v.i.* zielen, streben: *a. high* hoch hinaus wollen.

air ['eə] **I.** *n.* **1.** Luft: *fresh a.* frische Luft (*auch fig.*); **2.** Luft, Luftraum: *jump into the a.* in die Luft springen; *travel by a.* fliegen; **3.** Atmosphäre (*of mystery*); Miene: *triumphant a.* triumphierende Miene; **4.** (*Radio/TV*): *be on the a.* senden; *go off the a.* Sendebetrieb einstellen; **II. 1.** *v.i.* lüften (*the rooms*); **2.** äußern (*one's views*); **3.** *v.i.* austrocknen (*clothes*).

aircraft ['eəkrɑ:ft] *n.* (*Pl. identisch*) Flugzeug: *a. carrier* (*mil.*) Flugzeugträger.

airline ['eəlaɪn] *n.* Luftverkehrsgesellschaft, Fluglinie.

airliner ['eəlaɪner] *n.* Verkehrsflugzeug.

airmail ['eəmeɪl] **I.** *n.* Luftpost: *by a.* per Luftpost; **II.** *v.t.* per Luftpost befördern.

airplane ['eəpleɪn]; (*US*) →**aeroplane** *n.* Flugzeug.

airport ['eəpɔ:t] *n.* Flughafen.

alarm [ə'lɑ:m] **I.** *n.* **1.** Alarm: *raise/sound the a.* Alarm schlagen; *false a.* falscher Alarm; **2.** Alarmvorrichtung, Warnanlage, Wecker (auch: *a. clock*): *burglar a.* Diebstahlwarnanlage; *fire a.* Feuermelder; **3.** Besorgnis: *cause for a.* Anlaß zur Besorgnis; *public a.* öffentliche Besorgnis; **II.** *v.t.* **1.** alarmieren; **2.** beunruhigen.

album ['ælbəm] *n.* **1.** Album; **2.** Langspielplatte.

alcohol ['ælkəhɒl] *n.* Alkohol.

alcoholic [ˌælkə'hɒlɪk] **I.** *adj.* alkoholisch (*drinks*); **II.** *n.* Alkoholiker(in).

alcoholism ['ælkəhəlɪzm] *n.* Alkoholismus.

ale [eɪl] *n.* **1.** (traditionell gebrautes) Bier; **2.** Glas Bier.

alike [ə'laɪk] **I.** *adj.* (*pred.*) gleich: *look a.* gleich aussehen; **II.** *adv.* gleich: *treat everybody a.* alle gleich behandeln.

alive [ə'laɪv] *adj.* (*pred.*) **1.** lebend: *the only person a.* der/die einzig noch Lebende; *dead or a.* tot oder lebendig; *be a. and kicking* (*coll.*) gesund und munter sein; *keep s.th. a.* etw. am Leben erhalten (*auch fig.*); **2.** lebhaft, rege: *the party came a. after 8 p.m.* die Feier kam nach 20 Uhr in Schwung; **3.** *a. with s.th.* voll von etw. (*insects*); **4.** *a. to s.th.* bewußt: *he was a. to the risks* er war sich der Risiken (voll) bewußt.

all [ɔ:l] **I.** *adj.* **1.** alle: *a. (the) children* alle Kinder; *a. the family* die ganze Familie; *by a. accounts* nach allem, was man so hört; *a. France* ganz Frankreich (*d.h. die gesamte Bevölkerung*); **2.** (*mit unzählbaren Nomina*) all, ganz: *a. that rubbish* der ganze Abfall / (*coll.*) Mist; *a. water* jede Art von Wasser; *a. the water* das ganze Wasser; … *and a. that* (*coll.*) … und der übliche Quatsch; **3.** (*mit Zeitnomina*) ganz: *a. day* den ganzen Tag; *a. my life* mein ganzes Leben lang; **4.** (*Maximierung*) größtmöglich, all: *in a. honesty* ganz offen gesagt; *with a. speed* mit größter Eile; **5.** jedes (mögliche): *beyond a. doubt* ohne jeden Zweifel; *deny a. knowledge of s.th.* jegliche Kenntnis von etw. bestreiten; **II.** *pron.* **1.** *pl.* alle: *they a. came* sie kamen alle; *a. and sundry* (*coll.*) alle möglichen Leute **2.** *sg.* alles: *give one's a.* alles geben; *a. I want* alles, was ich will; *(a.) in a.* insgesamt; *a. or nothing* alles oder nichts; *not at a.* überhaupt nicht; **III.** *adv.* **1.** ganz, total: *a. alone* ganz allein; **2.** (*coll.*) sehr, ganz: *he was a. excited* er war ganz aufgeregt; **3.** mit anderen Adverbien und Adjektiven: *a. along* die ganze Zeit; *a. the better* um so besser; *a. over* überall; *a. right* in Ordnung; *not a. there* (*coll.*) (geistig) nicht ganz da; *a. too* allzu: *a. too soon* allzu früh.

alley ['ælɪ] *n.* **1.** (enge) Gasse: *blind a.* Sackgasse (*auch fig.*); **2.** Bahn: *bowling a.* Kegelbahn.

allow [ə'laʊ] *v.t.* **1.** erlauben (*s.o. to do s.th.*): *dogs not ≈ed* Hunde müssen draußen bleiben; *a. o.s. to be persuaded* sich überreden lassen; **2.** (*jur.*) zulassen (*an appeal*); **3.** geben, gewähren: *a. a discount* einen Nachlaß gewähren; *a. three hours for the trip to London* drei Stunden für die Fahrt nach London einkalkulieren; **4.** *v.prep.: a. for s.th.* etw. berücksichtigen (*traffic jams*).

allowance [ə'laʊəns] *n.* **1.** Zuschuß, Beihilfe: *family a.* (*GB*) Kindergeld; *London a.* Ortszuschlag für London; (*US*) Taschengeld; **2.** Freibetrag: *tax a.* Steuerfreibetrag; **3.** Berücksichtigung: *make a.(s) for s.th.* etw. berücksichtigen.

allusion [ə'lu:ʒən] *n.* Anspielung (*to s.th.*).

almost ['ɔ:lməʊst] *adv.* fast: *a. nothing* fast nichts.

alone [ə'ləʊn] **I.** *adj.* (*pred.*) allein: *not be a. (in doing s.th.)* nicht der einzige sein; *leave s.th. (well) a.* sich nicht in etw. einmischen; **II.** *adv.* allein: *time a. will tell whether ...* erst im Laufe der Zeit wird sich herausstellen, ob ...; *go it a.* es auf eigene Faust versuchen; *let a. ...* ganz zu schweigen von ... .

along [ə'lɒŋ] **I.** *prep.* entlang (*the road*); **II.** *adv.* (*Gesellschaft*) mit: *bring s.o. a.* jdn. mitbringen; *take s.o. a.* jdn. mitnehmen; *a. with* zusammen mit (*his mother*).

aloud [ə'laʊd] *adv.: read s.th. a.* etw. laut lesen; *think a.* (*fig.*) laut denken.

alphabet ['ælfəbət] *n.* Alphabet.

already [ɔ:l'redɪ] *adv.* schon: *I've a. read that book* das Buch habe ich schon gelesen; *are you leaving a.?* müssen Sie schon gehen?

also ['ɔ:lsəʊ] *adv.* auch: *not only ..., but a. ...* nicht nur ..., sondern auch ... .

alter ['ɔ:ltə] **1.** *v.t.* (leicht) verändern (*a dress*); **2.** *v.i.* sich verändern.

alternative [ɔ:l'tɜ:nətɪv] **I.** *adj.* **1.** Alternativ-, Ausweich-(*route*); **2.** unkonventionell, Alternativ- (*medicine*); **II.** *n.* Alternative: *have no a. but ...* keine Alternative haben außer ... .

although [ɔ:l'ðəʊ] *conj.* obwohl, obgleich.

altogether [ˌɔ:ltə'geðə] *adv.* **1.** ganz, völlig: *an a. different story; a different story a.* eine ganz andere Geschichte/Sache; **2.** insgesamt: *taken a.* alles in allem.

always ['ɔ:lweɪz] *adv.* **1.** immer: *a. think of s.o.* immer an jdn. denken; *he's a. getting drunk* er besäuft sich immer wieder; **2.** immer noch: *you can a. get on your bike* du kannst ja immer noch mit dem Rad fahren.

am [æm] *1. Pers. Sg.* von → **be**.

a.m. [ˌeɪ'em] (Abkürzung von: *ante meridiem*) (*Lat.*) vormittags.

amateur ['æmətə] *n.* **1.** (*Sport*) Amateur; **2.** Dilettant(in).

amaze [ə'meɪz] *v.t.* erstaunen, verwundern: *I was ≈d to hear that ...* ich habe mit Erstaunen festgestellt, daß ... .

amazement [ə'meɪzmənt] *n.* Erstaunen: *(much) to my a.* zu meinem (großen) Erstaunen.

amazing [ə'meɪzɪŋ] *adj.* erstaunlich.

ambassador [æm'bæsədə] *n.* Botschafter.

ambiguous [æm'bɪgjʊəs] *adj.* zwei-, vieldeutig (*smile*).

ambition [æm'bɪʃn] *n.* Ehrgeiz: *lack a.* keinen Ehrgeiz haben.

ambitious [æm'bɪʃəs] *adj.* ehrgeizig.

ambulance ['æmbjʊləns] *n.* Krankenwagen.

amendment [ə'mendmənt] *n.* (*Text*) Änderung, Ergänzung.

American [ə'merɪkən] **I.** *adj.* amerikanisch: *A. Indian* Indianer(in); **II.** *n.* Amerikaner(in).

among [ə'mʌŋ] (auch: **amongst** [ə'mʌŋst]) *prep.* (*Gruppe*) unter: *a. other things* unter anderem; *a. themselves* unter sich.

amount [ə'maʊnt] **I.** *n.* **1.** Betrag (*of*

money); **2.** Menge (*of work*); **II.** *v.prep.: a. to* sich belaufen auf (*£500*); *this is what it ≈s to* darauf läuft es hinaus.

ample ['æmpl] *adj.* **1.** reichlich (*time*): *there'll be a. opportunity* es wird hinreichend Gelegenheit geben; **2.** geräumig: *a. space* viel Platz.

amuse [ə'mju:z] *v.t.* **1.** amüsieren (*s.o. with s.th.*); **2.** unterhalten: *I can keep myself ≈d* ich kann mir die Zeit selbst vertreiben.

amusement [ə'mju:zmənt] *n.* **1.** Vergnügen: *to my great a.* zu meinem großen Vergnügen; **2.** Attraktion, Vergnügungsstätte: *offer a lot of ≈s* viele Attraktionen bieten.

an [ən] → **a.**

analyse (*GB*); **analyze** (*US*) ['ænəlaɪz] *v.t.* analysieren, untersuchen (*food for traces of poison*).

analysis [ə'nælɪsɪs] (*pl.* **analyses** [ə'nælɪsi:z]) *n.* Analyse, Untersuchung (*of the situation*): *on closer a.* bei genauerer Untersuchung; *in the final a.* letzten Endes.

ancient ['eɪntʃənt] *adj.* **1.** alt, klassisch: *a. history* griechische und römische Geschichte; *that's a. history* (*coll.*) das ist nicht mehr relevant; **2.** (*coll.*) uralt: *feel a.* sich schon sehr alt fühlen.

and [ænd; unbetont: ənd, ən] *conj.* **1.** und: *you a. me* du und ich; *a. so on/forth* und so weiter; *a. how!* (*coll.*) und wie/ob!; **2.** und dann: *we said goodbye a. left* wir verabschiedeten uns und dann gingen wir; *wait a. see* warte (erst einmal) ab; **3.** (*math.*) plus: *4 a. 4 makes 8* 4 plus 4 gleich 8; **4.** (*Ergebnis*) und: *work all night a. you'll get it finished* arbeite die Nacht hindurch und du schaffst es; **5.** (*Wiederholung*) immer: *faster a. faster* immer schneller; *for hours a. hours* stundenlang.

angel ['eɪndʒəl] *n.* **1.** (*rel.*) Engel: *guardian a.* Schutzengel; **2.** (*fig.*) Engel: *be an a.!* sei so lieb!

anger ['æŋgə] **I.** *n.* Zorn: *in a.* im Zorn; *be filled with a.* sehr zornig sein; **II.** *v.t.* ärgern.

angle ['æŋgl] **I.** *n.* **1.** (*geom.*) Winkel: *acute a.* spitzer Winkel; *obtuse a.* stumpfer Winkel; *right a.* rechter Winkel; *at an a.* schräg; **2.** (*fig.*) Standpunkt: *look at s.th. from a different a.* etw. von einer anderen Seite betrachten; **3.** Ecke (*of a building*); **II.** *v.t.* ausrichten, einstellen (*s.th. at s.th.*).

angry ['æŋgrɪ] *adj.* zornig (*with s.o.; at/about s.th.*): *be a. with o.s.* sich über sich selbst ärgern; *make s.o. a.* jdn. ärgern.

animal ['ænɪməl] **I.** *n.* **1.** Lebewesen; **2.** Tier (*auch fig.*): *the a. in her* das Tier in ihr; *a. husbandry* Tierhaltung; **3.** Säugetier; **II.** *adj.* tierisch (*desire*).

ankle ['æŋkl] *n.* (*anat.*) Knöchel: *a. socks* kurze Socken.

anniversary [ænɪ'vɜ:sərɪ] *n.* Jahrestag: *wedding a.* Hochzeitstag.

announce [ə'naʊns] *v.t.* ankündigen, bekanntgeben.

announcement [ə'naʊnsmənt] *n.* Ankündigung, Bekanntgabe.

annoy [ə'nɔɪ] *v.t.* ärgern, irritieren: *be ≈ed about s.th.* sich über etw. ärgern.

annoyance [ə'nɔɪəns] *n.* **1.** Ärger, Verdruß: *much to my a.* zu meinem großen Ärger; **2.** Ärgernis: *this traffic is a real a.* dieser Verkehr ist ein echtes Ärgernis.

annual ['ænjʊəl] **I.** *adj.* **1.** jährlich (*event*): *a. report* (*comm.*) Geschäftsbericht; **2.** Jahres- (*income*); **II.** *n.* **1.** (*bot.*) einjährige Pflanze; **2.** Jahrbuch.

another [ə'nʌðə] **I.** *adj.* **1.** noch ein (*drink*): *a. two days and …* noch zwei Tage, dann …; **2.** ein(e) andere(r, s): *that's a. matter altogether* das ist eine ganz andere Sache; **II.** *pron.* **1.** noch ein(e): *have a.!* (*coll.*) nimm noch einen!; **2.** ein(e) andere(s): *why don't you ask for a.?* warum bittest du nicht um ein anderes (*room*)?; **3.** *one a.* einander (*bes. bei mehr als zwei Beteiligten;* → **each other**).

answer ['ɑːnsə] **I.** *n.* **1.** Antwort: *receive an a.* eine Antwort erhalten; **2.** Reaktion: *I knocked, but there was no a.* ich klopfte, aber es regte sich nichts; *a rude a.* ein rüder Bescheid; **3.** (*fig.*) Antwort, Lösung: *there are no easy ≈s* es gibt keine Patentlösungen; **4.** (*Prüfungsaufgabe*) Lösung: *a. sheet* Lösungsblatt; *know all the ≈s* (*fig.*) alles wissen; **5.** (*jur.*) Einlassung; **II. 1.** *v.t.* beantworten (*some questions*); **2.** antworten: *he ≈ed that he had no time* er antwortete, er habe keine Zeit; **3.** reagieren auf: *a. the door* die Tür öffnen; **4.** sich verantworten: *a. a charge* (*jur.*) sich verteidigen; **5.** entsprechen: *a. the description of the suspect* der Beschreibung des Tatverdächtigen entsprechen; **6.** genügen: *my computer ≈s all my needs* mein Computer reicht für meine Zwecke; **7.** *in Phrasen und präp.V.: a. back* Widerworte geben; *a. (to s.o.) for s.o.* (jdm. gegenüber) für jdn. die Verantwortung tragen; *a. for s.th.* für etw. verantwortlich sein; *a. to* hören auf (*a name*).

anticipate [æn'tɪsɪpeɪt] *v.t.* **1.** erwarten: *we a. trouble* wir rechnen mit Ärger; **2.** vorhersehen, einkalkulieren (*all the problems*); **3.** zuvorkommen (*competitors by taking out a patent*); **4.** vorwegnehmen, im voraus ausgeben (*your earnings*).

anticipation [æn,tɪsɪ'peɪʃn] *n.* **1.** Erwartung: *in a.* im voraus; *in a. of s.th.* in Erwartung von etw.; **2.** Voraussicht, vorausschauendes Verhalten: *show good a. on the road* sich (den möglichen Gefahren entsprechend) vorausschauend im Verkehr verhalten.

anxiety [æŋ'zaɪətɪ] *n.* **1.** Besorgnis: *cause s.o. great a.* jdm. große Sorgen bereiten; **2.** Verlangen (*to get out of the country*); Streben (*to please everybody*).

anxious ['æŋkʃəs] *adj.* **1.** besorgt (*about s.o./s.th.*): *a. for their safety* besorgt über ihre Sicherheit; **2.** besorgniserregend (*minutes*); **3.** bestrebt (*to do s.th.; that …*): *we are a. that everybody should be informed* uns kommt es darauf an, daß alle informiert werden.

any ['enɪ] **I.** *adj.* **1.** jede(r, s): *we'll refund a. damage* wir ersetzen jeden Schaden; *(at) a. time* jederzeit; *in a. case; at a. rate* auf jeden Fall; **2.** (*in Fragesätzen, bei Verneinungen sowie in Konditionalsätzen*) irgendein(e), irgendwelche(r, s): *have you got a. money on you?* hast du Geld dabei?; *is there a. news?* gibt es etwas Neues?; *I didn't see a. whales* ich habe keine Wale gesehen; *without a. sense of shame* ohne jedes Schamgefühl; *if a. such thing were to happen to me* wenn mir so etwas zustoßen sollte; **II.** *pron.* **1.** (*in Fragesätzen, bei Verneinungen sowie in Konditionalsätzen*) ein(e), jemand; einige; welche: *I'm looking for old Bibles. Have you (got) a.?* ich suche alte Bibeln. Haben Sie welche?; *we didn't see a. of our friends* wir haben niemanden aus unserem Freundeskreis gesehen; *if a. of you know anything* wenn von euch jemand was weiß; **2.** ein(e) einzige(r): *very few visitors, if a.* sehr wenige Besucher, wenn überhaupt welche/einer; **III.** *adv.* **1.** (*verstär-*

kend) noch: *you can't go a. further* weiter geht es nicht (*auch fig.*); *a. more coffee?* noch etwas Kaffee?; **2.** überhaupt: *is he a. better?* geht es ihm überhaupt besser?

anybody ['enɪbɒdɪ]; **anyone** ['enɪwʌn] **I.** *pron.* **1.** (*in Fragesätzen, bei Verneinungen sowie in Konditionalsätzen*) jemand: *a. there?* ist jemand da?; *can you see a.?* kannst du jemanden sehen?; *if a. should call …* sollte jemand vorbeikommen …; **2.** jede(r, s) (beliebige): *a. can do that* das kann jeder; *everybody who is a.* alles, was Rang und Namen hat.

anyhow ['enɪhaʊ]; **anyway** ['enɪweɪ] *adv.* **1.** irgendwie, durcheinander: *his things were lying on the floor a.* seine Sachen lagen durcheinander auf dem Fußboden; **2.** jedenfalls: *a., that's how I see it* so jedenfalls sehe ich es; **3.** trotzdem, sowieso: *I went there a.* ich ging trotzdem hin.

anything ['enɪθɪŋ] *pron.* **1.** irgend etwas: *a. can happen in this place* hier ist alles möglich; **2.** (*in Fragesätzen, bei Verneinungen sowie in Konditionalsätzen*) irgend etwas: *did you hear a.?* hast du irgend etwas gehört?; *no, I didn't hear a.* nein, ich habe nichts gehört; *if a. should happen to me* sollte mir irgend etwas zustoßen.

anywhere ['enɪweə] *adv.* **1.** überall: *she could be a.* sie könnte überall sein; **2.** (*in Fragesätzen, bei Verneinungen und in Konditionalsätzen*) irgendwo: *have you been a. lately?* bist du in der letzten Zeit irgendwo gewesen? *we're not getting a.* wir kommen nicht vom Fleck (*auch fig.*); *if you go a.* wenn du irgendwohin fährst; **3.** (*fig.*) irgendwo: *a. between 500 and 700 visitors* schätzungsweise 500 bis 700 Besucher.

apart [ə'pɑ:t] *adv.* **1.** auseinander: *fall a.* entzweigehen; *take a.* auseinandernehmen (*auch fig.*); *miles a.* meilenweit voneinander entfernt (*auch fig.*); **2.** beiseite: *stand a.* abseits stehen (*auch fig.*); **3.** abgesehen: *joking a.* Scherz beiseite; *a. from* abgesehen von (*her faults*).

apartment [ə'pɑ:tmənt] *n.* **1.** (*US*) Wohnung: *a. building/house* Wohnblock; **2.** ≈**s** *pl.* Apartment, Privatwohnung.

apologize [ə'pɒlədʒaɪz] *v.t.* sich entschuldigen (*to s.o. for s.th.*).

apology [ə'pɒlədʒɪ] *n.* **1.** Entschuldigung: *make one's apologies* sich entschuldigen; *owe s.o. an a.* sich bei jdm. (noch) für etw. entschuldigen müssen; **2.** Rechtfertigung; **3.** armseliges Exemplar: *an a. for a meal* ein armseliger Ersatz für ein Essen.

apostrophe [ə'pɒstrəfɪ] *n.* Apostroph.

apparatus [ˌæpə'reɪtəs; *US:* ˌæpə'rætəs] *n.* **1.** Ausrüstung: *a piece of a.* ein Gerät; *breathing a.* Atemgerät(e); **2.** (*fig.*) Apparat: *government a.* Regierungsapparat.

apparent [ə'pærənt] *adj.* **1.** offenkundig: *it soon became a.* es wurde bald klar; **2.** augenscheinlich, scheinbar: *more a. than real* mehr Schein als Sein.

apparently [ə'pærəntlɪ] *adv.* offenbar, anscheinend: *a. not* offenbar nicht.

appeal [ə'pi:l] **I.** *n.* **1.** Bitte, Appell: *a. for help* Hilferuf; **2.** Reiz: *have a wide a.* großen Anklang finden; *lose one's a.* seinen Reiz verlieren; **3.** (*jur.*) Berufung, Revision: *lodge an a.* Revision einlegen; *court of a.* höhere Instanz; *right of a.* Berufungsrecht; **II.** **1.** *v.prep.:*

a. to s.o. (for s.th.) an jdn. appellieren; **2.** reizen: *roughing it has never ≈ed to me* das Übernachten im Freien hat mich nie gereizt; **3.** *v.t.; v.i.* (*jur.*) Berufung/Revision einlegen: *a. (a decision)* Berufung (gegen eine Entscheidung) einlegen.

appear [əˈpɪə] *v.i.* **1.** erscheinen, auftauchen: *a. on the horizon* am Horizont auftauchen; **2.** (*theat.*) auftreten; **3.** (*jur.*) erscheinen: *a. in court* vor Gericht erscheinen; **4.** (*Buch*) erscheinen; **5.** scheinen: *it would a. that …* es sieht ganz so aus, als ob …; *there ≈s to have been some trouble* es scheint etwas Ärger gegeben zu haben.

appearance [əˈpɪərəns] *n.* **1.** Erscheinen, Auftauchen: *put in an a.* sich blicken lassen; *to all ≈s* augenscheinlich; **2.** (*theat.*) Auftritt; **3.** (*jur.*) Erscheinen (*in court*); **4.** Erscheinungsbild: *judge by ≈s* nach dem Äußeren urteilen; *keep up ≈s* den Schein wahren; *for ≈s' sake; for the sake of ≈s* um den Schein zu wahren.

appendix [əˈpendɪks] (*pl.* **appendices** [əˈpendɪsiːz]) *n.* **1.** (*anat.*) Blinddarm: *have one's a. out* sich den Blinddarm herausnehmen lassen; **2.** (*Buch*) Anhang (*on weights and measures*).

appetite [ˈæpətaɪt] *n.* Appetit (*auch fig.*): *have an a. for s.th.* Verlangen nach etw. haben.

applaud [əˈplɔːd] **1.** *v.t.* Beifall spenden für (*a performance*); **2.** (*fig.*) gutheißen (*s.o.'s decision*); **3.** *v.i.* klatschen, applaudieren (*for five minutes*).

apple [ˈæpl] *n.* **1.** Apfel: *a. tree* Apfelbaum; **2.** (*fig.*) Apfel: *a. of discord* Zankapfel; *the a. of s.o.'s eye* jds. Liebling.

applicable [ˈæplɪkəbl] *adj.* anwendbar: *not a.* (*Formular*) nicht zutreffend; *delete as a.* (*Formular*) Nichtzutreffendes streichen.

applicant [ˈæplɪkənt] *n.* Bewerber(in): *job a.* Stellenbewerber(in).

application [æplɪˈkeɪʃn] *n.* **1.** Antrag: *on a.* auf Antrag; *a. form* Antragsformular; **2.** Bewerbung (*for a job*); **3.** Anwendung (*allg.*): *a. of the law* Anwendung des Rechts; *a. of scientific discoveries* Anwendung wissenschaftlicher Entdekkungen; **4.** Anwendung (*als Vorgang*): *for external a. only!* (*med.*) nur zur äußeren Anwendung!; *you'll have two ≈s per day* (*med.*) Sie bekommen zwei Anwendungen pro Tag; **5.** Eifer, Fleiß: *this project demands great a.* dieses Projekt erfordert viel Fleiß.

apply [əˈplaɪ] **1.** *v.t.* anwenden: *a. force as the last resort* Gewalt nur als letztes Mittel anwenden; *a. the rules of grammar to translation* die Regeln der Grammatik beim Übersetzen anwenden; *a. one's mind to s.th.* sich auf etw. konzentrieren; **2.** *v.refl.: a. o.s. to s.th.* sich auf etw. konzentrieren; **3.** *v.i.* sich bewerben (*for a job*); **4.** zutreffen: *this does not a. to everybody* das trifft nicht auf alle zu.

appoint [əˈpɔɪnt] *v.t.* **1.** ernennen: *she was ≈ed head* sie wurde zur Schulleiterin ernannt; *a. s.o. to a position* jdn. auf eine Stelle berufen; **2.** festlegen: *a. a date* einen Termin festlegen.

appointment [əˈpɔɪntmənt] *n.* **1.** Berufung, Ernennung: *public ≈s* (*Anzeige*) Stellenangebote im öffentlichen Dienst; *permanent a.* Berufung auf Lebenszeit; **2.** Termin: *by a. (only)* nur nach Vereinbarung; *make an a.* Termin vereinbaren; *≈s diary* Terminkalender; **3.** **≈s** *pl.* Ausstattung, Einrichtung.

appreciate [əˈpriːʃɪeɪt] **1.** *v.t.* zu

schätzen wissen: *her work was not ≈ed* die anderen wußten nicht, was sie an ihr hatten; **2.** dankbar sein für: *we'd a. it if you would help us* für Ihre Hilfe wären wir Ihnen sehr verbunden; **3.** verstehen: *I a. your difficulties* ich habe für Ihre schwierige Lage Verständnis; **4.** *v.i.* im Wert steigen: *house prices have ≈d lately* die Häuserpreise sind in der letzten Zeit gestiegen.

appreciation [əˌpriːʃɪˈeiʃn] *n.* **1.** Wertschätzung (*of s.o.'s contributions*); **2.** Dankbarkeit: *show one's a.* seine Dankbarkeit bezeugen; **3.** Verständnis (*of modern art*); **4.** Wertsteigerung.

apprehension [ˌæprɪˈhenʃn] *n.* **1.** Befürchtung, Besorgnis: *filled with a.* voller Besorgnis; **2.** (*arch.*) Erkennen; Verständnis; **3.** Festnahme (*of the murder suspect*).

apprehensive [ˌæprɪˈhensɪv] *adj.* besorgt (*about s.th.*).

apprentice [əˈprentɪs] **I.** *n.* Lehrling, Auszubildende(r): *a. electrician* Elektrikerlehrling; **II.** *v.t.* in die Lehre geben: *be ≈d to a plumber* bei einem Installateur/Klempner in der Lehre sein.

apprenticeship [əˈprentɪʃɪp] *n.* Lehre, Ausbildungsverhältnis: *serve one's a.* seine Lehre machen, in die Lehre gehen (*auch fig.*).

approach [əˈprəʊtʃ] **I. 1.** *v.i.* sich nähern; nahen: *winter is ≈ing* der Winter naht; **2.** *v.t.* sich nähern an: *a. the city* sich der Stadt nähern; **3.** (*fig.*) herankommen an (*Mozart's genius*); **4.** herantreten an, sich wenden an: *he was ≈ed by an unknown person* ein Unbekannter trat an ihn heran; *she is difficult to a.* an sie kommt man nur schwer heran; **5.** angehen (*a problem*); **II.** *n.* **1.** Herannahen (*of the teacher*); **2.** Zufahrtsweg: *all the ≈es were closed* alle Zufahrtswege waren gesperrt; *a. road* Zubringer; **3.** Herantreten, Ansprechen: *he is easy/difficult of a.* an ihn kommt man leicht/schwer heran; *make ≈es to s.o.* an jdn. herantreten; **4.** Ansatz, Herangehen (*to a problem*); **5.** Annäherung: *his nearest a. to success* sein bislang erfolgreichster Versuch.

appropriate[1] [əˈprəʊprɪət] *adj.* **1.** angemessen: *at the a. time* zur angemessenen Zeit; **2.** zuständig: *the a. body* die zuständige Behörde.

appropriate[2] [əˈprəʊprɪeɪt] *v.t.* **1.** sich aneignen (*s.o. else's money*); **2.** zuweisen (*£ 10 for the new hospital*).

approval [əˈpruːvəl] *n.* **1.** Zustimmung: *give one's a.* zustimmen; *meet with a.* auf Zustimmung stoßen; **2.** (*comm.*) *on a.* zur Ansicht.

approve [əˈpruːv] **1.** *v.prep.: a. of s.th.* etw. gutheißen: *I don't a. of drinking and driving* ich billige das Fahren unter Alkoholeinfluß nicht; **2.** *v.t.* genehmigen (*a scheme to build a motorway*).

approximately [əˈprɒksɪmətlɪ] (*Abkürzung:* **approx.**) *adv.* ungefähr, circa, etwa: *it'll cost a. £ 15,000* es wird etwa 15000 Pfund kosten.

April [ˈeɪprɪl] *n.* April: *A. fool!* April! April!; *A. Fool's Day* der Erste April.

apt [æpt] *adj.* **1.** passend: *an a. description* eine zutreffende Beschreibung; **2.** begabt: *she is very a. at translating* sie ist eine begabte Übersetzerin; **3.** (*pred.*) *be a. to do s.th.* zu etw. neigen: *I'm a. to forget things* ich bin sehr vergeßlich.

aptitude [ˈæptɪtjuːd] *n.* Eignung: *show great a. for s.th.* große Eignung für etw. unter Beweis stellen; *a. test* Eignungstest.

arch [ɑːtʃ] **I.** *n.* (Gewölbe-, Tor-)Bogen; **II. 1.** *v.i.* sich wölben; **2.** *v.t.* krümmen.

architect ['ɑ:kɪtekt] *n.* Architekt (*auch fig.*): *he was the a. of the National Health Service* er war der Begründer des nationalen Gesundheitsdienstes.

architecture ['ɑ:kɪtektʃə] *n.* Architektur.

are [ɑ:; schwache Form: ə] → **be**.

area ['eərɪə] *n.* **1.** (*geom.*) Fläche: *be 16 square metres in a.* 16 Quadratmeter groß sein; **2.** Region, Gebiet: *in the London a.* im Londoner Gebiet; *commercial a.* Geschäftsviertel; *a. code* (*tel.*) Vorwahl; **3.** Bereich: *reception a.* Empfangsbereich; *service a.* (*Autobahn*) Raststätte; **4.** (*fig.*) Bereich: *a. of responsibility* Verantwortungsbereich; *grey a.* Grauzone; *a. of study* Studiengebiet.

aren't [ɑ:nt] Kurzform von: **are not** → **be**.

argue ['ɑ:gju:] **1.** *v.i.* sich streiten (*about/over s.th.*); **2.** *v.t.* argumentieren, den Standpunkt vertreten: *a. a point for hours* einen Standpunkt stundenlang begründen; *a. against the proposed reform* gegen den Reformvorschlag argumentieren; **3.** überreden (*s.o. into doing s.th.*); **4.** erkennen lassen (*a good grasp of the subject*).

argument ['ɑ:gjʊmənt] *n.* **1.** Auseinandersetzung, Streit: *have an a.* sich streiten (*over s.th.*); **2.** Diskussion: *without further a.* ohne weitere Diskussion; **3.** Argument (*against/for s.th.*); **4.** Aussage, These.

arise* [ə'raɪz] *v.i.* **1.** aufkommen, entstehen: *some difficulties have arisen* es sind einige Schwierigkeiten aufgetaucht; **2.** sich ergeben (*out of/from s.th.*); **3.** (*arch.*) aufstehen, sich erheben.

arithmetic [ə'rɪθmətɪk] *n.* Rechnen.

arm[1] [ɑ:m] **I.** *n.* **1.** (*anat.*) Arm: *a. in a.* Arm in Arm; *take s.o. in one's ≈s* jdn. in die Arme nehmen; *twist s.o.'s a.* (*fig.*) jdn. unter Druck setzen; *cost s.o. an a. and a leg* (*coll.*) jdn. ein Heidengeld kosten; **2.** Ärmel; **3.** (*fig.*) Arm (*of a river*); **4.** (*fig.*) Zweig, Abteilung.

arm[2] **I. 1.** *v.t.* bewaffnen (*o.s./s.o. with s.th.*); **2.** *v.i.* sich bewaffnen, ausrüsten: *≈ed to the teeth* (*fig.*) bis an die Zähne bewaffnet; **II. ≈s** *pl.* Waffen: *take up ≈s* zu den Waffen greifen; *≈s race* Wettrüsten; *be up in ≈s* (*fig.*) entrüstet sein.

army ['ɑ:mɪ] *n.* Armee (*auch fig.*).

around [ə'raʊnd] **I.** *adv.* **1.** herum: *look all a.* sich nach allen Seiten umsehen; *know one's way a.* sich vor Ort auskennen; **2.** umher: *there were bits of paper lying a. everywhere* überall lagen Papierfetzen herum; **3.** (*Kehrtwende*) herum: *turn a.* herumdrehen; umkehren; **II.** *prep.* **1.** (*Ort*) um, herum: *travel a. the world* Weltreise machen; **2.** in der Nähe: *did you see her a. here?* hast du sie in der Nähe gesehen?; **3.** (*Kreis*) um: *jog a. the housing estate* um die Siedlung herum joggen; **4.** (etwa) um: *see you a. Easter* (also dann,) bis Ostern.

arouse [ə'raʊz] *v.t.* **1.** aufwecken (*s.o. from his sleep*); **2.** anspornen, erregen (*s.o.'s suspicions*).

arrange [ə'reɪndʒ] **1.** *v.t.* ordnen (*books on the shelf*); **2.** arrangieren, organisieren: *a. a celebration for visitors* eine Feier für Besucher organisieren; *a. a marriage* Ehe stiften; **3.** (*mus.*) bearbeiten, arrangieren; **4.** *v.prep.: a. for s.o. to do s.th.* dafür sorgen, daß jd. etw. tut.

arrangement [ə'reɪndʒmənt] *n.* **1.** Anordnung: *seating a.* Sitzordnung; *flower a.* Blumengebinde; **2.** Vorbereitung, Verabredung: *travel ≈s* Reisevorbereitungen; **3.** Vereinbarung: *by a.* nach Vereinbarung; *come to an a.* sich einigen; **4.** (*mus.*) Bearbeitung, Arrangement.

arrest [əˈrest] **I.** *v.t.* **1.** festnehmen (*s.o. on suspicion of murder*); **2.** zu Ende bringen: *a. the growth of s.th.* das Wachstum von etw. zum Erliegen bringen; **3.** (*fig.*) fesseln, faszinieren (*s.o.'s attention*); **II.** *n.* Festnahme; Verhaftung: *issue a warrant for s.o.'s a.* einen Haftbefehl für jdn. ausstellen.

arrival [əˈraɪvəl] *n.* **1.** Ankunft: *on a.* bei Ankunft; **2.** Ankömmling: *we're expecting a new a. in the family* wir erwarten Nachwuchs; *late ≈s* Nachzügler (*auch fig.*).

arrive [əˈraɪv] *v.i.* **1.** ankommen: *a. on time* pünktlich ankommen; *a. at a decision* (*fig.*) zu einer Entscheidung gelangen; **2.** Erfolg haben, es geschafft haben: *when you have a Rolls, you know you have ≈d* wenn du einen Rolls-Royce hast, dann weißt du, daß du ein gemachter Mann bist.

arrow [ˈærəʊ] **I.** *n.* Pfeil (*auch als Zeichen*): *straight as an a.* schnurgerade; **II.** *v.t.* (*Skizze*) mit Pfeilen versehen.

art [ɑːt] *n.* **1.** Kunst: *medieval a.* Kunst des Mittelalters; *a. gallery* Kunstgalerie; **2.** Kunst, Geschick: *doing that is quite an a.* dazu gehört schon Geschick; *that's an a. in itself* das ist eine Kunst für sich; **3.** *the* ≈**s** *pl.* die schönen Künste; **4.** ≈**s** *pl.* Geisteswissenschaften.

article [ˈɑːtɪkl] **I.** *n.* **1.** Gegenstand: *a. of clothing* Kleidungsstück; *a. of value* Wertgegenstand; *toilet ≈s* Toilettenartikel; **2.** Artikel, Aufsatz, Beitrag: *leading a.* (*Zeitung*) Leitartikel; **3.** (*jur.*) Artikel, Paragraph: *≈s of apprenticeship* Lehrvertrag; **4.** (*gram.*) Artikel: *definite/indefinite a.* bestimmter/unbestimmter Artikel; **II.** *v.t.* in die Lehre geben: *be an ≈ed clerk* juristische Ausbildung (in einem Anwaltsbüro) machen.

artificial [ˌɑːtɪˈfɪʃəl] *adj.* **1.** künstlich (*flowers*): *a. insemination* (*biol.*) künstliche Befruchtung; *a. respiration* (*med.*) künstliche Beatmung; **2.** unecht, vorgetäuscht (*smile*).

artist [ˈɑːtɪst] *n.* Künstler(in): *≈'s impression* Skizze (*of the hotel instead of a photograph*).

as [æz; unbetont: əz] **I.** *prep.* **1.** (*Funktion, Rolle*) als: *work a. a nightwatchman* als Nachtwächter arbeiten; *her qualities a. a teacher* ihre Eigenschaften/Vorzüge als Lehrerin; **2.** *in Verbindung mit anderen Präpositionen: a. against* im Vergleich zu (*last year*); *a. of/from* mit Wirkung von (*January*); *a. for/to* in bezug auf, was … betrifft; **II.** *conj.* **1.** wie: *examples such a. the following* Beispiele wie die folgenden; *a. … a.* so … wie …: *she knows a. much a. he* sie weiß soviel wie er; *we did a. little a. we could in the circumstances* wir taten so wenig, wie wir unter den Umständen tun konnten; **2.** (*vor Nebensätzen*) wie: *a. you know* wie du weißt; *a. I said* wie ich (schon) sagte; *a. things stand, …* wie die Dinge liegen, …; **3.** (*vor Nebensätzen*) während, als: *we noticed a. we were leaving* als wir gerade abfuhren, merkten wir es; **4.** (*vor Nebensätzen*) in dem Maße, wie …: *save a. you earn* (*Abkürzung: SAYE*) sparen Sie (Geld an) in dem Maße, wie sie Einkünfte haben; **5.** (*vor Nebensätzen*) weil, da: *a. I was on my own …* da ich allein war, …; **6.** (*vor Nebensätzen, aber nach Adj. bzw. Adv.*) obwohl, so … auch: *bright a. he is …* so intelligent er auch ist / sein mag, …; *much a. I regret …* so sehr ich auch … bedaure, …; **7.** (*vor Nebensätzen nach betontem »so« bzw. »such«*) so: *it was so hot a. to rule out cycling* es war so heiß, daß Radfahren nicht in Frage kam; *you can have my notes such a. they are* du kannst meine Unterlagen haben, (so) wie sie sind (*d.h. nicht bes. gut*); **8.** (*vor Nebensätzen nach »so«*) damit: *he said nothing so a. not to embarrass them* er sagte nichts, um sie nicht in Verlegenheit zu bringen; **9.** (*zusammen mit »if« oder »though« vor Nebensätzen*) als ob: *it isn't a. if/though we didn't know* es ist nicht so, als wüßten wir nicht Bescheid; *it looks a. if we'll have to wait* es sieht ganz so aus, als ob/daß wir warten müssen; *a. if I cared!* ist mir doch egal!; **10.** (*als koll. Ersatz für Relativpronomen*): *the bloke a. called last night* der Kerl, der gestern abend vorbeikam; **11.** *a. it were* sozusagen: *she is a modern tyrant a. it were* sie ist sozusagen ein moderner Tyrann; **III.** *adv.* (*in Vergleichen*) so: *a. good a.* so gut wie; *a. often a. you like* so oft, wie du willst; *a. soon a. possible (Abkürzung: asap)* so bald wie möglich.

ash[1] [æʃ] *n.* Asche: *volcanic a.* Vulkanasche; *reduced to ≈es* völlig niedergebrannt; *in sackcloth and ≈es* (*fig.*) in Sack und Asche.

ash[2] *n.* (*bot.*) Esche.

ashamed [əˈʃeɪmd] *adj.* beschämt: *feel a.* sich schämen; *you ought to be a. of yourself* du solltest dich schämen.

Asian [ˈeɪʃn; *US:* eɪʒn] **I.** *adj.* asiatisch; **II.** *n.* Asiate, Asiatin.

Asiatic [ˌeɪʃɪˈætɪk; *US:* ˌeɪʒɪˈætɪk] **I.** *adj.* asiatisch; **II.** *n.* (*pej.*) Asiat, Asiatin.

aside [əˈsaɪd] **I.** *adv.* **1.** zur Seite, beiseite: *step a.* beiseite treten (*auch fig.*); **2.** *a. from* abgesehen von; **II.** *n.* (*theat.*) Nebenbemerkung (*an das Publikum gerichtet*).

ask [ɑːsk] *v.t.* **1.** fragen: *a. s.o. a question* jdm. eine Frage stellen; *if you a. me* wenn Sie mich fragen; *you may well a.* die Frage ist berechtigt; **2.** bitten: *a. s.o. a favour; a. a favour of s.o.* jdn. um einen Gefallen bitten; *a. (s.o.'s) permission* (jdn.) um Erlaubnis bitten; **3.** verlangen: *a. too much* zuviel verlangen; **4.** einladen: *a. s.o. in* jdn. zu sich einladen; **5.** *in Phrasen und präp.V.: a. after s.o.* sich nach jdm. erkundigen; *a. around* herumfragen; *a. back* zurückfragen; (im Gegenzug) zu sich einladen; *a. in* hereinbitten; *a. s.o. out* jdn. (zum Essen / ins Kino) einladen; *a. up* heraufbitten; hereinlassen (*boyfriend*).

asleep [əˈsliːp] *adj.* (*pred.*) schlafend, eingeschlafen: *she's a. now* jetzt schläft sie; jetzt ist sie eingeschlafen.

ass [æs] *n.* Esel (*bes. fig.*): *make an a. of o.s.* sich blamieren, sich zum Esel machen.

assemble [əˈsembl] **1.** *v.t.* versammeln (*all the pupils in the hall*): *the ≈d company* die Versammlung; **2.** zusammenstellen: *a. the evidence* das Beweismaterial zusammenstellen; *a. a grandfather clock* eine Standuhr zusammenbauen; **3.** *v.i.* sich versammeln.

assembly [əˈsemblɪ] *n.* **1.** Versammlung: *meet in open a.* sich öffentlich versammeln; **2.** Montage: *a. line* Fließband.

assert [əˈsɜːt] **1.** *v.t.* (nachdrücklich) behaupten: *a. one's innocence* seine Unschuld beteuern; **2.** geltend machen: *a. one's authority* seine Autorität geltend machen; *a. one's* *rights* seine Rechte durchsetzen; **3.** *v.refl.: a. o.s.* sich durchsetzen.

assess [ə'ses] *v.t.* **1.** schätzen, taxieren: *a. the damage* den Schaden taxieren; **2.** (*fig.*) einschätzen (*s.o.'s chances*).

assessment [ə'sesmənt] *n.* **1.** Schätzung, Bewertung: *continuous a.* (*Schule*) regelmäßige Notengebung; *tax a.* Steuerbescheid; **2.** Einschätzung, Beurteilung (*of the situation*).

assign [ə'saɪn] *v.t.* **1.** zuweisen, zuteilen: *a. a task to s.o.* jdm. eine Aufgabe stellen; *a. s.o. to a class* jdn. in eine Klasse einweisen; **2.** festsetzen: *a. a day* einen Termin festlegen; **3.** (*jur.*) übereignen (*one's property*).

assignment [ə'saɪnmənt] *n.* **1.** Aufgabe, Auftrag; **2.** Berufung (*to the position of headmaster*); **3.** Zuweisung, Aufgabenverteilung; **4.** (*jur.*) Übereignung.

assist [ə'sɪst] *v.t.* helfen (*s.o. in/with s.th.*): *a. the police (with their enquiries)* von der Polizei vernommen werden.

assistance [ə'sɪstəns] *n.* Hilfe: *can I be of any a.?* kann ich helfen?; *require a.* Hilfe brauchen.

assistant [ə'sɪstənt] *n.* Helfer(in), Assistent(in): *a. manager* stellvertretender Leiter; *shop a.* Verkäufer(in).

associate **I.** [ə'səʊʃɪeɪt; ə'səʊsɪeɪt] **1.** *v.t.* in Verbindung bringen: *I a. him with motorbikes* ich assoziiere ihn mit Motorrädern; *anyone ≈d with terrorism* jeder, der mit Terrorismus in Verbindung steht/assoziiert wird; **2.** *v.prep.: a. with* verkehren mit (*the wrong sort of people*); **3.** *v.refl.: a. o.s. with s.th.* sich einer Sache anschließen; **II.** *n.* [ə'səʊʃɪət; ə'səʊsɪət] Partner, Teilhaber: *business a.* Geschäftspartner.

association [əˌsəʊsɪ'eɪʃn; əˌsəʊʃɪ'eɪʃn] *n.* **1.** Verbindung: *in a. with* in Verbindung mit; *work in a. with s.o.* mit jdm. zusammenarbeiten; **2.** Assoziation, Gedankenverbindung: *water has unpleasant ≈s for me* Wasser hat für mich unangenehme Assoziationen; **3.** Vereinigung, Verband: *professional a.* Berufsverband; *trade a.* Fachverband.

assume [ə'sju:m] *v.t.* **1.** annehmen, vermuten: *I a. so/not* das nehme ich (nicht) an; *a. s.o. to be innocent until he is proved guilty* jdn. für unschuldig halten, solange seine Schuld nicht erwiesen ist; **2.** vorgeben, vortäuschen: *live under an ≈d name* unter falschem Namen leben; **3.** übernehmen, annehmen: *a. new responsibilities* neue Aufgaben übernehmen; **4.** annehmen, bekommen: *the problem has ≈d massive proportions* das Problem hat riesige Dimensionen angenommen.

assumption [ə'sʌmpʃn] *n.* **1.** Annahme, Vermutung: *on the a. that …* aufgrund der Annahme, daß …; **2.** Übernahme: *a. of power* Machtübernahme; **3.** Vortäuschung, Aufsetzen (*of an air of optimism*); **4.** *the A.* (*rel.*) Mariä Himmelfahrt.

assurance [ə'ʃɔ:rəns; *US:* ə'ʃuərəns] *n.* **1.** Versicherung, Zusicherung: *give an a.* eine Versicherung abgeben; **2.** Selbstvertrauen, Sicherheit: *possess a.* über Selbstvertrauen verfügen; **3.** (*GB*) Lebensversicherung.

assure [ə'ʃɔ; *US:* ə'ʃʊər] *v.t.* **1.** versichern, zusichern: *I a. you that …* ich versichere Ihnen, daß …; *you may rest ≈d …* (*comm.*) Sie dürfen versichert sein …; **2.** sichern, garantieren: *his success is ≈d* sein Erfolg ist sicher; **3.** (*GB*) (lebens)versichern: *the sum ≈d* die

Versicherungssumme; **4.** *v.refl.: a. o.s.* sich vergewissern.

astonish [ə'stɒnɪʃ] *v.t.* erstaunen: *it ≈es me that…* ich bin (schon) erstaunt, daß …; *we were ≈ed to learn that …* mit Verwunderung haben wir erfahren, daß … .

astonishment [ə'stɒnɪʃmənt] *n.* Erstaunen, Verwunderung: *(much) to our a.* zu unserer (großen) Verwunderung; mit Befremden.

at [æt; unbetont: ət] *prep.* **1.** (*Ort*) an, bei: *a. the baker's* beim Bäkker; *a. home* zu Hause; *arrive a. the station* am Bahnhof ankommen; *a. the top of the page* oben auf der Seite; **2.** (*Veranstaltungsort*) an, in: *a. school* in der Schule; *she's a. university* sie studiert; **3.** (*Richtung*) auf, gegen: *aim a. s.th.* auf etw. zielen (*auch fig.*); *look a. s.th.* sich etw. anschauen; *shout a. s.o.* jdn. anschreien; **4.** (*Tätigkeit*) bei: *he's a. it again* (*coll.*) er kann es nicht lassen; *while we' re a. it* da wir schon dabei sind; *she's good a. maths* in Mathe ist sie gut; **5.** (*Zeit*) zu, in: *a. my age* in meinem Alter; *a. the beginning (of…)* zu Anfang; *a. the moment* zur Zeit; *a. Christmas* zu Weihnachten; *a. night* nachts; **6.** (*Tempo, Wert*) pro, zu: *the car was travelling a. 30 m.p.h* die Geschwindigkeit des Autos betrug 30 Meilen pro Stunde; *a. that price …* zu dem Preis …; **7.** (*Ursache*): *a. her request* auf ihren Wunsch; **8.** (*mit poss. Adj. und Superlativ*) am: *a. its best* in Hochform.

athlete ['æθliːt] *n.* Athlet(in): *≈'s foot* (*med.*) Fußpilz.

athletics [əθ'letɪks] *n. sg.* Leichtathletik.

atmosphere ['ætmə'sfɪə] *n.* Atmosphäre (*auch fig.*).

atom ['ætəm] *n.* Atom (*auch fig.*): *not an a. of truth* kein Körnchen Wahrheit.

atomic [ə'tɒmɪk] *adj.* Atom- (*energy*).

attach [ə'tætʃ] **1.** *v.t.* befestigen (*s.th. to s.th.*): *no strings ≈ed* (*fig.*) ohne Bedingungen; *a. a letter* einen Brief beifügen; **2.** (*fig.*) beimessen: *a. importance to s.th.* Wert auf etw. legen; *a. too much significance to s.th.* einer Sache zu große Bedeutung beimessen; **3.** *be ≈ed to s.o./s.th.* an jdm./etw. (sehr) hängen; **4.** *v.i.* haften, verbunden sein (*to s.o./s.th.*): *no blame ≈es to you* dich trifft keine Schuld.

attack [ə'tæk] **I.** *n.* **1.** Angriff (*auch fig.*): *come under a.* angegriffen werden; *launch an a.* angreifen; *leave o.s. open to a.* Angriffsflächen bieten; **2.** (*med.*) Anfall (*of asthma*); **II.** *v.t.* **1.** angreifen, überfallen; **2.** in Angriff nehmen (*a problem*); **3.** (*biol.; med.*) befallen, heimsuchen: *the disease ≈ed potato crops* die Seuche befiel Kartoffelfelder.

attempt [ə'tempt] **I.** *v.t.* versuchen: *a. an escape/to escape* Ausbruchsversuch machen; *≈ed murder* Mordversuch; **II.** *n.* **1.** Versuch (*at doing s.th.; to do s.th.*): *they made no a. to help us* sie bemühten sich erst gar nicht, uns zu helfen; **2.** (Rekord-)Versuch (*on the world record*); Anschlag (*on s.o.'s life*).

attend [ə'tend] **1.** *v.t.* besuchen, anwesend sein: *a. a meeting* bei einer Besprechung/Versammlung zugegen sein; *a. school regularly* regelmäßig die Schule besuchen; **2.** (*auch präp.V.*) sich kümmern um: *the family doctor ≈ed (to) her all the time* der Hausarzt kümmerte sich die ganze Zeit um sie; *are you being ≈ed to?* werden Sie schon bedient?; **3.** (*arch.*) begleiten, aufwarten: *the Queen was ≈ed by her ladies-in-waiting* die Königin wurde von ihren Hofdamen begleitet.

attendance [əˈtendəns] *n.* **1.** Teilnahme, Besuch: *a. at school* (regelmäßiger) Schulbesuch; *a. record* Teilnahmequote; *a. centre* (*GB*) Jugendstrafanstalt; **2.** Teilnehmerzahl (*of more than 40,000*); **3.** Aufwartung, Bedienung: *be in a. on s.o.* jdm. aufwarten; *dance a. on s.o.* jdn. von hinten und vorn bedienen.

attention [əˈtenʃn] *n.* **1.** Aufmerksamkeit: *a.!* (*mil.*) Achtung!; *pay a.* aufpassen (*to what is being said*); *attract (s.o.'s) a.* (jds.) Aufmerksamkeit auf sich ziehen; *draw s.o.'s a. to s.th.* jdn. auf etw. aufmerksam machen; *it has come/been brought to my a. that …* es ist mir zu Ohren gekommen, daß …; **2.** (*comm.*) *a. (Abkürzung: attn.) Mr Brown* z. Hd. von Herrn Brown.

attentive [əˈtentɪv] *adj.* aufmerksam: *listen ≈ly* aufmerksam zuhören.

attitude [ˈætɪtjuːd] *n.* **1.** Haltung, Einstellung (*to/towards s.o./s.th.*): *what's your a. to this idea?* wie stehen Sie zu diesem Vorschlag?; **2.** Pose: *strike a threatening a.* sich drohend gebärden.

attorney [əˈtɜːnɪ] *n.* **1.** Bevollmächtigter: *power of a.* (Handlungs-)Vollmacht; **2.** (*US*) (Rechts-)Anwalt: *A. General* Generalbundesanwalt; *district a.* (Bezirks-)Staatsanwalt.

attract [əˈtrækt] *v.t.* **1.** (*phys.*) anziehen (*magnet*); **2.** anziehen: *feel ≈ed by s.o./s.th.* von jdm./etw. angezogen werden; *the government is trying to a. Japanese investors* die Regierung versucht, japanische Investoren anzulocken; **3.** (*comm.*) (*Steuer*) unterliegen: *wines and spirits a. excise duty* Weine und Spirituosen unterliegen der Warensteuer.

attraction [əˈtrækʃn] *n.* **1.** Anziehungskraft: *a package holiday has little a. for me* eine Pauschalreise ist für mich nicht besonders attraktiv; **2.** Attraktion.

attractive [əˈtræktɪv] *adj.* **1.** attraktiv, verlockend (*price*); **2.** (*phys.*) Anziehungs- (*force*).

attribute I. [əˈtrɪbjuːt] *v.t.* zuschreiben, beimessen (*importance to s.th.*); **II.** [ˈætrɪbjuːt] *n.* Attribut, Merkmal.

audience [ˈɔːdɪəns] *n.* **1.** Zuhörer, Publikum; **2.** Audienz (*with the Pope*).

August [ˈɔːgəst] *n.* August.

aunt [ɑːnt; *US:* ænt] *n.* **1.** Tante; **2.** *(coll.)* Tante (*Bezeichnung für Nachbarin bzw. Bekannte*).

Australian [ɒˈstreɪlɪən] **I.** *adj.* australisch; **II.** *n.* Australier(in).

Austrian [ˈɒstrɪən] **I.** *adj.* österreichisch; **II.** *n.* Österreicher(in).

author [ˈɔːθə] *n.* **1.** Autor, Verfasser; **2.** Urheber.

authoritarian [ɔːˌθɒrɪˈteərɪən] **I.** *adj.* autoritär (*regime*); **II.** *n.* autoritärer Mensch.

authority [ɔːˈθɒrɪtɪ] *n.* **1.** Vollmacht, Befehlsgewalt: *who is in a.?* wer hat das Sagen?; *exercise one's a.* seine Vollmacht ausüben; *have (the) a. to do s.th.* zu etw. berechtigt sein; **2.** Behörde: *local a.* Kommunalbehörde; **3.** Autorität, Ansehen: *be a leading a. on s.th.* eine Koryphäe auf einem Gebiet sein; **4.** Beleg: *don't forget to quote your authorities* vergessen Sie nicht, alle Belegstellen anzugeben.

authorize [ˈɔːθəraɪz] *v.t.* bevollmächtigen, ermächtigen (*s.o. to do s.th.*); genehmigen (*payment*).

auto ['ɔ:təʊ] *n.* (*US*) Auto.

automatic [ˌɔ:tə'mætɪk] **I.** *adj.* **1.** (*techn.*) automatisch (*rifle*); **2.** (*allg.*) automatisch (*pay increase*); **II.** *n.* automatische Waffe/Waschmaschine; Auto mit Automatikgetriebe.

automobile ['ɔ:təməbi:l] *n.* (*bes. US*) Automobil.

autumn ['ɔ:təm] (*GB*) *n.* Herbst: *a. holidays* Herbstferien.

availability [əˌveɪlə'bɪlɪtɪ] *n.* Verfügbarkeit.

available [ə'veɪləbl] *adj.* **1.** verfügbar, lieferbar: *make s.th. a. to s.o.* jdm. etw. zur Verfügung stellen; **2.** (*Person*) zu sprechen: *I shall not be a. for a while* für einen gewissen Zeitraum bin ich (für niemanden) zu sprechen.

avenue ['ævənju:] *n.* **1.** Allee; **2.** (*fig.*) Weg (*to fame*): *explore every a.* nichts unversucht lassen.

average ['ævərɪdʒ] **I.** *n.* **1.** Durchschnitt: *on a.* im Durchschnitt; *above/below a.* über-/unterdurchschnittlich; **2.** (*Vers.*) Havarie; **II.** *adj.* durchschnittlich; **III.** *v.t.* durchschnittlich erreichen/verdienen (*£ 1,000 per week*).

avoid [ə'vɔɪd] *v.t.* vermeiden (*s.th.; doing s.th.*): *a. s.o.'s eye* jds. Blick ausweichen; *a. s.o./s.th. like the plague* jdn./eine Sache wie die Pest meiden; *a. tax* Steuer (legal) umgehen.

await [ə'weɪt] *v.t.* **1.** (passiv) erwarten: *we are ≈ing your instructions* wir erwarten Ihre Anweisungen; **2.** warten auf: *a shock ≈ed us* ein Schock wartete auf uns.

awake* [ə'weɪk] **I. 1.** *v.i.* aufwachen: *I awoke to the sound of a pneumatic drill* als ich wach wurde, hörte ich das Geräusch eines Preßlufthammers; **2.** *v.t.* wecken: *the nurse awoke the patient* die Krankenschwester weckte den Patienten; **3.** (*fig.*) bewußt machen: *the sight of the beggars awoke us to the fact that poverty is rife in this country* der Anblick der Bettler erinnerte uns daran, daß die Armut in unserem Land weitverbreitet ist; **II.** *adj.* (*pred.*) **1.** wach: *wide a.* hellwach; **2.** bewußt (*to s.th.*): *we must be a. to the dangers of extremism* wir müssen uns der Gefahren des Extremismus bewußt sein.

award [ə'wɔ:d] **I.** *v.t.* **1.** vergeben: *a. a prize* einen Preis vergeben; **2.** (*comm.*) vergeben: *a. a contract* einen Auftrag vergeben; **3.** (*jur.*) zusprechen: *a. damages* auf Schaden(s)ersatz erkennen; **II.** *n.* **1.** Auszeichnung, Preis; **2.** (*jur.*) (Schaden[s]ersatz-)Urteil.

aware [ə'weə] *adj.* **1.** (*pred.*) bewußt (*of s.o./s.th.*): *be (well) a. of the risks* sich (sehr wohl) der Risiken bewußt sein; *I'm not a. that anything happened* ich bin mir nicht bewußt, daß irgend etwas passiert ist; **2.** (*auch attr.*) aufgeschlossen, interessiert: *a politically a. person* jd., der politisch interessiert ist.

awareness [ə'weənəs] *n.* Bewußtsein: *show a. of the problem* Problembewußtsein zeigen.

away [ə'weɪ] **I.** *adv.* **1.** entfernt, weg: *miles a.* meilenweit entfernt (*auch fig.*); *a. on holiday* in Urlaub; **2.** (*Bewegung*) fort: *a. with it!* weg damit!; *run a.* fortlaufen (*from home/a problem*); *give everything a.* alles verschenken; (*fig.*) alles verraten; **3.** *in Phrasen: far and a.* bei weitem; *right a.* sofort; **II.** *adj.* (*attr.*) (*nur Sport*): *a. match* Auswärtsspiel.

awful ['ɔ:fəl] *adj.* **1.** schrecklich (*weather*): *an a. dilemma* ein schreckliches Dilemma; **2.** (*fig.*) schrecklich: *have an a. lot of work* schrecklich viel zu tun haben; *I'm*

≈ly sorry es tut mir schrecklich leid.

awkward ['ɔ:kwəd] *adj.* **1.** unbeholfen (*movements*); **2.** schwierig, ungünstig (*moment*): *stop being so a.!* stell dich nicht so an!; *a. age* schwieriges Alter; *a. customer* (*coll.*) schwieriger Zeitgenosse; **3.** peinlich: *I felt rather a.* es war mir sehr peinlich.

ax (*US*); **axe** (*GB*) [æks] **I.** *n.* Axt, Beil: *wield the a.* die Axt schwingen; (*fig.*) Leute entlassen; *have an a. to grind* ein persönliches Interesse (an etw.) haben; **II.** *v.t.* (*fig.*) kürzen, streichen (*500 jobs*).

B

baby ['beɪbɪ] **I.** *n.* **1.** (Klein-)Kind, Baby, Säugling: *be expecting a b.* schwanger sein; *have a b.* ein Kind bekommen; *be left holding the b.* (*fig.*) der Dumme sein; **2.** (*Tier*) Junges: *b. elephant* kleiner Elefant; **3.** (*coll.*) Baby, Waschlappen: *don't be such a b.!* stell dich nicht so an!; **4.** (*fig.*) Aufgabenbereich, Projekt; **5.** (*coll.*) Schätzchen; **II.** *v.t.* (jdn.) wie einen Säugling / (etw.) liebevoll behandeln.

bachelor ['bætʃələ] *n.* **1.** Junggeselle: *a confirmed b.* ein eingefleischter Junggeselle; **2.** (*akad. Grad*) Bakkalaureus (*of Arts/Science*).

back [bæk] **I.** *n.* **1.** (*anat.*) Rücken: *lie on one's b.* auf dem Rücken liegen; *break one's b.* (*fig.*) sich abrackern; *break the b. of s.th.* etw. in den Griff bekommen; *know s.th. like the b. of one's hand* etw. wie seine Westentasche kennen; *stand b. to b.* mit dem Rücken gegeneinander stehen; *turn one's b. on s.o.* sich von jdm. abwenden (*auch fig.*); **2.** (*fig.*) hinterer Teil: *at* (*GB*)*/in* (*US*) *the b. of the house* hinter dem Haus; *at the b. of my mind* (bei mir) im Hinterkopf; *live at the b. of beyond* (*coll.*) am Ende der Welt wohnen; **II.** *adj.* **1.** (*attr.*) Hinter-: *by the b. door* durch die Hintertür (*auch fig.*); *put s.th. on the b. burner* (*fig.*) etw. auf Eis legen; **2.** (*attr.*) früher(e, es) (*issue of the magazine*): *b. rent* ausstehende Miete; **3.** (*pred.*) zurück: *is she b.?* ist sie wieder da?; **III.** *adv.* **1.** hinten: *stand b.* Platz machen; **2.** zurück: *b. and forth* hin und her; *come b.* zurückkommen; **3.** zurück (*als Reaktion*): *write b.* zurückschreiben; *I'll pay him b.* das werde ich ihm heimzahlen; **IV. 1.** *v.t.* unterstützen (*a scheme*): *b. the wrong horse* aufs falsche Pferd setzen; **2.** zurücksetzen (*the car into the garage*); **3.** mit einem Rücken versehen (*a photo*); **4.** *in Phrasen und präp. V.: b. away (from s.th.)*; *b. down; b. out (of s.th.)* einen Rückzieher machen; sich geschlagen geben; *b. up* unterstützen.

background ['bækgraʊnd] *n.* **1.** Hintergrund: *in the b.* im Hintergrund (*auch fig.*); *against the b. of s.th.* vor dem Hintergrund von etw. (*auch fig.*); **2.** Herkunft: *educational b.* Bildung, schulischer Werdegang.

backward ['bækwəd] **I.** *adj.* **1.** nach hinten gerichtet (*look*): *a b. step* ein Schritt zurück (*auch fig.*); **2.** rückständig (*country*); zurückgeblieben (*child*); **II.** *adv.* → **backwards**.

backwards ['bækwədz] *adv.* rückwärts: *b. and forwards* hin und her; *bend/lean over b.* (*fig.*) sich alle erdenkliche Mühe geben; *know s.th. b.* etw. in- und auswendig kennen.

bacon ['beɪkən] *n.* Speck: *have b. and eggs for breakfast* Eier mit Speck zum Frühstück essen; *bring home the b.* (*fig.*) die Brötchen verdienen; *save one's b.* (*fig.*) seine Haut retten.

bad [bæd] → **worse**, **worst I.** *adj.* **1.** (*Qualität*) schlecht: *b. pronunciation* schlechte Aussprache; **2.** (moralisch) schlecht: *it's a b. thing to do* das sollte man nicht tun; *lead a b. life* ein moralisch verwerfliches Leben führen; *feel b. about s.th.* sich wegen etw. schämen; **3.** unangenehm, schlecht: *a spell of b. weather* eine Schlechtwetterperiode; *go through a b. time* schlimme Zeit durchmachen; *b.*

news schlimme Nachricht(en); *go from b. to worse* immer schlimmer werden; **4.** krank: *he's in a b. way* es geht ihm schlecht; **5.** verfault, ungenießbar: *go b.* verderben (*food*): *b. apples* faule Äpfel (*auch fig.*); **6.** (*comm.*) ungültig (*cheque*); uneinbringlich (*debts*); **7.** (*coll.*) *too b.!* schade! (*auch iron.*); **II.** *n.* (*nur Sg.*) **1.** das Schlechte/Böse: *good and b.* Gutes und Böses; *go to the b.* auf die schiefe Bahn geraten; **2.** *to the b.* (*comm.*) in den roten Zahlen.

badly ['bædlı] *adv.* **1.** (*Qualität*) schlecht: *do b.* schlecht abschneiden; *b. made* von schlechter Qualität; **2.** dringend: *be b. in need of s.th.* etw. dringend benötigen.

bag [bæg] **I.** *n.* **1.** (Hand-, Reise-, Einkaufs-)Tasche: *shopping b.* Einkaufstasche; *pack one's b.s* seine Koffer packen (*auch fig.*); *with b. and baggage* (*coll.*) mit Sack und Pack; **2.** (*Menge*) Sack: *a b. of coal/potatoes* ein Sack Kohle/Kartoffeln; **3.** Jagdtasche: *be in the b.* erbeutet sein; (*fig.*) erledigt sein; *get a good b.* reiche Beute machen; **4.** (*pej.*) *the old b.* die alte Ziege; **II.** *v.t.* **1.** (in Tüten/Säcken) verpacken; **2.** (*Jagd*) erlegen: *b. a table* (schnell) einen Tisch belegen.

baggage ['bægıdʒ] *n.* (Reise-)Gepäck.

bake [beık] **1.** *v.t.* backen (*a cake*); brennen (*bricks*); **2.** *v.i.* backen, gebacken werden: *the bread is baking* das Brot ist im Backofen; gebrannt werden (*pottery*); (*fig.*) in der Sonne liegen.

baker ['beıkə] *n.* Bäcker; *≈'s* (*shop*) Bäckerei.

balance ['bæləns] **I.** *n.* **1.** Gleichgewicht: *keep/lose one's b.* das Gleichgewicht halten/verlieren (*auch fig.*); **2.** (*fig.*) Gleichgewicht (*of power*): *hang in the b.* noch nicht entschieden sein; *strike a b.* Ausgleich/Kompromiß herbeiführen; **3.** (*comm.*) Saldo: *b. of trade* Handelsbilanz; *on b.* unter dem Strich; *b. sheet* Bilanz; **4.** Waage: *tip the b.* (*fig.*) den Ausschlag geben; **II.** **1.** *v.t.* balancieren, im Gleichgewicht halten; **2.** (*comm.*) ausgleichen: *b. the books* Bilanz machen; abwägen (*the pros against the cons*); **3.** *v.i.* Gleichgewicht halten (*on a bicycle*); **4.** (*comm.*) ausgeglichen sein: *the accounts don't b.* die Konten stimmen nicht.

bald [bɔ:ld] *adj.* **1.** (*Person*) glatzköpfig: *a b. head* eine Glatze; **2.** (*Baum, Landschaft*) kahl; (*Reifen*) abgefahren; **3.** (*fig.*) knapp, trocken (*statement of the facts*).

ball[1] [bɔ:l] *n.* **1.** (*Spiel, Sport*) Ball: *play b.* (*fig.*) mitspielen, mitmachen; *be on the b.* (*fig.*) auf Draht sein; *set/start the b. rolling* (*fig.*) den Stein ins Rollen bringen; *the b. is in your court* (*fig.*) jetzt bist du gefragt; **2.** Kugel: *meat b.* Bulette, Frikadelle; *b. of wool* Wollknäuel; **3.** (*anat.*) Ballen (*of the hand/foot*); **4.** **≈s** *pl.* (*Sg. selten*) (*coll.*) Eier, Sack: *he's got ≈s* (*fig.*) er hat Mumm; *he's got us by the ≈s* er hat uns in der Zange.

ball[2] *n.* (Tanz-)Ball: *have a b.* (*fig.*) sich amüsieren.

balloon [bə'lu:n] **I.** *n.* **1.** Ballon: *hot air b.* Heißluftballon; *when the b. goes up* (*fig.*) wenn die Bombe platzt; **2.** (*Comics*) Sprechblase; **II.** *v.i.* **1.** Ballonfahrt machen; **2.** sich blähen (*in the wind*).

banana [bə'nɑ:nə] *n.* **1.** Banane: *b. republic* Bananenrepublik; **2.** *go ≈s* (*coll.*) verrückt werden, durchdrehen.

band [bænd] **I.** *n.* **1.** Band: *rubber b.* Gummiband; Ring: *wedding b.* (*US*) Ehering; **2.** Streifen, Linie;

3. Bandbreite: *frequency b.* (*Radio*) Frequenzband; **4.** Gruppe, Bande: *b. of robbers* Räuberbande; **5.** Musikkapelle: *brass b.* Blasorchester; **II.** *v.i.*: *b. together* sich zusammenschließen.

bank[1] [bæŋk] **I.** *n.* **1.** Ufer (*of a lake/river*); **2.** Böschung, Damm; **3.** (*met.*) Bank (*of clouds*); **II. 1.** *v.t.* mit einer Böschung versehen; **2.** *v.i.* (*Motorrad*) sich in die Kurve legen; (*Flugzeug*) in Querlage gehen.

bank[2] **I.** *n.* **1.** Bank, Geldinstitut: *savings b.* Sparkasse; *b. account* Bankkonto; *b. raid* Banküberfall; *b. holiday* (*GB*) gesetzlicher Feiertag; **2.** Reservebestand: *blood b.* Blutbank; *data b.* Datenbank; **II. 1.** *v.t.* (auf ein Bankkonto) einzahlen; (bei einer Bank) hinterlegen; **2.** *v.i.* Bankkonto haben (*with the Midland*); **3.** *v.prep.*: *b. on/upon s.o./s.th.* sich auf jdn./etw. verlassen.

banknote ['bæŋknəʊt] *n.* Banknote, Geldschein.

bar [bɑ:] **I.** *n.* **1.** Riegel, Tafel (*of chocolate*): *iron b.* Eisenstange; **2.** Gitterstab: *behind ≈s* (*coll.*) hinter schwedischen Gardinen; **3.** (*fig.*) Hindernis, Schranke: *colour b.* Rassenschranke; **4.** (*jur.*) Gericht: *prisoner at the b.* Angeklagter; *the B.* die Anwaltschaft; *be called to the b.* zum (plädierenden) Anwalt (an höheren Gerichten) bestellt werden; **5.** Theke, Bar: *coffee b.* Café; **6.** (*mus.*) Taktstrich: *the opening ≈s* die ersten Takte; **7.** vertikaler Strich: *b. chart* Säulen-, Balkendiagramm; *b. code* Strichcode; **II.** *v.t.* **1.** sperren (*the road*); **2.** verschließen (*all the doors*); **3.** hindern (*s.o. from doing s.th.*); *b. s.o. in/out* jdn. einsperren/ausschließen; **III.** *prep.* außer: *b. none* ohne Ausnahme.

barber ['bɑ:bə] *n.* (Herren-)Friseur: *≈'s (shop)* (*GB*) / *b.-shop* (*US*) Friseurladen.

bare ['beə] **I.** *adj.* **1.** nackt, bloß: *b. to the waist* mit nacktem Oberkörper; kahl (*trees*); *lay s.th. b.* etw. enthüllen; **2.** leer: *a room b. of furniture* ein Zimmer ohne Möbel; **3.** knapp: *a b. majority* eine knappe Mehrheit; **II.** *v.t.* entblößen: *b. one's heart/soul to s.o.* jdm. sein Herz ausschütten; *b. one's teeth* mit den Zähnen fletschen.

barely ['beəlı] *adv.* kaum (*enough time*).

bargain ['bɑ:gın] **I.** *n.* **1.** Handel, Geschäftsabschluß: *it's a b.!* abgemacht!; *make/strike a b.* sich (auf einen Preis) einigen; *drive a hard b.* hart verhandeln; *keep one's side of the b.* sich (anders als die Gegenseite) an die Abmachung halten; *make the best of a bad b.* das Beste aus einer Sache machen; *into the b.* (*fig.*) obendrein; **2.** günstiges Angebot, Gelegenheitskauf: *a real b.* ein Schnäppchen; *b. price* günstiger Preis; **II.** *v.t.; v.i.* verhandeln (*with s.o. over s.th.*): *b. s.th. away* etw. leicht preisgeben (*auch fig.*); *b. for/on s.th.* (*fig.*) mit etw. rechnen: *that was more than he had ≈ed for* damit hatte er nicht gerechnet.

bark[1] [bɑ:k] **I.** *n.* (Baum-)Rinde, Borke; **II.** *v.t.* abschürfen (*one's knees*).

bark[2] **I.** *v.i.* bellen (*auch fig.*): *b. orders* laut Befehle erteilen; *b. up the wrong tree* (*fig.*) auf dem Holzweg sein; **II.** *n.* Bellen, Gebelle: *his b. is worse than his bite* (*fig.*) Hunde, die bellen, beißen nicht.

barn [bɑ:n] *n.* Scheune; (*US*) (Fahrzeug-)Depot.

barrel ['bærəl] *n.* **1.** Faß (*of beer*): *scrape (the bottom of) the b.* die letzten Reserven nutzen; *get/have* *s.o. over a b.* (*fig.*) jdn. in der Hand haben; **2.** Maßeinheit, bes. für Öl (*156 l.*); **3.** (*Schußwaffe*) Lauf.

barrier ['bærɪə] *n.* **1.** Schranke, Barriere: *crash b.* Leitplanke; **2.** (*fig.*) Schranke, Hindernis: *trade b.* Handelshemmnis.

barrister ['bærɪstə] *n.* (*England*) Anwalt (bei einem höheren Gericht).

base [beɪs] **I.** *n.* **1.** Sockel, Fuß (*of the mountain*); (*geom.*) Grundlinie; **2.** Basis, Grundlage; **3.** (*mil.*) Stützpunkt: *air/naval b.* Luftwaffen-/Marinestützpunkt; **4.** (*konkret*) Basis: *power b.* Machtbasis; *manufacturing b.* Industriestandort; **II. 1.** *v.t.* stützen: *be ≈ed on s.th.* auf etw. basieren; *b. a theory on s.th.* Theorie auf etw. stützen; **2.** (*mil.*) stationieren (*troops abroad*); *our company is ≈d in Manchester* der Sitz unserer Firma ist Manchester; **III.** *adj.* **1.** gemein, niedrig (*motives*); **2.** (*Metall*) unedel.

basement ['beɪsmənt] *n.* Kellergeschoß, Souterrain.

basic ['beɪsɪk] **I.** *adj.* **1.** grundlegend (*principles*); **2.** elementar, einfach: *my Russian is rather b.* meine Russischkenntnisse sind eher bescheiden; *b. salary* Grundgehalt; *b. vocabulary* Grundwortschatz; **II.** *n.* **≈s** *pl.* Grundlagen.

basis ['beɪsɪs] (*pl.* **bases** ['beɪsiːz]) *n.* Grundlage: *on the b. of* auf der Grundlage von; *on a firm b.* auf fester Grundlage; *work on a part-time b.* als Teilzeitkraft arbeiten.

basket ['baːskɪt] *n.* Korb: *shopping b.* Einkaufskorb; *waste paper b.* Papierkorb.

bath [bɑːθ] **I.** *n.* **1.** Bad (*als Vorgang*): *have* (*GB*)/*take* (*US*) *a b.* ein Bad nehmen; **2.** Badewanne: *run a b.* Badewanne einlaufen lassen; **3.** (*techn.*) Bad: *oil b.* Ölbad; **4.** Badezimmer; **5.** **≈s** *pl.* Badeanstalt; **II. 1.** *v.t.* baden (*the baby*); **2.** *v.i.* (sich) baden.

bathe [beɪð] **1.** *v.t.* baden (*one's eyes*); **2.** *v.i.* (*GB*) (*im Freien*) baden.

bathroom ['bɑːθruːm] *n.* **1.** (*GB*) Badezimmer; **2.** (*US*) Toilette.

battery ['bætərɪ] *n.* **1.** (*el.*) Batterie: *charge a b.* Batterie laden; *the b. has gone flat* die Batterie ist leer; *recharge one's batteries* (*fig.*) sich erholen; **2.** (*mil.*) Batterie; **3.** Legebatterie: *b. hens* Hühner in Intensivhaltung; **4.** Reihe: *a b. of questions* eine ganze Reihe von Fragen; **5.** (*jur.*) Körperverletzung.

battle ['bætl] **I.** *n.* Schlacht (*auch fig.*): *fight a losing b.* auf verlorenem Posten stehen; **II.** *v.i.* kämpfen: *b. for breath* nach Atem ringen.

bay [beɪ] *n.* **1.** Bucht: *the B. of Biscay* die Biskaya; **2.** (*fig.*) Bucht: *parking b.* Parkbucht; *sick b.* Krankenrevier.

be* [biː] *v.i.* **1.** sein, existieren: *is there life after death?* gibt es ein Leben nach dem Tod?; *once upon a time there was …* es war einmal…; *if I were you* an deiner Stelle; **2.** (*Befindlichkeit*): *how are you?* wie geht es Ihnen?; *I'm ravenous* ich habe einen Riesenhunger; **3.** (*Alter*) sein, werden: *she'll b. 35 next year* sie wird nächstes Jahr 35 Jahre alt; **4.** kosten: *that'll b. five pounds* das macht fünf Pfund; **5.** gehören: *this dictionary is mine* das Wörterbuch gehört mir.

beach [biːtʃ] **I.** *n.* Strand: *on the b.* am Strand; **II.** *v.t.* (*Schiff*) auf Strand setzen.

beam [biːm] **I.** *n.* **1.** Balken; **2.** (*Schiff*) Breite: *she's rather broad in the b.* (*fig.*) sie ist recht breithüftig; **3.** Strahl (*of sunlight*):

full/high/main b. (*Auto*) Fernlicht; *radio b.* Leitstrahl; **II.** *v.i.* strahlen (*auch fig.*): *she was ≈ing all over the face* sie strahlte über das ganze Gesicht.

bean [bi:n] *n.* Bohne: *coffee b.* Kaffeebohne; *be full of ≈s* (*coll.*) voller Energie sein.

bear[1]* ['beə] **1.** *v.t.* tragen (*a heavy burden*); **2.** halten, stützen (*a heavy load*); **3.** (*fig.*) tragen (*the responsibility*): *b. a name* einen Namen tragen; *b. the cost* die Kosten tragen; **4.** aufweisen, zeigen (*an inscription*): *b. no relation to s.th.* keine Beziehung zu etw. aufweisen; *b. witness to s.th.* etw. bezeugen; **5.** empfinden: *b. no hatred for s.o.* für jdn. keinen Haß empfinden; **6.** ertragen (*the noise*); **7.** gebären: *b. fruit* Früchte tragen (*auch fig.*); **8.** *v.i.* sich halten: *b. right* sich rechts halten; *b. with s.o.* jdm. zuhören; jdn. nicht verlassen; **9.** *v.prep.: b. on/upon s.th.* Bezug zu etw. haben; *b. up* durchhalten.

bear[2] *n.* **1.** Bär: *polar b.* Eisbär; **2.** (*Börse*) Baissier.

beard ['bɪəd] **I.** *n.* (Voll-)Bart; **II.** *v.t.* konfrontieren: *b. the lion in his den* (*fig.*) sich in die Höhle des Löwen wagen.

bearing ['beərɪŋ] *n.* **1.** Haltung, Verhalten; **2.** Bezug, Relevanz: *have no b. on s.th.* keine Auswirkung auf etw. haben; **3.** (*techn.*) Lager: *ball b.* Kugellager; **4.** Orientierung, Richtung: *lose one's ≈s* die Orientierung verlieren (*auch fig.*).

beast [bi:st] *n.* **1.** Tier: *b. of burden* Lasttier; **2.** (*pej.*) Biest, Ekel: *a b. of a problem* ein Heidenproblem.

beat* [bi:t] **I. 1.** *v.t.* schlagen: *b. the drum* die Trommel schlagen, trommeln (*auch fig.*); **2.** besiegen, schlagen: *b. s.o. at tennis* jdn. im Tennis schlagen; *b. s.o. at his own game* jdn. mit seinen eigenen Waffen schlagen; **3.** *v.i.* schlagen: *b. on the door* an die Tür klopfen; **4.** *in Phrasen und präp. V.: b. down* herunterprasseln (*rain*); brennen (*sun*); *b. s.o. down* (jdm. gegenüber) den Preis herunterhandeln; *b. in* einschlagen; *b. off* (*mil.*) zurückschlagen; *b. out* herausschlagen: *b. out s.o.'s brains* jdm. den Schädel einschlagen; *b. up* zusammenschlagen; **II.** *n.* **1.** Schlag; (*mus.*) Rhythmus; **2.** (*Polizei*) Rundgang, (Fuß-)Streife.

beautiful ['bju:tɪfʊl] *adj.* **1.** schön (*face, flower, poem*); **2.** herrlich (*auch iron.*).

beauty ['bju:tɪ] *n.* **1.** Schönheit: *b. is in the eye of the beholder* (*prov.*) schön ist, was gefällt; *b. queen* Schönheitskönigin; **2.** (*Person; Objekt*) Schönheit: *my bike is a real b.* (*coll.*) mein (Motor-)Rad ist ein Traum.

because [bɪ'kɒz] **1.** *conj.* weil; **2.** *prep.: b. of* wegen.

become* [bɪ'kʌm] **1.** *v.i.* werden: *they became friends* sie wurden Freunde; *it became clear that ...* es wurde klar, daß ...; *b. interested in s.th.* sich (nach und nach) für etw. interessieren; *what will b. of us?* was soll aus uns werden?; **2.** *v.t.* sich ziemen: *this sort of language does not b. an educated person* diese Sprechweise steht einem gebildeten Menschen nicht an.

bed [bed] **I.** *n.* **1.** Bett: *be in b.* im Bett liegen; *go to b.* zu Bett gehen; *go to b. with s.o.* mit jdm. schlafen; *put the children to b.* die Kinder ins Bett bringen; *as one makes one's b., so one must lie on it* (*prov.*) wie man sich bettet, so liegt man; **2.** (*geogr.*) Bett, Boden: *ocean b.* Meeresboden; **3.** Lagerstätte, Schicht (*of sand*); **4.** Beet: *flower b.* Blumenbeet; **II. 1.** *v.t.* pflanzen; **2.** *v.i.: b. down* nächtigen.

bedroom ['bedru:m] *n.* Schlafzimmer.

bee [bi:] *n.* Biene: *busy b.* (*coll.*) fleißige Biene; *have a b. in one's bonnet* (*coll.*) einen Fimmel haben.

beef [bi:f] *n.* Rindfleisch: *roast b.* Rinderbraten.

beer ['bɪə] *n.* Bier: *small b.* (*fig.*) unbedeutende Person/Sache; *not all b. and skittles* (*coll.*) kein reines Vergnügen.

beetle ['bi:tl] *n.* Käfer.

before [bɪ'fɔ:] **I.** *prep.* **1.** (*Zeit*) vor: *b. the end of the year* vor Ende des Jahres; *the day b. yesterday* vorgestern; *b. long* bald; **2.** (*Reihenfolge*) vor, wichtiger als: *put one's work b. anything else* seiner Arbeit die höchste Priorität einräumen; *ladies b. gentlemen* Damen haben Vortritt; **3.** (*Ort*) vor: *b. our (very) eyes* vor unseren Augen; *the task b. us* die vor uns liegende Aufgabe; **4.** (*Autorität*) vor: *b. the court* vor Gericht; *b. God* vor Gott; **II.** *adv.* vorher, zuvor: *never b.* noch nie; *I've heard this b.* das habe ich schon einmal gehört; *never b. in the history of mankind* nie zuvor in der Geschichte der Menschheit; **III.** *conj.* **1.** (*Zeit*) bevor: *b. you go* bevor du gehst; *b. the week is out* vor Ende der Woche; **2.** (*Präferenz*) eher als: *I'll die b. I tell you* lieber sterbe ich, als daß ich es dir sage.

beg [beg] **1.** *v.t.* betteln um: *b. (for) money* um Geld betteln; *≈ging letter* Bettelbrief; **2.** bitten um: *b. a favour of s.o.* jdn. um einen Gefallen bitten; *b. leave to do s.th.* um Erlaubnis für etw. bitten; *b. s.o.'s pardon* jdn. um Entschuldigung bitten.

beggar ['begə] **I.** *n.* Bettler(in): *you lucky b.!* du Glückspilz!; *≈s can't be choosers* (*prov.*) in der Not frißt der Teufel Fliegen; **II.** *v.t.* **1.** (jdn.) zum Bettler machen; **2.** *b. description* jeder Beschreibung spotten.

begin* [bɪ'gɪn] **1.** *v.t.* beginnen, anfangen: *b. to do/doing s.th.* etw. in Angriff nehmen; *I'm ≈ning to understand* langsam verstehe ich; **2.** *v.i.* beginnen, anfangen: *when does the course b.?* wann fängt der Kurs an?; *to b. with* zunächst einmal; *charity ≈s at home* (*prov.*) jeder ist sich selbst der Nächste.

beginning [bɪ'gɪnɪŋ] *n.* Anfang, Beginn: *at/in the b.* am Anfang; *from b. to end* von Anfang bis Ende; *the b. of the end* der Anfang vom Ende; *start from small ≈s* klein anfangen.

behalf [bɪ'hɑ:f; *US:* bɪ'hæf] *n. on* (*GB*)*/in* (*US*) *b. of* im Namen von: *act on/in s.o.'s b.* für jdn. handeln.

behave [bɪ'heɪv] **1.** *v.i.* sich verhalten (*well, badly*): *b. dreadfully* sich schrecklich benehmen; **2.** *v.refl.: b. o.s.* sich benehmen: *teach s.o. to b. himself* jdm. gute Manieren beibringen.

behavior (*US*); **behaviour** (*GB*) [bɪ'heɪvɪə] *n.* **1.** Verhalten (*of animals in captivity*); **2.** Benehmen: *be on one's best b.* sich von seiner besten Seite zeigen.

behind [bɪ'haɪnd] **I.** *prep.* **1.** hinter: *b. the house* hinter dem Haus; *what's b. all this?* (*fig.*) was steckt dahinter?; *we're b. you* wir stehen hinter dir (*auch fig.*); **2.** im Rückstand: *we're b. schedule* wir sind im Verzug; **II.** *adv.* **1.** dahinter: *be a long way b.* weit hinten sein; *stay b.* zurückbleiben; **2.** im Rückstand: *be b. in/with one's work* mit seiner Arbeit im Rückstand sein.

belief [bɪ'li:f] *n.* Glaube: *b. in God* Glaube an Gott; *beyond b.* unglaublich; *to the best of my knowledge and b.* nach bestem Wissen und Gewissen.

believe [bɪ'li:v] **1.** *v.t.* glauben: *I b.*

so/not das glaube ich (nicht); *b. it or not* ob Sie es glauben oder nicht; *I can well b. it* das kann ich mir gut vorstellen; *b. (you) me* das können Sie mir glauben; *don't you b. it!* alles Quatsch!; (*mit Infinitivkonstruktion*) *b. s.o. to be/do s.th.* etw. von jdm. glauben: *he is ≈d to be in Brazil* man vermutet, daß er in Brasilien ist; **2.** *v.prep.: b. in s.th.* an etw. glauben (*God*); *I don't b. in cold showers* ich halte nicht viel davon, kalt zu duschen.

bell [bel] *n.* **1.** Glocke, Schelle: *ring a b.* Glocke läuten; schellen; *that rings a b.* (*coll.*) das erinnert mich an etwas; **2.** Läuten: *was that the b.?* hat es geschellt?.

belly ['belɪ] *n.* Bauch: *b. landing* Bauchlandung.

belong [bɪ'lɒŋ] **1.** *v.i.* gehören: *where does this b.?* wohin gehört das?; *I b. here* hier fühle ich mich zu Hause; **2.** *prep.: b. to* gehören zu: *this dictionary ≈s to me* das Wörterbuch gehört mir.

below [bɪ'ləʊ] **I.** *prep.* unter, unterhalb von: *b. the belt* unterhalb der Gürtellinie; *this is way b. the usual standard* das ist deutlich unterhalb des üblichen Niveaus; *is that b. you?* ist das unter Ihrer Würde?; **II.** *adv.* unten: *live on the floor b.* ein Stockwerk tiefer wohnen; *go b.* (*Schiff*) unter Deck gehen; *5 degrees b.* 5 Grad unter Null.

belt [belt] **I.** *n.* **1.** Gürtel: *tighten one's b.* (*fig.*) den Gürtel enger schnallen; *conveyor b.* Transportband; *fan b.* (*techn.*) Keilriemen; **2.** (*fig.*) Gürtel: *Cotton B.* (*US*) Baumwollanbaugebiet; *green b.* Grüngürtel; *stockbroker b.* (*GB*) vornehme Wohngegend südwestlich von London; **II. 1.** *v.t.* (mit dem Lederriemen) schlagen (*his son every night*); **2.** *v.i.* rasen (*down the road*); **3.** *v.prep.: b. off* davonsausen; *b. up* (*coll.*) das Maul halten.

bench [bentʃ] *n.* **1.** Bank: *park b.* Parkbank; **2.** (*fig.*) Bank: *the government ≈es* die Regierungsbank; **3.** (*jur.*) Gericht: *be appointed to the b.* zum Richter bestellt werden.

bend* **1.** *v.t.* biegen: *b. an iron bar* eine Eisenstange biegen; *b. the rules* (*fig.*) die Regeln recht großzügig auslegen; *b. the law* das Gesetz beugen; **2.** beugen: *on ≈ed knees* auf Knien; kniefällig; *be bent on s.th.* zu etw. fest entschlossen sein; **3.** *v.i.* sich biegen (*the tree in the wind*); **4.** sich beugen: *b. down* sich bücken; *b. over backwards* (*fig.*) sich alle erdenkliche Mühe geben, sich krummlegen.

beneath [bɪ'niːθ] **I.** *prep.* **1.** unter, unterhalb von: *feel the ground b. one's feet* den Boden unter den Füßen spüren; **2.** (*fig.*) unter: *it is b. you* es ist unter deiner Würde; *b. contempt* unter aller Kritik; **II.** *adv.* unten, unterhalb: *the village b.* das unten gelegene Dorf.

benefit ['benəfɪt] **I.** *n.* **1.** Vorteil, Nutzen: *derive b. from s.th.* Nutzen aus etw. ziehen; *for s.o.'s b.* zu jds. Nutzen; *give s.o. the b. of the doubt* (*jur.*) im Zweifel zu jds. Gunsten entscheiden; **2.** Unterstützung: *social security ≈s* Sozialleistungen; *fringe ≈s* freiwillige Leistungen des Arbeitgebers; **II. 1.** *v.t.* nützen (*everybody*); **2.** *v.i.* profitieren (*from s.th.*).

berry ['berɪ] *n.* Beere: *as brown as a b.* (*coll.*) braungebrannt.

beside [bɪ'saɪd] *prep.* **1.** neben, an: *b. the sea* am Meer (gelegen); **2.** (*Vergleich*) neben: *b. his other dictionaries* neben/im Vergleich zu seinen anderen Wörterbüchern; *that's b. the point* das hat damit nichts zu tun; **3.** *be b. o.s.* (*coll.*) außer sich sein (*with rage*).

besides [bɪ'saɪdz] **I.** *prep.* außer: *she has no relations b. her sister* außer ihrer Schwester hat sie keine Verwandten; **II.** *adv.* außerdem: *b., I have enough on my plate* außerdem habe ich genug zu tun.

best [best] **I.** *adj.* **1.** beste(r, s): *the b. thing that could happen to us* das Beste, was uns passieren konnte; *put one's b. foot forward* sich Mühe geben; *with the b. will in the world* beim besten Willen nicht; **2.** größer(e, es): *for the b. part of the month* fast den ganzen Monat; **II.** *adv.* am besten: *you know b.* Sie müssen es am besten wissen; *she was b. known for …* sie war hauptsächlich bekannt wegen …; *for reasons b. known to himself* aus ureigensten Gründen; *as b. one can* so gut man kann; **III.** *n.* **1.** der/die/das Beste: *only buy the b.* nur das Beste kaufen; *I wish you all the b.* ich wünsche dir alles Gute; *try one's level b.* sein Bestes geben; *make the b. of s.th.* das Beste aus etw. machen; *to the b. of one's ability* nach besten Kräften; *be at one's b.* in Hochform sein; **2.** *pl.: the b.* die Besten (*of the class*).

bet* [bet] **I.** *v.t.* wetten (*s.o. £ 100*): *b. you!* (*coll.*) wetten?; *you b.* (*coll.*) darauf kannst du Gift nehmen; **II.** *n.* Wette: *win/lose a b.* Wette gewinnen/verlieren; *hedge one's ≈s* auf Nummer Sicher gehen.

better ['betə] **I.** *adj.* **1.** besser(e, es): *against one's b. judgment* wider besseres Wissen; *have seen b. days* bessere Tage gesehen haben; *my b. half* (*coll.*) meine bessere Hälfte; **2.** (→ **well**) (gesundheitlich) besser (*nur präd.*): *she's b. today* es geht ihr heute besser; **3.** größer(e, es): *the b. part* der größte Teil; **II.** *adv.* besser: *know b.* es besser wissen; *b. late than never* (*prov.*) besser spät als nie; *b. safe than sorry* (*prov.*) Vorsicht ist die Mutter der Porzellankiste; *you had b. see a doctor* du solltest einen Arzt aufsuchen; **III.** *n.* **1.** Besseres: *a change for the b.* eine Wende zum Besseren; *get the b. of s.o./s.th.* jdn./etw. in den Griff kriegen; **2.** *pl.: elders and ≈s* erfahrene Leute; **IV. 1.** *v.t.* verbessern (*conditions*); **2.** *v.refl.: b. o.s.* (*Status*) sich verbessern.

between [bɪ'twiːn] **I.** *prep.* **1.** (*Ort*) zwischen (*A and B*): *commute b. Brighton and London* zwischen Brighton und London hin- und herpendeln; **2.** (*Vorgang*) zwischen (*the first and the second act*); **3.** (*Personen*) zwischen: *nothing ever came b. us* zwischen uns hat es immer geklappt; **4.** (*Bezugspunkte*) zwischen (*3 and 5 p.m.*); **5.** (*Personen*) unter: *b. them* untereinander; *share s.th. b. three people* etw. unter drei Leute aufteilen; **6.** (*Personen*) gemeinsam, zusammen: *they drank a bottle of whisky b. them* sie leerten gemeinsam eine Flasche Whisky; **II.** *adv.* dazwischen: *in b.* zwischendurch.

beyond [bɪ'jɒnd] **I.** *prep.* **1.** jenseits von, auf der anderen Seite von (*the wall*); **2.** (*fig.*) über, hinaus: *b. 5 %* über 5 %; *that's b. me* das übersteigt mein Fassungsvermögen; *b. our wildest dreams* nicht in unseren kühnsten Träumen; **3.** außer (*my private possessions*); **II.** *adv.* jenseits, darüber hinaus: *what lies b.?* was wird die Zukunft bringen?.

Bible ['baɪbl] *n.* Bibel (*auch fig.*).

bicycle ['baɪsɪkl] *n.* Fahrrad: *ride a b.* radfahren.

bid* [bɪd] **I.** *v.t.* **1.** bieten (*£ 1,000 for a painting*); (*Kartenspiel*) bieten; (*Ausschreibung*) Angebot unterbreiten (*to build a bridge*); **2.** (*arch.*) befehlen, heißen (*s.o. to do s.th.*); **3.** (*Gruß*) entbieten: *b. s.o. farewell* jdm. Lebewohl sagen; **II.** *n.* **1.** Angebot, Gebot; **2.** (*Kartenspiel*) Ansage, Gebot; **3.** Versuch: *b. for power* Griff nach der Macht.

big [bɪg] *adj.* **1.** groß (*house*): *a b. increase* ein großer Anstieg; *b. game* Großwild; **2.** groß, älter: *my b. sister* meine große/ältere Schwester; **3.** groß, bedeutend: *b. decision* wichtige Entscheidung; **4.** großspurig: *have a b. head* eingebildet sein; *be getting too b. for one's boots* langsam größenwahnsinnig werden.

bike [baɪk] **I.** *n.* (*coll.*) Fahrrad; **II.** *v.i.* radfahren.

bill [bɪl] **I.** *n.* **1.** Rechnung: *pay the b.* Rechnung bezahlen; *foot the b.* (*fig.*) Rechnung bezahlen; *electricity b.* Stromrechnung; **2.** (*parl.*) Gesetzentwurf; **3.** (*US*) Geldschein: *five-dollar b.* Fünfdollarnote; **4.** Anschlag, Plakat; **5.** (*theat.*) Programm: *top the b.* Hauptattraktion sein; **6.** (*comm.*) begebbares Dokument: *b. of exchange* (*Abkürzung: B/E*) Wechsel; *b. of lading* (*Abkürzung: B/L*) Konnossement, Ladeschein; **7.** (*jur.*) Dokument: *b. of indictment* Anklageschrift; **II.** *v.t.* **1.** Rechnung ausstellen: *b. s.o. for s.th.* jdm. etw. in Rechnung stellen; **2.** (*theat.*) ankündigen.

bind* [baɪnd] **I. 1.** *v.t.* binden: *b. and gag s.o.* jdn. fesseln und knebeln; *b. s.o. hand and foot* jdn. an Händen und Füßen fesseln (*auch fig.*); **2.** (*fig.*) binden, verpflichten (*s.o. to do s.th.*); **3.** *v.i.* binden: *this soil tends to b.* dieser Boden klebt leicht; **4.** *v.prep.: b. over* (*jur.*) verwarnen (*s.o. to keep the peace*); *b. up* (*med.*) verbinden (*s.o.'s wounds*); **II.** *n.* (*coll.*) Klemme: *be in a b.* in der Patsche sitzen.

biology [baɪ'ɒlədʒɪ] *n.* Biologie.

bird [bɜːd] *n.* **1.** Vogel: *b. of passage* Zugvogel; *b. of prey* Raubvogel; *a b. in the hand is worth two in the bush* (*prov.*) der Spatz in der Hand ist besser als die Taube auf dem Dach; *≈s of a feather flock together* (*prov.*) gleich und gleich gesellt sich gern; *kill two ≈s with one stone* (*fig.*) zwei Fliegen mit einer Klappe schlagen; *the early b. catches the worm* (*prov.*) Morgenstund hat Gold im Mund; **2.** (*coll.*) komischer Kauz: *he's a home b.* er ist ein Stubenhocker; **3.** (*coll.*) Freundin.

birth [bɜːθ] *n.* **1.** Geburt (*of a child*): *give b. to a son* einen Sohn zur Welt bringen; *b. control* Geburtenkontrolle; *b. rate* Geburtenrate; **2.** Herkunft: *of noble b.* (von) aristokratischer Herkunft.

biscuit ['bɪskɪt] *n.* Keks: *this takes the b.* (*coll.*) das schlägt dem Faß den Boden aus.

bit[1] [bɪt] *n.* **1.** Stück: *a b. of cheese* ein Stückchen Käse; **2.** bißchen: *a b. of help* ein wenig Hilfe; *a b. of time* etwas Zeit; *b. by b.* nach und nach; *do one's b.* seinen Teil beitragen; *a little b. of luck* etwas Glück; *not a b. of it!* (*coll.*) überhaupt nicht!; *thrilled to ≈s* überglücklich, absolut begeistert.

bit[2] *n.* (*Pferd*) Trense: *get/take the b. between one's teeth* (*fig.*) das Problem in Angriff nehmen.

bite* [baɪt] **I.** *v.t.* beißen: *once bitten, twice shy* (*prov.*) ein gebranntes Kind scheut das Feuer; *she won't b. you* (*coll.*) keine Angst, sie beißt nicht; *b. one's nails* an den Nägeln kauen; *b. one's tongue* (*fig.*) sich etw. verkneifen; *b. off more than one can chew* (*fig.*)

sich zuviel zumuten; *b. the bullet* (*fig.*) in den sauren Apfel beißen; **II.** *n.* **1.** Biß: *insect b.* Insektenstich; *have another b. at the cherry* (*fig.*) es noch einmal versuchen; **2.** (*coll.*) Happen: *have another b.!* iß noch etwas!

bitter ['bɪtə] **I.** *adj.* **1.** bitter (*taste*): *swallow the b. pill* (*fig.*) die Kröte/bittere Pille schlucken; **2.** (*fig.*) bitter, unangenehm (*wind*): *to the b. end* bis zum bitteren Ende; **3.** erbittert, verbittert: *b. enemies* erbitterte Feinde; *feel b. about s.th.* verbittert über etw. sein; **II.** *n.* (*GB*) obergäriges Dunkelbier.

black [blæk] **I.** *adj.* **1.** schwarz: *a b. and white film* ein Schwarzweißfilm; *get a b. eye* ein blaues Auge bekommen; *B. Maria* (*coll.*) grüne Minna; *b. sheep* (*fig.*) schwarzes Schaf; *the B. Country* (*GB*) altes Industriegebiet in den West Midlands; **2.** (*Rasse*) schwarz, farbig: *the b. minority* die schwarze/farbige Minderheit; **3.** (*fig.*) düster, finster: *things are looking b.* die Dinge sehen nicht gut aus; **4.** schwarz, schmutzig: *your hands are b.* deine Hände sind schwarz; **II.** *n.* **1.** (*Person*) Schwarze(r); **2.** Schwarz: *be in the b.* (*comm.*) in den schwarzen Zahlen sein; **III.** **1.** *v.t.* schwärzen (*auch fig.*); **2.** boykottieren; **3.** *v.prep.: b. out* das Bewußtsein verlieren; schwärzen, verdunkeln.

blackberry ['blækbərɪ] *n.* Brombeere.

blackboard ['blækbɔːd] *n.* (Schul-)Tafel.

blade [bleɪd] *n.* **1.** Klinge; **2.** (*anat.; techn.*) Blatt: *shoulder b.* Schulterblatt; **3.** (*Gras, Korn*) Halm.

blame [bleɪm] **I.** *v.t.* verantwortlich machen (*s.o. for s.th.; s.th. on s.o.*): *who is to b.?* wer ist schuld?; *she's only got herself to b.* sie hat sich alles selbst zuzuschreiben; **II.** *n.* Schuld, Verantwortung: *lay/put the b. on s.o.* jdn. verantwortlich machen; *take the b. for s.th.* Verantwortung für etw. übernehmen.

blank [blæŋk] **I.** *adj.* **1.** frei, unbeschrieben (*piece of paper*): *please leave b.* (*Formular*) bitte nicht ausfüllen; *b. cheque* Blankoscheck (*auch fig.*); (*Ton-, Videoband*) leer; *b. verse* (*lit.*) Blankvers; **2.** (*Blick*) ausdruckslos: *look b.* verdutztes Gesicht machen; *my mind went b.* ich hatte einen Blackout; **3.** *b. cartridge* Platzpatrone; **II.** *n.* **1.** leere Stelle: *fill in the ≈s* die leeren Stellen ausfüllen; **2.** Platzpatrone; (*Lotterie*) Niete.

blanket ['blæŋkɪt] *n.* **1.** Decke: *woollen b.* Wolldecke; *a b. of snow* (*fig.*) eine Schneedecke; **2.** (*attr.*) Pauschal- (*agreement*).

blast [blɑːst; *US:* blæst] **I.** *n.* **1.** Druckwelle; Explosion; **2.** Windstoß; Luftdruck: *b. furnace* Hochofen; *at full b.* (*fig.*) auf Hochtouren; **3.** (*Blasinstrument*) Ton: *three short ≈s of the foghorn* drei kurze Signale des Nebelhorns; **II.** **1.** *v.t.* sprengen (*a tunnel*); bombardieren, beschießen; **2.** (*fig.*) verreißen (*a novel*); **3.** *in Phrasen und präp. V.: b. s. th. away* etw. hinwegfegen; *b. off* (*Rakete*) zünden; **III.** *interj.* verdammt!

bleed* [bliːd] **I.** **1.** *v.i.* bluten: *b. to death* verbluten; *b. for s.th.* (*fig.*) sich nach etw. sehnen; **2.** *v.t.* (*med.*) zur Ader lassen, schröpfen (*auch fig.*): *the lawyers bled him for every penny* die Anwälte schröpften ihn total; *b. s.o. white* jdm. den letzten Pfennig aus der Tasche ziehen; (*techn.*) entlüften (*brakes, radiators*).

bless [bles] *v.t.* **1.** (*rel.*) segnen (*the crowd*); *be ≈ed with s.th.* (*fig.*) mit etw. gesegnet sein; **2.** *in Phrasen:*

b. you! das ist lieb von dir!; (*Reaktion auf Niesen*) Gesundheit!; *well, I'll be ≈ed!* na so was!

blessing ['blesɪŋ] *n.* **1.** (*rel.*) Segen; **2.** Segnung: *you can count your ≈s* du kannst von Glück reden; *a b. in disguise* eine letztlich doch gute Sache.

blind [blaɪnd] **I.** *adj.* **1.** blind (*in one eye*); **2.** (*fig.*) blind: *be b. to s.th.* etw. nicht wahrnehmen; *turn a b. eye to s.th.* ein Auge zudrücken; **II.** *n.* **1.** *pl.: the b.* die Blinden: *b. school* Blindenschule; **2.** ≈**s** *pl.* Jalousie; **III.** *v.t.* blenden (*auch fig.*).

block [blɒk] **I.** *n.* **1.** Block, Klotz; **2.** Gebäudeblock: *b. of flats* Wohnblock; **3.** Störung, Blockade: *mental b.* geistige Blockade; *writer's b.* Schreibblockade; **II.** *v.t.* **1.** blokkieren, verstopfen (*the road*); **2.** verhindern (*s.o.'s promotion*).

blond [blɒnd] *adj.* blond (*hair*).

blonde [blɒnd] **I.** *adj.* (*Frau*) blond; **II.** *n.* Blondine.

blood [blʌd] **I.** *n.* **1.** Blut: *give b.* Blut spenden; *b. donor* Blutspender; **2.** (*fig.*) Blut: *new b.* frisches Blut; *in cold b.* kaltblütig; *run in the b.* erblich bedingt sein; *spill b.* Blut vergießen; **II.** *v.t.* (*fig.*) (jdn.) an etw. gewöhnen.

bloody ['blʌdɪ] *adj.* **1.** blutig: *give s.o. a b. nose* jdm. die Nase blutig schlagen; **2.** (*coll.*) verdammt: *a b. nuisance* ein verdammtes Ärgernis.

bloom [blu:m] **I.** *n.* **1.** Blüte: *in full b.* in voller Blüte (*auch fig.*); *burst into b.* plötzlich aufblühen; *in the b. of youth* in der Blüte der Jugend; **2.** Schimmer; Flaum (*on fruit*); **II.** *v.i.* blühen (*auch fig.*).

blossom ['blɒsəm] **I.** *n.* Blüte: *cherry b.* Kirschblüte; *be in b.* blühen; **II.** *v.i.* blühen (*auch fig.*): *she's ≈ed out* sie ist aufgeblüht.

blouse [blaʊz] *n.* Bluse.

blow*[1] [bləʊ] **1.** *v.i.* blasen, wehen: *the wind was ≈ing hard* es wehte stark; *b. hot and cold* (*fig.*) ständig seine Meinung ändern; **2.** *v.t.* blasen, pusten: *b. one's nose* sich die Nase putzen; *b. one's stack* (*US*)/*top* (*GB*) Wutanfall bekommen; **3.** verschwenden (*£ 100 on a horse*); **4.** *in Phrasen: b. me; I'm ≈ed* verdammt!; **5.** *v.prep.: b. out* ausblasen (*a candle*); *b. over* (*Sturm; Streit*) sich legen; *b. up* explodieren; sprengen; (*Foto*) vergrößern.

blow[2] *n.* Schlag: *a b. on the head* ein Schlag auf den Kopf; *come to ≈s* handgreiflich werden; *at a/one b.* (*fig.*) mit einem Schlag; *deal s.o. a b.* (*fig.*) jdm. einen Schlag versetzen.

blue [blu:] **I.** *adj.* **1.** blau (*eyes*): *b. with cold* blau vor Kälte; *beat s.o. black and b.* (*coll.*) jdn. windelweich schlagen; *once in a b. moon* (*coll.*) alle Jubeljahre; *scream b. murder* (*coll.*) Zeter und Mordio schreien; **2.** (*coll.*) obszön: *b. film* Pornofilm; **II.** *n.* **1.** Blau: *the boys in b.* (*GB*) (*coll.*) die Polizei; **2.** ≈**s** *sg.* (*mus.*) Blues; **3.** *the* ≈**s** *pl.* (*coll.*) Depression: *get the ≈s* einen Moralischen kriegen.

blunt [blʌnt] **I.** *adj.* **1.** stumpf (*knife*); **2.** unverblümt: *to be b.* um es offen zu sagen; **II.** *v.t.* stumpf machen; abstumpfen (*auch fig.*).

board [bɔ:d] **I.** *n.* **1.** Brett; **2.** Schwarzes Brett; Tafel; **3.** Kost: *full/half b.* Voll-/Halbpension; *b. and lodging* Kost und Logis; **4.** Vorstand (*of directors*), Verwaltungsrat: *be on the b.* Vorstandsmitglied sein; **5.** (*naut.*) Bord: *on b.* an Bord; *go by the b.* über Bord gehen; (*fig.*) verlorengehen; *take s.th. on b.* (*fig.*) sich etw. zu eigen machen; *above b.* legal; **II. 1.** *v.t.* mit Brettern versehen: *b. s.th. up* etw. vernageln (*the windows*); **2.** an Bord gehen; besteigen (*a bus/plane*); **3.** (*Person*) unterbringen; **4.** *v.i.* logieren, zur Untermiete wohnen.

boarding school ['bɔːdɪŋ,skuːl] *n.* Internat.

boast [bəʊst] **I. 1.** *v.i.* angeben, prahlen (*about s.th.*); **2.** *v.t.* aufweisen, besitzen; **II.** *n.* **1.** Prahlerei; **2.** Stolz: *his proudest b.* etwas, auf das er besonders stolz sein kann.

boat [bəʊt] *n.* **1.** Boot: *rowing b.* Ruderboot; *take to the ≈s* in die Rettungsboote steigen; *be in the same b.* (*fig.*) in demselben Boot sitzen; **2.** Schiff: *go by b.* mit dem Schiff reisen/fahren.

body ['bɒdɪ] *n.* **1.** (*anat.*) Körper: *not over my dead b.!* nur über meine Leiche!; *b. and soul* Leib und Seele; *foreign b.* Fremdkörper; **2.** Rumpf, Großteil: *the b. of the book* der Hauptteil des Buches; (*Auto*) Karosserie; **3.** Gruppe, Organisation: *government b.* staatliche Institution; *governing b.* Verwaltungsrat; *in a b.* alle zusammen.

boil[1] [bɔɪl] **I. 1.** *v.t.* kochen (*the potatoes*); **2.** *v.i.* kochen (*auch fig.*): *it makes my blood b.* es bringt mein Blut zum Kochen; *it's ≈ing hot* es ist brütend heiß; **3.** *in Phrasen und präp. V.: b. down to s.th.* auf etw. hinauslaufen; *b. over* überkochen (*auch fig.*); **II.** *n.* Kochen: *be on the b.* kochen; *keep s.o. on the b.* (*fig.*) jdn. hinhalten; *off the b.* (*fig.*) nicht mehr interessiert.

boil[2] *n.* (*med.*) Furunkel.

bold [bəʊld] *adj.* **1.** kühn: *a b. scheme* ein kühnes Projekt; dreist: *make b.* sich erdreisten; **2.** deutlich sichtbar; (*Druck*) fett.

bolt [bəʊlt] **I.** *n.* **1.** Riegel; **2.** Schraube (*für Gewinde*): *the nuts and ≈s of s.th.* (*fig.*) die Grundbestandteile von etw.; **3.** (*Armbrust*) Bolzen: *shoot one's b.* (*fig.*) sein Pulver verschießen; **4.** Blitzstrahl: *like a b. from the blue* (*fig.*) wie ein Blitz aus heiterem Himmel; **II. 1.** *v.t.* verriegeln (*the door*); **2.** (*techn.*) verschrauben (*s.th. onto s.th.*); **3.** *v.i.* Reißaus nehmen; durchgehen (*horse*).

bomb [bɒm] **I.** *n.* Bombe: *time b.* Zeitbombe; *cost a b.* (*coll.*) ein Heidengeld kosten; *go like a b.* (*coll.*) ein Riesenerfolg sein; **II.** *v.t.* bombardieren.

bond [bɒnd] **I.** *n.* **1.** (*fig.*) Band: *≈s of friendship* Freundschaftsbande; **2.** Vertrag; Zusage: *be as good as one's b.* Wort halten; **3.** (*comm.*) Obligation, Anleihe: *fixed-interest b.* festverzinsliche Anleihe; **4.** (*comm.*) Zollverschluß: *in b.* unter Zollverschluß; **5.** (*techn.*) Haftwirkung; **II.** *v.t.* **1.** verkleben; **2.** (*comm.*) unter Zollverschluß nehmen: *≈ed warehouse* Zolllager.

bone [bəʊn] **I.** *n.* Knochen: *break a b.* Knochenbruch haben; *cut/pare s.th. to the b.* (*fig.*) etw. auf ein Minimum reduzieren; *have a b. to pick with s.o.* (*fig.*) mit jdm. ein Hühnchen zu rupfen haben; *make no ≈s about s.th.* (*fig.*) mit seiner Meinung nicht hinter dem Berg halten; **II.** *v.t.* Knochen auslösen; (*Fisch*) entgräten.

book [bʊk] **I.** *n.* **1.** Buch: *read/write a b.* ein Buch lesen/schreiben; **2.** Heft: *exercise b.* Übungsheft; **3.** Regelheft: *according to/by the b.* nach den Regeln; *know every trick in the b.* (*coll.*) mit allen Wassern gewaschen sein; **4.** Wettbuch: *make (a) b.* wetten; **5.** *≈s pl.* (*comm.*) Bücher: *do/keep the ≈s* Buch führen; **II.** *v.t.* **1.** buchen, reservieren (*a room*); **2.** (*Polizei*) verwarnen (*s.o. for speeding*);

3. (*comm.*) buchen (*s.th. to s.o.'s credit*).
bookkeeper ['bʊki:pə] *n.* Buchhalter(in).
bookkeeping ['bʊki:pɪŋ] *n.* Buchhaltung.
bookshop ['bʊkʃɒp] (*GB*); **bookstore** ['bʊkstɔ:] (*US*) *n.* Buchhandlung.
boom[1] [bu:m] *n.* **1.** Sperre, Schranke; **2.** (*naut.*) (Lade-)Baum; Ausleger.
boom[2] **I.** *n.* Donnern, Dröhnen: *sonic b.* Überschallknall; **II.** *v.i.* dröhnen.
boom[3] **I.** *n.* (*econ.*) Boom, Hochkonjunktur, Aufschwung; **II.** *v.i.* Hochkonjunktur haben, boomen.
boot [bu:t] **I.** *n.* **1.** Stiefel: *the b. is on the other foot* (*fig.*) es ist genau umgekehrt; *get too big for one's ≈s* (*fig.*) größenwahnsinnig werden; *put the b. in* (*fig.*) kräftig zutreten; **2.** (*GB*) Kofferraum; **II.** *v.t.* treten.
border ['bɔ:də] **I.** *n.* **1.** Grenze: *cross the b.* die Grenze überschreiten; *the B.* (*GB*) Grenze zwischen England und Schottland; **2.** (*Garten*) Rabatte; **3.** Bordüre, Rand, Einfassung; **II. 1.** *v.t.* säumen, einfassen (*s.th. with s.th.*); **2.** *v.prep.: b. on* grenzen an.
bore[1] [bɔ:] **I.** *v.t.* bohren (*a tunnel*); **II.** *n.* **1.** Bohrloch; **2.** Kaliber.
bore[2] **I.** *v.t.* langweilen: *b. s.o. to death/tears* jdn. zu Tode langweilen; **II.** *n.* Langweiler; langweilige Sache.
boredom ['bɔ:dəm] *n.* Langeweile.
boring ['bɔ:rɪŋ] *adj.* langweilig.
born [bɔ:n] *adj.* geboren: *b. and bred an Irishman* ein waschechter Ire; *not be b. yesterday* (*coll.*) nicht von gestern sein.
borrow ['bɒrəʊ] *v.t.* borgen, sich leihen; Kredit aufnehmen.
boss [bɒs] **I.** *n.* (*coll.*) Chef; **II.** *v.t.* herumkommandieren (*one's children*).
both [bəʊθ] **I.** *adj.* beide: *blind in b. eyes* auf beiden Augen blind sein; *you can't have it b. ways* beides geht nicht; **II.** *pron.* beide: *b. of them* beide; **III.** *adv.: b. … and* sowohl … als auch.
bother ['bɒðə] **I. 1.** *v.t.* belästigen: *I'm sorry to b. you* es tut mir leid, Sie zu belästigen; **2.** Sorgen bereiten: *don't let it b. you* mach dir deshalb keine Sorgen; **3.** sich die Mühe machen (*to look into the matter*); **4.** *v.i.* sich kümmern (*about s.th.*); **II.** *n.* **1.** Ärgernis: *what a b.!* was für ein Ärger!; **2.** Schwierigkeiten, Aufwand: *I hope she's no b.* ich hoffe, sie macht keine Schwierigkeiten.
bottle ['bɒtl] **I.** *n.* Flasche (*of wine*): *be on the b.* Alkoholiker sein; **II.** *v.t.* (in Flaschen) abfüllen.
bottom ['bɒtəm] **I.** *n.* **1.** Boden: *at the b. of the page* unten auf der Seite; *from the b. of my heart* aus tiefstem Herzen; *from top to b.* von oben bis unten; *start at the b. of the ladder* (*fig.*) ganz unten anfangen; *touch b.* das untere Ende erreichen; *b. of the sea* Meeresboden; *get to the b. of s.th.* einer Sache auf den Grund kommen; **2.** (*coll.*) Hosenboden, Hintern; **3.** hinterer Teil (*of the garden*); **4.** Unterseite (*of the tin*); **5.** (*naut.*) Schiffsboden; **II.** *v.prep.: b. out* die Talsohle erreichen (und sich dort stabilisieren) (*prices*).
bow[1] [bəʊ] **I.** *n.* **1.** Bogen: *b. and arrow* Pfeil und Bogen; *have a second string to one's b.* (*fig.*) noch einen Pfeil im Köcher haben; **2.** (*mus.*) Bogen; **3.** Schleife: *tie in a b.* zu einer Schleife binden (*shoelaces*); **II.** *v.i.* (*mus.*) den Bogen führen.
bow[2] [baʊ] **I.** *n.* Verbeugung: *make a/one's b.* einen Diener machen; *take a/one's b.* (*theat.*) sich vor

dem Publikum verneigen; **II. 1.** *v.t.* neigen, beugen (*one's head in shame*); **2.** *v.i.* sich verneigen: *b. and scrape* katzbuckeln.

bow[3] [baʊ] *n.* (*naut.*) Bug.

bowl[1] [bəʊl] *n.* Schüssel.

bowl[2] *v.i.* kegeln.

box[1] [bɒks] **I.** *n.* **1.** Kiste, Schachtel: *b. of chocolates* Schachtel Pralinen; *money b.* Sparbüchse; **2.** (*theat.*) Loge; (*jur.*) Zeugenstand; **3.** (*techn.*) Gehäuse; (*coll.*) Fernseher; **4.** (rechtwinklige) Umrandung; **II. 1.** *v.t.* umranden; **2.** *v.prep.: b. in* einengen; verkleiden; *b. off* abtrennen.

box[2] **1.** *v.i.* boxen; **2.** *v.t.* schlagen: *b. s.o. on the ear* jdn. ohrfeigen.

boy [bɔɪ] *n.* Junge: *≈s and girls* Jungen und Mädchen; *old b.* (*coll.*) alter Junge; *whipping b.* Prügelknabe.

boyfriend [ˈbɔɪfrend] *n.* Freund.

bracket [ˈbrækɪt] **I.** *n.* **1.** Winkeleisen (*to support s.th.*); **2.** (*Zeichen*) Klammer: *round/square b.* runde/eckige Klammer; **3.** (*fig.*) Kategorie, Gruppe: *the upper income ≈s* die oberen Einkommensgruppen; *tax b.* Steuerklasse; **II.** *v.t.* **1.** gruppieren, einstufen; **2.** einklammern.

brain [breɪn] *n.* **1.** (*anat.*) Gehirn (*auch pl.* ≈**s**); **2.** (*fig.*) Intelligenz: *have a good b.* intelligent sein; **3.** ≈**s** (mit *be* und *Sg.*) Denker, Planer: *she is the ≈s of the family* in der Familie steuert sie alles; sie ist die Schlaue in der Familie.

brake[1] [breɪk] **I.** *n.* Bremse: *put the ≈s on* bremsen (*auch fig.*); *b. light(s)* Bremslicht; **II.** *v.i.* bremsen: *b. hard* scharf bremsen.

brake[2] *n.* Unterholz.

branch [brɑːntʃ] **I.** *n.* **1.** (*bot.*) Zweig; **2.** (*fig.*) Arm (*of a river*); Zweig (*of a family*); **3.** Zweigstelle; **II. 1.** *v.i.* sich gabeln (*road*); **2.** *v.prep.: b. off* abzweigen; *b. out* erweitern (*firm*).

brand [brænd] **I.** *n.* **1.** Brandmal (*made with a ≈ing iron*); **2.** Marke, Warenzeichen: *popular b.* beliebte Marke (*of cigarettes*); *b. name* Markenname; **II.** *v.t.* **1.** brandmarken (*auch fig.*); **2.** mit einem Warenzeichen versehen: *≈ed goods* Markenartikel.

brandy [ˈbrændɪ] *n.* Weinbrand, Cognac, Branntwein, Brandy.

brass [brɑːs] *n.* **1.** Messing; **2.** *the b. (section)* (*mus.*) die Blechbläser; *b. band* Blaskapelle; **3.** (*GB*) Messingtafel; **4.** (*coll.*) Geld.

brave [breɪv] **I.** *adj.* **1.** mutig: *be b.!* nur Mut!; **2.** (*lit.*) ansehnlich: *b. new world* (*lit.*) schöne neue Welt; **II.** *v.t.* trotzen (*the danger*): *b. s.th. out* etw. durchstehen.

bread [bred] *n.* Brot: *live on b. and water* sich einschränken; von Wasser und Brot leben; *know which side one's b. is buttered* wissen, wo etwas zu holen ist.

breadth [bretθ] *n.* **1.** Breite: *5 metres in b.* 5 Meter breit; **2.** (*fig.*) Breite: *the b. of his education* seine umfassende Bildung.

break* [breɪk] **I. 1.** *v.t.* brechen: *b. one's neck* sich den Hals brechen; **2.** kaputtmachen (*a watch*); **3.** (*fig.*) brechen: *b. a contract* vertragsbrüchig werden; *b. the law* ein Gesetz übertreten; **4.** unterbrechen (*one's journey*): *b. the circuit* (*el.*) den Stromkreis unterbrechen; **5.** (*fig.*) brechen, überwinden (*s.o.'s resistance*): *the government broke the power of the unions* die Regierung zerstörte die Macht der Gewerkschaften; *b. a record* einen Rekord brechen; *b. a code* einen Code knacken; **6.** *v.i.* brechen, zerbrechen: *the vase broke* die Vase zerbrach; **7.** aufhören: *the good weather broke* *at last* das schöne Wetter war schließlich zu Ende; **8.** anbrechen (*day*); **9.** zusammenbrechen, versagen (*voice*); **10.** (*Wellen*) brechen (*on the rocks*); **11.** *in Phrasen und präp. V.: b. away* sich abspalten; *b. down* Panne haben; (psychisch) zusammenbrechen; verschrotten; überwinden; aufgliedern (*costs*); *b. in* einbrechen; *b. into* einbrechen; ausbrechen (*laughter*); *b. off* abbrechen; *b. out* ausbrechen; *b. through* Durchbruch erzielen; *b. up* zerschellen; sich auflösen; aufbrechen; aufteilen; auflösen (*a meeting*); **II.** *n.* **1.** Bruch; Riß, Spalte; Lücke; **2.** Unterbrechung, Pause: *tea b.* Teepause; **3.** Wende, Umschwung (*in the weather*); **4.** Chance: *give him a b.* gib ihm eine Chance; **5.** Ausbruchsversuch: *make a b. for it* Ausbruchsversuch machen (*prisoners*).

breakdown ['breıkdaʊn] *n.* **1.** Panne; **2.** Zusammenbruch (*of law and order*): *nervous b.* Nervenzusammenbruch; **3.** Aufgliederung (*of our costs*).

breakfast ['brekfəst] **I.** *n.* Frühstück: *have b.* frühstücken; **II.** *v.i.* frühstücken (*on s.th.*).

breast [brest] *n.* **1.** (*anat.*) Brust: *b. cancer* Brustkrebs; **2.** (*fig.*) Brust: *make a clean b. of s.th.* mit der Wahrheit herausrücken.

breath [breθ] *n.* Atem: *out of b.* atemlos; *take a deep b.* tief einatmen; *hold one's b.* (*fig.*) den Atem anhalten; *save your b.* (*coll.*) spar dir die Mühe.

breathe [bri:ð] **1.** *v.i.* atmen: *be able to b. again* (*fig.*) wieder frei atmen können; *b. down s.o.'s neck* (*fig.*) jdm. im Nacken sitzen; **2.** *v.t.* atmen: *b. a sigh of relief* einen Seufzer der Erleichterung ausstoßen; *b. one's last* in den letzten Zügen liegen; *don't b. a word of it!* erzähl das bloß nicht weiter!

breed* [bri:d] **I. 1.** *v.t.* züchten (*dogs*); **2.** hervorbringen: *crime ≈s crime* Kriminalität erzeugt Kriminalität; **3.** *v.i.* sich vermehren (*like rabbits*); **II.** *n.* Rasse, Sorte.

brick [brık] **I.** *n.* Ziegelstein: *drop a b.* (*fig.*) ins Fettnäpfchen treten; **II.** *v.prep.: b. in/up* zumauern.

bride [braıd] *n.* Braut.

bridegroom ['braıdgru:m] *n.* Bräutigam.

bridge [brıdʒ] **I.** *n.* **1.** Brücke: *build ≈s* (*fig.*) Brücken bauen; **2.** Schiffsbrücke; **3.** (*Zahntechnik*) Brücke; **II.** *v.t.* überbrücken: *b. the gap* Kluft überbrücken.

brief [bri:f] **I.** *adj.* (*Zeit*) kurz (*discussion, life*): *be b.* fassen Sie sich kurz; *in b.* kurz gesagt; **II.** *n.* Auftrag; (*jur.*) Mandat; **III.** *v.t.* instruieren; (*Anwalt*) beauftragen.

briefcase ['bri:fkeıs] *n.* Aktentasche.

briefing ['bri:fıŋ] *n.* Vorbesprechung.

bright [braıt] *adj.* **1.** hell (*sunlight*): *look on the b. side of things* die positiven Seiten sehen; *a b. future* (*fig.*) eine rosige Zukunft; **2.** (*Person*) fröhlich, heiter; **3.** intelligent: *b. as a button* hochintelligent.

bring* [brıŋ] **1.** *v.t.* bringen (*s.th. home*); **2.** bringen, führen zu: *b. relief* Linderung herbeiführen; *b. s.th. to light* etw. ans Licht bringen; **3.** (*jur.*) bringen: *b. a charge against s.o.* jdn. anklagen; **4.** *v.refl.: b. o.s. to do s.th.* sich zu etw. aufraffen/zwingen; **5.** *in Phrasen und präp. V.: b. s.th. about* etw. herbeiführen; *b. back* zurückbringen; wiedereinführen (*hanging*); *b. before s.th.* vor etw. bringen: *she was brought before the court* sie wurde vor Gericht gestellt; *b. down* hervorbringen; stürzen (*the government*); *b. forward* nach vorne bringen; vorbringen; (*comm.*) übertragen; *b. in* hereinbringen; (*parl.*) einbringen (*a bill*); (*Geld*) einbringen; *b. s.th. off* etw. schaffen; *b. out* herausbringen (*a new model*); *b. s.o. round* jdn. (letztlich) überzeugen; *b. up* großziehen (*a child*); *b. s.th. up* etw. zur Sprache bringen.

broad [brɔːd] *adj.* **1.** breit (*river, shoulders*): *two metres b.* zwei Meter breit; *it's as b. as it is long* (*coll.*) es ist Jacke wie Hose; **2.** (*fig.*) breit (*range of interests*); **3.** (*Akzent*) stark: *she speaks b. Lancashire* ihr Lancashire-Akzent ist stark ausgeprägt.

broadcast* ['brɔːdkɑːst] **I.** *v.t.* **1.** (*Radio/TV*) senden (*the news*); **2.** bekanntgeben (*one's views*); **II.** *n.* (*Radio/TV*) Sendung; Übertragung.

broom [bruːm] *n.* **1.** Besen: *a new b. sweeps clean* (*prov.*) neue Besen kehren gut; **2.** (*bot.*) Ginster.

brother ['brʌðə] *n.* **1.** Bruder; **2.** (*Gewerkschaft*) Kollege; **3.** Mönch (*Pl. auch:* **brethren** ['breðrən]).

brother-in-law ['brʌðərɪn'lɔː] *n.* Schwager.

brown [braʊn] **I.** *adj.* braun; **II.** *v.t.* bräunen.

brush [brʌʃ] **I.** *n.* **1.** Bürste: *they are tarred with the same b.* (*fig.*) sie sind vom gleichen Schlag; **2.** Bürsten: *give your teeth a good b.* putz dir die Zähne gründlich; **3.** flüchtige Berührung; **4.** kleine Auseinandersetzung (*with the police*); **5.** Unterholz; **II. 1.** *v.t.* bürsten: *b. one's teeth* sich die Zähne putzen; **2.** berühren, streifen; **3.** *v.prep.: b. up* (*fig.*) aufpolieren (*your English*).

bubble ['bʌbl] **I.** *n.* Blase: *prick the b.* (*fig.*) die Blase platzen lassen; **II.** *v.i.* sprudeln (*auch fig.*); brodeln.

bucket ['bʌkɪt] *n.* Eimer: *the rain came down in ≈s* es regnete in Strömen; *a drop in the b.* ein Tropfen auf den heißen Stein; *kick the b.* (*fig.*) ins Gras beißen.

budget ['bʌdʒɪt] **I.** *n.* Haushalt, Budget, Etat: *on a (tight) b.* mit wenig Geld; *balance the b.* Haushalt ausgleichen; **II. 1.** *v.t.* im Haushalt/Etat vorsehen; etatisieren; **2.** *v.i.* sparen, haushalten.

bug [bʌg] **I.** *n.* **1.** Wanze; Käfer: *be as snug as a b. in a rug* (*coll.*) sich pudelwohl fühlen; **2.** (*fig.*) (Abhör-)Wanze; **3.** Bazillus, Virus: *travel b.* (*fig.*) Reiselust; **4.** (*techn.*) Fehler; **II.** *v.t.* mit Abhörwanzen versehen, verwanzen.

build* [bɪld] **I. 1.** *v.t.* bauen (*more houses*); **2.** (*fig.*) bauen (*bridges*); **3.** *v.prep.: b. on s.th.* auf etw. bauen; *b. up* aufbauen; **II.** *n.* Körperbau.

building ['bɪldɪŋ] *n.* **1.** Gebäude; **2.** Bau (*als Vorgang*): *b. trade/industry* Baugewerbe/Bauindustrie.

bulb [bʌlb] *n.* **1.** (*bot.*) (Blumen-)Zwiebel; Knolle; **2.** (*el.*) Glühbirne.

bulk [bʌlk] **I.** *n.* **1.** Größe, Ausmaß: *the sheer b. of his work* allein das Ausmaß seines Werks; **2.** Masse, größter Teil: *the b. of the work* der größte Teil der Arbeit; *buy in b.* en gros einkaufen; **3.** massige Gestalt; **II.** *v.i. b. large* eine wichtige Rolle spielen.

bull [bʊl] *n.* **1.** Stier, Bulle: *take the b. by the horns* den Stier bei den Hörnern packen; *like a b. in a china shop* wie ein Elefant im Porzellanladen; **2.** (*Börse*) Haussier: *b. market* Hausse.

bullet ['bʊlɪt] *n.* (Gewehr-)Kugel: *bite the b.* (*fig.*) in den sauren Apfel beißen.

bunch [bʌntʃ] **I.** *n.* **1.** Strauß (*of*

flowers); Büschel (*of bananas*): *b. of grapes* (Wein-)Traube; **2.** Gruppe: *the best/pick of the b.* die Elite; **II. 1.** *v.i.* Gruppe bilden: *don't b. together!* nicht alle auf einen Haufen!; **2.** *v.t.* Gruppe bilden, zusammenfassen.

burden ['bɜːdən] **I.** *n.* **1.** Last: *a heavy b.* eine schwere Last (*auch fig.*); *tax b.* Steuerlast; *be a b. on s.o.* jdm. zur Last fallen; **2.** *the b. of s.th.* Schwerpunkt (*of a speech*); **II.** *v.t.* belasten (*s.o. with my problems*).

bureau ['bjuːrəʊ] *n.* **1.** (*GB*) (großer) Schreibtisch; (*US*) Kommode; **2.** (*US*) Behörde: *Federal B. of Investigation* (*F.B.I.*) Bundespolizei; **3.** Agentur: *travel b.* Reisebüro.

burglar ['bɜːglə] *n.* Einbrecher: *b. alarm* Alarmanlage.

burial ['berɪəl] *n.* Begräbnis.

burn* [bɜːn] **I. 1.** *v.t.* verbrennen (*waste paper*); *b. one's fingers; get one's fingers ≈t* (*fig.*) sich die Finger verbrennen; *have money to b.* (*fig.*) Geld wie Heu haben; **2.** heizen mit (*coal, wood*); **3.** *v.i.* brennen: *a fire was ≈ing* ein Feuer brannte; **4.** (*fig.*) brennen (*nur mit progressiver Form*): *she's ≈ing with desire* sie ist ganz versessen; **5.** *in Phrasen und präp. V.: b. down* niederbrennen; *b. out* ausbrennen; *b. up* verbrennen; **II.** *n.* (*med.*) Brandwunde: *minor ≈s* Brandverletzungen ersten Grades.

burst* [bɜːst] **I. 1.** *v.i.* platzen: *the balloon b.* der Ballon platzte; **2.** plötzlich ausbrechen: *she b. into tears* sie brach plötzlich in Tränen aus; *b. into view* plötzlich in Sicht kommen; *b. in (on s.o.)* (plötzlich) hereinplatzen; **3.** *v.t.* zum Platzen bringen (*a balloon*): *the river has b. its banks* der Fluß ist über die Ufer getreten; **4.** *v.prep.: b. out* ausbrechen, hervorbrechen: *b. out laughing* loslachen; **II.** *n.* **1.** Bruch (*of a water pipe*); **2.** Ausbruch (*of laughter*): *b. of applause* Beifallssturm.

bury ['berɪ] *v.t.* begraben (*auch fig.*): *b. the hatchet* das Kriegsbeil begraben; *b. one's head in the sand* den Kopf in den Sand stecken.

bus [bʌs] **I.** *n.* (Auto-)Bus: *go by b.* mit dem Bus fahren; *get on/off the b.* (*Bus*) ein-/aussteigen; *miss the b.* (*fig.*) Gelegenheit verpassen; **II.** *v.t.* (*US*) mit dem Bus befördern (*children to school*).

bush [bʊʃ] *n.* **1.** Busch, Strauch: *beat about the b.* (*fig.*) wie die Katze um den heißen Brei herumschleichen; **2.** (*Afrika, Australien*) Busch.

business ['bɪznɪs] *n.* **1.** Geschäft, Handel: *be in b.* geschäftlich tätig sein; *drum up b.* Kunden werben; *go out of b.* pleite gehen; *set up in b.* sich selbständig machen; *big b.* Großindustrie; **2.** (*coll.*) Tätigkeit, eigener Bereich: *it's none of your b.* das geht dich nichts an; *mind your own b.* kümmere dich um deine eigenen Sachen; **3.** Sache: *funny b.* verdächtige Sache; **4.** (*coll.*) Geschäft: *do one's b.* sein Geschäft verrichten (*behind a tree*).

businessman ['bɪznɪsmən] *n.* Geschäftsmann: *small b.* Gewerbetreibender.

businesswoman [ˌbɪznɪz'wʊmən] *n.* Geschäftsfrau.

busy ['bɪzɪ] **I.** *adj.* **1.** beschäftigt (*with s.th.*): *she was too b. working* sie war zu sehr mit ihrer Arbeit beschäftigt; *as b. as a bee* bienenfleißig; **2.** belebt, aktiv: *it was a b. day* an dem Tag war viel los; *b. traffic* starker Verkehr; **3.** (*US*) (*tel.*) besetzt.

but [bʌt] **I.** *conj.* **1.** aber; **2.** ohne daß: *there isn't a day b. she's com-*

plaining es vergeht kein Tag, ohne daß sie sich beschwert; **II.** *adv.* nur, nach: *she's b. a child* sie ist (letztlich) noch ein Kind; **III.** *prep.* außer: *nobody b. you* niemand außer dir; **IV.** *n. no ifs and ≈s* ohne Wenn und Aber.

butcher ['bʊtʃə] *n.* Metzger (*auch fig.*).

butter ['bʌtə] **I.** *n.* Butter; **II.** *v.t.* mit Butter bestreichen (*toast*).

butterfly ['bʌtəflaɪ] *n.* **1.** Schmetterling; **2.** (*Schwimmen*) Schmetterlingsstil.

button ['bʌtən] **I.** *n.* **1.** (*Kleidung*) Knopf: *fasten one's ≈s* sich die Hose zuknöpfen; *not worth a b.* (*fig.*) keinen Pfifferling wert; **2.** (*techn.*) Knopf: *press/push the b.* auf den Knopf drücken; **II. 1.** *v.t.* zuknöpfen; **2.** *v.prep.: b. up* zuknöpfen: *have everything ≈ed up* (*fig.*) alles unter Dach und Fach haben.

buy* [baɪ] **I. 1.** *v.t.* kaufen (*a car*): *the best things that money can b.* das Beste, was es für Geld zu kaufen gibt; **2.** (*fig.*) kaufen: *victory was dearly bought* der Sieg wurde teuer erkauft; *b. time* Zeit schinden; **3.** akzeptieren: *I won't b. that* das kauf ich (dir) nicht ab; **4.** *v.prep.: b. in* einkaufen; *b. s.o. out* jdn. herauskaufen (*the former owner*); *b. up* aufkaufen; **II.** *n.* (*coll.*) Kauf: *a good b.* ein guter Kauf.

by [baɪ] **I.** *prep.* **1.** (nahe) bei, an: *b. the river* am Fluß; *I have a dictionary b. me* ich habe ein Wörterbuch dabei; **2.** (*Route*) über: *b. the motorway* auf der Autobahn; *b. the back door* durch die Hintertür (*auch fig.*); **3.** bis spätestens: *b. now* spätestens jetzt; *b. Friday* bis spätestens Freitag; **4.** während: *travel b. night* nachts reisen; **5.** (*Autor; Verursacher*) von: *this novel was not written b. Dickens* dieser Roman stammt nicht von Dickens; *she had two children b. her first husband* mit ihrem ersten Mann hatte sie zwei Kinder; **6.** (*Mittel*) mit: *travel b. car* mit dem Auto reisen; *shock people b. doing s.th.* Leute mit etw. schokkieren; **7.** (*Ergebnis*) durch: *b. accident* durch Zufall; *b. mistake* aus Versehen; **8.** (*Körperteil; Kleidungsstück*) an: *take s.o. b. the hand* jdn. an die Hand nehmen; *seize/grab s.o. b. the scruff of his neck* (*coll.*) jdn. am Schlafittchen packen; **9.** (*Maßeinheit*) zu, im: *b. the dozen* im Dutzend; *b. the hundred* zu Hunderten; *sell s.th. b. the litre* etw. literweise verkaufen; **10.** (*math.*) (*Division*) durch: *divide 25 b. 5* 25 durch 5 teilen; **11.** (*math.*) (*Fläche, Volumen*) mal: *the room is 4 metres b. 5* der Raum ist 4 m lang und 5 m breit; **12.** (*Urteil*) nach: *judge b. appearances* nach dem Äußeren urteilen; **13.** (*rel.*) bei (*God*); **14.** (*Beruf, Herkunft*) von: *b. trade* von Beruf; **II.** *adv.* **1.** in der Nähe: *no one was b.* es war niemand in der Nähe; **2.** vorbei: *walk b.* vorbeigehen; *time goes b.* die Zeit verstreicht; **3.** in Reserve: *put s.th. b.* etw. beiseite legen; **4.** *in Phrasen: b. and b.* nach und nach; *b. and large* im großen und ganzen.

bye [baɪ] *interj.* (*coll.*) (*Abkürzung von:* **good-bye**) tschüs!

C

cab [kæb] *n.* **1.** (*coll.*) Taxi; **2.** (*arch.*) (Pferde-)Droschke; **3.** (*LKW*) Führerhaus; (*Lokomotive*) Führerstand.

cabbage ['kæbɪdʒ] *n.* **1.** Kohl: *red/white c.* Rot-/Weißkohl; **2.** (*fig.*) geistig desinteressierte Person; nur noch dahinvegetierende Person, geistiger Krüppel.

cabin ['kæbɪn] *n.* **1.** (*naut.*) Kabine; **2.** (*Flugzeug*) Passagierraum; **3.** (*techn.*) Führerhaus; Führerstand; **4.** Hütte: *log c.* Blockhütte.

cabinet ['kæbɪnət] *n.* **1.** (kleiner) Schrank, Vitrine: *medicine c.* Medizinschrank; *c. maker* Möbeltischler; **2.** (*pol.*) Kabinett: *c. reshuffle* Regierungsumbildung.

cable ['keɪbl] **I.** *n.* **1.** Kabel, Trosse: *c. railway* (Stand-)Seilbahn; *c. television* Kabelfernsehen; **2.** (*el.*) Kabel, Leitung: *telephone c.* Telefonkabel; **3.** Telegramm; **II.** *v.t.* telegraphieren.

café ['kæfeɪ; *US:* kæ'feɪ] *n.* Café.

cage [keɪdʒ] **I.** *n.* **1.** Käfig: *bird c.* Vogelkäfig; **2.** (*techn.*) Aufzug; Förderkorb; **II.** *v.t.* (jdn.) in einen Käfig einsperren.

cake [keɪk] **I.** *n.* **1.** Kuchen: *a piece/slice of c.* ein Stück Kuchen/Torte; *sell like hot ≈s* sich wie warme Semmeln verkaufen (lassen); *you can't have your c. and eat it* (*fig.*) du kannst nicht das eine wollen, ohne das andere zu lassen; **2.** Stück (*of soap*); Riegel; **II.** **1.** *v.t.* verkrusten: *my shoes were ≈ed with mud* meine Schuhe waren stark verdreckt; **2.** *v.t.* verdrekken, Kruste bilden.

calculate ['kælkjʊleɪt] *v.t.* **1.** (*math.*) berechnen (*the cost of the scheme*); **2.** (*fig.*) *be ≈d (to do s.th.)* darauf abzielen: *the advert is ≈d to appeal to women* die Anzeige zielt auf Frauen ab; *a ≈d risk* ein wohlkalkuliertes Risiko; **3.** *v.prep.: c. on s.o./s.th.* mit jdm./etw. rechnen.

calculation [ˌkælkjʊ'leɪʃn] *n.* **1.** Berechnung: *our ≈s show that …* nach unseren Berechnungen …; **2.** (*pej.*) Berechnung.

calculator ['kælkjʊleɪtə] *n.* **1.** Rechenmaschine, Rechner: *pocket c.* Taschenrechner; **2.** (*Person*) Kalkulator.

calendar ['kæləndə] *n.* Kalender.

calf[1] [kɑːf] (*pl.* **calves** [kɑːvz]) *n.* Kalb: *be in/with c.* (*Kuh, Elefantenkuh*) trächtig sein; *c. love* jugendliche Verliebtheit.

calf[2] (*pl.* **calves**) *n.* (*anat.*) Wade.

call [kɔːl] **I.** *n.* **1.** Ruf, Schrei: *c. for help* Hilferuf; **2.** Aufruf: *be on c.* Bereitschaftsdienst haben; *c. of duty* der Ruf der Pflicht; *answer the c. of nature* (*coll.*) mal eben verschwinden; *strike c.* Streikaufruf; **3.** (*tel.*) Anruf: *give s.o. a c.* jdn. anrufen; *take a c.* Gespräch entgegennehmen; *c. box* Telefonzelle; **4.** Besuch: *pay s.o. a c.* jdn. besuchen; **5.** Inanspruchnahme, Nachfrage: *have many ≈s on one's time* zeitlich sehr in Anspruch genommen werden; **6.** (*Kartenspiel*) Ansage; **II.** **1.** *v.t.* rufen: *c. (out) names* Namen aufrufen; *c. me at seven* ruf/weck mich um sieben; **2.** herbeirufen, einberufen: *c. a meeting* Sitzung einberufen; *c. the police* die Polizei herbeirufen; *c. a strike* Streik ausrufen; *duty ≈s* die Pflicht ruft; **3.** nennen, bezeichnen: *what is he ≈ed?* wie heißt er?; *c. yourself a teacher?* und so was nennt sich Lehrer!; *let's c. it a day* (*coll.*) machen wir Feierabend für heute; *shall we c. it quits?* (*coll.*) sollen wir es dabei belassen?; *c. s.o. names* jdn. beschimpfen; *c. a* *spade a spade* (*fig.*) das Kind beim Namen nennen; **4.** (*tel.*) anrufen: *has she ≈ed again?* hat sie schon wieder angerufen?; **5.** (*Kartenspiel*) ansagen (*hearts*); **6.** *v.i.* vorbeikommen, besuchen: *c. in* kurz vorbeischauen; **7.** *in Phrasen und präp. V.: c. at* vorbeischauen; (*Zug*) halten (*at all stations to Manchester Victoria*); *c. by* vorbeischauen; *c. for s.o.* nach jdm. rufen; *c. for s.th.* nach etw. verlangen; etw. erfordern (*a lot of work*); *c. forth* hervorrufen; *c. in* herbeirufen, hinzuziehen (*a specialist*); zurückrufen (*all cars with faulty brakes*); *c. off* absagen, abblasen: *let's c. the whole thing off* blasen wir die ganze Sache ab; *c. on s.o.* jdn. besuchen; jdn. auffordern (*to do s.th.*); *c. out* ausrufen, schreien; mobilisieren (*the rescue party*); zur Arbeitsniederlegung auffordern (*the night shift*); *c. up* anrufen; (*mil.*) einziehen; in Erinnerung rufen (*happier times*).

calm [kɑ:m] **I.** *adj.* ruhig: *keep c.* ruhig bleiben; **II.** *n.* Ruhe: *the c. before the storm* die Ruhe vor dem Sturm (*auch fig.*); **III. 1.** *v.t.* beruhigen: *he tried to c. her (down)* er versuchte, sie zu beruhigen; **2.** *v.i.* sich beruhigen: *just c. down!* beruhigen Sie sich!

camera ['kæmərə] *n.* **1.** Kamera, Fotoapparat; **2.** (*jur.*) *in c.* hinter verschlossenen Türen, unter Ausschluß der Öffentlichkeit.

camp [kæmp] **I.** *n.* **1.** Lager: *pitch c.* Zelte aufschlagen; *break/strike c.* Zelte abbrechen; *concentration c.* Konzentrationslager; *holiday c.* Ferienlager; Urlaubssiedlung; **2.** (*fig.*) Lager: *the liberal c.* das liberale Lager; *have a foot in both ≈s* mit beiden Seiten gut zurechtkommen; **II.** *v.i.* zelten, kampieren.

campaign [kəm'peɪn] **I.** *n.* **1.** (*mil.*) Feldzug; **2.** (*fig.*) Feldzug, Kampagne (*against drug abuse*): *launch a c.* Kampagne einleiten; *advertising c.* Werbefeldzug; *election c.* Wahlkampf; **II.** *v.i.* kämpfen, sich einsetzen (*for/against s.th.*).

camping ['kæmpɪŋ] *n.* Zelten, Kampieren.

can[1] [kæn] *v.aux.* **1.** können, in der Lage sein: *I can't remember* ich kann mich nicht erinnern; *c. you do it?* schaffst du es?; **2.** (*Erlaubnis*) können, dürfen: *c. I go now?* darf ich jetzt gehen?; *you can't do that!* so etwas darfst/kannst du nicht tun!; **3.** (*Bitte*) können: *c. you help me with this job?* können Sie mir bei dieser Aufgabe helfen?; **4.** (*Wahrscheinlichkeit*) können: *now who c. that be?* wer mag/kann das denn sein?; *that can't be true!* das darf doch nicht wahr sein!; **5.** (*Gewohnheit*): *he c. be rude, you know* er kann auch unhöflich werden; **6.** (*bei Verben der Sinneswahrnehmung anstelle der progressiven Form*): *c. you see anything?* siehst du was?

can[2] **I.** *n.* **1.** Kanister: *petrol c.* Benzinkanister; Kanne: *watering c.* Gießkanne; *carry the c.* (*fig.*) die Sache ausbaden (müssen); **2.** (Blech-)Dose: *c. of beer* Bierdose; *c. opener* Dosenöffner; **II.** *v.* einmachen.

canal [kə'næl] *n.* Kanal: *the Suez C.* der Suezkanal.

cancel ['kænsəl] *v.t.* **1.** absagen, stornieren (*an order*); **2.** streichen, entwerten (*stamps, tickets*): *c. out* ausgleichen.

cancer ['kænsə] *n.* **1.** (*med.*) Krebs: *lung c.* Lungenkrebs; **2.** (*fig.*) Krebsgeschwulst, Übel: *the c. of our times* das Grundübel unserer Zeit.

candidate ['kændɪdət] *n.* Kandidat(in).

candle ['kændl] *n.* Kerze: *burn the c. at both ends* (*fig.*) mit seinen Kräften Raubbau treiben; *you can't hold the c. to him* (*fig.*) ihm kannst du nicht das Wasser reichen; *not worth the c.* (*coll.*) nicht der Mühe wert.

candy ['kændɪ] *n.* (*US*) Bonbon; Schokolade: *c. store* Süßwarenladen.

cap [kæp] **I.** *n.* **1.** Kappe, Mütze: *swimming c.* Bademütze; *go c. in hand* sich voller Ehrfurcht bewegen; *put one's thinking c. on* (*coll.*) seinen Grips bemühen; **2.** Verschluß, Deckel; **II.** *v.t.* **1.** verschließen, bedecken: *snow-≈ped mountains* schneebedeckte Berge; **2.** überbieten: *to c. it all* um dem Ganzen die Krone aufzusetzen; **3.** (*GB*) Obergrenze festlegen.

capable ['keɪpəbl] *adj.* **1.** fähig, kompetent (*teacher*); **2.** geschickt; in der Lage: *be c. of better* zu Besserem fähig sein; *my car is not c. of high speeds* mein Auto schafft keine hohen Geschwindigkeiten; **3.** möglich: *this letter is c. of being misunderstood* dieser Brief könnte zu Mißverständnissen führen.

cape[1] [keɪp] *n.* Umhang, Cape: *bicycle c.* Fahrradcape.

cape[2] *n.* Kap: *C. of Good Hope* Kap der Guten Hoffnung.

capital[1] ['kæpɪtl] **I.** *adj.* **1.** Groß-,: *c. letter* Großbuchstabe; Haupt-: *c. city* Hauptstadt; **2.** (*jur.*) Schwer-: *c. offence* schweres Vergehen; *c. punishment* Todesstrafe; **3.** (*arch.*) großartig: *(what) a c. idea!* eine großartige Idee!; **II.** *n.* **1.** Hauptstadt; **2.** Großbuchstabe.

capital[2] *n.* Kapital: *starting c.* Startkapital; *c. goods* Investitionsgüter; *make c. out of s.th.* (*fig.*) Kapital aus etw. schlagen.

captain ['kæptən] **I.** *n.* **1.** (*naut.; aeronaut.*) Kapitän; **2.** (*mil.*) Hauptmann; **3.** (*Sport*) Kapitän, Spielführer; **4.** (*fig.*) führende Persönlichkeit: *c. of industry* führender Industrieller; **II.** *v.t.* befehligen, (an)führen.

capture ['kæptʃə] **I.** *v.t.* **1.** gefangennehmen, einnehmen (*a town*); **2.** gewinnen (*the middle-class vote*); **3.** (*fig.*) einfangen (*the atmosphere of the place*); **II.** *n.* Gefangennahme; Eroberung.

car [kɑː] *n.* **1.** Auto(mobil), Kraftfahrzeug: *go by c.* mit dem Auto fahren; **2.** (Eisenbahn-)Waggon: *dining c.* Speisewagen; *freight c.* Güterwagen; **3.** (*Ballon*) Gondel; (*Aufzug*) Fahrkorb.

card [kɑːd] *n.* **1.** (*auch:* **cardboard**) Karton, Pappe; **2.** Karte: *birthday c.* Geburtstagskarte; *calling c.* Visitenkarte; **3.** (Plastik-)Karte: *credit c.* Kreditkarte; **4.** Spielkarte: *have a few ≈s up one's sleeve* (*fig.*) noch einige Pfeile im Köcher haben; *hold all the ≈s* (*fig.*) alle Trümpfe in der Hand haben; *put all one's ≈s on the table* seine Karten auf den Tisch legen (*auch fig.*).

care ['keə] **I.** *n.* **1.** Sorgfalt: *drive with (due) c.* vorsichtig fahren; *handle with c.!* (*Schild*) Vorsicht, zerbrechlich!; *take c.* aufpassen; **2.** Pflege, Fürsorge: *intensive c. unit* (*med.*) Intensivstation; *take c. of o.s.* auf sich selbst aufpassen; *take s.o. into c.* jdn. in Pflege nehmen; **3.** Sorge: *not have a c. in the world* sorgenfrei sein; **4.** *c. of* (*c/o*) (*Adresse*) bei (*Mrs Smith*); **II. 1.** *v.t.* sich kümmern um: *I don't c. what you think* mir ist völlig egal, was du denkst; *not c. a damn (for s.th.)* (*coll.*) sich einen Dreck um etw. kümmern; **2.** gern tun: *would you c. to wait?* können Sie vielleicht warten?; **3.** *v.prep.:*

c. about s.th. etw. für wichtig halten; *c. for s.o.* jdn. pflegen, sich um jdn. kümmern; *not c. for s.th.* etw. nicht besonders mögen (*sweet wine*).

career [kə'rɪə] **I.** *n.* **1.** Beruf: *choose a c. in insurance* einen Beruf in der Versicherungsbranche wählen; **2.** Berufsleben: *he spent most of his c. at university* er verbrachte den Großteil seines Berufslebens an der Universität; **II.** *v.i.* rasen (*down the hill at breakneck speed*).

careful ['keəfəl] *adj.* **1.** vorsichtig: *a c. driver* ein vorsichtiger Fahrer; *be c.!* sei vorsichtig!; **2.** gründlich, gewissenhaft: *after c. consideration* nach gründlicher Überlegung.

careless ['keələs] *adj.* **1.** unvorsichtig, leichtsinnig (*driver*); **2.** sorglos, unbekümmert; **3.** nachlässig, oberflächlich (*work*).

cargo ['kɑːgəʊ] *n.* Ladung, Fracht.

carpet ['kɑːpɪt] **I.** *n.* **1.** Teppich: *Persian c.* Perserteppich; *red c.* roter Teppich; *have s.o. on the c.* (*fig.*) jdn. zur Minna machen; *pull the c. from under s.o.'s feet* (*fig.*) jdm. den Boden unter den Füßen wegziehen; *sweep s.th. under the c.* (*fig.*) etw. unter den Teppich kehren; **2.** (*fig.*) Teppich, Schicht (*of snow*); **II.** *v.t.* **1.** mit einem Teppich / einer Schicht bedecken; **2.** (*coll.*) (jdn.) zur Minna machen.

carriage ['kærɪdʒ] *n.* **1.** Kutsche, Wagen; **2.** (*Eisenbahn*) Reisezugwagen; **3.** (*comm.*) Frachtgebühr: *c. free/paid* frachtfrei; *c. forward* Fracht zahlt Empfänger; **4.** (*Schreibmaschine*) Wagen; **5.** (*arch.*) Haltung.

carrier ['kærɪə] *n.* **1.** (*comm.*) Spediteur, Frachtführer; **2.** (*med.*) Überträger (*of a disease*); **3.** (*mil.*) Schiff: *aircraft c.* Flugzeugträger; Fahrzeug: *personnel c.* Mannschaftswagen; **4.** (*auch:* **c. bag**) Tragetasche.

carrot ['kærət] *n.* Karotte, Möhre: *stick and c.* (*fig.*) Zuckerbrot und Peitsche.

carry ['kærɪ] **1.** *v.t.* tragen (*a lot of books*): *as far as his legs would c. him* soweit ihn seine Füße trugen; *c. things too far* (*fig.*) die Dinge zu weit treiben; **2.** befördern (*goods and passengers*); **3.** bei sich haben: *I never c. much money with me* ich habe nie viel Geld dabei; *c. a gun* Waffe tragen; **4.** tragen, stützen: *these slim pillars c. the roof* diese schlanken Säulen tragen das Dach; (*fig.*) tragen: *c. the responsibility/can* (*coll.*) die Verantwortung tragen; *c. a lot of weight* (*fig.*) viel Gewicht haben; *c. a guarantee* unter Garantie stehen; **5.** (*comm.*) führen, auf Lager haben; **6.** (*Zeitung; Radio; TV*) bringen: *c. a full report* ausführlich berichten; **7.** führen, bringen: *c. the war into enemy territory* den Krieg ins Feindesland tragen; **8.** besiegen, erobern: *c. the day* die Schlacht gewinnen (*auch fig.*); *c. everything before one* auf der ganzen Linie siegen; **9.** *v.i.* reichen: *his voice doesn't c. very far* seine Stimme reicht nicht sehr weit; **10.** *in Phrasen und präp. V.: c. away* davontragen; fortwehen; (*fig.*) mitnehmen: *don't get carried away!* laß dich nicht von deinen Gefühlen überwältigen!; *c. back* zurücktragen (*auch Wirtsch.*); *c. forward* (*comm.*) vortragen; *c. off* davontragen (*the first prize*); *c. on* weitermachen; weiter reden; *c. on with s.o.* (*coll.*) ein Verhältnis mit jdm. haben; *c. out* heraustragen; ausführen (*an order*); *c. over* (*comm.*) vortragen; *c. through* zu Ende führen.

cart [kɑ:t] **I.** *n.* **1.** Pferdewagen: *put the c. before the horse* (*fig.*) das Pferd am Schwanz aufzäumen; **II.** *v.t.* **1.** abtransportieren (*the rubbish to the tip*); **2.** schleppen, befördern: *c. the kids to school* die Kinder zur Schule fahren.

case[1] [keɪs] *n.* **1.** Fall: *in any c.* jedenfalls; *in c. of* im Falle von, falls; *if that's the c.* wenn das der Fall ist; *as the c. may be* je nachdem; *a c. in point* ein typisches Beispiel; **2.** (*jur.*) Fall: *lose/win one's c.* seinen Prozeß verlieren/gewinnen; *have a good c.* gute Prozeßchancen haben; *put the c. for s.th.* für etw. plädieren; *c. book* Fallsammlung; *c. law* Fallrecht; **3.** (*gram.*) Fall, Kasus: *object/subject c.* Objekt-/Subjektfall; **4.** (*med.*) Fall, Patient: *a hopeless c.* ein aussichtsloser Fall (*auch iron.*); *c. history* Krankengeschichte.

case[2] *n.* **1.** Kiste (*of wine*); Koffer; **2.** Schachtel, Etui; Hülle: *pillow c.* Kopfkissenbezug.

cash [kæʃ] **I.** *n.* **1.** Bargeld: *pay (in) c.* bar bezahlen; **2.** Geld: *short of c.* knapp bei Kasse; *c. flow* (Bar-) Geldumlauf, Liquidität; **II.** *v.t.* (*Scheck*) einlösen.

cast* [kɑ:st; *US:* kæst] **I.** *v.t.* **1.** werfen: *c. a line* Angelschnur auswerfen; *c. s.o. into prison* (*arch.*) jdn. ins Gefängnis werfen; *c. one's net wide* (*fig.*) seine Fühler in alle Richtungen ausstrecken, sich in alle Richtungen bemühen; **2.** (*fig.*) werfen: *c. doubt on s.th.* etw. als zweifelhaft erscheinen lassen; *c. an eye on s.th.* ein Auge auf etw. werfen; *c. light on s.th.* Licht auf etw. werfen; *c. one's vote* Stimme abgeben; *the die is c.* die Würfel sind gefallen; **3.** abwerfen: *snakes c. their skins* Schlangen häuten sich; *deciduous trees c. their leaves* Laubbäume werfen ihre Blätter ab; **4.** (*theat.*) (*Rolle*) besetzen: *she was c. for the part of Desdemona* sie bekam die Rolle der Desdemona; **5.** (*techn.*) gießen: *≈ing shop* Gießerei; **6.** *in Phrasen und präp. V.: c. about/around for s.th.* sich nach etw. umsehen; *c. aside* ablegen (*bad habits*); *c. away* wegwerfen; *be c. away* (*naut.*) stranden; *be c. down* niedergeschlagen sein; *c. off* abwerfen; (*fig.*) fallenlassen; (*naut.*) losmachen; *c. out* vertreiben (*evil spirits*); *be c. up* an Land gespült werden; **II. 1.** Wurf: *c. of the dice* Wurf (*beim Würfeln*); **2.** Gußstück; Abdruck; **3.** (*med.*) Gips(verband); **4.** (*theat.*) Besetzung; **5.** (*fig.*) Zuschnitt, Art: *be of a different c.* andersgeartet sein; **6.** (*med.*) Schielen (*in one eye*).

castle ['kɑ:sl; *US:* 'kæsl] **I.** *n.* **1.** Burg: *≈s in the air* (*fig.*) Luftschlösser; **2.** (*Schach*) Turm; **II.** *v.i.* (*Schach*) rochieren.

casual ['kæʒʊəl] **I.** *adj.* **1.** zufällig: *a c. acquaintance* eine Zufallsbekanntschaft; **2.** flüchtig: *a c. glance* ein flüchtiger Blick; **3.** beiläufig (*remark*): *be very c. about s.th.* etw. nicht so ernst nehmen; **4.** Gelegenheits-: *c. labour* Gelegenheitsarbeit; Aushilfskräfte; **II.** *n.* **1.** **≈s** *pl.* Freizeitkleidung; **2.** **≈s** *pl.* Aushilfskräfte.

cat [kæt] *n.* **1.** Katze: *let the c. out of the bag* (*fig.*) die Katze aus dem Sack lassen; *put the c. among the pigeons* (*fig.*) große Unruhe verursachen; *when the ≈'s away the mice will play* (*prov.*) wenn die Katze aus dem Haus ist, dann tanzen die Mäuse; **2.** (*zool.*) Mitglied der Katzenfamilie: *big c.* Großkatze; **3.** (*pej.*) Frau: *the c. next door* das Biest nebenan.

catalog (*US*); **catalogue** (*GB*) ['kætəlɒg] **I.** *n.* **1.** Katalog: *buy by* *c.* im Versandhandel kaufen; *library c.* Bibliothekskatalog; **2.** (*fig.*) Katalog, Liste, Reihe (*of disasters*); **II.** *v.t.* katalogisieren.

catastrophe [kəˈtæstrəfɪ] *n.* Katastrophe.

catastrophic [ˌkætəˈstrɒfɪk] *adj.* katastrophal; verhängnisvoll (*decision*).

catch* [kætʃ] **I.** *v.t.* **1.** fangen (*a ball*); **2.** (*Jagd*) fangen: *c. a big fish* einen großen Fisch fangen (*auch fig.*); *the police say they've caught the murderer* die Polizei sagt, sie habe den Mörder gefangen; *c. s.o. red-handed/in the (very) act* jdn. in flagranti/auf frischer Tat ertappen; *c. s.o. doing s.th.* jdn. bei etw. erwischen; *c. s.o. unawares* jdn. ertappen/überraschen; **3.** noch erreichen, kriegen (*the bus*); **4.** hängenbleiben mit: *he caught his sleeve in the door* er blieb mit seinem Ärmel in der Tür hängen; **5.** (*med.*) sich zuziehen: *you'll c. your death* du holst dir noch den Tod; **6.** *in Phrasen: c. s.o.'s attention* jds. Aufmerksamkeit erregen; *c. one's breath* (*fig.*) verschnaufen; *c. s.o.'s fancy* jds. Interesse erregen; *c. fire* Feuer fangen; *c. s.o. on the wrong foot* jdn. auf dem falschen Fuß erwischen; *c. sight/a glimpse of s.o.* jdn. (kurz) zu sehen bekommen; *c. s.o. with his pants/trousers down* jdn. (in einem schwachen Moment) ertappen; **7.** *v.prep.: c. at s.th.* nach etw. greifen (*an opportunity*); *c. on* populär werden; *c. s.o. out* jdn. (auf frischer Tat) ertappen; *c. up* aufholen; **II.** *n.* **1.** Fangen: *that was a super c.* der Torwart hat phantastisch gehalten; **2.** Fang: *make a good c.* guten Fang machen (*auch fig.*); **3.** (*techn.*) Verschluß, Riegel; **4.** (*fig.*) Haken: *where's the c.?* wo ist der Haken?

cathedral [kəˈθiːdrəl] *n.* Kathedrale, Dom.

catholic [ˈkæθəlɪk] **I.** *adj.* **1.** vielseitig (interessiert); **2.** (*immer großgeschrieben*) katholisch: *Roman C.* (*R.C.*) römisch-katholisch; **II.** *n.* (*immer großgeschrieben*) Katholik(in).

cattle [ˈkætl] *n.* (Rind-)Vieh: *50 (head of) c.* 50 Stück Vieh.

cauliflower [ˈkɒlɪflaʊə] *n.* Blumenkohl.

cause [kɔːz] **I.** *n.* **1.** Ursache (*of the fire*): *the root c.* die eigentliche Ursache; **2.** Anlaß, Grund: *c. for concern* Grund zur Sorge; *be absent without good c.* ohne triftigen Grund fehlen; **3.** Sache: *fight for a good c.* für eine gute Sache kämpfen; *make common c.* gemeinsame Sache machen; *lost c.* verlorene Sache; **4.** (*jur.*) Fall, Sache: *plead one's c.* seinen Fall vortragen; **II.** *v.i.* verursachen (*a lot of trouble*).

caution [ˈkɔːʃn] **I.** *n.* **1.** Vorsicht: *exercise great c.* große Vorsicht walten lassen; *proceed with c.* vorsichtig vorgehen; *throw c. to the winds* eine Warnung in den Wind schlagen; **2.** (*jur.*) Verwarnung: *he was let off with a c.* er kam mit einer Verwarnung davon; **II.** *v.t.* **1.** warnen (*s.o. not to drive too fast*); **2.** (*jur.*) verwarnen.

cautious [ˈkɔːʃəs] *adj.* vorsichtig (*driver*).

cave [keɪv] **I.** *n.* Höhle: *c. dweller* Höhlenbewohner; **II.** *v.prep.: c. in* **1.** einstürzen; **2.** nachgeben: *we simply refuse to c. in* wir weigern uns einfach, nachzugeben.

cease [siːs] **I. 1.** *v.i.* enden, aufhören: *wonders will never c.* es gibt noch Wunder; *without ceasing* unaufhörlich; **2.** *v.t.* beenden: *c. fire* (*mil.*) das Feuer einstellen; *it has ≈d to rain* es hat aufgehört zu regnen; *the company has ≈d trading* die Firma betreibt keine Geschäfte mehr; **II.** *n.: without c.* unaufhörlich.

ceiling ['si:lıŋ] *n.* **1.** (Zimmer-)Dekke; **2.** (*fig.*) Obergrenze: *hit the c.* die Obergrenze erreichen; *put/set a c. on wages/prices* für Löhne/Preise eine Obergrenze festlegen; **3.** Höhe über dem Erdboden: *the plane has an operational c. of 50,000 feet* das Flugzeug hat eine maximale Flughöhe von 50000 Fuß.

celebrate ['selıbreıt] **1.** *v.t.* feiern (*s.o.'s birthday*); **2.** (*lit.*) feiern, verherrlichen (*the labours of Hercules*); **3.** *v.i.* feiern (*all night*).

celebration [ˌselı'breıʃn] *n.* Feier: *birthday c.* Geburtstagsfeier.

cell [sel] *n.* **1.** (*Gefängnis*; *Kloster*) Zelle: *prison c.* Gefängniszelle; **2.** (*biol.*) Zelle: *red blood c.* rotes Blutkörperchen; **3.** (*pol.*) Zelle: *anarchist c.* anarchistische Zelle.

cellar ['selə] *n.* **1.** Keller; **2.** Weinkeller, Weinvorrat.

cemetery ['semətrı] *n.* Friedhof.

cent [sent] (*US*) *n.* Cent: *not have a c.* keinen Heller/Pfennig besitzen.

centimeter (*US*); **centimetre** (*GB*) ['sentımi:tə] *n.* Zentimeter.

central ['sentrəl] *adj.* **1.** zentral: *c. location* zentrale Lage; **2.** zentral, wesentlich: *play a c. role* eine Hauptrolle spielen; **3.** (*pol.*) Zentral- (*government*).

center (*US*); **centre** (*GB*) ['sentə] **I.** *n.* **1.** Zentrum: *city c.* Stadtzentrum; **2.** Zentrum, Mittelpunkt: *c. of gravity* Schwerpunkt; *c. of attraction* Hauptattraktion; **3.** (*pol.*) Mitte: *right of c.* rechts der Mitte; **4.** (*Gebäudekomplex*) Zentrum: *shopping c.* Einkaufszentrum; **II.** **1.** *v.t.* zentrieren (*the headline*); **2.** (*Sport*) zur Mitte abspielen; **3.** *v.prep.: c. on/upon* sich drehen um: *the dispute ≈s on the question of »equal pay for equal work«* bei diesem Streit geht es um die Frage »Gleicher Lohn für gleiche Arbeit«.

century ['sentʃərı] *n.* **1.** Jahrhundert: *at the turn of the c.* zur Jahrhundertwende; **2.** (*Cricket*) Hundert.

cereal ['si:rıəl] *n.* **1.** Getreide; **2.** Getreideflocken: *breakfast c.* Frühstücksflocken.

ceremony ['serımənı] *n.* **1.** Zeremonie, Feier; **2.** Förmlichkeit: *stand on c.* auf formale Korrektheit bedacht sein.

certain ['sɜ:tən] *adj.* **1.** sicher: *are you c?.* bist du sicher?; *I'm not c. about it* ich bin mir da nicht so sicher; *one thing is c.* eins ist sicher; *know for c.* sich ganz sicher sein; *make c. (of s.th.)* sich vergewissern; **2.** gewiß: *a c. Mr Brown* ein gewisser Mr Brown.

certainly ['sɜ:tənlı] *adv.* sicher(lich), bestimmt, gewiß: *c. not!* auf keinen Fall!

certainty ['sɜ:təntı] *n.* **1.** Sicherheit: *know s.th. for a c.* etw. ganz bestimmt wissen; **2.** Gewißheit: *I can't say with (any) c. that …* mit (letzter) Gewißheit kann ich nicht sagen, ob … .

certificate [sə'tıfıkət] *n.* Bescheinigung, Zeugnis, Urkunde: *birth c.* Geburtsurkunde; *death c.* Totenschein; *marriage c.* Trauschein.

chain [tʃeın] **I.** *n.* **1.** Kette: *in ≈s* in Ketten; *bicycle c.* Fahrradkette; **2.** (*fig.*) Kette: *the c. of events* die Abfolge der Ereignisse; *food c.* (*biol.*) Nahrungskette; Supermarktkette; *c. store* Kettenladen; *c. letter* Kettenbrief; *c. gang* Arbeitstrupp; **3.** (*arch.*) Meßkette (*Längenmaß*); **II.** *v.t.* anketten: *c. up the dog* den Hund an die Kette legen; (*fig.*) fesseln.

chair ['tʃəe] **I.** *n.* **1.** Stuhl: *take a c.!*

setzen Sie sich doch!; **2.** Vorsitz: *be in the c.* den Vorsitz führen; **3.** Lehrstuhl: *hold the c. of history* den Lehrstuhl für Geschichte innehaben; **4.** (*US*) (*coll.*) *the c.* der elektrische Stuhl; **II.** *v.t.* **1.** Vorsitz führen bei; **2.** (jdn.) auf den Schultern tragen (*the gold medallist*).

chairman ['tʃeəmən] *n.* Vorsitzender; (*AG*) Aufsichtsratsvorsitzender.

chairperson ['tʃeəpɜːsən] *n.* Vorsitzende(r).

chairwoman ['tʃeəˌwʊmən] *n.* Vorsitzende.

chalk [tʃɔːk] **I.** *n.* **1.** Kalkstein: *c. hills* Kalksteingebirge; **2.** Kreide: *a stick of c.* ein Stück Kreide; *be as different as c. and cheese* (*fig.*) sich wie Tag und Nacht unterscheiden; **II. 1.** *v.t.* mit Kreide schreiben (*s.o.'s name on the wall*); **2.** *v.prep.: c. out* (*fig.*) grob skizzieren (*a plan*); *c. up* (*fig.*) verbuchen; anschreiben (*what s.o. owes*).

challenge ['tʃælɪndʒ] **I.** *n.* **1.** Herausforderung: *accept a c.* Herausforderung annehmen; **2.** (*mil.*) Aufruf (*»who goes there?«*); **3.** Infragestellung (*of the official view*); **4.** Aufgabe: *rise to the c.* sich der Aufgabe stellen; **5.** (*jur.*) Ablehnung (*of a juror*); **II.** *v.t.* **1.** herausfordern (*s.o. to run the marathon*); **2.** in Frage stellen: *c. a claim* eine Behauptung in Frage stellen; **3.** (*mil.*) anrufen; **4.** fordern (*s.o.*); **5.** (*jur.*) ablehnen (*the jury*).

chamber ['tʃeɪmbə] *n.* **1.** (*arch.*) Kammer (*bes. Schlafzimmer*): *c. music* Kammermusik; **2.** (*parl.*) Kammer: *second c.* zweite Kammer (*Bundesrat, Senat*); **3.** (*Standesorganisation*) Kammer: *C. of Commerce* (Industrie- und) Handelskammer (IHK); **4.** (*anat.; techn.*) Kammer: *combustion c.* (*Motor*) Verbrennungsraum; *≈s of the heart* Herzkammern; **5.** **≈s** *pl.* (*jur.*) Kanzlei; Richterzimmer.

champion ['tʃæmpɪən] **I.** *n.* **1.** (*Sport*) Meister: *football c.* Fußballmeister; **2.** Verfechter (*of social justice*); **II.** *v.t.* eintreten für (*all the good causes*).

chance [tʃɑːns] **I.** *n.* **1.** Zufall: *by c.* zufällig; *it was pure c.* es war reiner Zufall; *as c. would have it* wie es der Zufall wollte; *game of c.* Glücksspiel; **2.** Wahrscheinlichkeit: *the ≈s are that…* aller Wahrscheinlichkeit nach …; *no c.!* (*coll.*) das ist nicht drin!; **3.** Chance, Gelegenheit: *on the off c.* auf gut Glück; *be in with a c.* eine echte Chance haben; *the c. of a lifetime* eine einmalige Gelegenheit; *a c. in a million* eine praktisch aussichtslose Sache; *give s.o. a second c.* jdm. noch eine Chance geben; **4.** Risiko: *take ≈s* Risiken eingehen; **II. 1.** *v.t.* zufällig tun / sich ereignen: *it ≈d that he was there* zufällig war er da; **2.** riskieren (*meeting the police*); **3.** *v.prep.: c. on/upon s.o./s.th.* zufällig auf jdn./etw. stoßen.

change [tʃeindʒ] **I. 1.** *v.i.* sich (ver)ändern: *wait for the lights to c.* (*Ampel*) auf Grün warten; *hasn't she ≈d!* wie sie sich verändert hat!; **2.** sich umziehen: *c. into/out of old clothes* alte Sachen anziehen/ausziehen; **3.** umsteigen: *all c.!* alles umsteigen!; **4.** wechseln: *c. with s.o.* mit jdm. tauschen; **5.** *v.t.* wechseln: *c. hands* den Besitzer wechseln; *c. jobs/one's job* den Arbeitsplatz/Beruf wechseln; *c. the subject* das Thema wechseln; *c. places with s.o.* mit jdm. den Platz tauschen; *c. gear(s)* (*Auto*) schalten; **6.** erneuern, wechseln: *c. the baby* die Windeln wechseln; *c. oil* (*Auto*) Öl wechseln; **7.** verändern, verwandeln: *c. one's mind* seine Meinung ändern; *c. one's spots* (*fig.*) seinen Charakter ändern; *c. one's tune* (*fig.*) ganz anders reden; *c. one's ways* seine Gewohnheiten ändern; **8.** umtauschen (*a dress*): *c. pounds into deutschmarks* Pfund Sterling in DM umtauschen; **9.** *in Phrasen und präp. V.: c. down* (*Auto*) runterschalten; *c. over* sich umstellen (*to electric heating*); *c. round* umstellen (*the furniture*); *c. up* (*Auto*) hochschalten; **II.** *n.* **1.** Veränderung (*in the weather*): *make ≈s* Veränderungen vornehmen; *a c. for the better/worse* eine Verbesserung/Verschlechterung; *c. of job* Stellenwechsel; **2.** Abwechslung: *for a c.* zur Abwechslung; **3.** Wechsel: *c. of government* Regierungswechsel; *oil c.* Ölwechsel; **4.** Wechselgeld: *small c.* Kleingeld; *keep the c.!* behalten Sie den Rest!; *you won't get much c. out of her* (*fig.*) aus ihr wirst du nicht viel herausbekommen.

channel ['tʃænəl] **I.** *n.* **1.** Rinne (*for the rainwater*); **2.** (*naut.*) Fahrrinne; **3.** Meerenge: *the English C.* der Ärmelkanal; **4.** (*TV*) Kanal; **5.** Dienstweg: *go through (the proper) ≈s* den Dienstweg einhalten; **II.** *v.t.* **1.** leiten (*help to where it is needed*); **2.** furchen: *the water has ≈led the soil* das Wasser hat (im Boden) Furchen gegraben; **3.** (*Wasser*) leiten.

chapel ['tʃæpl] *n.* **1.** Kapelle (*als Gebäude*); **2.** Kapelle (*innerhalb einer Kirche*); **3.** (*GB*) nonkonformistische Glaubensrichtung: *he is church, but she is c.* er gehört der (anglikanischen) Kirche an, sie ist hingegen Mitglied einer freikirchlichen Gemeinde; **4.** (*GB*) gewerkschaftliche Betriebsgruppe von Druckern oder Journalisten.

chapter ['tʃæptə] *n.* **1.** (*Text*) Kapitel: *quote c. and verse* (*fig.*) etw. genau belegen; **2.** (*fig.*) Kapitel: *a sad c. in our history* ein trauriges Kapitel unserer Geschichte; **3.** (Dom-) Kapitel.

character ['kærəktə] *n.* **1.** Charakter, Wesen: *they have different ≈s* sie sind ganz unterschiedlich; *what he did was quite out of c.* was er getan hat, sieht ihm eigentlich gar nicht ähnlich; **2.** Charakter, Persönlichkeit: *she's quite a c.* sie ist eine sehr eigenständige Persönlichkeit; **3.** (*lit.*) Figur (*in a novel*); **4.** Ruf: *c. assassination* Rufmord; **5.** (*Druck*) Zeichen: *50 ≈s per second* 50 Zeichen/Anschläge pro Sekunde.

characteristic [ˌkærətək'rɪstɪk] **I.** *adj.* charakteristisch, typisch, bezeichnend (*of s.o.*); **II.** *n.* Merkmal, Charakterzug.

charge [tʃɑːdʒ] **I.** n. **1.** Belastung, Gebühr: *free of c.* gebührenfrei; *reverse the ≈s* (*tel.*) R-Gespräch führen; *admission c.* Eintrittsgeld; *be a c. on s.o.* jdm. zur Last fallen; **2.** (*jur.*) Anklage: *bring a c. against s.o.* jdn. unter Anklage stellen; *be arrested on a c. of murder* wegen Mordverdacht festgenommen werden; *press/prefer ≈s against s.o.* gegen jdn. Anzeige erstatten; **3.** Behauptung: *be open to ≈s (of s.th.)* sich dem Verdacht aussetzen; *counter ≈s* Behauptungen zurückweisen; **4.** Verantwortung: *be in c. (of s.o./s.th.)* verantwortlich sein; *take c. of s.th.* etw. in die Hand nehmen; *place children in s.o.'s c.* Kinder in jds. Obhut geben; **5.** (*phys.*) Ladung: *explosive c.* Sprengladung; **II. 1.** *v.t.* (*comm.*) belasten, in Rechnung stellen: *how much do you c. for…?*

was verlangen Sie für …?; *c. s.th. to s.o.'s account* etw. auf jds. Rechnung setzen; **2.** (*jur.*) anklagen: *she was ≈d with murder* sie wurde des Mordes angeklagt; **3.** beschuldigen (*s.o. of neglect of duty*); **4.** (*el.*) laden (*the battery*); **5.** beauftragen (*s.o. to do/with s.th.*); **6.** angreifen (*auch präp. V.: c. at s.th.*); **7.** fahren, rennen, stürmen (*upstairs*).

charm [tʃɑ:m] **I.** *n.* **1.** Reiz, Anziehungskraft: *turn on the c.* seinen (ganzen) Charme aufbieten; **2.** Zauber, Bann: *work like a c.* hervorragend klappen; **3.** Anhänger, Talisman; **II.** *v.t.* **1.** betören, anziehend wirken auf (*every woman*); **2.** beschwören (*snakes*).

charming ['tʃɑ:mɪŋ] *adj.* **1.** reizend (*old town*); **2.** charmant (*young man*).

cheap [tʃi:p] **I.** *adj.* **1.** billig: *c. at the price* ausgesprochen billig; *c. labour* billige Arbeitskräfte; **2.** billig, minderwertig: *everything they sell is c. and nasty* sie verkaufen nur Ramsch; **3.** billig, ordinär (*joke*): *make o.s. c.* sich selbst herabsetzen; **II.** *n.: on the c.* auf die billige Tour, billig.

cheat [tʃi:t] **I. 1.** *v.i.* mogeln, schummeln (*in the exam*); **2.** betrügen (*on s.o.*); fremdgehen; **3.** *v.t.* betrügen (*the authorities*); **II.** *n.* (*coll.*) Gauner, Falschspieler.

check [tʃek] **I.** *n.* **1.** (Über-)Prüfung, Kontrolle: *give s.th. a (thorough) c.* etw. (gründlich) überprüfen; *conduct regular ≈s* regelmäßige Kontrollen durchführen; *random c.* Stichprobe; **2.** Eindämmung: *act as a c. on s.th.* etw. eindämmen; *hold the crowd in c.* die Menge unter Kontrolle halten; **3.** (*US*) (*comm.*) Scheck (*GB:* → **cheque**); **4.** Garderobenmarke, Aufbewahrungsschein; **5.** (*US, Scot.*) Restaurantrechnung; **6.** Karomuster; **7.** Schach: *in c.* im Schach stehend; **II. 1.** *v.t.* überprüfen; **2.** zurückhalten: *c. o.s.* sich beherrschen; **3.** (*Gepäck*) aufgeben; **4.** *v.i.* nachfragen; **5.** *in Phrasen und präp. V.: c. back* rückfragen; *c. in* sich anmelden; *c. out* sich abmelden; *c. through* durchsehen (*all the papers*); durchgehend abfertigen (*s.o.'s luggage to Glasgow*); *c. up* überprüfen; *c. up on s.o.* Nachforschungen über jdn. anstellen.

cheek [tʃi:k] *n.* **1.** Backe, Wange: *kiss s.o. on the c.* jdn. auf die Wange küssen; *turn the other c.* (*fig.*) die andere Wange hinhalten; **2.** (*fig.*) Frechheit: *have the c.* die Frechheit besitzen; *give s.o. a lot of c.* jdm. gegenüber reichlich frech sein.

cheeky ['tʃi:kɪ] *adj.* frech.

cheer ['tʃɪə] **I.** *n.* **1.** Jubel, Beifall: *give s.o. three ≈s* jdn. dreimal hochleben lassen; **2.** Freude, Aufmunterung: *fill s.o. with c.* jdn. aufmuntern; *be of good c.* (*arch.*) frohen Mutes sein; **II. 1.** *v.i.* jubeln; **2.** *v.t.* bejubeln (*the winner*); **3.** *v.prep.: c. s.o. on* jdn. anspornen; *c. s.o. up* jdm. Mut machen, jdn. aufheitern.

cheerful ['tʃɪəfəl] *adj.* **1.** fröhlich (*person*); **2.** erfreulich (*news*); **3.** hell (*colours; room*).

cheers ['tʃɪəz] *interj.* **1.** Prost; **2.** Hurra.

cheese [tʃi:z] *n.* **1.** Käse; **2.** *in Phrasen: hard c.* (*coll.*) so ein Pech; *say c.!* (*Foto*) bitte lächeln!

chemical ['kemɪkl] **I.** *adj.* chemisch: *c. engineering* Chemotechnik; *the c. industry* die chemische Industrie; *c. reaction* chemische Reaktion; **II.** *n.* Chemikalie.

chemist ['kemɪst] *n.* **1.** Chemiker(in); **2.** (*GB*) Apotheker, Drogist: *at the ≈'s (shop)* in der Apotheke.

chemistry ['kemɪstrɪ] *n.* **1.** Chemie: *study c.* Chemie studieren; **2.** chemische Struktur (*of iron*); (*fig.*) Verträglichkeit: *the c. between them is not right* zwischen den beiden stimmt die Chemie nicht.

cheque [tʃek] *n.* (*GB*) (*comm.*) Scheck (*US:* → **check**): *crossed c.* Verrechnungsscheck; *open c.* Barscheck; *c. book* Scheckheft.

cherry ['tʃerɪ] *n.* **1.** Kirsche: *c. red* kirschrot; *have another bite at the c.* (*fig.*) es noch einmal versuchen; **2.** Kirschbaum: *c. blossom* Kirschblüte.

chest [tʃest] *n.* **1.** Kiste: *tool c.* Werkzeugkiste; 2. (*anat.*) Brustkorb: *c. infection* Lungeninfektion; *get s.th. off one's c.* (*fig.*) sich etw. von der Seele reden.

chew [tʃu:] **I. 1.** *v.t.* kauen: *c. one's fingernails* an den Nägeln kauen; *c. the cud* (*zool.*) wiederkäuen; *bite off more than one can c.* (*coll.*) den Mund zu voll nehmen, sich zuviel vornehmen; **2.** *v.prep.: c. over s.th.* (*fig.*) lange über etw. grübeln; **II.** *n.* **1.** Kauen: *have a good c.* gründlich kauen; **2.** Kauobjekt (*piece of chocolate/tobacco*).

chicken ['tʃɪkən] *n.* **1.** Huhn: *keep ≈s* Hühner halten; **2.** Küken: *don't count your ≈s before they are hatched* man soll den Tag nicht vor dem Abend loben; **3.** Hühnerfleisch: *roast c.* Brathähnchen; **4.** (*pej.*) Feigling; **II.** *v.prep.: c. out* (*coll.*) kneifen.

chief ['tʃi:f] **I.** *n.* **1.** Oberhaupt: *Indian c.* Indianerhäuptling; **2.** (*coll.*) Chef, Leiter: *c. of police* Polizeichef; *c. of staff* (*mil.*) Stabschef; **II.** *adj.* (*attr.*) **1.** Haupt-, leitende(r) (*engineer*): *c. executive officer* (*CEO*) Vorstandsvorsitzender, Generaldirektor; *c. constable* (*GB*) Leiter der Grafschaftspolizei; **2.** wichtigste(r, s): *the c. reason* der Hauptgrund.

chiefly ['tʃi:flɪ] *adv.* hauptsächlich, vor allem.

child [tʃaɪld] (*pl.* **children** [tʃɪldrən]) *n.* Kind: *an only c.* ein Einzelkind; *be with c.* (*arch.*) schwanger sein, Kind unter dem Herzen tragen.

childhood ['tʃaɪldhʊd] *n.* Kindheit.

childish ['tʃaɪldɪʃ] *adj.* **1.** kindlich (*voice*); **2.** kindisch (*behaviour*).

chimney ['tʃɪmnɪ] *n.* **1.** Schornstein: *factory c.* Fabrikschornstein; **2.** (*Bergsteigen*) Kamin.

chin [tʃɪn] *n.* Kinn: *hit s.o. on the c.* jdn. aufs Kinn schlagen; *keep one's c. up* (*fig.*) die Ohren steifhalten.

china ['tʃaɪnə] *n.* Porzellan: *a bull in a c. shop* (*fig.*) ein Elefant im Porzellanladen.

Chinese [tʃaɪ'ni:z] **I.** *adj.* chinesisch; **II.** *n.* **1.** (*Sprache*) Chinesisch; **2.** Chinese, Chinesin.

chip [tʃɪp] **I.** *n.* **1.** Splitter, Scherbe; **2.** Span (*wood*); abgeschlagene Stelle: *have a c. on one's shoulder* (*fig.*) einen Komplex haben; **3.** **≈s** *pl.* (*GB*) Pommes frites: *fish and ≈s* gebackener Fisch mit Pommes frites; **4.** Spielmarke: *have had one's ≈s* verloren haben; *when the ≈s are down* (*fig.*) wenn's ums Ganze geht; *a blue c. company* eine grundsolide Firma; **II. 1.** *v.t.* beschädigen; **2.** in Stücke schneiden (*potatoes*); **3.** *v.i.* beschädigt werden; **4.** *in Phrasen und präp. V.: c. away at s.th.* an etw. herummeißeln (*auch fig.*); *c. in* sich einschalten; sich finanziell beteiligen; *c. off* wegschlagen; absplittern.

chocolate ['tʃɒklət] *n.* **1.** Schokolade: *a bar of c.* eine Tafel Schokolade; **2.** Praline: *a box of ≈s* eine

Schachtel Pralinen; **3.** Trinkschokolade.

choice ['tʃɔɪs] **I.** *n.* **1.** Wahl: *be faced with a c.* vor der Wahl stehen; *do s.th. by/out of/from c.* etw. aus freien Stücken tun; *be spoilt for c.* die Qual der Wahl haben; **2.** (*Objekt*) Wahl: *she's not my c.* sie ist nicht meine Kandidatin; *there are several ≈s open to you* Sie haben die Auswahl zwischen mehreren Möglichkeiten; **II.** *adj.* **1.** ausgewählt, qualitativ hochwertig (*grapes*); **2.** gewählt (*words*).

choose* [tʃu:z] **1.** *v.t.* wählen (*a wine to go with fish*): *c. a career* eine Berufswahl treffen; *c. a new president* einen neuen Präsidenten wählen; **2.** es vorziehen (*to ignore her telephone calls*); **3.** *v.i.* wählen (*between A and B*).

chop[1] [tʃɒp] **I. 1.** *v.t.* hacken: *c. wood* Holz hacken; *c. meat* Fleisch kleinschneiden; **2.** (*fig.*) abschaffen, einstellen (*train services to the coast*); **3.** *in Phrasen und präp. V.: c. at s.th.* auf etw. einhacken; *c. s.th. down* etw. fällen (*tree*); *c. off* abhacken (*branches; s.o.'s head*); *c. one's way through s.th.* sich einen Weg durch etwas bahnen; *c. up* kleinhacken, zerteilen; **II.** *n.* **1.** Schlag; **2.** (*fig.*) Abhacken: *get the c.* (*coll.*) rausgeschmissen werden; **3.** Kotelett: *lamb c.* Lammkotelett.

chop[2] *v.i.* (*naut.*) (*Wind*) sich drehen: *c. and change* (*fig.*) laufend seine Meinung ändern.

chorus ['kɔ:rəs] *n.* **1.** (*mus.*) Refrain; **2.** Opernchor; **3.** Tanzgruppe: *c. girl* Revuetänzerin; **4.** (*lit.*) Chor; **5.** (*lit.*) Prolog, Epilog.

christen ['krɪsn] *v.t.* taufen (*the baby; the ship*).

christening ['krɪsənɪŋ] *n.* Taufe: *c. robe* Taufkleid.

Christian ['krɪstʃən] **I.** *adj.* **1.** christlich: *C. name* Vorname; **2.** hilfreich, liebenswürdig; **II.** *n.* **1.** Christ(in); **2.** hilfreicher Mensch.

Christmas ['krɪsməs] *n.* Weihnachten: *(we wish you a) Merry C.!* Frohe Weihnachten!; *C. Day* Erster Weihnachtstag; *C. Eve* Heiligabend; *C. present* Weihnachtsgeschenk; *C. tree* Weihnachtsbaum.

church [tʃɜ:tʃ] *n.* **1.** Kirche (*als Gebäude*); **2.** Gottesdienst: *go to c.* zur Kirche gehen; **3.** Kirche (*als Glaubensgemeinschaft*): *be received into the Roman Catholic C.* zum Katholizismus konvertieren; *C. of England* (*CoE*) anglikanische Staatskirche; **4.** Geistlichkeit: *enter/join the c.* Geistlicher werden.

cigar [sɪ'gɑ:] *n.* Zigarre: *box of ≈s* Kiste Zigarren.

cigarette ['sɪgərət] *n.* Zigarette: *c. lighter* Feuerzeug.

cinema ['sɪnəmə] *n.* Kino.

circle ['sɜ:kl] **I.** *n.* **1.** (*geom.*) Kreis: *use compasses to draw a c.* mit dem Zirkel einen Kreis zeichnen; *square the c.* (*fig.*) die Quadratur des Kreises erreichen; **2.** (*allg.*) Kreis: *form a c.* einen Kreis bilden; *stand in a c.* im Kreis stehen; **3.** (*fig.*) Kreis (*of friends*): *move in the right ≈s* sich in den richtigen Kreisen bewegen; *in political ≈s* in politischen Kreisen; **4.** (*GB*) (*theat.*) Rang: *dress c.* erster Rang; *upper c.* zweiter Rang; **5.** Kreislauf, Kreis: *vicious c.* Teufelskreis; *come full c.* zum Ausgangspunkt zurückkehren; **II. 1.** *v.t.* eine Runde drehen um (*the town*); **2.** einen Kreis zeichnen um, umkringeln (*all the mistakes*); **3.** *v.i.* kreisen, sich im Kreis bewegen.

circuit ['sɜ:kɪt] *n.* **1.** Rundgang: *make a c. of the old town* Rundgang um die Altstadt machen; **2.** Umrundung (*of the earth*); **3.** (*jur.*) Gerichtsbezirk; **4.** (*theat.*) Tournee: *go on c.* auf Tournee gehen; **5.** (*el.*) Stromkreis: *break the c.* den Stromkreis unterbrechen; *short c.* Kurzschluß.

circular ['sɜːkjələ] **I.** *adj.* **1.** kreisförmig: *c. saw* Kreissäge; **2.** Rund-: *c. letter* Rundschreiben; **II.** *n.* Rundschreiben.

circumstance ['sɜːkəmstəns] *n.* **1.** Umstand: *in/under the ≈s* unter diesen Umständen; *under no ≈s* keinesfalls; **2.** **≈s** *pl.* Verhältnisse: *live in reduced ≈s* in bescheidenen Verhältnissen leben.

citizen ['sɪtɪzən] *n.* **1.** Bürger(in): *≈s' action group* Bürgerinitiative; **2.** Staatsangehörige(r): *she became a US c.* sie nahm die amerikanische Staatsbürgerschaft an.

citizenship ['sɪtɪzənʃɪp] *n.* Staatsangehörigkeit.

city ['sɪtɪ] *n.* **1.** (Groß-)Stadt; (*GB*) Stadt mit Kathedrale: *the c. centre* das Stadtzentrum; *inner c.* alter Stadtteil rund um den Stadtkern; **2.** (*GB*) *the C.* (*comm.*) Londoner Finanzwelt.

civic ['sɪvɪk] **I.** *adj.* Stadt-, bürgerlich: *c. centre* (*GB*) öffentliche Gebäude; *c. pride* Bürgerstolz; **II.** *n.* **≈s** *sg.* Staatsbürgerkunde.

civil ['sɪvɪl] *adj.* **1.** bürgerlich, Bürger-: *c. war* Bürgerkrieg; *c. defence* Zivilschutz; *c. disobedience* ziviler Ungehorsam; **2.** (*jur.*) Zivil-, Privat- (*law*): *c. case* Zivilprozeß; **3.** höflich, zuvorkommend: *how c. of you!* wie nett von Ihnen!; *keep a c. tongue in your head!* mäßige deinen Ton!

civilian [sɪ'vɪlɪən] **I.** *n.* Zivilist; **II.** *adj.* Zivil- (*clothes*).

civilization [ˌsɪvɪlaɪ'zeɪʃn] *n.* **1.** (moderne) Zivilisation: *the benefits of modern c.* die Segnungen der modernen Zivilisation; **2.** Hochkultur: *the ancient ≈s* die alten Hochkulturen; **3.** (*coll.*) moderner Komfort: *get back to c. after roughing it* nach einem Leben in der freien Natur in die Welt des modernen Komforts zurückkehren.

claim [kleɪm] **I.** *v.t.* **1.** Anspruch erheben auf, geltend machen, fordern: *c. a title* Anspruch auf einen Titel geltend machen; *c. social security benefits* Sozialleistungen beantragen; *c. damages* Schadenersatz fordern; *c. responsibility* die Verantwortung übernehmen; **2.** behaupten (*that … / to have …*); **3.** (*fig.*) fordern: *the tornado has ≈ed hundreds of lives* der Wirbelsturm hat Hunderte von Menschenleben gefordert; **II.** *n.* **1.** Anspruch: *lay c. to s.th.* einen Anspruch auf etw. geltend machen; **2.** Forderung: *c. for higher wages; wage c.* Lohnforderung; *put in a c. for s.th.* etw. fordern; **3.** (*fig.*) Anspruch: *the author's c. to fame* der Anspruch des Verfassers auf Ruhm; **4.** Behauptung (*that … / to have …*); *make a c.* etw. behaupten; **5.** beanspruchtes Objekt.

clap [klæp] **I.** **1.** *v.t.* klatschen; klopfen (*s.o. on the shoulder*); *c. one's hands* in die Hände klatschen; **2.** (*coll.*) stecken, werfen: *c. s.o. into prison* jdn. ins Gefängnis werfen; *c. eyes on s.o.* jdn. sehen; **3.** *v.i.* klatschen, Beifall spenden; **II.** *n.* **1.** Knall (*of thunder*); **2.** Klatschen: *give s.o. a c.* jdm. applaudieren; **3.** (*med.*) (*coll.*) Tripper.

class [klɑːs; *US:* klæs] **I.** *n.* **1.** (soziale) Klasse: *the middle c./≈es* das Bürgertum, die Mittelschichten; *the working c.* die Arbeiterklasse; *c. distinction* Klassenunterschied; **2.** (Leistungs-)Gruppe, Klasse: *be in the same c.* in derselben Klasse sein (*auch fig.*); *have a French c.* eine Französischstunde haben; *be* *in a c. of one's own* überdurchschnittlich gut sein; **3.** Klasse, Stil: *he's got c.* er hat Stil; **II.** *v.t.* klassifizieren, einordnen (*s.o./s.th. as s.th.*).

classic ['klæsɪk] **I.** *adj.* **1.** klassisch, erstklassig (*film*); **2.** typisch: *a c. example* ein klassisches/typisches Beispiel; *c. symptoms* klassische/typische Symptome; **3.** schlicht, einfach (*dress*); **4.** klassisch, traditionsreich (*event*); **II.** *n.* **1.** Klassiker: *this film will be a c. one day* dieser Film wird eines Tages ein Klassiker sein; **2.** hervorragendes Beispiel: *the world cup final was a c.* das Weltmeisterschaftsendspiel war phantastisch; **3.** **≈s** *sg.* klassische Altertumswissenschaft; Altphilologie.

classical ['klæsɪkl] *adj.* **1.** klassisch, antik: *c. authors* griechische und römische Autoren; *a c. education* eine humanistische Bildung; **2.** klassisch (*music*); **3.** traditionell, klassisch (*elegance*).

classroom ['klɑːsruːm] *n.* Klassenzimmer.

clay [kleɪ] *n.* Tonerde: *have feet of c.* (*fig.*) auf tönernen Füßen stehen; *c. pigeon* Tontaube.

clean [kliːn] **I.** *adj.* **1.** sauber: *c. air* saubere Luft; *wipe s.th. c.* etw. sauberwischen; *make a c. sweep of s.th.* (*fig.*) völlig neu beginnen; **2.** (*fig.*) sauber, einwandfrei: *have a c. record* nicht vorbestraft sein; *good c. fun* harmloses Vergnügen; *a c. bill of health* ein einwandfreies Gesundheitszeugnis; (*fig.*) eine Unbedenklichkeitsbescheinigung; **3.** sauber, glatt: *a c. cut* ein sauberer Schnitt; **II.** *adv.* glatt, sauber: *I c. forgot* das habe ich glatt vergessen; *come c.* mit der Sprache herausrücken; **III. 1.** *v.t.* säubern, reinigen: *c. one's teeth* sich die Zähne putzen; **2.** *in Phrasen und präp. V.:* *c. s.th. down* etw. gründlich reinigen; *c. s.th. out* etw. ausräumen/ausmisten (*auch fig.*); *c. up* saubermachen; aufräumen (*auch fig.*); (*coll.*) absahnen; **IV.** *n.* Reinigung: *give s.th. a good c.* etw. gründlich reinigen.

clear ['klɪə] **I.** *adj.* **1.** klar, rein: *c. water* reines/klares Wasser; *c. weather* klares Wetter; **2.** klar, deutlich: *she had a c. voice* sie hatte eine klare Stimme; *have I made myself c.?* habe ich mich deutlich (genug) ausgedrückt?; *it is quite c. that…* es ist völlig klar, daß …; *a c. advantage* ein deutlicher Vorteil; **3.** frei: *the road is c.* die Straße ist frei/geräumt; *when the coast is c.* (*fig.*) wenn die Luft rein ist; *keep the weekend c.* das Wochenende frei halten; **4.** unbelastet, frei: *have a c. conscience* ein reines Gewissen haben; *be c. of all suspicion* von jedem Verdacht frei sein; **5.** *c. of s.th.* außerhalb von etw.: *make sure you park c. of the entrance* achte darauf, die Einfahrt beim Parken frei zu halten; **6.** Netto-: *a c. profit of …* ein Reingewinn von …; **II.** *n.: in the c.* (*coll.*) **1.** (*comm.*) in den schwarzen Zahlen; **2.** von allem Verdacht befreit; **III.** *adv.* **1.** deutlich, klar: *speak loud and c.* laut und deutlich sprechen; **2.** *c. of s.o./s.th.* in sicherer Entfernung von: *steer c. of s.o./s.th.* einen großen Bogen um jdn./etw. machen; *keep c.!* Einfahrt/Ausfahrt frei halten! *stand c.!* bitte zurücktreten!; **IV. 1.** *v.t.* räumen (*the road*); aufräumen (*one's desk*); *c. the decks* (*fig.*) alles fertig machen; *c. the air* (*fig.*) Unstimmigkeiten beseitigen; **2.** (*jur.*) freisprechen: *c. o.s.* seine Unschuld beweisen; **3.** genehmigen, freigeben: *c. an article for publication* einen Artikel zur Veröffentlichung freigeben; *c. goods through customs* Waren zollamtlich abfertigen (lassen); **4.** netto verdienen (*£3,000 a month*); **5.** überwinden: *the horse ≈ed the fence easily* das Pferd übersprang den Zaun problemlos; **6.** *in Phrasen und präp. V.: c. away* wegräumen; *c. off* (*coll.*) abhauen; *c. out* ausräumen; *c. up* aufräumen; *c. up a misunderstanding* ein Mißverständnis ausräumen.

clergy ['klɜːdʒɪ] *n.* (*Sg. und Pl.*) Geistlichkeit: *join the c.* Geistlicher werden.

clergyman ['klɜːdʒɪmən] (*pl.* **clergymen**) *n.* Geistlicher.

clerk [klɑːk] *n.* **1.** Büroangestellte(r): *filing c.* Angestellte(r) in der Registratur; **2.** Direktor(in): *c. of (the) works* Bauleiter(in); *town c.* Stadtdirektor(in); **3.** (*US*) Verkäufer(in); **4.** (*GB*) (*arch.*) Geistlicher.

clever ['klevə] *adj.* **1.** intelligent: *the ≈est pupil of the class* der intelligenteste Schüler der Klasse; *be too c. by half* (*coll.*) oberschlau sein; **2.** raffiniert: *a c. device* ein raffiniertes Gerät; **3.** geschickt (*with one's hands*); **4.** (*pej.*) gerissen: *don't try and get c. with me!* komm mir nicht auf die schlaue Tour!

client ['klaɪənt] *n.* **1.** (*Dienstleistung*) Kunde, Kundin; **2.** (*jur.*) Mandant(in); **3.** Klient(in).

cliff [klɪf] *n.* Klippe: *the white ≈s of Dover* die weißen Klippen/Felsen von Dover.

climate ['klaɪmət] *n.* **1.** Klima; **2.** (*fig.*) Klima, Atmosphäre: *the c. of opinion* das Stimmungsbild.

climb [klaɪm] **I. 1.** *v.t.* besteigen, erklettern (*Mount Everest*): *c. the stairs* die Treppe herauf-/hinaufsteigen; *c. the ladder* (*fig.*) die Karriereleiter erklimmen; **2.** *v.i.* steigen: *the road ≈s steeply from here* von hier an steigt die Straße steil an; **3.** *in Phrasen und präp. V.: c. down* (*fig.*) einen Rückzieher machen; *c. in* einsteigen; *c. up* hochklettern; **II.** *n.* Klettertour: *go on a c.* klettern/bergsteigen gehen.

cling* [klɪŋ] *v. prep.: c. to* **1.** haften: *the smell of smoking tends to c.* Tabakgeruch bleibt lange in der Luft; **2.** sich klammern an: *c. to a life buoy* sich an einen Rettungsring klammern; *the children clung to their mother* die Kinder klammerten sich an ihre Mutter (*auch fig.*); **3.** (*fig.*) hängen an (*one's beliefs*): *c. to one hope* sich an einer Hoffnung festklammern.

clock [klɒk] **I.** *n.* **1.** Uhr: *the c. has struck eight* die Uhr hat acht geschlagen; *alarm c.* Wecker; *set the c.* die Uhr stellen; *put the c. forward* die Uhr vorstellen; *put the c. back* die Uhr zurückstellen; (*fig.*) die Zeit zurückdrehen; **2.** Uhrzeit: *a race against the c.* ein Rennen gegen die Zeit; *work around the c.* rund um die Uhr arbeiten; **3.** Anzeige, Instrument: *my car has 60,000 miles on the c.* mein Auto hat einen Tachostand von 60 000 Meilen; **II. 1.** *v.t.* erreichen: *he's ≈ed his fastest time so far* er hat einen persönlichen Rekord aufgestellt; **2.** *v.prep.: c. in/out* Arbeitsbeginn/Arbeitsende stechen; *c. up* leisten, fahren (*500 miles per week*).

close I. [kləʊz] **1.** *v.t.* schließen: *c. your eyes* mach die Augen zu; *c. the door* schließen Sie die Tür; *c. ranks* die Reihen schließen (*auch fig.*); **2.** schließen, stillegen: *c. a factory* Fabrik stillegen; *c. an account* Konto schließen; **3.** abschließen: *c. a deal* Geschäft unter Dach und Fach bringen; **4.** *v.i.* schließen: *we c. for lunch* mittags haben wir geschlossen; **5.** zu Ende kommen, schließen: *the meeting ≈d after midnight* die Versammlung schloß nach Mitternacht; **6.** *in Phrasen und präp. V.: c. down* (*Betrieb*) stillegen; stillgelegt werden; *c. in on s.o.* jdm. auf den Leib rücken; *c. off* abriegeln; *c. up* zusammenrücken; (*Betrieb*) schließen; **II.** [kləʊs] *adj.* **1.** (*Ort*) nahe: *c. to the station* in der Nähe des Bahnhofs; **2.** (*Zeit*) nahe: *our birthdays are c. together* unsere Geburtstage liegen dicht beieinander; **3.** (*Beziehung*) nahe: *a c. relative* ein naher Verwandter; *have c. links with s.o.* enge Beziehungen zu jdm. haben; **4.** eng, dicht: *in c. formation* (*mil.*) in geschlossenen Reihen; *at c. quarters* in unmittelbarer Nähe; **5.** knapp: *a c. result* ein knappes Ergebnis; *that was a c. call/shave!* (*coll.*) das war knapp! (*z.B. Beinaheunfall*); **6.** intensiv, gründlich: *on c. examination* bei gründlicher Betrachtung/Durchsicht; *keep a c. eye on s.o./s.th.* genau auf jdn./etw. achten; **7.** (*met.*) schwül; **III.** *adv.* **1.** nahe: *live c. by* in der Nähe wohnen; *don't come too c.!* komm nicht zu nahe!; *c. behind* dicht dahinter; **2.** *c. on* fast (*500 people*); **3.** *c. to* in unmittelbarer Nähe zu: *sail c. to the wind* (*fig.*) hart am Wind segeln; sich anpassen; **IV.** *n.* **1.** [kləʊz] Ende: *draw to a c.* zu Ende gehen; **2.** [kləʊs] Domhof; **3.** (*GB*) Sackgasse.

cloth [klɒθ] *n.* **1.** Tuch, Stoff: *woollen c.* Wollstoff; **2.** Tuch (*to wipe the dishes*).

clothes [kləʊðz] *pl.* Kleider, Kleidung: *put on/take off one's c.* sich an-/ausziehen.

cloud [klaʊd] **I.** *n.* Wolke: *dark ≈s* dunkle Wolken (*auch fig.*); *have one's head in the ≈s* geistesabwesend sein; *the ≈s are gathering* es braut sich was zusammen (*auch fig.*); *every c. has a silver lining* (*prov.*) jedes Unglück hat auch sein Gutes; **II.** *v.t.* trüben (*auch fig.*).

cloudy ['klaʊdɪ] *adj.* **1.** wolkig, bewölkt; **2.** (*Flüssigkeit*) trübe.

club [klʌb] **I.** *n.* **1.** Keule: *brandish a c.* eine Keule schwingen; *golf c.* Golfschläger; **2.** ≈s *pl.* (*Kartenspiel*) Kreuz; **3.** Klub, Verein: *join a c.* einem Verein beitreten; **II.** **1.** *v.t.* prügeln (*s.o. to death*); **2.** *v.i.: c. together* sich zusammentun.

coach [kəʊtʃ] **I.** *n.* **1.** Kutsche: *the royal c.* (*GB*) die königliche Kutsche; **2.** Reisebus: *c. operator* Busunternehmer; **3.** (*GB*) Reisezugwagen; **4.** Nachhilfelehrer(in), Repetitor(in); (*Sport*) Trainer(in); **II.** *v.t.* (jdn.) auf eine Prüfung vorbereiten; trainieren.

coal [kəʊl] *n.* Kohle: *hard c.* Steinkohle; *soft c.* Braunkohle; *haul s.o. over the ≈s* (*fig.*) jdm. die Leviten lesen; *carry ≈s to Newcastle* (*fig.*) Eulen nach Athen tragen.

coarse [kɔːs] *adj.* **1.** grob (*sand*); **2.** ungehobelt (*manners*); **3.** derb (*jokes*).

coast [kəʊst] **I.** *n.* Küste: *off the c.* vor der Küste; *when the c. is clear* (*coll.*) wenn die Luft rein ist; **II.** *v.i.* (im Leerlauf/bergab) fahren, rollen: *c. through one's exams* Prüfungen mit Leichtigkeit bestehen.

coat [kəʊt] **I.** *n.* **1.** Mantel: *waterproof c.* Regenmantel; *cut one's c. according to one's cloth* (*fig.*) sich nach der Decke strecken; *turn one's c.* (*fig.*) sein Mäntelchen nach dem Wind hängen; **2.** Jakkett: *c. and skirt* Kostüm; **3.** (*Tier*) Fell; **4.** Anstrich; **5.** *c. of arms* Wappen; **II.** *v.t.* streichen, überziehen.

cock [kɒk] **I.** *n.* **1.** Hahn: *when the*

c. crowed als der Hahn krähte; *c. pheasant* männlicher Fasan; **2.** (*techn.*) Hahn: *water c.* Wasserhahn; (*Schußwaffe*) Abzugshahn: *go off at half c.* (*fig.*) zu früh losgehen; **3.** (*coll.*) Penis, Schwanz; **4.** (*GB*) (*coll.*) (*Anrede*) Kumpel; **II.** *v.t.* **1.** spannen: *c. one's ears* die Ohren spitzen; **2.** zur Seite bewegen: *the bird ≈ed its head* der Vogel legte den Kopf schief; *the dog ≈ed its hind leg* der Hund hob ein Bein; **3.** *c. a snook at s.o.* jdm. eine lange Nase machen; **4.** *c. s.th. up* (*coll.*) etw. vermasseln.

cockpit ['kɒkpɪt] *n.* **1.** Hahnenkampfplatz; (*fig.*) Schauplatz einer Auseinandersetzung; **2.** Cockpit.

cocktail ['kɒkteɪl] *n.* Cocktail, Mischung.

code [kəʊd] *n.* **1.** Code, Schlüssel: *in c.* verschlüsselt; *crack a c.* einen Code knacken; **2.** (*jur.*) Kodex, Gesetzessammlung: *civil c.* bürgerliches Gesetzbuch; *commercial c.* Handelsgesetzbuch; *penal c.* Strafgesetzbuch; **3.** Normen, Kodex: *c. of conduct* Verhaltensregeln; **4.** (*ling.*) Code, Kode; **5.** (*Computer*) Code: *bar c.* Strichcode; **II.** *v.t.* verschlüsseln.

coffee ['kɒfɪ] *n.* **1.** (*bot.*) Kaffee: *c. bean* Kaffeebohne; **2.** (*Getränk*) Kaffee: *c. pot* Kaffeekanne; *c. house* (*hist.*) Kaffeehaus.

coffin ['kɒfɪn] *n.* Sarg.

coin [kɔɪn] **I.** *n.* Münze: *gold c.* Goldmünze; *the other side of the c.* (*fig.*) die Kehrseite der Medaille; *pay s.o. back in his/her own c.* (*fig.*) jdm. etw. mit gleicher Münze heimzahlen; **II.** *v.t.* **1.** (*Münzen*) prägen; **2.** (*fig.*) prägen: *c. a phrase* einen Begriff prägen.

coincide [ˌkəʊɪn'saɪd] *v.i.* (zeitlich) zusammenfallen.

coincidence [kəʊ'ɪnsɪdəns] *n.* **1.** Zufall: *what a c.!* welch ein Zufall!; *by sheer c.* rein zufällig; **2.** Übereinstimmung (*of opinions*); **3.** Zusammentreffen, Duplizität (*of events*).

cold [kəʊld] **I.** *adj.* **1.** kalt: *as c. as ice* eiskalt; *get c. feet* (*fig.*) kalte Füße bekommen; *in c. blood* (*fig.*) kaltblütig; *c. comfort* (*fig.*) schwacher Trost; **2.** kalt, nüchtern: *leave s.o. c.* jdn. nicht beeindrucken; **3.** bewußtlos: *be out c.* bewußtlos sein; **II.** *n.* **1.** Kälte: *feel the c.* die Kälte spüren; **2.** (*med.*) Erkältung: *catch (a) c.* sich erkälten; **III.** *adv.* total: *stop c.* plötzlich stoppen.

collar ['kɒlə] **I.** *n.* **1.** Kragen: *grab s.o. by the c.* jdn. am Kragen pakken; **2.** (*Haustier*) Halsband; **II.** *v.t.* fassen, schnappen.

colleague ['kɒli:g] *n.* Kollege, Kollegin.

collect [kə'lekt] **I.** **1.** *v.t.* sammeln (*stamps*): *c. one's thoughts* sich sammeln; **2.** abholen (*children from school*); **3.** einziehen (*taxes*); eintreiben (*debts*); **4.** *v.i.* sich versammeln; **II.** *n.* (*rel.*) Kollekte; **III.** *adj.* (*US*) (*tel.*) *c. call* R-Gespräch.

collection [kə'lekʃn] *n.* **1.** Sammlung (*als Vorgang*): *there are two ≈s per day* der Briefkasten wird zweimal täglich geleert; *refuse c.* Müllabfuhr; **2.** (An-)Sammlung: *stamp c.* Briefmarkensammlung; *an odd c. of people* eine seltsame Gruppe von Menschen; **3.** Einziehen (*of tax*); Eintreiben (*of debts*); **4.** (*freiwillige*) Sammlung: *hold a c. for s.o.* für jdn. sammeln; (*rel.*) Kollekte.

collective [kə'lektɪv] **I.** *adj.* gemeinsam, Sammel-: *c. ticket* Sammelfahrschein; *c. farm* landwirtschaftliche Produktionsgenossenschaft; *c. bargaining* Tarifverhandlungen;

c. noun (*ling.*) Kollektivum, Sammelbegriff; **II.** *n.* Kollektiv, Genossenschaft.

college ['kɒlɪdʒ] *n.* **1.** (Fach-)Hochschule (*of agriculture/technology*); **2.** Universitätskolleg; **3.** Kollegium: *c. of cardinals* Kardinalskollegium.

colony ['kɒlənɪ] *n.* **1.** Kolonie: *a former German c.* eine ehemalige deutsche Kolonie; **2.** Kolonie, Gruppe: *artists' c.* Künstlerkolonie; **3.** (*zool.*) Kolonie (*of ants*).

colloquial [kə'ləʊkwɪəl] *adj.* umgangssprachlich (*speech*).

color (*US*); **colour** (*GB*) ['kʌlə] **I.** *n.* **1.** Farbe: *what c. is it?* was für eine Farbe hat es?; **2.** Gesichtsfarbe: *have a high c.* gerötete Gesichtsfarbe; *change c.* blaß werden; *be/look off c.* nicht gesund aussehen; **3.** Hautfarbe: *c. bar* Rassenschranke; *c. prejudice* Rassenvorurteil; **4.** Atmosphäre, Farbe: *lend c. to s.th.* eine Sache/Geschichte ausschmücken; *local c.* Lokalkolorit; **5.** **≈s** *pl.* Farben: *box of ≈s* Malkasten; **6.** **≈s** *pl.* (*mil.*) Fahne: *the regimental ≈s* die Regimentsfahne; **II. 1.** *v.t.* färben: *c. a picture* ein Bild bunt ausmalen; **2.** (*fig.*) färben, beeinflussen (*s.o.'s feelings*); **3.** *v.i.* sich färben (*leaves in autumn*).

colored (*US*); **coloured** (*GB*) ['kʌləd] **I.** *adj.* **1.** farbig: *c. photos* Farbbilder; **2.** dunkelhäutig; **II.** *n.* Farbige(r).

colorful (*US*); **colourful** (*GB*) ['kʌləfəl] *adj.* **1.** bunt, farbenfroh; **2.** (*fig.*) bunt, ereignisreich, bewegt (*career*).

column ['kɒləm] *n.* **1.** Säule: *Nelson's C.* die Nelsonsäule (*in London*); **2.** (*fig.*) Säule: *spiral c.* (*anat.*) Wirbelsäule; *c. of smoke* Rauchsäule; *c. of figures* Zahlenreihe; **3.** (*Druck*) Spalte; (*Zeitung*) Kolumne; **4.** (*mil.*) Marschkolonne.

comb [kəʊm] **I.** *n.* **1.** Kamm; **2.** Kämmen: *your hair could do with a c.* du könntest mal dein Haar kämmen; **3.** (*Hahn*) Kamm; **II. 1.** *v.t.* kämmen; **2.** (*fig.*) durchsuchen; **3.** *v.prep.: c. out* auskämmen; ausmerzen; *c. through* durchsuchen.

combination [ˌkɒmbɪ'neɪʃən] *n.* **1.** Kombination, Vereinigung: *work in c. with s.o.* mit jdm. zusammenarbeiten; *we are a winning c.* wir sind ein unschlagbares Team; **2.** Kombination, Verbindung (*of the old and the new*): *a c. of several factors* ein Zusammenwirken verschiedener Faktoren; **3.** Kombination, Buchstaben-, Zahlenreihe: *c. lock* Kombinationsschloß; **4.** (*motorcycle*) *c.* Gespann (*Motorrad mit Beiwagen*); **5.** **≈s** *pl.* (*arch.*) Hemdhose.

combine I. [kəm'baɪn] **1.** *v.t.* verbinden: *c. business with pleasure* das Angenehme mit dem Nützlichen verbinden; **2.** *v.i.* sich verbinden: *hydrogen ≈s with oxygen to form water* Wasserstoff verbindet sich mit Sauerstoff zu Wasser; **II.** ['kɒmbaɪn] *n.* **1.** Konzern; Kombinat; **2.** (*auch:* **c. harvester**) Mähdrescher.

come* [kʌm] *v.i.* **1.** kommen: *c. home* nach Hause kommen; *are you coming?* kommst du mit?; *c. and go* kommen und gehen; *c. and see s.o.* jdn. besuchen; *I don't know whether I'm coming or going* (*coll.*) ich weiß überhaupt nicht, wo ich bin; *c., c.!* na, na!; **2.** ankommen: *they came to a castle* sie kamen zu einer Burg; *the time has c.* die Zeit ist gekommen; *take things as they c.* die Dinge nehmen, wie sie kommen; **3.** reichen: *her hair ≈s down to* *her shoulders* ihr Haar reicht bis auf die Schulter; **4.** (*Reihenfolge*) kommen: *his job ≈s before everything else* sein Beruf kommt zuallererst; *c. first in an exam* die/der Beste in einer Prüfung sein; **5.** (*Entwicklung*) werden: *everything will c. right in the end* mit der Zeit wird alles (wieder) gut; *he came to loathe his work* er haßte (schließlich) seine Arbeit; *c. to think of it ...* (*coll.*) wenn ich daran denke; *our dreams have c. true* unsere Träume wurden wahr; **6.** (*ohne progressive Form*) verfügbar sein: *these shoes c. in five sizes* diese Schuhe gibt es in fünf Größen; *cars don't c. cheap these days* Autos sind heutzutage nicht billig; **7.** *in Phrasen und präp. V.: c. about* sich ereignen; *c. across s.o./s.th.* auf jdn./etw. stoßen; *c. along* sich entwickeln (*my Russian*); daherkommen (*an opportunity*); *c. along!* nun mal los!; *c. apart (at the seams)* sich (in seine Bestandteile) auflösen; *c. back* zurückkommen; *c. between* trennen: *this must not c. between us* das darf uns nicht trennen; *c. by s.th.* zu etw. kommen (*a lot of money*); *c. down* herunterkommen: *c. down in the world* gesellschaftlich absteigen; überliefert werden (*since medieval times*); sich entscheiden (*in favour of s.o./s.th.*); *c. down on s.o. (like a ton of bricks)* jdn. (richtig) zusammenstauchen; *c. forward* sich melden; *c. from* stammen aus (*the North of England*); *c. in* eintreffen (*news*); mitmachen; Mode werden; *c. in useful* sich als nützlich erweisen; *c. into s.th.* etw. erben (*a fortune*); entstehen: *c. into sight* in Sicht kommen; *c. into one's own* seine wahren Qualitäten zeigen; *c. of* stammen von (*a family of shopkeepers*); Ergebnis sein von: *that's what ≈s of it!* das hast du nun davon!; *c. of age* volljährig werden; *c. off* sich lösen: *the handle has c. off* der Griff ist abgegangen; sich ereignen; die erhoffte Wirkung zeigen (*the joke*); *c. off it!* nun mal langsam!; *c. on* herannahen (*storm*); *c. on!* nun mal los!; etwas mehr Tempo!; *c. out* herauskommen, erscheinen (*dictionary*); ans Licht kommen (*the facts*); (*Farben*) rausgehen; in den Ausstand treten; sich entscheiden (*for/against s.o./s.th.*); herauskommen, sich entwickeln (*photos*): *she came out on top* sie war die Beste; *c. over* herüberkommen; ankommen (*the appeal*); überwältigen: *what's c. over you?* was ist in dich gefahren?; *c. round* vorbeikommen; seine Meinung ändern: *eventually he came round to our way of thinking* schließlich akzeptierte er unseren Standpunkt; (*med.*) das Bewußtsein wieder erlangen; *c. round to doing s.th.* schließlich dazu kommen, etw. zu erledigen; *c. through* durchkommen: *news has just c. through* soeben erhalten wir die Nachricht; (*med.*) es durchstehen, überleben (*such an operation*); *c. together* zusammenkommen; *c. under s.th.* unter etw. kommen (*a different heading*); *c. under the hammer* unter den Hammer kommen; *c. up* nach oben kommen; (*jur.*) verhandelt werden; *c. up for discussion* diskutiert werden; *c. up to s.th.* reichen bis; *c. up with s.th.* sich etw. einfallen lassen.

comedy ['kɒmədɪ] *n.* **1.** (*lit.*) Komödie: *Shakespeare's comedies* Shakespeares Komödien; **2.** (*fig.*) Komik, die lustige Seite (*of the situation*).

comfort ['kʌmfət] **I.** *n.* **1.** Komfort: *live in c.* komfortabel leben;

2. Trost: *it's a c. to know …* es ist tröstlich, zu wissen …; *take c. from s.th.* sich mit dem Gedanken trösten (, daß …); *cold c.* schwacher Trost; **3.** (*US*) *c. station* öffentliche Toilette; **II.** *v.t.* trösten: *≈ing words* tröstende Worte.

comfortable ['kʌmfətəbl] *adj.* **1.** bequem (*chair*); **2.** (*Person*) bequem: *are you c.?* sitzen Sie bequem?; ruhig: *I won't be c. until I know* ich kann nicht ruhig bleiben, bis ich Bescheid weiß; **3.** finanziell gesichert.

comma ['kɒmə] *n.* Komma.

command [kə'mɑːnd] **I.** *v.t.* **1.** befehlen (*s.o. to do s.th.*); **2.** verfügen über (*great wealth*): *the window ≈s a splendid view* das Fenster bietet eine herrliche Aussicht; **3.** verdienen: *she ≈s my sympathy* sie verdient mein Mitgefühl; **II.** *n.* **1.** Befehl: *at s.o.'s c.* auf jds. Geheiß; **2.** Befehlsgewalt, Autorität: *be in c.* das Sagen haben; **3.** Beherrschung (*of the Italian language*).

commend [kə'mend] *v.t.* empfehlen, loben.

comment ['kɒment] **I.** *n.* Kommentar: *make a c. about s.th.* etw. kommentieren; *no c.* kein Kommentar; **II.** *v.t.; v.prep.* sich äußern (*that …*); kommentieren (*on s.th.*).

commerce ['kɒmɜːs] *n.* Handel: *chamber (of industry and) c.* Industrie- und Handelskammer (IHK).

commercial [kə'mɜːʃl] **I.** *adj.* **1.** Handels-: *c. venture* erwerbsorientierte Unternehmung; *c. vehicle* Nutzfahrzeug; *c. traveller* Vertreter; **2.** gewinnbringend: *c. success* geschäftlicher Erfolg; *produce s.th. in c. quantities* etw. in wirtschaftlich vernünftigen Mengen/Stückzahlen produzieren; **3.** (*pej.*) nur aufs Geld aus (*his latest novel*); **4.** (*Radio; TV*) Werbe- (*spot*); **II.** *n.* (*Radio; TV*) Werbesendung.

commission [kə'mɪʃn] **I.** *n.* **1.** Kommission, Ausschuß: *set up a c.* Kommission ins Leben rufen; **2.** Auftrag (*to design a theatre*); **3.** Provision: *get 5% c. on every sale* für jeden Abschluß 5% Provision erhalten; **4.** (*mil.*) Offizierspatent; **5.** (*jur.*) Verübung, Begehen (*of a crime*); **6.** (*techn.*) *in/out of c.* in/außer Betrieb; **II.** *v.t.* **1.** in Auftrag geben (*a painting*); **2.** beauftragen (*an architect to design a bungalow*).

commit [kə'mɪt] **1.** *v.t.* (*jur.*) begehen: *c. murder* einen Mord begehen; *c. a sin* eine Sünde begehen; **2.** festlegen: *c. funds for s.th.* Geldmittel für etw. festlegen; **3.** übergeben: *c. s.th. to paper* etw. zu Papier bringen; *c. s.o. to hospital* jdn. in ein Krankenhaus einweisen: *c. s.o. for trial* (*jur.*) jdn. vor ein Schwurgericht stellen; **4.** *v.refl.: c. o.s. to (doing) s.th.* sich auf etw. festlegen.

commitment [kə'mɪtmənt] *n.* **1.** Verpflichtung: *without any c.* ohne jede Verpflichtung; *have several ≈s* mehrere (Termin-)Verpflichtungen haben; **2.** Engagement, Einsatz: *she shows great c.* sie zeigt große Einsatzbereitschaft.

committee [kə'mɪtɪ] *n.* Komitee, Ausschuß.

common ['kɒmən] **I.** *adj.* **1.** gewöhnlich, häufig: *incidents like this are very c.* Vorfälle wie dieser sind sehr häufig; **2.** gemeinsam, Gemein-: *c. denominator* (*math.*) gemeinsamer Nenner; *c. language* gemeinsame Sprache; *c. ownership* Gemeineigentum; *for the c. good* im allgemeinen Interesse; *c. law* (*England*) traditionelles Fallrecht; **3.** gemein, einfach: *the c. people* die einfachen Leute; **4.** gemein, ordinär: *she's so c.* sie ist so ordinär; **II.** *n.* **1.** (*GB*) Gemeindeanger; **2.** *have s.th. in c.* etw. miteinander gemein haben; **3. Commons** *pl.* (*GB*) Unterhausmitglieder; *House of C.s* Unterhaus.

communicate [kə'mju:nɪkeɪt] **1.** *v.t.* mitteilen, übermitteln (*s.th. to s.o.*); **2.** (*med.*) übertragen (*a disease*); **3.** *v.i.* in Kontakt treten/sein (*with s.o.*); **4.** sich verständigen; **5.** verbunden sein (*rooms*).

communication [kəˌmju:nɪ'keɪʃn] *n.* **1.** Mitteilung: *receive a c.* Mitteilung erhalten; **2.** Verbindung, Kontakt: *in c. with s.o.* mit jdm. in Kontakt; *c. cord* Notbremse; **3.** ≈**s** *pl.* Verbindungswege; **4.** (*med.*) Übertragung (*of a disease*).

communism ['kɒmjʊnɪzm] *n.* Kommunismus.

communist ['kɒmjʊnɪst] **I.** *adj.* kommunistisch: *the C. Manifesto* das Kommunistische Manifest; **II.** *n.* Kommunist(in).

community [kə'mju:nɪtɪ] *n.* **1.** Gemeinschaft: *urban c.* städtische Gemeinschaft; *do c. service* Sozialdienst leisten; *c. spirit* Gemeinschaftsgeist; **2.** Gütergemeinschaft: *c. of interests* Interessengemeinschaft.

companion [kəm'pænɪən] *n.* **1.** Begleiter(in): *travelling c.* Reisebegleiter(in); *fear was our constant c.* (*fig.*) die Angst war unser ständiger Begleiter; **2.** Freund(in); Gefährte, Gefährtin; **3.** (*Gegenstand*) Pendant; **4.** Handbuch, Nachschlagewerk, Leitfaden.

company ['kʌmpənɪ] *n.* **1.** Gesellschaft: *in s.o.'s c.* in jds. Gesellschaft; *keep s.o. c.* jdm. Gesellschaft leisten; *part c.* sich trennen; **2.** (*comm.*) Gesellschaft, Firma, Unternehmen: *private (limited) c.* (*GB*) Gesellschaft mit beschränkter Haftung (GmbH); *public (limited) c.* (*plc*) (*GB*) Aktiengesellschaft (AG); *c. car* Firmenwagen; **3.** (*mil.*) Kompanie; **4.** (*theat.*) (Schauspiel-)Truppe; **5.** (*naut.*) *ship's c.* Besatzung.

comparable ['kɒmpərəbl] *adj.* vergleichbar (*with/to s.o./s.th.*).

comparative [kəm'pærətɪv] **I.** *adj.* **1.** vergleichend: *c. literature* vergleichende Literaturwissenschaft; **2.** relativ: *live in c. comfort* relativ bequem leben; **3.** (*gram.*) *the c. form* die Komparativ-/Steigerungsform; **II.** *n.* (*gram.*) Komparativ-, Steigerungsform: *»worse« is the c. of »ill«* »worse« ist die Komparativ-/Steigerungsform von *»ill«*.

compare [kəm'peə] **I. 1.** *v.t.* vergleichen (*A with/to B*): *c. notes* (*fig.*) Erfahrungen austauschen; *≈d with last year* verglichen mit dem Vorjahr; **2.** vergleichen, auf eine Stufe stellen: *she has been ≈d to Jane Austen* sie ist mit Jane Austen verglichen worden; **3.** *v.i.* sich vergleichen lassen: *life in New York does not c. with life in California* das Leben in New York läßt sich mit dem in Kalifornien (überhaupt) nicht vergleichen; **II.** *n.: beyond/without c.* unvergleichlich.

comparison [kəm'pærɪsən] *n.* **1.** Vergleich: *by/in c. with* im Vergleich zu; *bear/stand c.* sich vergleichen lassen; *draw/make a c.* einen Vergleich anstellen; *there's no c.* (*coll.*) es ist gar nicht zu vergleichen; **2.** (*gram.*) Steigerung (*of adjectives and adverbs*): *regular/irregular c.* regelmäßige/unregelmäßige Steigerung.

compass ['kʌmpəs] *n.* **1.** Kompaß; **2.** (*auch: pair of* ≈**es** *pl.*) Zirkel; **3.** Rahmen, Bereich: *beyond the c. of the human mind* über das menschliche Fassungsvermögen (hinausgehend).

compete [kəm'pi:t] *v.i.* **1.** konkurrieren (*against/with s.o.*): *c. with another supplier for a share of the market* mit einem anderen Anbieter um einen Marktanteil konkurrieren; **2.** (*Sport*) teilnehmen (*in the marathon*).

competent ['kɒmpətənt] *adj.* **1.** kompetent, fähig: *she is a very c. teacher* sie ist eine überaus fähige Lehrerin; **2.** angemessen, gut: *do a c. job* gute Arbeit leisten; **3.** zuständig (*court*).

competition [ˌkɒmpə'tɪʃn] *n.* **1.** Wettbewerb, Konkurrenz: *cutthroat c.* Verdrängungswettbewerb; *keen c.* harter Wettbewerb; *unfair c.* unlauterer Wettbewerb; **2.** Konkurrenz, Konkurrenten: *see what the c. are up to* sehen, was die Konkurrenz tut; *foreign c.* ausländische Konkurrenten; **3.** Wettbewerb: *beauty c.* Schönheitswettbewerb; *enter the c.* sich am Wettbewerb beteiligen.

competitive [kəm'petɪtɪv] *adj.* **1.** wettbewerbsorientiert: *c. sports* Sport mit Siegern und Verlierern; *c. examination* Auswahlprüfung; **2.** wettbewerbs-, leistungsfähig: *you've got to be c. to survive in this world* man muß schon wettbewerbsfähig sein, um in der heutigen Zeit zu überleben; *c. prices* attraktive Preise.

competitor [kəm'petɪtə] *n.* **1.** Konkurrent(in): *our ≈s* unsere Konkurrenz; **2.** (Wettkampf-)Teilnehmer(in).

complain [kəm'pleɪn] **1.** *v.i.* sich beschweren: *I can't c.* ich kann nicht klagen; *c. to s.o. about s.th.* sich bei jdm. über etw. beschweren; *she's always ≈ing* ihr kann man nichts recht machen; **2.** *v.prep.: c. of s.th.* über etw. klagen (*a pain in the neck*).

complaint [kəm'pleɪnt] *n.* **1.** Beschwerde, Klage: *cause for c.* Anlaß zur Klage; *lodge/submit a c.* Beschwerde vorbringen; **2.** (*med.*) Beschwerde: *heart c.* Herzbeschwerden.

complete [kəm'pliːt] **I.** *adj.* **1.** vollständig: *the c. works of Dickens* die gesammelten Werke von Dickens; *a c. set* eine vollständige Sammlung; **2.** fertig(gestellt): *work on the motorway will be c. next year* die Arbeiten an der Autobahn werden nächstes Jahr abgeschlossen sein; **3.** völlig, total: *a c. stranger* ein völlig Fremder; *it came as a c. surprise to me* mich hat es völlig überrascht; **4.** *c. with* zusammen mit (*instructions*); **II.** *v.t.* **1.** vervollständigen (*a collection*); **2.** vollkommen machen (*s.o.'s happiness*); **3.** fertigstellen (*the dictionary*); **4.** ausfüllen (*a form*).

completion [kəm'pliːʃn] *n.* **1.** Fertigstellung (*of a building*): *on c.* bei Fertigstellung; *bring s.th. to c.* etw. fertigstellen; **2.** (*jur.*) Abschluß (*of a contract*); **3.** Vervollständigung (*of a stamp collection*).

complex ['kɒmpleks] **I.** *adj.* **1.** komplex, vielschichtig (*problem*); **2.** kompliziert, unübersichtlich (*system*); **3.** (*ling.*) zusammengesetzt: *c. word* Kompositum (*z.B. »under-stand-able«*); *c. sentence* mehrgliedriger Satz; **II.** *n.* **1.** Anlage: *sports c.* Sportanlage; **2.** (*psych.*) Komplex: *inferiority c.* Minderwertigkeitskomplex; *persecution c.* Verfolgungswahn.

complexion [kəm'plekʃn] *n.* **1.** (Gesichts-)Farbe; **2.** Ansicht: *of a different political c.* mit anderen politischen Ansichten; **3.** Eindruck: *put a different c. on s.th.* etw. in einem anderen Licht erscheinen lassen.

complicate ['kɒmplɪkeɪt] *v.t.* erschweren: *c. matters* die Dinge nur noch schwieriger machen.

complicated ['kɒmplɪkeɪtɪd] *adj.* **1.** schwierig (*problem*); **2.** kompliziert (*wiring diagram*).

compose [kəm'pəʊz] *v.t.* **1.** (*mus.*) komponieren; **2.** (*Schreiben*) aufsetzen, abfassen; **3.** (*Druck*) setzen; **4.** *be ≈d of* bestehen aus: *air is chiefly ≈d of oxygen and nitrogen* Luft besteht im wesentlichen aus Sauerstoff und Stickstoff; **5.** *v.t.; v.refl.* (sich) beruhigen: *she was quite ≈d* sie war ganz ruhig.

composer [kəm'pəʊzə] *n.* **1.** Komponist(in); **2.** Verfasser(in).

composition [ˌkɒmpə'zɪʃn] *n.* **1.** (*mus.*) Komponieren; Komposition; **2.** (*Schreiben*) Aufsetzen, Abfassen; **3.** Zusammensetzung: *chemical c.* chemische Zusammensetzung (*of water*); **4.** Aufsatz; **5.** (*jur.*) Vergleich; **6.** (*Druck*) Setzen, Satz.

compound **I.** ['kɒmpaʊnd] *n.* **1.** (*chem.*) Verbindung; **2.** (*ling.*) Kompositum (*z.B. »un-bearable«*); **3.** Lager, Siedlung, Anlage; **II.** *adj.* **1.** zusammengesetzt (*substance, sentence*); **2.** (*math.*) *c. fraction* Doppelbruch; *c. interest* Zinseszins; **3.** (*med.*) *c. fracture* komplizierter Bruch; **4.** (*zool.*) *c. eye* Facettenauge; **III.** [kəm'paʊnd] **1.** *v.t.* mischen; **2.** erschweren (*our difficulties*); **3.** (*jur.*) begleichen, tilgen (*a debt*); **4.** *v.i.* (*jur.*) einen Vergleich schließen.

comprehensive [ˌkɒmprɪ'hensɪv] **I.** *adj.* umfassend, ausführlich: *show a c. grasp of the subject* eine umfassende Kenntnis des Fachs unter Beweis stellen; *c. insurance* Vollkaskoversicherung; *c. school* (*GB*) Gesamtschule; **II.** *n.* (*GB*) Gesamtschule.

compromise ['kɒmprəmaɪz] **I.** *n.* Kompromiß: *reach a c.* Kompromiß erzielen; **II. 1.** *v.i.* einen Kompromiß erreichen; **2.** *v.t.* kompromittieren; **3.** *v.refl.: c. o.s.* sich kompromittieren.

compute [kəm'pju:t] *v.t.* **1.** berechnen, kalkulieren; hochrechnen; **2.** mit dem Computer errechnen.

computer [kəm'pju:tə] *n.* Rechner, Computer.

concentrate ['kɒnsəntreɪt] **I. 1.** *v.t.* konzentrieren: *c. all one's efforts on s.th.* seine ganzen Anstrengungen auf etw. konzentrieren; **2.** *v.i.* sich konzentrieren: *with all that noise, I can't c. on my work* bei diesem ganzen Krach kann ich mich nicht auf meine Arbeit konzentrieren; **II.** *n.* Konzentrat.

concentration [ˌkɒnsən'treɪʃn] *n.* **1.** (*psych.*) Konzentration: *lack of c.* Konzentrationsmangel; *powers of c.* Konzentrationsvermögen; **2.** Konzentration, Zusammenfassung: *c. camp* Konzentrationslager.

concept ['kɒnsept] *n.* Begriff; Konzept.

concern [kən'sɜ:n] **I.** *n.* **1.** Angelegenheit: *that's no c. of yours* das geht dich nichts an; **2.** Besorgnis: *view s.th. with great c.* etw. mit großer Besorgnis betrachten; *cause for c.* Anlaß zur Sorge; **3.** Unternehmen, Geschäft: *as a going c.* als (voll) arbeitendes Unternehmen; **4.** Anteil, Beteiligung (*in a business*); **II. 1.** *v.t.* betreffen: *to whom it may c.* (*Bescheinigung*) Zeugnis, Referenz; *as far as I'm ≈ed* für meine Person; *that doesn't c. you* das betrifft dich nicht; *those ≈ed* die Betroffenen; **2.** interessieren: *c. o.s. with s.th.* sich für etw. interessieren; **3.** (*zumeist passiv*) beunruhigen: *we are very ≈ed* wir machen uns große Sorge.

concerning [kən'sɜ:nɪŋ] *prep.* betreffend, bezüglich: *c. your inquiry of 2nd instant* (*comm.*) unter Bezugnahme auf Ihre Anfrage vom 2. d. M.

concert I. ['kɒnsət] *n.* **1.** (*mus.*) Konzert; **2.** *in c.* gemeinsam; **II.** [kən'sɜːt] *v.t.* vereinigen: *take ≈ed action* gemeinsam vorgehen.

conclude [kən'kluːd] *v.t.* **1.** abschließen, beenden (*a meeting*); **2.** schlußfolgern; **3.** (*jur.*) abschließen (*an agreement*); **4.** sich entscheiden (*to apply for the job*).

conclusion [kən'kluːʒən] *n.* **1.** Schlußfolgerung: *draw the right ≈s* die richtigen Schlußfolgerungen ziehen; *jump to ≈s* voreilige Schlüsse ziehen; **2.** Abschluß: *in c., I should like to …* abschließend möchte ich …; **3.** (*jur.*) Abschluß (*of a treaty*).

concrete[1] ['kɒnkriːt] *adj.* **1.** konkret: *a c. object* etwas Gegenständliches; **2.** konkret, handfest (*suggestion*).

concrete[2] **I.** *n.* Beton: *reinforced c.* Stahlbeton; **II.** *v.t.* betonieren: *c. everything (over)* alles zubetonieren.

condemn [kən'dem] *v.t.* **1.** verurteilen: *c. all violence* jede Art von Gewalt verurteilen; **2.** (*jur.*) verurteilen (*s.o. to death*); **3.** für ungeeignet/abbruchreif erklären (*houses*); **4.** zwingen: *the accident ≈ed him to a wheelchair* der Unfall machte ihn zum Rollstuhlfahrer; **5.** überführen: *the bloodstains ≈ed him* die Blutflecken überführten ihn.

condition [kən'dɪʃn] **I.** *n.* **1.** Bedingung, Voraussetzung: *on c. that …* unter der Bedingung, daß …; *make s.th. a c.* etw. zur Bedingung machen; *on no c.* unter keinen Umständen; **2.** Zustand: *be in excellent c.* in hervorragendem Zustand sein; *be out of c.* nicht in Form sein; *in mint c.* wie neu; **3.** (*med.*) Zustand, Befinden: *her c. has improved* ihr Zustand hat sich gebessert; *heart c.* Herzleiden; **4.** ≈s *pl.* Verhältnisse: *social ≈s* soziale Verhältnisse; *weather ≈s* Wetterverhältnisse; *working ≈s* Arbeitsbedingungen; **II.** *v.t.* **1.** bedingen, abhängig machen (*on s.th.*); **2.** (*psych.*) konditionieren (*a dog to do s.th.*); **3.** (*Material*) veredeln.

conduct I. ['kɒndʌkt] *n.* **1.** Verhalten: *unethical/unprofessional c.* standeswidriges Verhalten; **2.** (Durch-)Führung: *c. of negotiations* Verhandlungsführung; **II.** [kən'dʌkt] **1.** *v.t.* führen: *≈ed tour* Führung; **2.** durchführen (*an inquiry into s.th.*); **3.** (*mus.*) dirigieren; **4.** (*el.*) leiten; **5.** *v.refl.: c. o.s.* sich verhalten.

conductor [kən'dʌktə] *n.* **1.** (*mus.*) Dirigent(in); **2.** (*el.*) Leiter: *c. rail* Stromschiene; *lightning c.* Blitzableiter; **3.** Schaffner.

conference ['kɒnfərəns] *n.* **1.** Konferenz, Besprechung: *be in c.* zur Zeit in einer Besprechung sein; *news c.* Nachrichtenkonferenz; **2.** Konferenz, Kongreß: *Conservative/Labour (Party) C.* konservativer/Labour-Parteitag.

confess [kən'fes] **1.** *v.t.; v.prep.: c. (to) s.th.* etw. gestehen (*the murder; [to] the crime*): *I must c. …* ich muß gestehen …; **2.** (*rel.*) beichten.

confession [kən'feʃn] *n.* **1.** Geständnis: *make a c.* ein Geständnis ablegen; *c. of failure* Eingeständnis, daß man versagt hat; **2.** (*rel.*) Beichte; **3.** (*rel.*) Glaubensbekenntnis, Konfession.

confidence ['kɒnfɪdəns] *n.* **1.** Vertrauen: *have every c. in s.o.* jdm. voll vertrauen; *take s.o. into one's c.* jdn. ins Vertrauen ziehen; *win s.o.'s c.* jds. Vertrauen gewinnen; *vote of no-c.* (*parl.*) Mißtrauensvotum; *c. trick* Schwindel; **2.** Zuversicht: *be full of c.* voller Zuversicht sein.

confident ['kɒnfɪdənt] *adj.* zuversichtlich (*of s.th.*).

confine [kən'faɪn] **1.** *v.t.* einsperren: *be ≈d to bed* ans Bett gefesselt sein; **2.** beschränken: *c. one's criticisms to …* seine Kritik auf … beschränken; **3.** *v.refl.: c. o.s. to s.th.* sich auf etw. beschränken.

conflict I. ['kɒnflɪkt] *n.* Konflikt, Auseinandersetzung: *armed c.* bewaffnete Auseinandersetzung, Krieg; *c. of interests* Interessenkonflikt; **II.** [kən'flɪkt] *v.i.* im Widerspruch stehen (*with s.th.*).

confuse [kən'fju:z] *v.t.* **1.** verwirren, durcheinanderbringen: *don't c. me!* bring mich nicht durcheinander!; *don't c. the issue* lenk nicht vom Thema ab; **2.** verwechseln (*A and/with B*).

congratulate [kən'grætjʊleɪt] **1.** *v.t.* gratulieren (*s.o. on s.th.*); **2.** *v.refl.: c. o.s.* sich glücklich schätzen (*on getting everything right*).

congratulation [kən,grætjʊ'leɪʃn] *n.* **1.** Gratulation; Anerkennung; **2.** **≈s** *pl.* Glückwünsche: *≈s!* herzlichen Glückwunsch!

congregation [,kɒngre'geɪʃn] *n.* **1.** Versammlung; Ansammlung; **2.** (*rel.*) Gemeinde.

congress ['kɒngres] *n.* **1.** Kongreß, Konferenz; **2.** *C.* (*US*) Kongreß (*Senate and House of Representatives*).

conjunction [kən'dʒʌŋkʃn] *n.* **1.** Verbindung: *in c. with* (*jur.*) in Verbindung mit; **2.** (*gram.*) Konjunktion, Bindewort.

connect [kə'nekt] **1.** *v.t.* verbinden: *c. the washer to the electricity supply* die Waschmaschine an die Stromversorgung anschließen; *≈ing door* Verbindungstür; **2.** in Verbindung bringen (*s.o.'s name with a scandal*); **3.** (*tel.*) verbinden, durchstellen: *(I'm) trying to c. you* ich versuche (gerade), Sie durchzustellen; **4.** *v.i.* Verbindung haben; Anschluß haben.

connection [kə'nekʃn] *n.* **1.** Verbindung (*between A and B*); (*el.*) Anschluß; **2.** Beziehung, Verbindung: *≈s* Beziehungen; verwandtschaftliche Beziehungen.

conquer ['kɒŋkə] *v.t.* erobern (*a country*): *c. s.o.'s heart* jds. Herz erobern; *c. a mountain* einen Berg bezwingen.

conquest ['kɒŋkwəst] *n.* **1.** Eroberung: *the Norman C.* die normannische Eroberung Englands 1066; **2.** erobertes Objekt (*auch fig.*): *she's one of his many ≈s* sie ist eine seiner vielen Eroberungen.

conscience ['kɒnʃəns] *n.* Gewissen: *have a clear/guilty c.* ein reines/schlechtes Gewissen haben; *ease one's c.* sein Gewissen erleichtern; *have s.o./s.th. on one's c.* jdn./etw. auf dem Gewissen haben.

conscientious [,kɒnʃɪ'enʃəs] *adj.* **1.** gewissenhaft (*worker; piece of work*); **2.** *c. objector* Wehrdienstverweigerer aus Gewissensgründen.

conscious ['kɒnʃəs] *adj.* **1.** (*med.*) bewußt, bei Bewußtsein; **2.** (*allg.*) bewußt (*of s.th.*): *we are c. of what we're doing* wir wissen schon, was wir tun; *politically c.* politisch bewußt; **3.** bewußt, vorsätzlich (*efforts*).

consciousness ['kɒnʃəsnəs] *n.* **1.** (*med.*) Bewußtsein: *lose/regain c.* das Bewußtsein verlieren/wiedererlangen; **2.** (*allg.*) Bewußtsein: *she had no social c.* ihr fehlte jedes soziale Bewußtsein.

conservation [,kɒnsə'veɪʃn] *n.* Erhaltung, Schutz: *c. area* Landschafts-, Naturschutzgebiet.

conservative [kən'sɜ:vətɪv] **I.** *adj.*

I. konservativ, altmodisch (*in one's tastes*); **2.** (*pol.*) konservativ: *the C. Party* (*GB*) die Konservativen; **3.** vorsichtig: *at a c. estimate* bei vorsichtiger Schätzung; **II.** *n.* Konservative(r) (*auch Pol.*).

conserve [kən'sɜːv] *v.t.* erhalten, bewahren: *c. energy* Energie sparen; *c. one's energies* mit seinen Kräften haushalten.

consider [kən'sɪdə] *v.t.* **1.** betrachten: *c. the situation* die Lage analysieren; *c. s.th. (as/to be) a great honour* etw. als große Ehre ansehen; *my ≈ed opinion* meine wohlüberlegte Meinung; *all things ≈ed* alles in allem; **2.** in Betracht/Erwägung ziehen: *I'm ≈ing going there by myself* ich überlege, ob ich nicht selbst dahin gehen soll; *c. s.o. for a position* jdn. für eine Stelle in Erwägung ziehen; **3.** berücksichtigen (*the fact that she's over 30*); **4.** ansehen, betrachten (*a picture*).

considerable [kən'sɪdərəbl] *adj.* beträchtlich, erheblich.

consideration [kənˌsɪdə'reɪʃn] *n.* **1.** Aufmerksamkeit, Beachtung: *give a matter one's careful c.* einer Sache sorgfältige Beachtung schenken; **2.** Rücksichtnahme: *out of c. for s.o./s.th.* aus Rücksicht auf jdn./etw.; *show c. for s.o./s.th.* Rücksicht auf jdn./etw. nehmen; **3.** Erwägung, Gesichtspunkt: *money is a major c.* Geld spielt eine wesentliche Rolle; **4.** Gegenleistung, Entgelt: *do s.th. for a c.* etw. gegen ein Entgelt tun; *no contract without c.* (*jur.*) einseitige Rechtsgeschäfte sind unzulässig.

considering [kən'sɪdərɪŋ] **I.** *prep.* in Anbetracht: *c. his status, he has done rather well* wenn man seinen Status bedenkt, dann ist er recht erfolgreich gewesen; **II.** *conj.* in Anbetracht der Tatsache, daß: *c. you have done the right thing …* wenn man bedenkt, daß du das Richtige getan hast; **III.** *adv.* alles in allem (*immer nachgestellt*): *she's all right, c.* alles in allem ist sie schon in Ordnung.

consist [kən'sɪst] *v.prep.* **1.** *c. of* bestehen aus: *the UK ≈s of several nations* das Vereinigte Königreich besteht aus mehreren Nationen; **2.** *c. in s.th.* in etw. bestehen: *the beauty of Paris ≈s in its 19th century buildings* die Schönheit von Paris besteht in seinen aus dem 19. Jahrhundert stammenden Gebäuden.

consonant ['kɒnsənənt] **I.** *n.* Konsonant, Mitlaut: *voiced/voiceless c.* stimmhafter/stimmloser Konsonant; **II.** *adj.: c. with s.th.* im Einklang mit etw.

constant ['kɒnstənt] **I.** *adj.* **1.** konstant, gleichmäßig (*speed*); **2.** konstant, ständig (*quarrels*); **3.** treu (*friend*); **II.** *n.* Konstante.

constitute ['kɒnstɪtjuːt] *v.t.* **1.** (*ohne progressive Form*) darstellen, ausmachen: *this behaviour ≈s a precedent* dieses Verhalten stellt einen Präzedenzfall dar; **2.** (*ohne progressive Form*) bilden, ausmachen: *the four nations that c. the UK* die vier Nationen, die das Vereinigte Königreich bilden; **3.** bilden, einrichten: *c. a committee* Ausschuß bilden; **4.** ernennen: *she ≈d herself our spokeswoman* sie ernannte sich zu unserer Sprecherin.

constitution [ˌkɒnstɪ'tjuːʃn] *n.* **1.** (*pol.*) Verfassung (*of this country*); **2.** Verfassung, Zustand: *have a strong c.* (*med.*) starke Konstitution haben; **3.** Einrichtung, Ernennung (*of a committee*); **4.** Struktur (*of a molecule*).

constitutional [ˌkɒnstɪ'tjuːʃənl] **I.** *adj.* **1.** (*pol.*) Verfassungs-, konstitutionell: *c. court* Verfassungsgericht; *c. crisis* Verfassungskrise; **2.** (*pol.*) verfassungsgemäß (*policy*); **3.** (*med.*) konstitutionell; **II.** *n.* (*coll.*) Verdauungsspaziergang (*bes. nach dem Mittagessen*).

construct I. [kən'strʌkt] *v.t.* **1.** bauen (*a bridge*): *c. a sentence* (*gram.*) einen Satz konstruieren; **2.** (*geom.*) zeichnen (*a triangle*); **II.** ['kɒnstrʌkt] *n.* (gedankliches) Konstrukt, Gedankengebäude.

construction [kən'strʌkʃn] *n.* **1.** Bau(tätigkeit): *under c.* im Bau; *c. industry* Bauindustrie; **2.** Bau, Gebäude: *a simple c.* ein einfaches Gebäude; **3.** (*geom.*) Konstruktion; **4.** Auslegung, Interpretation: *put a different c. on s.th.* etw. anders interpretieren.

consult [kən'sʌlt] **1.** *v.t.* konsultieren, zu Rate ziehen (*an expert*); **2.** *v.i.* sich beraten.

consume [kən'sju:m] *v.t.* **1.** verbrauchen, konsumieren; **2.** vernichten: *the fire ≈d the bus* das Feuer vernichtete den Bus; **3.** (*Passiv*) *be ≈d with s.th.* von etw. erfüllt/besessen sein (*hatred*).

consumption [kən'sʌmpʃn] *n.* **1.** Verbrauch: *petrol c.* Benzinverbrauch; *unfit for human c.* zum Verzehr (durch Menschen) ungeeignet; **2.** (*med.*) Auszehrung, Schwindsucht.

contact ['kɒntækt] **I.** *n.* **1.** Berührung, Kontakt (*auch El.*): *come into c. with s.th.* mit etw. in Berührung kommen; **2.** Verbindung: *get into c. with s.o.* mit jdm. in Verbindung treten; **3.** Kontaktperson, Verbindungsmann; **II.** *v.t.* Kontakt aufnehmen mit (*the nearest relatives*).

contain [kən'teɪn] **1.** *v.t.* (*ohne progressive Form*) enthalten: *what does this box c.?* was ist in dieser Kiste?; *the tank ≈s 60 litres* der Tank faßt 60 Liter; **2.** zurückhalten: *the police are trying to c. the crowds* die Polizei versucht, die Menge unter Kontrolle zu halten; **3.** (*math.*) (*Winkel*) einschließen; **4.** *v.refl.: c. o.s.* sich beherrschen.

container [kən'teɪnər] *n.* **1.** Behälter, Gefäß; **2.** (*comm.*) Container: *standard ≈s measure 8×8×20 ft or 8×8×40 ft* Normcontainer haben die Maße 8×8×20 oder 8×8×40 Fuß.

contemporary [kən'temprərɪ] **I.** *adj.* **1.** zeitgenössisch, modern (*literature*); **2.** zeitgenössisch, zeitgleich: *c. reports of the American Civil War* zeitgenössische Berichte über den amerikanischen Bürgerkrieg; **II.** *n.* **1.** Zeitgenosse, Zeitgenossin; **2.** Altersgenosse, Altersgenossin.

contempt [kən'temt] *n.* **1.** Verachtung (*for s.o./s.th.*): *hold s.o. in c.* jdn. verachten; *beneath c.* unter aller Kritik; **2.** (*jur.*) *c.* (*of court*) Mißachtung des Gerichts.

content[1] [kən'tent] **I.** *adj.* (*pred.*) zufrieden: *be quite c. to stay at home* durchaus zufrieden damit sein, zu Hause zu bleiben; *not c. with being/doing/having …, she …* da ihr … nicht reichte, …; **II.** *n.* Zufriedenheit: *to one's heart's c.* nach Herzenslust; **III. 1.** *v.t.* zufriedenstellen; **2.** *v.refl.: c. o.s. with s.th.* sich mit etw. begnügen.

content[2] ['kɒntent] *n.* **1.** Inhalt, Substanz (*of a letter*); **2.** Gehalt, Anteil: *lead c.* Bleigehalt; **3.** **≈s** *pl.* Inhalt (*250 grams*); **4.** **≈s** *pl.* Inhaltsverzeichnis (*auch:* **table of ≈s**).

contented [kən'tentɪd] *adj.* zufrieden.

context ['kɒntekst] *n.* **1.** Kontext: *quote s.th. out of c.* ein Zitat aus dem Zusammenhang reißen;

2. Zusammensetzung: *see things in (their proper) c.* die Dinge im (richtigen) Zusammenhang sehen.

continent ['kɒntɪnənt] *n.* **1.** Kontinent, Erdteil; **2.** *the C.* (*GB*) das europäische Festland.

continue [kən'tɪnjuː] **1.** *v.t.* fortfahren (*doing/to do s.th.*): *c. a tradition* eine Tradition fortsetzen; *to be ≈d* Fortsetzung folgt; **2.** *v.i.* weitermachen, fortfahren, andauern: *will the rain c.?* wird es weiter regnen?; *we ≈d down the hill* wir gingen weiter bergab.

continuity [ˌkɒntɪn'juːɪtɪ] *n.* **1.** Kontinuität: *the c. of the electricity supply* die Gewährleistung der Stromversorgung; **2.** roter Faden: *the plot lacks c.* der Handlungsstruktur fehlt der rote Faden.

contract[1] **I.** ['kɒntrækt] *n.* **1.** (*jur.*) (privatrechtlicher) Vertrag: *be under c.* unter Vertrag stehen; *hold s.o. to the c.* auf seinen vertraglichen Rechten gegenüber jdm. bestehen; *no c. without consideration* einseitige Rechtsgeschäfte sind nicht zulässig; **2.** Auftrag: *land a c.* einen Auftrag hereinholen; *put s.th. out to c.* Subunternehmer unter Vertrag nehmen; *c. work* Auftragsarbeit; **II.** [kən'trækt] **1.** *v.t.* eingehen: *c. a marriage* die Ehe eingehen; *c. debts* Schulden machen; **2.** sich zulegen (*bad habits*); erkranken an (*an infectious disease*); **3.** *v.i.* sich verpflichten (*to do s.th.*); **4.** *v.prep.: c. in* beitreten, sich anschließen (*a trade union*); *c. out* austreten; an Subunternehmer weitervergeben (*work*).

contract[2] [kən'trækt] **1.** *v.i.* schrumpfen: *Britain's manufacturing industry ≈d in the 80s* Großbritanniens gewerblicher Sektor ist in den 80er Jahren geschrumpft; **2.** *v.t.* zusammenziehen: *c. a muscle* Muskel spannen; **3.** (*ling.*) kontrahieren, zusammenziehen (*»he is« to »he's«*).

contradict [ˌkɒntrə'dɪkt] **1.** *v.t.* widersprechen: *don't keep ≈ing me!* hör auf, mir zu widersprechen; **2.** im Widerspruch stehen: *these alibis c. each other* diese Alibis widersprechen sich; **3.** *v.refl.* sich widersprechen: *your're ≈ing yourself* du widerlegst dich selbst.

contradiction [ˌkɒntrə'dɪkʃn] *n.* **1.** Widerspruch: *he wouldn't have any c.* er duldete keine Widerrede; **2.** Widerspruch (*between A and B*): *this is in direct c. to/with what you said before* dies steht in direktem Widerspruch zu dem, was du vorher gesagt hast; *c. in terms* logischer Widerspruch (*z. B. »male she-wolf«*).

contrary I. *adj.* **1.** ['kɒntrərɪ] entgegengesetzt, gegenteilig: *c. opinions* gegenläufige Meinungen; *c. to what has been said* im Gegensatz zu dem, was gesagt worden ist; **2.** ungünstig (*winds*); **3.** [kən'treərɪ] (*coll.*) widerspenstig: *a c. child* ein schwieriges Kind; **II.** ['kɒntrərɪ] *n.* Gegenteil: *the c. is true* das Gegenteil trifft zu; *on the c.* im Gegenteil; *if we don't hear anything to the c.* wenn wir nichts Gegenteiliges hören.

contrast I. ['kɒntrɑːst] *n.* **1.** Gegensatz: *in c. with/to* im Gegensatz zu; *his sister, by c., was not very bright* seine Schwester dagegen war nicht besonders intelligent; **2.** (optischer) Kontrast; **II.** [kən'trɑːst] **1.** *v.t.* vergleichen (*s.th. with s.th.*); **2.** *v.i.* im Gegensatz/Kontrast stehen: *his action ≈s with his words* seine Taten stehen im Widerspruch zu seinen Worten.

contribute [kən'trɪbjuːt] *v.t.* beitragen (*to s.th.*): *c. to the discussion* einen Diskussionsbeitrag leisten; *c. £500 to charity* 500 Pfund für einen wohltätigen Zweck spenden; *c. (an article) to a magazine* Beitrag für eine Zeitschrift schreiben.

contribution [ˌkɒntrɪ'bjuːʃn] *n.* Beitrag: *make a (useful) c. (to s.th.)* einen (nützlichen) Beitrag (zu etw.) leisten.

control [kən'trəʊl] **I.** *n.* **1.** Kontrolle (*of/over s.th.*): *be under c.* unter Kontrolle sein; *get out of c.* außer Kontrolle geraten; *have no c. over s.th.* keine Kontrolle über etw. haben; *keep c. of s.th.* etw. unter Kontrolle halten; *lose c. of s.th.* Kontrolle über etw. verlieren; **2.** Kontrolle, Festsetzung: *price/wage c.(s)* Preis-/Lohnkontrolle; **3.** ≈**s** *pl.* (*techn.*) Steuerungspult, Regler: *at the ≈s* im Führerstand (*of a locomotive*); (*fig.*) am Steuer; **II.** *v.t.* **1.** kontrollieren (*prices and wages*); **2.** regulieren (*the room temperature*); **3.** leiten, beherrschen: *the Soviet Union ≈led the whole of Eastern Europe* die Sowjetunion beherrschte ganz Osteuropa.

convenience [kən'viːnɪəns] *n.* **1.** Annehmlichkeit: *for c.* aus Gründen der Bequemlichkeit; *c. foods* Fertig-/Halbfertiggerichte; *at your earliest c.* (*comm.*) sobald wie möglich; *flag of c.* (*naut.*) Billigflagge; **2.** (*GB*) Toilette: *public ≈s* öffentliche Toiletten.

convenient [kən'viːnɪənt] *adj.* **1.** praktisch, zweckmäßig: *the bus stop is very c.* die Bushaltestelle liegt sehr günstig; **2.** passend: *at a more c. time* zu einem günstigeren Zeitpunkt; *if it is c.* wenn es Ihnen recht ist.

convention [kən'venʃn] *n.* **1.** Konvention, Brauch: *a long-standing c.* ein alter Brauch; **2.** Konferenz, Kongreß: *the Republican C.* (*US*) der (Wahl-)Parteitag der Republikaner; **3.** Abkommen, Konvention: *the Geneva C.* die Genfer Konvention.

conversation [ˌkɒnvə'seɪʃn] *n.* Unterhaltung.

conversion [kən'vɜːʃn] *n.* **1.** Umbau (*of a building*); **2.** Umstellung (*from gas to electricity*); **3.** (*rel.*) Bekehrung.

convert I. [kən'vɜːt] **1.** *v.t.* umwandeln (*coal into gas*): *c. dollars into deutschmarks* Dollar gegen DM tauschen; umstellen (*the heating system from coal to gas*) **2.** (*rel.*) bekehren (*s.o. to Buddhism*); **3.** *v.i.* (*rel.*) konvertieren (*to Islam*); **4.** sich verwandeln/umtauschen lassen (*to s.th.*); **II.** ['kɒnvɜːt] *n.* Bekehrte(r), Konvertit.

convey [kən'veɪ] *v.t.* **1.** befördern, transportieren; **2.** vermitteln: *Mozart's music ≈s a sense of happiness* Mozarts Musik vermittelt ein Glücksgefühl; **3.** (*jur.*) übertragen (*property*).

convict I. [kən'vɪkt] *v.t.* **1.** (*jur.*) verurteilen (*s.o. of murder*): *a ≈ed criminal* ein verurteilter Verbrecher; **2.** überführen (*s.o. of s.th.*); **II.** ['kɒnvɪkt] *n.* Sträfling.

conviction [kən'vɪkʃn] *n.* **1.** (*jur.*) Verurteilung: *have previous ≈s* (einschlägig) vorbestraft sein; **2.** Überzeugung: *it is my (firm) c. that ...* ich bin der (festen) Überzeugung, daß ...; *his words carry c.* seine Worte wirken überzeugend; *have the courage of one's ≈s* Zivilcourage haben.

convince [kən'vɪns] *v.t.* überzeugen (*s.o. of s.th.*).

cook [kʊk] **I. 1.** *v.t.* kochen: *c. a meal* eine Mahlzeit kochen; *c. the books* (*fig.*) die Bilanzen frisieren; **2.** *v.i.* kochen: *the meal is ≈ing* das Essen kocht gerade; *s.th. is ≈ing* (*fig.*) irgend etwas geht vor; **3.** *v.prep.: c. up* (*fig.*) erfinden (*some excuse*);

II. *n.* Koch, Köchin: *too many ≈s spoil the broth* (*prov.*) zu viele Köche verderben den Brei.
cooker ['kʊkə] *n.* **1.** Herd: *electric/gas c.* Elektro-/Gasherd; **2.** Kochapfel.
cool [ku:l] **I.** *adj.* **1.** kühl: *a c. breeze* eine kühle Brise; **2.** kühl, ruhig: *have a c. head* einen kühlen Kopf haben; *keep c.!* nur ruhig bleiben!; *as c. as a cucumber* (*coll.*) in aller Seelenruhe; **3.** kühl, unfreundlich: *they were given a c. reception* ihnen wurde ein kühler Empfang bereitet; **4.** kaltschnäuzig, unverfroren: *as c. as you please* eiskalt, rücksichtslos; **5.** (*coll.*) glatt: *pay a c. thousand pounds* mal eben tausend Pfund bezahlen; **II.** *adv.* kühl, ruhig: *play it c.* sich nicht aufregen; **III.** *n.* **1.** Kühle: *the c. of the evening* die Abendkühle; **2.** Ruhe: *keep/lose one's c.* seine Ruhe behalten/verlieren; *have the c. to do s.th.* die Nerven für etw. haben; **IV. 1.** *v.t.* kühlen (*white wine before serving*); *c. it!* (*coll.*) reg dich ab!; *c. s.o.'s heels* (*fig.*) jdn. warten lassen; **2.** *v.i.* abkühlen: *let the milk c. a bit* laß die Milch ein wenig abkühlen; *her enthusiasm soon ≈ed* ihre Begeisterung ließ bald nach; **3.** *in Phrasen*: *c. down* (sich) beruhigen.
cooperate [kəʊ'ɒpəreɪt] *v.i.* zusammenarbeiten (*with s.o. on s.th.*).
cooperation [kəʊˌɒpə'reɪʃŋ] *n.* **1.** Zusammenarbeit: *in c. with* in Zusammenarbeit mit; **2.** Bereitschaft zur Zusammenarbeit.
cooperative [kəʊ'ɒpərətɪv] **I.** *adj.* **1.** kooperativ, zur Zusammenarbeit bereit: *the parents were very c.* die Eltern waren sehr hilfsbereit; **2.** gemeinsam (*venture*); **3.** genossenschaftlich, Genossenschafts- (*bank*): *c. society* (*auch*: **Co-op**) Genossenschaft; **II.** *n.* Genossenschaft: *agricultural c.* landwirtschaftliche (Produktions-)Genossenschaft; *housing c.* Wohnungsgenossenschaft.
copper[1] ['kɒpə] *n.* **1.** Kupfer: *c. pipe* Kupferrohr; *c. beech* (*bot.*) Rotbuche; **2.** (*GB*) Kupfermünze: *it only costs a few ≈s* es kostet nur Pfennige; **3.** (*arch.*) Kupferkessel (*für Waschzwecke*).
copper[2] (*auch:* **cop**) *n.* (*coll.*) Polizist.
copy ['kɒpɪ] **I.** *n.* **1.** Kopie, Durchschlag; **2.** (*Publikation*) Exemplar: *I've bought a c. of your book* ich habe ein Exemplar Ihres Buches gekauft; **3.** (*Zeitung*) Stoff: *the story of the drowned kittens will make good c.* die Geschichte von den ertränkten Kätzchen macht sich immer gut; *write c.* Werbetexte schreiben; **II.** *v.i.* **1.** kopieren, abschreiben; **2.** nachahmen, imitieren.
cord [kɔ:d] *n.* **1.** Schnur; (*el.*) Kabel; **2.** ≈**s** *pl.* Cordhose.
cork [kɔ:k] *n.* **1.** Kork; **2.** Korken.
corn[1] [kɔ:n] *n.* **1.** (*GB*) Korn, Getreide: *a field of c.* ein Getreidefeld; **2.** (einzelnes) Korn; **3.** (*US*) Mais.
corn[2] *n.* (*med.*) Hühnerauge.
corner ['kɔ:nə] **I.** *n.* **1.** Ecke: *just round the c.* gleich um die Ecke; *sharp c.* scharfe Kante; (*Straße*) scharfe Kurve; *turn the c.* um die Ecke biegen; (*fig.*) es schaffen; *cut ≈s* Kurven schneiden; (*fig.*) etw. beschleunigt (und nicht ganz korrekt) erledigen; *in every c. of the world* überall auf der Welt; *the four ≈s of the world* die ganze Welt; **2.** (*Sport*) Ecke: *c. kick* Eckstoß; **3.** (*comm.*) Monopol, Kartell; **II. 1.** *v.t.* in die Enge treiben (*s.o.; an animal*); **2.** (*comm.*) monopolisieren, durch ein Kartell kontrollieren (*the market*); **3.** *v.i.* um die Ecke fahren: *that new car*

of yours ≈s well dein neues Auto hat eine gute Kurvenlage.

corporation [ˌkɔːpəˈreɪʃn] *n.* **1.** Gemeinde, Stadt: *c. services* städtische Dienste; **2.** (*jur.*) Körperschaft: *c. tax* Körperschaftssteuer; **3.** (*GB*) öffentlich-rechtliche Anstalt: *British Broadcasting C.* (*BBC*) britische Rundfunkanstalt; **4.** (*US*) (*comm.*) (Kapital-)Gesellschaft: *closed c.* Gesellschaft mit beschränkter Haftung (GmbH); *open c.* Aktiengesellschaft (AG).

corps [kɔː] *n.* Korps: *army c.* (*mil.*) Armeekorps; *diplomatic c.* diplomatisches Korps.

corpse [kɔːps] *n.* Leiche.

correct [kəˈrekt] **I.** *adj.* **1.** korrekt, richtig: *what is the c. answer?* was ist die richtige Antwort?; **2.** korrekt, den Normen entsprechend: *politically c. behaviour* politisch korrektes Verhalten; **II.** *v.t.* **1.** korrigieren (*25 essays*): *I stand ≈ed* ich nehme alles zurück; **2.** korrigieren, richtig einstellen: *these glasses will c. your eyesight* diese Brille wird dein Sehvermögen korrigieren; **3.** (*arch.*) maßregeln, bestrafen (*prisoners*).

correction [kəˈrekʃn] *n.* **1.** Korrektur (*of pupils' homework*); **2.** (*arch.*) Maßregelung, Bestrafung.

correspond [ˌkɒrɪˈspɒnd] *v.i.* **1.** entsprechen (*with/to s.th.*): *the contents do not c. with/to the description* der Inhalt entspricht nicht der Beschreibung; **2.** korrespondieren (*with a pen-friend in Papua New Guinea*).

correspondence [ˌkɒrɪˈspɒndəns] *n.* **1.** Korrespondenz, Briefverkehr: *commercial c.* Handelskorrespondenz; **2.** Übereinstimmung (*between A and B*).

correspondent [ˌkɒrɪˈspɒndənt] **I.** *n.* **1.** Korrespondent(in), Briefschreiber(in): *foreign (language) c.* Fremdsprachenkorrespondent(in); **2.** Korrespondent(in), Berichterstatter(in): *foreign c.* Auslandskorrespondent(in); *from our own c.* (*Zeitung*) eigener Bericht; **II.** *adj.* entsprechend: *c. with s.th.* in Übereinstimmung mit etw.

cost* [kɒst] **I. 1.** *v.t.* kosten: *how much does it c.?* was kostet es?; *it'll c. you dear* das wird dich teuer zu stehen kommen (*auch fig.*); *c. the earth* (*coll.*) ein Heidengeld kosten; **2.** (*regelmäßige Bildung von Präteritum und Partizip Perfekt*) veranschlagen: *we've ≈ed the project at £2.5 m* wir haben die Kosten des Projekts auf 2,5 Mill. Pfund veranschlagt; *c. s.th. out properly* etw. gründlich (durch)-kalkulieren; **II.** *n.* **1.** Kosten: *bear the c.(s)* die Kosten tragen; *c. of living* Lebenshaltungskosten; *at great c.* zu einem hohen Preis (*auch fig.*); *buy s.th. at c.* etw. zum Selbstkostenpreis erwerben; **2.** (*fig.*) Kosten: *at all ≈s* um jeden Preis; *at the c. of your health* auf Kosten deiner Gesundheit; *learn s.th. to one's c.* die bittere Erfahrung machen (, daß …); **3.** (*jur.*) Gerichtskosten: *be ordered to pay ≈s* zur Übernahme der Kosten des Verfahrens verurteilt werden.

costume [ˈkɒstjuːm] *n.* Kostüm: *c. jewellery* Modeschmuck.

cosy (*GB*); **cozy** (*US*) [ˈkəʊzɪ] **I.** *adj.* angenehm, gemütlich, behaglich: *feel c.* sich behaglich fühlen; **II.** *n.* *(tea) c.* Teewärmer.

cottage [ˈkɒtɪdʒ] *n.* Häuschen, Kotten: *farm labourer's c.* Landarbeiterkotten; *holiday c.* Ferienhäuschen.

cotton [ˈkɒtn] **I.** *n.* **1.** Baumwolle: *pick c.* Baumwolle pflücken; **2.** Baumwollstoff: *c. shirt* Baumwollhemd; **3.** (*US*) Watte (*GB:*

c. wool); **II.** *v.prep.: c. on (to s.th.)* etw. (endlich) kapieren.

couch [kaʊtʃ] **I.** *n.* Sofa, Couch: *c. potato* (*US*) (*coll.*) Dauerglotzer(in); **II. 1.** *v.t.* formulieren (*s.th. in friendly terms*); **2.** *v.i.* (*arch.*) (*Tier*) liegen, sich ducken.

cough [kɒf; *US:* kɔːf] **I. 1.** *v.i.* (*med.*) husten; **2.** *v.prep.: c. up* aushusten (*blood*): *you'd better c. up* (*coll.*) du solltest lieber blechen; **II.** *n.* (*med.*) Husten: *c. mixture* Hustensaft.

could [kʊd] → **can** *v.aux.* **1.** (*Bitte*) *c. you perhaps ...* könnten Sie vielleicht ...; **2.** (*Ergebnis*) *I c. have killed her* ich hätte sie umbringen können; **3.** (*Möglichkeit*) *it c. have happend to anybody* das hätte jedem passieren können; **4.** (*Vorschlag*) *we c., of course, eat out* wir könnten natürlich auch auswärts essen.

council ['kaʊnsɪl] *n.* **1.** Rat, Vertretung: *be on the c.* im Rat sitzen; *city c.* Stadtrat; *the local c.* die Gemeinde; *c. housing* Sozialwohnungen; **2.** Rat, Kommission: *C. of Ministers* (*EU*) Ministerrat.

count[1] [kaʊnt] **I. 1.** *v.t.* zählen: *c. your change* zählen Sie das Wechselgeld nach; *c. the cost of s.th.* die Kosten von etw. ermitteln (*auch fig.*); *don't c. your chickens before they are hatched* (*prov.*) man soll den Tag nicht vor dem Abend loben; **2.** (*fig.*) rechnen: *c. s.o. in* jdn. mit einbeziehen; *c. me out!* ohne mich!; **3.** *v.i.* zählen, wert sein: *that doesn't c.* das zählt nicht; **4.** *in Phrasen und präp. V.: c. down* den Countdown durchführen; *c. for* bedeuten: *who says a classical education ≈s for little?* wer sagt denn, daß eine humanistische Bildung nicht viel wert ist?; *c. off* abzählen; *c. up* aufzählen; **II.** *n.* **1.** Zählung: *there was a second c.* es gab eine zweite Zählung; *keep/lose c. of s.th.* die Übersicht über etw. behalten/verlieren; *be out for the c.* (*Boxen*) am Boden liegen und ausgezählt werden; (*fig.*) schlafen; **2.** (*jur.*) Anklagepunkt: *be found guilty on all ≈s* in allen Anklagepunkten für schuldig befunden werden.

count[2] *n.* Graf.

counter[1] ['kaʊntə] *n.* (Laden-)Theke, Tresen: *buy s.th. over the c.* (*med.*) etw. ohne Rezept kaufen; *under the c.* illegal.

counter[2] *n.* **1.** Spiel-, Zählmarke; **2.** (*techn.*) Zähler: *revolution c.* (*Auto*) Drehzahlmesser; **3.** Tauschobjekt: *bargaining c.* Tauschobjekt bei Verhandlungen.

counter[3] **I.** *v.t.* kontern (*with a left hook*); entgegnen (*that there was more to it*); **II.** *adv.* gegen: *c. to my express wishes* gegen meinen ausdrücklichen Wunsch.

country ['kʌntrɪ] *n.* **1.** Land, Staat: *live in a different c.* in einem anderen Land wohnen; *go to the c.* (*GB*) (*Regierung*) sich den Wählern stellen; **2.** Land (*im Gegensatz zur Stadt*): *live in the c.* auf dem Land leben; *c. people* Leute vom Land; *town and c.* Stadt und Land.

countryside ['kʌntrɪsaɪd] *n.* Land; Landschaft: *preservation of the c.* Landschaftsschutz.

county ['kaʊntɪ] *n.* **1.** (*GB*) Grafschaft: *c. council* Grafschaftsrat; *c. town* Hauptort einer Grafschaft; **2.** (*US*) Bezirk.

couple ['kʌpl] **I.** *n.* **1.** Paar: *married c.* Ehepaar; **2.** *a c.* ein paar: *drink a c. of whiskies* ein paar Glas Whisky trinken; **II.** *v.t.* **1.** kuppeln: *c. s.th. together* etw. zusammenkuppeln (*carriages*); **2.** verbinden: *the time of year, ≈d with low prices, was ideal* zusammen mit den niedrigen Preisen war die Jahreszeit ideal.

courage ['kʌrɪdʒ] *n.* Mut: *pluck up c.* Mut fassen; *have the c. of one's convictions* Zivilcourage haben.

course [kɔːs] **I.** *n.* **1.** Lauf: *in the c. of time* im Laufe der Zeit; *allow things to take their c.; let things run their c.* den Dingen ihren Lauf lassen; **2.** (*naut.; fig.*) Kurs, Route: *be on c.* auf Kurs sein; *be blown off c.* vom Kurs abgetrieben werden; *stay the c.* sich nicht vom Kurs abbringen lassen; *steer a c.* einen Kurs steuern; **3.** *of c.* natürlich, selbstverständlich; **4.** Kurs, Lehrgang: *attend a c.* an einem Lehrgang teilnehmen; **5.** (*Essen*) Gang: *what would you like for your first c.?* was möchten Sie als Vorspeise haben?; **II.** *v.t.* jagen, hetzen.

court [kɔːt] **I.** *n.* **1.** (*jur.*) Gerichts(hof): *appear in c.* vor Gericht erscheinen; *be up in c. for s.th.* wegen etw. vor Gericht stehen; *settle s.th. out of c.* etw. außergerichtlich beilegen; *take s.o. to c.* jdn. verklagen; **2.** (*Monarchie*) Hof: *at c.* bei Hofe; *in c. circles* in höfischen Kreisen; **3.** (*Sport*) Platz: *tennis c.* Tennisplatz; *the ball is in your c.* (*fig.*) jetzt bist du am Zuge; **II.** **1.** *v.t.* (jdm.) den Hof machen: *he's been ≈ing her for years* er läuft ihr schon seit Jahren nach; **2.** werben: *c. middle-class votes* um die Stimmen der bürgerlichen Wähler buhlen; **3.** (*fig.*) führen zu: *this policy is certain to c. disaster* diese Politik führt unweigerlich in die Katastrophe; **4.** *v.i.* (*fig.*) zusammen gehen: *they've been ≈ing for three months* seit drei Monaten gehen sie zusammen.

cousin ['kʌzn] *n.* Cousin, Cousine.

cover ['kʌvə] **I.** *v.t.* **1.** bedecken, zudecken: *c. a body with a sheet* eine Leiche mit einem Tuch zudecken; *≈ed in/with snow* schneebedeckt; *c. o.s. in/with glory* (*coll.*) sich mit Ruhm bekleckern; **2.** verbergen: *c. one's tracks* seine Spuren verwischen; **3.** decken, schützen: *c. s.o.* jdm. Deckung geben; **4.** abdecken, einschließen: *that sum will c. our costs, but no more* diese Summe deckt unsere (Un-)Kosten, mehr aber nicht; *we are ≈ed against theft* gegen Diebstahl sind wir versichert; *c. a subject* ein Thema voll abdecken; **5.** zurücklegen (*500 miles in a day*); **II.** *n.* **1.** Decke, Abdeckung (*for the keyboard*); **2.** (*Buch*) Einband, Hülle; **3.** Umschlag: *under separate c.* mit getrennter Post; **4.** Schutz, Deckung: *take c.* (*mil.*) in Deckung gehen; *keep s.th. under c.* etw. gegen Witterungseinflüsse schützen; *under c. of darkness* im Schutze der Dunkelheit; **5.** Versicherungsschutz, Deckung: *c. note* vorläufige Deckungszusage, Versicherungsdoppelkarte; **6.** Gedeck (*for five people*); **7.** Tarnung: *operate under c.* als Agent tätig sein, verdeckt operieren.

cow [kaʊ] **I.** *n.* **1.** Kuh: *milk a c.* Kuh melken; *you can wait till the ≈s come home* (*coll.*) da kannst du noch lange warten; **2.** (*zool.*) Kuh: *elephant c.* Elefantenkuh; **3.** (*pej.*) (dumme) Kuh; **II.** *v.t.* einschüchtern (*employees*).

coward ['kaʊəd] *n.* Feigling.

cowardly ['kaʊədlɪ] *adj.* feige (*behaviour*).

crack [kræk] **I.** *n.* **1.** Riß, Spalt: *the door was open just a c.* die Tür war nur einen Spaltbreit offen; *paper over the ≈s* (*fig.*) Differenzen zukleistern; **2.** Knall (*of a pistol*): *c. of the whip* Peitschenknall; *have a c. at s.th.* (*coll.*) etw. versuchen; *at the c. of dawn* (*coll.*) in aller Herrgottsfrühe; **3.** Witz: *make a c. about s.th.* Witz über etw. machen; **4.** (*Droge*) Crack; **II. 1.** *v.t.* brechen: *c. a bone* sich einen Knochen brechen; **2.** knacken: *c. a nut* eine Nuß knacken; *c. a code* einen Code knacken; *c. a safe* einen Geldschrank knacken; **3.** überwinden (*the defence*); **4.** (*coll.*) öffnen (*a bottle of champagne*); **5.** *v.i.* (zer)springen: *the glass has ≈ed* das Glas hat einen Sprung bekommen; **6.** (*psych.*) zusammenbrechen, nachgeben (*under torture*); **7.** knallen (*shot*); **8.** *in Phrasen und präp. V.: get ≈ing* (*coll.*) anfangen; *c. down on s.th.* hart gegen etw. durchgreifen; *c. on with s.th.* etw. anfangen; *c. up* zerbrechen; (*psych.*) zusammenbrechen; **III.** *adj.* (*attr.*) ausgezeichnet: *a c. shot* ein ausgezeichneter Schütze.

cracker ['krækə] *n.* **1.** Keks, Kräkker; **2.** Knallkörper; **3.** (*coll.*) tolle Frau; toller Mann.

craft[1] [krɑ:ft] *n.* **1.** Handwerk; **2.** Handwerkerinnung: *c. union* (*GB*) kleine Gewerkschaft, die Arbeitnehmer mit einem Spezialberuf repräsentiert; **3.** Geschick; (*pej.*) List.

craft[2] *n.* (*Pl. identisch*) **1.** Schiff, Wasserfahrzeug; **2.** Flugzeug, Luftschiff.

crane [kreɪn] **I.** *n.* **1.** (*techn.*) Kran; **2.** (*zool.*) Kranich; **II. 1.** *v.t.: c. one's neck* den Hals recken; **2.** *v.i.* Hals/Kopf recken.

crash [kræʃ] **I.** *n.* **1.** Krachen (*of breaking cups and saucers*); **2.** Kollision, Unfall: *head-on c.* Frontalzusammenstoß; *plane c.* Flugzeugabsturz; *c. barrier* Leitplanke; *c. helmet* Sturzhelm; **3.** Börsenkrach; **II. 1.** *v.t.* kaputtfahren (*a car*); **2.** knallen, schmeißen (*s.th. to the ground*); **3.** *v.i.* verunglücken; **4.** krachen (*through the roof*); **5.** (*comm.*) pleite gehen.

crawl [krɔ:l] **I.** *v.i.* **1.** kriechen (*on hands and knees*); **2.** wimmeln (*with s.th.*): *the place was ≈ing with lice* das Haus war total verlaust; *the street was ≈ing with cars* auf der Straße wimmelte es von Autos; **3.** *make one's flesh/skin c.* eine Gänsehaut bekommen; **II.** *n.* **1.** Kriechen, Schneckentempo: *the traffic was reduced to a c.* der Verkehr kam fast zum Stillstand; **2.** (*Schwimmen*) Kraulen.

crazy ['kreɪzɪ] *adj.* **1.** verrückt, wahnsinnig: *drive s.o. c.* jdn. wahnsinnig machen; **2.** verrückt, begeistert (*about his new car*).

cream [kri:m] **I.** *n.* **1.** Sahne: *whipped c.* Schlagsahne; **2.** Creme; **3.** *the c.* (*fig.*) die Besten (*of society*); **II. 1.** *v.t.* entrahmen; **2.** mit Butter oder Sahne anreichern (*potatoes*); **3.** *v.prep.: c. off* abschöpfen; (*fig.*) absahnen.

create [krɪ'eɪt] *v.t.* **1.** schaffen: *God ≈ed the world* Gott erschuf die Welt; *c. jobs* Arbeitsplätze schaffen; *c. a precedent* einen Präzedenzfall schaffen; **2.** (*GB*) ernennen: *he was ≈d a lord* er wurde zum Lord ernannt.

creation [krɪ'eɪʃn] *n.* **1.** Erschaffung: *the C.* (*rel.*) die Schöpfung; *job c. scheme* Arbeitsbeschaffungsmaßnahme; **2.** Kreation, Kunstwerk.

creative [krɪ'eɪtɪv] *adj.* schöpferisch.

creature ['kri:tʃə] *n.* Geschöpf, Kreatur: *c. of habit* (*coll.*) Gewohnheitstier; *c. comforts* (*coll.*) leibliches Wohl.

credit ['kredɪt] **I.** *n.* **1.** (*comm.*) Kredit: *buy s.th. on c.* etw. auf Kredit kaufen; *grant a c.* Kredit gewähren; *c. line* Kreditlinie, Dispositionskredit; *letter of c.* Akkreditiv; **2.** (*comm.*) Haben: *be in c.* in den schwarzen Zahlen sein; **3.** Glaubwürdigkeit: *lose all c.* jede Glaubwürdigkeit verlieren; **4.** Anerkennung: *give s.o. c. for s.th.* jdm. Anerkennung für etw. zollen; **5.** (*Person*) Gewinn: *your are a c. to our staff* für unsere Belegschaft bist du ein Gewinn; **6.** (*US*) Studiennachweis: *collect enough ≈s to get a degree* genügend Studiennachweise für die Erlangung eines akademischen Grades sammeln; **II.** *v.t.* **1.** glauben: *hard to c.* kaum zu glauben; **2.** (*comm.*) gutschreiben (*£100 to an account*); **3.** zuschreiben: *c. s.o. with s.th.* jdm. etw. zutrauen.

creep* [kri:p] **I.** *v.i.* **1.** kriechen, schleichen: *c. in* (*fig.*) sich einschleichen (*mistakes*); *c. up* langsam größer werden; **2.** (*bot.*) klettern: *≈ing plant* Kletterpflanze; **3.** *it made my flesh c.* ich bekam eine Gänsehaut; **II. 1.** (*pej.*) mieser Typ; **2.** *the* **≈s** *pl.* (*coll.*) Gänsehaut; Schauer.

crew [kru:] **I.** *n.* **1.** Besatzung, Mannschaft: *ground c.* Bodenpersonal; **2.** (*coll.*) Bande, Haufen: *a motley c.* ein bunter Haufen; **II. 1.** *v.i.* Mitglied der Mannschaft sein; **2.** *v.t.* Mannschaft zusammenstellen für.

crime ['kraım] *n.* **1.** Verbrechen: *commit a c.* Verbrechen begehen; *prevent c.* Verbrechen verhüten; *c. does not pay* Verbrechen lohnen sich nicht; **2.** (*fig.*) Verbrechen, Schande (*to throw away all that food*).

criminal ['krımınəl] **I.** *n.* Kriminelle(r), Straftäter(in): *hardened c.* hartgesottene(r) Straftäter(in); **II.** *adj.* **1.** kriminell (*behaviour*): *c. offence* Verbrechen; *have a c. record* (einschlägig) vorbestraft sein; **2.** Kriminal-, Straf-: *c. law* Strafrecht; *C. Investigation Department* (*CID*) (*GB*) Kriminalpolizei; **3.** (*fig.*) kriminell, unverantwortlich (*waste of taxpayers' money*).

crisis ['kraısıs] (*pl.* **crises** ['kraısi:z]) *n.* Krise: *in times of c.* in Krisenzeiten.

critic ['krıtık] *n.* **1.** (*lit.*) Kritiker(in): *our theatre c. writes …* (*Zeitung*) unser Theaterkritiker schreibt dazu …; **2.** (*allg.*) Kritiker(in).

critical ['krıtıkl] *adj.* **1.** kritisch: *at a c. stage* in einem kritischen Stadium; **2.** kritisch, von den Kritikern: *his work has received c. acclaim* sein Werk ist von der Kritik positiv aufgenommen worden; **3.** (*Person*) kritisch (*of s.o.'s work*).

criticism ['krıtısızm] *n.* **1.** Kritik: *come in for quite some c.* stark kritisiert werden; **2.** Kritik (*als Tätigkeit*): *literary c.* Literaturkritik.

criticize ['krıtısaız] *v.t.* kritisieren.

crop [krɒp] **I.** *n.* **1.** Feldfrucht: *maize is now a common c. in this country* Mais wird heutzutage viel bei uns angebaut; **2.** Ernte(ertrag): *bumper c.* Rekordernte; *this year's c. of candidates* (*fig.*) die Anzahl der Kandidaten dieses Jahr; **3.** (*zool.*) (*Vogel*) Kropf; **4.** *riding c.* Reitpeitsche; **5.** (Haar-)Schnitt; **II. 1.** *v.t.* schneiden, stutzen: *≈ped hair* kurzgeschnittenes Haar; *the sheep will c. the grass* die Schafe werden das Gras kurz halten; **2.** *v.prep.: c. up* (plötzlich) auftauchen.

cross [krɒs] **I.** *n.* **1.** Kreuz: *make the sign of the c.* (*rel.*) das Kreuzzeichen machen; *bear one's c.* (*fig.*) sein Kreuz tragen; **2.** (*biol.; fig.*) Kreuzung, Mischung (*between coffee and tea*); **II. 1.** *v.t.* über-, durchqueren (*the Pacific*): *c. the road* die Straße überqueren; *c.*

swords with s.o. (*fig.*) die Schwerter mit jdm. kreuzen; **2.** kreuzen: *keep one's fingers ≈ed* (*coll.*) (jdm.) die Daumen drücken; *c. my heart!* (*fig.*) Hand aufs Herz!; *it has ≈ed my mind* ich habe schon daran gedacht; **3.** ankreuzen (*the right answers*); **4.** (*biol.*) kreuzen; **5.** *v.i.* hinübergehen: *don't c. on red!* geh nicht bei Rot über die Straße!; **6.** sich kreuzen: *our letters must have ≈ed* unsere Briefe müssen sich gekreuzt haben; **7.** *v.refl.: c. o.s.* (*rel.*) sich bekreuzigen; **8.** *in Phrasen und präp. V.: c. off/out* streichen (*s.o.; s.th.*); *c. over* über die Straße gehen; Wasserfläche überqueren; **III.** *adj.* (*pred.*) böse: *don't be c.!* sei nicht böse!

crossing ['krɒsɪŋ] *n.* **1.** Übergang: *level c.* (*GB*) Bahnübergang; **2.** Überfahrt: *have a rough c.* unruhige See bei der Überfahrt haben.

crossword ['krɒswɜːd] (*auch*: **c. puzzle**) *n.* Kreuzworträtsel: *cryptic c. (puzzle)* verschlüsseltes Kreuzworträtsel.

crow [krəʊ] **I.** *n.* **1.** (*zool.*) Krähe: *as the c. flies* Luftlinie; *eat c.* (*US*) (*fig.*) seinen Irrtum eingestehen; **2.** Krähen; **II. 1.** *v.i.* krähen (*cock*); **2.** *v.prep.: c. about/over s.th.* (*pej.*) sich mit etw. brüsten.

crowd [kraʊd] **I.** *n.* **1.** Menge: *be lost in the c.* in der Menge verlorengehen; *follow the c.* der Menge folgen; **2.** (*coll.*) Clique, Gruppe: *always the same c.* immer dieselbe Clique; **3.** Menge, Masse (*of books on my desk*); **II. 1.** *v.t.* in Massen bevölkern (*the beach*): *c. five people into one bedroom* fünf Leute in ein Schlafzimmer zwängen; **2.** *in Phrasen und präp. V.: c. in* sich hinein-/hereindrängen; *c. out* verdrängen (*one's competitors*); *c. together* sich zusammendrängen.

crowded ['kraʊdɪd] *adj.* überfüllt.

crown [kraʊn] **I.** *n.* **1.** Krone: *wear a c.* eine Krone tragen; **2.** (*GB*) *the C.* die Krone (*d.h. der Staat*): *C. property* Staatseigentum, Staatsländereien; *C. court* höheres Gericht; **3.** (*fig.*) Krone, Spitze (*of a hill*); **4.** (*Münze*) Krone; **5.** (Zahn-)Krone; **II.** *v.t.* **1.** krönen: *he was ≈ed king* er wurde zum König gekrönt; **2.** (*fig.*) krönen (*one's career with the top post*); *to c. it all* (*coll.*) um dem Ganzen noch die Krone aufzusetzen; **3.** (*coll.*) (jdm.) eine Kopfnuß verpassen.

crucial ['kruːʃəl] *adj.* entscheidend: *of c. importance* von entscheidender Bedeutung.

cruel ['krʊəl] *adj.* grausam: *don't be c.!* (*fig.*) sei nicht so gemein!

cruelty ['krʊəltɪ] *n.* Grausamkeit: *c. to animals* Tierquälerei.

cruise [kruːz] **I. 1.** *v.i.* (*naut.*) kreuzen; eine Kreuzfahrt machen; **2.** Dauergeschwindigkeit fahren: *we were cruising (along) at 70 mph when …* wir fuhren (mit der gleichbleibenden Geschwindigkeit von) 70 Meilen pro Stunde, als (plötzlich) …; **3.** befahren: *c. the streets* die Straßen abfahren (*police*); **II.** *n.* (*naut.*) Kreuzfahrt: *go on a c.* eine Kreuzfahrt machen.

cruiser ['kruːzə] *n.* **1.** (*mil.*) Kreuzer; **2.** *pleasure c.* Vergnügungsdampfer.

crush [krʌʃ] **I. 1.** *v.t.* (zer)quetschen (*fruit*): *c. grapes* Weintrauben auspressen; **2.** zerkleinern (*stones*); **3.** niederschlagen (*a revolt*); **4.** *v.i.* sich drängeln (*into the ship*); **II.** *n.* **1.** Gedränge; **2.** (*coll.*) Schwärmerei: *she had a c. on her teacher* sie war in ihren Lehrer verschossen; **3.** Fruchtkonzentrat.

cry [kraɪ] **I. 1.** *v.i.* weinen, heulen: *it makes me c.* (*iron.*) mir kommen die Tränen; **2.** rufen (*for help*); **3.** *v.t.* weinen, Tränen vergießen: *c. one's eyes/heart out* sich die Augen ausweinen; **4.** rufen: *c. wolf* (*fig.*) blinden Alarm schlagen; **5.** *v.prep.: c. out for s.o./s.th.* nach jdm./etw. rufen; jdn./etw. dringend benötigen; **II.** *n.* **1.** Schrei (*for help*): *a c. of pain* ein Schmerzensschrei; **2.** Weinen: *have a good c.* sich (richtig) ausweinen; **3.** Ruf: *battle c.* Schlachtruf (*auch fig.*).

crystal ['krɪstl] **I.** *n.* Kristall: *c. gazing* Hellseherei; **II.** *adj.* (*attr.*) kristallklar: *c. waters* glasklare(s) Gewässer.

cultivate ['kʌltɪveɪt] *v.t.* **1.** anbauen; **2.** (*fig.*) pflegen (*friendships*): *c. one's mind* sich bilden.

cultural ['kʌltʃərəl] *adj.* kulturell: *c. events* kulturelle Ereignisse.

culture ['kʌltʃə] *n.* **1.** Kultur: *ancient Greek c.* klassische griechische Kultur; *middle-class c.* bürgerliche Kultur; *c. gap* Kulturgefälle; *c. shock* Kulturschock; **2.** Bildung: *a man of c.* ein gebildeter Mann; **3.** (*biol.*) Kultur (*of bacteria*).

cup [kʌp] **I.** *n.* **1.** Tasse: *c. and saucer* Tasse und Untertasse; **2.** (*Menge*) Tasse: *a c. of tea* eine Tasse Tee; **3.** Pokal: *c. winner(s)* Pokalsieger; **4.** (*biol.*) Kelch; **5.** (*lit.*) Kelch: *drain the c. of sorrow* den bitteren Kelch (bis zur Neige) leeren; **II. 1.** *v.t.* hohl machen (*one's hands to get some water*); **2.** (*med.*) schröpfen.

cupboard ['kʌbəd] *n.* Schrank.

cure ['kjʊə] **I.** *v.t.* **1.** (*med.*) heilen: *that will c. him* das wird ihn heilen; (*coll.*) das wird ihm eine Lehre sein; **2.** (*fig.*) kurieren, austreiben: *c. inflation by means of high interest rates* die Inflation mit Hilfe hoher Zinsen überwinden; **3.** (*Fleisch*) pökeln (*bacon, ham*); **II.** *n.* **1.** (*med.*) Kur, Behandlung: *beyond/past c.* unheilbar krank; *prevention is better than c.* (*prov.*) Vorbeugen ist besser als Heilen; **2.** (*fig.*) Abhilfe (*for unemployment*).

curiosity [ˌkjuərɪ'ɒsɪtɪ] *n.* **1.** Neugierde: *burning c. (about s.o./s.th.)* brennende Neugierde; *c. killed the cat* (*prov.*) Neugierde bewirkt eher das Gegenteil; **2.** Exzentrizität: *he is a bit of a c.* er ist schon etwas exzentrisch; **3.** Rarität, Kuriosität.

curious ['kjʊərɪəs] *adj.* **1.** neugierig (*about s.th.*): *don't be so c.!* sei nicht so neugierig!; **2.** seltsam, ungewöhnlich: *it's c. that* ... es ist schon seltsam, daß ... .

curl [kɜːl] **I.** *n.* **1.** Locke; **2.** gekräuselte Form: *≈s of smoke* sich kräuselnder Rauch; **II. 1.** *v.t.* (*Haar*) in Locken legen; (*Lippen*) kräuseln; **2.** *v.i.* sich locken; sich kräuseln; **3.** *v.prep.: c. up* sich zusammenrollen.

currency ['kʌrənsɪ] *n.* **1.** (*comm.*) Währung: *hard/soft c.* harte/weiche Währung; *foreign c.* Devisen; **2.** Gebräuchlichkeit, Verbreitung: *gain c.* um sich greifen (*rumour*).

current ['kʌrənt] **I.** *n.* **1.** Strömung: *swim against the c.* gegen den Strom schwimmen (*auch fig.*); **2.** (*el.*) Strom: *alternating c. (AC)* Wechselstrom; *direct c. (DC)* Gleichstrom; *three-phase c.* Drehstrom; **3.** Trend: *the c. of public opinion* der Trend der öffentlichen Meinung; **II.** *adj.* **1.** laufend, gegenwärtig: *in the c. year* im laufenden Jahr; *c. affairs* aktuelle Ereignisse; **2.** laufend: *c. account* (*comm.*) laufendes Konto, Girokonto.

curse [kɜːs] **I.** *n.* **1.** Fluch: *be under a c.* unter einem Fluch stehen; **2.** Fluch (*als Äußerung*): *heap ≈s* *on s.o.* jdn. verfluchen; **3.** Plage; **II. 1.** *v.t.* verfluchen: *I could c. her* ich könnte sie verfluchen/verwünschen; **2.** fluchen über; **3.** *v.i.* fluchen.

curtain ['kɜːtn] *n.* **1.** Vorhang: *draw the ≈s* die Vorhänge zuziehen; **2.** (*theat.*) Vorhang: *the c. has come down* das Spiel ist aus (*auch fig.*); **3.** (*fig.*) Vorhang, Schleier (*of secrecy*).

curve [kɜːv] **I.** *n.* **1.** Kurve, Biegung (*of the river*); **2.** (*math.*) Kurve; **II. 1.** *v.i.* einen Bogen machen; **2.** gekrümmt sein.

cushion ['kʊʃn] **I.** *n.* **1.** (Sitz-)Kissen; **2.** (*fig.*) Kissen (*of air*); **II.** *v.t.* abfedern, schützen (*people against the effects of inflation*).

custom ['kʌstəm] *n.* **1.** Brauch, Sitte: *social ≈s* gesellschaftliche Bräuche; (*jur.*) Brauch, Gewohnheitsrecht; **2.** Kundschaft: *take one's c. elsewhere* anderswo einkaufen; **3.** *≈s pl.* Zoll(behörde): *≈s duty* Zoll.

customary ['kʌstəmərɪ] *adj.* üblich.

customer ['kʌstəmə] *n.* Kunde, Kundin: *an awkward c.* (*coll.*) ein schwieriger Zeitgenosse; *an ugly c.* (*coll.*) ein bösartiger Mensch.

cut* [kʌt] **I. 1.** *v.t.* schneiden: *c. s.th. in half* etw. in zwei gleiche Teile schneiden; *c. s.th. open* etw. aufschneiden; **2.** abschneiden (*all connections*): *to c. a long story short* (*fig.*) langer Rede kurzer Sinn; **3.** (*Person*) schneiden, meiden; **4.** kreuzen (*road*); **5.** reduzieren, senken (*prices*); **6.** (*techn.*) abstellen (*engine*); **7.** *v.i.* sich schneiden lassen (*paper*); **8.** (*Sport*) anschneiden; **9.** *in Phrasen und präp. V.: c. across* querfeldein gehen/fahren; *c. away* wegschneiden; *c. back* zurückschneiden; reduzieren; *c. down* fällen; reduzieren; *c. in* sich einschalten; *c. into* einschneiden; ein Loch reißen in (*our finances*); *c. off* abschneiden; abstellen (*the gas*); *c. out* herausschneiden; herauslassen; (*Motor*) aussetzen; *c. through* durchschneiden; *c. up* kleinschneiden; **II.** *n.* **1.** Schnitt; (*med.*) Schnittwunde; **2.** Einschnitt; **3.** Senkung: *wage c.* Lohnkürzung; **4.** (*Fleisch*) Stück; **5.** (*coll.*) Anteil; **6.** Unterbrechung: *power c.* Stromausfall.

cycle ['saɪkl] **I.** *n.* **1.** Zyklus: *economic/trade c.* (*econ.*) Konjunkturzyklus; **2.** Fahrrad: *c. path* Radweg; *c. route* Radwanderweg; **II.** *v.i.* radfahren.

cyclist ['saɪklɪst] *n.* Radfahrer(in).

D

dad [dæd]; **daddy** ['dædɪ] *n.* (*coll.*) Vati, Papa.

daily ['deɪlɪ] **I.** *adj.; adv.* täglich: *earn one's d. bread* sein tägliches Brot verdienen; *d. dozen* (*coll.*) Morgengymnastik; **II.** *n.* **1.** Tageszeitung; **2.** (*GB*) (*coll.*) Putzfrau.

dairy ['deərɪ] *n.* **1.** Molkerei: *d. butter* Markenbutter; *d. cattle* Milchvieh; *d. chocolate* Milchschokolade; *d. produce/products* Molkereiprodukte; **2.** Milchgeschäft.

damage ['dæmɪdʒ] **I.** *n.* **1.** Schaden (*to s.th.*): *do a lot of d. to s.o.'s reputation* jds. Ruf sehr schaden; *what's the d.?* (*GB*) (*coll.*) was hat es gekostet?; **2.** ≈**s** *pl.* Schaden(s)ersatz: *claim ≈s* Schaden(s)ersatz beanspruchen; **II.** *v.t.* beschädigen, schaden.

damn [dæm] **I.** *v.t.* verdammen (*s.o. to s.th.*): *d. a book/play* Buch/Stück verreißen; *d. it/you!* verdammt!; *(well,) I'll be ≈ed if…* es müßte mit dem Teufel zugehen, wenn…; **II.** *n.* (*coll.*) *not care/give a d. for s.th.* (*coll.*) sich einen Teufel um etw. scheren; **III.** *adj.* (*coll.*) verdammt: *it'll be some d. thing in the Balkans* es wird so eine verdammte Sache auf dem Balkan sein; **IV.** *adv.* (*coll.*) verdammt: *you knew d. well* du wußtest nur zu gut Bescheid; *d. all* gar nichts; **V.** *interj.* (*coll.*) verdammt.

damp [dæmp] **I.** *adj.* feucht (*climate, wall*); **II.** *n.* Feuchtigkeit: *rising d.* Bodenfeuchtigkeit (*in the walls*); *d. course* (*Haus*) Isolierung gegen Feuchtigkeit; **III.** *v.t.* (*auch:* **dampen** ['dæmpn]) **1.** anfeuchten, nässen; **2.** dämpfen (*s.o.'s spirits*).

dance [dɑːns; *US:* dæns] **I.** *n.* **1.** Tanz: *Latin American ≈es* lateinamerikanische Tänze; *lead s.o. a (pretty) d.* (*fig.*) jdn. an der Nase herumführen; **2.** Tanzveranstaltung: *go to a d.* tanzen gehen; **II.** **1.** *v.i.* tanzen: *d. for/with joy* Freudensprünge machen; **2.** *v.t.* beim Tanz führen (*his daughter*); *d. attendance on s.o.* jdn. von vorn und hinten bedienen.

danger ['deɪndʒə] *n.* Gefahr (*to s.o./s.th.*): *in/out of d.* in/außer Gefahr; *fraught with d.* risikoreich; *on the d. list* (*Patient*) in Lebensgefahr; *d. money* Gefahrenzulage.

dangerous ['deɪndʒərəs] *adj.* gefährlich.

dare [deə] **I. 1.** *v.i.* wagen: *how d. you!* was fällt dir ein!; **2.** *v.t.* wagen, riskieren (*to do s.th.*); **3.** herausfordern: *I d. you to climb that wall* wetten, daß du nicht auf diese Mauer kletterst?; **4.** riskieren (*one's life*); **5.** *v. aux.* wagen: *I ≈n't ask* ich wage nicht zu fragen; *I d. say/≈say that …* ich würde wohl meinen, daß …; **II.** *n.* Mutprobe: *for a d.* als Mutprobe.

dark [dɑːk] **I.** *adj.* **1.** (*Lichtverhältnisse*) dunkel: *in our part of the world it is d. early* bei uns wird es früh dunkel; *get d.* dunkel werden; *d. room* Dunkelkammer; **2.** (*Aussehen*) dunkel: *d. brown hair* dunkelbraunes Haar; *d. horse* (*fig.*) schwer einzuordnender Mitbewerber; **3.** (*fig.*) trübe: *look on the d. side of things* schwarzsehen; *D. Ages* (*hist.*) Periode vom Ende des Röm. Reiches bis zur Staatenbildung in Europa; **II.** *n.* **1.** (*Lichtverhältnisse*) Dunkelheit: *I need my glasses in the d.* bei Dunkelheit muß ich meine Brille tragen; **2.** (*fig.*) Dunkel: *don't keep me in the d.* sag mir, was los ist; *a leap/shot in the d.* ein Versuch aufs Geratewohl.

darkness ['dɑːknɪs] *n.* Dunkelheit: *total d.* Finsternis.

dash [dæʃ] **I. 1.** *v.i.* sausen: *d. (off) to the shops* schnell Einkäufe machen; **2.** *v.t.* schlagen (*one's head against the wall*); schleudern (*s.th. to the ground*); **3.** zerschmettern: *d. s.th. to pieces* etw. in tausend Stücke schlagen; *d. s.o.'s hopes* jds. Hoffnungen zunichte machen; *d. it!* (*coll.*) verflixt noch mal!; **II.** *n.* **1.** (plötzliches) Laufen, Rennen: *make a d. for s.th.* auf etw. losstürzen; etw. noch versuchen; **2.** Elan, Schneid: *cut a d.* schneidige Figur machen; **3.** Prise (*of salt*); etwas: *a d. of colour* etwas Farbe (*auch fig.*); **4.** Gedankenstrich; *dots and ≈es* (*Morsealphabet*) Punkte und Striche.

data ['deɪtə; 'dɑːtə] *n.* Daten (*Gebrauch mit Sg. und Pl.*): *the latest d. is/are being evaluated* die neuesten Daten werden gerade ausgewertet; *d. bank* Datenbank; *d. processing* Datenverarbeitung.

date[1] [deɪt] **I.** *n.* **1.** Datum: *d. of birth* Geburtsdatum; *to d.* bis heute; *up to d.* auf dem neuesten Stand; **2.** Verabredung, Rendezvous: *be out on a d.* sich mit jdm. treffen; **3.** (*coll.*) Freundin, Bekannte; **II. 1.** *v.t.* datieren (*the building to the 12th century*): *look ≈d* alt aussehen; **2.** mit einem Datum versehen (*cheque, letter*); **3.** ausgehen mit (*the same girl for over a year*); **4.** *v.i.* sich datieren lassen (*back to the 19th century*).

date[2] *n.* (*bot.*) Dattel: *d. palm* Dattelpalme.

daughter ['dɔːtə] *n.* Tochter.

daughter-in-law ['dɔːtəɪnlɔː] *n.* Schwiegertochter.

dawn [dɔːn] **I.** *n.* **1.** Morgendämmerung: *at (the crack of) d.* bei Tagesanbruch; *from d. to dusk* von früh bis spät; **2.** (*lit.*) Morgenröte; (*fig.*) Anfang: *the d. of a new age* der Anfang eines neuen Zeitalters; **II.** *v.i.* dämmern (*auch fig.*): *d. on s.o.* jdm. klarwerden.

day [deɪ] *n.* **1.** Tag (*im Gegensatz zur Nacht*): *by d.* während des Tages; *d. and night* Tag und Nacht; *turn night into d.* die Nacht zum Tage machen; *one fine d. …* eines schönen Tages …; **2.** Tag (*als Zeiteinheit*): *what d. of the week is it?* welcher Tag ist heute?; *be paid by the d.* tag(e)weise bezahlt werden; *work five ≈s* fünf Tage arbeiten; *four-≈ week* Viertagewoche; *the d. after tomorrow* übermorgen; *the other d.* neulich; *some d.* eines Tages; **3.** (*in Redewendungen*) Tag: *d. in, d. out; d. after d.* tagein, tagaus; *it's not my d.* heute habe ich kein Glück; *that'll be the d.* darauf kann man getrost warten; *have a nice d.!* ich wünsche Ihnen einen schönen Tag; *it's rather late in the d.* (*fig.*) es ist fast schon zu spät; *in this d. and age* heutzutage; **4.** *≈s pl.* Epoche: *in the good old ≈s* in der guten alten Zeit; *her ≈s are numbered* ihre Zeit ist abgelaufen.

daylight ['deɪlaɪt] *n.* **1.** Tageslicht: *in broad d.* am hellichten Tage; *see d.* (*fig.*) etw. erkennen/verstehen; *d. robbery* (*coll.*) der reinste Nepp; **2.** Tagesanbruch: *d. saving time* (*US*) Sommerzeit.

dead [ded] **I.** *adj.* **1.** tot: *not over my d. body!* nur über meine Leiche!; *drop d.* tot umfallen; *as d. as a doornail* (*coll.*) mausetot; **2.** (*fig.*) abgestorben: *d. wood* morsches Holz; (*fig.*) überschüssiges Personal; *be d. to the world* völlig weggetreten sein; *the phone went d.* das Telefon funktionierte nicht mehr; **3.** völlig: *come to a d. stop* völlig zum Erliegen kommen; *the d. hand of the totalitarian state* die jede freie Regung erstickende

Macht des totalitären Staates; *a d. end job* eine Stellung ohne Aufstiegsmöglichkeiten; **II.** *adv.* total: *be d. against s.th.* total gegen etw. sein; *d. slow* total langsam; **III.** *n.* **1.** *pl.: the d.* die Toten; **2.** (*Zeit*) Mitte: *in the d. of night* mitten in der Nacht.

deadly ['dedlɪ] **I.** *adj.* **1.** tödlich (*poison*); **2.** Tod- : *d. enemies* Todfeinde; *the seven d. sins* die sieben Todsünden; **3.** völlig, total: *she's in d. earnest* sie meint es todernst; **II.** *adv.* (*nur Adj. bzw. Adv. modifizierend*) **1.** tödlich: *d. pale* leichenblaß; **2.** äußerst, total: *d. boring* stinklangweilig.

deaf [def] *adj.* **1.** taub: *be d. in one ear* auf einem Ohr taub sein; *go d.* taub werden; *≈ and dumb* taubstumm; **2.** (*fig.*) taub: *her pleas fell on d. ears* ihre Bitten stießen auf taube Ohren; *turn a d. ear* (*fig.*) sich taub stellen.

deal* [di:l] **I. 1.** *v.t.* ver-, austeilen; geben (*cards*); *d. s.o. a blow* jdm. einen Schlag versetzen (*auch fig.*); **2.** *v.prep.: d. in s.th.* mit etw. handeln (*furniture*); *wheel and d.* (*coll.*) alle möglichen Geschäfte betreiben; *d. s.th. out* etw. austeilen: *d. out a sentence* (*jur.*) Urteil verhängen; *d. with s.o./s.th.* sich mit jdm./etw. befassen: *d. with a problem* ein Problem in Angriff nehmen; **II.** *n.* Abmachung: *it's a d.!* abgemacht!; *do a d.* Geschäftsabschluß tätigen; Übereinkunft treffen; *a fair/square d.* ein (für beide Seiten) akzeptables Geschäft; *get a raw d.* (*fig.*) höchst ungerecht behandelt werden.

dealer ['di:lə] *n.* **1.** Händler (*in s.th.*); **2.** (Karten-)Geber.

dear [dɪə] **I.** *adj.* **1.** lieb, teuer: *be d. to s.o.* jdm. lieb und teuer sein (*his old Rolls-Royce*); *hold s.th. d.* an etw. hängen; **2.** (*Anrede*) lieb: *Dear Mr Smith* Lieber Mr. Smith; **3.** lieb, süß, reizend: *what a d. little child!* was für ein süßes Kind!; **4.** (*Preis*) teuer: *get ≈er* teurer werden; *that'll cost you d.* das wird dich teuer zu stehen kommen (*auch fig.*); **II.** *n.* liebenswerter Mensch: *be a d.* sei so lieb; **III.** *interj. oh d.!* ach du meine Güte!

death [deθ] *n.* **1.** Tod: *die a natural d.* eines natürlichen Todes sterben; *put s.o. to d.* jdn. töten/hinrichten; *work o.s. to d.* sich totarbeiten; *sentence s.o. to d.* jdn. zum Tode verurteilen; *it's a matter of life and d.* es geht um Leben und Tod; *be the d. of s.o.* jds. Tod herbeiführen (*drinking*); *be sick to d. of s.o./s.th.* jdn./etw. reichlich satt haben; **2.** Todesfall: *the number of road ≈s* die Zahl der tödlichen Verkehrsunfälle.

debate [dɪ'beɪt] **I.** *n.* Debatte: *under d.* zur Debatte stehend; **II. 1.** *v.i.* debattieren (*on s.th.*); **2.** *v.t.* debattieren (*what to do*); **3.** überlegen (*how to proceed*).

debt [det] *n.* **1.** (Geld-)Schuld: *pay one's ≈s* seine Schulden bezahlen; *run into d.* sich verschulden; **2.** (*fig.*) Schuld: *be in s.o.'s d.; owe s.o. a d.* jdm. zu Dank verpflichtet sein.

decade ['dekeɪd] *n.* Jahrzehnt.

decay [dɪ'keɪ] **I. 1.** *v.i.* verfallen, schlecht werden, verderben (*food*); **2.** (*fig.*) verfallen, niedergehen (*civilization*); **3.** *v.t.* verderben: *too much sugar will d. your teeth* zuviel Zucker ruiniert deine Zähne; **II.** *n.* **1.** Zerfall, Fäulnis, Verwesung: *tooth d.* Zahnfäule; **2.** (*fig.*) Verfall, Niedergang (*of the feudal system*).

deceive [dɪ'si:v] *v.t.* täuschen: *you're deceiving yourself* du machst dir was vor; *d. s.o. into doing s.th.* jdn.

(durch Irreführung) zu etw. verleiten.

December [dɪ'sembə] *n.* Dezember.

decent ['di:snt] *adj.* **1.** (sozial) angemessen (*clothes*): *are you d.?* (*coll.*) bist du schon angezogen?; **2.** ordentlich (*meal*): *earn a d. wage* guten Lohn (für gute Arbeit) bekommen; **3.** anständig: *do the d. thing* das (unter den Umständen) einzig Richtige tun; *he's the d. sort* (*coll.*) er ist hochanständig.

decide [dɪ'saɪd] **1.** *v.t.* entscheiden: *d. a case* einen Fall entscheiden; *I can't d. what to do* ich weiß nicht, was ich tun soll; **2.** veranlassen: *what ≈d you to apply?* was hat den Ausschlag für deine Bewerbung gegeben?; **3.** *v.i.* sich entscheiden (*for/against s.th.*).

decimal ['desɪml] **I.** *adj.* Dezimal- (*number, system*); **II.** *n.* Dezimalzahl.

decision [dɪ'sɪʒn] *n.* **1.** Entscheidung: *make a d.* Entscheidung treffen; *come to/reach a d.* zu einer Entscheidung gelangen; **2.** Entschlußkraft: *he lacks d.* er zögert zu sehr.

decisive [dɪ'saɪsɪv] *adj.* **1.** entscheidend (*battle*): *the d. factor* der ausschlaggebende Faktor; **2.** entschlossen (*answer*); entschlußfreudig (*person*); **3.** unzweifelhaft (*advantage*).

declaration [ˌdeklə'reɪʃn] *n.* **1.** Erklärung: *d. of war* Kriegserklärung; **2.** Bekanntgabe (*of the results*); **3.** Angabe: *customs d.* Zollangabe; *d. of income* Einkommensangabe.

declare [dɪ'kleə] **1.** *v.t.* (verbindlich) erklären: *d. war (on/against s.o.)* Krieg erklären; *d. s.th. open* etw. für eröffnet erklären; *d. s.o. the winner* jdn. zum Sieger erklären; **2.** angeben (*one's income*): *anything to d.?* haben Sie etwas zu verzollen?; *d. an interest* (*parl.*) sich für befangen erklären; **3.** *v.i.* sich erklären/öffentlich entscheiden (*for/against s.o./s.th.*).

decline [dɪ'klaɪn] **I. 1.** *v.i.* sich verschlechtern (*state of health*); abnehmen (*influence, population*); im Niedergang begriffen sein (*civilization, traditional industries*); zur Neige gehen: *he spent his declining years on the Riviera* er verbrachte seinen Lebensabend an der Riviera; **2.** abfallen: *the land ≈s towards the sea* das Land fällt zum Meer hin ab; **3.** *v.t.* (höflich) ablehnen (*an invitation*); **4.** (*gram.*) deklinieren; **II.** *n.* Niedergang: *The D. and Fall of the Roman Empire* (*lit.*) der Niedergang und das Ende des Römischen Reiches; *be on the d.* nachlassen (*crime*).

decorate ['dekəreɪt] *v.t.* **1.** schmükken, verzieren: *d. the room* das Zimmer tapezieren; **2.** auszeichnen (*soldiers for bravery*).

decoration [ˌdekə'reɪʃn] *n.* **1.** Schmücken; Anstreichen, Tapezieren; **2.** Schmuck: *Christmas ≈s* Weihnachtsschmuck; **3.** Auszeichnung, Orden.

decrease **I.** [dɪ'kri:s] **1.** *v.i.* abnehmen, zurückgehen: *the number of English students has ≈d* die Anzahl der Anglistikstudenten ist zurückgegangen; **2.** *v.t.* verringern (*military spending*); **II.** ['di:krɪs] *n.* Rückgang: *on the d.* rückläufig.

deed [di:d] *n.* **1.** Tat: *in word and d.* in Wort und Tat; *do one's good d. for the day* täglich etwas Gutes tun; **2.** (*jur.*) Urkunde: *title d./≈s* Eigentumsurkunde.

deem [di:m] *v.t.* annehmen, vermuten: *d. s.th. an honour* etw. als Ehre ansehen; *≈ing provision* (*jur.*) Als-ob-Bestimmung.

deep [diːp] **I.** *adj.* **1.** tief (*river, wound*): *two metres d.* zwei Meter tief; *be in d. water(s)* (*fig.*) in großen Schwierigkeiten sein; *be thrown in at the d. end* (*fig.*) sofort ins kalte Wasser geworfen werden; **2.** (*fig.*) tief: *a d. discussion* eine vertiefte Diskussion; *he's a d. one* (*coll.*) er ist schwer auszumachen; *she had d. blue eyes* sie hatte dunkelblaue Augen; *be d. in debt* hochverschuldet sein; *be in d. trouble* in einer sehr schwierigen Lage sein; *the d. South* (*US*) der tiefe Süden (*bes. Alabama, Georgia, Louisiana, Mississippi, South Carolina*); **II.** *adv.* **1.** tief: *dig d.* tief graben (*auch fig.*); **2.** (*fig.*) tief: *d. down* in Wirklichkeit; **III.** *n.* (*lit.*) *the (ocean) d.* das Meer.

deeply [ˈdiːplɪ] *adv.* **1.** (*fig.*) tief: *go d. into s.th.* sich intensiv mit etw. befassen; **2.** zutiefst: *we d. regret …* wir bedauern zutiefst … .

deer [ˈdɪə] *n.* (*Pl. identisch*) Hirsch: *roe d.* Reh.

defeat [dɪˈfiːt] **I.** *n.* **1.** Niederlage: *admit d.* sich geschlagen geben; *suffer a d.* besiegt werden; **2.** Sieg: *the d. of Napoleon* der Sieg über Napoleon; **II.** *v.t.* **1.** besiegen (*the enemy*); **2.** vereiteln, zunichte machen: *d. a bill* (*parl.*) einen Gesetzentwurf ablehnen; *d. its own purpose* keinen Sinn machen, völlig widersinnig sein.

defect[1] [ˈdiːfekt] *n.* Fehler, Schaden: *mechanical d.* technischer Fehler.

defect[2] [dɪˈfekt] *v.i.* desertieren, verlassen: *d. from the Labour Party to the Liberals* von der Labour Partei ins liberale Lager überlaufen.

defence (*GB*); **defense** (*US*) [dɪˈfens] *n.* **1.** (*mil.*) Verteidigung: *offence and d.* Angriff und Verteidigung; **2.** (*jur.*) Verteidigung: *the prosecution and the d.* die Staatsanwaltschaft und die Verteidigung; *speak in s.o.'s d.* jdn. mit Worten verteidigen; **3.** (*Sport*) Verteidigung, Abwehr: *strengthen the d.* die Abwehr verstärken; **4.** Schutz (*against the rain*).

defend [dɪˈfend] *v.t.* verteidigen: *d. o.s.* sich selbst verteidigen; *d. s.o. from/against s.th.* jdn. gegen etw. verteidigen (*auch fig.*); *d. the goal* (*Sport*) das Tor verteidigen; *d. a title* Titel verteidigen.

deficiency [dɪˈfɪʃnsɪ] *n.* Mangel: *vitamin d.* Vitaminmangel; *the deficiencies of the system* die Systemmängel.

define [dɪˈfaɪn] *v.t.* **1.** definieren (*a word*); **2.** festlegen, bestimmen (*the powers of the president*): *d. a boundary* den Grenzverlauf genau festlegen.

definite [ˈdefɪnɪt] *adj.* **1.** endgültig (*result*); eindeutig (*answer*): *that's d.* das steht fest; *I have no d. plans* ich habe noch keine festen Pläne; **2.** deutlich (*advantage*); **3.** sicher: *she seemed d. about what happened* sie schien sich über den Hergang sicher zu sein.

definitely [ˈdefɪnɪtlɪ] *adv.* unzweideutig, definitiv: *state one's views d.* seine Meinung unzweideutig äußern; *d. not!* ganz sicher nicht!

definition [defɪˈnɪʃn] *n.* **1.** Definition, Erklärung (*of a word*): *by d.* per definitionem; **2.** Bestimmung, Festlegung (*of s.o.'s duties/powers*); **3.** (*Optik*) Bildschärfe: *this photo lacks d.* das Bild ist unscharf; (*Akustik*) Tonschärfe.

degree [dɪˈgriː] *n.* **1.** (*techn.*) Grad: *five ≈s below zero* fünf Grad unter Null; **2.** (*fig.*) Grad: *by ≈s* nach und nach; *to a (certain) d.* in gewisser Weise; *to what d. are you interested?* wie stark bist du interessiert?; *to a lesser d.* in einem geringeren Maße; **3.** akadem. Grad:

take a d. akademischen Grad erwerben.

delay [dɪ'leɪ] **I.** *v.t.* **1.** verschieben (*a holiday*); verzögern: *rain ≈ed play* der Beginn des Spiels verzögerte sich wegen des Regens; **2.** aufhalten: *I was ≈ed by the traffic* ich konnte wegen des starken Verkehrs nicht eher kommen; **II.** *n.* Verzögerung: *without d.* unverzüglich; *brook no d.* keinen Aufschub dulden.

delete [dɪ'li:t] *v.t.* streichen: *d. if/where not applicable* (*Formular*) Nichtzutreffendes streichen; (*Computer*) löschen.

deliberate[1] [dɪ'lɪbərət] *adj.* **1.** vorsätzlich, absichtlich (*insult*); **2.** besonnen (*way of speaking*).

deliberate[2] [dɪ'lɪbəreɪt] **1.** *v.i.* sich beraten, nachdenken (*on a problem*); **2.** *v.t.* diskutieren (*what to do*).

delicate ['delɪkət] *adj.* **1.** fein, zart, empfindlich (*skin*); **2.** fein gestaltet (*statue*); **3.** empfindlich, schwächlich (*constitution*); **4.** feinfühlig, behutsam (*operation*); einfühlsam: *this situation requires d. handling* diese Lage erfordert behutsames Vorgehen; *d. thermometer* Präzisionsthermometer; **5.** heikel (*situation*).

delicious [dɪ'lɪʃəs] *adj.* **1.** köstlich (*meal*); **2.** herrlich (*story*).

delight [dɪ'laɪt] **I.** *n.* Freude: *to my d.* zu meiner großen Freude; *take d. in s.th.* sich an etw. erfreuen; **II. 1.** *v.t.* erfreuen, entzücken: *d. the eye* eine Augenweide sein; *I shall be ≈ed* es wird mir ein Vergnügen sein; **2.** *v.prep.: d. in (doing) s.th.* Spaß an etw. haben.

delightful [dɪ'laɪtfəl] *adj.* entzükkend, reizend (*house*).

deliver [dɪ'lɪvə] **1.** *v.t.* liefern, zustellen (*letters*): *d. the goods* (*fig.*) es schaffen; **2.** geben (*a speech*); versetzen (*a blow*): *d. a rebuke* einen Tadel aussprechen; **3.** (*lit.*) erlösen: *d. us from evil* (*rel.*) erlöse uns von dem Bösen; **4.** übergeben: *d. the town to the enemy* die Stadt dem Feind übergeben; **5.** (*med.*) entbinden: *she was ≈ed of a girl* sie brachte ein Mädchen zur Welt; **6.** *v.refl.: d. o.s. of s.th.* etw. äußern (*an opinion*).

delivery [dɪ'lɪvərɪ] *n.* **1.** Lieferung: *cash* (*GB*)/*collect* (*US*) *on d.* (*c.o.d.*) zahlbar per Nachnahme; *take d. of s.th.* eine Lieferung entgegennehmen; *d. note* (*GB*) Lieferschein; **2.** (Post-)Sendung: *receive a d. (of s.th.)* eine Sendung erhalten; **3.** (*med.*) Entbindung, Geburt; **4.** Vortrag(sweise) (*of a speech*); **5.** (*lit.*) Befreiung, Erlösung.

demand [dɪ'mɑ:nd] **I.** *n.* **1.** Forderung: *wage d.* Lohnforderung; *make great ≈s on s.o.* große Anforderungen an jdn. stellen; *payable on d.* zahlbar bei Vorlage; **2.** (*econ.*) Nachfrage: *supply and d.* Angebot und Nachfrage; *be in (great) d.* stark nachgefragt sein; *satisfy a d. (for s.th.)* Nachfrage befriedigen; **II.** *v.t.* **1.** fordern: *d. a ransom* Lösegeld fordern; **2.** erfordern: *the situation ≈s great tact* die Lage erfordert viel Taktgefühl.

democracy [dɪ'mɒkrəsɪ] *n.* Demokratie: *parliamentary d.* parlamentarische Demokratie; *industrial d.* Mitbestimmung.

democratic [ˌdemə'krætɪk] *adj.* demokratisch: *D. Party* (*US*) Demokratische Partei.

demonstrate ['demənstreɪt] **1.** *v.t.* zeigen (*generosity*); **2.** vorführen (*a new cooker*); **3.** *v.i.* demonstrieren (*against the new tax*).

demonstration [ˌdemən'streɪʃn] *n.* **1.** Beweis (*of a law of physics*); **2.** Vorführung (*of a computer* *programme*); **3.** (*coll.:* **demo** ['deməʊ]) Demonstration.

demonstrator ['demənstreɪtə] *n.* **1.** Demonstrant(in); **2.** Vorführer: *lady d.* Vorführdame.

denial [dɪ'naɪəl] *n.* **1.** Leugnen, Dementi; **2.** Verweigerung, Ablehnung: *d. of justice* Verweigerung eines rechtsstaatlichen Verfahrens.

denomination [dɪˌnɒmɪ'neɪʃn] *n.* **1.** (*rel.*) Konfession: *Christians of various ≈s* Christen verschiedener Konfession; **2.** (*Geld*) Stückelung; (*math.*) Einheit; **3.** Kategorie, Gruppe(nbezeichnung), Typ.

denote [dɪ'nəʊt] *v.t.* bedeuten.

dense [dens] *adj.* **1.** dicht (*traffic, fog*): *≈ly populated* dicht bevölkert; **2.** (*coll.*) blöd.

density ['densɪtɪ] *n.* Dichte: *population d.* Bevölkerungsdichte.

dentist ['dentɪst] *n.* Zahnarzt, Zahnärztin.

deny [dɪ'naɪ] *v.t.* **1.** leugnen: *there's no ≈ing that …* es läßt sich nicht leugnen, daß …; *d. an allegation* eine Behauptung zurückweisen; **2.** verweigern: *d. o.s./s.o. nothing* sich/jdm. alles gönnen.

depart [dɪ'pɑːt] *v.i.* **1.** abreisen (*at 9 a.m.*); **2.** abweichen (*from standard practice*).

department [dɪ'pɑːtmənt] *n.* Abteilung: *d. store* Warenhaus; (*pol.*) Ministerium: *State D.* (*US*) Außenministerium.

departure [dɪ'pɑːtʃə] *n.* **1.** Abreise: *there are several ≈s for Atlanta* es gibt mehrere (Direkt-)Flüge nach Atlanta; **2.** Abweichung: *a complete d. for us* für uns völliges Neuland.

depend [dɪ'pend] **1.** *v.prep.: d. on/upon* abhängen von; *that ≈s* es kommt darauf an; *it ≈s on the price* es hängt vom Preis ab; **2.** sich verlassen auf: *can I d. on you (to do s.th.)?* kann ich mich auf dich verlassen?

dependence [dɪ'pendəns] *n.* Abhängigkeit (*on s.o./s.th.*): *drug d.* Drogenabhängigkeit.

dependent [dɪ'pendənt] *adj.* abhängig (*on s.o./s.th.*); süchtig (*on alcohol*).

deposit [dɪ'pɒzɪt] **I.** *v.t.* **1.** einreichen, einzahlen (*money*); hinterlegen (*documents*); **2.** ablegen: *d. papers on the table* Papiere auf den Tisch legen; **II.** *n.* **1.** Einzahlung: *d. account* Sparkonto; **2.** Anzahlung; Kaution; Pfand; **3.** Ablagerung (*of mud after the floods*); **4.** **≈s** *pl.* Bodenschätze.

depression [dɪ'preʃn] *n.* **1.** (*psych.*) Depression, Niedergeschlagenheit; **2.** Senke, Mulde; **3.** (*econ.*) Wirtschaftskrise: *The Great D.* die Weltwirtschaftskrise (der 30er Jahre); **4.** (*met.*) Tiefdruckgebiet.

deprive [dɪ'praɪv] *v.t.* benachteiligen: *d. s.o. of s.th.* jdm. etw. vorenthalten; *≈d children* benachteiligte Kinder.

depth [depθ] *n.* Tiefe (*auch fig.*): *study s.th. in d.* etw. intensiv studieren; *be out of one's d.* (*fig.*) geistig/fachlich überfordert sein.

deputy ['depjʊtɪ] *n.* **1.** Stellvertreter: *d. sheriff* (*US*) Hilfssheriff; **2.** (*in nichtangelsächs. Ländern*) Delegierter, Parlamentarier.

derive [dɪ'raɪv] **1.** *v.t.* ab-, herleiten (*a word from Latin*); **2.** erhalten, beziehen: *d. great pleasure from s.th.* viel Freude aus etw. gewinnen; **3.** *v.i.* stammen: *many English words d. from French* viele englische Wörter stammen aus dem Französischen.

descend [dɪ'send] **1.** *v.i.* hinunter-, heruntergehen, absteigen: *in ≈ing order of importance* nach abnehmender Wichtigkeit; **2.** (*fig.*) untergehen (*sun*): *night ≈s early in* *these parts* die Nacht bricht hier früh ein; **3.** abstammen (*from s.o.*); herrühren (*from s.th.*); **4.** *v.prep.: d. on/upon s.o.* jdn. überraschen; *d. to s.th.* sich erniedrigen: *he ≈ed to crime* er endete schließlich als Verbrecher.

descendant [dɪ'sendənt] *n.* Nachkomme, Nachfahre (*of Napoleon*).

describe [dɪ'skraɪb] *v.t.* **1.** beschreiben (*s.o.*); **2.** bezeichnen: *he ≈d himself as a painter* er bezeichnete sich als Maler; **3.** (*geom.*) beschreiben, zeichnen (*a circle*).

description [dɪ'skrɪpʃn] *n.* Beschreibung: *beyond d.* unbeschreiblich (schön/häßlich); *answer a d.* einer Beschreibung entsprechen (*the wanted man*); *beggar d.* jeder Beschreibung spotten; *of every d.* von jeder Art (*people*).

desert[1] [dɪ'zɜːt] *v.t.* **1.** verlassen, im Stich lassen (*one's family*); **2.** (*mil.*) desertieren.

desert[2] ['dezət] *n.* Wüste: *d. island* einsame Insel (*ohne Kontakt mit der Außenwelt*).

deserve [dɪ'zɜːv] *v.t.* verdienen: *he ≈d to win* den Sieg hat er (sich redlich) verdient; *one good turn ≈s another* (*prov.*) hilfst du mir, so helf ich dir.

design [dɪ'zaɪn] **I.** *n.* **1.** Entwurf, Gestaltung, Muster: *industrial d.* industrielle/gewerbliche Formgebung; *faulty d.* Konstruktionsfehler; *at the d. stage* im Entwurfsstadium; *a new d.* eine Neukonstruktion; **2.** Absicht: *by d.* absichtlich; *have ≈s on s.o.* es auf jdn. abgesehen haben; **II.** *v.t.* **1.** entwerfen, gestalten, konstruieren (*a wheelchair*); **2.** vorsehen, bestimmen: *this course is ≈ed for advanced learners* dieser Kurs ist für Fortgeschrittene vorgesehen.

desirable [dɪ'zaɪrəbl] *adj.* wünschenswert, attraktiv (*residence*).

desire [dɪ'zaɪə] **I.** *v.t.* wünschen: *leave nothing to be ≈d* nichts zu wünschen übriglassen; **II.** *n.* Wunsch, Begehren: *I have no d. to see her* ich lege keinen Wert darauf, sie zu treffen.

desk [desk] *n.* **1.** Schreibtisch; (*Schule*) Pult; **2.** Schalter; (*Hotel*) Rezeption.

despair [dɪ'speə] **I.** *v.i.* verzweifeln: *d. of (doing) s.th.* alle Hoffnung auf etw. aufgeben; **II.** *n.* Verzweiflung: *be the d. of s.o.; drive s.o. to d.* jdn. zur Verzweiflung treiben; *give up in d.* verzweifelt aufgeben.

despatch → **dispatch**

desperate ['despərət] *adj.* **1.** verzweifelt: *grow d.* verzweifeln; *a d. plea* ein verzweifelter Hilferuf; **2.** zu allem entschlossen (*criminal*); **3.** *be d. for s.th.* etw. dringend benötigen (*a drink*); **4.** hoffnungslos (*situation*).

despite [dɪ'spaɪt] *prep.* trotz (*the weather*).

dessert [dɪ'zɜːt] *n.* Nachtisch, Dessert.

destination [destɪ'neɪʃn] *n.* Zielort, Reiseziel.

destiny ['destɪnɪ] *n.* Schicksal: *it was her d. to meet him* das Schicksal führte sie zu ihm.

destroy [dɪ'strɔɪ] *v.t.* **1.** zerstören (*auch fig.*): *d. all hopes* alle Hoffnungen zunichte machen; **2.** (*Tier*) einschläfern.

destruction [dɪ'strʌkʃn] *n.* **1.** Zerstörung: *wilful d.* mutwillige Zerstörung; **2.** Ruin: *drink was his d.* der Alkohol war sein Verhängnis.

detached [dɪ'tætʃt] *adj.* **1.** gelöst; (*Haus*) freistehend; **2.** distanziert (*attitude*).

detail ['diːteɪl] **I.** *n.* Einzelheit: *in (every) d.* in allen Einzelheiten; *go into d.* ins Detail gehen; *please spare me the ≈s* erspare mir die Einzelheiten; **II.** [*US:* dɪ'teɪl] *v.t.*

1. einzeln aufführen (*all your expenses*); **2.** beauftragen (*s.o. to do s.th.*).

detailed ['di:teɪld] *adj.* ausführlich, detailliert.

detect [dɪ'tekt] *v.t.* **1.** aufdecken (*a crime*); **2.** feststellen, wahrnehmen (*a strange smell*).

detective [dɪ'tektɪv] *n.* Detektiv: *private d.* Privatdetektiv; *d. inspector* (*GB*) Kriminalkommissar.

determination [dɪˌtɜ:mɪ'neɪʃn] *n.* **1.** Entschlossenheit: *show d.* Entschlossenheit zeigen; **2.** Festlegung (*of a new policy*); **3.** Ortung (*of the ship's position*).

determine [dɪ'tɜ:mɪn] **I.** *v.t.* **1.** bestimmen, veranlassen: *what ≈d you to act as you did?* warum hast du das getan?; *d. s.o. against s.th.* jdn. gegen etw. einnehmen; **2.** festlegen, bestimmen (*the price*); **3.** ermitteln (*the position of the vessel*); **4.** sich entschließen (*to leave things well alone*); **II.** *v.prep.: d. on (doing) s.th.* sich zu etw. entschließen.

determined [dɪ'tɜ:mɪnd] *adj.* entschlossen.

develop [dɪ'veləp] **1.** *v.t.* entwickeln (*auch Phot.*): *d. an idea into a plan* eine Idee in einen Plan umsetzen; *d. land* Land erschließen (*for building purposes*); *d. signs of wear and tear* langsam Anzeichen von Abnutzung aufweisen; **2.** *v.i.* sich entwickeln (*from s.th. into s.th.*).

development [dɪ'veləpmənt] *n.* **1.** Entwicklung (*als Prozeß*): *watch the latest ≈s* die neuesten Entwicklungen genau beobachten; **2.** Entwicklung (*als Ergebnis*): *a recent d.* ein neues Erzeugnis; **3.** Erschließung (*of land for commercial purposes*).

device [dɪ'vaɪs] *n.* **1.** Vorrichtung, Gerät: *incendiary d.* Brandsatz; **2.** (*fig.*) Mittel: *rhetorical d.* rhetorisches Mittel (*z.B. Metapher*); **3.** *leave s.o. to his/her own ≈s (coll.)* jdn. sich selbst überlassen; **4.** (*Heraldik*) Emblem, Motto.

devil ['devɪl] *n.* Teufel: *what the d.?* was zum Teufel?; *be a d.* ein wahrer Teufel sein; *go to the d.* zum Teufel gehen; *talk of the d.* wenn man vom Teufel spricht; *d. take the hindmost* den Letzten beißen die Hunde; *a/the d. of a job* eine Heidenarbeit (*compiling a dictionary*); *between the d. and the deep blue sea* in einer Zwickmühle.

devise [dɪ'vaɪz] *v.t.* sich ausdenken, aushecken (*a plan*).

devote [dɪ'vəʊt] **1.** *v.t.* widmen, verwenden: *d. all one's time to studies* seine ganze Zeit dem Studium widmen; **2.** *v.refl.: d. o.s. to s.th.* sich einer Sache widmen.

devoted [dɪ'vəʊtɪd] *adj.* ergeben (*follower, supporter*).

devotion [dɪ'vəʊʃn] *n.* **1.** Hingabe: *d. to duty* Pflichteifer; **2.** (*rel.*) Andacht.

dial ['daɪəl] **I.** *n.* **1.** (*Uhr*) Zifferblatt; **2.** (*tel.*) Wählscheibe; **II.** *v.t.* (*tel.*) wählen: *≈ling code* (*GB*) Vorwahl; *≈ling tone* Freizeichen.

diamond ['daɪəmənd] *n.* **1.** Diamant: *rough d.* (*GB*); *d. in the rough* (*US*) (*fig.*) ungehobelte Person; **2.** **≈s** (*Sg. u. Pl.*) (*Karten*) Karo: *≈s is/are trumps* Karo ist Trumpf.

diary ['daɪərɪ] *n.* **1.** Tagebuch: *keep a d.* Tagebuch führen; **2.** (*GB*) Terminkalender.

dice [daɪs] **I.** *n.* (*Pl. identisch*) Würfel: *play d.* würfeln; *load the d.* (*fig.*) mit gezinkten Karten spielen; **II.** **1.** *v.i.* würfeln: *d. with death* (*fig.*) sein Leben aufs Spiel setzen; **2.** *v.t.* in Würfel schneiden (*meat, potatoes*).

dictate [dɪk'teɪt] *v.t.* **1.** diktieren (*a letter*); **2.** (*fig.*) diktieren, vorschreiben (*s.th. to s.o.*): *I won't be ≈ed by you* ich lasse mir von dir keine Vorschriften machen.

dictation [dɪk'teɪʃn] *n.* Diktat: *take d.* Diktat aufnehmen; *shorthand d.* stenographisches Diktat.

dictionary ['dɪkʃənərɪ] *n.* **1.** Wörterbuch: *pocket d.* Taschenwörterbuch; **2.** Verzeichnis, Nachschlagewerk (*of architecture*).

die [daɪ] **1.** *v.i.* sterben: *d. of cancer* an Krebs sterben; *d. in harness* (*fig.*) in Ausübung seines Berufes sterben; *d. out* (*biol.*) aussterben; **2.** (*fig.*) absterben: *old habits d. hard* alte Gewohnheiten lassen sich kaum abstreifen; *d. down* nachlassen (*storm*); **3.** *be dying for s.th.* unbedingt etw. wollen (*a drink*); **4.** *v.t.* sterben: *d. a hero's/violent d.* einen Heldentod/eines gewaltsamen Todes sterben.

diet[1] ['daɪət] **I.** *n.* Ernährung; Diät: *go on a d.* eine Diät anfangen; **II.** *v.i.* Abmagerungskur machen.

diet[2] *n.* (*arch.*) Parlament: *Imperial D.* (*hist.*) Reichstag (*des Heiligen Römischen Reiches*).

differ ['dɪfə] *v.i.* **1.** sich unterscheiden (*from each other*); **2.** anderer Meinung sein: *agree to d.* gegenseitig die andere Meinung respektieren; *I beg to d.* ich habe (dazu) eine andere Meinung.

difference ['dɪfərəns] *n.* **1.** Unterschied (*between X and Y*): *can you tell the d.?* kannst du den Unterschied erkennen?; *that makes no d.* (*coll.*) das macht nichts aus; *that makes all the d.* da liegt der entscheidende Unterschied; **2.** Differenz(betrag): *pay the d.* den Fehlbetrag zahlen; *split the d.* sich den Rest teilen; **3.** Differenz, Meinungsverschiedenheit: *settle/sink one's ≈s* Meinungsverschiedenheiten beilegen.

different ['dɪfərənt] *adj.* **1.** verschieden, anders (*from/to s.o./s.th.*): *as d. as chalk and cheese* (*coll.*) verschieden wie Tag und Nacht; *a d. kettle of fish* etwas ganz Anderes; *sing a d. tune* schon ganz anders reden; **2.** verschieden (*shades of blue*).

difficult ['dɪfɪkəlt] *adj.* schwierig (*task*): *find s.th. d.* etw. schwer finden; *she's being d. as usual* sie macht wieder einmal Schwierigkeiten.

difficulty ['dɪfɪkəltɪ] *n.* Schwierigkeit: *get into difficulties* in Schwierigkeiten geraten; *meet with difficulties* auf Schwierigkeiten stoßen.

dig* [dɪg] **I. 1.** *v.t.* graben: *d. a tunnel* einen Tunnel graben; *d. for gold* nach Gold graben; *d. one's own grave* sein eigenes Grab schaufeln; *d. one's heels in* (*fig.*) nicht nachgeben; *d. s.o. in the ribs* jdn. in die Rippen stoßen; **2.** *v.prep.: d. around* herumsuchen; *d. in* (*mil.*) sich verschanzen; (*coll.*) (*Essen*) zulangen; *d. out/up* ausgraben (*auch fig.: information*); **II.** *n.* **1.** (*coll.*) Stoß: *give s.o. a d.* jdm. in die Rippen stoßen; **2.** (*fig.*) Seitenhieb; **3.** (*coll.*) archäologische Grabung; **4.** **≈s** *pl.* (*GB*) (*coll.*) Studentenbude.

digest **I.** [daɪ'dʒest] *v.t.* verdauen (*auch fig.*); **II.** ['daɪdʒəst] *n.* Auswahl, Zusammenfassung.

digestion [daɪ'dʒestʃn] *n.* (*med.*) Verdauung.

dignity ['dɪgnɪtɪ] *n.* Würde: *beneath his d.* unter seiner Würde; *human d.* Menschenwürde; *keep one's d.* seine Würde wahren; *stand on one's d.* auf seinem Rang bestehen.

dim [dɪm] **I.** *adj.* **1.** (*Licht*) schwach, dunkel: *grow d.* dunkel werden; *my eyesight is getting d.* meine Sehkraft läßt nach; **2.** (*fig.*)

schwach, verschwommen (*memory*); *in the d. and distant past* vor Urzeiten; **3.** (*coll.*) begriffsstutzig; **4.** (*fig.*) negativ: *take a d. view of s.o./s.th.* nicht viel von jdm./ etw. halten; **II. 1.** *v.t.* (*Licht*) dämpfen; **2.** (*fig.*) dämpfen, beeinträchtigen; **3.** *v.i.* nachlassen, schwächer werden (*lights*); verblassen (*reputation*); leiser werden (*sound*).

diminish [dɪ'mɪnɪʃ] **1.** *v.t.* verringern: *d. prices* Preise herabsetzen; **2.** *v.i.* sich verringern, nachlassen: *≈ed responsibility* (*jur.*) verminderte Zurechnungsfähigkeit; *law of ≈ing returns* (*econ.*) Gesetz der abnehmenden Erträge.

dine [daɪn] **1.** *v.i.* essen, speisen: *d. out* auswärts essen; **2.** *v.t.* bewirten: → **wine and d.**

dining room ['daɪnɪŋ ru:m] *n.* Eßzimmer; Speisesaal.

dinner ['dɪnə] *n.* **1.** Hauptmahlzeit (*Mittag- bzw. Abendessen*); **2.** Festessen: *formal d.* offizielles Essen.

diplomat ['dɪpləmət] *n.* Diplomat.

diplomatic [dɪplə'mætɪk] *adj.* diplomatisch (*auch fig.*): *d. corps* diplomatisches Korps; *d. immunity* diplomatische Immunität.

direct [dɪ'rekt; daɪ'rekt] **I.** *adj.* **1.** direkt: *the d. way* der direkte Weg; *d. hit* Volltreffer; *descend from s.o. in a d. line* ein direkter Nachkomme von jdm. sein; *d. tax* direkte Steuer; *as a d. result of* als unmittelbares Ergebnis von; *d. debiting* (*comm.*) Lastschriftverfahren; **2.** (*gram.*) direkt: *d. object* direktes Objekt; *d. speech* (*GB*) / *discourse* (*US*) direkte Rede; **3.** offen, direkt: *he is very d.* er nimmt kein Blatt vor den Mund; **II.** *adv.* **1.** direkt, ohne Umwege: *we're flying d. to L.A.* wir haben einen Direktflug nach L. A.; *d. current* (*DC*) (*el.*) Gleichstrom; **III.** *v.t.* **1.** richten, leiten: *d. s.o. to the post office* jdm. den Weg zum Postamt zeigen; *d. a parcel to an address* ein Paket an eine Adresse weiterleiten; *d. one's steps home* seine Schritte heimwärts lenken; *d. remarks to a group* Bemerkungen an eine Gruppe richten; **2.** leiten, kontrollieren: *d. the traffic* den Verkehr lenken; *d. a company* Firma leiten; **3.** (*theat.*) Regie führen: *d. Richard II* bei Richard II. Regie führen; **4.** verfügen; (*jur.*) belehren.

direction [dɪ'rekʃn; daɪ'rekʃn] *n.* **1.** Richtung: *in the opposite d.* in Gegenrichtung; *travel in a northerly d.* in Richtung Norden fahren; *sense of d.* Orientierungssinn: *lose all sense of d.* jede Orientierung verlieren (*auch fig.*); *a step in the right d.* ein Schritt in die richtige Richtung; **2.** Leitung: *under the d. of* unter Leitung von; (*theat.*) unter Regie von; **3.** **≈s** *pl.* Hinweise, Gebrauchsanweisung(en): *follow ≈s* sich an die Gebrauchsanweisung(en) halten; **4.** **≈s** *pl.* Richtungsangaben: *follow ≈s to the river* den Richtungsangaben/ Schildern zum Fluß folgen.

directly [dɪ'rektlɪ; daɪ'rektlɪ] **I.** *adv.* **1.** direkt: *d. opposite* direkt gegenüber; **2.** sofort: *come d.* sofort kommen; **II.** *conj.* sobald: *I phoned d. I heard the news* ich rief an, sobald ich die Nachricht hörte.

director [dɪ'rektə; daɪ'rektə] *n.* **1.** Direktor, Leiter: *managing d.* Generaldirektor; **2.** (*theat.*) Regisseur.

directory [dɪ'rektərɪ; daɪ'rektərɪ] *n.* Verzeichnis: *telephone d.* Telefonbuch; *trade d.* Branchenverzeichnis; *d. enquiries* (*GB*) / *assistance* (*US*) (*tel.*) Auskunft.

dirt [dɜ:t] *n.* Schmutz (*auch fig.*): *treat s.o. like d.* jdn. wie den letzten Dreck behandeln.

dirty ['dɜːtɪ] **I.** *adj.* **1.** schmutzig, dreckig: *do the d. work* die Drecksarbeit machen; *give s.o. a d. look* jdm. einen giftigen Blick zuwerfen; **2.** schmutzig, obszön: *d. joke* obszöner Witz; *have a d. mind* schmutzige Phantasie haben; *have a d. weekend* (*unverheiratetes Paar*) Wochenende miteinander verbringen; **3.** gemein: *play a d. trick on s.o.; do the d. on s.o.* (*coll.*) jdn. gemein behandeln; **II.** *v.t.* beschmutzen.

disadvantage [dɪsəd'vɑːntɪdʒ] *n.* Nachteil: *be at a d.* im Nachteil sein; *to s.o.'s d.* zu jds. Nachteil.

disagree [dɪsə'griː] *v.i.* **1.** nicht einverstanden sein; **2.** eine Meinungsverschiedenheit haben; nicht übereinstimmen (*figures*); **3.** nicht bekömmlich sein: *herring ≈s with me* ich kann Hering nicht vertragen.

disappear [dɪsə'pɪə] *v.i.* verschwinden: *do the ≈ing trick* (*coll.*) sich in Luft auflösen.

disappoint [dɪsə'pɔɪnt] *v.t.* enttäuschen.

disappointment [dɪsə'pɔɪntmənt] *n.* Enttäuschung: *to my great d.* zu meiner großen Enttäuschung.

disarmament [dɪs'ɑːməmənt] *n.* Abrüstung.

disaster [dɪ'zɑːstə] *n.* Unglück: *natural d.* Naturkatastrophe; *d. struck* (*coll.*) plötzlich war die Katastrophe da.

disc [dɪsk] *n.* **1.** Scheibe: *d. brake* Scheibenbremse; **2.** Schallplatte; Diskette; **3.** (*anat.*) Bandscheibe: *slip a d.; have a slipped d.* einen Bandscheibenvorfall haben.

discharge I. [dɪs'tʃɑːdʒ] *v.t.* **1.** entlassen: *d. s.o. from hospital* jdn. aus dem Krankenhaus entlassen; **2.** entlasten: *d. the board of directors* den Vorstand entlasten; **3.** (*Ladung*) löschen; **4.** einleiten: *this chemical plant ≈s a great many toxic substances* diese chemische Fabrik leitet sehr viele giftige Substanzen ein; **5.** begleichen: *we've ≈d all our debts* wir haben alle unsere Schulden beglichen; *d. one's duties/obligations* seinen Verpflichtungen nachkommen; **II.** ['dɪstʃɑːdʒ] *n.* **1.** Entlassung: *dishonourable d.* (*mil.*) unehrenhafte Entlassung; **2.** Entlastung (*of the board of directors*); **3.** (*Ladung*) Löschen: *port of d.* Löschhafen; **4.** (*el.*) Entladung; **5.** Einleitung (*of pollutants*); (*med.*) Ausfluß (*of secretions*); **6.** Begleichung (*of a bill*); Erfüllung (*of one's duties*).

disciple [dɪ'saɪpl] *n.* (*fig.*) Schüler; (*Bibel*) Jünger.

discipline ['dɪsɪplɪn] **I.** *n.* **1.** Disziplin: *keep d.* Disziplin aufrechterhalten; **2.** Disziplin, akademisches Fach; **II.** *v.t.* **1.** unter Kontrolle halten (*the children*); **2.** bestrafen (*offenders*).

discourage [dɪs'kʌrɪdʒ] *v.t.* **1.** entmutigen: *don't let it d. you* laß dich (dadurch) nicht entmutigen; **2.** abhalten: *the bad weather ≈d us from going for a walk* das schlechte Wetter hielt uns davon ab, einen Spaziergang zu machen.

discouragement [dɪs'kʌrɪdʒmənt] *n.* **1.** Entmutigung; **2.** Verhinderung.

discover [dɪs'kʌvə] *v.t.* **1.** entdecken: *Columbus ≈ed America* Kolumbus entdeckte Amerika; **2.** herausbekommen: *did you ever d. who did it?* hast du je herausbekommen, wer es getan hat?

discovery [dɪs'kʌvərɪ] *n.* Entdeckung.

discuss [dɪs'kʌs] *v.t.* diskutieren.

discussion [dɪs'kʌʃn] *n.* Diskussion: *be under d.* zur Diskussion stehen; *come up for d.* zur Diskussion gestellt werden.

disease [dɪ'zi:z] *n.* Krankheit: *incurable d.* unheilbare Krankheit; *infectious d.* ansteckende Krankheit.

dish [dɪʃ] **I.** *n.* **1.** Schüssel, Schale: *do/dry the ≈es* Geschirr spülen/trocknen; **2.** Gericht: *d. of potatoes* Kartoffelgericht; **3.** Parabolantenne; **II.** *v.t.* **1.** servieren: *d. out* austeilen; *d. up* auftragen; **2.** zunichte machen (*all hopes*).

dishwasher ['dɪʃwɒʃə] *n.* Geschirrspülmaschine.

disk → **disc**

diskette [dɪs'ket] *n.* Diskette.

dislike [dɪs'laɪk] **I.** *v.t.* nicht mögen: *I d. getting up too early* ich hasse es, allzu früh aufzustehen; **II.** *n.* Abneigung: *take a d. to s.th.* eine Abneigung gegen etw. entwickeln.

dismiss [dɪs'mɪs] *v.t.* **1.** entlassen (*workers*); **2.** (*jur.*) verwerfen (*a case*); **3.** zurückweisen, verwerfen: *d. an idea* einen Gedanken verwerfen.

dismissal [dɪs'mɪsl] *n.* Entlassung: *unfair d.* ungerechtfertigte Entlassung.

disorder [dɪs'ɔ:də] **I.** *n.* **1.** Unordnung: *in (a state of) complete d.* in völliger Unordnung; **2.** (*pol.*) Unruhe: *there have been violent ≈s* es hat gewalttätige Ausschreitungen gegeben; **3.** (*med.*) Funktionsstörung: *nervous d.* Nervenstörung; **II.** *v.t.* durcheinanderbringen.

dispatch [dɪs'pætʃ] **I.** *v.t.* **1.** absenden: *d. a letter* Brief aufgeben; *d. s.th.* etw. prompt erledigen; **2.** (*coll.*) erledigen, fertigmachen: *d. a meal* eine Mahlzeit verputzen; *d. s.o.* jdn. abknallen; **II.** *n.* **1.** Absendung (*of a parcel*); **2.** Depesche; **3.** Eile: *do s.th. with great d.* etw. prompt erledigen.

display [dɪs'pleɪ] **I.** *v.t.* **1.** ausstellen, zur Schau stellen: *d. goods in the shop window* Waren im Schaufenster ausstellen; **2.** zeigen: *he ≈ed great courage* er zeigte großen Mut; **II.** *n.* **1.** Ausstellung: *be on d.* ausgestellt werden; *a sudden d. of temper* ein plötzlicher Wutausbruch; **2.** (*Computer*) Anzeige: *visual d. unit* (*VDU*) Monitor.

disposal [dɪs'pəʊzl] *n.* **1.** Erledigung, Entsorgung: *refuse d.* Müllabfuhr; **2.** Verfügung: *be/place (s.th.) at s.o.'s d.* jdm. (etw.) zur Verfügung stehen/stellen.

dispose [dɪ'spəʊz] **1.** *v.t.* aufstellen (*a group in a circle*); **2.** geneigt machen (*s.o. to do s.th.*); **3.** *v.prep.: d. of s.th.* über etw. verfügen; mit etw. fertig werden; etw. entsorgen/loswerden.

disposition [dɪspə'zɪʃn] *n.* **1.** Veranlagung: *criminal d.* kriminelle Veranlagung; *d. to (do) s.th.* Veranlagung zu etw.; **2.** Anordnung, Aufstellung.

dispute **I.** ['dɪspju:t] *n.* Streit, Kontroverse: *beyond (all) d.* ohne Frage; *be in d. with s.o.* mit jdm. im Streit liegen; *under d.* umstritten; *without d.* ohne Zweifel; **II.** [dɪ'spju:t] **1.** *v.t.* bestreiten: *d. s.o.'s claim* jdm. einen Anspruch streitig machen; **2.** diskutieren: *the matter was hotly ≈d* die Angelegenheit wurde heiß diskutiert; **3.** streitig machen: *d. every inch of the land* jeden Zoll Land hartnäckig verteidigen; **4.** *v.i.* diskutieren.

dissolve [dɪ'zɒlv] **1.** *v.t.* auflösen: *d. sugar in water* Zucker in Wasser auflösen; **2.** (*fig.*) auflösen: *d. a marriage* Ehe auflösen; **3.** *v.i.* sich auflösen (*auch fig.*).

distance ['dɪstəns] **I.** *n.* **1.** Entfernung: *in the d.* in der Ferne; *cover a great d. in a day* große Entfernung an einem Tag zurücklegen; *go the d.* (*Sport*) es durchstehen; *stopping d.* Bremsweg; **2.** Distanz: *keep one's d.* auf Distanz bleiben;

Abstand halten; **II. 1.** *v.t.* entfremden (*mother and daughter*); **2.** *v.refl.: d. o.s. from s.o./s.th.* sich von jdm./etw. distanzieren.

distant ['dɪstənt] *adj.* **1.** entfernt (*auch fig.*): *a d. relative* ein entfernter Verwandter; *in the d. past* in Urzeiten; *in the not-too d. time* in der nächsten Zeit; **2.** reserviert (*attitude*).

distinct [dɪ'stɪŋkt] *adj.* **1.** deutlich: *a d. advantage* ein deutlicher Vorteil; *a d. possibility* eine echte Möglichkeit; **2.** verschieden: *his attitude is quite d. from hers* seine Einstellung ist ganz anders als ihre.

distinction [dɪ'stɪŋkʃn] *n.* **1.** Unterschied: *make a d. between A and B* zwischen A und B einen Unterschied machen; **2.** Rang: *without d.* ohne Rangunterschied; *a writer of d.* ein Autor von Rang; **3.** Auszeichnung: *get/win a d.* Auszeichnung gewinnen.

distinctive [dɪ'stɪŋktɪv] *adj.* unverkennbar, charakteristisch (*sound, taste*).

distinguish [dɪ'stɪŋgwɪʃ] **1.** *v.t.* unterscheiden (*between X and Y*): *d. one from the other* die beiden auseinanderhalten; **2.** auszeichnen: *intelligence ≈s man from the animal world* die Intelligenz hebt den Menschen von der Tierwelt ab; **3.** *v.refl.: d. o.s.* sich auszeichnen (*by one's courage*).

distress [dɪ'stres] **I.** *n.* **1.** Leiden, Kummer: *cause great d.* großen Kummer bereiten; **2.** Elend, Not: *live in d.* in elendigen/elenden Verhältnissen leben; **3.** Notsituation: *d. signal* Notsignal; **II.** *v.t.* Kummer machen: *it ≈ed me to hear …* es tat mir leid, zu erfahren, …; *don't d. yourself* machen Sie sich keine Sorgen.

distribute [dɪ'strɪbju:t] *v.t.* **1.** verteilen: *d. s.th. evenly* etw. gleichmäßig verteilen; **2.** (*comm.*) vertreiben: *d. cars through a network of dealers* Autos über ein Händlernetz vertreiben; *d. films* Filme verleihen.

distribution [dɪstrɪ'bju:ʃn] *n.* **1.** Verteilung: *d. of blankets in the disaster area* Verteilung von Decken im Katastrophengebiet; *d. of a dividend* Ausschüttung einer Dividende; **2.** Verteilung, Streuung: *population d.* demographische Verteilung; **3.** Vertrieb (*of our products*); (*Film*) Verleih.

district ['dɪstrɪkt] *n.* **1.** Bezirk, Distrikt: *rural d.* (*GB*) Landgemeinde; *d. council* Gemeinderat; *d. attorney* (*DA*) (*US*) (*jur.*) (Bezirks-)Staatsanwalt; **2.** Gegend: *the Lake D.* das nordwestenglische Seengebiet; *the poor d.* das Armenviertel.

disturb [dɪ'stɜ:b] *v.t.* **1.** stören: *»Do Not D.«* »Bitte nicht stören«; *I hope I'm not ≈ing you* ich hoffe, ich störe Sie nicht; *d. the peace* (*jur.*) Ruhe und Ordnung stören; **2.** beunruhigen: *if anything ≈s you* wenn dich etwas beunruhigt; *there have been some rather ≈ing reports lately* es hat in letzter Zeit einige ziemlich beunruhigende Berichte gegeben; **3.** aufwirbeln, durcheinanderbringen (*the papers on my desk*).

ditch [dɪtʃ] **I.** *n.* Graben: *drainage d.* Dränagegraben; **II.** *v.t.* (*coll.*) wegwerfen, aufgeben: *he has ≈ed her at last* er hat sie endlich verlassen; *d. a car* Auto (einfach) stehenlassen.

dive [daɪv] **1.** *v.i.* tauchen: *d. into the pool* in das Schwimmbecken springen; *d. for pearls* nach Perlen tauchen; **2.** blitzschnell verschwinden: *d. for cover* eilig in Deckung gehen; **3.** *v.prep.: d. into* *s.th.* (*fig.*) nach etw. fischen (*money*).

divide [dɪˈvaɪd] **I. 1.** *v.t.* teilen, trennen: *d. s.th. into several parts* etw. in verschiedene Teile aufteilen; *the wall ≈s our property from that of our neighbours* die Mauer trennt unser Grundstück vom Nachbargrundstück ab; *d. one's time* seine Zeit aufteilen; **2.** (*math.*) teilen (*25 by 5*); **3.** verteilen: *d. the nation's wealth evenly* den Wohlstand der Nation gleichmäßig verteilen; **4.** entzweien: *the European issue ≈s both major British parties* die europäische Frage entzweit beide großen britischen Parteien; **5.** *v.i.* (*math.*) sich teilen lassen: *40 ≈s by 5* 40 läßt sich durch 5 teilen; *5 ≈s into 40 8 times* 40 läßt sich 8mal durch 5 teilen; **II.** *n.* Wasserscheide (*auch fig.*): *the North-South d.* das Nord-Süd-Gefälle.

division [dɪˈvɪʒn] *n.* **1.** (*math.*) Division; **2.** Teilung (*of the country*); **3.** Verteilung: *the unfair d. of wealth* die ungerechte Verteilung des Reichtums; **4.** (*Sport*) Liga; **5.** (*parl.*) Abstimmung (durch Hammelsprung): *force a d.* Abstimmung erzwingen.

divorce [dɪˈvɔːs] **I.** *n.* **1.** Scheidung: *get/obtain a d.* geschieden werden; *d. proceedings* Scheidungsverfahren; **2.** (*fig.*) Trennung (*between theory and practice*); **II. 1.** *v.t.* sich scheiden lassen von: *Henry VIII ≈d Queen Catherine* Heinrich VIII. ließ sich von Königin Katharina scheiden; *get ≈d* sich scheiden lassen; **2.** (*fig.*) trennen: *he's getting ≈d from reality* er wird zunehmend realitätsfremd.

do* [duː] **I. 1.** *v.t.* tun, machen: *what (ever) shall we d.?* was sollen wir (bloß) tun?; *d. one's work* seine Arbeit erledigen; *have nothing to d.* nichts zu tun haben; *d. one's (level) best* sein Bestes geben; *d. one's all* alles geben; *we can't d. anything about it* wir können da nichts tun; *d. one's duty* seine Pflicht tun; *it'll d. you good* das wird dir guttun; *d. s.o. a favour* jdm. einen Gefallen tun; **2.** erledigen: *d. one's homework* seine Hausaufgaben erledigen (*auch fig.*); *d. the correspondence* die Korrespondenz erledigen; *d. the cooking* kochen; **3.** (*theat.*) spielen (*Henry V*); **4.** zurechtmachen: *d. one's hair* sich frisieren; **5.** besuchen (*Europe in five days*); **6.** einbrechen: *d. a few houses* in einigen Häusern einbrechen; **7.** passen: *that'll d. me nicely* das paßt mir gut; **8.** *v.i.* zurechtkommen: *how are you ≈ing?* wie kommst du zurecht?; *she did well* sie kam gut zurecht; **9.** genügen: *that won't d.* das reicht nicht aus; *make d. with s.th.* mit etw. auskommen; **10.** *v.aux.* (*in Fragen und Verneinungen*): *d. you know X?* kennst du X?; *I don't know* ich weiß (es) nicht; **11.** (*in bestimmten Suggestivfragen*) nicht wahr: *you know, don't you?* du weißt Bescheid, nicht wahr?; (*oder:*) *you don't know, (or) do you?* du weißt nicht Bescheid, oder doch?; **12.** (*in affirmativen Sätzen zur Verstärkung*): *I d. know what I'm talking about* ich weiß schon, wovon ich rede; **13.** *in Phrasen und präp.V.: d. away with s.th.* etw. abschaffen; *d. well by s.o.* jdn. gut behandeln; *d. as you would be done by* (*prov.*) was du nicht willst, was man dir tut, das füg auch keinem anderen zu; *d. for* fertigmachen: *I'm absolutely done for* ich bin fix und fertig; *d. s.o. down* jdn. schlechtmachen; *d. s.o. in* jdn. um die Ecke bringen; *d. out a room* einen Raum fegen; *d. s.o. out* *of a job* jdn. um seine Stelle bringen; *d. s.th. over* etw. wieder herrichten; *d. up* zumachen (*dress*): *d. up a parcel* Paket schnüren; *d. up a house* ein Haus renovieren; *d. o.s. up* sich zurechtmachen; **II.** *n.* **1.** Sache: *their wedding was a big d.* sie haben ihre Hochzeit mit allem Tamtam gefeiert; **2.** Leistung: *a poor d.* eine schwache Leistung.

doctor ['dɒktə] **I.** *n.* **1.** (*med.*) Arzt: *call a d.* Arzt rufen; *see a d.* Arzt aufsuchen; *send for a d.* Arzt holen lassen; **2.** (*akad. Grad*) Doktor: *D. of Laws* Doktor der Rechte; **II.** *v.t.* **1.** (*med.*) behandeln; **2.** (*Tier*) kastrieren; **3.** (*coll.*) frisieren: *d. the accounts* die Bilanz frisieren.

doctrine ['dɒktrɪn] *n.* Lehre, Doktrin.

document ['dɒkjʊmənt] **I.** *n.* Dokument; **II.** *v.t.* belegen, dokumentieren.

dog [dɒg] **I.** *n.* Hund: *hunting d.* Jagdhund; *go to the ≈s* (*coll.*) vor die Hunde gehen; *lead a ≈'s life* ein Hundeleben führen; *treat s.o. like a d.* jdn. wie den letzten Dreck behandeln; **II.** *v.t.* verfolgen, (jdm.) auf den Fersen bleiben: *d. s.o.'s footsteps* jdn. nicht aus den Augen lassen; *be ≈ged by misfortune* vom Pech verfolgt werden.

doll [dɒl] **I.** *n.* **1.** Puppe: *≈'s house* Puppenhaus; **2.** *(coll.)* Püppchen; **II.** *v.prep.: d. o.s./s.o. up* sich/jdn. herausputzen.

dollar ['dɒlə] *n.* Dollar.

domestic [də'mestɪk] **I.** *adj.* **1.** häuslich: *d. bliss* häusliches Glück; *d. help* Putzfrau; *d. customer* (*Gas, Strom*) Privatkunde; **2.** Haus-: *d. animal* Haustier; **3.** heimisch, Binnen-: *d. market* Binnenmarkt; **II.** *n.* (*arch.*) Diener, Domestike.

dominant ['dɒmɪnənt] *adj.* **1.** vorherrschend: *d. colour* vorherrschende Farbe; *be in a d. position* in einer (markt)beherrschenden Position sein; **2.** (*biol.*) dominant.

dominate ['dɒmɪneɪt] **1.** *v.t.* beherrschen (*the market*); **2.** *v.i.* vorherrschen.

donkey ['dɒŋkɪ] *n.* Esel (*auch fig.*): *it's ≈'s years since I spoke to her* es ist schon ewig und drei Tage her, daß ich zuletzt mit ihr gesprochen habe.

don't [dəʊnt] (*coll.*) *Kurzform von:* **do not**.

door [dɔː] *n.* Tür: *open/close the d.* Tür öffnen/schließen; *behind closed ≈s* hinter verschlossenen Türen; *next d.* nebenan; *out of ≈s* im Freien; *go from d. to d.* Klinken putzen; *show s.o. the d.* jdn. rauswerfen.

doorman ['dɔːmən] *n.* Türsteher.

doormat ['dɔːmæt] *n.* Fußmatte: *treat s.o. like a d.* jdn. wie einen Fußabstreifer behandeln.

doorway ['dɔːweɪ] *n.* Hauseingang.

dot [dɒt] **I. n.** Punkt: *≈s and dashes* (*Morsealphabet*) Punkte und Striche; *on the d.* pünktlich; **II.** *v.t.* **1.** punktieren: *d. one's i's and cross one's t's* (*coll.*) peinlich genau sein; *sign on the ≈ted line* (*coll.*) seinen Friedrich Wilhelm unter etw. setzen; **2.** verstreuen (*zumeist im Passiv*): *we now have 300 branches ≈ted all over the country* wir haben jetzt 300 Filialen über das ganze Land verteilt.

double ['dʌbl] **I.** *adj.* **1.** doppelt: *a d. whisky* ein doppelter Whisky; *d. bottom* doppelter Boden; *d. consonant* Doppelkonsonant; *d.-barrelled name* Doppelname; *d. entry (system)* doppelte Buchführung; **2.** (*für zwei Personen*) Doppel-: *d. bed* Doppelbett; *d. room* Doppelzimmer; **3.** (*Täuschung*) Doppel-: *lead a d. life* Doppelleben führen; *play a d. game* Doppelspiel treiben; *d. standards* unterschiedliche Maßstäbe; **II.** *adv.* doppelt: *see d.* (etw.) doppelt sehen; *fold s.th. d.* etw. doppelt falten; **III. 1.** *v.t.* verdoppeln (*s.o.'s salary*); **2.** doppelt legen/falten (*a piece of paper*); **3.** (*theat.*) Doppelrolle spielen: *d. the parts of the bishop and the judge* die Rolle des Bischofs und die des Richters spielen/mit demselben Schauspieler besetzen; **4.** *v.i.* sich verdoppeln: *inflation has ≈d within a year* die Inflation hat sich innerhalb eines Jahres verdoppelt; **5.** Doppelfunktion haben: *this couch will d. as a bed* diese Couch kann auch als Bett genutzt werden; *d. for s.o.* (*theat.*) jdn. doubeln; **6.** *v.prep.: d. up* sich krümmen (*with pain*); **IV.** *n.* **1.** Doppelgänger, Entsprechung: *he's the d. of his father* er sieht genau wie sein Vater aus; **2.** das Doppelte: *be paid d.* das Doppelte bekommen; **3.** *a d.* ein Doppelter (*whisky*).

doubt [daʊt] **I.** *n.* Zweifel: *without d.* ohne Zweifel; *beyond all d.* über jeden Zweifel erhaben; *if/when in d.* im Zweifelsfall; *be in d.; have ≈s* Zweifel hegen; *give s.o. the benefit of the d.* jdm. im Zweifel glauben; *have no ≈s* keine Zweifel haben; **II.** *v.t.* bezweifeln: *d. s.o.'s words* jds. Worte anzweifeln; *I d. whether it will rain* ich bezweifle, daß es regnen wird.

doubtful ['daʊtfʊl] *adj.* **1.** unsicher: *feel d. about s.th.* in bezug auf etw. nicht ganz sicher sein; **2.** (*Aussichten*) unsicher, zweifelhaft: *the weather looks rather d.* das Wetter sieht nicht sehr vielversprechend aus; **3.** zweifelhaft, unwahrscheinlich: *it's extremely d. whether ...* es ist höchst zweifelhaft, ob ...; **4.** zwielichtig, zweifelhaft: *a d. character* eine zwielichtige Gestalt.

down [daʊn] **I.** *adv.* **1.** unten: *fall d.* herunterfallen; *fall d. on a job* (*fig.*) einer Aufgabe nicht gewachsen sein; *come d.* herunterkommen; *go d.* heruntergehen; (*fig.*) zu Boden gehen; (*naut.*) untergehen (*auch fig.*); *knock s.o. d.* jdn. zu Boden schlagen; *knock s.th. d.* etw. versteigern; *keep one's head d.* sich nicht exponieren; **2.** (*geogr.*) nach Süden: *go d. to Italy* nach Italien fahren; *go d. under* nach Australien bzw. Neuseeland fahren; von London: *come d. from London* von London kommen; *go d. to the shop* mal eben ins (nächste) Geschäft gehen; **3.** nach unten: *prices have come d.* die Preise sind gesunken; **4.** *put s.th. d. (on paper)* etw. notieren; *put s.o.'s name d.* jdn. anmelden; **5.** (*Entwicklung*): *from 1815 d. to the present day* von 1815 bis zum heutigen Tage; *hand s.th. d.* etw. überliefern (*traditions*); **6.** als Anzahlung: *pay £100 d.* £100 anzahlen; **II.** *adj.* **1.** (*attr.*) aus London/der nächsten Großstadt kommend: *the d. train* der Zug aus London; **2.** als Anzahlung: *make a d. payment* eine Anzahlung leisten; **3.** (*attr. u. präd.*) *d. and out* obdachlos; **4.** (*pred.*) niedriger: *prices are d.* (*on last week's*) die Preise sind niedriger (als in der Vorwoche); **5.** (*psych.*) deprimiert: *feel d. in the mouth* sich elend fühlen; **6.** bettlägrig: *she was d. with flu* sie lag mit Grippe im Bett; **III.** *prep.* hinunter, herunter: *d. the road* die Straße hinunter/herunter; *tears ran d. her cheeks* Tränen liefen über ihre Wangen; *d. the river* flußabwärts; **IV.** *v.t.* **1.** zu Boden schlagen; **2.** (*coll.*) runterkippen (*a pint of beer*); **3.** *d. tools* die Arbeit niederlegen, spontan streiken; **V.** *n.* **1.** *have a d. on s.o.* nicht viel von jdm. halten; **2.** *ups and ≈s* (*fig.*) Höhen und Tiefen.

downstairs [daʊn'steəz] **I.** *adv.* (*Haus*) unten; **II.** *adj.* untere(r, s): *the d. rooms* die Zimmer im Erdgeschoß; **III.** *n.* Parterre.

downtown [ˌdaʊn'taʊn] (*US*) **I.** *adv.* in der/die Innenstadt; **II.** *adj.* innerstädtisch: *d. Chicago* das Zentrum von Chicago.

downward ['daʊnwəd] **I.** *adj.* nach unten gerichtet: *d. movement* Abwärtsbewegung; **II.** *adv.* (*auch:* **downwards**) abwärts, nach unten: *from the manager d.* vom Geschäftsführer an; *face d.* mit dem Gesicht nach unten.

dozen ['dʌzn] *n.* Dutzend: *by the d.* im Dutzend.

draft [drɑːft; *US:* dræft] **I.** *n.* **1.** Entwurf: *first/rough d.* erster Entwurf; **2.** (*comm.*) Wechsel, Tratte: *sight d.* Sichtwechsel; **3.** (*US*) (*mil.*) Einberufung zum Wehrdienst; Wehrpflichtige (*eines Jahrgangs*); **4.** (*US*) → **draught**; **II.** *v.t.* **1.** entwerfen (*a plan*); **2.** (*US*) (*mil.*) rekrutieren; **3.** einberufen: *d. s.o. into the Cabinet* (*GB*) jdn. zum Minister (im Kabinettsrang) berufen; *extra police were ≈ed in* zusätzliche Polizeikräfte wurden aufgeboten.

drag [dræg] **I. 1.** *v.t.* schleppen, ziehen: *d. a tree trunk across the road* einen Baumstamm über die Straße ziehen; *d. s.o.'s name through the mud* jds. Namen in den Schmutz ziehen; *d. one's feet* schlurfen; (*fig.*) etw. schleifen lassen; *d. s.o. along* jdn. mitschleppen; **2.** *v.i.* sich dahinschleppen: *the play ≈ged on and on* das Stück zog sich endlos hin; **3.** *in Phrasen und präp.V.: d. along* (sich) dahinschleppen; *d. s.o. away from s.th.* jdn. von etw. wegzerren; *d. s.th. behind* etw. hinter sich herschleppen; *d. s.th. down* etw. nach unten zerren; *d. off* wegschleppen; *d. on* sich in die Länge ziehen; *d. s.th. out of s.o.* jdm. etw. aus der Nase ziehen; *d. s.th. up* etw. ausgraben (*auch fig.*); **II.** *n.* **1.** Schleppobjekt: *d. net* Schleppnetz; **2.** (*techn.*) Strömungs-, Luftwiderstand; **3.** mühsamer Prozeß; **4.** Hemmschuh; **5.** langweilige Person/Sache.

drain [dreɪn] **I.** *n.* **1.** Abflußrohr: *go down the d.* (*fig.*) vor die Hunde gehen (*this country*); *throw money down the d.* (*fig.*) Geld zum Fenster hinauswerfen; **2.** (*fig.*) Belastung (*on our resources*); **II.** *v.t.* **1.** entwässern (*land*); **2.** (*coll.*) austrinken; **3.** (*fig.*) zehren, auslaugen (*a country of its reserves*); **4.** *v.i.* auslaufen (*into a river*); *d. away* schwinden.

drama ['drɑːmə] *n.* **1.** (*theat.*) Drama, Schauspiel: *Jacobean d.* Drama der jakobäischen Zeit; **2.** (*fig.*) Drama, Konflikt: *her life was full of d.* ihr Leben verlief sehr dramatisch; *make a d. of s.th.* etw. dramatisieren.

dramatic [drə'mætɪk] *adj.* **1.** (*theat.*) dramatisch: *amateur d. society* Laienspielschar; **2.** dramatisch, spektakulär: *d. changes* spektakuläre Veränderungen.

draught [drɑːft]; **draft** (*US*) **I.** *n.* **1.** Luftzug; **2.** Schluck: *at one d.* mit einem Schluck; **3.** *beer on d.* Bier vom Faß; **4.** (*naut.*) Tiefgang; **II.** *adj.* **1.** Zug-: *d. animal* Zugtier; **2.** vom Faß: *d. beer* Bier vom Faß.

draughts [drɑːfts] *n. sg.* (*Spiel*) Dame.

draw* [drɔː] **I.** *v.t.* **1.** ziehen: *d. the curtains* die Vorhänge zuziehen; *d. s.o.'s teeth* jdm. die Zähne ziehen (*auch fig.*); **2.** (*fig.*) ziehen: *d. a conclusion* Schlußfolgerung ziehen; *d. lots* etw. auslosen; *d. s.o.'s* *attention to s.th.* jdn. auf etw. aufmerksam machen; **3.** beziehen, herausholen: *d. comfort from s.th.* Trost aus etw. schöpfen; *d. water* Wasser schöpfen; **4.** herauslokken: *she refused to be ≈n* sie wollte sich nicht äußern/festlegen; **5.** *v.i.* sich bewegen: *he drew near* er kam näher; *d. to an end* zu Ende gehen; *d. level* gleichziehen; **6.** (*Sport*) unentschieden spielen; **7.** *in Phrasen und präp.V.: d. s.o. aside* jdn. beiseite nehmen; *d. away* sich entfernen; *d. back* (sich) zurückziehen; *d. in* anziehen (*the crowds*); *d. off* abfahren; ausziehen (*one's gloves*); *d. on* sich dahinziehen; *d. (a bill) on s.o.* Wechsel auf jdn. ziehen; *d. on s.o.* jds. Hilfe in Anspruch nehmen; *d. out* ausfahren; in die Länge ziehen; herausziehen (*dagger*); *d. up* anhalten; entwerfen; **II.** *n.* **1.** (Lotterie-)Ziehung; **2.** Attraktion; **3.** (*Sport*) Unentschieden.

drawer ['drɔːə] *n.* **1.** Schublade; **2.** (*Scheck, Wechsel*) Aussteller; **3.** Zeichner.

drawing ['drɔːɪŋ] *n.* **1.** Zeichnung; **2.** Zeichnen: *d. board* Reißbrett; *d. pin* Reißzwecke.

dread [dred] **I.** *v.t.* fürchten: *I d. to think ...* ich wage gar nicht daran zu denken; **II.** *n.* Furcht: *live in d. of s.th.* in ständiger Angst vor etw. leben; **III.** *adj.* (*lit.*) gefürchtet.

dream* [driːm] **I.** *n.* Traum: *bad d.* schlechter Traum; *beyond one's wildest ≈s* nicht in seinen kühnsten Träumen; *work like a d.* phantastisch klappen; *d. house* Traumhaus; **II.** *v.t.* träumen (*of/about s.th.*): *I never ≈t that this could happen to me* ich hätte mir nie träumen lassen, daß mir so etwas passieren könnte.

dress [dres] **I.** *n.* **1.** Kleid: *wedding d.* Hochzeitskleid; **2.** Kleidung: *casual d.* Freizeitkleidung; **II.** **1.** *v.i.* sich anziehen (*in five minutes*); **2.** sich kleiden (*for the reception*); **3.** *v.t.* anziehen: *d. the children* die Kinder anziehen; **4.** kleiden: *d. the children in their Sunday best* die Kinder in das beste Sonntagszeug kleiden; **5.** dekorieren (*a shop window*); **6.** vorbereiten (*a chicken*): *d. s.o.'s hair* jds. Haar frisieren; *d. stone* Stein bearbeiten; *d. s.o.'s wounds* jdn. verarzten; **7.** *v.prep.: d. up* sich feinmachen; sich verkleiden (*as s.th.*).

drink* [drɪŋk] **I.** *v.t.* **1.** trinken: *d. coffee for breakfast* Kaffee zum Frühstück trinken; **2.** (*Alkohol*) trinken: *don't d. and drive!* kein Alkohol am Steuer!; *d. o.s. to death* sich zu Tode trinken; *d. like a fish* wie ein Loch saufen; *d. to s.o.'s health* auf jds. Gesundheit trinken; *d. s.o. under the table* jdn. unter den Tisch trinken; **II.** *n.* **1.** Getränk: *soft d.* alkoholfreies Getränk; *have a d.* etw. trinken; **2.** alkoholische Getränke: *take to d.* zu trinken anfangen.

drip [drɪp] **I.** **1.** *v.i.* tropfen (*water from the ceiling*); **2.** (*fig.*) triefen (*with sentimentality*); **3.** *v.t.* ausströmen: *he was ≈ping blood* er verlor Blut; **II.** *n.* **1.** Tropfen (*auch als Geräusch*); **2.** (*med.*) Tropf: *be on a d.* am Tropf hängen.

drive* [draɪv] **I.** *v.t.* **1.** fahren: *d. a car* Auto fahren; *d. home* nach Hause fahren; **2.** treiben: *d. cattle across the road* Vieh über die Straße treiben; *d. tourists out of the country* Touristen aus dem Lande vertreiben; *we were driven off course* wir konnten unseren Kurs nicht halten (*auch fig.*); **3.** (*fig.*) treiben: *d. s.o. crazy/mad* jdn. verrückt machen; *d. prices up* Preise in die Höhe treiben; **4.** (*techn.*) antreiben: *steam-driven* dampfbetrieben; **5.** (*Personen*) antreiben: *d. one's team hard* seine Mannschaft nicht schonen; **6.** bohren, treiben: *d. a tunnel* einen Tunnel bohren; *d. a wedge between X and Y* einen Keil zwischen X und Y treiben; **7.** *in Phrasen und präp.V.: d. along* dahinfahren; vorantreiben; *d. at s.th.* auf etw. hinauswollen; *d. away* wegfahren; (*Befürchtungen*) zerstreuen; *d. back* zurückfahren; zurückdrängen; *d. s.th. home* (jdm.) etw. klarmachen; *d. in* hereinfahren; (*Auto*) einfahren; *d. off* abfahren; vertreiben; *d. on* weiterfahren; *d. out* herausfahren; vertreiben; *d. over* überfahren; *d. up* vorfahren; **II.** *n.* **1.** Autofahrt: *take s.o. for a d.* jdn. spazierenfahren; **2.** Einfahrt, Auffahrt; **3.** Elan, Schwung: *he lacks d.* ihm fehlt der Schwung; **4.** Aktion, Kampagne: *sales d.* Verkaufskampagne; **5.** (*techn.*) Antrieb: *four-wheel d.* Vierradantrieb; Steuerung: *right-hand d.* Rechtssteuerung.

driver ['draɪvə] *n.* Fahrer(in): *be in the ≈'s seat* (*fig.*) das Sagen haben.

drop [drɒp] **I. 1.** *v.t.* fallen lassen: *d. a cup* eine Tasse fallen lassen; *d. everything* alles stehen und liegen lassen; *d. a brick/clanger* (*fig.*) ins Fettnäpfchen treten; **2.** (*fig.*) fallenlassen: *d. a remark* Bemerkung fallenlassen; *d. s.o. a few lines* jdm. ein paar Zeilen schreiben; **3.** auslassen: *he ≈s his »h's«* er spricht das »h« nicht aus; *d. s.o. from a team* (*Sport*) jdn. nicht aufstellen; **4.** *v.i.* fallen: *d. from the sky* vom Himmel fallen; *d. to safety* sicher landen; *d. in s.o.'s lap* jdm. in den Schoß fallen; **5.** umfallen: *work till one ≈s* bis zum Umfallen arbeiten; *d. dead* tot umfallen; *d. like flies* wie die Fliegen sterben; **6.** fallen, geringer werden: *the temperature has ≈ped again* die Temperatur ist schon wieder gefallen; **7.** *in Phrasen und präp.V.: d. around/by* vorbeikommen; *d. back* zurückfallen; *d. down* herunterfallen; *d. in* kurz vorbeikommen; *d. off* abwerfen; einschlafen; nachlassen; *d. out* herausfallen; ausscheiden; (*fig.*) aussteigen; **II.** *n.* **1.** Tropfen (*of blood*); *a d. in the bucket/ocean* (*fig.*) ein Tropfen auf den heißen Stein; **2.** (*coll.*) Alkohol: *she likes a little d. now and then* sie trinkt hin und wieder ganz gern; **3.** Rückgang: *temperature d.* Temperaturrückgang; **4.** Höhenunterschied: *a d. of 200 metres* ein Abgrund von 200 Metern; **5.** Abwurf (*of supplies*).

drown [draʊn] **1.** *v.i.* ertrinken; **2.** *v.t.* ertränken: *d. one's sorrows* seinen Kummer ertränken; **3.** überschwemmen (*auch fig.*).

drug [drʌg] **I.** *n.* **1.** Medikament: *prescribe a d.* ein Medikament verschreiben; *put s.o. on ≈s* jdm. Medikamente verordnen; **2.** Droge: *soft/hard d.* weiche/harte Droge; *be on ≈s* drogenabhängig sein; **II.** *v.t.* **1.** (mit Drogen) betäuben; **2.** Betäubungsmittel beimischen.

drugstore ['drʌgstɔːr] (*US*) *n.* Drugstore, Geschäft für alle Artikel des täglichen Bedarfs (*ursprünglich Drogerie*).

drum [drʌm] **I.** *n.* **1.** Trommel: *beat the d.* die Trommel rühren (*auch fig.*); **2.** Faß, Tonne: *oil d.* Ölfaß; **II.** *v.t.* trommeln: *d. up support* um Unterstützung werben.

drunken ['drʌŋkən] *adj.* (*attr.*) betrunken.

dry [draɪ] **I.** *adj.* **1.** trocken: *d. bread* trockenes Brot; *d. climate* trockenes Klima; *d. wine* trockener Wein; **2.** (*fig.*) trocken: *d. sense of humour* trockener Humor; *d. as* *dust* (*coll.*) stinklangweilig; **II. 1.** *v.t.* trocknen: *d. the dishes* Geschirr (ab)trocknen; *d. o.s.* sich abtrocknen; **2.** *v.i.* trocknen: *hang the washing to d.* die Wäsche zum Trocknen aufhängen; **3.** *v.prep.: d. out* austrocknen (*auch fig.*); *d. up* austrocknen; *d. up!* (*coll.*) halt (endlich) den Mund!

duck [dʌk] **I.** *n.* Ente: *take to s.th. like a d. to water* bei etw. gleich in seinem Element sein; *lame d.* (*fig.*) lahme Ente; **II. 1.** *v.i.* sich ducken; **2.** *v.t.: d. s.o.* jdn. unter Wasser drücken.

due [dju:] **I.** *adj.* **1.** fällig: *the sum d.* die fällige Summe; *fall d.* fällig werden; *the next train is d. in half an hour* der nächste Zug kommt in einer halben Stunde; **2.** angemessen: *in d. course* beizeiten; *after d. consideration* nach reiflicher Überlegung; *d. process of law* (*jur.*) ordentliches Verfahren; *with all d. respect* bei allem Respekt; **3.** *d. to* aufgrund von (*adverse weather conditions*); **II.** *adv.* direkt: *d. north* direkt nach Norden; **III.** *n.* **1.** ≈**s** *pl.* Gebühren: *union ≈s* Gewerkschaftsbeiträge; **2.** (*nur Sg.*) *give s.o. his/her d.* jdm. das geben, was ihm/ihr zusteht (*auch fig.*).

dull [dʌl] **I.** *adj.* **1.** trübe (*weather*): *d. colour* matte Farbe; **2.** geistig langsam: *a d. pupil* ein langsamer Schüler; **3.** langweilig; lustlos; **4.** dumpf (*sound*); **II.** *v.t.* **1.** trüben, abstumpfen (*s.o.'s senses*); **2.** dämpfen (*noises*).

dumb [dʌm] *adj.* **1.** stumm: *deaf and d.* taubstumm; *strike s.o. d.* jdm. die Sprache verschlagen; **2.** (*bes. US*) (*coll.*) blöd: *the d. blonde* das (typische) blonde Dummerchen.

duplex house ['dju:pleks,haʊs] (*US*) *n.* Doppelhaus.

during ['dju:rɪŋ] *prep.* während.

dust [dʌst] **I.** *n.* Staub: *gold d.* Goldstaub; *kick up a d.* (*coll.*) eine Menge Staub aufwirbeln; *bite the d.* (*coll.*) ins Gras beißen; **2.** *v.t.* Staub wischen.

dustbin ['dʌstbɪn] (*GB*) *n.* Mülltonne.

dusty ['dʌstɪ] *adj.* staubig.

Dutch [dʌtʃ] **I.** *adj.* holländisch: *go D.* getrennte Kasse machen; **II.** *n.* **1.** (*Sprache*) Niederländisch; **2.** *pl.: the D.* die Holländer.

duty ['dju:tɪ] *n.* **1.** Pflicht: *do one's d.* seine Pflicht tun; *sense of d.* Pflichtbewußtsein; *in d. bound* moralisch verpflichtet; *one's bounden d.* seine Pflicht und Schuldigkeit; **2.** Aufgabe: *your duties comprise …* deine Aufgaben umfassen …; *be on d.* Dienst haben; *be off d.* dienstfrei haben; **3.** Zoll, (indirekte) Steuer: *vehicle excise d.* (*GB*) Kfz-Steuer.

dwell* [dwel] *v.i.* **1.** (*arch.*) wohnen; **2.** verweilen: *d. on s.th.* sich mit etw. aufhalten.

dwelling ['dwelɪŋ] *n.* Wohnung; Behausung: *d. house* Wohngebäude.

dye [daɪ] **I.** *n.* Farbstoff: *a villain of the deepest d.* (*fig.*) ein Schurke von der übelsten Sorte; **II. 1.** *v.t.* färben: *d. one's hair* sich das Haar färben; *≈d-in-the-wool* (*fig.*) in der Wolle gefärbt, eingefleischt; **2.** *v.i.* sich färben lassen (*coat*).

E

each [iːtʃ] **I.** *adj.* (*attr.*) jede(r, s) (*mit Bezug auf eine Anzahl oder Gruppe;* → **every**): *e. day* jeder Tag (*einer bestimmten Periode, z.B. Woche oder Urlaub*); *she wore a ring on e. finger* sie hatte an jedem Finger einen Ring; **II.** *pron.* jede(r, s) (*mit Bezug auf eine Anzahl oder Gruppe*): *e. of us* jeder von uns; *e. other* sich, einander (*Gebrauch nur als Objekt*): *they helped e. other* sie halfen sich gegenseitig; **III.** *adv.* jeweils: *the price is 50p e.* der Preis beträgt 50 Pence pro Stück.

eager [ˈiːgə] *adj.* eifrig (*for s.th.; to do s.th.*): *e. for success* erfolgssüchtig; *he is an e. beaver* (*coll.*) er ist ein Arbeitstier.

eagle [ˈiːgl] *n.* Adler: *e. eye* (*fig.*) Adlerauge.

ear[1] [ɪə] *n.* **1.** (*anat.*) Ohr: *e. infection* (*med.*) Ohrenentzündung; **2.** (*fig.*) Gehör, Gespür: *have an e. for s.th.* feines Gespür für etw. haben; *play it by e.* improvisieren; **3.** (*fig.*) Ohr: *be all ≈s* ganz Ohr sein; *come to s.o.'s ≈s* jdm. zu Ohren kommen; *have/keep an e. to the ground* die Ohren aufhalten; *lend s.o. an e.* jdm. Gehör schenken; *prick up one's ≈s* stutzig werden; *be up to one's ≈s in debt* hochverschuldet sein.

ear[2] *n.* (*bot.*) Ähre.

early [ˈɜːlɪ] **I.** *adj.* früh: *in the e. hours* in den Morgenstunden; *at your earliest convenience* (*comm.*) sobald wie möglich; *it's e. days (yet)* (*fig.*) es ist noch Zeit; *the e. bird catches the worm* (*prov.*) Morgenstund(e) hat Gold im Mund(e); **II.** *adv.* früh: *get up e.* früh aufstehen.

earn [ɜːn] *v.t.* **1.** verdienen (*a good wage*): *e. one's keep/living* seinen Lebensunterhalt verdienen; *e. an honest penny* sein Einkommen redlich verdienen; **2.** (*fig.*) verdienen (*respect*).

earnest[1] [ˈɜːnɪst] **I.** *adj.* ernsthaft: *make an e. endeavour* sich aufrichtig bemühen; **II.** *n.* Ernsthaftigkeit: *be in e.* es ernst meinen.

earnest[2] *n.* Anzahlung.

earnings [ˈɜːnɪŋz] *n. pl.* Einkünfte, Ertrag: *≈-related pension* einkommensabhängige Rente.

earth [ɜːθ] **I.** *n.* **1.** Erde (*als Planet*): *on e.* (*lit.*) auf Erden; *heaven on e.* der Himmel auf Erden; *cost the e.* ein Heidengeld kosten; *who/what on e.?* wer/was in aller Welt?; **2.** Erde, Boden: *fall to e.* auf die Erde fallen; *bring s.o. down to e.* (*fig.*) jdn. auf den Boden der Tatsachen zurückholen; **3.** (*GB*) (*el.*) Erde; **II.** *v.t.* (*el.*) erden.

ease [iːz] **I.** *n.* **1.** Leichtigkeit: *win with e.* mit Leichtigkeit gewinnen; **2.** Ruhe: *be at e.* sich wohl fühlen; *put s.o. at e.* jdm. die Befangenheit nehmen; *(stand) at e.!* (*mil.*) rührt euch!; *live a life of e.* sich ein leichtes Leben machen; **II. 1.** *v.t.* erleichtern, lindern (*pain*): *e. s.o.'s mind* jdn. beruhigen; **2.** behutsam bewegen (*the car into the garage*); **3.** *v.i.* nachlassen (*storm*); **4.** *v.prep.: e. off/up* nachlassen (*pressure*); *e. up on s.th.* etw. weniger intensiv betreiben (*smoking*).

east [iːst] **I.** *n.* Osten: *to the e. of* östlich von; *the E.* (*pol.*) der Osten: *the Far/Middle E.* der Ferne/Mittlere Osten; **II.** *adj.* östlich, Ost- (*wind*): *the E. End* (*GB*) die östlichen (und traditionell armen) Stadtteile von London; *E. Prussia* Ostpreußen; **III.** *adv.* östlich, in östlicher Richtung: *travel e.* in Richtung Osten fahren.

Easter ['i:stə] *n.* Ostern: *at E.* zu Ostern; *E. holidays* Osterferien.

eastern ['i:stən] *adj.* östlich (*region*): *the E. bloc* (*pol.*) der Ostblock.

easy ['i:zɪ] **I.** *adj.* **1.** leicht: *e. to reach* leicht zu erreichen; *as e. as pie* (*coll.*) kinderleicht; *e. money* leicht verdientes Geld; *e. terms* (*comm.*) günstige Zahlungsbedingungen; **2.** bequem: *at an e. pace* in gemächlichem Tempo; *e. on the eye* gefällig, angenehm (*colour scheme*); **II.** *adv.* leicht: *easier said than done* das ist leichter gesagt als getan; *go e.* (*fig.*) behutsam vorgehen; *go e. on s.th.* nicht allzu verschwenderisch mit etw. umgehen (*the wine*); *take it e.!* immer mit der Ruhe!

eat* [i:t] *v.t.* **1.** essen; (*Tier*) fressen: *e. like a horse* gesunden Appetit haben; *e. out of s.o.'s hand* jdm. aus der Hand fressen; *she won't e. you!* (*coll.*) sie wird dich schon nicht fressen!; **2.** *v.prep.: e. into s.th.* etw. (langsam) aufzehren (*our savings*); *e. out* auswärts essen; *e. s.o. up* an jdm. zehren (*love*).

ecology [i'kɒlədʒɪ] *n.* **1.** Ökologie, Umweltwissenschaft; **2.** Ökosystem.

economic [ˌi:kə'nɒmɪk] *adj.* **1.** ökonomisch, Wirtschafts- (*system*): *e. policy* Wirtschaftspolitik; **2.** wirtschaftlich, rentabel.

economical [ˌi:kə'nɒmɪkl] *adj.* wirtschaftlich, sparsam (*car*): *be e. with the truth* nicht die volle Wahrheit sagen.

economics [ˌi:kə'nɒmɪks] *n. sg.* **1.** Wirtschaftswissenschaften, Volkswirtschaftslehre; **2.** Wirtschaftlichkeit (*of the scheme*).

economy [ɪ'kɒnəmɪ] *n.* **1.** *the e.* Volkswirtschaft: *the state of the e.* die wirtschaftliche Lage; **2.** Wirtschaftlichkeit, Sparsamkeit: *e. drive* Bündel von Sparmaßnahmen; *e. size* Sparpackung.

edge [edʒ] **I.** *n.* **1.** Kante: *by the water's e.* am Rande des Wassers; *have the e.* (*on s.o./s.th.*) (*fig.*) die Nase vorn haben; **2.** Schneide: *on a razor's e.* (*fig.*) auf des Messers Schneide; *take the e. off s.th.* etw. entschärfen/lindern; **II. 1.** *v.t.* säumen: *a handkerchief ≈d with blue* ein Taschentuch mit blauem Rand; **2.** vorsichtig bewegen (*a chair towards the window*); **3.** *v.i.* sich langsam bewegen: *prices have ≈ed down/up* die Preise sind leicht gesunken/gestiegen.

edit ['edɪt] *v.t.* **1.** herausgeben (*books, a newspaper*); **2.** redigieren (*a text*): *e. s.th. out* etw. im Text streichen.

edition [ɪ'dɪʃn] *n.* Ausgabe: *revised e.* revidierte/überarbeitete Auflage.

editor ['edɪtə] *n.* Herausgeber: *letter to the e.* (*Zeitung*) Leserbrief; *City e.* (*GB*) Wirtschaftsredakteur.

educate ['edjʊkeɪt] *v.t.* erziehen, bilden: *where were you ≈ed?* wo bist du zur Schule gegangen?

educated ['edjʊkeɪtɪd] *adj.* gebildet: *make an e. guess* eine begründete Vermutung anstellen.

education [ˌedjʊ'keɪʃn] *n.* **1.** Erziehung: *nursery e.* Kindergartenerziehung; **2.** Bildung: *adult e.* Erwachsenenbildung; **3.** Pädagogik: *study e.* Pädagogik studieren.

effect [ɪ'fekt] **I.** *n.* **1.** Wirkung (*on s.o./s.th.*): *to no e.* ohne Wirkung; *take e.* wirken (*poison*); **2.** (*jur.*) Wirkung, Wirksamkeit: *come into e.* (rechts)wirksam werden; *put s.th. into e.* etw. (rechts)wirksam machen; *remain in e.* (rechts)wirksam bleiben; **3.** Effekt, Schau: *do s.th. for e.* etw. nur zur Schau tun; *strain after (an) e.* auf Publikumswirkung bedacht sein; **4.** Bedeutung: *words to this e.* sinngemäß; *to* *the e. that …* was soviel bedeutet wie …; **5.** ≈**s** *pl.* (*theat.*) Effekte (*lights, sounds*); **6.** ≈**s** *pl.* Effekten, persönliche Habe; **II.** *v.t.* bewerkstelligen, durchführen: *e. delivery* (*comm.*) Lieferung ausführen; *e. payment* (*comm.*) Zahlung leisten.

effective [ɪ'fektɪv] *adj.* **1.** effektiv, wirksam (*method*); **2.** (rechts)wirksam: *become e. as of/from 1st January* vom 1. Januar an rechtswirksam werden; **3.** wirkungsvoll (*speech*); **4.** (*attr.*) de facto (*recognition of a dictatorship*).

effectiveness [ɪ'fektɪvnəs] *n.* **1.** Wirksamkeit (*auch jur.*); **2.** Wirkung, Effekt.

efficiency [ɪ'fɪʃənsɪ] *n.* Leistungsfähigkeit, Effizienz: *improve the e. of s.th.* etw. rationalisieren.

efficient [ɪ'fɪʃənt] *adj.* leistungsfähig, tüchtig, effizient: *be e. at/in one's job* in seinem Beruf tüchtig sein.

effort ['efət] *n.* Anstrengung: *make every e. (to do s.th.)* nichts unversucht lassen; *it'll be an e.* es wird einige Mühe kosten; *my first e.* mein erster Versuch.

e.g. [iː'dʒiː] (*Abkürzung für:* (*lat.*) **exempli gratia**) zum Beispiel.

egg [eg] **I.** *n.* **1.** (*biol.*) Ei: *be still in the e.* (*fig.*) noch im Entstehen begriffen sein (*plan*); **2.** (*Vogel, Reptil*) Ei: *put all one's ≈s in one basket* (*fig.*) alles auf eine Karte setzen; *have e. all over the face* (*fig.*) sich total blamieren.

either ['eɪðə; *US:* 'iːðə] **I.** *adj.* eine(r), eins (von beiden): *in e. case* in jedem Fall (*von zwei Möglichkeiten*); *e. way* so oder so; **II.** *pron.* eine(r), eins (von beiden): *e. of them* jede(r) von beiden; **III.** *adv.* (*in verneinten Sätzen*) auch nicht: *I don't like her e.* ich mag sie auch nicht; **IV.** *conj.: e. … or* entweder … oder.

elaborate I. [ɪ'læbərət] *adj.* **1.** ausgefeilt, ausführlich (*plan*); **2.** umständlich; **II.** [ɪ'læbəreɪt] *v.t.; v.prep.* ausarbeiten; ausführlich darlegen: *could you perhaps e. (on) your plans?* könntest du vielleicht deine Pläne erläutern?

elbow ['elbəʊ] **I.** *n.* **1.** (*anat.*) Ellenbogen: *be at s.o.'s e.* (*fig.*) jdm. zur Verfügung stehen; *rub ≈s with the aristocracy* in aristokratischen Kreisen verkehren; **2.** (*Jacke*) Ellenbogen: *out at the ≈s* (*Kleidung*) durchgewetzt; **II.** *v.t.* drängen: *e. one's way through the crowds* sich einen Weg durch die Menge bahnen; *e. s.o. out* (*fig.*) jdn. herausdrängen.

elder ['eldə] **I.** *adj.* (*attr.*) älter (*bes. Familie*): *his e. daughter* seine ältere Tochter; *the e. of the two* der/die ältere der beiden; *William Pitt the e.* (*hist.*) William Pitt der Ältere; **II.** *n.* **1.** ältere Person: *he is her e. by two years* er ist zwei Jahre älter als sie; **2.** ≈**s** *pl.* Stammesälteste; (*rel.*) Presbyterium.

eldest ['eldəst] *adj.* (*attr.*) älteste(r) (*bes. Familie*): *her e. son* ihr ältester Sohn; *she was the e. of the family* sie war das älteste Familienmitglied.

elect [ɪ'lekt] **I.** *v.t.* **1.** wählen (*a new government*): *e. s.o. (to be) chairman* jdn. zum Vorsitzenden wählen; **2.** sich entscheiden für: *e. to cash a life policy* sich eine Lebensversicherungspolice auszahlen lassen; **II.** *adj.* (*attr., nur nachgestellt*) gewählt, designiert: *the president e.* (*US*) der neue (aber noch nicht amtierende) Präsident.

election [ɪ'lekʃn] *n.* Wahl: *European e.* Wahl zum europäischen Parlament; *general e.* (*GB*) Unterhauswahl; *presidential e.* (*US*) Präsidentschaftswahl; *e. campaign* Wahlkampagne.

electric [ɪ'lektrɪk] *adj.* **1.** elektrisch:

e. chair elektrischer Stuhl; *e. current* elektrischer Strom; *e. shock* Stromschlag; (*med.*) Elektroschock; **2.** (*fig.*) gespannt (*atmosphere*).

electrician [ɪlekˈtrɪʃn] *n.* Elektriker.

electricity [ɪlekˈtrɪsɪtɪ] *n.* Elektrizität.

electronic [ɪlekˈtrɒnɪk] *adj.* elektronisch.

electronics [ɪlekˈtrɒnɪks] *n. sg.* Elektronik.

element [ˈelɪmənt] *n.* **1.** (*chem.*) Element; *the four ≈s* (*hist.*) die vier Elemente (*earth, air, fire, water*); **2.** natürliche Umgebung: *be out of/in one's e.* (*fig.*) nicht in/in seinem Element sein; **3.** Element, Spur, Bestandteil: *an e. of truth* etwas Wahres; **4.** *the* **≈s** *pl.* die Naturgewalten; **5.** **≈s** *pl.* Grundlagen (*of mathematics*); **6.** **≈s** *pl.* Personen: *undesirable ≈s* unerwünschte Elemente.

elementary [ˌelɪˈmentərɪ] *adj.* **1.** elementar, einfach; **2.** Grund- (*school*).

elephant [ˈelɪfənt] *n.* Elefant: *white e.* (*fig.*) Fehlprojekt, Investitionsruine.

elevator [ˈelɪveɪtə] *n.* **1.** (*US*) Aufzug, Fahrstuhl; **2.** (*bes. US*) Silo; **3.** (*aeronaut.*) Höhenruder.

else [els] *adv.* (*meist nach Pron.*) (sonst) noch: *who e.?* wer noch?; *what e.?* was noch?; *anyone/someone e.* jemand anders; *where e.?* wo denn sonst?; *or e.* oder sonst (*there'll be trouble*).

elsewhere [ˈelsweə] *adv.* woanders: *take one's custom e.* woanders einkaufen.

embarrass [ɪmˈbærəs] *v.t.* in Verlegenheit bringen.

embarrassed [ɪmˈbærəst] *adj.* verlegen: *there's no need to feel e. about it* das braucht dir nicht peinlich zu sein.

embarrassing [ɪmˈbærəsɪŋ] *adj.* peinlich (*question*).

embarrassment [ɪmˈbærəsmənt] *n.* Verlegenheit: *cause s.o. e.* jdn. in Verlegenheit bringen; *she's an e. to her parents* sie blamiert ihre Eltern; *financial e.* finanzielle Verlegenheit.

embassy [ˈembəsɪ] *n.* **1.** Botschaft; **2.** (*arch.*) Delegation.

embrace [emˈbreɪs] **I.** *v.t.* **1.** umarmen (*each other*); **2.** annehmen (*the Muslim faith*); **3.** umfassen (*all aspects of the subject*); **II.** *n.* Umarmung.

emerge [ɪˈmɜːdʒ] *v.i.* **1.** auftauchen (*auch fig.*): *it ≈d that …* es stellte sich heraus, daß …; **2.** entstehen, sich herauskristallisieren: *Stalin ≈d as leader after Lenin's death* Stalin wurde der neue Führer nach Lenins Tod.

emergency [ɪˈmɜːdʒənsɪ] *n.* Notfall: *in an e.* im Notfall; *state of e.* (*pol.*) Notstand; *e. brake* Notbremse.

emigrant [ˈemɪgrənt] *n.* **1.** Auswanderer; **2.** (*pol.*) Emigrant.

emigrate [ˈemɪgreɪt] *v.t.* **1.** auswandern; **2.** (*pol.*) emigrieren.

emigration [ˌemɪˈgreɪʃn] *n.* **1.** Auswanderung; **2.** (*pol.*) Emigration.

emotion [ɪˈməʊʃn] *n.* **1.** Gefühlsregung: *show no e.* sich nichts anmerken lassen; **2.** (*kein Pl.*) Bewegtheit: *in a voice full of e.* mit bewegter Stimme.

emotional [ɪˈməʊʃənl] *adj.* **1.** Gefühls- (*problem*); **2.** gefühlsbetont (*music*); **3.** leicht erregbar: *get e.* sich aufregen.

emphasis [ˈemfəsɪs] *n.* **1.** (*phon.*) Betonung (*on the first syllable*); **2.** (*fig.*) Betonung, Wert: *put/lay/place e. on s.th.* großen Wert auf etw. legen.

emphasize [ˈemfəsaɪz] *v.t.* betonen, hervorheben.

empire [ˈempaɪə] *n.* **1.** Weltreich:

The British E. das britische Weltreich; *the Holy Roman E.* das Heilige Römische Reich; **2.** (*fig.*) Imperium: *Murdoch's publishing e.* Murdochs Presseimperium.

employ [em'plɔɪ] **I.** *v.t.* **1.** beschäftigen, einstellen (*five new secretaries*); **2.** einsetzen (*new methods*): *e. one's time* seine Zeit einsetzen; *e. force* Gewalt anwenden; **II.** *n.* Beschäftigungsverhältnis: *be in s.o.'s e.* in jds. Diensten stehen.

employee [ˌemplɔɪ'iː] *n.* Arbeitnehmer(in): *blue-collar e.* Arbeiter(in); *salaried/white-collar e.* Angestellte(r).

employer [em'plɔɪə] *n.* Arbeitgeber: *≈s and employees* Arbeitgeber und Arbeitnehmer; *≈s' federation* Arbeitgeberverband.

employment [em'plɔɪmənt] *n.* **1.** Beschäftigung, Arbeit(sverhältnis): *find e.* Arbeit finden; *look for/seek e.* Arbeit suchen; **2.** Anwendung (*of force*).

empty ['emtɪ] **I.** *adj.* leer: *on an e. stomach* auf nüchternen Magen; *feel e.* (*fig.*) sich innerlich leer fühlen; **II.** *n.* **empties** *pl.* Leergut; **III. 1.** *v.t.* leeren (*the dustbin*); **2.** *v.i.* sich leeren (*the streets*).

enable [ɪ'neɪbl] *v.t.* **1.** ermöglichen, in die Lage versetzen: *a good dictionary ≈s you to read foreign language texts* ein gutes Wörterbuch versetzt dich in die Lage, Fremdsprachentexte zu lesen; *the new scheme will e. an increase in heart operations* das neue Projekt wird mehr Herzoperationen ermöglichen; **2.** ermächtigen (*s.o. to do s.th.*): *enabling act* Ermächtigungsgesetz.

enclose [ɪn'kləʊz] *v.t.* **1.** einzäunen, einfrieden (*a plot of land*); **2.** (*Brief*) beilegen: *≈d please find …* (*comm.*) beiliegend finden Sie … .

enclosure [ɪn'kləʊʒə] *n.* **1.** (*hist.*) Einfriedung (*of public land*); **2.** (Tier-)Gehege; abgetrennter Bereich; **3.** (*Brief*) Anlage.

encounter [ɪn'kaʊntə] **I.** *v.t.* treffen: *e. difficulties* auf Schwierigkeiten stoßen; **II.** *n.* Begegnung (*with s.o./s.th.*).

encourage [ɪn'kʌrɪdʒ] *v.t.* ermutigen (*s.o. to do s.th.*).

encouragement [ɪn'kʌrɪdʒmənt] *n.* Ermutigung, Förderung.

end [end] **I.** *n.* **1.** Ende, Spitze: *from one e. to the other* von einem Ende zum anderen; *the e. of the road* das Ende der Straße; (*fig.*) das Ende einer Entwicklung; *go to the ≈s of the earth* (*fig.*) nichts unversucht lassen; *at this e.* hier bei uns; *dead e.* (*fig.*) Situation ohne Ausweg; *make both ≈s meet* (*fig.*) sich über Wasser halten; **2.** (*Entwicklung*) Ende: *at the e. of the month* am Monatsende; *at the e. of the day* (*fig.*); *in the e.* letztendlich; *come to an e.* aufhören; *from beginning to e.* von Anfang bis Ende; **3.** Ziel, Zweck: *an e. in itself* ein Selbstzweck; *to this e.* zu diesem Zweck; *a means to an e.* ein Mittel zum Zweck; **II. 1.** *v.t.* beenden: *e. an affair* ein Verhältnis beenden; *e. one's days at home* den Lebensabend zu Hause verbringen; **2.** *v.i.* zu Ende gehen; *where is it all going to e.?* wie soll das enden?; **3.** *v.prep.: e. in s.th.* in etw. enden (*disaster*); *e. up doing s.th.* schließlich (doch) etw. tun.

endeavor (*US*); **endeavour** (*GB*) [ɪn'devə] **I.** *n.* Anstrengung: *make an e.* sich bemühen; **II.** *v.t.* sich anstrengen (*to do s.th.*).

endless ['endləs] *adj.* endlos (*discussion*).

endurance [ɪn'djʊərəns] *n.* Ausdauer: *beyond e.* unerträglich; *e. test* Härtetest.

endure [ɪn'djʊə] **1.** *v.t.* ertragen, aushalten (*hardship*); **2.** *v.i.* durchhalten (*despite the hot weather*); **3.** andauern (*Dickens' fame*).

enemy ['enəmɪ] *n.* **1.** Feind: *be one's own worst e.* sich selbst (am meisten) im Wege stehen; *his behaviour made him many enemies* durch sein Verhalten machte er sich viele Feinde; **2.** *the e.* (*mil.*) der Feind; *the e. within* (*pol.*) der innere Feind.

energy ['enədʒɪ] *n.* **1.** (menschliche) Energie: *be full of e.* nicht zu bremsen sein; *conserve one's energies* mit seinen Kräften haushalten; **2.** (*techn.*) Energie: *nuclear e.* Kernkraft.

energetic [ˌenə'dʒetɪk] *adj.* **1.** energiegeladen, tatkräftig (*person*); **2.** aufreibend, anstrengend (*day at work*); **3.** energisch, entschlossen (*refusal*).

enforce [ɪn'fɔːs] *v.t.* erzwingen, durchsetzen (*the law*).

engage [ɪn'geɪdʒ] **1.** *v.t.* einstellen, verpflichten (*a new manager*): *e. a lawyer* sich einen Anwalt nehmen; **2.** fesseln, in Anspruch nehmen (*s.o.'s attention for over an hour*); **3.** (*mil.*) angreifen, stellen (*the enemy*); **4.** (*techn.*) einschalten, einlegen (*second gear*); **5.** *v.refl.: e. o.s. (to do s.th.)* sich (zu etw.) verpflichten; **6.** *v.i.* sich verpflichten (*to do s.th.*); **7.** sich beteiligen: *e. in politics* sich politisch betätigen; **8.** (*techn.*) ineinandergreifen.

engaged [ɪn'geɪdʒd] *adj.* **1.** verlobt (*to be married*): *become e.* sich verloben; **2.** beschäftigt: *I'm sorry I'm e.* es tut mir leid, ich habe schon einen Termin; **3.** (*GB*) (*tel.*) besetzt.

engagement [ɪn'geɪdʒmənt] *n.* **1.** Verlobung: *break off one's e.* seine Verlobung (auf)lösen; *e. ring* Verlobungsring; **2.** Termin, Verpflichtung: *e. diary* Terminkalender; **3.** (*mil.*) Gefecht, Scharmützel; **4.** Einstellung (*of part-time workers*); **5.** (*techn.*) Betätigung (*of the clutch*).

engine ['endʒɪn] *n.* **1.** Maschine, Motor (*of a car*): *steam e.* Dampfmaschine; *fire e.* Löschfahrzeug; **2.** Lokomotive: *steam e.* Dampflokomotive.

engineer [endʒɪ'nɪə] **I.** *n.* **1.** Ingenieur: *electrical e.* Elektroingenieur; *mechanical e.* Maschinenbauer; **2.** Techniker: *maintenance e.* Wartungstechniker; **3.** (*US*) Lokomotivführer; **II.** *v.t.* **1.** (*techn.*) konstruieren; **2.** planen.

engineering [ˌendʒɪ'nɪərɪŋ] n. Technik, Ingenieurwissenschaften: *study mechanical e.* Maschinenbau studieren.

English ['ɪŋglɪʃ] **I.** *adj.* **1.** englisch (*history, literature*): *E. breakfast* englisches Frühstück; *E. Channel* Ärmelkanal; *The E. people* die Engländer; **2.** (*ling.*) englisch (*grammar*); **II.** *n.* **1.** Englisch: *E. as a foreign language* Englisch als Fremdsprache; *in plain E.* einfach ausgedrückt; *the King's/Queen's E.* korrektes Englisch; **2.** *pl.: the E.* die Engländer.

enjoy [ɪn'dʒɔɪ] **1.** *v.t.* genießen (*life, a good meal*): *e. going to the cinema* gern ins Kino gehen; **2.** (*jur.*) genießen (*equal rights*); **3.** *v.refl.: e. o.s.* sich amüsieren.

enjoyable [ɪn'dʒɔɪəbl] *adj.* unterhaltsam (*book*); angenehm.

enjoyment [ɪn'dʒɔɪmənt] *n.* **1.** Genuß, Gefallen: *get a lot of e. out of a book* viel Gefallen an einem Buch finden; **2.** (*jur.*) Genuß (*of equal rights*).

enlarge [en'lɑːdʒ] **1.** *v.t.* vergrößern (*a photograph*); **2.** *v.i.* sich vergrößern lassen; **3.** *v.prep.: e. on/upon* *s.th.* etw. genauer/ausführlicher erklären.

enlist [en'lɪst] **1.** *v.t.* anwerben, gewinnen (*volunteers*): *e. s.o.'s support* sich jds. Hilfe versichern; **2.** *v.i.* (*mil.*) sich anwerben lassen, sich (freiwillig) melden.

enormous [ɪ'nɔːməs] *adj.* riesig, gewaltig (*amount of money*).

enough [ɪ'nʌf] **I.** *adj.* genug: *e. is e.* jetzt reicht's; *e. money; money e.* genug Geld; **II.** *pron.* genug: *I've had e. of you* von dir habe ich die Nase voll; **III.** *adv.* genug: *large e.* groß genug; *oddly e.* seltsamerweise; *would you be kind e. to …?* könnten Sie vielleicht …?

enquire → **inquire**

enquiry → **inquiry**

entail [en'teɪl] *v.t.* mit sich bringen (*a lot of work*).

enter ['entə] **1.** *v.t.* betreten (*a room*); einreisen in (*a country*); einbrechen in (*a house*); **2.** beitreten, eintreten: *e. parliament* Abgeordneter werden; *e. a profession* Beruf ergreifen; **3.** eintragen (*the figures in the account book*); **4.** (*jur.*) geltend machen (*a complaint*); **5.** *v.i.* eintreten: *e.!* kommen Sie herein!; **6.** *v.prep.: e. into s.th.* (*fig.*) in etw. eintreten: *e. into negotiations* in Verhandlungen treten; *e. on/upon s.th.* auf sich nehmen: *e. on/upon one's duties* seinen Dienst aufnehmen.

enterprise ['entəpraɪz] *n.* **1.** Unternehmung, Unterfangen: *a dangerous e.* ein risikoreiches Unterfangen; **2.** Unternehmungsgeist, Initiative: *she is full of e.* sie ist unternehmungslustig; **3.** (*comm.*) Unternehmen: *private e.* Privatunternehmen; privates Unternehmertum.

entertain [ˌentə'teɪn] *v.t.* **1.** unterhalten (*the audience*); **2.** einladen, bewirten (*some friends tonight*); **3.** hegen: *e. a proposal* einen Vorschlag in Betracht ziehen; *e. some doubts* gewisse Zweifel hegen.

entertainer [ˌentə'teɪnə] *n.* Unterhalter, Entertainer.

entertainment [ˌentə'teɪnmənt] *n.* Unterhaltung, Vergnügen: *place of e.* Vergnügungsstätte; *e. tax* Vergnügungssteuer; *much to my e.* zu meinem großen Vergnügen.

enthusiasm [ɪn'θjuːzɪəsm] *n.* **1.** (*nur Sg.*) Begeisterung: *feel no e. for s.th.* sich für etw. nicht begeistern können; **2.** (*auch Pl.*) Lieblingsbeschäftigung: *cycling is one of his ≈s* Radfahren ist eine seiner Lieblingsbeschäftigungen.

enthusiastic [enˌθjuːzɪ'æstɪk] *adj.* begeistert (*about/over s.th.*).

entire [ɪn'taɪə] *adj.* **1.** ganz: *the e. day* der ganze Tag; **2.** völlig: *be in e. agreement with s.o.* mit jdm. voll übereinstimmen.

entirely [ɪn'taɪəlɪ] *adv.* völlig: *I'm not e. happy about it* darüber bin ich nicht ganz glücklich.

entitle [en'taɪtl] *v.t.* **1.** berechtigen (*s.o. to [do] s.th.*): *this ticket ≈s you to travel all over the network* diese Fahrkarte gilt für das ganze Netz.

entrance ['entrəns] *n.* **1.** Eingang: *front/back e.* Vorder-/Hintereingang; *tradesmen's e.* Eingang für Dienstboten; **2.** Zugang: *she was refused e. to the club* ihr wurde der Zutritt zum Club verwehrt; **3.** (*theat.*) Auftritt (*auch fig.*): *his e. on the political stage* sein (erster) Auftritt auf der politischen Bühne.

entry ['entrɪ] *n.* **1.** Eintritt, Einfahrt: *»no e.«* (*Schild*) »Eintritt verboten«; »Einfahrt verboten«; »Einbahnstraße«; **2.** Einreise: *e. visa* Einreisevisum; **3.** Zugang: *gain e.* sich Zugang verschaffen; **4.** Eingangsbereich; **5.** Eintragung (*in the books*); Meldung (*for the marathon*).

envelope ['envələʊp] *n.* **1.** (Brief-) Umschlag; **2.** Hülle, Schleier: *an e. of mist* ein Nebelschleier.

envious ['envɪəs] *adj.* neidisch (*of s.th.*).

environment [en'vaɪrənmənt] *n.* **1.** Umfeld, Milieu: *home e.* Familienmilieu; **2.** *the e.* Umwelt: *Department of the E.* (*GB*) Umweltministerium.

environmental [en,vaɪrən'mentl] *adj.* **1.** Umwelt-: *e. protection* Umweltschutz; **2.** Milieu: *e. factors* milieubestimmte Faktoren.

envy ['envɪ] **I.** *n.* **1.** Neid: *full of/green with e.* neiderfüllt; *excite e.* Neid erregen; **2.** Neidobjekt: *he's the e. of the neighbourhood* die ganze Nachbarschaft beneidet ihn; **II.** *v.t.* beneiden: *e. s.o. s.th.* jdn. um etw. beneiden.

equal ['i:kwəl] **I.** *adj.* **1.** gleich: *divide s.th. into e. parts* etw. in gleiche Teile teilen; *e. opportunities* Chancengleichheit; *e. pay for e. work* gleicher Lohn für gleiche Arbeit; *be on e. terms with s.o.* mit jdm. auf der gleichen Stufe stehen; *other things being e.* wenn nichts dazwischenkommt; **2.** imstande: *be e. to a task* einer Aufgabe gewachsen sein; **II.** *n.* Gleiche(r), ebenbürtige Person: *she is his e. in intelligence* sie ist genauso intelligent wie er; **III.** *v.t.* **1.** (*math.*) gleichen; **2.** gleichkommen (*s.o. in cleverness*); einstellen (*the world record*).

equality [ɪ'kwɒlɪtɪ] *n.* Gleichheit: *e. of opportunity* Chancengleichheit.

equation [ɪ'kweɪʃn] *n.* (*math.*) Gleichung: *the other side of the e.* (*fig.*) die andere Seite der Münze.

equip [ɪ'kwɪp] *v.t.* ausrüsten (*s.o./o.s. with s.th.*): *a good education will e. you for life* eine gute Bildung hilft dir für dein ganzes Leben.

equipment [ɪ'kwɪpmənt] *n.* (*nur Sg.*) **1.** Ausrüstung: *piece of e.* Ausrüstungsgegenstand; **2.** Ausstattung (*als Vorgang*).

erect [ɪ'rekt] **I.** *adj.* **1.** aufrecht: *stand e.* aufrecht stehen; **2.** (*med.*) (*Penis*) erigiert; **II.** *v.t.* aufstellen (*a tent*); errichten (*a building*).

error ['erə] *n.* Irrtum: *human e.* menschliches Versagen; *printer's e.* Druckfehler; *e. of judgment* Fehleinschätzung; *do s.th. in e.* etw. irrtümlich tun; *see the e. of one's ways* seine Fehler eingestehen.

escape [ɪ'skeɪp] **I. 1.** *v.i.* flüchten, entkommen (*from prison*); *e. from reality* aus der Realität flüchten (*into a dream world*); **2.** ausströmen (*gas*); **3.** *v.t.* flüchten, entkommen: *e. death* knapp dem Tode entrinnen; *e. observation* nicht beobachtet werden; *there's no escaping the fact that …* es läßt sich nicht leugnen, daß …; **II.** *n.* **1.** Flucht (*from prison*): *make one's e.* flüchten; *have a narrow e.* (*fig.*) noch einmal davonkommen; *there's no e.* es gibt keinen Ausweg; **2.** Fluchtmittel: *fire e.* Feuertreppe; *e. vehicle* Fluchtfahrzeug; **3.** Ausströmen (*of gas*).

especially [ɪ'speʃəlɪ] *adv.* besonders: *not e.* nicht besonders.

essay I. ['eseɪ] *n.* **1.** Aufsatz; (*lit.*) Essay; **2.** Versuch; **II.** [e'seɪ] *v.t.* versuchen.

essence ['esəns] *n.* **1.** Kern, das Wesentliche: *in e.* im wesentlichen; *the e. of the problem* der Kern des Problems; *speed is of the e.* wir müssen uns beeilen; **2.** (*chem.*) Essenz, Extrakt: *meat e.* Fleischextrakt.

essential [ɪ'senʃl] **I.** *adj.* **1.** unbedingt erforderlich: *it is e. that you meet* *your obligations* es ist unbedingt erforderlich, daß Sie Ihren Verpflichtungen nachkommen; *e. services* wichtige öffentliche Dienste; **2.** grundsätzlich, wesentlich: *the e. difference* der wesentliche Unterschied; **II.** *n.* **1.** notwendige Sache: *just take a few ≈s* nimm nur das Notwendigste mit; **2.** Voraussetzung: *knowledge of some Russian is an e.* elementare Russischkenntnisse sind unverzichtbar; *the ≈s of grammar* die wesentlichen Prinzipien der Grammatik.

establish [ɪ'stæblɪʃ] **1.** *v.t.* gründen: *our school was ≈d during the reign of Edward IV* unsere Schule wurde während der Regierungszeit Eduards IV. gegründet; **2.** etablieren, begründen: *he ≈d his reputation as a writer at the age of 42* er begründete seinen Ruf als Schriftsteller im Alter von 42 Jahren; **3.** feststellen, ermitteln (*the truth of the story*); **4.** *v.refl.: e. o.s.* sich etablieren.

established [ɪ'stæblɪʃt] *adj.* feststehend (*fact*); akzeptiert (*beliefs*); üblich (*procedure*); *the E. Church* (*GB*) die (anglikanische) Staatskirche.

establishment [ɪ'stæblɪʃmənt] *n.* **1.** Einrichtung, Gründung (*of a school*); **2.** Nachweis, Ermittlung (*of the truth*); **3.** Institution, Unternehmen: *commercial e.* Wirtschaftsunternehmen; **4.** (*GB*) *the E.* das Establishment, die herrschende Kaste und ihre Organisationen.

estate [ɪ'steɪt] *n.* **1.** Landgut: *e. car* Kombi; **2.** Siedlung: *housing e.* Wohnsiedlung; *industrial e.* Gewerbegebiet; **3.** (*jur.*) Eigentum: *real e.* Immobilien; *e. agent* Immobilienmakler; **4.** Nachlaß; **5.** (*hist.*) Stand: *the three ≈s* die drei Stände.

esteem [ɪ'stiːm] **I.** *n.* Wertschätzung: *hold s.o./s.th. in high e.* jdn./etw. sehr schätzen; **II.** *v.t.* schätzen (*s.o./s.th.*).

estimate **I.** ['estɪmeɪt] *v.t.* schätzen, taxieren (*the value of s.th.*); **II.** ['estɪmət] *n.* **1.** Schätzung: *at a rough e.* grob geschätzt; **2.** Kostenvoranschlag: *ask for an e.* um einen Kostenvoranschlag bitten.

ethic ['eθɪk] *n.* **1.** Ethik, Morallehre: *the Protestant work e.* die protestantische Arbeitsethik; **2.** **≈s** *sg.* **1.** Morallehre; **2.** Ethik, Moral (*of a decision*).

ethical ['eθɪkl] *adj.* **1.** ethisch, moralisch (*problem*); **2.** korrekt: *e. committee* Disziplinarausschuß.

Europe ['jʊərəp] *n.* Europa: *mainland E.* das europäische Festland.

European [ˌjʊərə'pɪən] **I.** *adj.* europäisch: *E. Union* Europäische Union; **II.** *n.* Europäer(in).

evaluate [ɪ'væljʊeɪt] *v.t.* auswerten, bewerten (*the situation*).

evaluation [ɪˌvæljʊ'eɪʃn] *n.* Auswertung.

even[1] ['iːvən] **I.** *adj.* **1.** eben: *e. ground* glatter Boden; **2.** gleichmäßig (*temperature*); **3.** ausgeglichen: *get e. with s.o.* (*Sport*) mit jdm. gleichziehen; (*coll.*) es jdm. heimzahlen; *break e.* (*comm.*) ausgeglichenes Ergebnis erzielen; *an e. chance* eine echte Chance; **4.** (*math.*) gerade (*number*) → **odd**; **II.** *v.prep.* **1.** *e. out* eben werden: *prices will e. out* die Preise werden sich einpendeln; *e. s.th. out* etw. planieren; (*fig.*) etw. ausgleichen; **2.** *e. up* ausgleichen, abrechnen.

even[2] *adv.* **1.** sogar: *e. a child* sogar ein Kind; **2.** noch: *he drinks, but she drinks e. more* er ist ein Trinker, aber sie trinkt noch mehr;

3. *als Teil einer Konj.: e. as …* in dem Moment, da …; *e. though* obwohl.

evening ['iːvənɪŋ] *n.* **1.** Abend: *good e.!* guten Abend!; *in the e.* am Abend; **2.** Abendveranstaltung: *theatre e.* Theaterabend; **3.** (*fig.*) Lebensabend.

event [ɪ'vent] *n.* **1.** Ereignis: *the most important e. of the year* das wichtigste Ereignis des Jahres; *happy e.* glückliches Ereignis, Geburt; **2.** Fall: *in the e. of* im Falle von (*rain*); *in any e.* auf jeden Fall; *in that e.* wenn das passiert; **3.** Ausgang, Ergebnis: *at all ≈s* trotzdem; *in the e.* tatsächlich; *be wiser after the e.* hinterher mehr wissen; **4.** (*Sport*) Wettkampf, Disziplin.

eventual [ɪ'ventʃʊəl] *adj.* (*attr.*) letztlich, schließlich.

ever ['evə] *adv.* **1.** jemals: *nothing e. happens in this place* hier passiert nie etwas; *it was the hottest day e.* es war der heißeste Tag seit Menschengedenken; *have you e. been to …?* bist du je in … gewesen?; *hardly e.* kaum jemals; *rarely, if e.* selten, wenn überhaupt; **2.** immer: *as e.* wie immer; *for e.* für immer; *and they lived happily e. after …* (*Märchen*) und wenn sie nicht gestorben sind, …; *e. since* seitdem; *yours e.; e. yours* (*Brief*) Dein(e); **3.** (*verstärkend*) so: *he's e. so clever* er ist unheimlich schlau; *she's e. so nice* sie ist unheimlich nett; *I'm e. so sorry* es tut mir ja so leid; **4.** (*in Fragen verstärkend*) bloß: *what e. shall we do?* was um Himmels willen sollen wir bloß tun?

every ['evrɪ] *adj.* (*attr.*) **1.** (*konkret, sich auf eine zumeist größere Gruppe oder Anzahl beziehend →* **each**) jede(r, s): *e. time* jedes Mal; *his e. movement* jede seiner Bewegungen; *e. one of you* jeder einzelne von euch; *e. other* jeder zweite; *e. 5 minutes* alle 5 Minuten; **2.** (*abstrakt*) jede(r, s), alle: *have e. reason to believe that …* allen Grund zur Annahme haben, daß … .

everybody ['evrɪbɒdɪ]; **everyone** ['evrɪwʌn] *pron.* jede(r, s): *e. knows that …* jeder weiß, daß …; (*mit Pl.*) *e. packed their bags* alle packten ihre Sachen.

everything ['evrɪθɪŋ] *pron.* **1.** (*konkret*) alles: *she lost e.* sie verlor alles (was sie besaß); **2.** (*abstrakt*) alles: *money isn't e.* Geld allein macht nicht glücklich.

everywhere ['evrɪweə] *adj.* überall: *look e.* überall suchen.

evidence ['evɪdəns] **I.** *n.* **1.** (*jur.*) Beweis: *give e.* aussagen; *piece of e.* Beweisstück; *for lack of e.* mangels Beweises; **2.** Anzeichen: *there is no e. of extraterrestrial life* es gibt kein Anzeichen für Leben außerhalb der Erde; *be much in e.* nicht zu übersehen sein; **II.** *v.t.* beweisen.

evident ['evɪdənt] *adj.* offenkundig: *it's e. that …* es ist klar, daß … .

evil ['iːvl] **I.** *adj.* (*Steigerung:* **worse, worst**) **1.** bösartig (*character*): *the e. eye* der böse Blick; *fall on e. days* ins Unglück geraten; **2.** unangenehm (*smell*); **II.** *n.* Übel, das Böse: *good and e.* das Gute und das Böse; *the lesser of two ≈s* das kleinere Übel.

evolve [ɪ'vɒlv] **1.** *v.i.* sich entwickeln; **2.** *v.t.* entwickeln (*a theory*).

exact [ɪg'zækt] **I.** *adj.* **1.** genau, exakt (*time*): *to be e.* genau gesagt; *at the e. moment* in genau diesem Augenblick; **2.** präzise: *be e. in a job* peinlich genau arbeiten; **II.** *v.t.* **1.** fordern, eintreiben (*money*): *e. a ransom* ein Lösegeld erpressen; **2.** erfordern (*great care*).

exacting [ɪk'zæktɪŋ] *adj.* anspruchsvoll (*work*): *an e. teacher* ein Lehrer, der viel verlangt.

exactly [ɪg'zæktlɪ] *adv.* **1.** genau: *I don't e. know* ich weiß es nicht ganz genau; *tell us e. what happened* sagen Sie uns genau, was passiert ist; **2.** unbedingt, gerade: *not e. a lady* nicht gerade eine Dame.

exaggerate [ɪg'zædʒəreɪt] *v.t.* übertreiben (*the difficulties*).

exaggeration [ɪg'zædʒəreɪʃn] *n.* Übertreibung: *without e.* ohne zu übertreiben.

exam [ɪg'zæm] *n.* (*coll.*) (*Kurzform von:* →**examination**) Prüfung: *take an e.* Prüfung machen.

examination [ɪg,zæmɪ'neɪʃn] *n.* **1.** Untersuchung, Überprüfung: *on e.* nach einer Untersuchung; *be under e.* z. Zt. noch überprüft werden; *medical e.* ärztliche Untersuchung; **2.** Prüfung, Examen: *final e.* Abschlußprüfung; **3.** (*jur.*) Verhör.

examine [ɪg'zæmɪn] *v.t.* **1.** untersuchen, prüfen: *you need/want to have your head ≈d* (*coll.*) du solltest dich einmal auf deinen Geisteszustand hin untersuchen lassen; **2.** (*Examen*) prüfen: *e. the candidate* den Kandidaten prüfen; **3.** (*jur.*) verhören (*the witnesses*).

example [ɪg'zɑ:mpl] *n.* **1.** Beispiel: *for e.* zum Beispiel; **2.** Muster, Beispiel: *a splendid e. of medieval architecture* ein hervorragendes Beispiel für die Architektur des Mittelalters; **3.** Vorbild, gutes/schlechtes Beispiel: *follow s.o.'s e.* jds. Beispiel folgen; *set a good e.* mit gutem Beispiel vorangehen; *make an e. of s.o.* Exempel an jdm. statuieren.

exceed [ɪk'si:d] *v.t.* (quantitativ) übertreffen: *the cost must not e. £10,000* die Kosten dürfen 10000 Pfund nicht übersteigen; *e. the speed limit* schneller als erlaubt fahren.

excellence ['eksələns] *n.* hervorragende Qualität: *the pursuit of e.* das Streben nach Perfektion; *one of her ≈s* einer ihrer Vorzüge.

excellent ['eksələnt] *adj.* ausgezeichnet, hervorragend (*results*).

except [ɪk'sept] **I.** *prep.* **1.** außer (*Tuesday*): *everyone e. you* alle außer dir; **2.** *e. for* abgesehen von: *e. for the fact that ...* abgesehen von der Tatsache, daß ...; **II.** *conj.* doch, wenn nicht: *I would cycle, e. it's too steep* ich würde mit dem Rad fahren, aber es ist zu steil; **III.** *v.t.* ausnehmen: *present company ≈ed* die Anwesenden sind (natürlich) ausgenommen.

exception [ɪk'sepʃn] *n.* **1.** Ausnahme: *e. to the rule* Ausnahme von der Regel; *the e. proves the rule* die Ausnahme bestätigt die Regel; *make an e. (of s.o./s.th.)* Ausnahme machen; **2.** *take e. to s.th.* Anstoß an etw. nehmen.

excess [ɪk'ses] *n.* **1.** Übermaß (*of s.th.*): *in e. of* über (*10 kgs*); *drink to e.* zuviel trinken; *e. fat* zuviel Fett; **2.** Überschuß; Zuschlag; **3.** (*Versicherung*) Selbstbeteiligung (*of £ 500 on every claim*); **4.** **≈es** *pl.* Exzesse.

excessive [ɪk'sesɪv] *adj.* übermäßig (*prices*).

exchange [ɪks'tʃeɪndʒ] **I.** *n.* **1.** (*comm.*) Tausch: *in e. for* im Tausch gegen; *e. rate; rate of e.* Wechselkurs; **2.** Austausch: *e. of prisoners* Gefangenenaustausch; *e. student* Austauschstudent(in); *e. of fire* Feuerwechsel; **3.** Börse: *commodity e.* Rohstoffbörse; *stock e.* Wertpapierbörse; **II.** *v.t.* (aus)tauschen (*s.th. for s.th. else*): *e. prisoners* Gefangene austauschen; *e. glances* Blicke austauschen; *e. pounds for deutsch-*

marks Pfund Sterling gegen DM tauschen.

excite [ɪk'saɪt] *v.t.* **1.** in Aufregung versetzen: *don't e. yourself; don't get ≈d* reg dich nicht auf; **2.** anstacheln (*s.o. to s.th.*); **3.** hervorrufen, anregen (*interest in school reform*).

excitement [ɪk'saɪtmənt] *n.* Aufregung: *avoid e.* jede Aufregung vermeiden; *cause e.* Aufregung verursachen.

exciting [ɪk'saɪtɪŋ] *adj.* aufregend, spannend (*story*): *how e.!* wie aufregend! (*auch iron.*).

exclaim [ɪk'skleɪm] *v.t.* ausrufen: *»Good heavens!«, she ≈ed* »Ach du liebe Güte!«, rief sie aus.

excuse I. [ɪk'skjuːs] *n.* Entschuldigung, Ausrede: *by way of e.* als Ausrede; *she's always making ≈s* sie hat für alles eine Ausrede; *be absent without (good) e.* unentschuldigt fehlen; *make one's/s.o.'s ≈s* sich/jdn. entschuldigen; **II.** [ɪk'skjuːz] *v.t.* **1.** entschuldigen: *e. me* entschuldigen Sie bitte; **2.** befreien: *e. s.o. from swimming lessons* jdn. vom Schwimmunterricht befreien; *may I be ≈d?* darf ich mal eben verschwinden?

execute ['eksɪkjuːt] *v.t.* **1.** ausführen (*a plan*); **2.** (*jur.*) vollstrecken: *e. a murderer* einen Mörder hinrichten.

execution [ˌeksɪ'kjuːʃn] *n.* **1.** Ausführung, Wahrnehmung (*of one's duties*): *put s.th. into e.* etw. ausführen; **2.** (*jur.*) Vollstreckung; Hinrichtung.

executive [ɪg'zekjʊtɪv] **I.** *adj.* **1.** führend: *e. position* Führungsposition; **2.** ausführend (*organ*); **II.** *n.* **1.** leitender Angestellter; **2.** Vorstand; **3.** *the e.* die Regierung.

exercise ['eksəsaɪz] **I.** *n.* **1.** Übung: *physical e.* Gymnastik; *do one's ≈s* Gymnastik betreiben; *e. book* Übungsheft; **2.** Ausübung, Wahrnehmung: *die in the e. of one's duties* in Ausübung seiner Pflichten sterben; **II. 1.** *v.t.* üben, trainieren (*horses*); **2.** ausüben, praktizieren (*patience*); **3.** *v.i.* üben, trainieren.

exert [ɪg'zɜːt] **1.** *v.t.* ausüben (*pressure*); **2.** *v.refl.*: *e. o.s.* sich anstrengen.

exhaust [ɪg'zɔːst] **I.** *v.t.* **1.** erschöpfen: *feel ≈ed* erschöpft sein; **2.** erschöpfen (*s.o.'s patience*); aufbrauchen (*the country's oil reserves*); **II.** *n.* (*techn.*) **1.** Auspuff; **2.** Auspuffgase.

exhausting [ɪg'zɔːstɪŋ] *adj.* erschöpfend, anstrengend (*work*).

exhaustive [ɪg'zɔːstɪv] *adj.* **1.** gründlich (*search*); **2.** erschöpfend: *e. industry* Abbaubetriebe (*coal mining*).

exhibit [ɪg'zɪbɪt] **I.** *v.t.* **1.** ausstellen (*paintings*); **2.** beweisen (*great skill*); **II.** *n.* **1.** Ausstellungsstück; **2.** (*jur.*) Beweisstück.

exhibition [ˌeksɪ'bɪʃn] *n.* **1.** Ausstellung (*of photographs*); **2.** Zurschaustellung: *make an e. of o.s.* sich öffentlich blamieren.

exist [ɪg'zɪst] *v.i.* **1.** existieren: *continue to e.* weiterbestehen; **2.** (über)leben: *we can hardly e. on my income* von meinem Einkommen können wir kaum leben.

existence [ɪg'zɪstəns] *n.* **1.** Existenz, Bestehen: *come into e.* entstehen; *the continued e. of s.th.* das Weiterbestehen von etw.; **2.** Leben, Dasein: *live a miserable e.* elendes Dasein fristen; **3.** Überleben: *depend on s.th. for one's e.* von etw. zum Überleben abhängig sein.

exit ['eksɪt] **I.** *n.* **1.** (*theat.*) Abgang: *make one's e.* abgehen (*auch fig.*); **2.** Ausgang, Ausfahrt: *emergency e.* Notausgang; *motorway e.* (*GB*) Autobahnausfahrt; **II.** *v.i.* **1.**

(*theat.*) abgehen; **2.** (*US*) (*Autobahn*) ausfahren.

expect [ɪk'spekt] *v.t.* **1.** erwarten: *e. the worst* mit dem Schlimmsten rechnen; *I e. to see you next week* ich rechne nächste Woche mit Ihrem Besuch; *e. s.th. from s.o.* etw. von jdm. erwarten (*a letter*); *e. s.th. of s.o.* etw. von jdm. erwarten (*a lot of work*): *she ≈ed too much of him* sie verlangte zuviel von ihm; *e. s.o. to do s.th.* etw. von jdm. erwarten: *we e. you to report by 6 p.m.* wir erwarten, daß Sie sich bis 18 Uhr gemeldet haben; **2.** glauben, denken: *do you think it'll rain? – I e. so/not* glauben Sie, es wird regnen? – ich glaube ja/nein; **3.** (*nur progressive Form*): *she's ≈ing (a baby)* sie erwartet ein Kind.

expectation [ˌekspek'teɪʃn] *n.* Erwartung: *in e. of* in Erwartung von; *contrary to all ≈s* wider Erwarten; *e. of life* Lebenserwartung; *not come up to (s.o.'s) ≈s* nicht den Erwartungen entsprechen.

expend [ɪk'spend] *v.t.* ausgeben, verausgaben (*a lot of money*): *e. all one's energies* seine ganze Energie aufwenden.

expenditure [ɪks'pendɪtʃə] *n.* Ausgabe(n).

expense [ɪk'spens] *n.* **1.** Kosten: *at s.o.'s e.* auf jds. Kosten (*auch fig.*); *go to great e.* viel Aufwand treiben; *at the e. of his health* auf Kosten seiner Gesundheit; *spare no e.* keine Kosten scheuen; *no e. spared* Kosten spielen keine Rolle; **2.** **≈s** *pl.* Spesen, Unkosten; *(all) ≈s paid* das geht alles auf Spesen.

expensive [ɪk'spensɪv] *adj.* teuer, kostspielig.

experience [ɪk'spɪərɪəns] **I.** *n.* **1.** (*nur Sg.*) Erfahrung: *know from e.* aus Erfahrung wissen; *learn by e.* aus Erfahrung klug werden; **2.** (*auch Pl.*) Erlebnis: *it was quite an e.* es war schon ein Erlebnis; **II.** *v.t.* erfahren: *e. difficulties* auf Schwierigkeiten stoßen.

experienced [ɪk'spɪərɪənst] *adj.* erfahren (*in s.th.*).

experiment [ɪk'sperɪmənt] **I.** *n.* Experiment, Versuch: *carry out/conduct an e.* Versuch durchführen; **II.** *v.prep.* experimentieren (*on/with s.th.*).

expert ['ekspɜːt] **I.** *n.* Experte, Fachmann (*in/at/on s.th.*); **II.** *adj.* fachmännisch: *seek e. advice* einen Fachmann hinzuziehen.

explain [ɪk'spleɪn] **1.** *v.t.* erklären, darlegen (*s.th. to s.o.*): *please e.* bitte erklären Sie mir das doch einmal; **2.** erklären, einsichtig machen: *that e.s why …* jetzt weiß ich, warum …; **3.** *v.refl.: e. o.s.* sich rechtfertigen: *please e. yourself* was hast du zu deiner Entschuldigung vorzutragen? **4.** etw. genau erklären: *could you perhaps e. yourself?* was meinst du damit?

explanation [ˌeksplə'neɪʃn] *n.* Erklärung: *by way of e.* als Erklärung; *owe s.o. an e.* jdm. eine Erklärung schuldig sein.

explode [ɪk'spləʊd] **1.** *v.i.* explodieren, in die Luft fliegen; **2.** (*fig.*) explodieren, vor Wut platzen; **3.** *v.t.* zur Explosion bringen, hochgehen lassen; **4.** (*fig.*) widerlegen: *e. a myth* einen Mythos entlarven.

exploit [ɪk'splɔɪt] *v.t.* **1.** ausbeuten (*natural resources*); **2.** (*fig.*) ausbeuten (*women, a situation*).

exploitation [ɪksplɔɪ'teɪʃn] *n.* **1.** Ausbeutung (*of the country's oil resources*); **2.** (*fig.*) Ausbeutung (*of workers*).

exploration [ˌeksplə'reɪʃn] *n.* Erforschung, Untersuchung.

explore [ɪk'splɔː] *v.t.* **1.** erforschen

(*the Antarctic*); **2.** (*fig.*) erforschen (*one's conscience*).

explosion [ɪk'spləʊʒn] *n.* **1.** Explosion (*auch fig.*): *population e.* Bevölkerungsexplosion; **2.** Ausbruch (*of anger*).

explosive [ɪk'spləʊsɪv] **I.** *adj.* **1.** explosiv, Spreng-: *e. device* Sprengsatz; **2.** (*fig.*) explosiv, geladen (*atmosphere*); **II.** *n.* Sprengstoff.

export ['ekspɔ:t] **I.** *n.* **1.** Export, Ausfuhr (*als Vorgang*); **2.** Exportgut: *one of the country's major ≈s* eines der wichtigsten Exportgüter des Landes; **II.** *v.t.* exportieren, ausführen.

expose [ɪk'spəʊz] **1.** *v.t.* aussetzen (*s.th. to the cold*): *e. a film* einen Film belichten; **2.** freilegen, enthüllen (*a scandal*); **3.** *v.refl.*: *e. o.s.* sich nackt zeigen.

exposure [ɪk'spəʊʒə] *n.* **1.** Ausgesetztsein: *die of e.* an Unterkühlung/Hitzschlag sterben; **2.** (*phot.*) Belichtung; **3.** Enthüllung, Aufdeckung (*of a scandal*); *indecent e.* (*jur.*) Erregung öffentlichen Ärgernisses; **4.** Publizität, Publicity.

express [ɪk'spres] **I. 1.** *v.t.* ausdrükken (*surprise*): *e. one's thanks* seinen Dank zum Ausdruck bringen; **2.** (*GB*) per Expreß schicken; **3.** auspressen (*olive oil*); **II.** *adj.* **1.** ausdrücklich (*wish*); **2.** Expreß- (*train*); **III.** *adv.* per Expreß: *send s.th. e.* etw. per Expreß schicken; **IV.** *n.* **1.** Expreßzug; **2.** Eildienst, Expreßzustellung.

expression [ɪk'spreʃn] *n.* **1.** Ausdruck: *find e.* Ausdruck finden; **2.** (Gesichts-)Ausdruck; **3.** (*ling.*) Ausdruck: *If you will pardon the e.* wenn ich das so sagen darf.

extend [ɪk'stend] **1.** *v.t.* erweitern, verlängern (*the road*); **2.** (*fig.*) ausweiten (*s.o.'s powers*); **3.** ausstrecken: *e. one's hand to s.o.* jdm. die Hand reichen; **4.** gewähren (*help*); **5.** *v.i.* sich erstrecken; sich hinziehen (*meeting*).

extension [ɪk'stenʃn] *n.* **1.** Erweiterung (*of the garage*); Ausweitung (*of knowledge*); **2.** (*tel.*) (Neben-) Anschluß; **3.** (*fig.*) Erweiterung, Ausdehnung (*of powers*); Verlängerung (*of our holidays*); **4.** Anbau.

extensive [ɪk'stensɪv] *adj.* **1.** großräumig (*grounds*); extensiv (*farming*); **2.** umfassend (*knowledge*); umfangreich: *e. repairs* Großreparatur; *e. damage* beträchtlicher Schaden; *make e. use of s.th.* etw. ausgiebig nutzen.

extent [ɪk'stent] *n.* Ausmaß (*of s.o.'s knowledge*): *the e. of the damage* das Ausmaß des Schadens; *to a certain e.* in gewissem Grade.

external [ɪk'stɜ:nl] **I.** *adj.* **1.** äußerlich: *e. injuries* (*med.*) äußere Verletzungen; *for e. use only* nur äußerlich (anzuwenden); **2.** Außen-, ausländisch (*events*); **II.** *n.* **≈s** *pl.* (*fig.*) Äußerlichkeiten.

extra ['ekstrə] **I.** *adj.* zusätzlich: *need e. money* mehr Geld benötigen; *e. time* (*Sport*) Verlängerung; **II.** *adv.* besonders: *work e. hard* besonders hart arbeiten; **III.** *n.* **1.** Zuschlag, Aufpreis: *drinks are e.* Getränke sind zusätzlich zu bezahlen; **2.** (*Film*) Statist(in); **3.** Rest.

extract I. [ɪk'strækt] *v.t.* **1.** herausziehen (*a tooth*); *e. oil* Öl fördern; **2.** (*fig.*) herausbekommen: *e. a confession from s.o.* jdm. ein Geständnis abringen; **II.** ['ekstrækt] *n.* **1.** Extrakt: *meat e.* Fleischextrakt; **2.** Auszug (*from a novel*).

extraordinary [ɪk'strɔ:dnrɪ] *adj.* **1.** außerordentlich (*meeting*); **2.** ungewöhnlich (*hat*).

extreme [ɪk'stri:m] **I.** *adj.* **1.** äußerste(r, s): *in the e. north* im hohen Norden; *in e. old age* im Greisenalter; **2.** extrem: *the e. cold* die außergewöhnliche Kälte; *she was in e. danger* sie schwebte in Lebensgefahr; *hold e. views* extremistische Ansichten vertreten; **II.** *n.* Extrem: *in the e.* im höchsten Grade; *go to ≈s* es zu weit treiben; *be driven to ≈s* zum Äußersten getrieben werden.

eye [aɪ] **I.** *n.* **1.** Auge: *open/close one's ≈s* die Augen öffnen/schließen; *under/before one's ≈s* vor seinen Augen; **2.** (*fig.*) Auge: *with one's ≈s open* mit offenen Augen; *be all ≈s* wachsam sein; *catch s.o.'s e.* jds. Aufmerksamkeit erregen; *have an e. for s.th.* ein Auge für etw. haben; *keep an e. on s.o./s.th.* auf jdn./etw. achten; *make (sheep's) ≈s at s.o.* jdn. verliebt anschauen; *meet the e.* erkennbar sein; *(not) see e. to e. with s.o.* (nicht) gleicher Ansicht wie jd. sein; *turn a blind e.* etw. ignorieren; **II.** *v.t.* betrachten, anstarren.

eyebrow ['aɪbraʊ] *n.* Augenbraue: *raise one's ≈s* die Augenbrauen hochziehen.

eyelid ['aɪlɪd] *n.* (Augen-)Lid: *not bat an e.* nicht mit der Wimper zukken.

eyesight ['aɪsaɪt] *n.* Sehvermögen.

F

face [feɪs] **I.** *n.* **1.** Gesicht: *look s.o. in the f.* jdm. ins Gesicht sehen; *f. to f.* von Angesicht zu Angesicht; **2.** Gesichtsausdruck: *pull a long f.* langes Gesicht machen; *put a brave f. on it* gute Miene zum bösen Spiel machen; **3.** (*fig.*) Ansehen: *lose f.* das Gesicht verlieren; **4.** Seite, Oberfläche: *the north f. of the Eiger* die Eigernordwand; *f. of a clock* Zifferblatt; *she has vanished from the f. of the earth* sie ist vom Erdboden verschwunden; *in the f. of* trotz; *on the f. of it* bei oberflächlicher Betrachtung; **II.** *v.t.* **1.** gegenüberstehen, -liegen: *our flat ≈s the park* unsere Wohnung liegt dem Park gegenüber; **2.** konfrontiert sein mit (*problems, difficulties*); **3.** *v.prep.: f. up to s.th.* sich mit etw. auseinandersetzen, sich etw. stellen (*the facts, your responsibilities, the possibility of death*).

facility [fə'sɪlɪtɪ] *n.* **1.** Leichtigkeit, Gewandtheit: *she plays the piano with great f.* sie spielt Klavier, als sei es die leichteste Sache der Welt; *f. for/in* (*foreign*) *languages* Sprachtalent; **2.** Einrichtung, Möglichkeit: *cooking/washing f.* Koch-/Waschmöglichkeit; *manufacturing f.* Produktionsstätte; *overdraft f.* (*Bank*) Dispositionskredit; *sports facilities* sportliche Einrichtungen.

fact [fækt] *n.* **1.** Tatsache: *the f. of the matter is that …* Tatsache ist, daß …; *as a matter of f.* tatsächlich; *≈s and figures* konkrete Einzelheiten; *know for a f.* ganz sicher wissen; **2.** Realität, Wirklichkeit: *f. and fiction* Dichtung und Wahrheit; *tell a child the ≈s of life* ein Kind sexuell aufklären.

factory ['fæktərɪ] *n.* Fabrik.

faculty ['fækəltɪ] *n.* **1.** Fähigkeit, Begabung: *f. of reason* Vernunft; *in (full) possession of (all) one's faculties* im Vollbesitz seiner Kräfte; **2.** (Universitäts-)Fakultät *(of law/science/engineering).*

fade [feɪd] **I.** *v.i.* verblassen (*colour, light, sight*); zerrinnen (*hope*); nachlassen (*strength*); *non-f.* [nɒn'feɪd] *adj.* (*Textilien*) farbecht; **II.** *v.prep.: f. in/out* (*Film*) ein-/ausblenden.

fail [feɪl] **I.** *v.i.* **1.** scheitern, fehlschlagen, mißlingen (*attempt, experiment*); versagen (*brakes*); pleite gehen (*company*); *f. in one's duty* seiner Pflicht nicht nachkommen; *if all else ≈s* wenn alle Strikke reißen; **2.** unterlassen, nicht zuwege bringen, versäumen: *he ≈ed to turn up* er kam nicht; *my hopes ≈ed to materialize* meine Hoffnungen haben sich nicht erfüllt; **II.** *v.t.* durchfallen lassen (*a candidate*); enttäuschen, im Stich lassen (*her friends*); *words f. me* mir fehlen die Worte; **III.** *n.* nicht bestandene Prüfung *she's got a f. in physics* sie ist in Physik durchgefallen; *≈-safe* [feɪl'seɪf] adj. garantiert, absolut sicher.

failure ['feɪljə] *n.* **1.** Mißlingen, Scheitern, Mißerfolg (*of an attempt / the negotiations*): *doomed to f.* zum Scheitern verurteilt; **2.** Versäumnis, Unterlassung: *the government's f. to create jobs* die Tatsache, daß die Regierung keine Arbeitsplätze schafft; *f. to pay* Nichtzahlung; **3.** Pleite, Konkurs (*of a company*); **4.** Versager, Niete: *I felt such a f. as a teacher* ich empfand, daß ich als Lehrer total versagt hatte.

faint [feɪnt] **I.** *adj.* schwach (*voice,*

noise, hope, chance, resemblance): not *the ≈est idea* nicht die leiseste Ahnung; **II.** *v.i.* in Ohnmacht fallen; **III.** *n.* Ohnmacht.

fair[1] [fɜə] *n.* **1.** Jahrmarkt, Kirmes; **2.** Messe, Ausstellung: *the Hanover F.* die Hannovermesse.

fair[2] *adj.* **1.** gerecht, fair, (*play, hearing, trial*); *by f. means or foul* ohne Rücksicht auf Verluste; *f. enough* nun gut; **2.** heiter, schön (*weather*): *the f. sex* das schöne Geschlecht; blond (*hair*); **3.** ansehnlich, ziemlich (*amount, pace*).

fairly ['fɜəlɪ] *adv.* **1.** gerecht, fair: *f. and squarely* nach allen Regeln der Kunst; **2.** ziemlich, relativ (*small, soon*).

faith [feɪθ] *n.* **1.** Glaube (*in God*): *she was brought up in the Catholic f.* sie wurde katholisch erzogen; **2.** Vertrauen (*in the medical profession*); *in good/bad f.* in gutem Glauben/in böser Absicht.

faithful ['feɪθfʊl] *adj.* **1.** treu (*to her husband*), ergeben; *yours ≈ly* (*Brief*) Hochachtungsvoll; **2.** genau, getreu (*copy, translation*).

fall* [fɔːl] **I.** *n.* Fall, Sturz: *I've had a nasty f.* ich bin unglücklich gefallen; **2.** (starker) Rückgang (*in the price of oil*); **3.** Zusammenbruch, Sturz (*of the government*); **4.** Fallhöhe, Abfall; *a f. of 100 metres from this point* von hier hundert Meter tiefer gelegen; **5.** *the F. (of Man)* der Sündenfall; **6.** (*US*) Herbst; **7.** (*meist Pl.*) (Wasser-) Fall; **II. 1.** *v.i.* fallen, stürzen (*off the roof*); **2.** stark zurückgehen/sinken (*temperature, prices*); **3.** hereinbrechen, eintreten (*darkness, night*); **4.** *in Phrasen: f. apart* sich in seine Bestandteile auflösen; *f. behind* in Rückstand geraten (*with one's work*); *f. down* sich zerschlagen (*plan*); *f. down on s.th.* einer Sache nicht gewachsen sein: *she fell down on her job* sie war ihrer Aufgabe nicht gewachsen; **5.** *v.prep.: f. for s.o./s.th.* auf jdn./etw. hereinfallen; sich in jdn./etw. verlieben; *f. in with* sich anschließen (*a group*); *f. off* abnehmen, zurückgehen (*enthusiasm*); *f. out* sich streiten; *f. over o.s./backwards to do s.th.* sich geradezu überschlagen, etw. zu tun; *f. through* sich zerschlagen (*plan*).

false [fɔːls] *adj.* falsch, nicht echt (*friend, teeth, alarm*): *f. bottom* doppelter Boden; *f. start* (*Sport*) Fehlstart.

familiar [fə'mɪljə] *adj.* vertraut (*sight*): *be f. with s.th.* sich (gut) in etw. auskennen.

familiarity [fəˌmɪlɪ'ærɪtɪ] *n.* Vertrautheit: *f. breeds contempt* (*prov.*) Vertrautheit führt zur Verachtung.

fame [feɪm] *n.* Ruhm: *rise to/achieve/win f.* berühmt werden.

family ['fæmɪlɪ] *n.* **1.** Familie (*als Institution mit Sg., sonst mit Pl.*): *all the f. were there* die ganze Familie war da; *start a f.* Familie gründen; *run in the f.* erblich bedingt sein; *f. doctor* Hausarzt; *in the f. way* (*coll.*) schwanger; **2.** (*fig.*) Familie, Gruppe (*cat f., bird f.*).

famine ['fæmɪn] *n.* Hungersnot: *die of f.* verhungern.

famous ['feɪməs] *adj.* berühmt (*for s.th.*).

fan [fæn] **I.** *n.* **1.** Fächer; Lüfter, Ventilator; **2.** (begeisterter) Anhänger: *football f.* Fußballfan; **II.** *v.t.* anfachen (*bes. fig.*): *f. the flames* Gemüter erhitzen, Stimmung anheizen.

fancy ['fænsɪ] **I.** *n.* **1.** Lust, Laune, Vorliebe (*for s.th.*): *take a f. to s.th.* Lust auf etw. bekommen, von etw. angetan sein; **2.** Phantasie: *indulge in a flight of f.* phantasieren; **II.** *v.t.* **1.** Lust auf etw. haben (*a* *bottle of good wine*): *I don't f. the idea* ich bin nicht gerade davon begeistert; **2.** *f. s.o.* jdn. mögen; **3.** sich vorstellen, sich einbilden: *f. her doing that!* wie konnte sie so etwas tun!; *f. him passing the exam!* wer hätte gedacht, daß er die Prüfung bestehen würde!; **III.** *adj.* phantasievoll, ausgefallen (*hairstyle, decorations, cakes*): *f. woman* (*coll.*) Geliebte; *f. dress party* Maskenball.

far [fɑː] *adj.; adv.* **1.** weit: *f. and wide* weit und breit; *not f. from here* nicht weit von hier; **2.** (*fig.*): weit *by f.* bei weitem; *f. and away the best* mit Abstand der/die/das Beste; *a f. cry from what we expected* etwas ganz anderes, als wir erwartet hatten; *that's going (a bit) too f.* das geht (entschieden) zu weit; *I wouldn't go as f. as that* so weit würde ich nicht gehen; *so f., so good* so weit, so gut; *live f. beyond one's means* weit über seine Verhältnisse leben; *f. from it* ganz und gar nicht; *not f. out* fast richtig (geraten).

fare [fɛə] **I.** *n.* **1.** Fahrgeld, Fahrpreis: *please tender (the) exact f.* bitte das Fahrgeld abgezählt bereithalten; *f. dodger* Schwarzfahrer(in); *f. stage* Tarif-, Zahlgrenze; **2.** (*Taxi*) Fahrgast; **3.** Essen, Kost: *plain f.* einfache Kost; *wholesome f.* gesundes Essen; **II.** *v.i.* zurechtkommen: *I think I didn't f. too badly* ich glaube, ich kam schon zurecht.

farm [fɑːm] **I.** *n.* Bauernhof, landwirtschaftlicher Betrieb: *chicken f.* Hühnerfarm; **II. 1.** *v.t.* bewirtschaften (*150 acres of grassland*); **2.** *v.prep.: f. out* (Auftrag an Subunternehmer) vergeben.

farmer ['fɑːmə] *n.* Landwirt, Bauer.

farming ['fɑːmɪŋ] *n.* Landwirtschaft: *take up f.* den Beruf des Landwirts ergreifen.

farther ['fɑːðə] *adj.; adv.* Komparativ von →**far** (*in der Regel nur im wörtlichen Sinn gebraucht*): *f. inland* weiter im Landesinneren.

fashion ['fæʃən] **I.** *n.* **1.** Art und Weise: *he talked in a peculiar f.* er redete seltsam; *after a f.* irgendwie; **2.** Mode: *the latest f.* die neueste Mode; *in/out of f.* modern/unmodern; **II.** *v.t.* gestalten.

fashionable ['fæʃənəbl] *adj.* modisch, schick (*clothes, seaside resort*).

fast[1] [fɑːst; *US:* fæst] **I.** *adj.; adv.* **1.** schnell (*worker, train*): *f. lane* Überholspur; *f. food* Schnellgericht(e); *my watch is f.* meine Uhr geht vor; *pull a f. one on s.o.* (*coll.*) jdn. übers Ohr hauen; **2.** locker, ausschweifend (*life, woman*); **3.** fest: *make the boat f.* das Boot festmachen; *f. asleep* im tiefsten Schlaf.

fast[2] **I.** *n.* Fasten(zeit): *a f. of five days* fünf Tage Fasten; **II.** *v.i.* fasten.

fasten ['fɑːsn] *v.t.* befestigen, festmachen (*seat belts, all the doors and windows before the storm*).

fat [fæt] **I.** *n.* Fett: *put on f.* Fett ansetzen; *live on the f. of the land* (*fig.*) in Saus und Braus leben; **II.** *adj.* fett (*meat*); dick(leibig) (*boy*); (*fig.*) dick (*wallet, profit, year, bank account*): *a f. lot of good that was!* (*coll.*) das war eine schöne Bescherung!

fatal ['feɪtl] *adj.* verhängnisvoll (*mistake*); tödlich (*accident, illness, injury*).

fate [feɪt] *n.* Schicksal: *meet one's f.* vom Schicksal eingeholt werden; *leave s.o. to his/her f.* jdm. seinem/ihrem Schicksal überlassen.

father ['fɑːðe] **I.** *n.* Vater: *F. Christmas* Weihnachtsmann; **II.** *v.t.* zeugen (*a child*); (*fig.*) entwickeln (*plan, idea, project*).

father-in-law ['fɑːðərɪnlɔː] *n.* Schwiegervater.

fault [fɔːlt] **I.** *n.* **1.** Defekt, Störung: *electrical f.* elektrische Störung; anlagebedingter Fehler, Mangel, Schwäche: *for all my ≈s I know what's right and what's wrong* ich kann zwischen richtig und falsch unterscheiden, was auch immer man an mir aussetzen mag; **2.** Fehlhandlung, Irrtum: *it's all your f.* du bist an allem schuld; *through no f. of their own* ohne eigenes Verschulden; *find f. with s.o./s.th.* an jdm./etw. etwas auszusetzen haben; **II.** *v.t.* Fehler finden, etw. auszusetzen haben: *I can't f. his performance* ich habe an seiner Leistung nichts auszusetzen.

favor (*US*); **favour** (*GB*) ['feɪvə] **I.** *n.* **1.** Wohlwollen, Gunst: *win s.o.'s f.* jds. Gunst gewinnen; *find f.* Anklang finden; *be out of f.* in Ungnade gefallen sein; *lose s.o.'s f.* sich jds. Gunst verscherzen; *be in f. of s.th.* für etw. sein; **2.** Gefallen, Gefälligkeit: *you can do me a f.* du kannst mir einen Gefallen tun; **II.** *v.t.* begünstigen, bevorzugen (*her own children*).

favorable (*US*); **favourable** (*GB*) ['feɪvərəbl] *adj.* günstig, vorteilhaft, positiv (*impression*).

favorite (*US*); **favourite** (*GB*) ['feɪvərɪt] **I.** *n.* **1.** Liebling: *(the) teacher's f.* Lieblingsschüler; **2.** Favorit: *the f. finished second* der Favorit wurde zweiter; **II.** *adj.* Lieblings- (*book, film*).

fear [fɪə] **I.** *n.* Angst, Furcht: *for f. of* aus Angst vor; *no f.!* keine Angst!; *put the f. of God into s.o.* jdm. eine Heidenangst einjagen; **II.** *v.t.* sich fürchten, befürchten: *we ≈ed the worst* wir befürchteten das Schlimmste; *I f. so/not* ich fürchte ja/nein.

feather ['feðə] **I.** *n.* Feder: *as light as a f.* federleicht; *a f. in his cap* (*fig.*) ein Ruhmesblatt für ihn; **II.** *v.t.* mit Federn versehen: *f. one's nest* (*fig.*) seine Schäfchen ins trockene bringen.

feature ['fiːtʃə] **I.** *n.* **1.** Merkmal, Kennzeichen: *facial f.* Gesichtszug; *typical f.* typisches Kennzeichen; **2.** (*Presse*) Bericht, Beitrag: *special f.* Sonderbericht; *f. film* Spielfilm; **II.** **1.** *v.t.* aufweisen; **2.** *v.i.* vorkommen.

February ['febrʊərɪ] *n.* Februar.

federal ['fedərəl] *adj.* bundesstaatlich, Bundes- (*government*).

fee [fiː] *n.* Gebühr, Honorar: *school ≈s* Schulgeld; *membership f.* Mitgliedsbeitrag.

feed* [fiːd] **I.** **1.** *v.t.* ernähren (*the baby, the family*); füttern (*the cat*); (*fig.*) Nahrung geben (*rumours*); versorgen (*s.o. with information*); **2.** *v.i.* (*Tier*) fressen, sich ernähren: *cows f. on grass* Kühe fressen Gras; **II.** *n.* Futtermittel.

feel* [fiːl] **I.** *v.t.; v.i.* **1.** (sich) fühlen (*hungry, tired, the pain*): *I don't f. like having a drink* ich möchte nichts trinken; *I don't f. up to it* mir ist nicht danach; **2.** (höflich) meinen: *we f. that we are entitled to an explanation* wir meinen, daß Sie uns eine Erklärung schuldig sind; *that's just how I f.* ich bin genau derselben Meinung; **II.** *n.* Gefühl (*for languages*); Atmosphäre (*of the place*).

feeling ['fiːlɪŋ] *n.* Gefühl (*of thirst/joy/gratitude/danger*): *bad/ill f.* böses Blut; *mixed ≈s* gemischte Gefühle; *a funny f.* ein ungutes Gefühl.

fellow ['feləʊ] *n.* **1.** Kerl, Bursche: *strange f.* komischer Kerl; *nice f.* netter Kerl; **2.** Kamerad, Kollege, Kollegin: *f. being* Mitmensch; *f. citizen* Mitbürger; *f. countryman* Landsmann; *f. student* Kommilitone; *f. traveller* Mitreisender; (*fig.*) Mitläufer; Sympathisant.

fellowship ['feləʊʃɪp] *n.* Kameradschaft, Gemeinschaft.

female ['fi:meɪl] **I.** *adj.* weiblich (*student, voice, bird*); **II.** *n.* weibliches Wesen (*oft pej.*).

fence [fens] **I.** *n.* Zaun: *sit on the f.* (*fig.*) sich nicht entscheiden (können), eine abwartende Haltung einnehmen; **II. 1.** *v.i.* fechten; **2.** *v. prep.: f. in* einzäunen; *f. off* abgrenzen.

fertile ['fɜ:taɪl] *adj.* fruchtbar (*land, soil*); (*auch fig.: mind, ground*): *f. imagination* blühende Phantasie.

fertilizer ['fɜ:tiˌlaɪzə] *n.* Dünger, Düngemittel: *artificial f.* Kunstdünger.

festival ['festɪvəl] **I.** *n.* Fest, Festspiele: *The Salzburg F.* die Salzburger Festspiele; **II.** *adj.* festlich (*atmosphere*).

fetch [fetʃ] **1.** *v.t.* holen (*a doctor, the paper, the children*); **2.** erzielen (*a good price*).

fever ['fi:və] *n.* **1.** Fieber: *the f. will soon go down* das Fieber wird bald sinken/heruntergehen; **2.** (*fig.*) Erregung, Aufregung; *f. pitch* (*fig.*) Siedepunkt.

few [fju:] *adj.; pron.* **1.** wenige (*people, opportunities*): *good novels are f. and far between* wirklich gute Romane gibt es kaum; **2.** *a f.* ein paar (*meals, questions, phone calls*): *quite a f.* eine ziemliche Anzahl; *he's had a f.* (*coll.*) er hat zuviel getrunken.

fiber (*US*); **fibre** (*GB*) ['faɪbə] *n.* Faser: *natural/synthetic f.* Natur-/Kunstfaser; *moral f.* (*fig.*) Rückgrat.

fiction ['fɪkʃən] *n.* **1.** Belletristik, Romane: *19th century f.* Romane des 19. Jahrhunderts; **2.** Erfindung, Fiktion: *that's pure f.* das ist frei erfunden.

field [fi:ld] **I.** *n.* **1.** Feld, Acker: *potato f.* Kartoffelfeld; **2.** (Studien-, Fach-)Gebiet (*of science/music/engineering*); **3.** Praxis: *test s.th. in the f.* etw. in der Praxis erproben; **4.** (*phys.*) Feld: *magnetic f.* Magnetfeld; **II.** *v.t.* (*Spieler*) einsetzen.

fierce [fɪəs] *adj.* **1.** heftig, scharf (*competition, opposition*); **2.** grimmig (*look, hatred*).

fight* [faɪt] **I.** *n.* Kampf, Schlägerei: *put up a good f.* sich tapfer schlagen; *f. to the finish* Kampf bis zum Ende; *do you want a f.?* willst du Streit?; *f. against inflation* Inflationsbekämpfung; **2.** Kampfgeist: *there's plenty of f. in him yet* er hat noch lange nicht aufgegeben; **II.** *v.t.; v.i.* (be)kämpfen, sich prügeln: *f. drug abuse* Drogenmißbrauch bekämpfen; *f. shy of s.th.* sich vor etw. drücken.

figure ['fɪgə] **I.** *n.* **1.** Zahl, Ziffer: *be good at ≈s* ein guter Rechner sein; *put a f. on s.th.* etw. beziffern; **2.** Figur, Gestalt: *I go jogging to keep my f.* ich jogge, um meine Figur zu behalten; *a fine f. of a man/woman* ein ansehnlicher Mann/eine ansehnliche Frau; *a f. of fun* eine Witzfigur; *a public f.* eine im öffentlichen Leben stehende Person; *f. of speech* Redewendung; **II. 1.** *v.i.* erscheinen: *my name didn't f. in the list* mein Name stand nicht auf der Liste; **2.** Sinn machen, stimmen: *it just doesn't f.* es macht einfach keinen Sinn; **3.** *v.t.* sich denken: *I ≈d that you might come and see me* ich dachte mir, daß Sie mich aufsuchen würden; **4.** *v.prep.: f. out* ausmachen, herausbekommen: *I can't f. out how it works* ich bekomme nicht heraus, wie es funktioniert.

file[1] [faɪl] **I.** *n.* Akte, Aktenordner: *open/close a f.* Akte anlegen/

schließen; *put s.th. on f.* etw. zu den Akten legen; **II.** *v.t.* abheften, zu den Akten legen.

file[2] **I.** *n.* Reihe: *in single f.* im Gänsemarsch; **II.** *v.prep.: f. in/out/past* herein-, hinaus-, vorbeimarschieren.

file[3] **I.** *n.* Feile; **II.** *v.t.* feilen.

fill [fɪl] **I. 1.** *v.t.* füllen (*a bottle*); plombieren (*teeth*); besetzen (*the post*); **2.** *v.prep.: f. in* (*GB*)*/out* (*US*) (*Formular*) ausfüllen; **II.** *n.* Füllung: *have had one's f.* (*fig.*) die Nase voll haben; *eat one's f.* sich (ordentlich) satt essen.

filling station ['fɪlɪŋ'steɪʃn] *n.* Tankstelle.

film [fɪlm] **I.** *n.* **1.** Film: *shoot a f.* Film drehen; **2.** (dünne) Schicht (*of dust/mist*); **II.** *v.t.* verfilmen.

final ['faɪnəl] **I.** adj. letzte(r, s) (*chapter, examination*); endgültig (*court ruling*); **II.** *n.* **1.** (*Sport*) Endspiel; **2.** Abschlußexamen; **3.** (*Zeitung*) Spätausgabe.

finance ['faɪnæns] **I.** *n.* **1.** Finanzen: *minister of f.* Finanzminister; *high f.* Hochfinanz; **2.** Geld, Finanzierung: *a question of f.* eine Geldfrage; **II.** *v.t.* finanzieren.

financial [faɪ'nænʃl] *adj.* finanziell, Finanz- (*difficulty, centre*): *f. paper* Börsenblatt.

find* [faɪnd] **I.** *v.t.* **1.** finden (*the keys*); **2.** entdecken (*oil, a dead body*); **3.** feststellen: *I found him to be dishonest* ich stellte fest, daß er unehrlich war; **4.** (*Gericht*) urteilen (*for/against s.o.*): *f. s.o. guilty* jdn. für schuldig befinden; **II.** *n.* Fund(objekt).

fine[1] [faɪn] **I.** *n.* Geldstrafe, Bußgeld (*of £250*); **II.** *v.t.* mit einer Geldstrafe belegen: *she was ≈ed £100 for speeding* sie wurde zu einer Geldstrafe in Höhe von £100 wegen zu hoher Geschwindigkeit verurteilt.

fine[2] *adj.* fein (*sand, rain*); schön (*weather, holiday*): *one f. day* eines schönen Tages; *the ≈r points* die Feinheiten; *the f. arts* die schönen Künste; *to get s.th. down to a f. art* etw. perfekt beherrschen.

finger ['fɪŋgə] **I.** *n.* Finger: *not lift a f.* keinen Finger rühren; *have a f. in every pie* überall die Hand im Spiel haben; *keep one's ≈s crossed* (jdm.) die Daumen drücken; *put one's f. on s.th.* etw. identifizieren; *work one's ≈s to the bone* sich abrackern, schuften; **II.** *v.t.* (mit den Fingern) berühren (*food, cloth*).

fingerprint ['fɪŋgə,prɪnt] *n.* Fingerabdruck.

fingertip ['fɪŋgə,tɪp] *n.* Fingerspitze: *have s.th. at one's ≈s* etw. aus dem Effeff beherrschen.

finish ['fɪnɪʃ] **I.** *v.t.; v.i.* **1.** beenden (*a game*); abschließen (*a job*); erschöpfen: *that run nearly ≈ed me (off)* der Lauf hat mich ganz schön geschafft; **2.** abschließend behandeln: *put the ≈ing touches (to s.th.)* den letzten Schliff geben; **II.** *n.* **1.** (*Sport*) Ziel; **2.** Verarbeitung, Oberfläche: *good f.* saubere Verarbeitung.

fire [faɪə] **I.** *n.* Feuer: *be on f.* brennen; *catch f.* in Brand geraten; *set s.th. on f.* etw. in Brand setzen; *to open/cease f.* (*mil.*) das Feuer eröffnen/einstellen; *f. brigade* (*GB*)/ *department* (*US*) Feuerwehr; *f. engine* Löschfahrzeug; **II.** *v.t.* **1.** (*mil.*) feuern; **2.** (*fig.*) feuern, entlassen.

firm[1] [fɜːm] *n.* Personengesellschaft, Firma (*of accountants/solicitors*).

firm[2] *adj.* fest (*ground, mattress, handshake, grip, hold, decision, refusal, belief*): *stand/remain f.* nicht nachgeben.

first [fɜːst] **I.** *adj.; adv.* erste(r, s)

(*child, job, opportunity, prize*): *f. things f.* immer der Reihe nach; *at f.; f. of all* zunächst; *f. and foremost* zuallererst; **II.** *n.* (*Note*) Sehr Gut; (*Auto*) erster Gang.

fish [fɪʃ] **I.** n. Fisch(e) *(Pl. bei verschiedenen Fischarten: ≈es)*: *a cold f.* (*fig.*) ein Mensch ohne Gefühl; *a queer f.* ein seltsamer Zeitgenosse; *have other f. to fry* Wichtigeres zu tun haben; *neither f. nor fowl/flesh* weder Fisch noch Fleisch; *drink like a f.* (*coll.*) wie ein Loch saufen; **II.** *v.t.* fischen, angeln (*for trout/the keys/compliments*): *f. in troubled waters* (*fig.*) im Trüben fischen.

fist [fɪst] *n.* Faust; *clench one's ≈s* die Fäuste ballen; *shake one's ≈s at s.o.* jdn. (mit den Fäusten) bedrohen.

fit [fɪt] **I.** *adj.* **1.** geeignet (*for human consumption*); **2.** gesund, fit: *keep f.* sich fit halten; *as f. as a fiddle* kerngesund; **3.** angemessen: *do as you see/think f.* tun Sie, was Sie für richtig halten; **II. 1.** *v.t.* einbauen, montieren (*a bulb, a lock*); **2.** *v.i.* passen (*shoes, shirt*); **3.** zusammenpassen, Sinn ergeben (*theory*); **III.** *n.* **1.** Paßform: *a rather tight f.* etwas zu eng; **2.** Anfall (*of coughing/anger/laughter*): *epileptic f.* epileptischer Anfall.

fix [fɪks] **I.** *v.t.* **1.** anbringen (*a mirror on the wall*): *he ≈ed his eyes on her* (*fig.*) er starrte sie an; *they ≈ed the blame on us* sie machten uns verantwortlich; **2.** reparieren (*the car*); in Ordnung bringen (*my hair*); **3.** festsetzen, vereinbaren (*a date, a time*); **4.** manipulieren (*the election result*); **5.** (*US*) machen (*meal, drink*); **II.** *n.* **1.** Verlegenheit: *I'm in a real f.* ich bin in der Bredouille; **2.** Manipulation: *the ballot was a real f.* das Abstimmungsergebnis stand vorher fest; **3.** (*Drogen*) Schuß; **4.** (*naut.*) Peilung.

flag[1] [flæg] **I.** *n.* **1.** Flagge, Fahne: *f. of convenience* Billigflagge; *show the f.* Flagge zeigen; *keep the f. flying* weiterhin seine Loyalität bekunden.

flag[2] **I.** *n.* Steinplatte; **II.** *v.t.* mit Steinplatten auslegen.

flag[3] *v.i.* nachlassen: *my interest is ≈ging* mein Interesse läßt nach.

flame [fleɪm] **I.** *n.* Flamme: *in ≈s* in Flammen; *to burst into ≈s* auflodern; *to go up in ≈s* in Flammen aufgehen; *naked f.* offene Flamme; *his old f.* (*fig.*) seine alte Flamme; **II.** *v.i.* (sich) entflammen; *his face ≈d red with anger* sein Gesicht rötete sich vor Wut.

flash [flæʃ] **I.** *n.* **1.** Blitzen, Blinken, Blitzlicht: *f. of lightning* Blitz; *f. in the pan* (*fig.*) Strohfeuer; **2.** (*US*) Taschenlampe; **II. 1.** *v.i.* blinken, blitzen; **2.** *v.t.* aufleuchten lassen: *f. one's headlights* die Lichthupe betätigen.

flat [flæt] **I.** *n.* (*GB*) Wohnung: *block of ≈s* Hochhaus; **II.** *adj.* **1.** flach, eben (*surface*); **2.** leer, platt (*tyre, battery*); **3.** (*mus.*) um einen Halbton erniedrigt; **III.** *adv.* total: *f. broke* absolut pleite; *f. out* mit voller Kraft.

flavor (*US*); **flavour** (*GB*) ['fleɪvə] **I.** *n.* Geschmack, Aroma, Würze: *delicate f.* feines Aroma; **II.** *v.t.* würzen.

flee* [fli:] *v.i.; v.t.* fliehen, flüchten: *f. (from) the country* aus dem Land flüchten.

flesh [fleʃ] *n.* **1.** (*anat.*) Fleisch: *put on f.* zunehmen; *his own f. and blood* sein eigenes Fleisch und Blut; *in the f.* persönlich; **2.** Fruchtfleisch.

flight [flaɪt] *n.* **1.** Flug: *our f. has been cancelled* unser Flug ist gestrichen worden; *in f.* (*Vogel*) im

Flug; *f. of fancy* (*fig.*) reine Phantasie; **2.** Flucht: *take f.* die Flucht ergreifen; *put the enemy to f.* den Feind in die Flucht schlagen.

float [fləʊt] **1.** *v.i.* schwimmen, treiben; **2.** *v.t.* flottmachen (*a boat that has run aground*); (*fig.*) lancieren, gründen (*a public limited company*).

flood [flʌd] **I.** *n.* **1.** Flut; *≈s* Überschwemmung; *the F.* die Sintflut; *the river was in f.* der Fluß führte Hochwasser; **2.** (*fig.*) Überschwemmung, Menge: *a f. of inquiries* eine Vielzahl von Anfragen; *in ≈s of tears* tränenüberströmt; **II. 1.** *v.t.* überschwemmen, überfluten (*the valley, a large area*); **2.** (*fig.*) überschwemmen (*the market*); **3.** *v.prep.: f. in(to)* hereinströmen; *f. out* herausströmen.

floor [flɔ:] **I.** *n.* **1.** Fußboden (*of the kitchen*); **2.** Stockwerk: *we live on the 6th f.* wir wohnen im 6. Stockwerk; *first f.* (*GB*) erster Stock; (*US*) Erdgeschoß; **II.** *v.t.* **1.** zu Boden schlagen (*the thief*); **2.** verblüffen: *I was utterly ≈ed by this remark* diese Bemerkung verschlug mir völlig die Sprache.

flour ['flaʊə] *n.* Mehl.

flow [fləʊ] **I.** *v.i.* fließen: *the Rhine ≈s into the North Sea* der Rhein mündet in die Nordsee; *blood was ≈ing from his wound* Blut strömte aus seiner Wunde; **II.** *n.* Fluß (*of blood/traffic/information*).

flower ['flaʊə] **I.** *n.* **1.** Blume: *bunch of ≈s* Blumenstrauß; *grow ≈s* Blumen züchten; *f. arrangement* Blumengebinde; *f. bed* Blumenbeet; *f. pot* Blumentopf; **2.** Blüte: *in f.* in Blüte **3.** (*fig.*) Blüte: *in the f. of his youth* in seinen besten Jugendjahren; **II.** *v.i.* blühen (*auch fig.*).

flu [flu:] (*Kurzform von:* **influenza**) *n.* Grippe: *she's got (the) f.* sie hat die Grippe.

fluent ['flu:ənt] *adj.* fließend: *speak f. Russian; be f. in Russian; be a f. speaker of Russian* fließend Russisch sprechen.

fluency ['flu:ənsɪ] *n.* Gewandtheit, Flüssigkeit: *f. in spoken and written French* Beherrschung des Französischen in Wort und Schrift.

fluid ['flu:ɪd] **I.** *adj.* **1.** flüssig (*substance*); **2.** (*fig.*) im Fluß, noch offen (*situation*); **II.** *n.* Flüssigkeit.

flux [flʌks] *n.* (*fig.*) Fluß: *matters are still in a state of f.* die Dinge sind noch im Fluß.

fly* [flaɪ] **I. 1.** *v.i.* fliegen (*to London*): *the plane was ≈ing too low* das Flugzeug flog in zu niedriger Höhe; *I've never flown before* ich bin noch nie geflogen; *she flew into a temper/rage* sie hatte einen Wutausbruch; *let f.* vom Leder ziehen; *this flies in the face of all reason* das steht im krassen Widerspruch zur Vernunft; **2.** *v.t.* fliegen (*an aeroplane*); **3.** *v.i.* flüchten; sich beeilen: *I must f.* ich muß fort; verfliegen: *time flies* die Zeit vergeht schnell; **II.** *n.* Fliege: *like flies* wie die Fliegen; *f. in the ointment* (*fig.*) Haar in der Suppe.

foam [feʊm] **I.** *n.* Schaum (*on the beer*): *f. rubber* Schaumgummi; **II.** *v.i.* schäumen (*at the mouth, with rage*).

fog [fɒg] *n.* Nebel: *lose one's way in the f.* sich im Nebel verirren; *thick/dense f.* dichter Nebel.

foggy ['fɒgɪ] *adj.* **1.** nebelig (*weather, day*); **2.** (*fig.*) unklar: *I haven't the foggiest (idea)* ich habe keinen blassen Schimmer.

fold[1] [fəʊld] **I. 1.** *v.t.* falten (*paper, a piece of cloth*); **2.** *v.i.* sich falten/zusammenklappen lassen (*map,* *table*); (*fig.*) eingehen, pleite gehen (*company*); **II.** *n.* Falte.

fold² *n.* (*Landwirtschaft*) Pferch; (*fig.*) Herde, Gemeinde: *return to the f.* in den Schoß der Gemeinde zurückkehren.

follow ['fɒləʊ] **1.** *v.t.* folgen: *f. me* folgen Sie mir; *I have a feeling I'm being ≈ed* ich habe das Gefühl, daß mir jemand folgt; *do you f. me?* können Sie mir folgen? *f. a profession* einem Beruf nachgehen; *as ≈s* wie folgt; *f. in s.o.'s footsteps* in jds. Fußstapfen treten.

follower ['fɒləʊə] *n.* Anhänger (*of a football club*).

following ['fɒləʊɪŋ] *n.* **1.** Folgendes/Nachstehendes; *in the ≈f.* nachstehend; **2.** Gefolge: *he had a large f.* er hatte viele Anhänger.

fond [fɒnd] *adj.* **1.** (*pred.*) gern: *be f. of s.o.* jdn. gern haben; **2.** liebevoll, zärtlich, nachsichtig (*mother, husband*); **3.** allzu kühn (*hopes, ambition*).

food [fu:d] *n.* **1.** Nahrungs-, Lebensmittel, Essen: *the f. was dreadful* das Essen war scheußlich; *solid f.* feste Nahrung; *f. shortage* Nahrungsmittelknappheit; *f. chain* (*biol.*) Nahrungskette; (*comm.*) Supermarktkette; **2.** (*fig.*) geistige Nahrung: *f. for thought* Stoff zum Nachdenken.

foodstuffs ['fu:dstʌfs] *n.* Nahrungs-, Lebensmittel.

fool [fu:l] **I.** *n.* Narr, Dummkopf: *don't be a f.* sei nicht so blöd; *I was f. enough to believe her* ich war so dumm, ihr zu glauben; *don't make a f. of yourself* mach dich nicht lächerlich; **II.** *v.prep.: f. about/around* Blödsinn machen.

foolish ['fu:lɪʃ] *adj.* töricht, dumm: *I felt rather f.* ich kam mir sehr dumm vor.

foolproof ['fu:lpru:f] *adj.* idiotensicher.

foot [fʊt] **I.** *n.* (*pl.* **feet** [fi:t]) **1.** (*anat.*) Fuß: *on f.* zu Fuß; *be on one's feet all day* den ganzen Tag auf den Beinen sein; *rise/jump to one's feet* aufstehen, aufspringen; *set f. in/on s.th.* etw. betreten; *put one's f. in it* (*fig.*) ins Fettnäpfchen treten; *put one's f. down* ein Machtwort sprechen; *put one's best f. forward* sich ins Zeug legen; *not put a f. wrong* nichts falsch machen; *get/have cold feet* kalte Füße bekommen/haben; *have both feet on the ground* mit beiden Beinen (fest) auf der Erde stehen; *find one's feet* zurechtkommen; **2.** Fuß, unteres Ende (*of the bed/mountain/stairs*); **3.** Fuß (*Längenmaß: 0,3048 m*); **II.** *v.t.* bezahlen (*the bill*).

football ['fʊtbɔ:l] *n.* Fußball(spiel): *f. pools* Fußballtoto.

for [fɔ:] **I.** *prep.* **1.** für: *a letter f. you* ein Brief für dich; **2.** für, zu: *what's this f.?* wozu dient das?; **3.** wegen: *he is known f. his sense of humour* er ist für seinen Humor bekannt; **4.** trotz: *f. all his money* trotz seines vielen Geldes; **5.** seit (*a week, months, years*); **6.** (*mit Infinitivkonstruktion*): *this is not f. you to decide* die Entscheidung liegt nicht bei dir; *the best thing would be f. me to do the job* am besten wäre es, wenn ich die Sache erledigen würde; *there's no need f. you to get excited* du brauchst dich nicht aufzuregen; **II.** *conj.* denn, da, weil.

forbid* [fə'bɪd] *v.t.* verbieten, untersagen: *I f. you to mention this to anyone* ich verbiete dir, dies irgend jemandem gegenüber zu erwähnen; *smoking (is) strictly ≈den* Rauchen strengstens verboten.

forbidding [fə'bɪdɪŋ] *adj.* abschrekkend, abstoßend (*appearance, look, manner*).

force [fɔːs] **I.** *n.* **1.** Kraft, Stärke, Macht: *f. of gravity* Schwerkraft; *f. of habit* Macht der Gewohnheit; *market ≈s* Marktkräfte; *the ≈s of evil* die bösen Mächte; *a f. to be reckoned with* ein ernstzunehmender Machtfaktor; *in f.* in Kraft; *come into f.* in Kraft treten; *join ≈s* sich zusammentun; **2.** Streitmacht: *land and sea ≈s* Land- und Seestreitkräfte; *police f.* Polizei; **3.** Gewalt: *by f.* mit Gewalt; *use f.* Gewalt anwenden; **II.** *v.t.* zwingen: *f. s.o. to do s.th.* jdn. zwingen, etw. zu tun; *f. the door* die Tür aufbrechen; *f. one's way in* mit Gewalt eindringen; *f. s.o.'s hand* jdn. nötigen; *f. the pace* das Tempo beschleunigen.

forehead ['fɒred] *n.* Stirn.

foreign ['fɒrən] *adj.* **1.** ausländisch, Auslands-, Außen- (*affairs, policy, trade*): *F. Office* (*GB*) Außenministerium; *f. exchange* Fremdwährungen, Devisen; **2.** fremd: *being rude is f. to his nature* er ist von Natur aus nicht unhöflich; *f. body* Fremdkörper.

foreigner ['fɒrɪnə] *n.* Ausländer(in).

forest ['fɒrəst] *n.* Wald.

forever [fər'evə] *adv.* immer, ewig: *she's f. moaning and groaning* sie mault ständig herum.

forge [fɔːdʒ] **I.** *n.* Schmiede; **II.** *v.t.* **1.** schmieden (*auch fig.: friendship, new links*); **2.** fälschen (*a signature, banknotes*).

forget* [fə'get] *v.t.* vergessen (*her name, to pay*): *and don't you f. it!* denk daran!; *f. it* laß es; *I f. which was which* ich habe vergessen, welche(r, s) es war.

forgive* [fə'gɪv] *v.t.* vergeben, verzeihen: *can you ever f. me?* kannst du mir je verzeihen?; *I might be ≈en for believing that …* man möge es mir nachsehen, wenn ich annehme, daß … .

fork [fɔːk] **I.** *n.* Gabel (*auch als Gartengerät und beim Fahrrad*): *knife and f.* Messer und Gabel; *tuning f.* (*mus.*) Stimmgabel; **2.** Gabelung (*of the road*): *take the right f.* biegen Sie nach rechts ab; **II.** *v.prep.: f. out* (*coll.*) (*Geld*) blechen.

form [fɔːm] **I.** *n.* **1.** Form, Gestalt (*of a woman in the dark*): *f. of government* Regierungsform; *f. of energy* Energieform; *in any shape or f.* in jeder Form; *in the f. of* in der Form von; *in (good) f.* in (guter) Form; *true to f.* erwartungsgemäß; **2.** (*GB*) Schulklasse; **3.** Formular: *complete/fill in (GB)/out (US) a f.* Formular ausfüllen; **II. 1.** *v.t.* formen (*the government*), gestalten (*a vase out of clay*); gründen (*a company*); bilden (*a circle*); **2.** bilden, darstellen (*the basis of our beliefs*); **3.** *v.i.* sich entwickeln (*smoke*).

formal ['fɔməl] *adj.* förmlich (*address*); steif (*manners*).

formation [fɔː'meɪʃən] *n.* **1.** Bildung (*of a government*); Gründung (*of a company*); **2.** (*mil.*) Formation; **3.** (*geol.*) Formation: *rock f.* Gesteinsformation.

former ['fɔːmə] *adj.* **1.** früher: *in f. times* früher; *I'm not my f. self* ich bin nicht mehr (so gesund) wie früher; ehemalig (*wife, husband, students*); **2.** der/die/das erstere: *I prefer the f. to the latter* ich ziehe das erstere dem letzteren vor.

formerly ['fɔːməlɪ] *adv.* früher: *the Sudan was f. ruled by the British* der Sudan wurde früher von den Briten regiert.

forth [fɔːθ] *adv.* (*nur noch in Verbindungen*): *and so f.* und so weiter; *hold f.* sich ergehen, sich auslassen; *set f.* darlegen.

forthcoming [fɔːθ'kʌmɪŋ] *adj.* **1.** bevorstehend (*event, publication*); **2.** *be f.* (er)folgen (*information*);

überwiesen werden (*money*); **3.** mitteilsam: *the girl at the reception was not very f.* das Mädchen an der Rezeption war nicht gerade mitteilsam/hilfreich.

fortnight ['fɔːtnaɪt] *n.* vierzehn Tage.

fortnightly ['fɔːtnaɪtlɪ] *adj.; adv.* vierzehntägig.

fortunate ['fɔːtʃənət] *adj.* glücklich, glückhaft (*circumstances, event, choice*): *I was f. enough to …* ich hatte das Glück, daß ich …; *she was f. in her teachers* sie hatte Glück mit ihren Lehrern; *you are very f. to have survived that crash* du kannst von Glück reden, daß du diesen Unfall überlebt hast.

fortunately ['fɔːtʃənətlɪ] *adv.* glücklicherweise; *f. the injuries were not serious* zum Glück waren die Verletzungen nicht so schlimm.

fortune ['fɔːtʃən] *n.* **1.** Reichtum, Vermögen: *earn/make a f.* ein Heidengeld verdienen; *come into a f.* ein Vermögen erben; *marry a f.* reich heiraten; *a small f.* eine Menge Geld; **2.** Schicksal: *f. had been kind to them; f. smiled on them* das Schicksal meinte es gut mit ihnen; *tell ≈s* wahrsagen; *f. teller* Wahrsager(in).

forward ['fɔːwəd] **I.** *adv.* nach vorn rush f. nach vorn stürmen; *look f. to s.th.* einer Sache mit (großem Interesse) entgegensehen; *come f.* sich melden; *backward(s) and f.(s)* hin und her; **II.** *adj.* **1.** vordere(r, s): *the f. portion of the train* der vordere Teil des Zuges; *f. planning* Vorwärtsplanung; *f. strategy* Vorwärtsstrategie; **2.** dreist: *he was rather f., talking to us like that* es war ganz schön dreist von ihm, so mit uns zu reden; **III.** *v.t.* weiterbefördern, nachsenden: *≈ing address* Nachsendeadresse; *≈ing instructions* Versandanweisungen.

foul [faʊl] **I.** *adj.* **1.** übel(riechend) (*smell, taste*): *f. weather* scheußliches Wetter; *he was in a f. mood/temper* er war ungenießbar; **2.** obszön, unflätig (*language*); **3.** regelwidrig: *f. play* Regelverstoß, Foul; *by fair means or f.* so oder so; *fall/run f. of s.th.* mit etw. in Konflikt geraten; **II.** *n.* (*Sport*) Regelverstoß; **III.** *v.t.* **1.** ver-, beschmutzen (*the air, s.o.'s reputation*): *the pavement is being ≈ed up by dogs* der Bürgersteig wird von Hunden verunreinigt; **2.** (*Sport*) foulen; **3.** verstopfen, sich verheddern.

found [faʊnd] *v.t.* gründen (*a company, a new city*).

foundation [faʊn'deɪʃən] *n.* Gründung; Stiftung.

fox [fɒks] **I.** *n.* Fuchs: *wily old f.* (*fig.*) schlauer Fuchs; **II.** *v.t.* täuschen, reinlegen: *I was completely ≈ed* ich war ganz baff.

fraction ['frækʃən] *n.* Bruchteil; *for the f. of a second* für den Bruchteil einer Sekunde, um ein Haar.

frame [freɪm] **I.** *n.* Rahmen (*of a picture/window/bicycle*); (*fig.*) Körper, Gestalt: *her slender f.* ihre zierliche Gestalt; *f. of mind* (geistige) Verfassung, Stimmung; **II.** *v.t.* **1.** rahmen (*a painting*); **2.** formulieren (*a question, a plan*); **3.** inkriminieren: *the accused was obviously ≈d* dem Angeklagten ist offensichtlich etwas angehängt worden.

frank [fræŋk] *adj.* offen, ehrlich: *to be (perfectly) f. with you* ehrlich gesagt.

free [friː] *adj.* frei: *a f. country* ein freies Land; *f. speech* Redefreiheit; *f. trade* Freihandel; *of one's own f. will* aus freiem Willen; *f. and easy* ohne Zwänge; *f. of charge* gratis; *make f. with s.o.'s things* sich selbst bedienen.

freedom ['fri:dəm] *n.* Freiheit; *f. of speech* Redefreiheit; *he was given the f. of their house* er konnte sich bei ihnen wie zu Hause fühlen.

freight [freɪt] **I.** *n.* **1.** Fracht, Ladung; **2.** Frachtkosten; **II.** *v.t.* befördern.

French [frentʃ] *adj.* französisch (*language, government*); *F. fries* Pommes frites; *F. horn* Waldhorn; *take F. leave* (*coll.*) unentschuldigt fehlen.

Frenchman ['frentʃmən] *n.* Franzose.

Frenchwoman ['frentʃwʊmən] *n.* Französin.

frequency ['fri:kwənsɪ] *n.* **1.** Häufigkeit (*of accidents*); **2.** (*techn.*) Frequenz: *high/low f.* Hoch-/Niederfrequenz.

frequent I. ['fri:kwənt] *adj.* häufig (*visits, visitor*); **II.** [frɪ'kwent] *v.t.* häufig besuchen (*a restaurant*).

fresh [freʃ] *adj.* **1.** frisch (*air, fruit, vegetables*); **2.** *f. water* Süßwasser; **3.** neu: *a f. coat of paint* ein neuer Anstrich; *f. start* Neuanfang; *f. off the presses* druckfrisch; **4.** (*coll.*) frech, pampig: *he got f. with me* er machte mich an.

friction ['frɪkʃn] *n.* (*phys.*) Reibung: *f. between management and labour* (*fig.*) Spannungen zwischen Geschäftsführung und Belegschaft.

Friday ['fraɪdɪ] *n.* Freitag; *Good F.* Karfreitag; *girl F.* Mädchen für alles; *man F.* Mann für alles, Faktotum.

fridge [frɪdʒ] *n.* (*GB*) (*coll.*) (*Kurzform von:* **refrigerator**) Kühlschrank.

friend [frend] *n.* **1.** Freund(in): *a f. of mine* mein Freund; *no f. of mine* nicht mein Freund; *be ≈s with s.o.* mit jdm. befreundet sein; *make ≈s* Freundschaft schließen; **2.** Förderer, Mäzen (*of the arts*); **3.** *Society of Friends* Quäker.

friendship ['frendʃɪp] *n.* Freundschaft.

fright ['fraɪt] *n.* Furcht, Angst: *take f.* sich erschrecken; *he was shaking with f.* er zitterte/schlotterte vor Angst; *I got the f. of my life* ich bekam eine Heidenangst; *look a f.* (*coll.*) schrecklich/abenteuerlich aussehen.

frighten ['fraɪtən] *v.t.* erschrecken, in Angst (und Schrecken) versetzen (*the old lady*): *don't be ≈ed!* keine Angst!; *f. s.o. out of his/her wits* jdm. einen Riesenschrecken einjagen.

frog [frɒg] *n.* **1.** Frosch: *have a f. in one's throat* (*fig.*) vor Aufregung nicht sprechen können; **2.** *F.* (*pej.*) Franzose.

from [frɒm] *prep.* **1.** (*Ort, Person*) von (*London, a friend*); *f. memory* aus dem Gedächtnis; *tell her f. me* richten Sie ihr bitte von mir aus; *translated f. Italian* aus dem Italienischen übersetzt; **2.** (*Zeit*) von, ab: *f. now on* ab jetzt/sofort; *as f. now* mit sofortiger Wirkung; **3.** (*Substanzwandel*) aus: *cheese is made f. milk* Käse wird aus Milch hergestellt.

front [frʌnt] **I.** *n.* **1.** Vorderseite (*of the building*); Vorderteil (*of a dress/train*); *be in f.* an der Spitze liegen; *in f. of the children* vor den Augen der Kinder; *pay up f.* vorab zahlen; **2.** (*mil.; met.*) Front: *on all ≈s* an allen Fronten; *cold/warm f.* Kalt-/Warmluftfront; **3.** Fassade, Attrappe: *act as a f.* als Strohmann/Aushängeschild fungieren; **II.** *adj.* **1.** vorn, Vorder-: *f. door* Haustür; *f. garden* Vorgarten; *f. matter* (*Buch*) Titelei; *hit the f. pages* Schlagzeilen machen; *f. room* (*GB*) Wohnzimmer; *f. row* vordere Reihe; *f. runner* Favorit; *f. view* Vorderansicht; **2.** als Fassade/Attrappe fungierend: *f. man* Strohmann.

frontier ['frʌntɪə] *n.* **1.** (Staats-) Grenze (*between France and Italy*); **2.** (*fig.*) Grenze (*of knowledge/science*).

frost [frɒst] **I.** *n.* **1.** Frost: *hard/severe f.* starker Frost; *degrees of f.* Grad unter Null; **2.** Rauhreif (*on the grass/windscreen*); **II. 1.** *v.t.; v.i.* tiefkühlen, einfrieren; **2.** *v.t.* glasieren.

fruit [fru:t] **I.** *n.* **1.** Obst: *various kinds of f.* verschiedene Sorten Obst; *dried f.* Dörrobst; **2.** (*Pflanzen*) Frucht: *our apple tree is in f.* an unserem Apfelbaum wachsen jetzt die Äpfel; *bear f.* Früchte tragen (*auch fig.*); **3.** ≈**s** verschiedene Früchte: *citrus ≈s* Zitrusfrüchte; *the ≈s of the earth* die Früchte der Erde; **4.** ≈**s** *pl.* (*fig.*) Früchte (*of our labours/efforts*); **II.** *v.i.* Früchte tragen: *our cherry tree always ≈s early/well* unser Kirschbaum trägt immer früh/viele Kirschen.

fry [fraɪ] **I.** *v.t.* braten (*fish, meat, potatoes*): *out of the ≈ing pan into the fire* (*fig.*) vom Regen in die Traufe; **II.** *n.: small f.* (*fig.*) kleine Fische.

fuel [fjʊəl] **I.** *n.* Brennstoff: *solid f.* Festbrennstoff; *fossil f.* fossiler Brennstoff; *nuclear f.* Kernbrennstoff; *add f. to the flames* (*fig.*) Öl ins Feuer gießen; **II.** *v.t.; v.i.* **1.** (auf)tanken; **2.** (*fig.*) verschärfen (*situation*).

fulfil (*GB*); **fulfill** (*US*) [fʊl'fɪl] *v.t.* erfüllen (*a conditon, a duty, needs, an obligation, requirements*): *f. o.s.* sich selbst verwirklichen.

full [fʊl] *adj.* voll: *f. up* (*Verkehrsmittel*) voll besetzt; *f. to bursting* zum Bersten voll; *f. to the brim* randvoll; *f. employment* Vollbeschäftigung; *f. fare* der volle Fahrpreis; *f.-length film* abendfüllender Film; *a f. life* ein erfülltes Leben; *f. member* Vollmitglied; *f. moon* Vollmond; *at f. speed* mit Höchstgeschwindigkeit; *on a f. stomach* auf vollen Magen; *the f. story* die ganze Geschichte; *f. stop* (*Interpunktion*) Punkt.

full-time ['fʊltaɪm] *adj.* Vollzeit-: *f. job* Ganztagsbeschäftigung.

fun [fʌn] *n.* Spaß: *there's no f. in doing this* diese Tätigkeit macht keinen Spaß; *for the f. of it* (nur) zum Spaß; *a figure of f.* eine Witzfigur; *make f. of/poke f. at s.o.* sich über jdn. lustig machen; *spoil the f.* den Spaß verderben.

function ['fʌŋkʃən] **I.** *n.* **1.** Funktion (*of the brain/liver*); Aufgabe: (*of the chairman/committee*); **2.** (*math.*) Funktion; **3.** gesellschaftlicher Anlaß: *she was dressed (up) for an official f.* sie hatte sich für einen offiziellen Anlaß gekleidet; **II.** *v.i.* funktionieren.

fund [fʌnd] **I.** *n.* Fonds; ≈*s* Geldmittel; *in ≈s* (*Konto*) in den schwarzen Zahlen; *short of ≈s* knapp bei Kasse; **II.** *v.t.* finanzieren: *the government will f. the project* die Regierung wird das Projekt finanzieren.

funeral ['fju:nərəl] *n.* Begräbnis, Bestattung; *f. procession* Leichenzug; *f. pyre* Scheiterhaufen.

funny ['fʌnɪ] *adj.* **1.** komisch (*person, story*); *the f. side of the situation* die komische Seite der Situation; **2.** seltsam, verdächtig (*business, noise*); **3.** (*med.*) unwohl: *I feel a bit f. today* ich fühle mich heute nicht ganz wohl.

fur [fɜ:] *n.* Pelz, Tierfell: *f. coat* Pelzmantel.

furnish ['fɜ:nɪʃ] *v.t.* **1.** einrichten (*flat, house, room*): *≈ed flat* möblierte Wohnung; *live in ≈ed accommodation* eine möblierte Wohnung/ein möbliertes Haus (als

Mieter) bewohnen; **2.** liefern (*evidence, information, proof*); bereitstellen (*equipment, supplies*).

furniture ['fɜːnɪtʃə] *n.* Möbel: *a piece of f.* ein Möbelstück; *be part of the f.* (*fig.*) zum Inventar gehören, dazugehören.

further ['fɜːðə] *adj.; adv.* weiter: *f. inland* weiter im Landesinneren; *I have nothing f. to say* ich habe nichts mehr dazu zu sagen; *inquire f. into s.th.* weitere Ermittlungen anstellen; *further, I would point out that ...* darüber hinaus möchte ich darauf hinweisen, daß ...; *until f. notice* bis auf weiteres; *f. to our letter of ...* bezugnehmend auf unseren Brief vom ...; *make s.th. go f.* etw. strecken.

fuss [fʌs] **I.** n. **1.** Getue, Umstände: *what's all this f. about*? was soll das (ganze) Theater?; **2.** Aufregung, Ärger: *there'll be a lot of f. when the story is leaked* es wird einen Heidenärger geben, wenn die Geschichte ans Licht gebracht wird; *make a f.; kick up a f. over s.th.* viel Theater wegen etw. machen; **II. 1.** *v.i.* sich aufregen: *there's no need to f.* es gibt keinen Grund zur Aufregung; *don't you f. again!* reg dich bloß nicht wieder auf!; **2.** *v.i.* viel Aufhebens machen: *she's always ≈ing about her grandchildren* sie macht immer zuviel Aufhebens um ihre Enkel; **3.** *v.t.* nervös machen: *don't f. me!* laß mich in Ruhe!

G

gain [geɪn] **I.** *n.* **1.** Zunahme, Steigerung (*in numbers/productivity/weight*): *yesterday's ≈s* (*Börse*) die Kurssteigerungen von gestern; **2.** Vorteil, Gewinn: *ill-gotten ≈s* unredlich erworbene Gewinne; **II.** *v.t.* gewinnen, erwerben (*a fortune, power, the upper hand, time*); erlangen (*entry*); *g. experience* Erfahrungen sammeln; *g. ground* aufholen; *we stand to g.* wir können (dabei) nur gewinnen.

gallery ['gælərɪ] *n.* **1.** Galerie: *art g.* Kunstgalerie; **2.** Empore, Balkon; (*theat.*) oberer Rang: *play to the g.* (*fig.*) Reden ans Volk halten; **3.** (*Bergbau*) Stollen.

gamble ['gæmbl] **I.** *v.i.; v.t.* (*Glücksspiel*) spielen, wetten: *g. s.th. away* etw. (leichtfertig) verspielen; *g. on the stock exchange* an der Börse spekulieren; **II.** *n.* Glücksspiel; (*fig.*) Risiko: *take a g. on s.th.* etw. riskieren.

game [geɪm] *n.* **1.** Spiel (*of chess/football*): *Olympic Games* Olympische Spiele; *beat s.o. at his own g.* (*fig.*) jdn. mit den eigenen Waffen schlagen; *give the g. away* alles ausplaudern; *play the g.* sich an die Regeln halten; *see through s.o.'s little g.* jds. Spielchen durchschauen; *spoil s.o.'s g.* jds. Pläne durchkreuzen; **2.** Wild(bret): *big g.* Großwild; *fair g.* (*fig.*) Freiwild; **3.** *on the g.* (*GB*) (*Prostitution*) auf dem Strich; (*US*) krumme Dinger, illegale Geschäfte.

gang [gæŋ] **I.** *n.* Bande (*of criminals/youths*); Kolonne (*of workmen*); **II.** *v.prep.: g. up on/against s.o.* sich gegen jdn. verbünden.

gap [gæp] *n.* Lücke (*in the fence, between s.o.'s teeth*): *g. in (s.o.'s) memory* Gedächtnislücke; *bridge the g.* die Kluft überbrücken.

garage ['gærɑːʒ; *US:* gə'rɑːʒ] *n.* **1.** Garage: *leave the car in the g.* das Auto in der Garage lassen; **2.** (*GB*) Tankstelle, Reparaturwerkstatt.

garbage ['gɑːbɪdʒ] *n.* **1.** (*bes. US*) Abfall, Müll: *g. can* Mülltonne; *g. collection* Müllabfuhr; **2.** (*fig.*) Unsinn, dummes Zeug.

garden ['gɑːdn] *n.* Garten: *lead s.o. up the g. path* (*fig.*) jdn. an der Nase herumführen.

garment ['gɑːmənt] *n.* Kleidungsstück.

gas [gæs] **I.** *n.* **1.** Gas: *natural g.* Erdgas; *g. chamber* Gaskammer; *g. cooker/oven* Gasherd; **2.** (*US*) Benzin: *step on the g.* auf das Gaspedal treten; *g. station* Tankstelle. **II.** *v.t.* vergasen.

gate [geɪt] *n.* **1.** Tor: *the ≈s of the city* die Stadttore; (*aeronaut.*) Flugsteig; **2.** (*Sport*) Zahl der Zuschauer.

gather ['gæðə] **1.** *v.t.* sammeln (*information, nuts, wood*): *g. dust* verstauben; *g. momentum* (mehr) Schwung bekommen; *g. speed* schneller werden; *g. one's strength* seine Kräfte sammeln; *g. one's thoughts/wits* seine Gedanken ordnen, sich sammeln; **2.** *v.i.* sich versammeln (*around the fire, outside the town hall*); **3.** *v.t.* schlußfolgern: *I ≈ed as much* das habe ich mir schon gedacht; *I g. she's been ill* ich habe gehört, daß sie erkrankt ist.

gathering ['gæðərɪŋ] *n.* Versammlung.

gauge [geɪdʒ] **I.** *n.* **1.** Meßgerät: *pressure g.* Manometer; *temperature g.* Temperaturanzeiger; **2.** Stärke, Durchmesser (*of wire*); (*Eisenbahn*) Spurweite: *broad g.*

Breitspur; *narrow g.* Schmalspur; *standard g.* Regelspur; **II.** *v.t.* **1.** messen (*s.th. to a tenth of a millimetre*); **2.** ermessen, beurteilen (*the strength of feeling*).

gay [geɪ] **I.** *adj.* **1.** fröhlich (*laughter, temperament*); bunt (*colours*); **2.** (*coll.*) homosexuell; **II.** *n.* (*coll.*) Homosexueller.

gear [gɪə] *n.* **1.** Zahnrad; Getriebe, Gang: *change g.* schalten; **2.** (*coll.*) Kleidung, Aufmachung, Ausrüstung: *camping g.* Campingausrüstung.

general ['dʒenrəl] **I.** *adj.* **1.** allgemein: *in g.* im großen und ganzen; *the g. public* die breite Öffentlichkeit; *a matter of g. interest* eine Sache von allgemeinem Interesse; *g. strike* Generalstreik; *get the g. idea of s.th.* eine (ungefähre) Vorstellung von etw. bekommen; **2.** leitend, Haupt-: *g. manager* Generaldirektor; *Attorney G.* (*US*) Justizminister; *Governor G.* Generalgouverneur; *G. Post Office* (*GPO*) (*GB*) Hauptpostamt; **II.** *n.* (*mil.*) General.

generate ['dʒenəreɪt] *v.t.* **1.** erzeugen (*electricity/heat/power*); **2.** hervorbringen (*hatred*), erwecken (*interest*).

generation [ˌdʒenə'reɪʃən] *n.* **1.** Erzeugung (*of electricity/heat/power*); **2.** Generation: *the younger g.* die jüngere Generation; *within one g.* innerhalb einer Generation.

generosity [dʒenə'rɒsɪtɪ] *n.* Großzügigkeit.

generous ['dʒenərəs] *adj.* **1.** großzügig (*with one's money*): *that's very g. of you* das ist sehr großzügig von Ihnen; **2.** reichlich (*helping of potatoes*).

gentle ['dʒentl] *adj.* **1.** sanft, zart: *a g. breeze* eine leichte Brise; *a g. reminder* ein taktvoller Hinweis; *be g. with s.o.* jdn. rücksichtsvoll behandeln; *be g. with s.th.* behutsam mit etw. umgehen; **2.** (*arch.*) adelig: *of g. birth* adliger Herkunft.

gentleman ['dʒentlmən] *n.* **1.** Herr; Gentleman, Ehrenmann; **2.** (*arch.*) Edelmann, Mann von Stand.

genuine ['dʒenjʊɪn] *adj.* **1.** echt (*pearl, Rembrandt painting*): *the g. article* (*fig.*) das einzig Wahre; **2.** ehrlich, ernsthaft: *g. concern* ernste Sorge; *g. belief* aufrichtiger Glaube.

German ['dʒɜːmən] **I.** *adj.* deutsch: *G. measles* (*med.*) Röteln; **II.** *n.* **1.** Deutsche(r); **2.** Deutsch: *she spoke faultless G.* sie sprach perfekt Deutsch.

gesture ['dʒestʃə] *n.* Geste: *as a g. of friendship* als Geste der Freundschaft.

get* [get] **1.** *v.t.* bekommen: *did you g. my letter?* hast du meinen Brief bekommen?; *she got a shock when she recognized him* sie bekam einen Schock, als sie ihn erkannte; *g. hold of* erwischen (*a person*); bekommen (*a book*); **2.** besorgen: *let me g. you a drink* ich hole dir jetzt etw. zu trinken; *he's got himself a brand-new car* er hat sich ein funkelnagelneues Auto zugelegt; *g. a doctor* einen Arzt holen; **3.** *v.i.* gelangen, kommen (*to the station*): *we're not ≈ting anywhere* (*fig.*) wir machen keine Fortschritte; *g. along* (miteinander) zurechtkommen; *g. lost* die Orientierung verlieren; *g. lost!* (*coll.*) verschwinde!; *g. ready* sich fertigmachen; *g. rid of s.o./s.th.* jdn./etw. loswerden; *g. round to (doing) s.th.* die Zeit für etw. finden (*reading a book*); *g. stuck* festsitzen, sich nicht mehr (von der Stelle) bewegen können; *g. to know* kennenlernen (*s.o./s.th.*); **4.** *v.aux. g. cracking / going / moving / weaving* (*coll.*) (endlich) anfangen; **5.** (*mit*

Infinitiv) müssen: *you've got to g. this matter sorted out* du mußt diese Sache in Ordnung bringen; **6.** *v.prep.: g. by* (*finanziell*) zurechtkommen; *g. in* Zutritt erlangen; *g. into s.th.* in etw. hineingeraten; *g. off* anfangen (*to a good start*); davonkommen (*lightly*); aussteigen (*the train*); *g. on* einsteigen (*the bus*); zurechtkommen (*with her new boss*); *g. out* aussteigen, verlassen: *let's g. the hell out of here!* (*US*) (*coll.*) nichts wie raus!; *g. through* durchkommen, bestehen (*an examination*); *g. to* gelangen: *how far have you got to?* wie weit bis du gekommen?; *g. up* aufstehen; organisieren (*a party*).

ghost [gəʊst] *n.* **1.** Geist, Gespenst: *I don't believe in ≈s* ich glaube nicht an Gespenster; *give up the g.* (*fig.*) den Geist aufgeben; **2.** *the Holy G.* (*rel.*) der Heilige Geist; **3.** Anschein, Anflug: *not the g. of a smile* nicht einmal der Anflug eines Lächelns; *a g. of his former self* ein Schatten seiner selbst.

gift [gɪft] *n.* **1.** Geschenk: *wedding g.* Hochzeitsgeschenk; *g. to charity* Spende (an eine karitative Organisation); *free g.* Werbegeschenk; **2.** Gabe, Talent (*for languages*): *he's got the g. of the gab* (*coll.*) er ist nicht auf den Mund gefallen.

gifted ['gɪftɪd] *adj.* begabt, talentiert (*child, musician*).

girl [gɜːl] *n.* Mädchen; *g. Friday* Mädchen für alles.

girlfriend ['gɜːlfrend] *n.* Freundin.

give* [gɪv] *v.t.* **1.** geben (*me that book, that book to me*); aufgeben (*a lot of homework, a special task*); bereiten, machen (*joy, pleasure*); *g. s.o. the choice between …* jdn. vor die Wahl zwischen … stellen; *g. s.o. another chance* jdm. noch eine Chance geben; *g. and take* geben und nehmen; **2.** schenken (*the boy a bicycle for Christmas*); *g. away* verschenken; **3.** *g. way (to)* nachgeben, Platz machen (für); **4.** *v.prep.: g. in* nachgeben; *g. up* aufgeben.

glad [glæd] *adj.* froh: *be g.* sich freuen; *g. tidings* (*arch.*) frohe Botschaft.

glance [glɑːns] **I.** *n.* (flüchtiger) Blick: *at a g.* sofort; *at first g.* auf den ersten Blick; **II.** *v.prep.: g. at s.o./s.th.* jdn./etw. (flüchtig) sehen: *g. through a letter* einen Brief überfliegen.

glass [glɑːs] *n.* **1.** (*Material*) Glas: *a pane of g.* eine Glasscheibe; **2.** Glas (*of wine*); **3.** ≈**es** *pl.* Brille.

glimpse [glɪmps] **I.** *n.* (flüchtiger) Blick: *catch a g. of s.th.* kurz etw. zu sehen bekommen; **II.** *v.t.* (flüchtig) sehen: *she ≈d him among the crowd* sie sah ihn für einen Moment in der Menge.

globe [gləʊb] *n.* **1.** Kugel; **2.** Globus; **3**. Erdkugel: *travel round the g.* Weltreise machen.

global ['gləʊbəl] *adj.* **1.** weltweit: *on a g. scale* im weltweiten Vergleich; **2.** global, pauschal (*judgment*).

glorious ['glɔːrɪəs] *adj.* **1.** ruhmreich (*victory*): **2.** herrlich, schön (*day, weather, sunset*): *we had a g. time in Italy* unser Italienurlaub war wunderschön.

glory ['glɔːrɪ] **I.** *n.* Ruhm: *cover o.s. with g.* sich auszeichnen; **II.** *v.prep.: g. in s.th.* etw. voll auskosten (*one's success/triumph*).

glove [glʌv] *n.* Handschuh: *boxing ≈s* Boxhandschuhe; *fit like a g.* wie angegossen passen; *the ≈s are off* (*fig.*) jetzt wird keine Rücksicht mehr genommen; *treat s.o. with kid ≈s* jdn. mit Samt-/Glacéhandschuhen anfassen; *work hand in g. with s.o.* mit jdm. unter einer Decke stecken.

glue [gluː] **I.** *n.* Klebstoff, Leim; **II.**

v.t.; v.i. kleben: *she's ≈d to the television all the time* sie tut nichts als fernsehen; *keep your eyes ≈d to the road* achte genau auf die Straße.

go* [gəʊ] *v.i.* **1.** gehen (*next door*); reisen (*to France*); fahren (*by car*); **2.** (*mit Infinitiv*) abreisen, um etw. zu unternehmen: *he's gone to see his parents* er ist nicht da, weil er seine Eltern besucht; *g. to see a doctor* einen Arzt aufsuchen; **3.** (*mit -ing-Form*) abreisen, um etw. zu unternehmen: *g. shopping* einkaufen gehen; **4.** werden: *she's gone grey* sie ist ergraut; *they've all gone mad* sie sind alle verrückt geworden; **5.** sich entwickeln: *the way things are ≈ing* wie die Dinge sich entwickeln; *things aren't ≈ing too well* es steht nicht zum besten; **6.** *≈ing to* geläufige Futurform: *what are you ≈ing to do about it?* was gedenkst du zu tun?; **7.** *g. away* verschwinden; **8.** *g. down* untergehen (*the Titanic*); ankommen, Reaktionen hervorrufen: *his remarks didn't g. down too well with the audience* seine Bemerkungen kamen bei den Zuhörern nicht besonders gut an; *g. down in history* in die Geschichte eingehen; **9.** *v.prep.: g. for s.o.* (plötzlich) auf jdn. losgehen: *the dog went for him* der Hund griff ihn plötzlich an; zutreffen: *that goes for a lot of things* das trifft auf viele Dinge zu; *g. off* fortgehen: *she went off in a huff* sie zog beleidigt ab; losgehen (*pistol*); verderben (*milk, food*); *g. on* fortfahren, fortsetzen; *g. out* hinausgehen; ausgehen (*the light*); *g. through* durch (etw.) gehen; durchsehen (*the papers*); durchgehen, genehmigt werden: *the bill went through Parliament* der Gesetzentwurf wurde vom Parlament verabschiedet; durchmachen, erleben: *after all the things we've gone through* nach allem, was wir durchgemacht haben; *g. up* steigen (*prices*); gebaut werden (*houses*); explodieren, brennen: *the shed went up in flames* der Schuppen ging in Flammen auf.

goal [gəʊl] *n.* **1.** Ziel: *my g. in life* mein Lebensziel; **2.** (*Sport*) Tor: *score a g.* ein Tor erzielen; *win by 2 ≈s to 1* (mit einem Torverhältnis von) 2:1 gewinnen; *move the g. posts* (*fig.*) die Bedingungen (nachträglich) verändern.

goalkeeper ['gəʊlki:pə] *n.* Torwart.

goat [gəʊt] *n.* Ziege.

god [gɒd] *n.* Gott: *Mars, the Roman g. of war* Mars, der römische Kriegsgott; *G. only knows* weiß der Himmel; *good G.!* ach du lieber Gott!; *for G.'s sake* um Himmels willen.

goddess ['gɒdəs] *n.* Göttin.

gold [gəʊld] *n.* Gold: *strike g.* auf Gold stoßen; *g. coin* Goldmünze; *g. medal* Goldmedaille; *g. mine* Goldgrube (*auch fig.*); *g. rush* Goldrausch; *be as good as g.* (*Kind*) artig sein.

golden ['gəʊldən] *adj.* golden: *g. mean* goldene Mitte; *g. wedding* goldene Hochzeit.

good [gʊd] **I.** *adj.* gut (*book, cause, reputation, character, deed, eyesight, weather, marks, news*): *g. at languages* kompetent in der Beherrschung von Fremdsprachen; *as g. as new* praktisch neu; *a g. many* recht viele; *for g.* für immer; *make g.* wiedergutmachen; *hold g.* zutreffen; **II.** *n.* **1.** das Gute: *g. and evil* Gut und Böse; **2.** Nutzen: *do more harm than g.* mehr Schaden als Nutzen anrichten; *for your own g.* zu deinem eigenen Vorteil; *what's the g. of all this?* was soll das Ganze?

goodbye [gʊd'baɪ] **I.** *interj.* auf Wiedersehen; **II.** *n.* Abschied: *say g.* Abschied nehmen; *we said our ≈s* wir nahmen Abschied.

goodness ['gʊdnəs] *n.* **1.** guter Charakter: *she still believed in his essential g.* sie glaubte immer noch, daß er im Grunde ein guter Mensch war; **2.** (qualitative) Güte: *wholemeal bread is full of (natural) g.* Vollkornbrot hat einen hohen Nährwert.

goods [gʊdz] *n.* Güter, Waren: *stolen g.* Diebesgut; *consumer g.* Konsumgüter; *capital g.* Investitionsgüter; *g. train* Güterzug.

goose [gu:s] (*pl.* **geese** [gi:s]) *n.* Gans: *the g. that lays the golden eggs* die Gans, die goldene Eier legt; *what's sauce for the g. is sauce for the gander (prov.)* was dem einen recht ist, ist dem anderen billig.

gospel ['gɒspəl] *n.* **1.** Evangelium: *the G. according to St John; St John's G.* das Johannesevangelium; *take s.th. for/as g.* (*truth*) etw. für bare Münze nehmen; **2.** Lehre: *the socialist g.* die sozialistische Doktrin.

gossip ['gɒsɪp] **I.** *n.* **1.** Klatsch, Tratsch: *g. column* (*Zeitung*) Klatschspalte; **2.** Klatschtante; **II.** *v.i.* tratschen.

govern ['gʌvən] *v.t.* **1.** regieren (*the country*); **2.** bestimmen: *the regulations ≈ing the sale of alcohol* die Vorschriften über den Verkauf von Alkohol; **3.** kontrollieren: *g. one's temper* sich beherrschen.

government ['gʌvənmənt] *n.* Regierung: *federal g.* Bundesregierung; *local g. election* Kommunalwahl.

governmental [ˌgʌvən'mentl] *adj.* Regierungs-.

grab [græb] **I.** *v.t.* packen, greifen: *they ≈bed her bag and ran off* sie entrissen ihr die Tasche und liefen davon; schnell zugreifen (*a chance, the best seats*); **II.** *n.* Griff: *make a g. at s.th.* plötzlich nach etw. greifen; *up for ≈s* (*coll.*) billig abzugeben.

grace [greɪs] **I.** *n.* **1.** Gnade: *by the g. of God* durch Gottes Gnade; **2.** Anmut, Grazie (*of movement*); **3.** Würde, Anstand: *with good g.* anstandslos; *with bad g.* mißmutig, widerwillig; **4.** Gunst: *in s.o.'s good ≈s* in jds. Gunst; *fall from g.* sich (jds.) Gunst verscherzen; **5.** Tischgebet: *say g.* Tischgebet sprechen; **6.** (*comm.*) Aufschub, Zahlungsfrist: *days of g.* Respekttage; **II.** *v.t.* **1.** verzieren (*the table*); **2.** beehren: *g. the occasion with your presence* die Veranstaltung mit Ihrer Anwesenheit beehren.

graceful ['greɪsfəl] *adj.* anmutig, graziös.

grade [greɪd] **I.** *n.* Stufe, Niveau (*of quality*): *make the g.* es schaffen; *g. crossing* (*US*) Bahnübergang; **II.** *v.t.* einstufen, klassifizieren (*eggs, potatoes, wool*).

gradual ['grædjʊəl] *adj.* schrittweise (*decline, improvement, increase, progress*).

graduate **I.** ['grædjʊət] *n.* (*GB*) Hochschulabsolvent; (*US*) Schulabsolvent; Graduierter (*in law/physics*); *g. student* Student(in) mit abgeschlossenem Examen; **II.** ['grædjʊeɪt] **1.** *v.i.* sein Examen machen (*in history*); **2.** *v.t.* einteilen, klassifizieren.

grain [greɪn] *n.* **1.** Korn, Getreide: *Canada's g. exports* Kanadas Getreideausfuhr(en); **2.** Partikel, Korn (*of sand/gold*); **3.** (*fig.*) Körnchen (*of hope/truth*); **4.** Maserung (*of wood*): *go against the g.* (*fig.*) (jdm.) gegen den Strich gehen.

grammar ['græmə] **1.** (*Regelsystem*)

Grammatik: *according to the rules of English g.* nach den Regeln der englischen Grammatik; *g. school* (*GB*) Gymnasium; **2.** Grammatik(buch): *I've bought myself an Italian g.* ich habe mir eine italienische Grammatik gekauft; **3.** Grammatikkenntnisse: *you'd better brush up your French g.* du solltest etwas an deinen französischen Grammatikkenntnissen tun.

grand [grænd] **I.** *adj.* großartig, großräumig: *on a g. scale* in großem Maßstab; *a g. building* ein prächtiges Gebäude; *the G. Old Party* (*GOP*) (*US*) die Republikanische Partei; **II.** *n.* **1.** (*coll.*) £1000; $ 1000; **2.** *g. piano* Flügel; *baby g.* kleiner Flügel.

grandchild ['græntʃaɪld] *n.* Enkel(in).

granddaughter ['græn,dɔ:tə] *n.* Enkelin.

grandfather ['græn,fɑ:ðə] *n.* Großvater.

grandmother ['græn,mʌðə] *n.* Großmutter.

grandson ['græn,sʌn] *n.* Enkel.

grant [grɑ:nt] **I.** *v.t.* **1.** gewähren (*independence, permission*); **2.** zugeben: *I g. that times are hard* ich gebe zu, daß wir schwere Zeiten haben; *≈ing/≈ed that* zugegebenermaßen; *take s.th. for ≈ed* etw. als selbstverständlich voraussetzen; **II.** *n.* Zuschuß, Subvention.

grape [greɪp] *n.* Weintraube: *a bunch of ≈s* eine (ganze) Weintraube; *sour ≈s* (*fig.*) saure Trauben.

grapefruit ['greɪpfru:t] *n.* Pampelmuse, Grapefruit.

grapevine ['greɪpvaɪn] *n.* Weinstock: *I've heard it on/through the g.* (*fig.*) mir ist zu Ohren gekommen.

grasp [grɑ:sp] **I.** *v.t.* **1.** greifen (*the rope*); **2.** ergreifen (*the opportunity*); *g. the nettle* (*fig.*) in den sauren Apfel beißen; den Stier bei den Hörnern packen; **3.** begreifen, verstehen (*the significance of this event*); **II.** *n.* **1.** Griff: *take a firm g. on s.th.* etw. festhalten; **2.** Kontrolle: *not within my g.* außerhalb meiner Kontrolle/Einflußmöglichkeit; **3.** Verständnis: *my g. of Russian* meine Russischkenntnisse.

grass [grɑ:s] **I.** *n.* **1.** Gras: *cut the g.* Rasen/Wiese mähen; *hear the g. growing* (*fig.*) das Gras wachsen hören; *let the g. grow under one's feet* Gras über die Sache wachsen lassen; *put s.o. out to g.* jdn. aus Altersgründen in den Ruhestand versetzen; **2.** (*coll.*) Gras, Marihuana; **II. 1.** *v.t.* (mit Gras) begrünen; **2.** *v.prep.* (*coll.*) *g. on s.o.* als Polizeispitzel über jdn. aussagen, singen.

grateful ['greɪtfl] *adj.* dankbar: *be g. for small mercies* für alles dankbar sein; keine besonderen Ansprüche stellen.

grave[1] [greɪv] *n.* Grab: *from the cradle to the g.* von der Wiege bis zur Bahre; *dig one's own g.* sein eigenes Grab schaufeln; *have one foot in the g.* (*coll.*) betagt sein; *turn in one's g.* sich im Grabe umdrehen.

grave[2] *adj.* ernst (*consequences, error, mistake, risk, threat*).

gray (*US*); **grey** (*GB*) [greɪ] *adj.* grau (*hair*); (*fig.*) uninteressant, trübe, monoton: *life seems pretty g. now that I'm on my own* das Leben kommt mir recht trübe vor, nun da ich allein bin; *g. area* (*fig.*) Grauzone.

great [greɪt] **I.** *adj.* **1.** groß, erheblich (*distance, expense, numbers of people, significance*): *g. age* hohes Alter; *in g. detail* in allen Einzelheiten; *g. majority* überwältigende Mehrheit; *a g. while ago* vor geraumer Zeit; **2.** großartig, von großer Bedeutung: *I feel g. today* heute fühle ich mich phantastisch; *that's g.!* phantastisch! (*auch iron.*); *the G. War* der Erste Weltkrieg; *Alexander the G.* Alexander der Große; **II.** *adv.* ziemlich: *a g. many* eine ziemlich große Anzahl; **III.** *n.* Größe, Spitzenleistung: *that film is one of the all-time ≈s* dieser Film ist einer der größten überhaupt.

Greek ['gri:k] *adj.* griechisch: *it's all G. to me* (*coll.*) das kommt mir spanisch vor.

green [gri:n] **I.** *adj.* **1.** grün (*fields, hills*): *g. apples* unreife Äpfel; *g. belt* Grüngürtel; **2.** unerfahren, naiv: *you must be pretty g. to believe that* du mußt schon reichlich naiv sein, wenn du das glaubst; **3.** blaß: *turn g.* blaß werden; **4.** *G.* (*pol.*) grün, umweltbewußt; **II.** *n.* **1.** *G.* (*pol.*) Grüner, Umweltschützer; **2.** **≈s** *pl.* Gemüse.

greengrocer ['grɪ:ngrəʊsə] *n.* Gemüsehändler.

greet [gri:t] *v.t.* **1.** grüßen (*s.o. with a kiss*); **2.** reagieren (*the speech with thunderous applause*).

greeting ['grɪ:tɪŋ] *n.* Begrüßung; *≈s* Grüße.

grief [gri:f] *n.* Trauer, Schmerz, Kummer: *cause s.o. g.* jdm. Kummer bereiten; *come to g.* zu Schaden kommen.

grieve [grɪ:v] **1.** *v.t.* Schmerz/Kummer bereiten: *it ≈s me to see him ruin himself* es tut mir weh, wenn ich sehe, wie er sich ruiniert; **2.** *v.i.* trauern: *she's still ≈ing for her dead husband* sie trauert immer noch ihrem verstorbenen Ehemann nach.

grill [grɪl] **I.** *n.* **1.** Grill, Rost; **2.** gegrilltes Fleisch; **II.** *v.t.* **1.** grillen; **2.** (*fig.*) intensiv verhören, ausquetschen.

grim [grɪm] *adj.* grimmig (*face, look, smile*); unerbittlich (*struggle*); scheußlich (*weather*); bitter (*truth*); *hold on to s.th. like g. death* verbissen an etw. festhalten; *make g. reading* eine einzige Katastrophenmeldung sein.

grin [grɪn] **I.** *v.i.* grinsen, lächeln: *g. and bear it* gute Miene zum bösen Spiel machen; **II.** *n.* Grinsen: *foolish g.* dümmliches Grinsen.

grind* [graɪnd] **I.** *v.t.* **1.** mahlen (*coffee beans, corn*): *g. one's teeth* mit den Zähnen knirschen; **2.** schleifen (*lens*); schärfen (*knife, scissors*): *have an axe to g.* (*fig.*) eine (alte) Rechnung zu begleichen haben; **3.** mahlendes Geräusch machen: *g. to a standstill* geräuschvoll zum Stehen kommen; **4.** *v.prep.: g. on* monoton weitermachen (*the speaker*); *g. out* (*Produktion*) in Massen produzieren; **II.** *n.* **1.** langweilige Tätigkeit: *the daily g.* der tägliche Trott; **2.** Mühe.

grindstone ['graɪndstəʊn] *n.* Schleifstein.

grip [grɪp] **I.** *v.t.* **1.** greifen (*s.o.'s hands*); **2.** fesseln (*s.o.'s attention/imagination*); erfassen: *the audience were ≈ped by panic* die Zuhörer gerieten in Panik; **II.** *n.* Griff: *release one's g.* loslassen; *get a g. on s.th.* (*fig.*) etw. in den Griff bekommen; *come/get to ≈s with s.th.* mit etw. fertigwerden; *get/keep a g. on o.s.* sich beherrschen; *I'm losing my g.* mir entgleiten die Zügel; *the country is in the g. of a severe winter* das Land wird von einem strengen Winter heimgesucht.

grocer ['grəʊsə] *n.* Lebensmittelhändler.

groceries ['grəʊsərɪ:z] *n.* Lebensmittel.

gross [grəʊs] **I.** *adj.* **1.** Brutto- (*income, profit, weight*): *g. national* *product* (*GNP*) Bruttosozialprodukt; **2.** grob: *g. negligence* grobe Fahrlässigkeit; rüde (*manners*); **II.** *v.t.* brutto verdienen/einnehmen: *his latest novel has ≈ed £2m so far* sein neuester Roman hat ihm bislang Bruttoeinnahmen in Höhe von 2 Millionen Pfund beschert.

ground [graʊnd] **I.** *n.* **1.** Boden: *below g.* unterirdisch; *the g. was frozen solid* der Boden war hartgefroren; *gain g.* (*fig.*) Boden gewinnen; *break fresh g.* Neuland erschließen; *get off the g.* in Gang kommen; *prepare the g.* den Boden bereiten; *shift one's g.* seine Haltung ändern; *stand one's g.* seinen Mann stehen; *thick/thin on the g.* zahlreich/schwach vertreten; *g. floor* (*GB*) Parterre; **2.** Land, Grundstück: *g. rent* Pacht-, Bodenzins; **3.** *≈s pl.* Gründe: *on the ≈s of ill health* aus gesundheitlichen Gründen; *on moral ≈s* aus moralischen Gründen; **4.** (*US*) (*el.*) Erde; **II.** *v.t.* **1.** (*naut.*) auf Grund setzen (*a ship*); **2.** (*aeronaut.*) Flugverbot verhängen; **3.** (*US*) (*el.*) erden.

group [gruːp] **I.** *n.* **1.** Gruppe (*of children/people/tall trees*): *age g.* Altersgruppe; *blood g.* Blutgruppe; *g. therapy* Gruppentherapie; **2.** Konzern: *the Lonrho g.* der Lonrho-Konzern; **II.** *v.t.* gruppieren, in Gruppen einteilen.

grow* [grəʊ] **1.** *v.i.* wachsen: *how tall she's ≈n!* sie ist mächtig in die Höhe geschossen; *our company has ≈n in recent years* unsere Firma ist in den letzten Jahren größer geworden; werden (*older, grey*); **2.** *v.t.* züchten; anbauen (*rice, tobacco*): *g. a beard* sich einen Bart wachsen lassen; **3.** *v.prep.: g. into* sich entwickeln: *tadpoles g. into frogs* aus Kaulquappen werden Frösche; *g. out of* entstehen aus: *my interest in all things Egyptian grew out of my first visit to Egypt* mein Interesse an allem, was mit Ägypten zu tun hat, erwuchs aus meinem ersten Besuch in Ägypten; *g. up* erwachsen werden: *it's (high) time you grew up* es ist (aller)höchste Zeit, daß du erwachsen wirst.

growth [grəʊθ] *n.* **1.** Wachstum (*of plants/the British economy*): *natural g.* natürliches Wachstum, *economic g.* Wirtschaftswachstum; **2.** (*med.*) Tumor, Geschwulst.

guarantee [ˌgærən'tiː] **I.** n. Garantie, Gewährleistung: *under g.* während der Garantiefrist; **II.** *v.t.* garantieren.

guard [gɑːd] **I.** *n.* **1.** Wache: *g. of honour* Ehrenwache; *under g.* unter Bewachung; *be on one's g.* auf der Hut sein; **2.** Wächter: *prison g.* Gefängniswärter; (*GB*) (Bahn-)Schaffner; **II.** **1.** *v.t.* bewachen; **2.** *v.prep.: g. against* sich hüten vor (*infection*).

guardian ['gɑːdɪən] *n.* **1.** Wächter, Hüter: *≈s of law and order* Gesetzeshüter; *g. angel* Schutzengel; **2.** Vormund.

guess [ges] **I.** *v.t.* raten: *g. who's come?* rate, wer gekommen ist?; *how did you g.?* wie bist du darauf gekommen?; *I ≈ed as much* das habe ich mir schon gedacht; *g. what!* rate mal; **II.** *n.* Vermutung: *at a g.* grob geschätzt; *that's anybody's g.* das kann man nur vermuten.

guest [gest] *n.* Gast: *be my g.* ich lade Sie ein; *g. of honour* Ehrengast; *paying g.* zahlender Gast.

guesthouse ['gesthaʊs] *n.* Gästehaus, Pension.

guidance ['gaɪdəns] *n.* Anleitung: *under s.o.'s g.* unter jds. Anleitung.

guide [gaɪd] **I.** *n.* **1.** Führer(in): *you*

need a g. (*to show you around*) Sie brauchen einen Führer; **2.** Anleitung, Handbuch: *travel g.* Reiseführer.

guilt [gɪlt] *n.* Schuld: *g. complex* Schuldkomplex; *feelings of g.* Schuldgefühle.

guilty ['gɪltɪ] *adj.* schuldig: *plead g.* sich schuldig bekennen; *g. conscience* schlechtes Gewissen.

gum [gʌm] *n.* Zahnfleisch.

gun [gʌn] **I.** *n.* **1.** Geschütz; **2.** Gewehr: *big g.* (*fig.*) hohes Tier; **II.** *v.t.: g. down* abknallen.

H

habit ['hæbɪt] *n.* **1.** Gewohnheit: *out of/from h.* gewohnheitsmäßig; *be in the h. of doing s.th.* etw. aus Gewohnheit tun; *break/kick* (*coll.*) *the h.* sich etw. abgewöhnen; *make a h. of s.th.* etw. zur Gewohnheit machen; **2.** Gewand: *riding h.* Reitkleidung.

hair [heə] *n.* **1.** (*nur Sg.*) (Kopf-) Haar(e): *blond h.* blondes Haar; *have one's h. cut* sich die Haare schneiden lassen; *let one's h. down* (*fig.*) sich entspannen; *that made my h. stand on end* (*fig.*) das hat mir eine Heidenangst eingejagt; **2.** (einzelnes) Haar: *by a ≈'s breadth* um Haaresbreite; *split ≈s* Haarspalterei betreiben.

haircut ['heəkʌt] *n.* **1.** Haarschnitt: *have a h.* sich die Haare schneiden lassen; **2.** Frisur.

hairdresser ['heəˌdresə] *n.* Friseur, Friseuse.

half [hɑːf] **I.** *n.* (*pl.* **halves** [hɑːvz]) Hälfte: *one and a h.* eineinhalb, anderthalb; *cut s.th. in h.* etw. in zwei (gleiche) Teile schneiden; *go h. and h.; go halves (with s.o.)* sich die Kosten teilen; *do things by halves* etw. halbherzig tun; *be too clever by h.* ein richtiger Schlaumeier sein; **II.** *adj.* halb: *h. an hour* eine halbe Stunde; *hold a h. share in s.th.* einen 50%-Anteil an etw. haben; *h. board* Halbpension; *h. moon* Halbmond; *on the h. hour every hour* stündlich zur halben Stunde; **III.** *adv.* halb: *h. empty* halb voll; *not h.!* (*coll.*) und wie!; *not h. as* nicht ganz so (*terrible*).

hall [hɔːl] *n.* **1.** Hausflur, Diele; **2.** Halle, Saal: *town h.* Rathaus; *dance h.* Tanzsaal; *h. of fame* (*lit.*) Ruhmeshalle; **3.** Wohnheim: *students' h. of residence* Studentenwohnheim; **4.** Herrensitz.

ham[1] [hæm] *n.* **1.** Schinken: *have h. and eggs for breakfast* Schinken und Eier zum Frühstück essen; **2.** (*anat.*) Oberschenkel: *sit on one's ≈s* hocken; (*Tier*) Keule.

ham[2] *n.* (*coll.*) Amateur: *radio h.* Amateurfunker; *h. actor* Schmierenkomödiant.

hammer ['hæmə] **I.** *n.* **1.** Hammer: *h. and sickle* Hammer und Sichel; *go at each other h. and tongs* sich in die Haare kriegen; *come under the h.* unter den Hammer kommen; **2.** (*Sport*) Hammerwurf; **II. 1.** *v.t.* hämmern (*a nail into a wall*): *h. s.th. into s.o.('s head)* (*coll.*) jdm. etw. einbleuen; *h. away at s.th.* (*fig.*) hart an etw. arbeiten; *h. s.th. out* etw. letztlich doch noch zuwege bringen (*a compromise solution*); **2.** brutal behandeln (*the engine*); vernichtend schlagen (*the other team*).

hand [hænd] **I.** *n.* **1.** Hand: *≈s up!* Hände hoch!; *bind s.o. h. and foot* jdn. an Händen und Füßen fesseln; *take s.o. by the h.* jdn. an der Hand führen; **2.** (*fig.*) Geschick: *be a dab h. (at s.th.)* geschickt sein; *be very good with one's ≈s* sehr geschickt sein; *have a h. in it* die Hände im Spiel haben; *turn one's h. to s.th.* sich (mit Geschick) einer Aufgabe widmen; *work h. in glove with s.o.* mit jdm. unter einer Decke stecken; **3.** Seite: *on the right h.* rechts; *on the one/other h.* einerseits/andererseits; **4.** Herrschaft, Kontrolle: *he needs a firm h.* er muß an der kurzen Leine geführt werden; *put s.th. into s.o.'s ≈s* etw. in jds. Hände legen; *get out of h.* außer Kontrolle geraten; *have enough on one's ≈s* genug um die Ohren haben; *change ≈s* den Besitzer wechseln; **5.** Beifall: *give s.o. a big h.* jdm. reichlich Beifall spenden; **6.** Arbeiter: *≈s wanted* Arbeiter gesucht; Besatzungsmitglied: *all ≈s on deck!* (*naut.*) alle Mann an Deck!; *lost with all ≈s* (*naut.*) mit Mann und Maus untergegangen; **7.** Uhrzeiger: *minute h.* Minutenzeiger; **8.** Handschrift: *write a good h.* eine gute Handschrift haben; **9.** (*Kartenspiel*) Blatt: *show one's h.* seine Karten aufdekken (*auch fig.*); **II. 1.** *v.t.* reichen, geben (*s.th. to s.o.*); **2.** *v.prep.: h. in* einreichen; *h. on* weiterreichen; *h. out* verteilen; *h. over* übergeben; *h. to* zugestehen: *you've got to h. it to her* das muß man ihr zugestehen (*that she is bright*); **3.** *h. down*: weiterreichen (*s.th. to the next generation*); (*jur.*) verhängen (*sentence*).

handbag ['hændbæg] *n.* Handtasche.

handkerchief ['hæŋkətʃi:f] *n.* Taschentuch.

handle ['hændl] **I.** *n.* Griff: *fly off the h.* (*coll.*) an die Decke gehen; **II.** *v.t.* **1.** anfassen, umgehen mit: *h. with care!* Vorsicht – zerbrechlich!; **2.** bewältigen, fertigwerden mit: *h. a situation* mit einer Situation fertigwerden.

handsome ['hænsəm] *adj.* **1.** gutaussehend (*man, building*); **2.** ansehnlich, stattlich (*sum of money, profit*).

handwriting ['hændraɪtɪŋ] *n.* Handschrift.

hang* [hæŋ] **I. 1.** *v.t.* aufhängen (*the washing on the line*); **2.** (*Prät. und Part. Perf. auch regulär gebildet*) aufknüpfen, (auf)hängen (*the murderer*): *he ≈ed himself* er erhängte sich; **3.** *v.i.* hängen: *h. by a thread* (*fig.*) am seidenen Faden hängen; **4.** *in Phrasen und präp.V.: h. about/ around* herumlungern; *h. on* sich festhalten; einen Moment warten; *h. on s.th.* von etw. abhängen; *h. onto s.th.* an etw. festhalten; *h. out* herumlungern (*in the pub*); *h. over s.o./s.th.* über jdm./etw. schweben (*the threat of war*); *h. together* zusammenhalten; (*story*) stimmig sein; *h. up* (*tel.*) auflegen; **II.** *n.* (*coll.*) Dreh: *get the h. of it* den Dreh herauskriegen.

happen ['hæpən] **1.** *v.i.* passieren, sich ereignen: *what's ≈ed?* was ist passiert?; *as it ≈ed* zufälligerweise; *do you h. to know …* kennst du zufällig …?; *has anything ≈ed to her?* ist ihr etwas zugestoßen?; *don't let it h. again!* das darf sich nicht wiederholen!; **2.** *v.prep.: h. on/upon s.o.* zufällig jdn. treffen.

happiness ['hæpɪnes] *n.* Glück, Zufriedenheit: *the pursuit of h.* das Streben nach Glück.

happy ['hæpɪ] *adj.* **1.** glücklich: *make s.o. h.* jdn. glücklich machen; *h. event* freudiges Ereignis; **2.** zufrieden, glücklich: *not be very h. about s.th.* mit etw. nicht ganz zufrieden sein; **3.** gut getroffen, geglückt: *be in the h. position of …* zufällig in der glücklichen Lage sein, (um) zu …; **4.** (*in Glückwünschen*): *many h. returns* mögen Dir/Ihnen noch viele Jahre beschieden sein.

harbor (*US*); **harbour** (*GB*) ['hɑ:bə] **I.** *n.* (natürlicher) Hafen: *Dover H. Board* Hafenamt von Dover; **II.** *v.t.* **1.** beherbergen, Unterschlupf gewähren für (*a criminal*); **2.** (*Gefühle*) hegen: *h. a grudge against s.o.* jdm. grollen.

hard [hɑ:d] **I.** *adj.* **1.** hart, fest: *h. wood* Hartholz; *h. cover* (*Buch*) fester Einband; *a h. nut to crack* (*fig.*) eine harte Nuß; *h. currency* (*fig.*) stabile Währung; *be as h. as nails* (*fig.*) knallhart sein; **2.** schwierig (*task*): *she's h. to please* ihr kann man kaum etwas recht machen; *h. times* schwere Zeiten; *find it h. to believe* es kaum glauben können; *h. labour* Zwangsarbeit; *h. work* Schwerarbeit; *h. luck!* so ein Pech!; **3.** hart, schroff: *be h. on s.o.* jdn. nicht schonen; *no h. feelings* (*coll.*) nichts für ungut; **II.** *adv.* **1.** anstrengend, mit allen Kräften: *work h.* schwer arbeiten; *try h.* sich nach Kräften bemühen; *a h. earned rest* eine wohlverdiente Ruhepause; **2.** stark: *it's raining h.* es regnet in Strömen; **3.** schwierig: *be h. put to it* es schwer finden; *be h. up* knapp bei Kasse sein; *take s.th. h.* nur schwer mit etw. zurechtkommen (*s.o.'s death*); **4.** nahe bei: *be h. on s.o.'s heels* jdm. auf den Fersen sein.

hardly ['hɑ:dlɪ] *adv.* **1.** kaum: *I had h. arrived; h. had I arrived* kaum war ich angekommen; **2.** fast nicht: *there's h. anything left* es ist fast nichts übriggeblieben.

hardship ['hɑ:dʃɪp] *n.* (soziale) Härte, Not: *suffer great h.* große Not leiden; *the ≈s of war* die Nöte des Krieges.

hardware ['hɑ:dweə] *n.* (*nur Sg.*) **1.** Eisenwaren: *h. merchant* Eisenwarenhändler; **2.** schwere Ausrüstungsgegenstände: *military h.* militärisches Gerät; **3.** (*Computer*) Hardware.

hard-working ['hɑ:dwɜ:kɪŋ] *adj.* fleißig.

harm [hɑ:m] **I.** *n.* **1.** Schaden: *do a lot of h.* viel Schaden anrichten; *do more h. than good* eher schaden als nützen; *come to h.* beschädigt werden (*my car*); *out of ≈'s way* in Sicherheit; *there's no h. in (doing) s.th.* es kann nicht schaden; **2.** Böses: *mean no h.* nichts Böses im Schilde führen; **II.** *v.t.* verletzen, zu Schaden kommen: *nobody was ≈ed in the accident* alle überlebten den Unfall unversehrt; *he wouldn't h. a fly* er würde keiner Fliege etwas zuleide tun.

harmful ['hɑ:mfl] *adj.* schädlich (*substances*).

harmless ['hɑ:mləs] *adj.* unschädlich, harmlos (*toy*).

harvest ['hɑ:vəst] **I.** *n.* **1.** Ernte (*als Vorgang*): *during the h.* während der Erntezeit; **2.** Ernte(ertrag): *this year's h.* der Ernteertrag dieses Jahres; *reap the h. of one's labours* (*fig.*) die Früchte seiner Arbeit ernten; **II.** *v.t.* ernten.

hashish ['hæʃɪʃ] (*auch:* **hash** [hæʃ]) *n.* Haschisch.

haste [heɪst] *n.* Eile: *in (great) h.* in (großer) Eile; *more h., less speed* (*prov.*) Eile mit Weile.

hasten ['heɪsn] **1.** *v.i.* eilen, sich beeilen: *h. home* nach Hause eilen; *I h. to add that …* ich muß allerdings hinzufügen, daß …; **2.** *v.t.* beschleunigen (*the growth of s.th.*).

hasty ['heɪstɪ] *adj.* **1.** eilig (*departure, meal*); **2.** übereilt, vorschnell (*decision, judgment*).

hat [hæt] *n.* Hut: *put on/take off one's h.* den Hut aufsetzen/abnehmen; *take one's h. off to s.o.* (*fig.*) vor jdm. den Hut ziehen; *I'll eat my h.* (*coll.*) ich fresse einen Besen; *pass the h. round for s.o./s.th.* für jdn. den Hut herumgehen lassen; *old h.* (*coll.*) alter Hut.

hate [heɪt] **I.** *v.t.* **1.** hassen: *h. s.o.'s guts* jdn. auf den Tod nicht ausstehen können; **2.** nicht gern tun: *I h. being late* ich verspäte mich nicht gern; *I should h. you to think that we …* ich möchte nicht, daß Sie meinen, wir …; **II.** *n.* **1.** Haß: *feel h. for s.o.* Haß für jdn. empfinden; **2.** Haßobjekt: *one of her pet ≈s* eins von den Dingen, die sie inständig haßt.

hatred ['heɪtrɪd] *n.* Haß: *full of h.* voller Haß (*for/of s.th.*).

haul [hɔːl] **I.** *v.t.* schleppen, ziehen: *h. down the flag* die Flagge einholen; *h. s.o. before the court* jdn. vor Gericht bringen; *h. s.o. over the coals* (*coll.*) jdm. die Leviten lesen; **II.** *n.* **1.** Schleppen: *give s.o./s.th. a h.* jdn./etw. abschleppen; **2.** Strecke: *it's a long h.* es ist ein langer Weg (*auch fig.*); **3.** Fischfang, Ausbeute.

have* [hæv] **1.** *v.t.* (*progressive Form nicht möglich*) besitzen, haben: *we h. a cottage in Wales* wir haben ein Häuschen in Wales; *I h. a good memory* ich habe ein gutes Gedächtnis; *he has no real friends* er hat keine richtigen Freunde; *do you h./h. you got a pen?* hast du einen Stift (dabei)?; **2.** bekommen, haben: *we're having visitors tonight* heute abend haben wir Besuch; *that's not to be had anywhere* das ist nirgendwo zu bekommen; **3.** einnehmen: *I'm having breakfast at nine tomorrow* morgen frühstücke ich um neun; *will you h. tea or coffee?* möchten Sie Tee oder Kaffee?; **4.** erfahren: *we had a marvellous time* wir haben uns prächtig amüsiert; *she's having a baby* sie erwartet ein Kind; *we had our car stolen in Italy* in Italien wurde uns das Auto gestohlen; *we've not had anybody complain(ing) so far* bis jetzt hat sich noch niemand (bei uns) beschwert; **5.** besagen: *rumour has it that* … Gerüchten zufolge …; **6.** (*in verneinten Sätzen*) zulassen: *I won't h. it!* das lasse ich mir nicht bieten!; *she won't h. him run(ning) after every woman that crosses his path* sie läßt es nicht zu, daß er hinter jeder Frau her ist, die ihm über den Weg läuft; **7.** veranlassen: *we'll h. the car serviced before we set out* wir lassen das Auto warten, bevor wir abfahren; **8.** *v. aux.* (*zur Bildung von Perfektformen*): *h. you been waiting long?* wartest du schon lange?; *no, I haven't* nein; *if this had been the case; had this been the case* wenn das der Fall gewesen wäre; **9.** *h. to do s.th.* etw. tun müssen; **10.** (*nur Präteritalform mit better und rather*): *you'd (= you had) better go home* du tätest besser daran, nach Hause zu gehen; *I'd (= I had) rather watch television* ich möchte lieber fernsehen; **11.** *in Phrasen und präp.V.:* *h. s.o. around* jdn. zur Hand/dabei haben; *h. s.o. in* jdm. im Hause haben (*the workmen*); *h. s.o. on* (*coll.*) jdn. auf den Arm nehmen; *h. s.th. on* etw. anhaben (*a coat; the radio*); etw. vorhaben (*a big job*); *h. s.th. out* (*med.*) etw. herausoperiert bekommen (*the tonsils*); *h. it out with s.o.* etw. mit jdm. ausdiskutieren; *h. s.o. up* jdn. drankriegen: *he's been had up for speeding* er mußte wegen zu schnellen Fahrens vor Gericht.

hay [heɪ] *n.* Heu: *make h. while the sun shines* (*prov.*) das Eisen schmieden, solange es heiß ist; *h. fever* (*med.*) Heuschnupfen.

he [hiː] *pers. pron.* er: *h. who laughs last laughs longest* (*prov.*) wer zuletzt lacht, lacht am besten.

head [hed] **I.** *n.* **1.** Kopf: *from h. to foot* von Kopf bis Fuß; *keep a cool h.* kühlen Kopf bewahren; *per h.* pro Kopf; **2.** Oberhaupt: *h. of state* Staatsoberhaupt; *see the h.* den Chef/Direktor sprechen; **3.** Spitze: *at the h. of the queue* an der Spitze der Warteschlange; **4.** Kopf (*einer Seite*); **II. 1.** *v.t.* führen, leiten (*a team of scientists*); **2.** (*Sport*) köpfen (*the ball into the goal*); **3.** *v.prep.: h. for s.th.* sich in Richtung / auf etw. zu bewegen (*disaster*); *h. off* abfangen; verhindern (*a riot*).

headache ['hedeɪk] *n.* **1.** (*med.*) Kopfschmerzen; **2.** (*fig.*) Kopfzerbrechen.

heading ['hedɪŋ] *n.* Überschrift.

headlight ['hedlaɪt] *n.* (*oft Pl.*) Scheinwerfer.

headline ['hedlaɪn] *n.* Schlagzeile: *hit/make the ≈s* Schlagzeilen machen.

headmaster [ˌhed'mɑːstə] *n.* Schulleiter, Direktor.

headmistress [hed'mɪstrəs] *n.* Schulleiterin, Direktorin.

headquarters [ˌhed'kwɔːtəz] *n. Sg. und Pl.* **1.** (*mil.*) Hauptquartier; **2.** (Firmen-)Zentrale.

heal [hiːl] **1.** *v.t.* heilen: *h. the wounds* die Wunden heilen (*auch fig.*); **2.** *v.i.* (ver)heilen.

health [helθ] *n.* Gesundheit: *in good/poor h.* bei guter/schlechter Gesundheit; *drink (to) s.o.'s h.* auf jds. Wohl trinken; *your h.!* zum Wohl!

healthy ['helθɪ] *adj.* gesund (*auch fig.*): *have a h. appetite* einen gesunden Appetit haben.

heap [hiːp] **I.** *n.* **1.** Haufen: *a h. of rubbish* ein Haufen Unrat; **2.** (*fig.*) Haufen, Menge: *≈s of s.th.* Unmengen von etw.; **II.** *v.t.* anhäufen: *h. praises on/upon s.o.* jdn. mit Lob überschütten.

hear* ['hɪə] *v.t.* **1.** hören, vernehmen (*s.o. laughing*): *h. a pin drop* eine Stecknadel fallen hören; **2.** hören, erfahren (*the latest news*): *I h. there's a spot of trouble* ich habe gehört, daß es etwas Ärger gibt; **3.** anhören: *the judge will h. the case* der Fall wird vor Gericht kommen; **4.** *v.prep.: h. about s.th.* von etw. erfahren; *h. from s.o.* von jdm. hören; *h. of s.o./s.th.* von jdm./etw. hören, erfahren; *not h. of s.th.* etw. nicht zulassen: *she simply wouldn't h. of my doing it by myself* sie ließ einfach nicht zu, daß ich es selbst machte; *h. s.o. out* jdn. ausreden lassen.

heart [hɑːt] **1.** (*anat.*) Herz: *have a h. operation* sich einer Herzoperation unterziehen; *h. attack* Herzanfall; Herzschlag; **2.** (*fig.*) Herz, Zentrum: *in the h. of the forest* inmitten des Waldes; *the h. of the matter* der Kern der Sache; **3.** (*fig.*) Herz, Gemüt: *break s.o.'s h.* jdm. das Herz brechen; *≈s and minds* Herzen und Gemüter; *change of h.* Sinneswandel; *my h. wasn't in it* ich habe nur halbherzig mitgemacht; *have one's h. in the right place* das Herz am rechten Fleck haben; *h. and soul* mit Leib und Seele; *take s.th. to h.* sich etw. zu Herzen nehmen; **4.** **≈s** *pl.* (*Spielkarten*) Herz: *queen of ≈s* Herzdame.

hearty ['hɑːtɪ] *adj.* **1.** herzlich (*welcome*); **2.** gesund: *hale and h.* kerngesund.

heat [hiːt] **I.** *n.* **1.** Hitze, Wärme: *I can't stand the h.* ich kann die Hitze nicht ertragen; **2.** (*fig.*) Hitze, Erregung: *in the h. of the moment* in der Hitze des Gefechts; **3.** (*fig.*) Druck: *put/turn on the h.* Druck machen; **4.** (*Tiere*) Brunst, Läufigkeit: *on h.* (*Hündin*) läufig; **II.** **1.** *v.t.* erhitzen, heizen; **2.** *v.i.* sich erhitzen, warm werden.

heating ['hiːtɪŋ] *n.* Heizung: *central h.* Zentralheizung.

heaven ['hevn] *n.* **1.** (*rel.*) Himmel: *in h.* im Himmel; *good ≈s!* ach du lieber Himmel!; *for ≈'s sake!* um Himmels/Gottes willen!; **2.** **≈s** *pl.* (*met.*) Himmel: *the ≈s opened* der Himmel öffnete seine Schleusen.

heavy ['hevɪ] *adj.* **1.** schwer: *h. goods vehicle* (*HGV*) Schwerlastwagen;

2. (*fig.*) schwer, streng: *impose a h. sentence* ein strenges Urteil verhängen; *find s.th. h. going* etw. schwer finden; *make h. weather of s.th.* etw. unnötig erschweren.

hedge [hedʒ] **I.** *n.* **1.** Hecke; **2.** (*fig.*) Schutz (*against inflation*); **II. 1.** *v.t.* sichern: *h. one's bets* auf Nummer Sicher gehen; **2.** *v.i.* ausweichend antworten.

heel [hi:l] **I.** *n.* **1.** Ferse: *be hard on s.o.'s ≈s* jdm. dicht auf den Fersen sein; *bring s.o. to h.* jdn. an die Kandare nehmen; *dig in one's ≈s* sich auf die Hinterbeine stellen; **2.** (*Schuh*) Absatz; **II.** *v.t.* (*Schuh*) mit neuen Absätzen versehen.

height [haɪt] *n.* **1.** Höhe (*of a building*): *h. above sea level* Höhe über dem Meeresspiegel; **2.** (*fig.*) Höhepunkt, Gipfel: *at the h. of his power* auf dem Höhepunkt seiner Macht.

heir ['eə] *n.* Erbe: *the h. apparent* (*jur.*) der gesetzliche Erbe; (*GB*) der Thronfolger.

heiress ['eərəs] *n.* Erbin.

helicopter ['helɪkɒptə] *n.* Hubschrauber.

hell [hel] *n.* Hölle (*auch fig.*): *h. on earth* die Hölle auf Erden; *go to h.* zum Teufel fahren; *to h. with …* zum Teufel mit …; *what the h.?* was zum Teufel?; *let's get the h. out of here!* (*US*) nichts wie raus!

hello [hə'ləʊ] *interj.* hallo.

help [help] **I.** *n.* **1.** Hilfe: *with the h. of* mit Hilfe von; *be of h. to s.o.* jdm. helfen (können); **2.** Hilfskraft: *home h.* Haushaltshilfe; **3.** *there's no h.* da ist nichts zu machen; **II.** *v.t.* **1.** helfen (*s.o. to do/with s.th.*): *h. s.o. out of the car* jdm. aus dem Wagen helfen; **2.** nicht umhinkönnen: *she can't h. it* sie kann nichts dafür; *I couldn't h. laughing* ich konnte mir das Lachen nicht verkneifen; **3.** bedienen, servieren: *h. s.o. to potatoes* jdm. Kartoffeln servieren; *h. yourself!* bedienen Sie sich!

helpful ['helpfl] *adj.* hilfreich, nützlich.

helpless ['helpləs] *adj.* hilflos.

hen [hen] *n.* Huhn, Henne: *h. party* (*fig.*) Damenkränzchen.

hence [hens] *adv.* **1.** von hier: *a week h.* in zwei Wochen; **2.** deshalb: *h. the title* deshalb der Titel.

her [hɜ:] **I.** *pers. pron. sg.* (*Objektform*) sie: *have you seen h.?* hast du sie gesehen?; ihr: *did you give h. the book?* hast du ihr das Buch gegeben? **II.** *poss. adj.* ihr(e): *that's h. car* das ist ihr Auto.

herd [hɜ:d] **I.** *n.* Herde: *h. instinct* Herdentrieb; *stick with the h.* bei der breiten Masse bleiben; **II.** *v.t.* treiben (*cattle, prisoners*).

here ['hɪə] **I.** *adv.* **1.** hier: *I live h.* hier wohne ich; *h. and there* hier und da; *h., there and everywhere* überall; *be neither h. nor there* (*coll.*) keine Rolle spielen; *where do we go from h.?* wie geht's weiter?; **2.** *in Phrasen: h. you are* (hier) bitte; *h. we are again* es geht schon wieder los; *≈'s to you!* auf Ihr Wohl!; **II.** *interj.* hier; **III.** *n.: the h. and now* das Hier und Heute.

heritage ['herɪtɪdʒ] *n.* Erbe: *the national h.* das nationale Erbe.

hero ['hɪərəʊ] (*pl.* **≈es**) *n.* Held: *die a ≈'s death* den Heldentod sterben.

heroic [hɪ'rəʊɪk] *adj.* heldenhaft: *h. deed* Heldentat; *h. couplet* (*lit.*) Paarreim mit fünfhebigen Jamben.

heroine ['herəʊɪn] *n.* Heldin.

hers [hɜ:z] *poss. pron.* ihre(r, s): *that's h.* das gehört ihr.

herself [hɜ:'self] *refl. pron.* sie selbst: *she did it (by) h.* sie tat es selbst.

hesitate ['hezɪteɪt] *v.i.* zögern: *don't h. to ask* fragen Sie nur.

hide*[1] [haɪd] **1.** *v.t.* verstecken:

have nothing to h. nichts zu verbergen haben; *hidden meaning* versteckte Bedeutung; *h. one's light under a bushel* sein Licht unter den Scheffel stellen; **2.** *v.i.* sich verstecken: *play h. and seek* Verstecken spielen.

hide[2] *n.* (*Tier*) Haut: *save one's h.* die eigene Haut retten; *tan s.o.'s h.* (*coll.*) jdm. das Fell gerben.

high [haɪ] **I.** *adj.* **1.** hoch (*wall*); **2.** (*fig.*) hoch (*blood pressure, voice*): *have a h. opinion of s.o.* eine hohe Meinung von jdm. haben; *have friends in h. places* Freunde in wichtigen Positionen haben; *it's h. time* es ist höchste Zeit; *H. Church* (*GB*) anglokatholische Richtung der anglikanischen Staatskirche; *h. court* (*jur.*) höheres Gericht; *h. treason* (*jur.*) Hochverrat; *h. street* (*GB*) Haupt(einkaufs)straße; **II.** *adv.* hoch: *fly h.* hoch fliegen (*auch fig.*); *be left h. and dry* ohne Hilfe sein; *search h. and low* überall suchen; **III.** *n.* **1.** Höchststand: *all-time h.* historisches Maximum; **2.** (*met.*) Hoch.

highway ['haɪweɪ] *n.* Hauptverkehrsstraße, Landstraße: *H. Code* (*GB*) Straßenverkehrsordnung.

hike [haɪk] **I.** *n.* **1.** Wanderung; **2.** (*coll.*) Erhöhung: *wage h.* Lohnerhöhung; **II. 1.** *v.i.* wandern; **2.** *v.t.* (*coll.*) erhöhen (*prices*).

hill [hɪl] *n.* Hügel: *be over the h.* (*fig.*) die besten Jahre hinter sich haben.

him [hɪm] *pers. pron.* (*Objektform*) ihn: *have you seen h.?* hast du ihn gesehen?; ihm: *did you give h. the money?* hast du ihm das Geld gegeben?

himself [hɪm'self] *refl. pron.* (*Objektform*) ihm/ihn selbst: *he did it all (by) h.* er hat alles selbst gemacht.

hint [hɪnt] **I.** *n.* **1.** Hinweis: *give s.o. a h.* jdm. einen Hinweis/Wink geben; *big h.* Wink mit dem Zaunpfahl; **2.** Spur, Anzeichen (*of sadness*); **II.** *v.t.; v.prep.: h. at s.th.* etw. andeuten.

hip [hɪp] *n.* (*anat.*) Hüfte.

hire ['haɪə] **I.** *n.* Mieten: *for h.* zu vermieten; (*Taxi*) frei; *on h.* vermietet; (*Taxi*) besetzt; *h. purchase* Mietkauf; **II. 1.** *v.t.* mieten (*a car*); **2.** *v.prep.: h. out* vermieten.

his [hɪz] **I.** *poss. adj.* sein(er, e, es): *h. sister* seine Schwester; **II.** *poss. pron.* sein(er, e, es): *that's h.* das gehört ihm.

historic [hɪ'stɒrɪk] *adj.* historisch, bedeutend (*building, event*).

historical [hɪ'stɒrɪkl] *adj.* historisch (*studies, novel*).

history ['hɪstrɪ] *n.* **1.** Geschichte: *English h.* Geschichte Englands; *go down in h.* in die Geschichte eingehen; *Shakespeare's h. plays* (*lit.*) Shakespeares Königsdramen; **2.** Geschichtswissenschaft: *study h.* Geschichtswissenschaft studieren; **3.** (persönliche) Vorgeschichte: *her medical h.* ihre Krankengeschichte.

hit* [hɪt] **I. 1.** *v.t.* schlagen (*s.o. on the head*); *h. back* zurückschlagen; **2.** treffen: *h. the nail on the head* den Nagel auf den Kopf treffen; *h. the main road* die Hauptstraße erreichen; *h. it off with s.o.* sich auf Anhieb mit jdm. verstehen; **3.** *v.prep.: h. on/upon s.th.* auf etw. (zufällig) stoßen; *h. out against s.o.* jdn. scharf angreifen; **II.** *n.* **1.** Schlag: *a h. below the belt* ein Schlag unter die Gürtellinie; **2.** Treffer: *score a h.* einen Treffer erzielen; *the song is a h.* (*fig.*) das Lied ist ein Erfolg.

hobby ['hɒbɪ] *n.* Hobby, Steckenpferd: *h. horse* Steckenpferd (*auch fig.*).

hog [hɒg] **I.** *n.* **1.** Schwein; (*pej.*) Vielfraß; **2.** *go the whole h.* (*coll.*) aufs Ganze gehen; **II.** *v.t.* (*coll.*) alles für sich in Anspruch nehmen: *h. the road* anderen Fahrzeugen keinen Platz lassen.

hold* [həʊld] **I. 1.** *v.t.* halten: *h. s.o.'s hand* jds. Hand halten; *h. s.th. tight* etw. festhalten; **2.** festhalten: *the pillar will h. the roof* die Säule wird das Dach abstützen; *h. s.o. prisoner/hostage* jdn. gefangen/als Geisel halten; *h. s.o. to ransom* jdn. erpressen; *h. the line!* (*tel.*) bleiben Sie am Apparat!; **3.** enthalten, fassen: *the room ≈s 25* im Zimmer ist Platz für 25 Personen; *life ≈s many surprises* das Leben ist für viele Überraschungen gut; **4.** innehaben: *h. a post* eine Stellung bekleiden; *h. the key to s.th.* den Schlüssel für/zu etw. haben (*auch fig.*); **5.** behalten: *this stamp has held its value* diese Briefmarke hat ihren Wert behalten; *h. one's own* sich behaupten; *h. s.o. to a contract* auf seinen vertraglichen Rechten gegenüber jdm. bestehen; **6.** veranstalten (*a meeting*); **7.** *v.i.* halten: *h. tight!* halte dich fest!; **8.** sich halten, bleiben: *will the weather h.?* wird das Wetter sich halten?; *h. good* weiterhin gelten; **9.** *in Phrasen und präp.V.: h. s.th. against s.o.* jdm. etw. übelnehmen; *h. back* zurückhalten; *h. down* niedrig halten (*prices*); *h. down a job* seinen Arbeitsplatz nicht verlieren; *h. forth (about s.th.)* sich auslassen; *h. off* abwehren; sich fernhalten; *h. on* sich festhalten; *h. on a minute!* warte einen Moment!; *h. on to s.th.* an etw. festhalten; *h. out* durchhalten; *h. out good prospects* gute Aussichten bieten; *h. over* verschieben; *h. to* festhalten an; *h. up* aufhalten; überfallen (*a bank*); *not h. with s.th.* nicht viel von etw. halten (*modern teaching methods*); **II.** *n.* **1.** Griff, Kontrolle: *get h. of s.th.* etw. in Besitz nehmen; etw. auftreiben; *have a h. on s.o./s.th.* jdn./etw. unter Kontrolle haben; **2.** Halt: *lose one's h.* seinen Halt verlieren (*auch fig.*); **3.** Griff: *no ≈s barred* (*Ringen; auch fig.*) alles ist erlaubt; **4.** (*Schiff, Flugzeug*) Laderaum; **5.** Wartestellung: *put s.th. on h.* etw. auf Eis legen: *shall I put you on h.?* (*tel.*) wollen Sie warten?

hole [həʊl] **I.** *n.* Loch: *dig a h.* Loch graben; *need s.th. like a h. in the head* etw. überhaupt nicht brauchen; *the repair has made a big h. in our savings* die Reparatur hat ein großes Loch in unsere Ersparnisse gerissen; **II. 1.** *v.t.* durchlöchern: *be ≈d* (*naut.*) leck schlagen; **2.** *v.i.* Loch bekommen; **3.** *v.prep.: h. up* sich verkriechen.

holiday ['hɒlɪdeɪ] **I.** *n.* **1.** freier Tag, Feiertag; **2.** (*GB*) Urlaub, Ferien: *on h.* im Urlaub; *school ≈s* Schulferien; **II.** *v.i.* Urlaub machen.

hollow ['hɒləʊ] **I.** *adj.* hohl (*tree*): *her words rang h.* (*fig.*) ihre Worte klangen nicht echt; *h. promise* leeres Versprechen; **II.** *n.* Vertiefung, Mulde.

home [həʊm] **I.** *n.* **1.** Heim, Haus, Wohnung: *at h.* zu Hause (*auch fig.*); *leave h.* das Haus verlassen; das Elternhaus verlassen; *find a h. for s.o./s.th.* ein Zuhause für jdn./etw. finden; **2.** Heimat: *a long way from h.* weit von der Heimat; *England is the h. of soccer* England ist das Heimatland des Fußballs; *spiritual h.* geistige Heimat; **3.** Heim: *old people's h.* Altersheim; *nursing h.* Pflegeheim; **4.** Binnen-: *h. market* Binnenmarkt; *H. Office* (*GB*) Innenministerium; *H. Secretary* (*GB*) Innenminister; *H. Counties* (*GB*) Grafschaften um London; **II.** *adv.* **1.** nach Hause: *go h.* nach Hause gehen; *nothing* *to write h. about* (*coll.*) nichts Besonderes; **2.** ins Ziel: *bring s.th. h. to s.o.* jdm. etw. klarmachen; *it came h. to him* er verstand es (plötzlich); **III.** *v.prep.: h. in on s.th.* (*mil.; fig.*) sich auf etw. einschießen; das Ziel treffen.

homework ['həʊmwɜːk] *n.* Hausaufgaben, Schulaufgaben (*auch fig.*): *do one's h.* seine Schulaufgaben machen.

homosexual [ˌhəʊmə'sekʃʊəl] **I.** *adj.* homosexuell; **II.** *n.* Homosexueller.

honest ['ɒnəst] *adj.* **1.** ehrlich: *to be h. (about it, with you)* ehrlich gesagt; **2.** redlich erworben: *make an h. living; earn/turn an h. penny* sein Geld auf ehrliche Weise verdienen.

honesty ['ɒnəstɪ] *n.* Ehrlichkeit: *in all h.* in aller Offenheit.

honey ['hʌnɪ] *n.* **1.** Honig; **2.** (*coll.*) Liebling, Schätzchen.

honor (*US*); **honour** (*GB*) ['ɒnə] **I.** *n. 1.* Ehre: *it's a great h.* es ist (mir) eine große Ehre; *in h. of s.o.* jdm. zu Ehren; *on my h.* auf Ehrenwort; **2.** (*Titel*) *Your H.* Euer Ehren; **3.** **≈s** *pl.* Ehrungen, Auszeichnungen: *do the ≈s* den Gastgeber spielen; *New Year's ≈s* (*GB*) Titelverleihung am Neujahrstag; *≈s degree* akademischer Grad mit Prüfung im Spezialfach; **II.** *v.t.* **1.** ehren (*s.o. with s.th.*); **2.** anerkennen, respektieren: *h. a cheque* Scheck einlösen; *h. a debt* eine Schuld begleichen.

hook [hʊk] **I.** *n.* Haken: *hang one's coat on the h.* seinen Mantel am Haken aufhängen; *by h. or by crook* (*coll.*) auf Biegen oder Brechen; *get o.s. off the h.* sich aus der Schlinge ziehen; *swallow s.th. h., line and sinker* etw. blind glauben; **II.** *v.t.* angeln, festmachen: *be ≈ed on drugs* drogenabhängig sein.

hope [həʊp] **I.** *n.* Hoffnung: *cherish/have ≈s* Hoffnungen hegen; *lose (all) h.* die Hoffnung verlieren; *beyond all h.* aussichtslos; *where there's life there's h.* (*prov.*) es ist noch nicht aller Tage Abend; **II.** *v.t.* hoffen (*to hear from you*); *h. against h.* trotz allem die Hoffnung nicht aufgeben; *h. for the best* das Beste hoffen.

hopeful ['həʊpfl] *adj.* **1.** hoffnungsvoll, zuversichtlich; **2.** aussichtsreich, vielversprechend.

hopeless ['həʊpləs] *adj.* **1.** hoffnungslos (*situation*); **2.** ohne Chancen: *she's h. at maths* in Mathe ist sie ein hoffnungsloser Fall.

horizon [hə'raɪzn] *n.* Horizont: *on the h.* am Horizont (*auch fig.*).

horizontal [ˌhɒrɪ'zɒntl] *adj.* waagerecht, horizontal.

horn [hɔːn] *n.* **1.** (*Tier*) Horn: *on the ≈s of a dilemma* (*fig.*) in einem Dilemma, in der Zwickmühle; **2.** (*mus.*) Horn: *French h.* Waldhorn; **3.** Hupe: *sound one's h.* hupen.

horrible ['hɒrɪbl] *adj.* schrecklich, entsetzlich.

horror ['hɒrə] *n.* **1.** Entsetzen, Grauen: *have a h. of s.th.* Riesenangst vor etw. haben; *give s.o. the ≈s* (*coll.*) jdm. einen Riesenschrecken einjagen; **2.** Schrecken: *the ≈s of war* die Schrecken des Krieges.

horse [hɔːs] **I.** *n.* Pferd: *eat like a h.* wie ein Scheunendrescher essen; *back the wrong h.* aufs falsche Pferd setzen; *straight from the ≈'s mouth* aus berufenem Mund; **II.** *v.prep.: h. about/around* herumalbern.

hospitable [hɒ'spɪtəbl] *adj.* gastfreundlich.

hospital ['hɒspɪtəl] *n.* Krankenhaus: *admit s.o. to h.* jdn. im Krankenhaus aufnehmen; *discharge s.o. from h.* jdn. aus dem Krankenhaus entlassen.

hospitality [hɔspɪ'tæləti] *n.* Gastfreundschaft.

host [həʊst] **I.** *n.* Gastgeber; **II.** *v.t.* Gastgeber sein: *h. the Olympic Games* Austragungsort der Olympischen Spiele sein.

hostess ['həʊstəs] *n.* **1.** Gastgeberin; Wirtin; **2.** Hosteß.

hostile ['hɒstaɪl] *adj.* feindlich: *be h. to s.th.* etw. ablehnen.

hostility [hɒ'stɪləti] *n.* **1.** Feindschaft, Gegnerschaft (*to s.th.*); **2. hostilities** *pl.* (*mil.*) Feindseligkeiten.

hot [hɒt] **I.** *adj.* **1.** heiß (*water*); **2.** (*Essen*) scharf: *h. curry* scharfes Currygericht; **3.** (*fig.*) heiß (*jazz*): *make it h. for s.o.* es schwierig für jdn. machen; *a h. issue/potato* ein umstrittenes Problem, ein heißes Eisen; **II.** *v.prep.: h. up* (*fig.*) sich verschärfen (*crisis*).

hotel [həʊ'tel] *n.* Hotel.

hour ['aʊə] *n.* **1.** Stunde: *half an h.* eine halbe Stunde; *for ≈s (on end)* stundenlang; *on the h.* zu jeder vollen Stunde; *at all ≈s* durchgängig, die ganze Zeit; *be paid by the h.* stundenweise bezahlt werden; *do 100 miles per h.* 100 Meilen pro Stunde fahren; **2.** (*fig.*) Stunde: *his h. has come* seine Stunde ist gekommen; **3.** *≈s pl.* Geschäftszeiten: *after ≈s* nach Feierabend; *work long ≈s* lange Arbeitszeit haben.

house I. [haʊs] (*pl.* **houses** ['haʊzɪz]) *n.* **1.** Haus: *move h.* umziehen; *as safe as ≈es* absolut sicher; **2.** Hausstand: *set up h.* Hausstand gründen; Haushalt: *keep h.* den Haushalt führen; **3.** Dynastie: *the H. of Windsor* die Windsordynastie; **4.** Parlament: *H. of Commons/Lords* (*GB*) Unter-/Oberhaus; *H. of Representatives* (*US*) Repräsentantenhaus; **5.** Theater: *bring the h. down* ein Publikumserfolg sein; **6.** Haus, Firma: *on the h.* auf Firmenkosten; **II.** [haʊz] *v.t.* unterbringen (*people, things*).

household ['haʊshəʊld] *n.* Haushalt: *h. goods* Haushaltswaren; *h. name* (*fig.*) bekannter/vertrauter Name.

househusband ['haʊshʌzbənd] *n.* Hausmann.

housewife ['haʊswaɪf] (*pl.* **housewives** ['haʊswaɪvz]) *n.* Hausfrau.

housework ['haʊswɜːk] *n.* Hausarbeit.

housing ['haʊzɪŋ] *n.* Wohnungen: *provide h. for immigrants* Wohnungen für Einwanderer bereitstellen.

how [haʊ] **I.** *adv.* wie: *h. come?* wie ist das möglich?; *h. are you?* wie geht es Ihnen?; *h. about …?* wie wäre es mit…?; *h. much?* wieviel?; *h. do you do?* traditionelle Begrüßungsformel beim Kennenlernen; **II.** *conj.* wie: *I don't know h. it happened* ich weiß nicht, wie es passierte.

however [haʊ'evə] **I.** *adj.* allerdings, jedoch: *h., this is not a problem* das ist jedoch kein Problem; **II.** *conj.* wie/was (auch immer): *I'll pay, no matter h. much it costs* ich zahle, was es auch kostet.

hug [hʌg] **I.** *v.t.* **1.** umarmen, umklammern (*s.o.*); **2.** dicht entlangfahren (*the coast*); **II.** *n.* Umarmung: *give s.o. a h.* jdn. umarmen.

huge [hjuːdʒ] *adj.* riesig (*house, sum of money*).

human ['hjuːmən] **I.** *adj.* menschlich: *h. being* Mensch; *h. error* menschliches Versagen; *to err is h.* (*prov.*) Irren ist menschlich; *it's only h. nature* es ist nur natürlich; **II.** *n.* Mensch.

humane [hjuː'meɪn] *adj.* human, menschlich, gütig: *a h. society* eine menschenwürdige Gesellschaft.

humanity [hjuːˈmænətɪ] *n.* **1.** Menschheit; **2.** Menschlichkeit; **3.** *the* **humanities** *pl.* die Geisteswissenschaften.

humble [ˈhʌmbl] **I.** *adj.* bescheiden: *of h. birth* von niedriger Geburt; *your h. servant …* (*arch.*) Ihr zutiefst ergebener …; *eat h. pie* (*fig.*) kleine Brötchen backen; **II.** *v.t.* demütigen (*an opponent*).

humorous [ˈhjuːmərəs] *adj.* lustig, komisch (*character, story*).

humor (*US*); **humour** (*GB*) [ˈhjuːmə] **I.** *n.* **1.** Humor: *have a sense of h.* Sinn für Humor haben; **2.** Stimmung, Laune: *be in excellent h.* gutgelaunt sein; **3.** (*arch.*) *the four ≈s* die vier den Menschen determinierenden Körpersäfte (*Blut, Phlegma, Zorn, Melancholie*); **II.** *v.t.* nachgeben: *h. s.o.* jdm. seinen Willen lassen.

hunger [ˈhʌŋgə] **I.** *n.* Hunger: *die of h.* verhungern; **II.** *v.prep.: h. after s.th.* sich nach etw. sehnen.

hungry [ˈhʌŋgrɪ] *adj.* **1.** hungrig: *go h.* leer ausgehen; **2.** (*fig.*) hungrig, sehnsüchtig (*for a letter*).

hunt [hʌnt] **I.** *v.t.* jagen: *h. a criminal* nach einem Verbrecher fahnden; *h. high and low* überall suchen; *h. s.o. down* jdn. zur Strecke bringen; **II.** *n.* **1.** Jagd: *the h. is on* die Jagd hat begonnen; **2.** Jagdgesellschaft.

hunter [ˈhʌntə] *n.* Jäger.

hurry [ˈhʌrɪ] **I. 1.** *v.i.* sich beeilen: *h. up!* beeil dich!; **2.** *v.t.* drängen, hetzen: *don't (you) h. me!* hetz mich nicht so!; **3.** eilig befördern (*rescue workers to the scene of the accident*); **II.** *n.* Eile: *be in a h.* es eilig haben.

hurt* [hɜːt] **I.** *v.t.* **1.** verletzen: *get h.* verletzt werden; *he wouldn't h. a fly* er würde keiner Fliege etwas zuleide tun; **2.** (*psych.*) verletzen: *h. s.o.'s feelings* jds. Gefühle verletzen; **II.** *n.* (*nur Sg.*) Verletzung (*auch Psych.*).

husband [ˈhʌzbənd] **I.** *n.* Ehemann, Gatte: *h. and wife* Eheleute; **II.** *v.t.* haushalten mit, sparsam umgehen mit (*resources*).

hut [hʌt] *n.* Hütte.

hygiene [ˈhaɪdʒiːn] *n.* Hygiene: *personal h.* Körperpflege.

hygienic [haɪˈdʒiːnɪk] *adj.* hygienisch.

hyphen [ˈhaɪfn] *n.* Bindestrich; Trennstrich (*at the end of a line*).

I

I [aɪ] *pers. pron.* ich.

ice [aɪs] **I.** *n.* Eis (*auch fig.*): *break the i.* das Eis brechen; *be skating on thin i.* sich aufs Glatteis begeben; *cut no i. with s.o.* keinen Eindruck auf jdn. machen; *i. age* Eiszeit; **II. 1.** *v.t.* kühlen; **2.** (*Kuchen*) mit Zuckerguß versehen; **3.** *v.prep.: i. over/up* vereisen.

ice-cream ['aɪskriːm] *n.* Speiseeis, Eiskrem.

icy ['aɪsɪ] *adj.* eisig (*auch fig.*); vereist (*roads*).

idea [aɪ'dɪə] *n.* **1.** Idee, Vorstellung: *have you any i. of …?* hast du irgendeine Vorstellung von …?; *no i.* keine Ahnung; *I haven't the faintest/foggiest i.* ich habe nicht die leiseste Ahnung; **2.** Idee, Einfall: *(what a) good i.!* ein ausgezeichneter Vorschlag!; *whatever gave you the i.?* wie bist du darauf gekommen?; *lack ≈s* phantasielos sein; **3.** Plan: *the i. was to …* der Plan war …; **4.** Meinung: *she has some strange ≈s* sie hat manchmal merkwürdige Vorstellungen.

ideal [aɪ'dɪəl] **I.** *adj.* **1.** ideal (*husband, weather*); **2.** ideal, Phantasie- : *in an i. world* in einer idealen Welt; **II.** *n.* **1.** Ideal: *live up to one's ≈s* seinen Idealen genügen; **2.** Idealvorstellung: *my i. of a holiday* meine Idealvorstellung eines Urlaubs.

identical [aɪ'dentɪkl] *adj.* identisch: *i. twins* eineiige Zwillinge.

identification [aɪˌdentɪfɪ'keɪʃn] *n.* Identifizierung: *means of i.* Ausweis(papiere); *i. parade* (*Polizei*) Gegenüberstellung.

identify [aɪ'dentɪfaɪ] **1.** *v.t.* identifizieren, erkennen (*s.o. by s.th.*); **2.** gleichsetzen (*s.th. with s.th.*); **3.** *v.i.* sich identifizieren (*with a character*); **4.** *v.refl.: i. o.s.* sich ausweisen.

identity [aɪ'dentətɪ] *n.* Identität: *proof of i.* Nachweis der Identität; *loss of i.* (*psych.*) Identitätsverlust; *i. card* (*ID card*) Personalausweis.

ideology [aɪdɪ'ɒlədʒɪ] *n.* Ideologie; Weltanschauung.

idle ['aɪdl] **I.** *adj.* **1.** (*Person*) untätig, müßig: *the i. rich* die reichen Müßiggänger; **2.** (*pej.*) faul: *bone-i.* stinkfaul; **3.** unbeschäftigt: *lie i.* nicht arbeiten (*machines*); **4.** vergeblich, eitel: *i. threats* leere Drohungen; **II.** *v.i.* **1.** nichts tun, faulenzen; **2.** (*Motor*) leerlaufen.

i.e. [ˌaɪ'iː] *Abkürzung von:* **id est** (*Lat.*) das heißt (d.h.).

if [ɪf] **I.** *conj.* **1.** wenn, falls: *i. it rains* wenn es regnet; *i. I were you* (wenn ich) an deiner Stelle (wäre); *i. we had succeeded* wenn wir Erfolg gehabt hätten; *i. anything should happen to me* wenn mir etwas zustoßen sollte; **2.** ob: *I wonder i. they know* ich frag mich, ob sie Bescheid wissen; **II.** *n.* Wenn: *it's a big i.* das ist sehr fraglich; *I'm not having any ≈s and buts* hier gibt es kein Wenn und Aber.

ignore [ɪg'nɔː] *v.t.* ignorieren, nicht zur Kenntnis nehmen.

ill [ɪl] **I.** *adj.* (*Komparativ:* **worse**; *Superlativ:* **worst**) **1.** krank: *fall/be taken i.* krank werden; *feel i.* sich krank fühlen; **2.** schlimm, übel: *i. feeling* (*GB*) / *feelings* (*US*) böses Blut; **II.** *adv.* schlecht: *we can i. afford to …* wir können uns kaum … leisten; *it i. becomes you …* es steht dir schlecht an …; **III.** *n.* **1.** Übel: *wish s.o. no i.* jdm. nichts Böses wünschen; **2.** Mißstand: *social ≈s* soziale Mißstände.

illness ['ɪlnəs] *n.* Krankheit: *mental i.* Geisteskrankheit.

illuminate [ɪ'lu:mɪneɪt] *v.t.* **1.** beleuchten (*a street*); **2.** erhellen (*a question*).

illusion [ɪ'lu:ʒən] *n.* Illusion, Selbsttäuschung: *be under/cherish an i.* sich einer Illusion hingeben; *have no ≈s (about s.th.)* keine Illusionen haben; *optical i.* opt. Täuschung.

illustrate ['ɪləstreɪt] *v.t.* **1.** illustrieren, mit Bildern versehen (*a book*); **2.** erhellen, veranschaulichen (*her character*).

illustration [ˌɪlə'streɪʃn] *n.* **1.** Abbildung, Bild; **2.** Verdeutlichung, Erläuterung, Beispiel (*of his kindness*).

image ['ɪmɪdʒ] *n.* **1.** geistiges Bild: *have a clear i. of s.th.* genaue Vorstellung von etw. haben; *improve one's i.* sein Image verbessern; **2.** Abbild, Ebenbild: *she's the spitting i. of her father* sie ist ihrem Vater wie aus dem Gesicht geschnitten; *mirror i.* Spiegelbild; **3.** (*lit.*) Bild (*metaphor, simile*).

imagery ['ɪmɪdʒərɪ] *n.* (*lit.*) Bildersprache, Metaphorik.

imagination (ɪˌmædʒɪ'neɪʃn] *n.* **1.** Vorstellungskraft, Phantasie: *have a vivid i.* eine blühende Phantasie haben; *lack i.* phantasielos sein; **2.** Einbildung: *is it my i.?* bilde ich mir das bloß ein?

imagine [ɪ'mædʒɪn] *v.t.* **1.** sich vorstellen: *just i. how …* stellen Sie sich nur vor, wie …; **2.** sich einbilden: *you are imagining things* das bildest du dir nur ein.

imitate ['ɪmɪteɪt] *v.t.* **1.** nachahmen: *i. others* anderen nacheifern; **2.** imitieren (*s.o.'s speech*).

immediate [ɪ'mi:dɪət] *adj.* **1.** unmittelbar: *in the i. future* in der nächsten Zeit; *i. family* engere Familie; *the i. cause of the First World War* der Anlaß des Ersten Weltkrieges; **2.** sofortig: *take i. action* Sofortmaßnahmen ergreifen.

immediately [ɪ'mi:dɪətlɪ] *adj.* **1.** sofort; **2.** direkt: *be i. involved* direkt beteiligt sein.

immense [ɪ'mens] *adj.* riesig (*fortune, success, difficulties*).

immigrant ['ɪmɪgrənt] *n.* Einwanderer.

immigrate ['ɪmɪgreɪt] *v.i.* einwandern.

immigration [ɪmɪ'greɪʃn] *n.* **1.** Einwanderung; **2.** Einreise: *i. officer* Paßbeamter, Beamter der Einwanderungsbehörde.

impact ['ɪmpækt] **I.** *n.* **1.** Aufprall (*of a meteorite*); **2.** Wirkung (*of a film*); **II.** *v.i.* **1.** aufprallen; **2.** wirken.

imply [ɪm'plaɪ] *v.t.* **1.** einschließen, bedeuten: *we don't know what all this implies* wir wissen nicht, was all das bedeutet; **2.** andeuten: *are you ≈ing that …?* Wollen Sie damit sagen, daß …?

import[1] **I.** ['ɪmpɔ:t] *v.t.* importieren, einführen (*raw materials*); **II.** ['ɪmpɔ:t] *n.* Einfuhrgut: *visible ≈s* Wareneinfuhr; *invisible ≈s* Einfuhr von Dienstleistungen.

import[2] [ɪm'pɔ:t] **I.** *n.* Bedeutung (*of his remarks*): *a matter of great i.* eine Angelegenheit von großer Bedeutung; **II.** *v.t.* bedeuten.

importance [ɪm'pɔ:təns] *n.* Bedeutung: *attach i. to s.th.* einer Sache Bedeutung beimessen; *be full of one's own i.* von sich selbst überzeugt sein.

important [ɪm'pɔ:tənt] *adj.* wichtig, bedeutend: *very i. person* (*V.I.P.*) bedeutende Persönlichkeit.

impose [ɪm'pəʊz] **1.** *v.t.* auferlegen (*duties on s.o.*); erheben (*taxes*); **2.** *v.refl.: i. o.s. on s.o.* sich jdm. aufdrängen; **3.** *v.i.* zur Last fallen: *I don't want to i. on you* ich möchte Ihnen nicht zur Last fallen.

impossible [ɪm'pɒsɪbl] **I.** *adj.* **1.** unmöglich, undurchführbar: *an i.*

task eine unmögliche Aufgabe; **2.** unmöglich, unerträglich (*that daughter of yours*); **II.** *n.: the i.* das Unmögliche.

impossibly → **possibly**

impress [ɪm'pres] *v.t.* **1.** beeindrukken: *be favourably ≈ed* einen guten Eindruck haben; **2.** einschärfen (*s.th. on s.o.*); **3.** aufprägen (*a pattern on s.th.*).

impression [ɪm'preʃn] *n.* **1.** Eindruck: *be under the i.* den Eindruck haben; *get the i.* den Eindruck bekommen; *give a bad i.* einen schlechten Eindruck machen; *make quite an i.* ziemlichen Eindruck machen; **2.** Abdruck (*of a foot in the sand*); **3.** Druckauflage.

impressive [ɪm'presɪv] *adj.* eindrucksvoll, beeindruckend.

improve [ɪm'pru:v] **1.** *v.t.* verbessern: *i. one's mind* sich weiterbilden; **2.** *v.i.* sich bessern, gesunden: *the weather has ≈d* das Wetter ist besser geworden; **3.** *v.prep.: i. on/upon s.th.* etw. übertreffen/(*Angebot*) überbieten.

improvement [ɪm'pru:vmənt] *n.* Verbesserung: *a marked i. on last year's model* eine deutliche Verbesserung gegenüber dem Vorjahresmodell.

impulse ['ɪmpʌls] *n.* Impuls (*to do s.th.*): *act on i.* spontan handeln; *i. goods* Impulswaren (*an der Ladenkasse*).

in [ɪn] **I.** *prep.* **1.** (*Ort*) in: *i. the house* im Haus; *i. place* an Ort und Stelle; **2.** (*Richtung*) in: *get i. the car* ins Auto steigen; **3.** (*Zeit*) in: *i. the 19th century* im 19. Jahrhundert; *i. this day and age* heutzutage; **4.** (*Zeitraum*) in, seit: *I'll be back i. a minute* in (spätestens) einer Minute bin ich wieder da; *I haven't seen her i. years* ich habe sie seit Jahren nicht mehr gesehen; **5.** (*Verhältnis*) in, pro: *seven days i. a week* sieben Tage pro Woche; *the gradient is one i. five* die Steigung beträgt 20%; **6.** (*Ausstattung*) in: *a woman i. white* eine Frau in Weiß; **7.** (*Umwelt*) in: *i. the cold/rain* in der Kälte/im Regen; **8.** (*Zustand*) in: *i. this state* in diesem Zustand; *i. ruins* ruiniert; **9.** (*Anordnung*) in, zu: *i. twos and threes* zu zweit und zu dritt; *i. (their) hundreds* zu Hunderten; **10.** (*Ausdrucksmittel*) in, auf: *say it i. English* sag es auf Englisch; *pay i. sterling* in Sterling bezahlen; **11.** (*personenbezogen*) in: *you'll always find a friend i. me* du wirst immer einen Freund in mir finden; **12.** in bezug auf: *poor i. maths* schwach in Mathe; *deaf i. one ear* taub auf einem Ohr; **13.** (*Tätigkeit, Beruf*) in: *be i. business* geschäftlich tätig sein; *die i. harness* in Ausübung seiner Pflicht sterben; **II.** *adv.* **1.** drin, da: *she's not i.* sie ist nicht da; *the train is i.* der Zug ist da; **2.** hinein, herein: *come i.!* komm herein!; *I put the key i.* ich steckte den Schlüssel hinein; **3.** zur Zeit Mode, in (*short skirts*); **4.** (*pol.*) an der Macht: *The Tories have been i. for years* die Tories sind schon seit Jahren an der Macht; **5.** (*Sport*) im Tor: *the ball's i.* der Ball ist im Tor; **6.** (*Teilnahme*) dabei: *are you i. on this?* machst du mit?; **7.** *in Phrasen: be well i. with s.o.* gut mit jdm. zurechtkommen; *we're i. for a spell of bad weather* für die nächste Zeit werden wir schlechtes Wetter haben; *have it i. for s.o.* es auf jdn. abgesehen haben.

inch [ɪntʃ] **I.** *n.* **1.** Zoll, Inch (*2,54 cm*); **2.** (*fig.*) Stück: *i. by i.* Stückchen für Stückchen; *within an i. of* fast bis; *miss s.th. by ≈es* etw. um Haaresbreite verpassen; *not give/*

budge an i. überhaupt nicht nachgeben; *know every i. of s.th.* etw. wie seine Westentasche kennen; *every i. a lady* jeder Zoll eine Dame; **II.** *v.i.* sich langsam bewegen (*forward*).

incident ['ɪnsɪdənt] *n.* Vorfall: *without further i.* ohne weitere Vorkommnisse.

inclination [ɪnklɪ'neɪʃn] *n.* **1.** Neigung (*for/to/towards s.th.; to do s.th.*): *have little i. to wait for hours on end* wenig Neigung verspüren, stundenlang zu warten; **2.** Schräge, Neigung (*of a roof*).

incline I. [ɪn'klaɪn] **1.** *v.i.* sich neigen, abfallen: *the land ≈s towards the river* das Land fällt zum Fluß hin ab; **2.** geneigt sein, tendieren (*to bouts of depression*); **3.** *v.t.* beugen, neigen (*one's head*); **4.** geneigt machen (*s.o. to do s.th.*); **II.** ['ɪnklaɪn] *n.* Abhang; Gefälle.

include [ɪn'klu:d] *v.t.* **1.** einschließen: *prices usually i. VAT* die Preise sind normalerweise einschließlich Mehrwertsteuer; **2.** einbeziehen: *i. me out!* (*coll.*) ohne mich!

including [ɪn'klu:dɪŋ] *prep.* einschließlich, inbegriffen.

income ['ɪnkʌm] *n.* Einkommen: *live within/beyond one's i.* (nicht) über seine Verhältnisse leben; *i. tax* Lohn-, Einkommenssteuer.

increase I. [ɪn'kri:s] **1.** *v.t.* erhöhen (*the price of s.th.*); vergrößern (*the size of s.th.*); steigern (*efficiency*); **2.** *v.i.* sich erhöhen, wachsen: *the population has ≈d by 10%* die Bevölkerung ist um 10% gewachsen; **II.** ['ɪnkri:s] *n.* **1.** Steigerung, Zunahme (*in the number of students*); *be on the i.* zunehmen; **2.** Erhöhung (*of the price of bread*).

incredible [ɪn'kredɪbl] *adj.* **1.** unglaublich (*scandal*); **2.** (*coll.*) sagenhaft, phantastisch (*house*).

indeed [ɪn'di:d] *adv.* tatsächlich, in der Tat: *did you hear that noise? – yes, i.!* hast du das Geräusch gehört? – ja, das habe ich gehört; *that's a very large sum i.* das ist in der Tat eine sehr große Summe.

independence [ɪndɪ'pendəns] *n.* Unabhängigkeit (*nicht nur Pol.*): *I. Day* (*US*) (*4. Juli*) Tag der Unabhängigkeitserklärung (*1776*).

independent [ɪndɪ'pendənt] *adj.* unabhängig (*of s.o./s.th.*): *a woman of i. means* eine finanziell unabhängige Frau; *an i. inquiry* eine unabhängige Untersuchung.

index ['ɪndeks] **I.** *n.* **1.** Index, Register (*at the end of a book*); **2.** (*pl.* **indices** ['ɪndɪsi:z] *oder* ≈**es**) Index, Hinweis (*of public opinion*); **3.** (*Pl. wie bei* **2.**) (*econ.*) Index: *cost-of-living i.* Lebenshaltungskostenindex; *price i.* Preisindex; *≈-linked pension* dynamische Rente; **II.** *v.t.* **1.** Index/Register anlegen; **2.** (*econ.*) an den Preisindex binden (*pensions*).

Indian ['ɪndɪən] **I.** *adj.* **1.** indisch: *I. Ocean* Indischer Ozean; **2.** indianisch: *I. chief* Indianerhäuptling; *I. summer* Altweibersommer; **II.** *n.* **1.** Inder; **2.** (*auch: Red I.*) Indianer: *play Cowboys and ≈s* Räuber und Gendarm spielen.

indicate ['ɪndɪkeɪt] *v.t.* **1.** zeigen (*to s.o. where to sit*); **2.** andeuten: *he ≈d that he was going to resign* er deutete an, daß er zurücktreten werde; **3.** es angezeigt erscheinen lassen: *the diagnosis ≈s immediate treatment* die Diagnose läßt eine Sofortbehandlung angezeigt erscheinen; **4.** (*Auto*) Blinker betätigen.

indication [ɪndɪ'keɪʃn] *n.* Anzeichen: *there's every i. that …* alle Anzeichen sprechen dafür, daß …; *can you give me some i.?* kannst du mir irgendeinen Hinweis geben?

indirect [ˌɪndaɪ'rekt; ˌɪndɪ'rekt] *adj.*

1. indirekt, auf Umwegen: *take an i. route* Umweg machen; **2.** indirekt, mittelbar: *an i. answer* eine indirekte Antwort; **3.** (*gram.*) indirekt: *i. object* Dativobjekt; *i. speech* indirekte Rede.

individual [ˌɪndɪ'vɪdʒʊəl] **I.** *adj.* **1.** einzeln: *each i. person* jeder für sich; **2.** individuell (*attention*); **3.** eigen, persönlich (*style*); **II.** *n.* **1.** einzelne(r): *the role of the i. in society* die Rolle des einzelnen in der Gesellschaft; **2.** Individuum: *he's a rather unpleasant i.* er ist ein ziemlich übles Subjekt.

indoor ['ɪndɔ:] *adj.* Innen-, Haus-: *i. swimming pool* Hallenbad.

indoors [ɪn'dɔ:z] *adv.* innen, im Haus: *stay i.* im Hause bleiben.

induce [ɪn'dju:s] *v.t.* **1.** verleiten (*s.o. to do s.th.*); **2.** bewirken: *she had to be ≈d* (*med.*) die Geburt mußte eingeleitet werden; **3.** (*el.*) induzieren.

indulge [ɪn'dʌldʒ] **1.** *v.t.* nachgeben: *i. the children* die Kinder verwöhnen; **2.** *v.prep.: i. in s.th.* in etw. schwelgen.

industrial [ɪn'dʌstrɪəl] *adj.* **1.** industriell: *the i. revolution* die industrielle Revolution; **2.** Arbeitnehmer und Arbeitgeber betreffend: *i. relations* Beziehungen zwischen Arbeitgebern und Arbeitnehmern; *take i. action* in den Ausstand treten.

industry ['ɪndəstrɪ] *n.* **1.** Industrie: *heavy i.* Schwerindustrie; **2.** Branche, Industriezweig: *the steel i.* die Stahlindustrie; *in the i.* in der Branche; **3.** (*ohne Artikel*) Wirtschaft: *British i.* die britische Wirtschaft.

inevitable [ɪn'evɪtəbl] *adj.* **1.** unvermeidlich (*result*); **2.** zu erwarten, zwangsläufig (*comment on the weather*).

infant ['ɪnfənt] *n.* **1.** Säugling: *i. mortality* Säuglingssterblichkeit; **2.** Kleinkind: *i. school* Vorschule, 1. und 2. Klasse der Grundschule; *i. prodigy* Wunderkind.

infect [ɪn'fekt] *v.t.* (*med.*) anstecken, infizieren (*s.o. with s.th.*): *i. the group with fanaticism* (*fig.*) die Gruppe fanatisieren.

infection [ɪn'fekʃn] *n.* **1.** (*med.*) Ansteckung, Infizierung (*auch fig.*); **2.** (*med.*) Infektion.

infectious [ɪn'fekʃəs] *adj.* (*med.*) ansteckend (*disease*): *i. laughter* (*fig.*) ansteckendes Lachen.

inferior [ɪn'fɪərɪə] **I.** *adj.* **1.** untergeordnet (*to s.o.*); **2.** minderwertig: *feel i.* sich minderwertig vorkommen; *i. quality* minderwertige Qualität; **II.** *n.* Untergebene(r).

infinite ['ɪnfɪnət] **I.** *adj.* unendlich, grenzenlos: *in his i. wisdom* in seiner unendlichen Weisheit; **II.** *n.* **1.** *the I.* (*rel.*) der Unendliche, Gott; **2.** *the i.* das Unendliche.

infinitive [ɪn'fɪnɪtɪv] *n.* (*gram.*) Infinitiv: *plain i.* Infinitiv ohne »to«; *split i.* gespaltener Infinitiv (*d.h. mit Adverb zwischen »to« und Infinitiv*).

influence ['ɪnflʊəns] **I.** *n.* Einfluß: *bring one's i. to bear (on s.o.)* seinen Einfluß geltend machen; *have an i. on s.o./s.th.* Einfluß auf jdn./etw. haben; *driving under the i.* (*coll.*) Fahren unter Alkoholeinfluß; **II.** *v.t.* beeinflussen (*s.o. to do s.th.*).

influential [ɪnflʊ'enʃl] *adj.* einflußreich.

inform [ɪn'fɔ:m] *v.t.* informieren (*s.o. of/about s.th.*): *we are pleased to i. you …* (*comm.*) Wir freuen uns, Ihnen mitteilen zu können … .

informal [ɪn'fɔ:ml] *adj.* nicht förmlich, zwanglos (*meeting, dress*).

information [ˌɪnfə'meɪʃn] *n.* (*kein Pl.*) Information: *for your i.* zu Ihrer Information; *a piece of i.* eine

Auskunft; *classified i.* der Geheimhaltung unterliegende Informationen.

ingredient [ɪn'gri:dɪənt] *n.* Bestandteil; (*Rezept*) Zutat.

inhabitant [ɪn'hæbɪtənt] *n.* Einwohner(in) (*of a city*); Bewohner(in) (*of a house*).

inherent [ɪn'hɪərənt] *adj.* innewohnend, inhärent (*qualities of s.o./ s.th.*).

inherit [ɪn'herɪt] *v.t.* erben (*a fortune*): *she has ≈ed her mother's bad temper* die Übellaunigkeit hat sie von ihrer Mutter.

initial [ɪ'nɪʃl] **I.** *adj.* anfänglich: *my i. reaction* meine erste Reaktion; *in the i. stages* im Anfangsstadium; **II.** *n.* Anfangsbuchstabe; **III.** *v.t.* mit seinen Initialen abzeichnen.

injection [ɪn'dʒekʃn] *n.* (*med.*) Spritze, Injektion: *an i. of money* eine Kapitalspritze; *fuel i.* (*techn.*) Kraftstoffeinspritzung.

injure ['ɪndʒə] *v.t.* **1.** (*med.*) verletzen: *be ≈d in an accident* bei einem Unfall verletzt werden; **2.** schaden (*s.o.'s reputation*).

injury ['ɪndʒərɪ] *n.* **1.** (*med.*) Verletzung: *serious injuries* ernste Verletzungen; **2.** (*fig.*) Kränkung.

ink [ɪŋk] **I.** *n.* Tinte: *Indian i.* Tusche; **II.** *v.t.* einfärben.

inn [ɪn] *n.* Gastwirtschaft.

inner ['ɪnə] *adj.* innere(r, s): *i. city* (*GB*) ältere Stadtteile um das Zentrum; *have i. doubts* insgeheim Zweifel hegen.

innocence ['ɪnəsens] *n.* Unschuld: *protest one's i.* seine Unschuld beteuern.

innocent ['ɪnəsənt] *adj.* **1.** unschuldig (*of s.th.*); **2.** harmlos (*pleasures*).

inquire [ɪn'kwaɪə] **1.** *v.t.* nach etwas fragen (*s.o.'s name*); **2.** *v.prep.: i. about s.th.* sich nach etw. erkundigen; *i. after s.o.* sich nach jds. Befinden erkunden; *i. into s.th.* etw. erforschen.

inquiry [ɪn'kwaɪərɪ] *n.* **1.** Erkundigung, Anfrage: *we thank you for your i. of the 13th inst.* (*comm.*) wir danken Ihnen für Ihre Anfrage vom 13. d. M.; **2.** Untersuchung: *public i.* öffentliche Untersuchung.

insect ['ɪnsekt] *n.* Insekt.

insert I. [ɪn'sɜ:t] *v.t.* **1.** einfügen (*a passage into a text*); **2.** einwerfen (*a coin*); **3.** inserieren (*an advert*); **II.** ['ɪnsɜ:t] *n.* **1.** (*Zeitung*) Beilage; **2.** Inserat.

inside ['ɪnsaɪd] **I.** *n.* **1.** Innere(s): *see the i. of a house* das Innere eines Hauses besichtigen; *turn s.th. i. out* etw. völlig umkrempeln; **2.** Innenspur; **3.** (*med.*) ≈**s** *pl.* Eingeweide; **II.** *prep.* **1.** Innen-: *i. lane* Innenspur; **2.** geheim: *i. information* Geheiminformation; **III.** *adv.* innen: *look i.* innen nachschauen; **IV.** *prep.* **1.** im: *i. the building* im Gebäude; **2.** innerhalb: *i. an hour* innerhalb einer Stunde.

insight ['ɪnsaɪt] *n.* **1.** Einblick (*into s.th.*): *gain an i.* Einblick gewinnen; **2.** Verständnis: *a person of i.* jd., der viel Verständnis aufbringt.

insist [ɪn'sɪst] *v.prep.* **1.** *i. on* bestehen auf (*payment*); *I i.!* ich bestehe darauf!; **2.** beteuern (*on one's innocence*).

inspect [ɪn'spekt] *v.t.* untersuchen, prüfen (*a passport*).

inspection [ɪn'spekʃn] *n.* Prüfung, Untersuchung: *on i.* bei näherer Betrachtung; *for your i.* zur An-/ Einsicht.

inspector [ɪn'spektə] *n.* Inspektor, Kontrolleur.

inspire [ɪn'spaɪə] *v.t.* **1.** einflößen (*confidence, respect*); **2.** inspirieren (*s.o.'s work*).

instance ['ɪnstəns] **I.** *n.* **1.** Beispiel: *for i.* zum Beispiel; *in the first i.*

zunächst einmal; **2.** Ersuchen, Bitte: *at s.o.'s i.* auf jds. Ersuchen; **3.** (*jur.*) Instanz; **II.** *v.t.* (als Beispiel) anführen.

instant [ˈɪnstənt] **I.** *n.* Augenblick: *not for an i.* überhaupt nicht; **II.** *adj.* **1.** sofortig: *an i. success* ein sofortiger Erfolg; *i. coffee* Pulverkaffee; **2.** (*comm.*) dieses Monats: *your letter of the 10th i.* Ihr Schreiben vom 10. d. M.

instead [ɪnˈsted] **I.** *adv.* statt dessen: *I'll go i.* ich gehe statt dessen; **II.** *prep.: i. of* anstelle von (*working*).

institute [ˈɪnstɪtjuːt] **I.** *n.* Institut, Anstalt: *Massachusetts I. of Technology* (*M.I.T.*) Technische Hochschule von Massachusetts; **II.** *v.t.* **1.** einrichten, einführen (*reforms*); **2.** (*jur.*) einleiten: *i. legal proceedings* gerichtliche Schritte einleiten.

institution [ɪnstɪˈtjuːʃn] *n.* **1.** Institution, Einrichtung: *put s.o. into an i.* (*coll.*) jdn. in eine Irrenanstalt stecken; *the monarchy is Britain's oldest i.* die Monarchie ist die älteste britische Institution; **2.** Einrichtung (*als Vorgang*): *the i. of a bishop* die Einsetzung eines Bischofs; **3.** (*jur.*) Einleitung (*of legal proceedings*).

instruct [ɪnˈstrʌkt] *v.t.* **1.** anweisen (*s.o. to do s.th.*); **2.** unterrichten, unterweisen (*s.o. on how to do s.th.*); **3.** informieren.

instruction [ɪnˈstrʌkʃn] *n.* **1.** Anweisung: *≈s for use* Gebrauchsanweisungen; **2.** Unterricht, Ausbildung: *be under i.* noch in der Ausbildung sein.

instrument [ˈɪnstrʊmənt] *n.* **1.** (*mus.*) Instrument: *wind i.* Blasinstrument; **2.** (*techn.*) Instrument; **3.** (*fig.*) Instrument (*person*); **4.** (*jur.*) Urkunde.

insult I. [ɪnˈsʌlt] *v.t.* beleidigen, beschimpfen; **II.** [ˈɪnsʌlt] *n.* Beleidigung: *an i. to s.o.'s intelligence* eine geistige Zumutung.

insurance [ɪnˈʃʊərəns] *n.* **1.** (*comm.*) Versicherung: *take out an i. (policy)* sich versichern; *write i.* Versicherungsschutz bieten; **2.** (*fig.*) Versicherung: *this dog is an i. against burglars* dieser Hund schützt uns vor Einbrechern.

insure [ɪnˈʃʊə] *v.t.* (*comm.*) versichern (*one's car/life*).

integrate [ˈɪntəgreɪt] **1.** *v.t.* integrieren (*s.o./s.th. into s.th.*); **2.** einbeziehen (*new methods*); **3.** *v.i.* sich integrieren (lassen): *immigrants do not necessarily want to i. (with us/into our society)* Einwanderer wollen sich nicht unbedingt integrieren (lassen).

integration [ɪntəˈgreɪʃn] *n.* **1.** Integration: *racial i.* Integration verschiedener Rassen; **2.** Einbeziehung.

intellect [ˈɪntəlekt] *n.* **1.** Intellekt, geistige Fähigkeiten; **2.** hochintelligenter Mensch.

intellectual [ˌɪntəˈlekʃʊəl] **I.** *adj.* **1.** intellektuell, geistig (*faculties*); **2.** geistig interessiert (*people*); **II.** *n.* Intellektueller.

intelligence [ɪnˈtelɪdʒəns] *n.* **1.** Intelligenz: *she's of average i.* sie ist durchschnittlich begabt; **2.** Nachrichten: *i. service* Nachrichtendienst.

intelligent [ɪnˈtelɪdʒənt] *adj.* intelligent, klug.

intend [ɪnˈtend] *v.t.* **1.** beabsichtigen (*to do s.th.*); **2.** bestimmen: *a dictionary ≈ed for advanced learners* ein Wörterbuch für Fortgeschrittene.

intention [ɪnˈtenʃn] *n.* Absicht: *have every i. to do s.th.* die feste Absicht haben, etw. zu tun; *the road to hell is paved with good ≈s* (*prov.*) der Weg zur Hölle ist mit guten Vorsätzen gepflastert.

interest ['ɪntərəst] **I.** *n.* **1.** Interesse: *take an i. in s.th.* sich für etw. interessieren; *lose all i.* jedes Interesse verlieren; *be in s.o.'s i.* in jds. Interesse liegen; **2.** Bedeutung, Interesse: *in the public i.* im öffentlichen Interesse; **3.** (*comm.*) Anteil: *acquire an i.* einen Anteil erwerben; **4.** (*comm.*) (*kein Pl.*) Zinsen: *rate of i.* Zinssatz; *simple i.* einfacher Zins; *compound i.* Zinseszins; **II.** *v.t.* **1.** interessieren: *history does not i. me* Geschichte interessiert mich nicht; **2.** überreden, begeistern: *can I i. you in …?* kann ich Sie für … gewinnen?

interested ['ɪntrəstɪd] *adj.* **1.** interessiert (*in s.th.; to do s.th.*); **2.** befangen (*party*).

interesting ['ɪntrəstɪŋ] *adj.* interessant.

interfere [ˌɪntə'fɪə] *v.i.* sich einmischen (*in s.th.*); sich zu schaffen machen (*with s.th.*).

interference [ˌɪntə'fɪərəns] *n.* **1.** Einmischung; **2.** (*Radio*) Störung.

interior [ɪn'tɪərɪə] **I.** *adj.* Innen- (*rooms*); **II.** *n.* **1.** Inneres (*of a country*); **2.** Innenausstattung.

internal [ɪn'tɜ:nəl] *adj.* **1.** innere(r, s): *i. organs* (*anat.*) innere Organe; *i. combustion engine* Verbrennungsmotor; **2.** Binnen- (*market*).

international [ˌɪntə'næʃənəl] *adj.* international: *i. law* Völkerrecht.

interpret [ɪn'tɜ:prət] *v.t.* **1.** interpretieren, deuten: *how am I to i. this?* wie soll ich das verstehen?; **2.** (*mus.*) interpretieren, gestalten; **3.** dolmetschen.

interpretation [ˌɪntəprə'teɪʃn] *n.* **1.** Auslegung, Deutung (*of a dream*): *put a different i. on s.th.* etw. anders auslegen; **2.** (*mus.*) Interpretation, Gestaltung.

interpreter [ɪn'tɜ:prətə] *n.* Dolmetscher(in).

interrupt [ˌɪntə'rʌpt] *v.t.* **1.** unterbrechen: *don't i. me* laß mich ausreden; **2.** versperrren (*the view*).

intersection [ˌɪntə'sekʃn] *n.* **1.** (*geom.*) Schnittpunkt; **2.** Kreuzung (*of two major roads*).

interval ['ɪntəvəl] *n.* **1.** Intervall: *at ≈s* in Intervallen; **2.** (*theat.*) Pause.

interview ['ɪntəvju:] **I.** *n.* Interview; Vorstellungsgespräch; **II.** *v.t.* interviewen; (*Bewerber*) befragen.

into ['ɪntə; *vor Vokalen und am Satzende*: 'ɪntu:] *prep.* **1.** (*Richtung*) in … (hinein/herein): *walk i. a trap* in eine Falle tappen; **2.** (*Zeit*) bis in … (hinein): *she worked far i. the night* sie arbeitete bis spät in die Nacht; **3.** (*Veränderung*) zu, in: *he developed i. a real politician* er entwickelte sich zu einem richtigen Politiker; *cut s.th. i. small pieces* etw. in kleine Stücke schneiden; **4.** (*math.*) (*Division*): *4 i. 16 is 4*; **5.** *be i. s.th.* etw. intensiv betreiben (*collecting stamps*).

introduce [ˌɪntrə'dju:s] *v.t.* **1.** vorstellen (*s.o. to s.o.*): *allow me to i. myself* darf ich mich vorstellen; **2.** einführen, vorstellen (*a new product*); **3.** (*parl.*) einbringen (*a bill to bring back hanging*); **4.** einführen (*a needle into a vein*).

introduction [ˌɪntrə'dʌkʃn] *n.* **1.** Vorstellung: *make the ≈s* die Gäste miteinander bekannt machen; **2.** Einführung (*of a new soap powder*); **3.** (*lit.*) Einführung, Vorwort; **4.** das Eingeführte (*rabbits in Australia*).

invade [ɪn'veɪd] *v.t.* eindringen; (*mil.*) einmarschieren in.

invalid[1] ['ɪnvəlɪd] **I.** *n.* Behinderte(r), Invalide: *i. chair* Rollstuhl; **II.** *v.prep.: i. s.o. out of the army* jdn. wegen Dienstuntauglichkeit aus dem Heer entlassen.

invalid[2] [ɪnˈvælɪd] *adj.* ungültig (*passport, ticket*).

invariably [ɪnˈveərɪəblɪ] *adv.* ständig, immer: *it i. rains* es regnet immer.

invasion [ɪnˈveɪʒn] *n.* Invasion, Einmarsch.

invent [ɪnˈvent] *v.t.* **1.** erfinden; **2.** sich ausdenken (*an excuse*).

invention [ɪnˈvenʃn] *n.* **1.** Erfindung; **2.** Erfindungsgabe, Phantasie.

investigate [ɪnˈvestɪgeɪt] *v.t.* **1.** untersuchen (*a murder*); **2.** erforschen, (einer Sache) nachgehen.

investigation [ˌɪnvestɪˈgeɪʃn] *n.* **1.** Untersuchung: *be under/subject to i.* untersucht werden; **2.** Erforschung (*into the causes of s.th.*)

invitation [ˌɪnvɪˈteɪʃn] *n.* Einladung: *standing i.* permanente Einladung; *by i. only* nur auf Einladung.

invite [ɪnˈvaɪt] *v.t.* **1.** einladen (*s.o. to s.th.*); **2.** auffordern: *i. questions from the audience* das Publikum auffordern, Fragen zu stellen; **3.** veranlassen, auslösen: *i. trouble* Schwierigkeiten heraufbeschwören.

involve [ɪnˈvɒlv] *v.t.* **1.** einschließen, mit sich bringen (*a lot of work*); **2.** verwickeln: *don't get ≈d!* halte dich daraus!; **3.** beteiligen, verwickeln: *the accident ≈d a taxi and a lorry* am Unfall waren ein Taxi und ein LKW beteiligt.

iron [ˈaɪən] *n.* **1.** Eisen: *i. ore* Eisenerz; *have several ≈s in the fire* (*fig.*) mehrere Eisen im Feuer haben; *strike while the i. is hot* das Eisen schmieden, solange es heiß ist; *i. deficiency* (*med.*) Eisenmangel; **2.** (*fig.*) Eisen: *an i. will* ein eiserner Wille; *rule with a rod of i.* ein strenges Regiment führen; **3.** Bügeleisen; **II.** *v.t.* bügeln: *i. out difficulties* (*fig.*) Schwierigkeiten überwinden.

irony [ˈaɪrənɪ] *n.* Ironie.

irregular [ɪˈregjʊlə] *adj.* **1.** unregelmäßig: *work i. hours* keine geregelte Arbeitszeit haben; **2.** (*gram.*) unregelmäßig (*comparison, verb*); **3.** ungleichmäßig (*features*); **4.** regelwidrig (*behaviour*).

island [ˈaɪlənd] *n.* Insel: *tropical i.* tropische Insel; *traffic i.* Verkehrsinsel.

isolate [ˈaɪsəleɪt] *v.t.* **1.** isolieren: *i. o.s. from others* sich absondern; **2.** (*chem.*) isolieren.

isolation [ˌaɪsəˈleɪʃn] *n.* **1.** Isolierung, Absonderung: *consider s.th. in i.* etw. isoliert betrachten; **2.** Abgeschiedenheit: *live in i.* ein abgeschiedenes Leben führen.

issue [ˈɪʃjuː] **I. 1.** *v.t.* ausstellen (*a passport*); ausgeben (*shares*); herausgeben (*new stamps*): *i. a statement* eine Erklärung abgeben; **2.** ausrüsten (*s.o. with s.th.*); **3.** *v.i.* herausfließen, austreten (*gas*); **II.** *n.* **1.** Frage, Problem: *make an i. of s.th.* etw. zum Problem machen; *be at i.* zur Diskussion stehen; *take i. with s.o.* mit jdm. streiten; **2.** Ergebnis: *bring s.th. to an i.* Entscheidung herbeiführen; *die without i.* kinderlos sterben; **3.** Ausgabe (*of banknotes/stamps*); **4.** (*mil.*) Ausrüstung.

it [ɪt] *pers. pron.* es: *≈'s me* ich bin's; *that's i.* genau (das ist es); *that's i. then* das wär's dann wohl.

itch [ɪtʃ] **I.** *n.* **1.** Jucken; **2.** (*fig.*) Lust (*to do s.th.*); **II.** *v.i.* **1.** jucken; **2.** (*fig.*) *be ≈ing to do s.th.* unbedingt etw. tun wollen.

item [ˈaɪtəm] *n.* **1.** Tagesordnungspunkt; Rechnungsposten; **2.** Gegenstand: *stolen ≈s* Diebesgut.

its [ɪts] *poss. adj.* sein(e): *the car has i. good points* das Auto hat auch Vorzüge.

itself [ɪtˈself] *refl. pron.* **1.** sich: *history seems to repeat i.* die Geschichte scheint sich zu wiederholen; **2.** selbst: *by i.* von selbst, allein.

J

jacket ['dʒækɪt] *n.* **1.** Jacke: *life j.* Schwimmweste; **2.** Umhüllung, Mantel: *j. potatoes* in der Schale gebackene Kartoffeln.

jail [dʒeɪl] **I.** *n.* Gefängnis: *be sent to j.* zu einer Gefängnisstrafe verurteilt werden; **II.** *v.t.* zu einer Gefängnisstrafe verurteilen; einsperren.

jam[1] [dʒæm] *n.* Marmelade, Konfitüre: *raspberry j.* Himbeermarmelade.

jam[2] **I. 1.** *v.t.* zusammendrängen, verstopfen: *be ≈med in* eingezwängt sein; **2.** verklemmen, blockieren: *the key was ≈med in the lock* der Schlüssel klemmte im Schloß; **3.** plötzlich drücken: *j. one's foot on the brake* eine Vollbremsung machen; **4.** *v.i.* klemmen: *the key turned and then ≈med* der Schlüssel ließ sich drehen und klemmte dann; **II.** *n.* **1.** Gedränge, Stau: *traffic j.* Verkehrsstau; **2.** Blockade, Ladehemmung; **3.** (*fig.*) Klemme, Patsche: *be in a j.* in der Klemme sitzen.

January ['dʒænjʊərɪ] *n.* Januar.

jar[1] [dʒɑː] *n.* **1.** Krug, Glas; **2.** (*GB*) (*coll.*) Glas Bier: *how about a j. or two?* wie wär's mit ein oder zwei Bierchen?

jar[2] **I. 1.** *v.i.* unangenehm klingen: *modern music ≈s on my nerves* die moderne Musik ist nichts für meine Nerven; **2.** (*fig.*) nicht harmonieren (*these two colours*); **3.** *v.t.* erschüttern: *I've ≈red my knee* ich habe mir das Knie verstaucht; **II.** *n.* **1.** Schock, Stoß; **2.** unangenehmes Geräusch.

jaw [dʒɔː] **I.** *n.* **1.** (*anat.*) Kiefer: *upper/lower j.* Ober-/Unterkiefer; *j. bone* Kieferknochen; **2.** ≈**s** *pl.* Rachen (*of the crocodile/shark*): *in the ≈s of death* (*fig.*) in den Klauen des Todes; *snatch victory from the ≈s of defeat* (*fig.*) den Sieg in letzter Minute erringen; **3.** ≈**s** *pl.* (*techn.*) Backen, Klemme; **II.** *v.i.* (*coll.*) quasseln.

jazz [dʒæz] **I.** *n.* **1.** (*mus.*) Jazz; **2.** (*coll.*) Unsinn: *… and all that j. …* und der übliche Quatsch; **II.** *v.t.* **1.** (*mus.*) in eine Jazzversion umkomponieren; **2.** (*fig.*) lebendig gestalten: *a ≈ed up dress* ein auf modern gestyltes Kleid.

jealous ['dʒeləs] *adj.* **1.** eifersüchtig (*husband*); **2.** neidisch (*of s.o.'s success*); **3.** besorgt: *keep a j. eye on s.o./s.th.* jdn./etw. nicht aus den Augen lassen.

jealousy ['dʒeləsɪ] *n.* Eifersucht, Neid: *petty jealousies* Eifersüchteleien.

jeans [dʒiːnz] *n. pl.* Jeans: *a pair of j.* eine Jeanshose.

jelly ['dʒelɪ] **I.** *n.* Gelee; Aspik; Gallert: *shake like a j.* (*coll.*) vor Angst schlottern; **II.** *v.t.* gelieren; in Aspik einlegen.

jet [dʒet] **I.** *n.* **1.** (*techn.*) Düse; **2.** (*auch: j. engine*) Düsentriebwerk; **3.** Düsenflugzeug; **4.** dünner Strahl (*of water*); **II. 1.** *v.i.* mit dem Düsenflugzeug reisen; **2.** wie ein Strahl herausschießen (*water*); **3.** *v.t.* schießen, lenken (*water on s.th.*).

Jew [dʒuː] *n.* **1.** Jude; **2.** (*pej.*) Geizhals.

jewel ['dʒuːəl] *n.* **1.** Juwel, Edelstein; **2.** (*fig.*) Schmuckstück.

jewellery (*GB*); **jewelry** (*US*) ['dʒuːəlrɪ] *n.* Schmuck.

Jewish ['dʒuːɪʃ] *adj.* jüdisch.

job [dʒɒb] **I.** *n.* **1.** Arbeit, Beschäftigung: *be out of a j.* keine Arbeit haben; *learn on the j.* in der Praxis lernen, am Arbeitsplatz ausgebildet werden; *look for a j.* Arbeit suchen; *j. seeker* Arbeitssuchende(r); *J. Centre* (*GB*) Arbeitsamt; *≈s for the boys* (*pol.*) Filz; **2.** Aufgabe, Auftrag: *a good/fine j.* eine gute Leistung; *it was quite a j.* es war ganz schön schwierig; *that's your j.* dafür bist du zuständig; *that'll do the j.* das wird das Problem lösen; *make the best of a bad j.* das Beste aus etw. machen; **II. 1.** *v.i.* Gelegenheitsarbeiten verrichten, jobben; **2.** *v.t.* nach außen vergeben (*work*).

join [dʒɔɪn] **1.** *v.t.* verbinden: *j. two people in marriage* zwei Menschen vermählen; *j. hands* sich die Hände reichen; **2.** eintreten in (*the Labour Party*): *j. a company* in eine Firma (als Angestellter/Teilhaber) eintreten; *j. the queue* sich in der Schlange anstellen; **3.** *v.i.* sich zusammenschließen, fusionieren; **4.** *v.prep.: j. in* mitmachen.

joint [dʒɔɪnt] **I.** *n.* **1.** (*anat.; techn.*) Gelenk: *out of j.* ausgerenkt (*auch fig.*); **2.** (*techn.*) Verbindungsstück; **3.** (*GB*) Braten; **4.** (*coll.*) Spelunke; **5.** (*coll.*) Marihuanazigarette; **II.** *adj.* gemeinsam (*effort*): *j. account* gemeinsames Konto; *j. venture* Gemeinschaftsunternehmen.

joke [dʒəʊk] **I.** *n.* **1.** Witz: *take a j.* einen Spaß verstehen; *tell a j.* einen Witz erzählen; *smutty j.* obszöner Witz; **2.** witzige Sache: *for a j.* zum Spaß; *be no j.* eine ernste Sache sein; *be beyond a j.* zu weit gehen; **II.** *v.i.* scherzen: *you must be joking!* du machst wohl Witze!

journal ['dʒɜːnl] *n.* **1.** (Fach-)Zeitschrift: *medical j.* medizinische Zeitschrift; **2.** Tagebuch.

journalism ['dʒɜːnəlɪzm] *n.* Journalismus.

journalist ['dʒɜːnəlɪst] *n.* Journalist(in).

journey ['dʒɜːnɪ] **I.** *n.* Reise, Fahrt: *go on a j.* eine Reise machen; *break the j.* die Reise unterbrechen; **II.** *v.i.* reisen.

joy [dʒɔɪ] *n.* **1.** Freude: *be filled with j.* voller Freude sein; **2.** erfreuliche Sache: *that car is his pride and j.* das Auto ist sein ganzer Stolz; *her children are a great j. to her* ihre Kinder bereiten ihr viel Freude.

judge [dʒʌdʒ] **I.** *n.* **1.** (*jur.*) Richter (*in GB an einem höheren Gericht*; → **magistrate**); *be as sober as a j.* (*coll.*) stocknüchtern sein; **2.** Preis-, Punktrichter (*at the dog show*); **3.** Kenner: *be a good j. of character* ein guter Menschenkenner sein; **II.** *v.t.* **1.** (*jur.*) urteilen, richten: *j. a case* in einem Fall Recht sprechen; **2.** beurteilen: *as far as I can j.* soweit ich das beurteilen kann; **3.** bewerten, als Punktrichter entscheiden (*a competition*).

judg(e)ment ['dʒʌdʒmənt] *n.* **1.** (*jur.*) (Gerichts-)Urteil: *pass j. (on s.o.)* ein Urteil fällen; *sit in j. on s.o.* über jdn. zu Gericht sitzen; **2.** (*rel.*) *the Day of J.* der Tag des Jüngsten Gerichts; **3.** Meinung, Urteil: *sound j.* gesundes Urteilsvermögen; *a question of j.* eine Ansichtssache; *against my better j.* wider besseres Wissen.

jug [dʒʌg] *n.* Krug.

juice [dʒuːs] *n.* **1.** Saft: *apple j.* Apfelsaft; **2.** **≈s** *pl.* (*med.*) Körpersäfte; **3.** (*coll.*) (*el.*) Strom, Saft: *turn on the j.* Strom einschalten.

July [dʒuːlaɪ] *n.* Juli.

jump [dʒʌmp] **1.** *v.i.* springen: *j. for joy* Freudensprünge machen; *j. to conclusions* voreilige Schlüsse ziehen; *j. at s.th.* etw. spontan aufgreifen (*an offer*); **2.** zusammenfahren: *you made me j.* du hast mich mächtig erschreckt; **3.** *v.t.* überspringen (*the fence*): *j. a few* *pages* einige Seiten überblättern; *j. the queue* (*GB*) sich vordrängeln; *the train ≈ed the rails* der Zug entgleiste; *j. ship* heimlich das Schiff verlassen; *j. the lights* bei Rot über die Kreuzung fahren.

June [dʒuːn] *n.* Juni.

junior [ˈdʒuːnɪə] *adj.* **1.** jünger: *j. school* (*GB*) Grundschule; *j. high school* (*US*) Schule der Sekundarstufe I; **2.** untergeordnet: *j. clerk* kleiner Büroangestellter.

jury [ˈdʒʊərɪ] *n.* **1.** *the j.* (*jur.*) die Geschworenen: *trial by j.* Schwurgerichtsverfahren; **2.** Jury, Preisrichter (*at the competition*).

just [dʒʌst] **I.** *adj.* gerecht: *it's only j. that …* es ist nur recht und billig, daß …; *a j. decision* eine gerechte Entscheidung; *fight for a j. cause* für eine gerechte Sache kämpfen; *get one's j. deserts* zu Recht bestraft/belohnt werden; **II.** *adv.* **1.** genau: *j. what I wanted* genau das, was ich wollte; *that's j. like you* das ist typisch für dich; *j. the thing* genau das Richtige; **2.** gerade, soeben: *she's j. left* sie ist gerade gegangen; **3.** gerade noch: *we only j. caught the bus* den Bus haben wir so gerade eben noch erwischt; **4.** bloß: *j. you and me* nur wir beide; **5.** einfach; nur: *j. listen to me* nun hör mir mal gut zu; **6.** *j. about* fast; **7.** *j. as* genauso wie: *it's j. as I thought* es ist genauso, wie ich es erwartet hatte; *we might j. as well wait* wir können genauso gut warten.

justice [ˈdʒʌstɪs] *n.* **1.** Gerechtigkeit: *do s.o. j.* jdm. Gerechtigkeit widerfahren lassen; *do j. to a bottle of wine* eine Flasche Wein genießen; **2.** Justiz: *bring s.o. to j.* jdn. vor Gericht bringen; **3.** *J.* Richter: *J. of the Peace* (*JP*) Friedensrichter, Laienrichter, Schiedsmann.

justification [ˌdʒʌstɪfɪˈkeɪʃn] *n.* Rechtfertigung: *in j. (of s.th.)* zur Rechtfertigung.

justify [ˈdʒʌstɪfaɪ] *v.t.* rechtfertigen: *j. o.s.* sich rechtfertigen; *the end justifies the means* der Zweck heiligt die Mittel.

K

keen [ki:n] *adj.* **1.** begeistert: *she's a k. cyclist* sie fährt sehr gern Rad; *be k. on doing/to do s.th.* auf etw. scharf sein; *be as k. as mustard* (*coll.*) Feuer und Flamme sein; **2.** hochentwickelt: *she has a k. mind* sie ist blitzgescheit; **3.** intensiv: *competition is very k.* die Konkurrenz ist sehr stark; **4.** scharf (*edge, wind*).

keep* [ki:p] **I. 1.** *v.t.* behalten: *k. the change* das Wechselgeld können Sie behalten; *k. s.th. safe* etw. sicher aufbewahren; *it's not worth ≈ing* es lohnt sich nicht, es zu behalten; **2.** unterhalten: *k. o.s.* sich ernähren; *k. a family* eine Familie ernähren; *k. animals* Tiere halten; *k. a pub* eine Gastwirtschaft betreiben; **3.** aufrechterhalten: *k. everything clean* alles sauberhalten; *k. s.o. waiting* jdn. warten lassen; *k. one's hands in one's pockets* die Hände in den Taschen lassen; *k. s.o. quiet* jdn. (zeitweilig) zufriedenstellen; *k. s.th. quiet* nichts verlauten lassen; *k. s.th. in mind* etw. im Kopf behalten; *k. one's temper* sich beherrschen; **4.** einhalten: *k. a promise* ein Versprechen einhalten; **5.** aufhalten: *what kept you?* wo warst du die ganze Zeit?; **6.** abhalten: *k. s.o. from doing s.th.* jdn. von etw. abhalten; **7.** führen: *k. (the) accounts* Konten/Bücher führen; *k. a diary* Tagebuch führen; **8.** (be)hüten: *k. the goal* (*Sport*) im Tor stehen; **9.** *v.i.* fortfahren: *k. calm* Ruhe bewahren, nicht die Nerven verlieren; *k. quiet/mum* (*coll.*) nichts verlauten lassen, etw. für sich behalten; *k. smiling!* immer nur lächeln!; *k. (to* halten: *the milk won't k.* die Milch wird sauer; *k. fit* sich fit halten; *k. alive* am Leben bleiben; **11.** *in Phrasen und präp.V.: k. at s.th.* etw. weitermachen; *k. away* (sich) fernhalten; *k. down* unten bleiben; unterdrücken; *k. off* (sich) fernhalten; *k. on* weitermachen: *k. on trying* nicht aufgeben; *k. out* (sich) heraushalten; *k. to s.th.* sich an etw. halten; *k. up* anhalten (*rain*); *k. up with the Joneses* (*coll.*) etw. kaufen/tun, weil die Nachbarn es haben/tun; **II.** *n.* **1.** Unterhalt: *earn one's k.* seinen Unterhalt verdienen; **2.** *for ≈s* (*coll.*) zum Behalten, **3.** Bergfried.

keeper ['ki:pə] *n.* Wärter: *animal k.* (*Zoo*) Tierwärter.

kettle ['ketl] *n.* **1.** Kessel: *put the k. on* Wasser zum Kochen aufsetzen; **2.** *k. of fish* (*coll.*) Art: *a different k. of fish* eine ganz andere Sache; *a fine/pretty k. of fish!* eine schöne Bescherung!

key [ki:] **I.** *n.* **1.** Schlüssel: *ignition k.* Zündschlüssel; **2.** (*fig.*) Schlüssel: *the k. to success* der Schlüssel zum Erfolg; *k. industry* Schlüsselindustrie; **3.** (*Lehrbuch*) Lösungsschlüssel; (*Karte*) Zeichenerklärung; **4.** (*techn.*) Taste: *k. instrument* Tasteninstrument; **5.** (*mus.*) Tonart; **II.** *v.prep.: k. in* auf einer Tastatur eingeben (*new data*).

kick [kɪk] **I. 1.** *v.t.* treten: *k. the ball* den Ball treten; *k. a goal* (*Fußball*) ein Tor schießen; *k. the bucket* (*coll.*) ins Gras beißen; *k. a habit* (*fig.*) sich etw. abgewöhnen; *k. s.o. upstairs* (*coll.*) jdn. fortloben; *I could have ≈ed myself* ich hätte mich ohrfeigen können; **2.** *v.i.* treten, strampeln: *k. against the pricks* wider den Stachel löcken; **3.** *v.prep.: k. about/around* herumtreten, herumschubsen (*the new* *door*): *k. s.o.'s teeth in* jdm. die Zähne einschlagen; *k. off* (*Fußball*) anstoßen; *k. out* herauswerfen; *k. over the traces* über die Stränge schlagen; *k. up* aufwirbeln: *k. up a lot of fuss* viel Aufhebens machen (*over s.th.*); **II.** *n.* **1.** (Fuß-)Tritt: *give s.o. a k.* jdm. einen Fußtritt versetzen; *give s.o. a (good) k. in the pants/in the rear/up the backside* (*coll.*) jdm. gehörig in den Hintern treten; **2.** (*fig.*) Erregung, Befriedigung: *get plenty of k. out of s.th.* viel Spaß an etw. haben; *do s.th. just for ≈s* etw. nur zum eigenen Vergnügen tun; **3.** (*fig.*) (*nur Sg.*) Wirkung: *that Calvados has plenty of k.* dieser Calvados hat's in sich.

kid [kɪd] **I.** *n.* **1.** Kitz, Geißlein: *treat s.o. with k. gloves* (*fig.*) jdn. mit Samt-/Glacéhandschuhen anfassen; **2.** (*coll.*) Kind: *take the ≈s to the zoo* mit den Kindern in den Zoo gehen; *that's ≈'s stuff* das ist kinderleicht; *now listen, k.* nun hör mal schön zu, mein Bürschchen; *his k. sister* seine kleine Schwester; **II.** *v.t.* (*coll.*) täuschen: *don't k. yourself* mach dir nichts vor; *you must be ≈ding* das glaubst du doch selbst nicht; *no ≈ding* im Ernst.

kidnap ['kɪdnæp] *v.t.* entführen.

kidnapper ['kɪdnæpə] *n.* Entführer(in).

kidnapping ['kɪdnæpɪŋ] *n.* Entführung.

kill [kɪl] **I.** *v.t.* **1.** töten: *be ≈ed in a car accident* bei einem Autounfall ums Leben kommen; *k. two birds with one stone* (*fig.*) zwei Fliegen mit einer Klappe schlagen; *k. time* die Zeit totschlagen; **2.** zunichte machen (*s.o.'s chances*); **II.** *n.* **1.** (*nur Sg.*) Jagdbeute; **2.** Töten: *move in for the k.* zum Todesstoß ansetzen (*auch fig.*).

killer ['kɪlə] *n.* **1.** Mörder(in); **2.** (*fig.*) tödliche Sache: *this disease is a k.* diese Krankheit ist tödlich.

kilo ['ki:ləʊ]; **kilogram** (*US*); **kilogramme** (*GB*) ['ki:ləʊgræm] *n.* Kilogramm.

kilometer (*US*); **kilometre** (*GB*) [kɪ'lɒmətə] *n.* Kilometer.

kind[1] [kaɪnd] *n.* **1.** Art, Gruppe: *what k. of?* was für ein?; *all ≈s of people* alle möglichen Leute; *I know the k.* ich kenn diese Sorte Mensch; *nothing of the k.* nichts dergleichen; *be of a k.* von derselben Art (Mensch) sein; **2.** Naturalien: *pay in k.* in Naturalien bezahlen; *pay s.o. back in k.* jdm. (etw.) in gleicher Münze heimzahlen.

kind[2] *adj.* liebenswürdig: *would you be k. enough to …?* könnten Sie vielleicht ….?; *be k. to animals* tierlieb sein.

king [kɪŋ] *n.* König.

kingdom ['kɪŋdəm] *n.* **1.** Königreich: *the United K. (of Great Britain and Northern Ireland)* das Vereinigte Königreich; **2.** (*fig.*) Reich: *the animal k.* das Tierreich; **3.** (*coll.*) Ewigkeit: *till k. come* bis in die Ewigkeit.

kiss [kɪs] **I.** *v.t.* küssen (*s.o. on the cheek*): *k. s.o.'s hand* jdm. einen Handkuß geben; *k. goodbye to s.th.* (*fig.*) sich von etw. verabschieden; **II.** *n.* Kuß: *k. of life* Mund-zu-Mund-Beatmung; *k. of death* (*fig.*) Todesstoß; *blow s.o. a k.* jdm. eine Kußhand zuwerfen.

kitchen ['kɪtʃɪn] *n.* Küche: *k. garden* Gemüsegarten.

knee [ni:] *n.* Knie: *up to one's ≈s* knietief; *go down on one's ≈s to s.o.* vor jdm. einen Kniefall machen; *bend/bow the k. to s.o.* vor jdm. einen Kniefall machen.

kneel* [ni:l] *v.i.* knien: *k. down* niederknien.

knife [naɪf] (*pl.* **knives** [naɪvz]) **I.** *n.* Messer: *k. and fork* Messer und Gabel; *under the k.* (*fig.*) unter dem Messer; *get one's k. into s.o.* (*fig.*) es auf jdn. abgesehen haben; **II.** *v.t.* erstechen, erdolchen.

knight [naɪt] **I.** *n.* Ritter; (*Schach*) Springer; *white k.; k. in shining armour* (*fig.*) Retter in letzter Minute; **II.** *v.t.* zum Ritter schlagen.

knit* [nɪt] *v.t.* stricken: *≈ting needle* Stricknadel; *≈ting pattern* Strickmuster; *k. s.th. together* (*fig.*) etw. verknüpfen.

knock [nɒk] **I. 1.** *v.t.* stoßen: *k. one's head against the wall* (*fig.*) mit dem Kopf gegen die Wand rennen; *k. s.o. to the ground* jdn. zu Boden schlagen; *k. the bottom out of s.th.* einer Sache den Boden entziehen; **2.** (*fig.*) heruntermachen: *k. one's own side* das eigene Nest beschmutzen; **3.** *v.i.* klopfen (*at the door*); **4.** *in Phrasen und präp. V.: k. about/around* herumgammeln; *k. back* herunterkippen (*a double whisky*); *k. down* zu Boden schlagen; (*Preis*) herunterhandeln; *k. off* (*coll.*) Feierabend machen; (*Preis*) senken; *k. out* k.o. schlagen; *k. over* umstoßen; überfahren; *k. up* wekken; **II.** *n.* **1.** Schlag (*on the head*); (*fig.*) Niederlage; **2.** Pochen, Klopfen (*on the door*).

knot [nɒt] **I.** *n.* **1.** Knoten: *tie a k.* Knoten machen; *tie the k.* (*fig.*) den Bund fürs Leben schließen; *tie o.s. in ≈s* sich (immer mehr) verstricken; *Gordian k.* (*lit.*) gordischer Knoten; **2.** (*naut.*) Knoten (*1,852 km/h*): *at a rate of ≈s* sehr schnell; **II. 1.** *v.t.* verknoten, verbinden: *k. s.th. together* etw. miteinander verknoten; *get ≈ted!* (*coll.*) du kannst mich mal!; **2.** *v.i.* sich verknoten.

know* [nəʊ] **I. 1.** *v.t.* wissen: *who ≈s?* wer weiß?; *you never k.* man kann nie wissen; *don't you k.?* weißt du denn nicht?; *I didn't k.* das wußte ich nicht; *k. a thing or two* (*coll.*) Bescheid wissen; *let us k.* sag uns Bescheid; *not that I k. of* nicht daß ich wüßte; **2.** kennen: *get to k. s.o./s.th.* jdn./etw. kennenlernen; **3.** erkennen (*s.o. by his voice*); unterscheiden können (*right from wrong*); **4.** erleben: *she's ≈n better times* sie hat bessere Zeiten gesehen; **5.** können: *she certainly ≈s how to type* sie kann wirklich gut tippen; *k. one's stuff* (*coll.*) sein Fach gut beherrschen; **II.** *n.* (*coll.*) Kenntnis: *be in the k.* Bescheid wissen.

knowledge ['nɒlɪdʒ] *n.* (*nur Sg.*) **1.** Wissen: *without my k.* ohne mein Wissen; *it has come to my k. that ...* mir ist zu Ohren gekommen, daß ...; *to the best of my k. and belief* (*jur.*) nach bestem Wissen und Gewissen; **2.** Kenntnisse: *be common/public k.* überall bekannt sein; *my k. of Russian* meine Russischkenntnisse.

knuckle ['nʌkl] **I.** *n.* (*anat.*) Fingerknöchel: *give s.o. a rap over the ≈s* *p176* jdm. auf die Finger klopfen; *k. duster* Schlagring; **II.** *v.prep.: k. down to s.th.* sich an die Arbeit machen; *k. under* sich fügen.

L

labor (*US*); **labour** (*GB*) ['leɪbə] **I.** *n.* **1.** Arbeit: *manual l.* Handarbeit; *forced l.* Zwangsarbeit; **2.** Mühe, Anstrengung: *after much l.* nach langem Mühen; **3.** Arbeitskräfte: *skilled l.* gelernte Arbeitskräfte; *unionized l.* gewerkschaftlich organisierte Arbeiter; *l. and capital* Arbeit und Kapital, Arbeitnehmer und Arbeitgeber; **4.** *L.* (*GB*) = *The Labour Party*; **5.** (*med.*) Wehen: *be in l.* die Wehen haben; *she went into l.* ihre Wehen setzten ein; **II.** *v.i.; v.t.* hart arbeiten, sich abmühen: *she ≈ed up the steep steps* sie quälte sich die hohen Stufen hoch; *l. a point* etw. allzu ausführlich darlegen; *l. under a handicap* sehr im Nachteil sein; *l. under a delusion* einer Selbsttäuschung unterliegen.

laboratory [lə'bɒrətrɪ] *n.* Labor.

labourer ['leɪbərə] *n.* Hilfsarbeiter.

lack [læk] **I.** *n.* Mangel: *for l. of* aus Mangel an; *l. of money/time* Geld-/Zeitmangel; **II.** *v.t.; v.prep.* ermangeln, fehlen: *what he ≈s is courage* ihm fehlt der Mut; *money is still ≈ing for this scheme* für das Projekt fehlt immer noch das Geld; *the child is ≈ing in confidence* das Kind hat nicht genügend Selbstvertrauen.

ladder ['lædə] *n.* Leiter: *climb the l.* (*fig.*) die Karriereleiter erklimmen.

lady ['leɪdɪ] *n.* Dame (*of the house*): *ladies and gentlemen* sehr verehrte Damen und Herren; *l. friend* Damenbekanntschaft; *cleaning l.* Putzfrau.

ladylike ['leɪdɪlaɪk] *adj.* damenhaft.

lake [leɪk] *n.* See: *L. Constance* Bodensee.

lamb [læm] **I.** *n.* **1.** Lamm: *like a l. to the slaughter* wie ein Lamm zur Schlachtbank; **2.** Lammfleisch: *leg of l.* Lammkeule; **II.** *v.i.* lammen.

lame [leɪm] **I.** *adj.* lahm: *go l.* (*Tier*) lahmen; *l. duck* (*fig.*) lahme Ente; *l. excuse* faule Ausrede; **II. 1.** *v.t.* lähmen; **2.** *v.i.* lahmen.

land [lænd] **I.** *n.* **1.** Land: *by l. and sea* auf dem Land- und Seeweg; *make l.* das Land erreichen; *see how the l. lies* (*fig.*) das Gelände erkunden; **2.** Staat, Land: *my native l.* mein Heimatland; **3.** Grundbesitz: *adjoining l.* Nachbargrundstück; *l. for sale:* Grundstück(e) zu verkaufen; **4.** landwirtschaftliche Nutzfläche: *work the l.* Boden bearbeiten; **II. 1.** *v.i.; v.t.* landen (*aeroplane, ship*); **2.** *v.t.* anlanden (*fish*); **3.** (*fig.*) an Land ziehen (*a big order*); (sich) angeln (*a rich husband*); **4.** aufhalsen: *I've got ≈ed with a lot of work* ich habe mir viel Arbeit aufhalsen lassen.

landlady ['lændleɪdɪ] *n.* **1.** Wirtin; **2.** Vermieterin.

landlord ['lændlɔːd] **1.** *n.* Wirt; **2.** Vermieter.

landing ['lændɪŋ] *n.* **1.** Landung: *emergency l.* Notlandung; *l. strip* Landebahn; **2.** Treppenabsatz.

landscape ['lændskeɪp] **I.** n. Landschaft: *l. gardening* Landschaftsgestaltung; *a blot on the l.* ein Schandfleck; **II.** *v.t.* (*Garten*) anlegen; (*Landschaft*) gestalten.

lane [leɪn] *n.* **1.** Weg, Gasse: *country l.* Feldweg; **2.** Fahrstreifen: *outside/slow l.* normale Fahrspur; *fast/overtaking l.* Überholspur; **3.** Route: *shipping l.* Schiffahrtsroute; **4.** (*Wettkampf*) Bahn.

language ['læŋgwɪdʒ] *n.* **1.** Sprache: *first/native l.* Muttersprache; *foreign l.* Fremdsprache; *l. laboratory* Sprachlabor; **2.** *strong l.* starke Worte; *foul l.* unflätige Rede.

lap[1] [læp] *n.* Schoß: *sit on s.o.'s l.* auf jds. Schoß sitzen; *l. dog* Schoßhund; *in the l. of the gods* im Schoß der Götter; *live in the l. of luxury* in Saus und Braus leben.

lap[2] **I.** *n.* (*Sport*) Runde: *l. of honour* Ehrenrunde; **II. 1.** *v.i.* (*Sport*) Runden drehen (*at a constant pace*); **2.** *v.t.* überrunden (*the other competitors*).

lap[3] *v.t.* lecken, schlecken: *the cat ≈ped up the milk* die Katze schleckte die Milch; *she ≈ped up his compliments* (*fig.*) sie genoß seine Komplimente.

lapse [læps] **I.** *n.* **1.** Fehltritt, Irrtum: *l. of memory* Gedächtnisschwund; *l. of good taste* Geschmacksverirrung; **2.** Zeitspanne: *after a l. of five years* nach (einer Pause von) fünf Jahren; **3.** Ablauf, Verfall (*of a patent*); **II.** *v.i.* **1.** nachlassen: *standards have ≈d in recent years* das Niveau ist in den letzten Jahren gesunken; **2.** versinken (*into obscurity/silence*); **3.** verfallen, ungültig werden, ablaufen (*claim, membership*).

large [lɑːdʒ] *adj.* groß (*appetite, fortune, house*): *on a l. scale* in großem Maßstab; *by and l.* im großen und ganzen; *be at l.* (*Sträfling*) frei herumlaufen; *the world at l.* die Allgemeinheit; *loom l.* von großer Bedeutung sein.

largely ['lɑːdʒlɪ] *adv.* weitgehend.

last [lɑːst; *US:* læst] **I.** *adj.* letzte(r, s): *l. night* gestern abend; *l. week* vergangene Woche; *be on one's l. legs* (*fig.*) in den letzten Zügen liegen; *have the l. word* das letzte Wort haben; *have the l. laugh* zum Schluß als Sieger dastehen; *as a l. resort* als letztes Mittel; *l. ditch effort* letzter (verzweifelter) Versuch; *l. will* (*and testament*) letzter Wille, Testament; **II.** *adv.* zuletzt: *when did you l. see her?* wann hast du sie zuletzt gesehen?; **III.** *n.* der/die/das Letzte: *you haven't heard the l. of the matter* Sie werden noch von mir/uns hören; *at (long) l.* zuletzt, zu guter Letzt; *to the l.* bis zum Ende; *breathe one's l.* in den letzten Zügen liegen; **IV.** *v.i.* dauern: *will the fine weather l.?* wird das schöne Wetter anhalten?; *he probably won't l. out the night* er wird die Nacht wohl nicht überleben.

late [leɪt] *adj.; adv.* **1.** spät: *the train was an hour l.* der Zug hatte eine Stunde Verspätung; *in the l. afternoon* am Spätnachmittag; *l. 18th century poetry* Dichtung des späten 18. Jahrhunderts; *of l.* in der letzten Zeit; **2.** (*attr.*) früher, ehemalig: *the l. president* der ehemalige Präsident; **3.** (*attr.*) verstorben.

lately ['leɪtlɪ] *adv.* in der letzten Zeit: *have you been to the cinema l.?* bist du in der letzten Zeit im Kino gewesen?

latest ['leɪtəst] **I.** *adj.* letzte(r, s), neueste(r, s): *the l. news* die neuesten Nachrichten; *the l. fashion* die neueste Mode; **II.** *n.* der/die/das Neueste: *the salesman showed us the l. in menswear* der Verkäufer zeigte uns das Neueste in Sachen Herrenbekleidung; *at the l.* allerspätestens.

Latin ['lætɪn] **I.** *n.* Latein; **II.** *adj.* lateinisch: *L. America* Lateinamerika.

latter ['lætə] **I.** *adj.* letztere(r, s): *in the l. half of the year* in der zweiten Jahreshälfte; *in the l. years of his life* gegen Ende seines Lebens; **II.** *n.* der/die/das Letztere: *of the two books, I like the l. better* von den zwei Büchern gefällt mir das letztere besser.

laugh [lɑːf] **I.** *v.i.* lachen: *he who ≈s last ≈s longest* (*prov.*) wer zuletzt lacht, lacht am besten; *l. all the way to the bank* finanziell sehr gut zurechtkommen; *it's no ≈ing matter* das ist nicht zum Lachen; **II.** *n.* Lachen: *we had a good l.* wir haben uns prächtig amüsiert; *a hearty l.* ein herzhaftes Lachen.

laughter ['lɑːftə] *n.* Gelächter.

launch [lɔːntʃ] **I.** *v.t.* **1.** vom Stapel laufen lassen (*a ship*); katapultieren (*a rocket*); **2.** auf den Markt bringen (*a new product*); **3.** gründen (*a company*); **II.** *n.* **1.** Stapellauf (*of a ship*); **2.** Markteinführung (*of a product*); **3.** Gründung (*of a company*).

laundry ['lɔːndrɪ] *n.* **1.** Wäscherei, Waschküche; **2.** Wäsche.

lavatory ['lævətərɪ] *n.* Toilette: *public l.* öffentliche Bedürfnisanstalt; *l. attendant* Toilettenfrau.

law [lɔː] *n.* **1.** Gesetz: *above the l.* über dem Gesetz; *within the l.* im Rahmen des Gesetzes; *pass a l.* Gesetz verabschieden; *l. of nature* Naturgesetz; **2.** Recht: *according to the l. as it stands* nach geltendem Recht; *have the l. on one's side* das Recht auf seiner Seite haben; *go to l.* prozessieren; *lay down the l.* selbstherrlich entscheiden; *l. of the jungle* Faustrecht; *l. and order* Recht und Ordnung; *l. court* Gericht(shof); **3.** Jura: *l. student* Jurastudent(in); **4.** *the l.* die Polizei: *I'll get the l. on (to) you* ich hole (jetzt) die Polizei.

lawful ['lɔːfəl] *adj.* rechtmäßig (*heir*).

lawn [lɔːn] *n.* Rasen; *l. mower* Rasenmäher.

lawyer ['lɔːjə] *n.* Jurist, Anwalt.

lay* [leɪ] **1.** *v.t.* legen: *she laid her hand on my shoulder* sie legte ihre Hand auf meine Schulter; *l. the table* den Tisch decken; *l. bricks* mauern; *l. the ghost of s.th.* etw. endgültig erledigen; *l. one's cards on the table* die Karten auf den Tisch legen; *l. it on thick* übertreiben, dick auftragen; *l. s.th. aside* etw. beiseite legen; *l. waste* verwüsten; *l. one's hands on s.th.* Hand an etw. legen; **2.** wetten: *l. a bet on s.th.* auf etw. setzen: *lay £20 on a horse* £20 auf ein Pferd setzen; **3.** *v.prep.: l. down* nieder-, festlegen (*the law*); *l. in* einlagern (*plenty of food for winter*); *l. into s.o.* auf jdn. (mit den Fäusten) losgehen; *l. off* (zeitweilig) entlassen; aufhören: *l. off (pestering) my sister!* laß meine Schwester in Ruhe!; *l. out* zurechtlegen; aufbahren (*body*); ausgeben (*money*); *l. up* lagern (*supplies*); (zeitweilig) außer Betrieb nehmen (*a ship*).

layer ['leɪə] *n.* Schicht (*of earth/sand*).

lazy ['leɪzɪ] *adj.* **1.** faul (*excuse, fellow*); **2.** ruhig (*afternoon, holiday*).

lazybones ['leɪzɪbəʊnz] *n. sg.* (*coll.*) Faulpelz.

lead[1] [led] *n.* Blei: *swing the l.* (*fig.*) sich drücken; *l. poisoning* Bleivergiftung.

lead*[2] [liːd] **I.** *v.t.* führen: *l. to s.th.* zu etw. führen; *l. s.o. astray* jdn. vom rechten Weg abbringen; *l. the field* an der Spitze stehen; *l. s.o. up the garden path; l. s.o. by the nose* (*fig.*) jdn. an der Nase herumführen; *l. the way* (mit gutem Beispiel) vorangehen; **II.** *n.* Führung: *give a l.* mit gutem Beispiel vorangehen; *take the l.* Führung übernehmen; *follow s.o.'s l.* jds. Beispiel folgen.

leaden ['ledn] *adj.* bleiern (*sky*).

leader ['liːdə] *n.* **1.** Führer: *a born l.* eine echte Führerpersönlichkeit; **2.** (*mus.*) Konzertmeister, erster Geiger; **3.** Leitartikel: *l. writer* Leitartikler.

leadership ['li:dəʃɪp] *n.* Führung: *under the l. of* unter der Leitung von.

leaf [li:f] (*pl.* **leaves** [li:vz]) **I.** *n.* **1.** Blatt: *in l.* grün; *sweep the leaves* das Laub fegen; **2.** (*Buch*) Seite: *take a l. out of s.o.'s book* (*fig.*) jds. Beispiel folgen; *turn over a new l.* (*fig.*) einen Neuanfang machen; **II.** *v.prep.*: *l. through* durchblättern (*a book*).

lean*[1] [li:n] *v.i.* **1.** (sich) lehnen (*against the wall*); *l. on s.o.'s support* sich auf jds. Unterstützung verlassen; *l. on s.o.* (*fig.*) Druck auf jdn. ausüben; *l. over backwards* (*fig.*) sich ein Bein ausreißen; **2.** neigen, tendieren: *l. towards s.th.* zu etw. tendieren.

lean[2] *adj.* mager (*meat*): *the seven l. years* (*Bibel*) die sieben mageren Jahre.

leap* [li:p] **I.** *v.i.* springen (*across the ditch*): *l. at s.th.* etw. spontan aufgreifen; *l. with joy* Freudensprünge machen; *l. to conclusions* vorschnelle Schlüsse ziehen; *l. to s.o.'s defence* jdn. spontan verteidigen; **II.** *n.* Sprung: *at a l.* mit einem Satz; *l. in the dark* Sprung ins Ungewisse; *by ≈s and bounds* sprunghaft, unregelmäßig; *l. year* Schaltjahr.

learn* [lɜ:n] *v.t.* **1.** lernen: *l. s.th. by heart* etw. auswendig lernen; *l. (how) to play the piano* Klavierspielen lernen; *l. from experience* aus Erfahrung klug werden; *l. one's lesson* (*fig.*) seine Lektion lernen; *we live and l.* man lernt nie aus; *l. the ropes* sich einarbeiten; **2.** erfahren: *We were sorry to l. that you had an accident* mit Bedauern haben wir von Ihrem Unfall erfahren.

learned ['lɜ:nɪd] *adj.* gebildet (*persons*); wissenschaftlich (*society*).

learning ['lɜ:nɪŋ] *n.* Wissen, Bildung: *a man of l.* ein gebildeter Mann.

lease [li:s] **I.** *n.* Pacht, Mietverhältnis: *99-year l.* Erbpacht auf 99 Jahre; *take a l. on s.th.* etw. pachten; *a new l. of life* (*fig.*) neuer Schwung; **II.** *v.t.* **1.** pachten, mieten (*car, house*); **2.** verpachten, vermieten (*building, holiday home*).

leasehold ['li:shəʊld] *n.; adj.* (auf) Erbpacht.

least [li:st] **I.** *adj.* wenigste(r, s): *the l. (thing) you could do* zumindest das könntest du tun; *to say the l.* gelinde gesagt; **II.** *adv.* am wenigsten: *not in the l.* überhaupt nicht; *at l.* zumindest; *not l.* nicht zuletzt.

leather ['leðə] *n.* Leder: *real l.* echtes Leder.

leave* [li:v] **I.** *v.t.; v.i.* **1.** verlassen, abreisen, abfahren: *our plane ≈s at 5 p.m.* unser Flugzeug geht um 17 Uhr; *the manager threatened to l.* der Geschäftsführer drohte mit seinem Rücktritt; *l. s.o. to his own devices* jdn. (mit seinen Problemen) allein lassen; *l. s.th. well alone* von etw. die Finger lassen; **2.** hinterlassen: *he left his children a fortune* er hinterließ seinen Kindern ein Vermögen; **II.** *n.* Urlaub: *on l.* im Urlaub; *l. of absence* Beurlaubung; *French l.* (*coll.*) unerlaubtes Fernbleiben; *take l. of one's senses* von allen guten Geistern verlassen sein.

lecture ['lektʃə] *n.* **1.** Vortrag, Vorlesung: *a series of ≈s* eine Vortragsreihe; *give a l.* einen Vortrag / eine Vorlesung halten; **2.** Standpauke (*about s.th.*).

lecturer ['lektʃərə] *n.* Lektor, Dozent.

left [left] **I.** *adj.; adv.* links: *turn l.* links abbiegen; **II.** *n.* **1.** linke Seite: *she sat on my l.* sie saß zu meiner Linken; **2.** *the L.* (*pol.*) die Linke.

leg [leg] *n.* **1.** Bein: *l. injury* Beinverletzung; *chair/table l.* Stuhl-/Tischbein; *be on one's last ≈s* (*fig.*) auf dem letzten Loch pfeifen; *give s.o. a l. up* jdm. helfen; *not have a l. to stand on* (*fig.*) kein echtes Argument vorweisen können; *pull s.o.'s leg* (*coll.*) jdn. auf den Arm nehmen; *stretch one's ≈s* sich die Beine vertreten; **2.** Etappe, Runde: *first l.* (*Sport*) Hinspiel.

legal ['li:gəl] *adj.* **1.** juristisch (*adviser, problem*): *take l. action* prozessieren; *the l. profession* die Juristen; *l. aid* Armenrecht; *l. proceedings* Prozeß; **2.** legal, rechtlich zulässig: *of l. age* volljährig.

legend ['ledʒənd] *n.* **1.** Legende: *the l. of Robin Hood* die Legende von Robin Hood; **2.** (*Karte*) Legende.

legitimate [lə'dʒɪtɪmət] *adj.* legitim, berechtigt: *the l. heir* der rechtmäßige Erbe; *l. reasons* gute Gründe.

leisure ['leʒə] *n.* Freizeit: *lead a life of l.* nichts tun; *l.* (*time*) activities Freizeitaktivitäten; *l. facilities* Freizeiteinrichtungen; *do s.th. at (one's) l.* etw. in Ruhe erledigen.

lemon ['lemən] *n.* Zitrone; (*fig.*) minderwertiges Produkt.

lend* [lend] *v.t.* **1.** leihen: *I've lent him £100* ich habe ihm £100 geliehen; *l. s.o. an ear* jdm. zuhören; *l. a (helping) hand* aushelfen; *l. one's name to s.th.* seinen Namen für etw. hergeben; **2.** verleihen: *the presence of the Queen ≈s dignity to the occasion* die Anwesenheit der Königin verleiht dem Ereignis Würde; **3.** *l. itself* sich eignen; *the car ≈s itself to winter use* das Auto ist für Winterbetrieb geeignet.

length [leŋθ] *n.* **1.** Länge: *the l. of the Rhine* die Länge des Rheins; *they travelled the l. and breadth of the country* sie reisten kreuz und quer durch das Land; **2.** Dauer: *at (great) l.* ausführlich; *l. of service* Dienstjahre.

lengthen ['leŋθən] **1.** *v.t.* verlängern; **2.** *v.i.* länger werden.

lengthy ['leŋθɪ] *adj.* langwierig.

less [les] **I.** *adj.; adv.* weniger: *l. money* weniger Geld; *l. difficult* weniger schwierig; **II.** *pron.* weniger: *I could certainly eat a little l.* ich könnte sicher etw. weniger essen; *it was the boss himself, no l. a person who turned up* kein geringerer als der Chef selbst erschien; *none the l.* nichtsdestotrotz; **III.** *prep.* minus, abzüglich: *I earned £1000, l. tax and National Insurance* mein Arbeitseinkommen betrug £1000, abzüglich Steuern und Sozialversicherung.

lessen ['lesn] *v.t.* verringern (*the risk of s.th.*).

lesser ['lesə] *adj.* weniger bedeutend, geringer: *the l. of the two evils* das kleinere (der beiden) Übel; *to a l. degree* zu einem geringeren Grad.

lesson ['lesən] *n.* **1.** Unterrichtsstunde: *there are two French ≈s on Friday* am Freitag gibt es zwei Stunden Französisch; *you'd better take some driving ≈s again* du tätest besser daran, wieder mal Fahrschulunterricht zu nehmen; *she had private ≈s in mathematics* sie hatte Nachhilfe in Mathematik; *that'll teach you a l.* (*fig.*) das wird dir eine Lehre sein; **2.** Lesung: *today's l. is taken from St Luke's Gospel* die heutige Lesung ist aus dem Lukasevangelium.

let* [let] *v.t.* **1.** lassen, zulassen: *I wanted to pay, but she wouldn't l. me* ich wollte bezahlen, aber sie hat mich nicht gelassen; *l. him do what he likes* laß ihn nur; *l. me see* darf ich mal sehen?; *these windows l. in a lot of light* diese Fenster lassen viel Licht herein; *l. there be no mistake* wir wollen uns nichts vormachen; *l. o.s. go* sich *gehenlassen; l. it go at that* es dabei bewenden lassen; **2.** vermieten: *to l.* (*Anzeige*) zu vermieten; **3.** *v.prep.: l. s.o. down* jdn. im Stich lassen; *l. o.s. in for s.th.* sich auf etw. einlassen; *l. s.o. off lightly* mit jdm. glimpflich verfahren; *l. up* aufhören: *we mustn't l. up* wir dürfen nicht nachlassen.

letter ['letə] *n.* **1.** Buchstabe: *capital l.* Großbuchstabe; *small l.* Kleinbuchstabe; *the l. of the law* der Buchstabe des Gesetzes; *to the l.* auf das genaueste; **2.** Brief: *by l.* brieflich; *l. of credit* Kreditbrief, Akkreditiv.

letterbox ['letə,bɒks] *n.* Briefkasten.

letterhead ['letə,hed] *n.* Briefkopf.

lettuce ['letəs] *n.* Kopfsalat.

level ['levəl] **I.** *n.* Niveau, Höhe, Ebene: *on two ≈s* auf zwei Ebenen; *on a l. with* auf gleicher Höhe wie; *on a (purely) personal l.* rein persönlich; *at eye l.* in Augenhöhe; *sea l.* Meeresspiegel; **II.** *adj.* eben (*ground*), horizontal: *l. with* auf gleicher Höhe wie; *do one's l. best* sein möglichstes tun; *l. crossing* (*GB*) Bahnübergang; **III.** *v.t.* **1.** ebnen, planieren (*the ground*); nivellieren (*social differences*); dem Erdboden gleichmachen: *the city was ≈led by the earthquake* die Stadt wurde durch das Erdbeben in Schutt und Asche gelegt; **2.** *v.prep.: l. s.th. at s.o.* etw. gegen jdn. richten (*criticism, complaints*); *l. up/down* nach oben/unten nivellieren; *l. off* sich stabilisieren (*prices*).

liar ['laɪə] *n.* Lügner(in).

libel ['laɪbəl] **I.** *n.* Verleumdung; **II.** *v.t.* verleumden.

liberal ['lɪbərəl] **I.** *adj.* **1.** liberal, aufgeschlossen (*attitude, views*); **2.** großzügig: *a l. helping (of food)* eine reichliche Portion; **3.** frei (*translation*); **II.** *n.* Liberaler.

liberalize ['lɪbərəlaɪz] *v.t.* liberalisieren (*regulations*).

liberty ['lɪbəti] *n.* Freiheit: *be at l. to do s.th.* etw. tun dürfen; *take the l. of doing s.th.* sich etw. erlauben; *take liberties (with s.o.)* sich Freiheiten (jdm. gegenüber) herausnehmen.

library ['laɪbrəri] *n.* Bibliothek: *public l.* öffentliche Bibliothek; *lending l.* Leihbücherei; *photographic l.* Fotothek.

licence ['laɪsəns] *n.* **1.** Lizenz, Genehmigung: *take out a l.* Lizenz erwerben; *driving l.* (*GB*) Führerschein; *l. plate* Nummernschild; **2.** Freiheit: *poetic l.* dichterische Freiheit.

license ['laɪsəns] *v.t.* lizensieren, genehmigen: *we are ≈d to sell alcohol for consumption on the premises* wir haben eine Ausschankgenehmigung.

licensing ['laɪsənsɪŋ] *n.* Genehmigung: *l. hours* Ausschankzeiten; *l. laws* Schankgesetze.

lid [lɪd] *n.* **1.** Deckel: *put the l. on s.th.* (*fig.*) einer Sache die Krone aufsetzen; *take the l. off s.th.* etw. enthüllen; **2.** (*anat.*) Augenlid.

lie*[1] [laɪ] **1.** *v.i.* liegen: *he was lying in bed when I called* er lag im Bett, als ich vorbeischaute; *the responsibility ≈s with the manager* die Verantwortung liegt beim Geschäftsführer; *l. in wait* auf der Lauer liegen; *l. idle* nicht genutzt werden (*machines*); *the village ≈s two miles to the east* das Dorf liegt zwei Meilen östlich; *let sleeping dogs l.* schlafende Hunde sollte man nicht wecken; *l. in state* aufgebahrt liegen; *l. heavily on s.o.('s mind)* jdm. auf der Seele liegen; *take s.th. lying down* etw. ohne Protest hinnehmen; *l. at s.o.'s door* (*fig.*) in jds. Verantwortung liegen; *see how the land ≈s* sich erst einmal umsehen; **2.** *v.prep.: l. down* sich hinlegen; *l. down on a job* einer Aufgabe nicht gewachsen sein; *l. in* im Bett bleiben, sich ausschlafen.

lie[2] **I.** *n.* Lüge: *white l.* Notlüge; *barefaced/outright l.* freche Lüge; *tell a l.* lügen; *give the l. to s.th.* etw. als Lüge entlarven; *a pack of ≈s* ein Lügengespinst; **II.** *v.i.* lügen: *l. through one's teeth* wie gedruckt lügen.

life [laɪf] *n.* (*pl.* **lives** [laɪvz]) **1.** Leben: *there is no l. on the moon* auf dem Mond gibt es kein Leben; *it's a matter of l. and death* es geht um Leben und Tod; *there was no sign of l. in the ruins* in den Ruinen gab es kein Anzeichen von Leben; *we all ran for dear l.* wir rannten alle um unser Leben; *start a new l.* ein neues Leben beginnen; *take one's own l.* sich das Leben nehmen; **2.** (*fig.*) Leben, Aktivität: *full of l.* voller Leben, lebhaft; *come to l.* munter werden; *he was the l. and soul of the party* ohne ihn wäre die Party langweilig gewesen; *there's still l. in the old dog/girl* (*coll.*) er/sie ist noch nicht am Ende; **3.** Lebensdauer (*of a machine*); Legislaturperiode (*of this parliament*); **4.** lebenslängliche Wirkung: *l. (sentence)* lebenslänglich; *l. member* Mitglied auf Lebenszeit; *l. assurance (GB)/insurance (US)* Lebensversicherung; *l. belt/jacket* Schwimmweste; *l. buoy* Rettungsring; *l. expectancy* Lebenserwartung.

lifeguard ['laɪfgɑ:d] *n.* Rettungsschwimmer(in).

lifeline ['laɪflaɪn] *n.* Rettungsleine; (*fig.*) Rettungsanker.

lifelong ['laɪflɒŋ] *adj.* lebenslang.

life-sized ['laɪfsaɪzd] *adj.* in Lebensgröße.

lifespan ['laɪfspæn] *n.* Lebensdauer.

lifetime ['laɪftaɪm] *n.* Lebenszeit: *in my l.* während meines Lebens; *once in a l.* alle Jubeljahre; *l.('s) work* Lebenswerk.

lift [lɪft] **I.** *n.* **1.** Heben: *give the child a l., she's too small to see* heb das Kind hoch, sonst kann sie nichts sehen; **2.** Mitfahrgelegenheit: *give s.o. a lift* jdn. mitnehmen; *hike/thumb a lift* als Anhalter an der Straße stehen; **3.** (*fig.*) Auftrieb: *that victory gave us a tremendous l.* dieser Sieg gab uns mächtig Auftrieb; **4.** (*GB*) Aufzug, Fahrstuhl; **II.** *v.t.* **1.** aufheben: *I can't l. this case* ich kann den Koffer nicht heben; *not l. a finger* keinen Finger rühren; **2.** (*fig.*) aufheben (*embargo, restrictions*); **3.** (*Bodenfrüchte*) ernten (*potatoes*); fördern (*oil*); **4.** (*coll.*) stehlen.

light[1]* [laɪt] **I.** *n.* **1.** Licht: *read by the l. of a candle* bei Kerzenlicht lesen; *l. and shade* Licht und Schatten; *come to l.* (*fig.*) ans Licht kommen; *in the l. of recent discoveries* im Lichte neuerer Entdeckungen; *see things in a different l.* die Dinge anders sehen; **2.** Licht, Beleuchtung: *switch/turn on/off the l.* Licht ein-/ausschalten; *shine your l. in this corner* leuchte mal in diese Ecke (mit deiner Taschenlampe); *at this time of day you've got to have your ≈s on* zu dieser Tageszeit mußt du die Scheinwerfer einschalten; **3.** (*traffic*) *≈s* Verkehrsampel: *turn left at the ≈s* bieg an der Ampel links ab; **4.** Feuer: *could you give me a l.?* könnten Sie mir mal Feuer geben?; **II.** *v.t.* **1.** anzünden (*candle, cigarette, wood*); **2.** beleuchten (*stage*); *≈ up* beleuchten (*the room*).

light[2] *adj.* **1.** leicht(gewichtig): *this bag is l. enough for you to carry* diese Tasche ist so leicht, daß du sie tragen kannst; *l. aircraft* Leichtflugzeug; *l. metal* Leichtmetall; **2.** nicht anspruchsvoll: *l. reading* relativ anspruchslose Lektüre; *l. music* leichte Musik; **3.** gering (*traffic*); *trading was l. on the Stock Exchange* an der Börse gab es nur geringe Umsätze; *a l. wind* ein leichter Wind; *a l. meal* eine leichte Mahlzeit; *make l. of s.th.* etw. nicht ernst nehmen; *make l. work of s.th.* mit etw. schnell fertigwerden.

lighter[1] ['laɪtə] *n.* Feuerzeug.

lighter[2] *n.* (*naut.*) Leichter.

lightning ['laɪtnɪŋ] *n.* Blitz: *struck by l.* vom Blitz getroffen; *like greased l.* wie ein geölter Blitz; *l. conductor* Blitzableiter.

like[1] [laɪk] **I.** *prep.* **1.** wie: *l. new* wie neu; *l. a mother* wie eine Mutter; *what's your new car l.?* wie ist dein neues Auto?; **2.** bezeichnend, typisch: *it's not l. him to behave in this way* dieses Verhalten ist nicht typisch für ihn; **3.** als ob, nach: *it doesn't look l. rain* es sieht nicht nach Regen aus; **II.** *conj.* (*coll.*) **1.** wie: *l. you said* wie du gesagt hast; **2.** wie wenn, als ob: *she acts l. she's boss* sie verhält sich so, als ob sie die Chefin wäre; **III.** *adj.* ähnlich, gleichartig: *they're very like, although they aren't related* sie sind sich sehr ähnlich, obwohl sie nicht miteinander verwandt sind; **IV.** *n.* Ähnliches, Gleichartiges: *we shan't see the l. for a long time* so etwas werden wir lange nicht mehr zu sehen bekommen; *I have no time for the ≈s of him* für einen seiner Sorte habe ich nichts übrig.

like[2] **I.** *v.t.* gern haben, lieben: *I l. chocolate* ich liebe Schokolade; *everybody ≈s her* sie ist bei allen beliebt; *would you l. to go for a walk?* möchten Sie (vielleicht) einen Spaziergang machen?; *we should l. to remind you that …* wir möchten Sie (noch einmal) daran erinnern, daß…; *I'd l. to know what I've done* ich möchte gern wissen, was ich verbrochen habe; *I l. that* (*iron.*) na, das ist ja herrlich; *if you l.* wenn Sie (es) wollen; *I didn't l. the look on her face* mir gefiel ihr Gesichtsausdruck nicht; **II.** *n.* **≈s** *pl.* Vorlieben: *her ≈s and dislikes* was sie gerne und was sie nicht gerne hat.

likely ['laɪklɪ] **I.** *adj.* wahrscheinlich: *the l. winner* der wahrscheinliche Sieger; *it's l. to snow* wahrscheinlich wird es schneien; *that's a l. story* das klingt nicht sehr überzeugend; **II.** *adv.* wahrscheinlich: *very l. they've lost their way* sie haben sich höchstwahrscheinlich verfahren; *as l. as not* höchstwahrscheinlich; *not bloody* (*coll.*) */ very l.* mit Sicherheit nicht.

limb [lɪm] *n.* **1.** (*anat.*) Glied: *rest one's tired/weary ≈s* sich ausruhen; *life and l.* Leib und Leben; **2.** Ast: *out on a l.* (*fig.*) ganz allein, isoliert.

limit ['lɪmɪt] **I.** *n.* Begrenzung, Höchstgrenze: *know one's ≈s* seine Grenzen kennen; *I've reached the l. of my patience* meine Geduld ist erschöpft; *there's a l. to what I can afford* meine finanziellen Mittel sind beschränkt; *there's a l. to everything* man kann auch alles übertreiben; *that's the l.* (*coll.*) das schlägt dem Faß den Boden aus; *he was over the l.* er hatte mehr Promille als zulässig; *within ≈s* in Grenzen; *off ≈s* (*mil.*) gesperrt; **II.** *v.t.* begrenzen, einschränken: *l. o.s.* sich einschränken.

limited ['lɪmɪtɪd] *adj.* beschränkt: *private l. company (Ltd.)* (*GB*) Gesellschaft mit beschränkter

Haftung (GmbH); *public l. company (plc)* (*GB*) Aktiengesellschaft (AG).

line[1] [laɪn] **I.** *n.* **1.** Linie: *sign on the dotted l.* (etw.) unterschreiben; *cross the l.* zu weit gehen; *hard l.* (*fig.*) harte Linie; **2.** Reihe: *a l. of waiting cars* eine Reihe wartender Fahrzeuge; Schlange (*of customers*); **3.** (Bahn-)Strecke: *branch/ main l.* Neben-/Hauptstrecke; **4.** (*tel.*) Leitung: *hold the l.* bleiben Sie am Apparat; **5.** Leine: *washing l.* Wäscheleine; *fishing l.* Angelschnur; **6.** Zeile: *drop me a few ≈s* schreib mir (mal) ein paar Zeilen; **7.** Branche: *in my l.* (*of business*) in meiner Branche; **II.** *v.t.* **1.** linieren: *≈d paper* liniertes Papier; **2.** säumen: *crowds ≈d the streets* Menschenmengen säumten die Straßen.

line[2] *v.t.* auskleiden, füttern: *l. a box with paper* eine Kiste mit Papier auskleiden; *his coat is ≈d with insulating material* sein Mantel ist mit Isolierstoff gefüttert.

linger ['lɪŋgə] *v.i.* **1.** verweilen: *after the concert we decided to l. for a while* nach dem Konzert beschlossen wir, noch ein wenig zu verweilen; **2.** andauern: *some old customs still l. (on)* einige alte Bräuche halten sich noch; *the memory of the tragedy still ≈s on* die Erinnerung an die Tragödie hält noch an.

link [lɪŋk] **I.** *n.* Bindeglied: *the missing l.* das fehlende Glied (in der Beweiskette); *a new rail l.* eine neue Bahnverbindung; *commercial ≈s* Handelsbeziehungen; **II. 1.** *v.t.* verbinden: *the two murders may well be ≈ed* die beiden Mordfälle könnten durchaus miteinander in Beziehung stehen; **2.** *v.prep.: l. up* (sich) verbinden; Verbindung herstellen.

lion ['laɪən] *n.* Löwe: *the l.'s share* der Löwenanteil.

lip [lɪp] *n.* **1.** Lippe: *kiss s.o. on the ≈s* jdn. auf den Mund küssen; *bite one's ≈s* (betreten) schweigen; *smack one's ≈s* sich die Lippen schlecken; *l. service* Lippenbekenntnis; *pay l. service* ein Lippenbekenntnis ablegen; **2.** (*fig.*) Frechheit: *I'll have none of your l.* deine Frechheiten lasse ich mir nicht bieten; **3.** (*fig.*) Kante, Rand (*of the cup*).

lip-read ['lɪpri:d] *v.i.* (*Taubstummer*) von den Lippen lesen.

lipstick ['lɪpstɪk] *n.* Lippenstift.

liquid ['lɪkwɪd] **I.** *n.* Flüssigkeit: *hazardous ≈s* flüssige Gefahr(en)-stoffe; **II.** *adj.* flüssig: *l. gas* Flüssiggas; *l. food* Flüssignahrung; *I'm not exactly l. at the moment* (*fig.*) momentan bin ich nicht gerade gut bei Kasse.

liquidate ['lɪkwɪˌdeɪt] *v.t.* **1.** liquidieren (*political opponents*); **2.** auflösen (*a company*).

liquidity [lɪ'kwɪdɪtɪ] *n.* Liquidität: *have good l.* gut bei Kasse sein.

list [lɪst] **I.** *n.* Liste (*of names/ things*): *make a l.* Liste aufstellen; *put s.th. on the l.* etw. auf die Liste setzen; *take s.th. off the l.* etw. von der Liste streichen; *on the danger l.* (*Patient*) in Lebensgefahr (schwebend); *waiting l.* Warteliste; **II.** *v.t.* Liste aufstellen, auflisten (*all the missing items*); *≈ed building* Gebäude unter Denkmalschutz.

listen ['lɪsən] *v.t.* zuhören: *I hope you're ≈ing* ich hoffe, du hörst zu; *l. to reason* auf die Stimme der Vernunft hören; *l. in* mithören.

listener ['lɪsənə] *n.* Zuhörer: *she's a good l.* sie kann gut zuhören.

liter (*US*); **litre** (*GB*) ['li:tə] *n.* Liter: *l. bottle* Literflasche.

literal ['lɪtərəl] *adj.* wörtlich (*translation*).

literary ['lɪtrəri] *adj.* **1.** literarisch (*prize, society, style*).

literature ['lɪtrətʃə] *n.* **1.** Literatur: *19th century l.* Literatur des 19. Jahrhunderts; **2.** Fachliteratur (*on computers*); **3.** Werbematerial: *sales l.* Verkaufsprospekte.

litter ['lɪtər] **I.** *n.* **1.** leichte Abfälle: *the park was full of l.* der Park war voller (Papier-)Abfälle; **2.** Streu (*for animals*); **3.** Wurf (*of five kittens*); **4.** Sänfte, Tragbahre; **II.** *v.t.* verstreuen (*papers all over the room*); verschandeln (*the village with bits of paper and tins*); *l. bin* Papier-, Abfallkorb; *≈bug* (*US*) / *l. lout* (*GB*) *n.* Schmutzfink.

little ['lɪtl] **I.** *adj.* **1.** wenig (*comp.:* →**less**; *superl.:* →**least**): *I have l. (enough) time* ich habe wenig (genug) Zeit; *I know l. Russian* ich kann kaum Russisch; *I know a l. Russian* ich kann ein wenig Russisch; *a l. bit* ein bißchen; *make l. of s.th.* etw. herunterspielen; **2.** klein, idyllisch (→ **small**): *a l. garden* ein kleiner Garten; *they lived in a l. house* sie lebten in einem Häuschen; *a nice l. room* ein hübsches kleines Zimmer; *we had a l. fire* (*iron.*) bei uns hat es gebrannt; **3.** jung: *when I was l.* als ich noch jung/klein war; **II.** *adv.* wenig: *not a l. annoyed* ganz schön böse; *I normally sleep l.* ich komme normalerweise mit wenig Schlaf aus; *a l. more/ less* ein bißchen mehr/weniger; *l. by l.* nach und nach.

live[1] [lɪv] **1.** *v.i.* leben: *l. and let l.* leben und leben lassen; *l. to a great age* hohes Alter erreichen; *l. in the past* in der Vergangenheit leben; *l. beyond one's means* über seine Verhältnisse leben; *l. from hand to mouth* von der Hand in den Mund leben; *l. on borrowed time* nicht mehr viel Zeit haben; *l. to regret s.th.* etw. eines Tages bereuen; **2.** am Leben bleiben, weiterleben, überleben: *he might not l. through the night* er wird die Nacht vielleicht nicht überleben; *his writings will l. beyond his death* sein literarisches Werk wird seinen Tod überdauern; **3.** wohnen: *I used to l. at my parents'* früher habe ich bei meinen Eltern gewohnt; **4.** *v.t.* aus-, durchleben: *l. it up* das Leben genießen; *l. s.th. down* mit einer Belastung fertigwerden; **5.** *v.prep.: l. by (doing) s.th.* von etw. leben; *l. in/out* im Hause/aushäusig wohnen; (*GB*) außerhalb wohnen; *l. on* weiterleben; *l. on s.th.* von etw. leben; *l. through s.th.* etw. durchmachen (*the bombing*); *l. up to s.th.* etw. gerecht werden; *l. with s.o.* bei jdm. wohnen; *l. with s.th.* mit etw. leben.

live[2] [laɪv] *adj.* **1.** lebend(ig) (*animals*): *l. birth* Lebendgeburt; **2.** brennend (*coal, match*); **3.** (*el.*) stromführend (*rail, wire*); **4.** scharf (*ammunition*); **5.** akut (*issue*); **6.** direkt, live übertragen (*concert, parliamentary debate*).

lively ['laɪvlɪ] *adj.* **1.** lebhaft (*person, song*); **2.** bunt (*colours*).

liver ['lɪvə] *n.* (*anat.*) Leber.

liverish ['lɪvərɪʃ] *adj.* mürrisch.

living ['lɪvɪŋ] **I.** *adj.* lebend: *l. creature* Lebewesen; *l. proof* leibhaftiger Beweis; *in l. memory* soweit sich Zeitgenossen erinnern können; **II.** *n.* Lebensunterhalt: *do for/ earn a l.* seinen Lebensunterhalt verdienen; *scrape a l.* ein (knappes) Auskommen haben; *cost of l.* Lebenshaltungskosten; *standard of l.* Lebensstandard; *l. room* Wohnzimmer; *l. space* Wohnraum; *l. wage* ausreichender Lohn.

load [ləʊd] **I.** *n.* **1.** Ladung (*of sand*);

2. Last, Belastung: *her death is a heavy l. to bear* ihr Tod ist eine schwere Belastung; *my teaching l. is not so bad* meine Belastung durch Unterricht ist erträglich; *take a l. off s.o.'s mind* jdn. von einer Last befreien; **3.** (*coll.*) Masse, Menge: *≈s of money* ein Heidengeld; *a l. of (old) rubbish* alles Quatsch; **II.** *v.t.* (be)laden (*a ship*): *this gun's ≈ed* dieses Gewehr ist geladen; *≈ed question* Fangfrage; *l. down* belasten (*with work*).

loaf[1] [ləʊf] (*pl.* **loaves** [ləʊvz]) *n.* Laib (*of bread*); *use one's l.* (*coll.*) seinen Geist anstrengen.

loaf[2] *v.i.* nichts tun, faulenzen: *l. about/around all day* den ganzen Tag herumlungern.

loafer ['ləʊfə] *n.* Faulenzer.

loan [ləʊn] **I.** *n.* **1.** Kredit, Darlehen: *take out a l.* Kredit aufnehmen; *grant a l.* Kredit gewähren; *soft l.* Billigkredit; *l. shark* Kredithai; **2.** Leihen: *he offered me the l. of his car* er bot mir leihweise sein Auto an; **3.** Leihgabe: *on l.* als Leihgabe; **II.** *v.t.* leihen.

lobby ['lɒbɪ] **I.** *n.* **1.** Eingangshalle (*of a hotel/the Houses of Parliament*); Korridor; **2.** Interessengruppe, Lobby: *the nuclear l.* die Vertreter der Atomindustrie; **II.** *v.t.* Einfluß nehmen auf (*Members of Parliament*).

lobbyist ['lɒbɪɪst] *n.* Interessenvertreter.

local ['ləʊkəl] **I.** *adj.* örtlich: *l. time* Ortszeit; *l. knowledge* Ortskenntnisse; *l. newspaper* Lokalblatt; *l. authority* Kommunalbehörde; *l. government election* Kommunalwahl; *l. train* Nahverkehrszug; *l. anaesthetic* (*med.*) örtliche Betäubung; **II.** *n.* **1.** Einheimische(r): *the ≈s don't like it* den Einheimischen paßt es nicht; **2.** (*GB*) Stammkneipe: *let's have a beer at my l.* gehen wir auf ein Bier in meine Stammkneipe.

locate [ləʊ'keɪt] *v.t.* **1.** ausfindig machen (*the village, an electrical fault*); **2.** verlagern, ansiedeln (*a factory*); **3.** *v.i.* umziehen, Standort wechseln (*to Texas*).

location [ləʊ'keɪʃn] *n.* **1.** Lage, Standort (*of our warehouse*); **2.** Positionsbestimmung (*of a vessel*); **3.** (*Film*) Drehort.

lock [lɒk] **I.** *n.* **1.** Schloß: *force the l.* Schloß aufbrechen; *under l. and key* unter Verschluß; *l., stock and barrel* (*coll.*) mit allem, was dazugehört; **2.** Schleuse: *l. gate* Schleusentor; *l. keeper* Schleusenwärter; **3.** Fesselgriff: *he had my arm in a l.* er hatte mir den Arm umgedreht; **4.** (*Auto*) Wendekreis: *the steering wheel was on full l.* das Lenkrad war voll eingeschlagen; **II.** *v.t.; v.i.* abschließen (*bicycle, box, door*); *the suitcase won't l.* der Koffer läßt sich nicht abschließen; *l. o.s. in* sich einschließen; *l. s.o. out* jdn. aussperren (*workers on strike*); *l. up* abschließen; *l. up capital* Kapital binden/festlegen.

locker ['lɒkə] *n.* Schließfach, Spind.

lockout ['lɒkaʊt] *n.* Aussperrung.

lodge [lɒdʒ] **I.** *v.i.* **1.** wohnen (*with friends*); **2.** sich festsetzen: *a splinter ≈ed in his thumb* ein Splitter blieb in seinem Daumen stekken; **3.** *v.t.* unterbringen, als Untermieter aufnehmen (*students*); **4.** einlegen (*a complaint*); einreichen (*the documents*); hinterlegen (*the deeds*); **II.** *n.* **1.** Loge: *porter's l.* Pförtnerloge; *masonic l.* Freimaurerloge; **2.** Hütte: *hunting l.* Jagdhütte; *skiing l.* Skihütte; **3.** Wigwam; **4.** (*Biber, Otter*) Bau.

log [lɒg] **I.** *n.* **1.** Baumstamm: *l. jam* (*fig.*) Stau; *l. cabin* Blockhütte;

Scheit: *chop ≈s* Holz hacken; *sleep like a l.* (*coll.*) wie ein Murmeltier schlafen; **2.** Aufzeichnungen, Logbuch: *keep a l.* Log-/Fahrtenbuch führen; *l. book* Log-/Fahrtenbuch; **II.** *v.t.* **1.** aufzeichnen (*data*); **2.** zurücklegen (*1000 miles in a single day*).

lonely ['ləʊnlı] *adj.* einsam: *lead a l. life* ein einsames Leben führen; einsam gelegen (*farm*).

loneliness ['ləʊnlınes] *n.* Einsamkeit.

long [lɒŋ] **I.** *adj.* lang: *l. hair* langes Haar; *a l. road* (*fig.*) ein langer Weg; *for a l. time* seit geraumer Zeit, lange; *go a l. way towards* (*doing s.th.*) (*fig.*) einen großen Beitrag zu etw. leisten; *make s.th. go a l. way* etw. strecken (*food*); *l. face* langes Gesicht; *l. in the tooth* (*coll.*) schon recht betagt; *take the l. view* langfristig denken/planen; **II.** *adv.* lang: *how l. will you be?* wie lange wirst du brauchen?; *l. ago* vor langer Zeit; *as l. as* solange bis; *it was not before l.* es dauerte nicht mehr lange; **III.** *n.: the l. and (the) short of it*: langer Rede kurzer Sinn.

long for *v.prep.* sich sehnen nach: *l. for her to arrive* sich danach sehnen, daß sie (endlich) kommt.

long-distance [lɒŋ'dıstəns] *adj.* Langstrecken- (*flight, train*); Fern-.

long-winded [lɒŋ'wındıd] *adj.* langatmig.

look [lʊk] **I.** *n.* **1.** Blick: *have a l.* schauen; *he gave me such a l.* er schaute mich reichlich komisch an; *dirty l.* vernichtender Blick; **2.** Aussehen: *by the l. of them* nach ihrem Aussehen zu urteilen; *I don't like the l. of it* mir gefällt die Sache irgendwie nicht; *new l.* neues Image; *good ≈s* gutes Aussehen; **II. 1.** *v.t.* sehen: *just l. at her* schau sie dir nur an; *l. what you're doing!* paß auf!; *l. sharp* aufpassen, sich anstrengen; *l. s.o. in the eye* jdm. in die Augen sehen; **2.** *v.i.* aussehen: *you l. tired* du siehst müde aus; *it ≈s as if s.th. has gone wrong* es sieht ganz so aus, als ob etw. schiefgegangen ist; *it ≈s good/bad* es sieht gut/schlecht aus; *l. one's age* sein Alter nicht verheimlichen können; **3.** *v.prep.: l. after s.o.* sich um jdn. kümmern; *l. forward to* entgegensehen (*your reply*); *l. on* zuschauen; *l. out for s.th.* nach etw. Ausschau halten; *l. s.o. up* jdn. aufsuchen; *l. s.th. up* etw. nachsehen (*in a dictionary*).

loom[1] [lu:m] *n.* Webstuhl.

loom[2] *v.i.* drohend erscheinen (*disaster*); auftauchen (*a ship in the fog*): *l. large* eine große Rolle spielen.

loose [lu:s] *adj.* **1.** lose (*button*); lokker (*tooth*); *l. change* Kleingeld; *break l.* sich losreißen; *run l.* frei herumlaufen; *set/turn l.* frei herumlaufen lassen; **2.** unmoralisch: *lead a l. life* einen lockeren Lebenswandel haben; *l. woman* Flittchen.

loosen ['lu:sn] *v.t.* lockern.

lord [lɔ:d] **I.** *n.* **1.** Herr: *l. and master* Herr und Meister; **2.** *the L.* der Herrgott: *the L.'s Prayer* das Vaterunser; *L. knows* wer weiß; **3.** (*GB*) Lord: *House of L.s* Oberhaus; **II.** *v.t. l. it* sich wie ein Pascha aufführen.

lorry ['lɒrı] (*GB*) n. Lastkraftwagen: *l. driver* Lastwagenfahrer; *articulated l.* Sattelschlepper.

lose* [lu:z] *v.t.* verlieren (*interest, job, money, a leg, both parents, patience*): *l. one's cool/temper* aus der Fassung geraten; *l. one's bearings* die Orientierung verlieren; *l. heart* den Mut verlieren, verzagen; *l. sight of s.th.* etw. aus den Augen verlieren; *l. the thread* den Faden verlieren; *l. touch with s.o./s.th.* den Kontakt mit jdm./etw. verlieren; *l. out* (*to s.o.*) den kürzeren ziehen.

loser ['lu:zə] *n.* Verlierer.

loss [lɒs] *n.* Verlust (*of blood/life/power*): *heavy ≈es* schwere Verluste; Schaden: *total l.* Totalschaden; *sell at a l.* mit Verlust verkaufen; *at a l.* (*for words*) sprachlos; *cut one's ≈es* aussteigen (*fig.*); *l. adjuster* (*Vers.*) Schadensregulierer; *l. leader* Lockvogelangebot.

lost [lɒst] *adj.* verloren: *not be l. on s.o.* (*fig.*) bei jdm. ankommen; *get l.!* (*coll.*) hau ab!; *l. cause* verlorene Sache; *l. opportunity* verpaßte Gelegenheit; *l. property* Fundsache; *l. property office* Fundbüro.

lot [lɒt] *n.* **1.** Menge: *a l. of people/things* eine große Anzahl von Menschen/Dingen; *the l.* (*coll.*) alles: *take the l.!* nimm alles!; *I've had enough of you l.* von euch allen habe ich die Nase voll; **2.** Los: *by l.* durch Losentscheid; *draw ≈s* auslosen; **3.** Los, Schicksal: *mine is a hard l.* ich habe ein schweres Los; **4.** Baulos, Parzelle: *l. 54* Baulos/Flurstück 54; (*Auktion*) Posten.

loud [laʊd] *adj.* **1.** laut (*music, voice*); *l. and clear* laut und deutlich; **2.** vorlaut (*manners*); grell (*colours*).

loudmouth ['laʊdmaʊθ] *n.* Großmaul.

loudspeaker ['laʊdspi:kər] *n.* Lautsprecher.

lounge [laʊndʒ] **I.** *n.* Wohnzimmer, Salon; **II.** *v.prep.: l. about/around* herumstehen, faulenzen.

love [lʌv] **I.** *n.* **1.** Liebe: *in l.* verliebt; *fall in l.* sich verlieben; *l. of adventure* Abenteuerlust; *l. of money* Geldgier; *make l.* miteinander schlafen; **2.** Geliebte(r): *his (lady) l.* seine Geliebte; **3.** (*Anrede*) Liebling, Schatz: *here you are, l.* hier, bitte, Liebling; **4.** liebes Kind: *isn't she a l.?* ist sie nicht lieb?; **II.** *v.t.* **1.** lieben, gern haben (*her husband, horses, outdoor life*); **2.** gern tun: *she (simply) ≈s listening to classical music* sie hört klassische Musik sehr gern; *we'd l. to come, but there's no time* wir würden liebend gerne kommen, aber uns fehlt die Zeit.

lovely ['lʌvlɪ] *adj.* herrlich (*weather*); liebenswert (*person*); *that's l.* das ist phantastisch.

lover ['lʌvə] *n.* **1.** Freund(in), Partner: *she's got herself a new l. in no time* sie hat sich sehr schnell einen neuen Freund zugelegt; **2.** Liebhaber (*of music/wine*).

low [ləʊ] **I.** *adj.* **1.** niedrig (*clouds, temperature, wall*): *l. prices* niedrige Preise; *feel l.* deprimiert sein; *we're getting l. on oil* unsere Ölvorräte gehen zur Neige; *in l. spirits* in gedrückter Stimmung; **2.** minderwertig, bescheiden: *of l. birth* von niederer Herkunft; *l. company* schlechte Gesellschaft; *l. cunning* Verschlagenheit; *have a l. opinion of s.o./s.th.* nicht viel von jdm./etw. halten; **3.** leise (*voice*); **II.** *adv.* niedrig: *the plane was flying too l.* das Flugzeug flog zu niedrig; *fall/sink l.* (*fig.*) tief sinken; *lay s.o. l.* jdn. niederstrecken; *l. tide* Ebbe; *l. water* Niedrigwasser; **III.** *n.* **1.** (*met.*) Tief (*over the North Atlantic*); **2.** Tiefstand: *oil prices have reached an all-time l.* die Ölpreise haben einen historischen Tiefstand erreicht.

lower ['ləʊə] **I.** *v.t.* senken (*prices*); herunterlassen (*the blinds*); *l. o.s.* sich herablassen; *l. one's sights* sich bescheiden; **II.** *adj.* niedriger: *the l. classes* die Unterklasse(n).

loyal ['lɔɪəl] *adj.* loyal, treu: *remain l.* treu bleiben; *a l. supporter* ein treuer Anhänger.

loyalty ['lɔɪəltɪ] *n.* Loyalität/Treue: *swear an oath of l.* einen Treueeid schwören.

luck [lʌk] *n.* Glück: *be in l.* Glück haben; *be out of l.* Pech haben; *good l.* viel Glück; *hard l.* Pech; *l. was on our side* das Glück war auf unserer Seite; *as l. would have it* wie es der Zufall wollte; *just my l.* so was passiert auch nur mir; *try one's l.* sein Glück versuchen.

lucky ['lʌkɪ] *adj.* Glücks-, glückhaft: *my l. number* meine Glückszahl; *l. day* Glückstag; *count o.s. l.* sich glücklich schätzen; *l. charm* Glücksbringer; *have a l. escape* noch einmal davonkommen.

luggage ['lʌgɪdʒ] *(GB) n.* Gepäck: *hand l.* Handgepäck; *l. rack* Gepäcknetz; *l. trolley* Kofferkuli; *l. van* Packwagen.

lumber ['lʌmbə] **I.** *n.* **1.** (*GB*) Gerümpel; **2.** (*US*) Bau-, Nutzholz; **II. 1.** *v.prep.: l. s.o. with s.th.* jdm. etw. aufhalsen: *I got ≈ed with that job* man hat mir diese Arbeit aufgehalst; **2.** *v.i.* sich schwerfällig bewegen *(elephants).*

lump [lʌmp] **I.** *n.* **1.** Klumpen; Stück (*of sugar*): *have a l. in one's throat* einen Kloß im Hals haben; *l. sum* Pauschalsumme; **2.** (*med.*) Geschwulst, Knoten (*in her left breast*); **3.** (*coll.*) Trampel: *you great big l.!* du Fettkloß!; **II.** *v.t.* **1.** *l. together* zusammenfassen (*various groups*); **2.** (*like it or*), *l. it* sich damit abfinden.

lunch [lʌntʃ] **I.** *n.* **1.** (*GB*) (leichtes) Mittagessen; *business l.* Geschäftsessen; *packed l.* Essenspaket; **2.** (*US*) leichte Mahlzeit; **II.** *v.i.* zu Mittag essen.

luncheon voucher ['lʌntʃn'vaʊtʃə] (*LV*) *n.* (*GB*) Essensgutschein.

lung [lʌŋ] *n. (anat.)* Lungenflügel; *≈s* Lunge: *a good pair of ≈s* eine gesunde Lunge; *l. cancer* Lungenkrebs.

luxurious [lʌg'zjʊərɪəs] *adj.* luxuriös, Luxus- (*car*); *indulge in l. habits* dem Luxus frönen.

luxury ['lʌkʃərɪ] *n.* **1.** Luxus: *live/wallow in l.* im Luxus leben/schwelgen; **2.** Luxus(artikel): *we can't afford luxuries* wir können uns keine luxuriösen Dinge leisten.

M

mad [mæd] *adj.* verrückt: *go m.* verrückt werden; *drive s.o. m.* jdn. wahnsinnig machen; *make a m. dash/rush for the door* zur Tür stürzen; *like m.* (*coll.*) wie verrückt.

madam ['mædəm] *n.* **1.** gnädige Frau (*im Brief: Dear M.*); **2.** (*coll.*) kleine Prinzessin; **3.** (*coll.*) Puffmutter.

magazine [ˌmægə'zi:n] *n.* **1.** Zeitschrift: *literary m.* literarische Zeitschrift; **2.** Magazin, Depot; **3.** (*Schußwaffe*) Magazin.

magic ['mædʒɪk] **I.** *n.* Magie, Zauberei: *black/white m.* schwarze/weiße Magie; *by m.* wie durch ein Wunder; *like m.* wie am Schnürchen; *practise m.* zaubern; **II.** *adj.* zauberhaft (*music*): *cast a m. spell on s.th.* etw. verzaubern; **III.** *v.t.* zaubern (*a rabbit out of a hat*).

magistrate ['mædʒɪstrət] *n.* Amtsrichter: *come up/appear before the m.* vor dem Amtsrichter erscheinen; *m.s' court* (*England*) Amtsgericht.

magnificent ['məg'nɪfɪsənt] *adj.* großartig (*palace*): *a m. day* ein herrlicher Tag.

magnitude ['mægnɪtju:d] *n.* Größe, Bedeutung: *the m. of the issue* die Bedeutung des Problems; *order of m.* Größenordnung; *of the first m.* von allergrößter Bedeutung.

maid [meɪd] *n.* **1.** Dienstmädchen: *m. of all work* (*fig.*) Mädchen für alles; **2.** (*arch.*) Mädchen: *old m.* alte Jungfer.

maiden ['meɪdən] *n.* (*arch.*) Mädchen; *m. name* Mädchenname; *m. speech* Jungfernrede; *m. voyage* Jungfernfahrt.

mail [meɪl] **I.** *n.* Post: *by m.* mit der Post; *by return of m.* postwendend; *open the m.* die Post öffnen; *sort the m.* die Post sortieren; **II.** *v.t.* abschicken, aufgeben.

mailbox ['meɪlbɒks] *n.* (*US*) Briefkasten.

mailing list ['meɪlɪŋ lɪst] *n.* Adressenverzeichnis.

mailman ['meɪlmən] *n.* (*US*) Briefträger.

mail-order ['meɪlɔ:də] **firm/house** *n.* Versandhaus.

mailshot ['meɪlʃɒt] *n.* Postwurfsendung.

main [meɪn] **I.** *adj.* Haupt-: *m. road* Hauptstraße; *m. line* Hauptstrecke; *m. meal* Hauptmahlzeit; *m. concern* größte Sorge; *the m. thing* die Hauptsache; **II.** *n.* **1.** *in the m.* im großen und ganzen; **2.** (*häufig Pl.: ≈s*) Hauptleitung: *connected to the ≈s* (an Elektrizität/Gas/Wasser) angeschlossen.

mainly ['meɪnlɪ] *adv.* im wesentlichen.

maintain [meɪn'teɪn] *v.t.* **1.** beibehalten (*our standard of living*); **2.** instandhalten (*roads*); **3.** unterhalten, ernähren (*a large family*); **4.** behaupten: *he ≈ed that he had been elsewhere at the time* er behauptete, zur fraglichen Zeit woanders gewesen zu sein.

maintenance ['meɪntənəns] *n.* **1.** Wahrung, Aufrechterhaltung (*of friendly relations*); **2.** Instandhaltung (*of a car*): *m. engineer* Wartungstechniker; **3.** Unterhalt: *obliged to pay m.* zur Zahlung von Unterhalt verpflichtet; *m. order* Unterhaltsurteil.

major ['meɪdʒə] **I.** *adj.* größer: *a m. problem* ein größeres Problem; *m. road* Hauptverkehrsstraße; *m. work of art* bedeutendes Kunstwerk; **II.** *n.* **1.** (*mil.*) Major; **2.** (*US*) Hauptfach; **III.** *v.prep.* (*US*) *m. in s.th.* etw. als Hauptfach studieren.

majority [mə'dʒɒrətɪ] *n.* **1.** Mehrheit: *the m. was/were in favour of the resolution* die Mehrheit sprach sich für die Entschließung aus; *silent m.* schweigende Mehrheit; **2.** Mündigkeit: *age of m.* Mündigkeitsalter.

make* [meɪk] **I. 1.** *v.t.* machen, herstellen (*bread, cars*): *m. wine from grapes* aus Trauben Wein machen; *what's this product made of?* woraus wird dieses Erzeugnis hergestellt?; *m. the bed* das Bett machen; *m. s.o. happy* jdn. glücklich machen; *m. o.s. understood* sich Gehör verschaffen; *m. s.o. change his/her mind* jdn. umstimmen; *what ≈s you say that?* wie kommen Sie darauf?; *m. a habit of s.th.* sich etw. zur Gewohnheit machen; *just m. it* es gerade noch schaffen; *what time do you m. it?* wieviel Uhr ist es?; **2.** *in Phrasen: m. away with s.th.* etw. fortschaffen; **3.** *v.prep.: m. off* sich davonstehlen, fliehen; *m. out* feststellen, erkennen: *I can't m. out what she wants* ich weiß wirklich nicht, was sie will; *m. over* vermachen, übertragen; *m. up* zusammenstellen (*a parcel*); erfinden (*a story*); *m. up for s.th.* etw. wiedergutmachen (*the loss*); *m. it up with s.o.* sich wieder vertragen; **II.** *n.* Marke (*of car*).

maker ['meɪkə] *n.* **1.** Hersteller; **2.** *M.* (*rel.*) Schöpfer: *(go to) meet one's M.* (*lit.*) sterben.

male [meɪl] **I.** *adj.* männlich: *m. doctor* Arzt; *m. voice choir* Männerchor; **II.** *n.* männliches Wesen; (*zool.*) Männchen.

man [mæn] (*pl.* **men** [men]) **I.** *n.* **1.** Mann: *make a m. of s.o.* jdn. zum Mann machen; *be a m.* seinen Mann stehen; *m. and wife* Mann und Frau; *her m.* ihr Mann/Partner; *be one's own m.* auf eigenen Füßen stehen; *the m. in the street* (*fig.*) der kleine Mann; *a m. of one's word* ein Ehrenmann; *sort out/separate the men from the boys* (*fig.*) die Spreu vom Weizen trennen; *family m.* Familienvater; **2.** Mensch: *the origin of m.* der Ursprung des Menschen; *Neanderthal m.* der Neandertaler; **II.** *v.t.* mit Personal ausstatten: *m. the telephone* Telefondienst haben.

manage ['mænɪdʒ] **1.** *v.t.* leiten, führen (*a company/shop*): *m. the finances* für die Finanzen verantwortlich sein; **2.** *v.t.; v.i.* beherrschen, (mit etw.) zurechtkommen; *you'll m. (it)* du wirst schon zurechtkommen; *she certainly knows how to m. him* sie weiß genau, wie sie mit ihm umgehen muß; *we'll just have to m. without help* wir müssen eben ohne Hilfe auskommen; *I couldn't m. another piece (of cake)* ich könnte kein Stück (Kuchen) mehr schaffen; **3.** es schaffen: *did you m. to see the boss?* ist es dir gelungen, bis zum Chef vorzudringen?

management ['mænɪdʒmənt] *n.* **1.** Geschäftsführung, Führungspersonal: *the m. is/are in favour of wage talks* die Geschäftsführung befürwortet Lohnverhandlungen.

manager ['mænɪdʒə] *n.* Geschäftsführer, Manager.

mankind ['mænkaɪnd] *n.* Menschheit.

manual ['mænjʊəl] **I.** *adj.* Hand-: *m. labour* Handarbeit; *m. skill* Handfertigkeit; **II.** *n.* **1.** Handbuch; **2.** (*mus.*) Manual.

manufacture [ˌmænjʊ'fækʃə] **I.** *v.t.* **1.** (industriell) herstellen (*cars, shoes*); *≈d goods* gewerbliche Erzeugnisse; *manufacturing industry/sector* gewerbliche Industrie, sekundärer Sektor; **2.** (*fig.*) erfinden (*an excuse*); **II.** *n.* **1.** (industrielle) Herstellung; **2.** ≈**s** *pl.* gewerbliche Erzeugnisse.

manufacturer [mænjʊ'fækʃərə] *n.* Hersteller.

many ['menɪ] **I.** *adj.; pron.* **1.** viele (*children, people, visitors*): *how m. books have you read?* wie viele Bücher hast du gelesen?; *he went to five countries in as m. days* er besuchte fünf Länder in nur fünf Tagen; *there were ten men and as m. women* es waren zehn Männer da und genau so viele Frauen; **2.** *m. a* manch eine(r, s): *m. a time* manches Mal; **II.** *pron.* manche: *a good m.* eine ganze Reihe.

map [mæp] **I.** *n.* Landkarte (*of the area*): *road m.* Straßenkarte; *put a place on the m.* einen Ort bekannt machen; *wipe a place off the m.* einen Ort auslöschen; **II. 1.** *v.t.* vermessen, kartographieren: *m. the unknown island* die unbekannte Insel kartographieren; **2.** *v.prep.: m. out* planen (*one's future*).

marble ['ma:bl] *n.* **1.** Marmor: *m. statue* Marmorfigur; **2.** Murmel: *play ≈s* mit Murmeln/Knickern spielen; *he hasn't got/has lost (all) his ≈s* (*fig.*) er hat nicht alle Tassen im Schrank.

March [mɑ:tʃ] *n.* März.

march [ma:tʃ] **I.** *n.* Marsch: *a two-day m.* ein zweitägiger Marsch; *the m. of time* der Lauf der Zeit; *steal a m. on s.o.* (*fig.*) jdm. zuvorkommen; **II. 1.** *v.i.* marschieren (*all day*); **2.** *v.t.* abführen (*s.o. off to prison*).

margin ['mɑ:dʒɪn] **1.** Rand (*of a page*); **2.** Spanne: *m. of error* Fehlerspanne; *win by a great m.* mit großem Abstand/Vorsprung gewinnen; *m. of profit; profit m.* Gewinn-/Verdienstspanne.

marginal ['mɑ:dʒɪnəl] *adj.* **1.** Rand- (*notes*); **2.** unbedeutend, marginal: *m. difference* unbedeutender Unterschied; *m. constituency* (*GB*) Wahlkreis mit knappen Mehrheitsverhältnissen.

mark [ma:k] **I.** *n.* **1.** Zeichen: *distinctive m.* Kennzeichen; *price m.* Preisschild; *punctuation m.* Satzzeichen; *question m.* Fragezeichen; *trade m.* Warenzeichen; *as a m. of respect* als Zeichen der Anerkennung; *dirty m.* Schmutzfleck; *make one's m.* (*on s.th.*) sich einen Namen machen; **2.** Note, Zensur: *good ≈s* gute Noten; **3.** Niveau, Ziel: *below the m.* unterhalb des Niveaus; *up to the m.* in Hochform; *miss one's m.* das Ziel verfehlen; *be wide off the m.* meilenweit daneben liegen; *overstep the m.* die Grenze (des Zulässigen) überschreiten; **4.** (*Sport*) *on your ≈s, (get) set, go!* auf die Plätze, fertig, los!; **II.** *v.t.* **1.** markieren, kennzeichnen (*boxes, the spot where he died*); *her face is ≈ed for life* ihr Gesicht ist für immer gezeichnet; *m. down/up* (*Waren*) mit einem niedrigeren/höheren Preis auszeichnen; **2.** feiern: *m. the occasion* den Anlaß feiern; **3.** korrigieren, benoten (*the essay*); **4.** (*Ballsport*) decken, bewachen: *the defender ≈ed the centre forward very closely* der Verteidiger deckte den Mittelstürmer ganz eng; **5.** aufpassen, nicht vergessen: *m. my words* denk an meine Worte; *m. what you're saying* paß auf, was du da sagst; **6.** *m. time* auf der Stelle treten.

marine [mə'ri:n] **I.** *adj.* See-, Meeres- (*biology, life*): *m. insurance* See(transport)versicherung; **II.** *n.* (*mil.*) Marineinfanterist: *the ≈s* die Marineinfanterie.

market ['mɑ:kɪt] **I.** *n.* Markt: *domestic/home m.* Binnenmarkt; *overseas m.* Auslandsmarkt; *go to m.* (*Vieh*) auf den Markt kommen; *be* *in the m. for s.th.* etw. kaufen wollen; *find a ready m.* sich gut absetzen lassen; *put on the m.* auf den Markt bringen; *play the m.* an der Börse spekulieren; *antiques m.* Antiquitätenmarkt; *cattle m.* Viehmarkt; *m. research* Marktforschung; *m. share* Marktanteil; **II.** *v.t.* vermarkten, absetzen (*a new product*).

marketable ['mɑːkɪtəbl] *adj.* absetzbar, verkäuflich.

marketing ['mɑːkətɪŋ] Absatzwirtschaft, Marketing.

marriage ['mærɪdʒ] *n.* **1.** Ehe: *m. of convenience* Vernunftehe; *related by m.* angeheiratet, verschwägert; **2.** Eheschließung, Hochzeit: *m. certificate* Trauschein.

marry ['mærɪ] **1.** *v.t.* heiraten (*a millionairess*); **2.** verheiraten, trauen: *an Irish priest married them* ein irischer Priester traute sie; *m. s.o. (off)* jdn. verheiraten; **3.** *v.i.* heiraten, sich verheiraten: *they married secretly* sie heirateten heimlich.

marvel ['mɑːvl] **I.** *n.* Wunder: *the ≈s of science* die Wunder der Naturwissenschaft; *do/work ≈s* Wunder bewirken; **II.** *v.prep.: m. at s.th.* etw. bewundern (*s.o.'s skills*).

marvellous ['mɑːvələs] wunderbar, phantastisch (*idea, weather*): *isn't it ≈ous!* (*iron.*) na herrlich!

mass [mæs] **I.** *n.* **1.** Masse (*of colours/people*): *m. of warm air* warme Luftmasse; *the m. of the population* die breite Bevölkerungsmehrheit; *in the m.* in Massen; *m. media* Massenmedien; *m. production* Massenherstellung; **2.** (*phys.*) Masse; **3.** **≈es** *pl.* Mengen, Massen (*of children/refugees*); *the ≈es* die Massen; **4.** (*rel.*) Messe: *go to M.* zur Messe gehen; **II. 1.** *v.t.* zusammenziehen (*troops*); **2.** *v.i.* sich versammeln (*people*).

massive ['mæsɪv] *adj.* massiv (*walls*): *on a m. scale* in großem Maßstab.

mast[1] [mɑːst; *US:* mæst] *n.* (Flaggen-)Mast.

mast[2] [mɑːst] *n.* (Tier-)Mast.

master ['mɑːstə; *US:* 'mæstə] **I.** *n.* **1.** Herr und Meister: *be one's m.* sein eigener Herr sein; *be m. in one's own house* Herr im Hause sein; **2.** Kapitän: *m.'s certificate* Kapitänspatent; **3.** Handwerksmeister: *m. mason* Maurermeister; *m. builder* Baumeister; **4.** Herrchen (*of a dog*); **5.** Lehrer: *Latin m.* Lateinlehrer; *dancing/riding m.* Tanz-/Reitlehrer; **6.** Magister (2. *akad. Grad*): *M. of Arts* (*M.A.*) Magister Artium; **7.** (*arch.*): *Anrede für Jungen, insbesondere bei Briefadressen: M. Ian Hodkinson*; **8.** Titel von Collegevorstehern in Oxford und Cambridge: *M. of Magdalen College*; *m. of ceremonies* Zeremonienmeister; **II.** *adj.* Haupt-: *m. key* Universalschlüssel, Passepartout; *m. race* Herrenrasse; *m. stroke* Glanzstück; *m. switch* Hauptschalter; **III.** *v.t.* beherrschen, meistern (*a foreign language, the piano*).

masterly ['mɑːstəlɪ; *US:* 'mæstəlɪ] *adj.* meisterhaft.

match[1] [mætʃ] *n.* Streichholz: *strike a m.* Streichholz anzünden; *box of ≈es* Schachtel Streichhölzer.

match[2] **I.** *n.* **1.** Spiel: *football m.* Fußballspiel; **2.** Heirat: *a good m.* eine gute Partie; **3.** Entsprechung, Gegenstück: *this is a good m. for my chairs* das paßt gut zu meinen Stühlen; *be more than a m. for s.o.* jdm. deutlich überlegen sein; *meet one's m.* seinen Meister finden; **II.** **1.** *v.i.* zusammenpassen: *the chairs and the table simply don't m.* die Stühle und der Tisch passen einfach nicht zusammen; **2.** *v.t.* passen zu: *have you got a painting* *to m. my carpet* haben Sie ein Bild, das zu meinem Teppich paßt?

matchmaker ['mætʃmeɪkə] *n.* Heiratsvermittler(in).

matchmaking ['mætʃmeɪkɪŋ] *n.* Heiratsvermittlung.

mate [meɪt] **I.** *n.* **1.** (Arbeits-)Kollege, Kumpel: *me an my m.* (*coll.*) ich und mein Kumpel; **2.** (*zool.*) Männchen bzw. Weibchen; **3.** (*naut.*) Maat; **4.** (*Handwerk*) Geselle: *joiner's m.* Tischlergeselle; **II. 1.** *v.i.* (*zool.*) sich paaren; **2.** *v.t.* (*zool.*) paaren, decken.

material [mə'tɪərɪəl] **I.** *n.* Material: *raw m.* Rohstoff; *building ≈s* Baustoffe; Stoff: *cotton m.* Baumwollstoff; (*fig.*) Material (*of a story*): *incriminating m.* belastendes Material; **II.** *adj.* **1.** materiell: *m. needs* materielle Bedürfnisse; **2.** wesentlich: *m. food* notwendige Nahrung; rechtserheblich (*evidence*).

materialize [mə'tɪərɪəˌlaɪz] *v.i.* zustande kommen (*meeting*); sich verwirklichen (*hopes*).

math [mæθ] (*US*); **maths** [mæθs] (*GB*) *Kurzformen von* → **mathematics.**

mathematics [ˌmæθə'mætɪks] *n.* Mathematik.

mathematical [mæθə'mætɪkl] *adj.* mathematisch.

matter ['mætə] **I.** *n.* **1.** Materie, Stoff: *organic m.* organischer Stoff; *vegetable m.* pflanzlicher Stoff; *inert m.* (*phys.*) träge Masse; *reading m.* Lesestoff; *printed m.* Drucksache; **2.** Sache, Angelegenheit: *a purely private m.* eine rein private Angelegenheit; *no laughing m.* eine ernste Sache; *for that m.* gleichwohl; *make ≈s worse* die Dinge nur verschlimmern; *in money ≈s* was das Geld anbetrifft; *the m. under discussion/in hand* die betreffende Sache; *the heart of the m.* der Kern der Sache; *a m. of public concern* eine die öffentlichen Belange betreffende Sache; *a m. of opinion* eine Ansichtssache; *a m. of life and death* eine Sache, bei der es um Leben und Tod geht; *it's only a m. of five minutes* es handelt sich nur um fünf Minuten; *a m. of course* eine Selbstverständlichkeit; *what's the m.?* was ist los?; *no m.* macht nichts; *as a m. of fact* tatsächlich; **II.** *v.i.* von Bedeutung sein: *it doesn't m.* es ist nicht so wichtig; bitte, gern geschehen (*als Reaktion auf »Danke«*).

mature [mə'tjʊə] **I. 1.** *v.i.* reifen (*whisky in oak vats*); **2.** *v.t.* reifen lassen; **II.** *adj.* reif (*cheese, fruit*); (*fig.*): *after m. consideration* nach reiflicher Überlegung.

maturity [mə'tjʊrətɪ] *n.* **1.** Reife; **2.** Fälligkeit: *date of m.* (*comm.*) Fälligkeitsdatum.

May [meɪ] *n.* Mai.

may [meɪ] *v.aux.* **1.** dürfen: *m. I come in* darf ich eintreten?; **2.** (vielleicht) können: *it m. rain* es könnte regnen; vielleicht regnet es; *he m. have missed the train* vielleicht hat er den Zug verpaßt; **3.** vielleicht zutreffen: *she m. be rich, but she is not happy* sie mag zwar reich sein, aber sie ist nicht glücklich; *it m. well be so* das mag durchaus zutreffen.

mayor ['meə] *n.* Bürgermeister: *lady m.* Bürgermeisterin.

mayoress [meə'res] *n.* Bürgermeisterin.

meadow ['medəʊ] *n.* Wiese.

meal [mi:l] *n.* Mahlzeit, Essen: *I haven't had a square m. for days* ich habe seit Tagen nichts Ordentliches gegessen.

mean[1]* [mi:n] *v.t.* **1.** bedeuten: *what do you m.?* was willst du mir (damit) sagen?; *this ≈s a lot to me* das bedeutet mir sehr viel; **2.** beabsichtigen: *I didn't m. to do it* das habe ich nicht gewollt; *do you m. to say that …?* wollen Sie mir damit sagen, daß …?; *this gift is meant for you* dieses Geschenk ist für dich; *m. well* es gut meinen; *m. business* (*fig.*) es ernst meinen; **3.** sagen wollen, meinen: *do you m. x or y?* meinen Sie x oder y?

mean[2] *adj.* **1.** geizig: *don't be so m.* sei doch nicht so knauserig; **2.** gemein, niederträchtig: *that was very m. of you* das war sehr gemein von dir; **3.** nieder, gering: *m. little houses* ärmliche Häuschen; (*US*) mies; **4.** (*mit Verneinung*) beachtlich: *no m. achievement* eine beachtliche Leistung; *no m. city* eine Stadt, die sich sehen lassen kann; **5.** (*coll.*) klasse, toll.

mean[3] **I.** *n.* Mitte, Durchschnitt: *golden m.* goldene Mitte; **II.** *adj.* durchschnittlich: *Greenwich M. Time* (*GMT*) Westeuropäische Zeit (WEZ).

meaning ['mi:nɪŋ] *n.* Bedeutung: *what's the m. of all this?* was bedeutet das Ganze?; *original m.* ursprüngliche Bedeutung; *life has lost its m. for her* für sie macht das Leben keinen Sinn mehr.

meaningful ['mi:nɪŋfəl] *adj.* bedeutsam (*look*); sinnvoll (*discussion, role*).

meaningless ['mi:nɪŋles] *adj.* bedeutungslos: *be m.* keinen Sinn ergeben.

means [mi:nz] *n.* Mittel: *m. to an end* Mittel zum Zweck; *m. of transport* Transportmittel; *by legal m.* auf legalem Wege; *by fair m. or foul* so oder so; *by all m.* (*Reaktion auf Anfrage*) selbstverständlich; *by no m.* auf keinen Fall.

meanwhile ['mi:nwaɪl] *adv.* zwischenzeitlich, inzwischen.

measure ['meʒə] **I.** *n.* **1.** Maß(einheit) (*of length/weight*); Meßbecher (*of whisky*); *make s.th. to m.* etw. nach Maß anfertigen; *get the m. of s.o.* (*fig.*) mit jdm. (endlich) fertig werden; *for good m.* sicherheitshalber; **2.** Maß (*fig.*): *beyond m.* über alle Maßen; *a m. of success* ein gewisser Erfolg; *as a m. of my esteem* als Ausdruck meiner Hochachtung; **3.** Maßnahme: *take draconian ≈s* drakonische Maßnahmen ergreifen; *half m.* halbe Sache; **II. 1.** *v.t.* messen (*the length of the garden*); **2.** ermessen (*her talents*); **3.** *v.i.* messen: *our kitchen only ≈s 2.50 across* unsere Küche ist nur 2,50 breit; **4.** *v.prep.: m. up to* entsprechen (*our expectations*).

measurement ['meʒəmənt] *n.* Maß: *take s.o.'s ≈s* bei jdm. Maß nehmen.

meat [mi:t] **1.** Fleisch (*zum Verzehr*): *fresh m.* Frischfleisch; *frozen m.* Gefrierfleisch; *red m.* Rind- bzw. Lammfleisch; *white m.* Geflügelfleisch (*z. T. auch Kalb- und Schweinefleisch*); **2.** (*arch.*) Speise, Essen: *one man's m. is another man's poison* (*prov.*) des einen Freud, des anderen Leid; **3.** (*fig.*) Gehalt: *there was no real m. in his speech* seine Rede war eher oberflächlich.

mechanic [mə'kænɪk] *n.* Mechaniker, Schlosser: *car m.* Autoschlosser.

mechanical [mə'kænɪkl] *adj.* **1.** mechanisch, technisch: *m. engineer* Maschinenbauer; *m. engineering* Maschinenbau; **2.** automatisch (*movements, answers*).

mechanics [mə'kænɪks] *n.* **1.** (*phys.*) Mechanik; Maschinenbau; **2.** Technik, Funktionsweise (*of this pump*); *m. of the market* (*fig.*) Funktionsweise der Marktwirtschaft.

mechanism ['mekənɪzm] *n.* Mechanismus (*of a clock/watch*); (*fig.*) Funktionsweise (*of the body*).

medic ['medɪk] *n.* (*coll.*) Arzt; Mediziner; Medizinstudent.

medical ['medɪkl] **I.** *adj.* medizinisch: *m. treatment* ärztliche Behandlung; *m. practitioner* praktischer Arzt; *m. certificate* ärztliches Attest; *m. examination* ärztliche Untersuchung; *m. school* medizinische Hochschule/Fakultät; *the m. profession/world* die Ärzteschaft; **II.** *n.* (*coll.*) ärztliche Untersuchung.

medieval [ˌmedɪ'i:vəl] *adj.* mittelalterlich (*church, history, literature*); (*fig.*) rückständig (*postal system*).

medium ['mi:dɪəm] **I.** *n.* (*pl.* **media** ['mi:dɪə]) **1.** Mittel, Medium: *television is used as an advertising m.* das Fernsehen wird als Werbemittel eingesetzt; *Latin used to be the m. of instruction* Latein war früher die Unterrichtssprache; *originally animals served as a m. of exchange* ursprünglich dienten Tiere als Tauschmittel; **2.** Medium, Umgebung, Element: *water is the natural m. for all fish species* Wasser ist die natürliche Umgebung für alle Fischarten; **3.** (*Hypnose*) Medium; **4.** Mitte: *happy m.* goldene Mitte; **II.** *adj.* mittelgroß: *of m. height* mittelgroß; *m. temperature* mittlere Temperatur; *m. wave* (*Radio*) Mittelwelle.

meet* [mi:t] **I. 1.** *v.t.; v.i.* (sich) treffen *m. s.o. by chance* jdn. zufällig treffen; **2.** zusammentreffen (*roads, teams*); **3.** *v.t.* abholen (*mother at the station*); **4.** (sich) kennenlernen: *pleased to m. you* (*Begrüßungsformel*) angenehm; **5.** entsprechen (*your expectations, the strictest standards*); *m. s.o. halfway* (*fig.*) jdm. entgegenkommen, Kompromißbereitschaft zeigen; *m. one's Maker/death* sterben; *more than ≈s the eye* mehr, als man auf den ersten Blick meinen könnte; *make ends m.* finanziell gerade noch zurechtkommen; **6.** *v.prep.: meet with s.th.* auf etw. treffen / stoßen (*opposition / difficulties*); **II.** *n.* Zusammenkunft (*bei Sportveranstaltungen*).

meeting ['mi:tɪŋ] *n.* Zusammenkunft, Treffen, Versammlung, Begegnung, Sitzung: *m. of creditors* Gläubigerversammlung; *council m.* Ratssitzung; *staff m.* Personalversammlung; *m. of minds* (sofortige) Übereinstimmung; *m. place/ point* Treffpunkt.

melt [melt] **1.** *v.i.* schmelzen (*snow*); **2.** (*fig.*) dahinschmelzen, sich erweichen lassen (*anger, heart*); **3.** (*fig.*) verschwinden (*demonstrators, support for s.o.'s cause*); **4.** *v.t.: m. down* einschmelzen (*metals*): *≈ing point n.* Schmelzpunkt; *≈ing pot* (*fig.*) Schmelztiegel.

member ['membə] *n.* **1.** Mitglied (*of a club/party*): *≈s only* nur für Mitglieder; *M. of Parliament* (*MP*) (*GB*) Mitglied des Unterhauses; **2.** (*anat.; phys.*) Glied.

membership ['membəʃɪp] *n.* **1.** Mitgliedschaft; **2.** Mitgliederzahl.

memorial [mem'ɔ:rɪəl] **I.** *n.* Denkmal: *war m.* Kriegerdenkmal; **II.** *adj.* Gedenk-: *m. service* Trauergottesdienst; *M. Day* (*US*) Volkstrauertag.

memory ['memərɪ] *n.* **1.** Gedächtnis: *from m.* aus dem Gedächtnis; *a m. like a sieve* (*coll.*) ein Gedächtnis wie ein Sieb; **2.** Erinnerung: *I have no m. of the case* ich kann mich an diesen Fall nicht erinnern; *childhood memories* Kindheitserinnerungen; *in/within living m.* seit Menschengedenken; **3.** Andenken: *in m. of* zum Andenken an.

mend [mend] **I.** *v.t.* **1.** reparieren, ausbessern (*the roof, the toy*); *m. one's ways* (*fig.*) sich bessern **2.** *v.i.* (*Wunde*) verheilen; **II.** *n.* **1.** Flickstelle; **2.** (*fig.*) Besserung: *on the m.* auf dem Wege der Besserung.

mental ['mentl] *adj.* **1.** geistig (*age, health, suffering*): *make a m. note of s.th.* sich etw. merken; *m. reservation* unausgesprochener Vorbehalt; **2.** geisteskrank, psychisch: *m. breakdown* Nervenzusammenbruch; *m. home/hospital* Nervenheilanstalt; *m. patient* Geisteskranker; *≈ly handicapped* geistig behindert.

mention ['menʃən] **I.** *v.t.* erwähnen: *she ≈ed that she was divorced* sie erwähnte, daß sie geschieden sei; *not to m.* ganz zu schweigen von; *don't m. it* gern geschehen, nicht der Rede wert; **II.** *n.* Erwähnung: *there was no m. of his name* sein Name wurde nicht genannt.

merchant ['mɜːtʃənt] *n.* Kaufmann: *coal/wine m.* Kohlen-/Weinhändler; *m. bank* Handelsbank; *m. navy* Handelsmarine.

mercy ['mɜːsɪ] *n.* **1.** Gnade, Erbarmen: *show no m.* kein Erbarmen zeigen; *be at s.o.'s m.* jdm. auf Gedeih und Verderb ausgeliefert sein; *m. killing* Sterbehilfe; **2.** Glücksfall: *it's a m. that no one was killed* man kann von Glück reden, daß niemand getötet wurde; *we must be thankful for small mercies* wir müssen mit dem, was wir (bekommen) haben, zufrieden sein.

mere ['mɪə] *adj.* bloß: *a m. child* nur ein Kind; *his m. presence* schon seine Anwesenheit; *by a m. two per cent* um ganze zwei Prozent; *it's ≈ly a question of money* es ist nur eine Geldfrage.

merit ['merɪt] **I.** *n.* **1.** Verdienst, Leistung: *consider/judge s.th. (strictly) on its ≈s* etw. objektiv beurteilen; **2.** Vorzug: *the ≈s of the scheme are obvious* die Vorzüge des Projekts sind offenkundig; **II.** *v.t.* verdienen (*consideration, praise*).

merry ['merɪ] *adj.* fröhlich, froh, lustig: *a m. laugh* ein fröhliches Gelächter; *make m.* sich vergnügen; *get m.* sich betrinken; *M. Christmas* Frohe Weihnachten.

mess [mes] **I.** *n.* **1.** Durcheinander: *awful/terrible m.* schreckliches Durcheinander; *make a m. of s.th.* etw. durcheinanderbringen/ruinieren; **2.** Schwierigkeiten: *you've got me in a real m.* du hast mich ganz schön in die Bredouille gebracht; **II.** *v.prep.* **1.** *m. about/around* herumpfuschen; **2.** *m. up* durcheinanderbringen, verschmutzen.

message ['mesɪdʒ] *n.* **1.** Botschaft, Mitteilung, Nachricht: *leave a m.* Nachricht hinterlassen; *take a m.* Nachricht überbringen; *get the m.* (*coll.*) wissen, was gemeint ist; verstehen; **2.** (*lit.*) Aussage (*of the novel/play*).

messenger ['mesɪndʒə] *n.* Bote, Kurier.

metal ['metl] *n.* **1.** Metall: *non-ferrous m.* Nichteisenmetall; *noble/precious m.* Edelmetall; **2.** (*GB*) (Straßen-)Asphalt, Beschotterung.

meter (*US*); **metre** (*GB*) ['miːtə] *n.* **1.** Meter: *an area of four square ≈s* eine Fläche von vier Quadratmetern; **2.** (*lit.*) Metrum.

method ['meθəd] *n.* Methode, Verfahren, System: *there's m. in everything they do* sie überlassen nichts dem Zufall.

metric ['metrɪk] *adj.* metrisch (*system*): *go m.* auf das metrische System umstellen.

metropolis [mə'trɒpəlɪs] *n.* **1.** Hauptstadt, Hauptort, Oberzentrum, Weltstadt: *she lives in the m.* sie lebt in der Hauptstadt.

metropolitan [ˌmetrəˈpɒlɪtən] *adj.* **1.** hauptstädtisch, weltoffen: *the M. Police* die Londoner Polizei; **2.** zum Mutterland gehörig: *M. France* das französische Mutterland.

midday [ˌmɪdˈdeɪ] *n.* Mittag: *at m.* mittags; *m. meal* Mittagessen.

middle [ˈmɪdl] *n.* **1.** Mitte: *in the m. of the century* in der Jahrhundertmitte; *in the m. of the night* mitten in der Nacht; *be in the m. of doing s.th.* gerade mit etw. beschäftigt sein; **2.** Taille: *55 inches round the m.* eine Taille von 55 Zoll (*137,5 cm*); **3.** *adj.* Mittel-: *m. class(es)* Mittelschicht(en), Bürgertum; *M. Ages* Mittelalter.

middle-aged [ˈmɪdlˌeɪdʒd] *adj.* im mittleren Alter.

middleman [ˈmɪdlmən] *n.* Mittelsmann; Vermittler, Zwischenhändler.

middle-of-the-road [ˈmɪdləvðəˈrəʊd] *adj.* (*pol.*) gemäßigt.

middleweight [ˈmɪdlweɪt] *n.* (*Sport*) Mittelgewicht.

midnight [ˈmɪdnaɪt] *n.* Mitternacht: *burn the m. oil* (*fig.*) bis in die Nacht arbeiten.

midst [mɪdst] *n.* Mitte: *in the m. of* inmitten.

might [maɪt] *n.* Macht: *with all one's m.* mit aller Kraft; *with m. and main* (*lit.*) mit aller Macht.

mighty [ˈmaɪtɪ] **I.** *adj.* mächtig (*army, king, ocean*); **II.** *adv.* (*US*) (*coll.*) sehr (*good, pleased*).

mild [maɪld] *adj.* **1.** mild (*climate, weather*); **2.** leicht, mild (*cheese, cigar, whisky*).

mile [maɪl] *n.* Meile (*1,6093 km*): *≈s away* meilenweit entfernt; *≈s better* (*fig.*) viel besser; *stand/stick out a m.* nicht zu übersehen sein.

military [ˈmɪlɪtərɪ] **I.** *adj.* militärisch: *m. hospital* Lazarett; *m. police* Militärpolizei, Feldjäger; *m. service* Wehrdienst; **II.** *n. the m.* das Militär.

milk [mɪlk] **I.** *n.* Milch: *dried m.* Milchpulver; *skimmed m.* Magermilch; *m. of human kindness* (*lit.*) Liebenswürdigkeit, Hilfsbereitschaft; *it's no use crying over spilt m.* (*prov.*) was passiert ist, ist passiert; **II.** *v.t.* melken (*the cows*): *m. the state* (*fig.*) Vater Staat auf der Tasche liegen.

mill [mɪl] **I.** *n.* **1.** Mühle (*for grinding corn*); **2.** Fabrik: *cotton m.* Baumwollfabrik; *rolling m.* Walzwerk; **3.** (*fig.*) Mangel: *put s.o. through the m.* jdn. durch die Mangel drehen; **II. 1.** *v.t.* mahlen; walzen; fräsen; rändeln (*coin*); **2.** *v.prep.: m. about/around* umherlaufen.

mind [maɪnd] **I.** *n.* Geist, Verstand, Gedenken: *s.th. on one's m.* etw. auf dem Herzen; *out of one's m.; not in one's right m.* verrückt; *to my m.* meiner Meinung nach; *be in two ≈s over s.th.* sich über etw. nicht im klaren sein; *brilliant m.* hohe Intelligenz; *simple m.* schlichtes Gemüt; *bear s.th. in m.* etw. nicht vergessen; *come to s.o.'s m.* jdm. einfallen; *cross s.o.'s m.* jdn. (zeitweilig) auf den Gedanken bringen; *have a good m. to do s.th.* am liebsten (jetzt) etw. tun; *have s.th. in m.* an etw. denken; etw. vorhaben; *improve one's m.* sich (weiter)bilden; *make up one's m.* sich entscheiden; *speak one's m.* (offen) seine Meinung sagen; *take s.o.'s m. off s.th.* jdn. auf andere Gedanken bringen; **II.** *v.t.* **1.** aufpassen, auf etw. achten (*the dog, the step*); **2.** sich kümmern um, betreuen (*the baby*): *m. one's own business* (*coll.*) sich um den eigenen Dreck kümmern; **3.**

etw. dagegen haben: *do you m. if I smoke?* macht es Ihnen etwas aus, wenn ich rauche?; *nobody seemed to m.* es schien niemanden zu stören; *never m.* macht nichts; halb so schlimm.

mine[1] [maɪn] *poss.pron.* mein(er, e, es): *that's m.* das gehört mir.

mine[2] **I.** *n.* **1.** Mine, Grube, Zeche: *go down the m.* (ins Bergwerk) einfahren; *m. worker* Bergmann; *he is a m. of information* (*fig.*) er ist ein wandelndes Lexikon; **2.** (*mil.*) Mine; **II.** *v.t.* **1.** abbauen (*coal, gold, tin*); **2.** (*mil.*) verminen.

mineral ['mɪnərəl] **I.** *n.* Mineral, Gestein; **II.** *adj.* mineralisch: *m. deposits/resources/wealth* Bodenschätze; *m. oil* (*GB*) Erdöl; (*US*) Petroleum; *m. water* Mineralwasser.

minister ['mɪnɪstə] **I.** *n.* **1.** Minister (*of education/transport*): *Prime M.* (*GB*) Premierminister; **2.** Geistlicher (*bes. im freikirchlichen Bereich*); **II.** *v.prep.: m. to s.o./s.th.* sich um jdn./etw. kümmern.

ministry ['mɪnɪstrɪ] *n.* **1.** Ministerium (*of employment/science*); **2.** geistliches Amt: *study for the m.* Theologie studieren.

minor ['maɪnə] **I.** *adj.* **1.** geringfügig, unbedenklich: *m. damage* Bagatellschaden; *m. repairs* kleinere Reparaturen; *m. road* Landstraße; **2.** (*mus.*) Moll-; **II.** *n.* **1.** Minderjährige(r); **2.** (*US*) Nebenfach.

minority [maɪ'nɒrətɪ] *n.* **1.** Minderheit; **2.** Minderjährigkeit.

minute[1] ['mɪnɪt] *n.* **1.** Minute: *in a m.* sofort; *to the m.* auf die Minute genau; *I shan't/won't be a m.* ich bin gleich da/fertig; *hang on a m.* warte einen Moment; *just a m.!* Moment mal!; **2.** ≈**s** *pl.* Notizen, Protokoll (*of the meeting*).

minute[2] [maɪ'nju:t] *adj.* **1.** sehr klein, winzig (*quantities of uranium*); **2.** genau, minuziös (*detail, inspection*).

miracle ['mɪrəkəl] *n.* Wunder: *by a/some m.* wie durch ein Wunder; *economic m.* Wirtschaftswunder; *a m. of technology* ein technisches Wunderwerk.

miraculous [mɪ'rækjələs] **1.** wundersam (*recovery*); **2.** phantastisch (*colours*).

mirror ['mɪrə] **I.** *n.* Spiegel: *wing m.* (*Auto*) Außenspiegel; *her novel is a m. of her time* (*fig.*) ihr Roman ist ein Spiegel der Zeit; *m. image* Spiegelbild; **II.** *v.t.* (wider)spiegeln.

mischief ['mɪstʃɪf] *n.* **1.** Unfug, Dummheiten: *full of m.* (den Kopf) voller Dummheiten; *be up to some m.* etw. im Schilde führen; *to keep you out of m.* damit du nicht auf dumme Gedanken kommst; **2.** Unfrieden, Streit: *make m.* Unfrieden stiften; **3.** Schaden: *do s.o. a m.* jdm. Schaden zufügen.

miserable ['mɪzrəbl] *adj.* **1.** elend: *feel m.* sich elend fühlen; *make life m. for s.o.* jdm. das Leben schwermachen; **2.** scheußlich (*weather*); lausig (*wage*).

misery ['mɪzərɪ] *n.* Elend: *live in m. and want* in Armut und Elend leben; *put s.o. out his m.* jdn. von seinen Qualen befreien/erlösen; *a picture of m.* ein Bild des Elends.

mislead* [mɪs'li:d] *v.t.* irreführen: *m. s.o. into thinking that …* jdn. zu der (irrigen) Annahme verleiten, daß … .

misleading [mɪs'li:dɪŋ] *adj.* irreführend (*advertising, description*).

miss[1] [mɪs] *v.t.* verpassen (*chance, opportunity*): *m. the connection* den Anschluß verpassen; verfehlen, nicht treffen (*goal, target*); sich entgehen lassen (*breakfast, a *good offer*); versäumen (*school for a fortnight*); *m. the bus* (*fig.*) eine Chance ungenutzt lassen; *m. one's/the mark* (*fig.*) daneben treffen.

Miss[2] *n.* (*Anrede*) Fräulein.

missile ['mɪsaɪl] *n.* **1.** Wurfgeschoß: *the demonstrators hurled stones and other ≈s at the police* die Demonstranten bewarfen die Polizei mit Steinen und anderen Wurfgeschossen; **2.** Flugkörper, Rakete: *nuclear m.* Rakete mit atomarem Sprengsatz.

missing ['mɪsɪŋ] *adj.* abwesend, vermißt: *be reported m.* als vermißt gemeldet sein.

mission ['mɪʃn] *n.* **1.** Auftrag, Befehl: *on a secret m.* in geheimer Mission; *sense of m.* Sendungsbewußtsein; *his m. in life* seine Lebensaufgabe; **2.** Mission, Delegation: *trade m.* Handelsdelegation; **3.** Missionsstation: *there is also a hospital at the m.* zur Missionsstation gehört auch ein Krankenhaus.

mist [mɪst] **I.** *n.* **1.** feiner Nebel: *shrouded in m.* nebelverhangen; **2.** (*fig.*) Schleier: *m. of tears* Tränenschleier; *m. of perfume* Hauch von Parfüm; Trübung: *in the ≈s of time* (*fig.*) im Dunkel der Vergangenheit; **II.** *v.prep.: m. over/up* beschlagen (*eyes, glasses, window*).

mistake [mɪs'teɪk] **I.** *n.* Fehler, Versehen, Irrtum: *by m.* versehentlich, irrtümlich; *and no m.* daran besteht kein Zweifel; *make no m. (about it)* ich meine es ernst; **II.** *v.t.** **1.** verwechseln: *m. an address* sich in der Hausnummer irren; **2.** falsch verstehen (*what I'm trying to say*).

mistaken [mɪs'teɪkən] *adj.* **1.** irrtümlich, fälschlich: *a case of m. identity* eine Verwechslung; *in the m. belief* in der irrigen Annahme; *be m.* sich irren; **2.** unangebracht (*kindness, zeal*).

mister ['mɪstə] *n. selten verwendete Langform der Anrede* → **Mr**: *listen to me, m.* (*coll.*) mein lieber Freund, jetzt hör mir mal zu.

mistress ['mɪstrəs] *n.* **1.** Herrin (*of the house/situation*); **2.** Geliebte, Mätresse; **3.** Lehrerin: *our new French m.* unsere neue Französischlehrerin.

misty ['mɪstɪ] *adj.* **1.** nebelig (*morning, weather*); **2.** (*fig.*) verschwommen (*photograph*).

mix [mɪks] **I. 1.** *v.t.* mischen (*cement, cocktails*): *m. business with pleasure* das Angenehme mit dem Nützlichen verbinden; **2.** *v.i.* sich mischen lassen: *oil won't m. with water* Öl läßt sich nicht mit Wasser mischen; **3.** *v.prep.* auskommen; verkehren: *m. with the wrong sort of people* mit den falschen Leuten verkehren; *get ≈ed up in s.th.* in etw. hineingeraten; **II.** *n.* Mischung: *social m.* soziale Mischung; *cake m.* Backmischung.

mixture ['mɪkstʃə] *n.* Mischung, Gemisch, Mixtur: *cough m.* Hustensaft.

moan [məʊn] **I.** *n.* **1.** Stöhnen: *the ≈s of the dying* das Stöhnen der Sterbenden; Raunen (*of the wind*); **2.** (*fig.*) Gejammer(e): *there'll no doubt be the usual ≈s* natürlich wird es wieder das übliche Gejammer(e) geben; **II.** *v.i.* **1.** stöhnen; **2.** jammern, sich beschweren: *stop ≈ing* hör auf zu jammern; *he's always ≈ing and groaning* er mault ständig.

moderate **I.** ['mɒdərət] *adj.* gemäßigt (*demand*); mäßig (*speed*); bescheiden (*income*); **II.** *n.* (*pol.*) Gemäßigter; **III.** ['mɒdəreɪt] **1.** *v.t.* mäßigen (*demands*); **2.** *v.i.* nachlassen, sich abschwächen (*the wind*).

moderation [mɒdə'reɪʃn] *n.* Mäßigung: *in m.* in Maßen.

moderator ['mɒdə,reɪtə] **1.** Vermittler; **2.** Koordinator (*bei Prüfungen*); **3.** (*Freikirchen*) Synodalpräses.

modern ['mɒdn] *adj.* **1.** modern, zeitgenössisch (*art, literature*); **2.** heutig, neuere(r, s): *m. languages* neuere Sprachen; (*Fach*) Neuphilologie; *m. history* Zeitgeschichte; Geschichte des 20. Jh.s.

modernization [,mɒdənaɪ'ʒeɪʃn] *n.* Modernisierung.

modernize ['mɒdə'naɪz] *v.t.* modernisieren, auf den neuesten Stand bringen.

modest ['mɒdəst] *adj.* **1.** bescheiden: *be m. about one's achievements* mit seinen Leistungen nicht prahlen; *have a m. income* ein bescheidenes Einkommen haben; *m. proposal* bescheidener Vorschlag (*oft iron.*); **2.** sittsam: *m. dress* dezente/unauffällige Kleidung.

modesty ['mɒdəstɪ] *n.* **1.** Bescheidenheit: *in all m.* bei aller Bescheidenheit; *m. will get you nowhere* (*prov.*) keine falsche Bescheidenheit; **2.** Sittsamkeit, Schamgefühl.

modification [,mɒdɪfɪ'keɪʃn] *n.* Modifizierung, (leichte) Veränderung.

modify ['mɒdɪfaɪ] *v.t.* modifizieren, (leicht) verändern (*one's views, the design*).

moment ['məʊmənt] *n.* **1.** Augenblick, Moment: *for a m.* für einen Augenblick; *just a m.!* Moment mal!; *at the m.* momentan, zum gegenwärtigen Zeitpunkt; *for the m.* vorläufig (noch); *in a m.* sofort; *not for one m.* niemals, unter keinen Umständen; *I shan't/won't be a m.* ich bin gleich wieder da; *weak m.* schwache Minute; **2.** Bedeutung: *of great/little/some m.* von großer/geringer/einiger Bedeutung.

Monday ['mʌndɪ] *n.* Montag.

money ['mʌnɪ] *n.* **1.** Geld: *m. for old rope* (*coll.*) leicht verdientes Geld; *m. isn't everything* Geld allein macht nicht glücklich; *earn/make a lot of m.* viel Geld verdienen; *put m. by* Geld beiseite legen; *roll in m.* in Geld schwimmen; *throw one's m. about* mit Geld nur so um sich werfen; *throw good m. after bad* das Geld zum Fenster hinauswerfen; *put one's m. on s.th.* (*fig.*) alles auf eine Karte setzen; *for my m.* (*coll.*) nach meinem Empfinden; **2.** Vermögen: *he's in the m.* (*coll.*) er ist ein gemachter Mann; *she's out to marry m.* sie hat alles daran gesetzt, reich zu heiraten.

moneybags ['mʌnɪ,bægz] *n. sg.* (*coll.*) reicher Sack, Geldsack.

moneybox ['mʌnɪbɒks] *n.* Sparbüchse.

money-grubber ['mʌnɪ,grʌbə] *n.* Raffke, Raffzahn.

money-grubbing ['mʌnɪ,grʌbɪŋ] *adj.* auf Geld erpicht.

moneymaker ['mʌnɪmeɪkə] *n.* Geldmacher.

money-spinner ['mʌnɪ,spɪnə] *n.* einträgliche Sache, Verkaufsschlager.

monk [mʌŋk] *n.* Mönch.

monkey ['mʌŋkɪ] **I.** *n.* **1.** Affe; *m. nut* Erdnuß; **2.** (*coll.*) Strolch, Schlingel; *m. business* (*coll.*) verdächtige Dinge, krumme Sache(n); *m. tricks* (*coll.*) dumme Streiche; **II.** *v.prep.: m. about/around s.th.* an etw. herumspielen (*the television set*).

month [mʌnθ] *n.* Monat (*of January*): *for/in a m. of Sundays* (*coll.*) seit ewigen Zeiten.

monthly ['mʌnθlɪ] **I.** *adj.; adv.* monatlich (*income, visit*); **II.** *n.* Monatszeitschrift.

monument ['mɒnjʊmənt] **1.** Denkmal (*erected in s.o.'s honour*);

2. dem Denkmalschutz unterliegendes Bauwerk: *ancient/historic m.* altes/historisches Bauwerk; 3. (*fig.*) Zeugnis (*to his talent*).

monumental [ˌmɒnjʊ'mentl] *adj.* **1.** Denkmal-: *m. inscription* (Denkmal-/Grab-)Inschrift; *m. mason* Steinmetz; **2.** kolossal, riesig (*painting*): *m. blunder* Riesenfehler.

mood[1] [mu:d] *n.* Laune: *be in a good/bad m.* guter/schlechter Laune sein; *she's in one of her ≈s* sie ist mal wieder launisch; *(not) be in the m. for s.th.* (keine) Lust auf etw. haben.

mood[2] (*gram.*) Modus (*Indikativ, Konjunktiv, Imperativ*).

moon [mu:n] **I.** *n.* Mond; *once in a blue m.* (*coll.*) alle Jubeljahre; *be over the m.* überglücklich sein; **II.** *v.prep.: m. about/around* (*coll.*) Zeit vergeuden, nichts (Nützliches) tun.

moonlight ['mu:nlaɪt] **I.** *n.* Mondschein: *m. flit* (*coll.*) heimliche Flucht; **II.** *v.i.* (*coll.*) schwarzarbeiten.

moonlighter ['mu:nlaɪtə] *n.* Schwarzarbeiter.

moonlighting ['mu:nlaɪtɪŋ] *n.* Schwarzarbeit.

moor[1] [muə] *n.* Moor: *the Yorkshire Moors* das (Heide- und) Hochmoorland von Yorkshire.

moor[2] **1.** *v.t.* (*Boot*) festmachen; **2.** *v.i.* anlegen.

Moor[3] *n.* Mohr, Maure.

moral ['mɒrəl] **I.** *adj.* moralisch (*duty, obligation, responsibility*): *m. fibre* (*fig.*) Rückgrat; **II.** *n.* **1.** Lehre, Moral (*of the story*); **2.** *≈s pl.* Moral, Ethik: *loose ≈s* lockere Moral.

morale [mə'rɑ:l; *US:* mə'ræl] *n.* Moral: *boost s.o.'s m.* jdm. Auftrieb geben.

morality [mɒ'rælətɪ] *n.* Moral, Anständigkeit: *private/public m.* öffentliche Moral.

more [mɔ:] **I.** *adv.* mehr: *m. expensive* (*comp.*) teurer; *concentrate m. on one's real work* sich mehr auf seine eigene Arbeit konzentrieren; *once m.* noch einmal; *m. and m.* immer mehr; *m. often than not* relativ häufig; *m. than a little annoyed* ganz schön verärgert; *you'll be m. than sorry* das wird dir noch leid tun; *what is m.* darüber hinaus; **II.** *pron.* mehr: *I'd like to know m.* ich möchte gern mehr wissen; **III.** *adj.* mehr (*money, time*).

morning ['mɔ:nɪŋ] *n.* Morgen: *this m.* heute morgen; *tomorrow m.* morgen früh; *from m. to night* von früh bis spät; *good m.* guten Morgen/Tag; *the m. after* am anderen Morgen/Tag; *m. edition* (*Zeitung*) Frühausgabe.

mortal ['mɔ:tl] **I.** *adj.* **1.** sterblich: *the m. remains* die sterblichen Überreste; **2.** tödlich: *m. blow* tödlicher Schlag/Hieb; *be locked in m. combat* sich in einem tödlichen Zweikampf befinden; **3.** groß, Riesen-, Heiden- (*fear, terror*); **II.** *n.* Sterbliche(r).

mortgage ['mɔ:gɪdʒ] **I.** *n.* Hypothek; **II.** *v.t.* hypothekarisch belasten (*house*); verpfänden (*auch fig.*): *m. the future* die Zukunft verbauen.

most [məʊst] **I.** *adv.* am meisten (*auch zur Bildung des Superl. verwendet*): *the m. expensive dress* das teuerste Kleid; *what he wanted m.* was er am meisten wollte; *m. kind* sehr nett; **II.** *pron.* die meisten (*of us*); das meiste (*of what he earns*); **III.** *adj.* (der/die/das) meiste: *m. accidents* die meisten Unfälle.

mostly ['məʊstlɪ] *adv.* meistens.

moth [mɒθ] *n.* Motte; Nachtfalter.

mothball ['mɒθbɒl] **I.** *n.* Mottenkugel; **II.** *v.t.* einmotten (*auch fig.*).

mother ['mʌðə] **I.** *n.* Mutter; **II.** *v.t.* bemuttern, pflegen.
mother-in-law ['mʌðərɪnlɔ:] *n.* Schwiegermutter.
motion ['məʊʃən] **I.** *n.* **1.** Bewegung: *slow m.* Zeitlupe; *set s.th. in m.* etw. in Gang setzen; *m. of the hand* Handbewegung; *go through the ≈s* (*fig.*) etw. der Form halber tun; **2.** Entschließungsantrag: *carry/defeat a m.* Antrag annehmen/ablehnen; **II.** *v.t.* Zeichen geben: *m. to the waiter* den Kellner herbeiwinken.
motive[1] ['məʊtɪv] *n.* Grund, Motiv (*for the murder*): *profit m.* Gewinnstreben.
motive[2] *adj.* Antriebs-, Trieb-: *m. force* Triebkraft.
motor ['məʊtə] **I.** *n.* Motor: *electric m.* Elektromotor; *outboard m.* Außenbordmotor; **II.** *v.i.* mit dem Auto fahren.
motorbike ['məʊtəbaɪk]; **motorcycle** ['məʊtəsaɪkl] *n.* Motorrad.
motorcar ['məʊtəkɑ:] *n.* Auto.
motorist ['məʊtərɪst] *n.* Autofahrer(in).
motorway ['məʊtəweɪ] *n.* (*GB*) Autobahn.
mount [maʊnt] **1.** *v.t.* besteigen (*bicycle, horse*); *≈ed police* berittene Polizei; **2.** *v.i.* ansteigen (*costs, debts, tension*).
mountain ['maʊntən] *n.* Berg: *m. of paperwork* viel Papierkram; *make a m. out of a molehill* (*fig.*) aus einer Mücke einen Elefanten machen.
mountainous ['maʊntənəs] *adj.* gebirgig (*country*); riesig (*waves*).
mouse [maʊs] (*pl.* **mice** [maɪs]) *n.* **1.** Maus: *as quiet as a m.* mucksmäuschenstill; *play cat and m. with s.o.* Katz und Maus mit jdm. spielen; **2.** unscheinbare Person, graue Maus; **3.** Computermaus.
mouth [maʊθ] **I.** *n.* **1.** Mund, Maul: *have a big m.* (*fig.*) ein großes Maul haben; *keep one's m. shut* (*coll.*) den Mund halten; *be down in the m.* (*coll.*) niedergeschlagen sein; **2.** Mündung (*of the river*); **II.** *v.t.* artikulieren: *m. platitudes* Platitüden reden.
move [mu:v] **I. 1.** *v.t.* bewegen (*the furniture*): *m. heaven and earth* (*fig.*) Himmel und Erde in Bewegung setzen; *m. house* umziehen; **2.** (*Antrag*) stellen, einbringen: *m. an amendment* Abänderungsantrag einbringen; **3.** *v.i.* sich bewegen: *don't m.!* keine Bewegung!; *m. with the times* mit der Zeit gehen; **4.** umziehen: *m. in/out* ein-/ausziehen; **II.** *n.* **1.** Bewegung: *she watched (my) every m.* sie beobachtete jede Bewegung; *get a m. on!* (*coll.*) beeil dich!; *on the m.* unterwegs; **2.** Schritt, Schachzug: *make the first m.* den ersten Schritt tun; *clever m.* geschickter Schachzug.
movement ['mu:vmənt] *n.* Bewegung.
movie ['mu:vɪ] *n.* (*bes. US*) Film.
Mr ['mɪstə] *n.* (*Anrede*) Herr.
Mrs ['mɪsɪz] *n.* (*Anrede*) Frau (*nur bei verheirateten Frauen*).
Ms [məz] *n.* (*Anrede bei Frauen ohne Bezug auf die Frage, ob die betreffende Frau verheiratet ist*).
much [mʌtʃ] **I.** *adj.* viel (*money, time*); **II.** *pron.* viel: *very m.* sehr viel; **III.** *adv.* viel: *it doesn't m. matter* es ist nicht sehr wichtig; *m. better* viel besser; *m. too cold* viel zu kalt.
mud [mʌd] *n.* Schlamm: *be stuck in the m.* im Schlamm steckenbleiben; *drag s.o.'s name through the m.* jds. Namen in den Schmutz ziehen.
mug[1] [mʌg] *n.* Becher.
mug[2] *v.t.* (auf offener Straße) überfallen und ausrauben.

mugger ['mʌgə] *n.* Straßenräuber.

mugging ['mʌgɪŋ] *n.* Straßenraub.

multiply ['mʌltɪplaɪ] **1.** *v.t.* multiplizieren (*2 by 4*); **2.** vermehren, erhöhen (*your chances*); **3.** *v.i.* sich vermehren, sprunghaft anwachsen: *our problems have multiplied in recent years* unsere Probleme haben sich in den letzten Jahren vervielfacht.

murder ['mɜ:də] **I.** *n.* Mord, Ermordung (*of the president*): *it was sheer m.* (*coll.*) es war die reinste Hölle; *get away with m.* (*fig.*) sich alles erlauben können; *scream blue m.* (*coll.*) Zeter und Mordio schreien; **II.** *v.t.* **1.** ermorden: *she'll m. you for that* (*fig.*) dafür wird sie dich umbringen; **2.** verderben, brutal (mit etw.) umgehen, verhunzen (*this Mozart sonata*).

murderer ['mɜ:dərə] *n.* Mörder.

murderess ['mɜ:dərəs] *n.* Mörderin.

muscle [mʌsl] **I.** *n.* **1.** Muskel: *be all m.* nur aus Muskeln bestehen; **2.** (*fig.*) Kraft, Einfluß: *use one's m.* seinen Einfluß geltend machen; **II.** *v.prep.: m. in* mitmischen.

museum [mju:'zɪəm] *n.* Museum: *m. piece* Museumsstück.

mushroom ['mʌʃru:m] **I.** *n.* Pilz: *m. soup* Pilzsuppe; **II.** *v.i.* wie die Pilze aus dem Boden schießen.

music ['mju:zɪk] *n.* Musik: *classical m.* klassische Musik; *face the m.* (*coll.*) die Suppe auslöffeln, für etw. geradestehen.

musical ['mju:zɪkəl] **I.** *adj.* musikalisch; **II.** *n.* Musical.

must [mʌst] **I.** *v.aux.* **1.** (*innerer Zwang*) müssen: *we m. do s.th. about it* wir müssen (unbedingt) in dieser Sache etw. tun; *m. not* nicht dürfen: *we ≈n't forget that ...* wir dürfen nicht vergessen, daß ...; **2.** (*Annahme*): *you m. be tired* du bist sicher müde; **II.** *n.* Muß: *this film is a m. for all those interested in ...* dieser Film ist ein Muß für alle, die an ... interessiert sind.

mustard ['mʌstəd] *n.* Senf: *be as keen as m.* (*coll.*) ganz begeistert sein; *m. gas* Senfgas.

mutton ['mʌtn] *n.* Schaf-, Hammelfleisch: *m. dressed (up) as lamb* (*Frau*) auf jung getrimmt, aufgetakelt.

mutual ['mju:tʃʊəl] *adj.* gegenseitig, auf Gegenseitigkeit beruhend (*admiration, agreement*).

mysterious [mɪ'stɪərɪəs] *adj.* **1.** rätselhaft (*event, letter, phone call*); **2.** geheimnisvoll: *she's being very m.* sie tut sehr geheimnisvoll.

mystery ['mɪstərɪ] *n.* Geheimnis, Rätsel: *it's a m. to me* es ist mir schleierhaft; *shrouded in m.* geheimnisumwittert.

N

nail [neɪl] **I.** *n.* **1.** Nagel: *hit the n. on the head* (*fig.*) den Nagel auf den Kopf treffen; *pay on the n.* (*coll.*) sofort zahlen; *as hard as ≈s* knallhart; *a n. in s.o.'s coffin* (*fig.*) ein Nagel in jds. Sarg; **2.** Fingernagel: *bite one's ≈s* (*fig.*) auf heißen Kohlen sitzen, vor lauter Aufregung kaum warten können; *fight s.th. tooth and n.* (*fig.*) etw. mit Zähnen und Klauen bekämpfen; *n. file* Nagelfeile; *n. polish* (*US*)/ *varnish* (*GB*) Nagellack; **II.** *v.t.* **1.** festnageln: *n. one's colours to the mast* (*fig.*) Farbe bekennen; **2.** ergreifen, dingfest machen (*the thief*); **3.** endgültig widerlegen (*a lie*); **4.** *in Phrasen: n. down* festnageln (*the carpet*); (*fig.*) (jdn.) festlegen.

naive [na'i:v] *adj.* naiv: *be n. enough to believe s.o.* so dumm sein, jdm. zu glauben.

naked ['neɪkɪd] *adj.* **1.** nackt (*body*); **2.** kahl (*hillside*); **3.** offen (*flame*).

nakedness ['neɪkɪdnəs] *n.* Nacktheit, Blöße.

name [neɪm] **I.** *n.* **1.** Name: *what's your n.?* wie heißen Sie?; *by n.* namentlich; *in n. only* nur dem Namen nach; *under the n. of* unter dem Decknamen; *Christian/first n.* Vorname; *call s.o. ≈s* jdn. beschimpfen; *drop ≈s* die Namen anderer einfließen lassen; *name ≈s* Roß und Reiter nennen; **2.** Ruf, Ansehen: *give s.o. a bad n.* jdn. in Verruf bringen; *make a n. for o.s.* sich einen guten Ruf erwerben, bekannt werden; **II.** *v.t.* nennen, Namen geben: *he was ≈d after his grandfather* er erhielt den Namen seines Großvaters; *n. a ship* ein Schiff taufen; *n. a price* einen Preis nennen; vorschlagen (*candidate, day, price*).

namely ['neɪmlɪ] *adv.* nämlich.

narrate [nə'reɪt] *v.t.* erzählen (*adventure, story*).

narrative ['nærətɪv] **I.** *n.* Erzählung; **II.** *adj.* erzählerisch (*technique*).

narrator [nə'reɪtə] *n.* Erzähler.

narrow ['nærəʊ] *adj.* eng (*road*): *in the n. sense* im engeren Sinn; knapp (*escape, majority*); klein (*circle of friends*).

narrow-minded ['nærəʊˌmaɪndɪd] *adj.* engstirnig, borniert; **1.** *v.i.* sich verengen (*road*); **2.** *v.t.* beschränken.

nasty ['nɑ:stɪ] *adj.* **1.** ekelhaft, scheußlich (*smell, weather*); **2.** bösartig (*character*); *a n. bit/piece of work* (*coll.*) ein übler Charakter; **3.** schlimm (*accident, cut, shock*).

nation ['neɪʃn] *n.* Nation, Volk (*gram. Gebrauch mit Sg. oder Pl.*): *the n. is/are up in arms* das ganze Volk ist entsetzt/empört; *migration of ≈s* Völkerwanderung.

national ['næʃənəl] **I.** *adj.* national (*bank, government, park, theatre*): *n. anthem* Nationalhymne; *N. Health Service* (*NHS*) (*GB*) staatlicher Gesundheitsdienst; *N. Insurance* (*N.I.*) (*GB*) Sozialversicherung; *n. service* Wehrpflicht; **II.** *n.* Staatsbürger: *Italian n.* Italiener(in).

nationalism ['næʃənəlɪzm] *n.* Nationalismus.

nationality [næʃə'nælətɪ] *n.* Nationalität, Staatsbürgerschaft.

native ['neɪtɪv] **I.** *adj.* einheimisch (*plant, product*); Heimat- (*country, village*): *go n.* wie die Einheimischen leben; *n. speaker* Muttersprachler(in); **II.** *n.* Einheimische(r), Eingeborene(r) (*of a country*).

natural ['nætʃərəl] **I.** *adj.* natürlich (*harbour, phenomenon, world*):

die a n. death eines natürlichen Todes sterben; *n. resources* Naturschätze; *n. talent* Naturtalent; **II.** *n.* Naturtalent (*as a doctor*).

naturally ['nætʃərəlɪ] *adv.* natürlich: *behave n.* sich ungezwungen verhalten.

nature ['neɪtʃə] *n.* **1.** Natur: *the wonders of n.* die Naturwunder; *let n. take its course* etw. der Natur überlassen; *return to n.* (*Garten*) verwildern; **2.** Wesensart: *it's not in her n.* es ist nicht ihre Art; *by n.* von Natur aus, anlagebedingt; *be human n.* dem menschlichen Wesen entsprechen; *be in the n. of things* nur natürlich sein.

naval ['neɪvəl] *adj.* Marine- (*power*); *n. architecture* Schiffsbau(technik).

navy ['neɪvɪ] *n.* Marine: *merchant n.* Handelsmarine; *Royal N.* (*GB*) Kriegsmarine.

near ['nɪə] **I.** *adj.; adv.* nahe: *in the n. future* in der nächsten Zeit; *our ≈est* (*and dearest*) unsere nächsten Verwandten; *it was a n. accident* es wäre beinahe zum Unfall gekommen; *the ≈est post office* das am nächsten gelegene Postamt; *be n. to tears* den Tränen nahe sein; *nowhere n.* (noch) meilenweit entfernt (*auch fig.*); *live quite n.* ganz in der Nähe wohnen; **II.** *prep.* in der Nähe von: *live n. the airport* in der Nähe des Flughafens wohnen.

nearby [nɪə'baɪ] *adj.* nahe gelegen (*river, town*).

nearly ['nɪəlɪ] *adv.* fast (*£1000, there*); *not n. as* bei weitem nicht so.

neat [ni:t] *adj.* **1.** sauber, ordentlich (*appearance, handwriting*); **2.** einfach, glatt (*solution to the problem*); **3.** pur, unverdünnt (*whisky*).

necessary ['nesəsərɪ] *adj.* notwendig (*arrangements, qualifications*): *do what's n.* alles Nötige unternehmen; *n. evil* notwendiges Übel.

necessitate [nesesɪ'teɪt] *v.t.* notwendig machen, erfordern.

necessity [ne'sesɪtɪ] *n.* Notwendigkeit: *when the n. arises* wenn nötig; *the bare necessities of life* das Allernötigste (zum Überleben); *make a virtue of n.* die Not zur Tugend machen; *n. is the mother of invention* (*prov.*) Not macht erfinderisch.

neck [nek] **I.** *n.* Hals: *break one's n.* sich den Hals brechen; *risk one's n* Kopf und Kragen riskieren; *stick one's n. out* sich exponieren; *save one's n.* den Kopf aus der Schlinge ziehen; *by a n.* mit knappem Vorsprung; *n. and n.* Kopf an Kopf; *up to one's n. in work* mit Arbeit eingedeckt; **II.** *v.i.* (*coll.*) knutschen.

necklace ['nekləs] *n.* Halskette.

need [ni:d] **I.** *n.* **1.** Notwendigkeit (*for more houses*): *in case of n.* im Bedarfsfall; *there's no n.* es gibt (überhaupt) keinen Grund; **2.** Bedarf: *satisfy ≈s* Bedürfnisse befriedigen; **3.** Not: *live in great n.* in großer Armut leben; *a friend in n. is a friend indeed* (*prov.*) in der Not erkennt man die wahren Freunde; **II.** **1.** *v.t.* benötigen (*help*); erfordern: *we didn't n. to show our passports* wir brauchten unsere Pässe nicht vorzuzeigen; **2.** *v.aux.* brauchen: *I n. hardly tell you* ich brauche (es) dir nicht erst zu sagen; *we ≈n't have shown our passports* eigentlich hätten wir unsere Pässe nicht vorzuzeigen brauchen.

needle ['ni:dl] *n.* **1.** Nadel: *n. and cotton* Nadel und Faden; *knitting n.* Stricknadel; *n. in a haystack* (*fig.*) Nadel im Heuhaufen; **2.** (*bot.*) Nadel: *pine n.* Kiefernadel; **3.** (*Instrument*) Nadel: *the n. was* *nudging 100 mph* die Tachonadel war fast bei 100 Meilen pro Stunde; **4.** (*med.*) Nadel, Spritze (*auch: hypodermic n.*); **II.** *v.t.* ärgern, provozieren.

negative ['negətɪv] **I.** *adj.* negativ (*answer, decision, results*); **II.** *n.* **1.** Verneinung: *answer in the n.* mit Nein antworten; **2.** (*Foto*) Negativ.

neglect [nɪ'glekt] **I.** *v.t.* vernachlässigen (*studies, work*): *n. to do s.th.* etw. versäumen; **II.** *n.* Vernachlässigung: *in a state of n.* verwahrlost; *n. of duty* Pflichtversäumnis.

negotiate [nɪ'gəʊʃɪeɪt] **1.** *v.i.* verhandeln (*with the employers*); **2.** *v.t.* aushandeln (*a settlement*); **3.** überwinden (*an obstacle*); nehmen (*the bend*).

negotitation [nɪˌgəʊʃɪ'eɪʃn] *n.* Verhandlung: *a matter of/for n.* Verhandlungssache.

neighbor (*US*); **neighbour** (*GB*) ['neɪbə] *n.* **1.** Nachbar(in): *next-door ≈s* unmittelbare Nachbarn; **2.** (*Bibel*) der Nächste: *love your n.* liebe deinen Nächsten.

neighborhood (*US*); **neighbourhood** (*GB*) ['neɪbəhʊd] *n.* **1.** Nachbarschaft: *in the n. of £ 1000* etwa 1000 Pfund; **2.** Nachbarschaft, Nachbarn: *the whole n.* alle Nachbarn; *quiet n.* ruhiges Viertel.

neither ['neɪðə; 'niːðə] **I.** *adj.* keine(r) (von beiden): *n. possibility* keine der (zwei) Möglichkeiten; **II.** *pron.* keine(r) (von beiden): *n. of you* keine(r) von euch (beiden); **III.** *adv.* auch nicht: *n. am/do/have/will I* ich auch nicht (*als Ergänzung oder Kommentar zu einem Satz mit Vollverb*); **IV.** *conj.* weder: *n. … nor* weder … noch.

nephew ['nefjuː] *n.* Neffe.

nerve [nɜːv] **I.** *n.* **1.** Nerv: *be all ≈s* völlig nervös sein; *get on s.o.'s ≈s* jdm. auf die Nerven gehen; *lose one's n.* die Nerven verlieren; **2.** (*nur Sg.*) Unverfrorenheit: *have the n. (to do s.th.)* die Unverschämtheit besitzen.

nervous ['nɜːvəs] *adj.* nervös, Nerven- (*disorder, problem, system, tension*): *n. breakdown* Nervenzusammenbruch.

nest [nest] **I.** *n.* Nest (*auch fig.*): *n. of thieves* Diebesnest; *feather one's n.* seine Schäfchen ins trockene bringen; *foul one's n.* das eigene Nest beschmutzen; *n. egg* Notgroschen; **II.** *v.i.* nisten (*in trees*).

net[1] [net] *n.* Netz: *mosquito n.* Moskitonetz; *n. curtain* Gardine; *be caught in a/the n.* (*fig.*) in die Falle gehen/tappen.

net[2] **I.** *adj.* netto, Netto- (*profit, weight*); **II.** *v.t.* netto einnehmen/einbringen.

network ['netwɜːk] **I.** *n.* Netz: *television n.* Fernsehnetz; **II.** *v.t.* (*Systeme*) vernetzen.

neutral ['njuːtrəl] **I.** *adj.* **1.** neutral (*territory, waters*): *be/remain n.* neutral sein/bleiben; **2.** unauffällig (*colours, tie*); **II.** *n.* **1.** Neutrale(r); neutraler Staat; **2.** (*Auto*) Leerlauf: *in n.* im Leerlauf.

never ['nevə] *adv.* nie: *n. again* nie wieder; *n. ever* nie und nimmer; *I've n. been to Dublin* ich war noch nie in Dublin; *n. in all my life have I heard such nonsense* noch nie in meinem Leben habe ich so einen Schwachsinn gehört; *they n. so much as said »Thank you«* sie haben sich nicht einmal bedankt; *n. mind* nicht so schlimm; *buy s.th. on the n.-n.* (*coll.*) etw. auf Pump kaufen.

nevertheless [ˌnevəðə'les] *adv.* nichtsdestotrotz, dennoch.

new [njuː] *adj.* neu (*car, clothes, friend, teacher*): *n. potatoes* neue Kartoffeln; *brand n.* (funkel)nagelneu; *as good as n.* so gut wie neu; *N. Testament* Neues Testament; *N. World* Neue Welt; *N. Year* Neujahr.

news [nju:z] *n.* Nachricht(en): *bad/good n.* schlechte/gute Nachricht; *that's n. to me* das ist mir neu; *be in the n.* Schlagzeilen machen; *break the n. to s.o.* jdm. etw. schonend beibringen.

newsagent ['nju:z,eɪdʒənt] (*GB*); **newsdealer** ['nju:z,di:lə] (*US*) *n.* Zeitschriftenhändler.

newspaper ['nju:z,peɪpə] *n.* Zeitung: *local n.* Lokalblatt; *evening n.* Abendzeitung.

next [nekst] **I.** *adj.* (*Reihenfolge*) nächste(r, s): *n. week* nächste Woche; *n. time you see him* sobald du ihn (wieder) siehst; *n. but one* übernächste(r, s); *n. door* nebenan; **II.** *n.: the n. of kin* die Verwandten; **III.** *adv.* das nächste Mal: *what will you do n.?* was wirst du beim nächsten Mal anstellen?; *when we n. meet* wenn wir uns wieder treffen; **IV.** *prep.: n. to* unmittelbar neben: *he sat n. to her* er saß direkt neben ihr; *he earns n. to nothing* er verdient fast nichts.

nice [naɪs] *adj.* **1.** nett (*person*); schön (*weather*): *that's a n. mess you've got us into* da hast du uns etwas Feines eingebrockt; **2.** subtil, fein (*distinction, shade of meaning*).

nicety ['naɪsətɪ] *n.* Feinheit, Genauigkeit: *consider all the niceties* alle Einzelheiten berücksichtigen; *to a n.* genauestens.

nickel ['nɪkl] *n.* **1.** Nickel; **2.** (*US, Canada*) 5-Cent-Münze.

nickname ['nɪkneɪm] **I.** *n.* Spitzname; **II.** *v.t.* Spitznamen geben.

niece [ni:s] *n.* Nichte.

night [naɪt] *n.* **1.** Nacht: *by n.* nachts; *all n.* die ganze Nacht; *last n.* gestern abend; *tomorrow n.* morgen abend; *make a n. of it* die Nacht durchfeiern/durcharbeiten; *n. shift* Nachtschicht; **2.** Abendvorstellung: *first n.* Premiere.

nightclub ['naɪtklʌb] *n.* Nachtklub.

nightdress ['naɪtdres] *n.* Nachthemd.

nightlife ['naɪtlaɪf] *n.* Nachtleben.

nightmare ['naɪtmeə] *n.* Alptraum.

no [nəʊ] **I.** *interj.* nein; **II.** *n.* Nein: *not take n. for an answer* eine ablehnende Antwort nicht hinnehmen; *the noes have it* (*parl.*) der Antrag ist abgelehnt; **III.** *adv.* keineswegs: *this is n. better than before* das ist nicht besser als zuvor; **IV.** *adj.* kein: *n. one* niemand; *have n. time* keine Zeit haben; *have n. room/time for s.o./s.th.* nichts für jdn./etw. übrig haben; *I'm n. fool* ich bin doch nicht blöd; *n. smoking* Rauchen verboten; *in n. time* schnellstens; *there's n. such thing* (*as …*) so etwas gibt es nicht; *there's n. knowing* man kann nie wissen.

noble ['nəʊbl] **I.** *adj.* **1.** adelig: *of n. birth/descent* adeliger Herkunft; **2.** edel (*gesture, sentiments*): *n. cause* gute Sache; *n. metal* Edelmetall; **II.** *n.* Edelmann, Adeliger.

nobleman ['nəʊblmən] *n.* Edelmann, Adeliger.

noblewoman ['nəʊbl,wʊmən] *n.* Edelfrau, Adelige.

nobody ['nəʊbədɪ] **I.** *pron.* niemand: *that's ≈'s business* das geht niemanden was an; *he's ≈'s fool* ihm kann man nichts vormachen; **II.** *n.* (*Person*) Nichts, Null: *he was a n. before he married her* er war ein Nichts, bevor er sie heiratete.

nod [nɒd] **I. 1.** *v.i.; v.t.* nicken: *they ≈ded in/their approval* sie nickten zustimmend; *≈ding acquaintance* flüchtige Bekanntschaft; **2.** *v.prep.: n. off* einnicken (*after a good meal*); **II.** *n.* Kopfnicken: *give s.o. a n.* jdm. zunicken; *a n. is as good as a wink* auch ein indirekter Hinweis wird verstanden; *on the n.* ohne Gegenstimme oder Diskussion.

noise [nɔɪz] **I.** *n.* Geräusch, Lärm, Krach: *try not to make a n.* sei so leise wie möglich; (*fig.*) Hinweis: *encouraging/friendly ≈s* ermutigende Zeichen; *n. abatement* Lärmbekämpfung; *n. pollution* Lärmschäden; **II.** *v.t.* verbreiten: *it's being ≈d abroad/around* Gerüchten zufolge.

noisy ['nɔɪzɪ] *adj.* laut, geräuschvoll.

nominate ['nɒmɪneɪt] *v.t.* **1.** nominieren (*a candidate*); **2.** ernennen (*s.o. as the new director*).

nomination [nɒmɪ'neɪʃn] *n.* Nominierung, Vorschlag.

none [nʌn] **I.** *pron.* kein(e, er): *n. of my friends* keiner meiner Freunde; *n. other than* kein anderer als; nichts: *I'll have n. of it* damit will ich nichts zu tun haben; das laß ich mir nicht bieten; *it's second to n.* es gibt nichts Besseres; **II.** *adv.* keineswegs: *n. the wiser* auch nicht schlauer; *n. too warm* (sicher) nicht zu warm.

nonsense ['nɒnsəns] *n.* **1.** Unsinn: *pure n.* völliger Quatsch; *make (a) n. of s.th.* etw. ad absurdum führen; **2.** Dummheiten: *I won't have any more of your n.* diese Dummheiten laß ich mir nicht mehr von dir bieten; *stand no n.* nicht mit sich spaßen lassen.

noon [nu:n] *n.* Mittag: *at twelve n.* zwölf Uhr mittags; *arrive at n.* mittags ankommen.

nor [nɔ:] *conj.* noch: *neither too soon n. too late* weder zu früh noch zu spät; auch nicht: *n. am/do/have/will I* ich auch nicht (*Ergänzung oder Kommentar zu einem Satz mit Vollverb*).

norm [nɔ:m] *n.* Norm: *above/below the n.* über/unter der Norm.

normal ['nɔ:məl] *adj.* normal: *n. temperature* Normaltemperatur; *n. working hours* Regelarbeitszeit; *back to n.* wieder normal.

normally ['nɔ:məlɪ] *adv.* **1.** normal: *behave n.* sich normal verhalten; **2.** normalerweise, gewöhnlich: *n. I go to bed at 11 p.m.* normalerweise gehe ich abends um 11 Uhr zu Bett.

north [nɔ:θ] **I.** *n.* Norden: *to the n. of Bristol* nördlich von Bristol; *the N. of England* Nordengland; **II.** *adj.* nördlich, Nord- (*side, wind*): *the N. Pole* der Nordpol; **III.** *adv.* nördlich, nach Norden: *travel n.* nach Norden fahren.

northerly ['nɔ:ðəlɪ] *adj.* nördlich (*direction, wind*).

northern ['nɔ:ðən] *adj.* nördlich (*accent, hemisphere*).

nose [nəʊz] **I.** *n.* **1.** Nase: *blow one's n.* sich die Nase putzen; *right under one's n.* unmittelbar vor der Nase; *lead s.o. by the n.* (*fig.*) jdn. an der Nase herumführen; *poke/stick one's n. into s.th.* seine Nase in etw. stecken; *pay through the n.* (*coll.*) sich dumm und dämlich zahlen; *cut off one's n. to spite one's face* sich ins eigene Fleisch schneiden; *turn one's n. up at s.th.* etw. arrogant zurückweisen; **2.** (*fig.*) Gespür: *have a n. for s.th.* ein Gespür/Näschen für etw. haben; *follow one's n.* seinem Gespür folgen; **II.** *v.prep.: n. about/around* schnüffeln, herumspionieren.

not [nɒt] *adv.* nicht: *I'm n. coming* ich komme nicht; *n. me* ich nicht; *I'm afraid n.* leider nicht/nein; *n. exactly cheap* nicht gerade billig; *n. uncommon* nicht ungewöhnlich; *n. a penny* nicht einen einzigen Pfennig; *n. at all* überhaupt nicht; *not only … but also …* nicht nur…, sondern auch; *n. that it matters* es spielt (im übrigen) keine Rolle; *n. half!* und wie!; *n. yet* noch nicht.

notable ['nəʊtəbl] *adj.* bemerkenswert, beachtlich (*achievement, discovery, success*).

note [nəʊt] **I.** *n.* **1.** Notiz, Vermerk: *make a n. of s.th.* sich etw. notieren; *make a mental n. of s.th.* sich etw. merken; kurze Mitteilung: *n. of thanks* (kurzes) Dankschreiben; *compare ≈s* Notizen/Unterlagen vergleichen; *speak without ≈s* frei sprechen; **2.** Notiz, Kenntnisnahme: *take n. of s.th.* etw. (aufmerksam) zur Kenntnis nehmen; **3.** *of n.* von Bedeutung: *worthy of n.* beachtenswert; **4.** (*mus.*) Note, Ton, Klang: *strike the right n.* den richtigen Ton treffen (*auch fig.*); *sound a n. of caution* warnen; **5.** Banknote: *≈s and coins* Bargeld; **II.** *v.t.* **1.** bemerken, beachten: *please n.* bitte beachten Sie; **2.** *n. down* notieren.

nothing ['nʌθɪŋ] **I.** *pron.* nichts: *n. to do* nichts zu tun; *n. else* sonst nichts; *n. special* nichts Besonderes; *next to n.* fast nichts; *n. came of it* es wurde nichts daraus; *n. doing* (*coll.*) kommt nicht in Frage; *n. but trouble* nur Ärger; *there's n. to it* es ist nichts Besonderes; *n. much* nicht (gerade) viel; *there was n. for it but …* es gab keine andere Möglichkeit, als …; *to say n. of …* ganz zu schweigen von …; *be n. if not interesting* auf jeden Fall interessant sein; **II.** *n.* Nichts: *it's n.* nicht der Rede wert; **III.** *adv.* überhaupt nicht: *n. like your car* mit deinem Auto überhaupt nicht zu vergleichen.

notice ['nəʊtɪs] **I.** *n.* **1.** Notiz, Bekanntmachung: *put up a n.* Notiz am Schwarzen Brett anbringen; *n. board* Schwarzes Brett; **2.** Hinweis: *until further n.* bis auf weiteres; Kündigung: *give n.* kündigen: *three months' n.* dreimonatige Kündigungsfrist; *n. to quit* Kündigung durch den Vermieter; **3.** Notiz, Beachtung: *bring s.th. to s.o.'s n.* jdn. auf etw. aufmerksam machen; *come to s.o.'s n.* jdm. bekanntwerden; *escape s.o.'s n.* jdm. entgehen; *take n. of s.th.* etw. beachten; **4.** Kritik, Rezension: *the play got good ≈s* das Stück erhielt gute Kritiken; **II.** *v.t.* bemerken.

noticeable ['nəʊtɪsəbl] *adj.* bemerkenswert, deutlich.

notion ['nəʊʃn] *n.* **1.** Begriff, Idee, Vorstellung: *not the slightest n.* überhaupt keine Ahnung; *traditional ≈s* traditionelle Vorstellungen; **2.** Idee, Wunsch: *get/have a (sudden) n. to do s.th.* plötzlich etw. tun wollen.

notional ['nəʊʃənəl] *adj.* fiktiv, symbolisch: *n. rate of interest* Anerkennungszins.

nought [nɔːt] *n.* Null: *it came to n.* es wurde nichts daraus.

noun [naʊn] *n.* (*gram.*) Nomen, Substantiv.

novel[1] ['nɒvəl] *adj.* neuartig (*idea, method*).

novel[2] *n.* Roman: *historical n.* historischer Roman; *18th century n.* Roman des 18. Jh.s.

novelist ['nɒvəlɪst] *n.* Romanautor, Romancier.

novelty ['nɒvəltɪ] *n.* **1.** Neuartigkeit (*of living in a different country*); *n. value* Neuigkeitswert; **2.** etw. Neues: *it's quite a n. working from home* Heimarbeit (mit Hilfe des Computers) ist sicher etwas Neues; **3.** Neuheit, neues Erzeugnis; Scherzartikel.

November [nəʊ'vembə] *n.* November.

now ['naʊ] **I.** *adv.* **1.** jetzt, nun: *n. is the time* jetzt ist der rechte Zeitpunkt gekommen; *it's n. or never* jetzt oder nie; *any time n.* es kann sich nur um Sekunden handeln; *just n.* gerade; *from n. on* ab sofort; *what is it n.?* was ist jetzt (schon wieder) los?; *every n. and then; n. and again* hin und wieder; **2.** (*einleitend*) also, nun: *n., n.!* nun hör mal auf/zu!; **II.** *conj.: n.* (*that*) nachdem nun: *n. you've read the book* nachdem du nun das Buch gelesen hast.

nowhere ['nəʊweə] *adv.* **1.** nirgendwo: *he's n. to be found* er ist nirgendwo zu finden; *she's n. else to go* sie hat keine andere Bleibe; **2.** (*fig.*) ohne Ergebnis: *that'll get you n.* das bringt (Ihnen) überhaupt nichts; **3.** *n. near s.th.* weit von etw. entfernt.

nuclear ['nju:klɪə] *adj.* **1.** Kern-, Atom-: *n. energy* Atomenergie; *n. power station* Atom-/Kernkraftwerk; *n. reactor* Kernreaktor; **2.** klein: *n. family* Kleinfamilie.

nucleus ['nju:klɪəs] *n.* Kern.

nuisance ['nju:səns] *n.* Ärgernis: *public n.* öffentliches Ärgernis; *abate a n.* Ärgernis beheben; *what a n.!* was für ein Ärger!; *you're a n.!* du gehst mir auf die Nerven!; *make a n. of o.s.* lästig werden.

number ['nʌmbə] **I.** *n.* **1.** Zahl, Nummer: *phone n.* Telefonnummer; *a n. of books* eine Anzahl Bücher; **2.** (*Zeitschrift*) Ausgabe: *the latest n.* die neueste Ausgabe; **3.** *a cushy n.* (*coll.*) ein lauer Job; **II.** *v.t.* **1.** numerieren; **2.** zählen (*auch fig.*): *his days were ≈ed* seine Tage waren gezählt; **3.** *v.i.* zählen, dazugehören (*among the greatest writers of today*).

numberplate ['nʌmbəˌpleɪt] *n.* Nummernschild.

numerous ['nju:mərəs] *adj.* zahlreich (*reasons, visitors*): *on n. occasions* bei vielen Gelegenheiten.

nun [nʌn] *n.* Nonne.

nunnery ['nʌnərɪ] *n.* Nonnenkloster.

nurse [nɜ:s] **I.** *n.* Krankenschwester: *male n.* Krankenpfleger; *wet n.* Amme; **II.** *v.t.* **1.** pflegen (*the sick*): *n. a constituency* Wahlkreispflege betreiben; **2.** (*Gefühle*) hegen: *n. a grudge* Groll hegen.

nursery ['nɜ:sərɪ] *n.* **1.** Kinderstube: *n. rhyme* Kinderreim; *n. school* Kindergarten; **2.** Baumschule.

nut [nʌt] *n.* **1.** Nuß: *a hard/tough n. to crack* (*fig.*) eine harte Nuß (zu knacken); **2.** (*coll.*) Kopf, Grips: *use your n.* streng deinen Grips an; *you must be off your n.* du bist wohl von allen guten Geistern verlassen; *≈s!* Quatsch!; *be ≈s about s.th.* in etw. vernarrt sein; **3.** (*techn.*) Mutter: *the ≈s and bolts of s.th.* (*fig.*) die praktischen Details von etwas.

nutshell ['nʌtʃel] *n.* Nußschale: *in a n.* kurz gesagt.

O

oak [əʊk] *n.* Eiche.

obedience [ə'bi:dıəns] *n.* Gehorsam: *preemptive o.* vorauseilender Gehorsam.

obedient [ə'bi:dıənt] *adj.* gehorsam (*child, dog*): *be o.* gehorchen; *your o. servant* (*veraltete Schlußformel in Briefen*) Ihr (Ihnen) (sehr) ergebener… .

obey [ə'beı] *v.t.* gehorchen (*orders, the law*).

object[1] ['ɒbdʒıkt] *n.* **1.** Ding, Gegenstand (*of desire, interest, pity*): *unidentified flying o.* UFO; *o. lesson* Anschauungsunterricht; **2.** Ziel: *o. of the exercise* Sinn der Sache; *≈s of the company* Unternehmensziele; *o. in life* Lebensziel; **3.** (*gram.*) Objekt: *direct/indirect o.* Dativ-/Akkusativobjekt; *o. clause* Objektsatz; **4.** Hinderungsgrund: *money is no o.* Geld spielt keine Rolle.

object[2] [əb'dʒekt] *v.prep.* einwenden, dagegen sein, Einwände haben/geltend machen: *we o. to such treatment/to being treated in this manner* wir protestieren gegen diese Art von Behandlung.

objection [əb'dʒekʃn] *n.* Einwand: *raise/voice an o.* Einwand erheben; *meet an o.* einem Einwand begegnen.

objectionable [əb'dʒekʃnəbl] *adj.* anstößig (*behaviour, remark, smell*).

objective[1] [əb'dʒektıv] *adj.* objektiv, sachlich (*assessment, report*).

objective[2] *n.* Ziel: *prime/principal o.* oberstes Ziel.

objector [əb'dʒektə] *n.* Gegner, Protestierer: *conscientious o.* Wehrdienstverweigerer (aus Gewissensgründen).

obligation [ɒblı'geıʃn] *n.* Verpflichtung: *meet/fulfil an o.* einer Verpflichtung nachkommen; *be under an/no o.* verpflichtet/nicht verpflichtet sein; *put an o. on s.o.* jdn. in die Pflicht nehmen.

oblige [ə'blaıdʒ] **1.** *v.t.* verpflichten: *feel ≈d to do s.th.* sich zu etw. verpflichtet fühlen; **2.** einen Gefallen tun: *you would greatly o. me by…* Sie täten mir einen großen Gefallen, wenn Sie …; *we'd be happy to o.* wir stehen gern zu Ihrer Verfügung; *much ≈d* herzlichen Dank.

observance [əb'zɛ:vəns] *n.* Beachtung, Einhaltung: *religious ≈s* Einhaltung religiöser Vorschriften.

observation [əbzə'veıʃn] *n.* **1.** Beobachtung: *be under o.* unter Beobachtung stehen; **2.** Äußerung, Kommentar.

observe [əb'zɛ:v] *v.t.* **1.** beobachten (*s.o.'s movements*); **2.** beachten, einhalten (*the rules, the speed limit*); **3.** bemerken, feststellen: *she ≈d that she was impressed* sie sagte, sie sei beeindruckt.

observer [əb'zɜ:və] *n.* Beobachter.

obstacle ['ɒbstəkl] *n.* Hindernis: *put ≈s in the way of s.th.* etw. behindern; *o. race* Hindernisrennen.

obtain [əb'teın] **1.** *v.t.* erhalten, bekommen (*goods, information*); **2.** *v.i.* gelten (*conditions, practice, rules*).

obtainable [əb'teınəbl] *adj.* erhältlich, zu beziehen.

obvious ['ɒbvıəs] *adj.* offenkundig (*advantages, difficulties*): *for o. reasons* aus einleuchtenden Gründen; *state the o.* nichts Neues sagen.

occasion [ə'keıʒn] **I.** *n.* **1.** Gelegenheit; Anlaß: *on this/that o.* bei dieser Gelegenheit; *on another o.* ein anderes Mal; *rise to the o.* der Lage gewachsen sein; *if the o. arises* wenn nötig; *special o.* besonderer

Anlaß; **2.** Anlaß, Grund: *there was no o. for you to be rude* für dein ungehobeltes Benehmen gab es keinen Grund; **II.** *v.t.* veranlassen, verursachen (*great anxiety*).

occasional [əˈkeɪʒənəl] *adj.* **1.** gelegentlich, Gelegenheits- (*visit*); **2.** für einen besonderen Anlaß geschrieben/komponiert (*music, poem*).

occupation [ˌɒkjʊˈpeɪʃn] *n.* **1.** Tätigkeit, Beruf: *by o.* von Beruf; *my favourite o.* meine Lieblingstätigkeit; **2.** Besetzung (*of a country*): *power of o.* Besatzungsmacht; *ready for o.* bezugs-/schlüsselfertig (*house*).

occupational [ˌɒkjʊˈpeɪʃənəl] *adj.* Berufs-: *o. disease* Berufskrankheit; *o. hazard* Berufsrisiko; *o. therapy* Beschäftigungstherapie.

occupy [ˈɒkjʊpaɪ] *v.t.* **1.** bewohnen (*a house*); belegen (*room, seat*); **2.** in Anspruch nehmen (*most of my spare time*); beschäftigen (*my mind*); **3.** besetzen (*a country*).

occur [əˈkɜː] *v.t.* **1.** geschehen, vorkommen: *death ≈red at 1 a.m.* der Tod trat um 1 Uhr nachts ein; *don't let it o. again!* das darf sich nicht wiederholen!; **2.** in den Sinn kommen: *did it ever o. to you that…?* hast du nie daran gedacht, daß …?

occurrence [əˈkʌrəns] *n.* Vorkommnis, Ereignis: *an everyday o.* etwas ganz Alltägliches.

ocean [ˈəʊʃn] *n.* Ozean; (*fig.*) Ströme, Mengen (*of flowers/time*); *a drop in the o.* (*fig.*) ein Tropfen auf den heißen Stein.

October [ɒkˈtəʊbə] *n.* Oktober.

odd [ɒd] *adj.* **1.** seltsam, ungewöhnlich (*behaviour, clothes*); **2.** (*math.*) ungerade (*numbers*); ungefähr: *200 o.* etwa 200; unregelmäßig: *at o. times* hin und wieder; **3.** einzeln: *o. pieces* Einzelstücke; *an o. shoe* einer von zwei Schuhen (*eines Paares*); außenstehend, abseits: *the o. man out* der Außenseiter; *do o. jobs* Gelegenheitsarbeiten verrichten.

odds [ɒdz] *n. pl.* **1.** Wahrscheinlichkeit: *the o. are that…* wahrscheinlich wird …; *fight against heavy o.* gegen eine Übermacht ankämpfen; *what are the o.?* wie stehen die Chancen?; *pay over the o.* deutlich mehr zahlen; **2.** *o. and ends* Reste.

of [əv] *prep.* **1.** von (*Genitiv bzw. besitzanzeigend*): *the rate o. inflation* die Inflationsrate; *a friend o. mine* ein Freund (von mir); **2.** aus (*Material*): *feet o. clay* (*fig.*) tönerne Füße; **3.** (*Inhalt*): *a glass o. wine* ein Glas Wein; **4.** von, vor (*objektiver Genitivgebrauch*): *fear o. God* Gottesfurcht; *put the fear o. God into s.o.* jdn. einschüchtern; *an author o. many books* ein Vielschreiber; **5.** von, aus (*Herkunft*): *a man o. the people* ein Mann aus dem Volk; **6.** (*Urheberschaft*): *the works o. Shakespeare* Shakespeares Werke; **7.** über, von (*Objekt*): *I've heard o. the place* von diesem Ort habe ich schon gehört; *a picture o. his daughter* ein Bild seiner Tochter; **8.** von (*partitiver Gebrauch*): *most o. them* die meisten von ihnen; **9.** von (*Entfernung*): *north o. Moscow* nördlich von Moskau; **10.** aus (*Entscheidung*): *she did it o. her own free will* sie tat es aus freier Entscheidung; **11.** für, von (*nach Adjektiven*): *typical o. s.o.* typisch für jdn.; *how kind o. you!* wie nett von Ihnen!

off [ɒf] **I.** *adj.; adv.* **1.** entfernt: *3 miles o.* 3 Meilen entfernt; **2.** fort: *I'm o. now* ich gehe jetzt; *get o. to a good start* einen guten Anfang machen; **3.** (*Loslösung*): *the* *handle has come o.* der Griff ist nicht mehr dran; *take those wet shoes o.* zieh die nassen Schuhe aus; *chop s.o.'s head o.* (*fig.*) jdm. den Kopf abreißen; *turn s.th. o.* etw. abstellen (*gas, electricity, water*); **4.** abgesagt: *the wedding is o.* die Hochzeit findet nicht statt; *I'm sorry, asparagus is o.* (*Restaurant*) es tut mir leid, aber es gibt (heute) keinen Spargel (mehr); **5.** frei: *I'm having a day o.* heute habe ich frei; **6.** schlecht: *the soup's definitely o.* die Suppe schmeckt reichlich seltsam; *I'm feeling a bit o. this morning* ich fühle mich heute morgen nicht ganz wohl; **7.** (*Zustand*): *how are we o. for time?* haben wir (noch) genug Zeit?; *they are rather well o.* sie sind finanziell gutgestellt; **8.** billiger: *5% o.* fünf Prozent billiger; **II.** *prep.* **1.** von: *he fell o. the roof* er fiel vom Dach; **2.** von, weg: *keep o. the main roads* vermeide die Hauptstraßen; *we were blown o. course* wir kamen vom Kurs ab (*auch fig.*); *now you're going o. the subject* jetzt verläßt du das Thema; *our house is just o. the high street* unser Haus ist in unmittelbarer Nähe der Haupt(einkaufs)straße; **3.** vor der Küste: *the island is some 10 miles o. the Mexican coast* die Insel liegt etwa 10 Meilen vor der mexikanischen Küste.

offence [ə'fens] *n.* **1.** Verstoß, Vergehen: *capital o.* schweres Verbrechen; *first o.* Ersttat; *minor o.* Bagatellvergehen; *commit an o.* (*against s.th.*) sich strafbar machen; **2.** Beleidigung, Kränkung, Anstoß: *cause/give o.* Anstoß erregen; *take o.* Anstoß nehmen; *no o.* (*meant*) (*coll.*) nichts für ungut.

offend [ə'fend] **1.** *v.t.* beleidigen, kränken; **2.** Anstoß erregen (*behaviour*); das Auge beleidigen (*building*); **3.** *v.prep.: o. against* verstoßen gegen (*the law, good manners*).

offer ['ɒfə] **I.** *v.t.* anbieten (*a reward*): *o. to do s.th.* seine Dienste anbieten; *it was kind of you to o.* vielen Dank für das Angebot; *o. one's opinion* seine Meinung zum besten geben; *whenever the opportunity ≈s (itself)* bei (der nächsten) Gelegenheit; **II.** *n.* Angebot: *on o.* im Angebot; *o. of marriage* Heiratsantrag; *firm o.* Fest(an)gebot; *be open to ≈s* Angebote erwarten.

office ['ɒfɪs] *n.* **1.** Büro, Geschäftsstelle: *at/in the o.* im Büro; *o. hours* Büro-, Dienststunden; *o. job* Büroberuf; *o. worker* (Büro-)Angestellte(r); **2.** Amt: *in o.* (*Regierung*) amtierend; *Foreign O.* (*GB*) Außenministerium; *Home O.* (*GB*) Innenministerium; *hold o.* an der Regierung sein; **3.** **≈s** *pl.* (*fig.*) Dienste: *through s.o.'s good ≈s* durch jds. (freundliche) Vermittlung.

officer ['ɒfɪsə] *n.* **1.** (*mil.*) Offizier; **2.** Beamter: *police o.* Polizeibeamter; *local government o.* Kommunalbeamter.

official [ə'fɪʃəl] **I.** *adj.* offiziell, amtlich (*announcement, inquiry, permission*): *act in an o. capacity* in amtlicher Eigenschaft tätig sein; *o. biography* autorisierte Biographie; **II.** *n.* Beamter; (*Gewerkschaft, Sport*) Funktionär.

often ['ɒfən] *adv.* oft, häufig: *as o. as not; more o. than not* recht häufig; *every so o.* gelegentlich.

oil [ɔɪl] **I.** *n.* Öl: *drill for o.* nach Öl bohren; *strike o.* fündig werden; *pour o. on the flames* (*fig.*) Öl ins Feuer gießen; *pour o. on troubled waters* (*fig.*) Öl auf die Wogen gießen, die Wogen glätten; *cod liver* *o.* Lebertran; *olive o.* Olivenöl; *vegetable o.* Pflanzenöl; *burn the midnight o.* (*fig.*) bis in die Nacht (hinein) arbeiten; *o. field* Ölfeld; *o. painting* Ölgemälde; *o. well* Ölquelle; **II.** *v.t.* ölen, schmieren: *o. the wheels* (*fig.*) die Dinge erleichtern.

okay [əʊ'keɪ] **I.** *interj.* in Ordnung, okay; **II.** *adj.* in Ordnung, unverletzt: *I'm o.* mir ist nichts passiert; *we'll be o.* wir werden es schon schaffen; *is that o. with you?* bist du einverstanden?; **III.** *adv.* sicher: *she'll be there o.* sie wird ganz sicher da sein; **IV.** *n.* Zustimmung: *give the o.* zustimmen; *get the o.* grünes Licht bekommen; **V.** *v.t.* gutheißen, genehmigen.

old [əʊld] *adj.* **1.** alt: *you're too o. for that* dazu bist du zu alt; *o. age* Rentenalter; *o. maid* alte Jungfer; *o. age pensioner* (*O.A.P.*) Rentner; *o. people's home* Altenheim; *o. boy/chap* (*coll.*) alter Junge; *O. Testament* Altes Testament; **2.** langjährig (*friend*); **3.** ehemalig: *o. boy* ehemaliger Schüler; *o. girl* ehemalige Schülerin; (*coll.*) alte Dame; *the good o. days* die gute alte Zeit; **4.** (*verstärkend*): *any o. thing* irgend etwas; *we had a grand/great o. time* wir hatten viel Spaß; *it's a funny o. world* es ist schon seltsam.

old-fashioned [əʊld'fæʃənd] altmodisch (*clothes, ideas*).

omission [ə'mɪʃn] *n.* Auslassung, Unterlassung: *errors and ≈s excepted* (*E. & O.E.*) (*Publikation*) Irrtümer und Auslassungen vorbehalten; *sin of o.* Unterlassungssünde.

omit [ə'mɪt] *v.t.* auslassen, unterlassen: *o. to do s.th.* etw. unterlassen.

on [ɒn] **I.** *prep.* **1.** auf: *put one's cards o. the table* (*fig.*) die Karten auf den Tisch legen; *o. the bus/train* im Bus/Zug; **2.** (gelegen) an: *o. the river/road* am Fluß/an der Straße (gelegen); **3.** bei (sich): *I had no money o. me* ich hatte kein Geld dabei; **4.** an/am (*Datum*): *o. Monday* am Montag; *o. Mondays* montags; (*Zeit*): *dead o. time* auf die Minute genau; **5.** (abhängig) von: *live o. the dole* von der Arbeitslosenunterstützung leben; *o. drugs* drogenabhängig; **6.** (unmittelbar) nach: *o. hearing the news, he …* sobald er davon erfuhr, …; *o. second thoughts* nach nochmaliger Überlegung; **7.** über: *a book o. Shakespeare* ein Buch über Shakespeare; *have s.th. o. s.o.* (geheime) Unterlagen über jdn. haben; **8.** auf Kosten: *this round is o. me* diese Runde geht auf mich; **9.** Mitglied bei: *be o. the jury* Geschworener sein; *which side are you o.* auf wessen Seite stehst du?; **II.** *adj.; adv.* **1.** weiter: *carry o.* weitermachen; *later o.* später; *from this day o.* von diesem Tag ab/an; **2.** (mit etw.) bekleidet: *she had her coat o.* sie hatte ihren Mantel an; **3.** eingeschaltet: *switch the lights o.* das Licht einschalten; **4.** im Programm: *what's o. tonight?* was wird heute abend gespielt?; *I've got nothing o. for tomorrow* für morgen habe ich (noch) keine Pläne; *that's just not o.* (*coll.*) das kommt nicht in Frage.

once [wʌns] **I.** *adv.* **1.** einmal: *o. a month* einmal pro Monat; **2.** (früher) einmal: *this place was o. famous* dieser Ort war früher (einmal) berühmt; *this o. great nation* diese früher so bedeutende Nation; **3.** (*mit Präpositionen und in Wendungen*) einmal: *at o.* auf einmal; *all at o.* ganz plötzlich; *just this o.* nur dieses (eine) Mal; *o. again/more* noch einmal; *o. and for all* ein für allemal; *o. bitten,* *twice shy* (*prov.*) ein gebranntes Kind scheut das Feuer; *o. in a blue moon; o. in a while* alle Jubeljahre; *o. or twice* nicht sehr oft; *o. upon a time* ... es war einmal ...; **II.** *conj.* sobald, als: *o. he arrived* sobald/als er ankam.

one [wʌn] **I.** *adj.* **1.** ein (*room rather than two*); **2.** irgendein: *o. fine day* eines schönen Tages; **3.** ein gewisser (*Mr Smith*); **4.** einzig, alleinig: *the o. thing that matters* worauf es (jetzt) ankommt; **5.** eins (von mehreren): *for o. thing* zunächst einmal; **II.** *pron.* **1.** ein: *I can't find my pencil. Can you lend me o.?* Ich kann meinen Bleistift nicht finden. Kannst du mir einen leihen?; *have another o.* nimm noch einen (*z.B. Getränk*); *I'm not o. to complain* ich beschwere mich (normalerweise) nicht; **2.** man: *do o.'s homework* seine Hausaufgaben machen (*auch fig.*); **3.** eins (*coll.*): *I landed him o. on the chin* ich habe ihm einen (Schlag) auf das Kinn gegeben; **III.** *n.* ein: *he's a great o. for sorting such things out* er ist für so etwas genau der Richtige; *that's a good o.* das ist ja ein Witz; *do you know the o. about the Irishman in London?* kennst du den (Witz) über den Iren in London?

oneself [wʌn'self] *pron.* **1.** (*refl. pron.*) sich: *commit o.* sich festlegen/verpflichten; *do s.th. to o.* sich etw. antun; *help o.* sich bedienen; **2.** selbst: *do it (by) o.* es selbst tun; *have the room all to o.* das Zimmer für sich allein haben.

onion ['ʌnjən] *n.* Zwiebel: *know one's ≈s* (*fig.*) sich (in seinem Metier) gut auskennen.

only ['əʊnlɪ] **I.** *adj.* einzig: *an o. child* ein Einzelkind; *the o. thing that matters* das einzige, das von Bedeutung ist; **II.** *adv.* **1.** nur: *members o.* nur für Mitglieder; *it's o. 8 p.m.* es ist erst 20 Uhr; **2.** nur, wenigstens (*in Wunschsätzen*): *if you would o. listen* wenn du mir wenigstens zuhören würdest; *if o. she had phoned* wenn sie wenigstens angerufen hätte; **3.** *o. just*: so eben noch, gerade; *I o. just caught my plane* ich habe mein Flugzeug gerade noch gekriegt; **4.** nur (*intensivierend*): *you know o. too well that* ... du weißt nur zu gut, daß ... .

onto ['ɒntə] *prep.* **1.** auf (*Richtung*): *put the goods o. the shelf* die Ware(n) ins Regal packen; *water was dripping o. the table* Wasser tropfte auf den Tisch; **2.** (*fig.*) auf, an: *be o. s.o.* jdm. auf die Spur gekommen sein; *be o. a good thing* etw. Gutes erwischt haben; *she's been o. me for months about the roof* wegen des Daches macht sie mich schon seit Monaten verrückt.

open ['əʊpən] **I.** *adj.* **1.** offen: *leave the door o.* die Tür offen lassen; *I can't keep my eyes o.* ich kann die Augen nicht offenhalten; *sleep with the window o.* bei geöffnetem Fenster schlafen; *o. wound* offene Wunde; *break/crack s.th. o.* etw. aufbrechen; **2.** offen, frei: *o. fire* offenes Feuer; *in the o. country* in der freien Natur; *plenty of o. air* reichlich frische Luft; **3.** geöffnet: *our shop is o. all day* wir sind/haben den ganzen Tag auf; **4.** frei zugänglich, freigegeben: *in o. court* in öffentlicher Verhandlung; *o. to traffic* für den Verkehr freigegeben; *o. day* Tag der offenen Tür; *o. to the public* für die Öffentlichkeit zugänglich; **5.** aufgeschlossen: *keep an o. mind* sich noch nicht festlegen (wollen); *be o. to advice/suggestions* Ratschläge/Vorschläge gern entgegennehmen; *be o. to persuasion* sich gern belehren/überzeugen lassen; **6.** exponiert, ausgesetzt: *o. to attack* leicht angreifbar; *o. to criticism* anfechtbar; **7.** aufrichtig, offen (*character, person*): *be o. with s.o.* offen mit jdm. reden; **II. 1.** *v.t.* öffnen (*the door, the window, one's mouth, the umbrella*); **2.** *v.i.* sich öffnen lassen: *how does this door o.?* wie läßt sich diese Tür öffnen?; **3.** *v.t.* eröffnen (*conference, meeting, Parliament*): *o. fire* das Feuer eröffnen; **4.** *v.prep.: o. out* sich öffnen lassen (*to the garden*); breiter werden (*valley*); *o. up* aufmachen (*the door*); erschließen (*a country and its natural resources*); (*coll.*) aufdrehen (*bes. Motorrad*); **III.** *n.* freie Natur: *in the o.* im Freien; *life in the o.* Leben in der freien Natur; *be out in the o.* (*fig.*) kein Geheimnis mehr sein.

opening ['əʊpənɪŋ] *n.* **1.** Öffnung (*in the wall*); *o. times* Öffnungszeiten; **2.** Eröffnung (*of Parliament*); *o. price* (*Auktion*) Eröffnungspreis; **3.** Anfang (*of a film*); **4.** freie Stelle, Chance (*for graduates*).

operate ['ɒpəreɪt] **1.** *v.t.* betreiben (*a bus service*); **2.** *v.prep.: o. on s.o.* (*med.*) jdn. operieren: *they ≈d on her last night* sie wurde gestern abend operiert; **3.** *v.i.* funktionieren: *how does the heating system o.?* wie funktioniert die Heizung?; *I don't know how his mind ≈s* ich verstehe seine Gedankengänge nicht; **4.** tätig sein: *our company ≈s in several countries* unsere Gesellschaft ist in mehreren Ländern tätig.

operation [ɒpe'reɪʃn] *n.* **1.** Betrieb: *in o.* in Betrieb; *out of o.* außer Betrieb; *come into o.* in Betrieb gehen; *one-man o.* (*OMO*) Einmannbetrieb; *put the law into o.* Gesetz anwenden; **2.** Tätigkeit, Aktion: *our overseas ≈s* unsere Überseegeschäfte; *police o.* Polizeiaktion; *rescue o.* Rettungsaktion; **3.** Operation: *a minor/major o.* eine kleinere/größere Operation; *military o.* militärische Operation.

operator ['ɒpəreɪtə] *n.* **1.** Betreiber (*of a nuclear power station*); **2.** Telefonvermittlung; **3.** (*math.*) Operator.

opinion [ə'pɪnɪən] *n.* Meinung: *in my o.* meiner Meinung nach; *public o.* öffentliche Meinung; *be of the o. that* ... der Meinung sein, daß ...; *form an o.* sich eine Meinung bilden; *have a high/low o. of s.o.* gute/schlechte Meinung von jdm. haben; *a matter of o.* Ansichtssache; *second o.* Zweitgutachten; *it is my considered o. that* ... nach reiflicher Überlegung bin ich zu der Überzeugung gelangt, daß ... .

opponent [ə'pəʊnənt] *n.* Gegner, Widersacher: *one of his strongest ≈s* einer seiner stärksten Widersacher.

opportunity [ˌɒpə'tju:nətɪ] *n.* Gelegenheit (*of doing/to do s.th.*): *at the earliest o.* bei der ersten sich bietenden Gelegenheit; *miss an o.* Gelegenheit verpassen; *take the o.* die Gelegenheit nutzen; *equality of o.* Chancengleichheit; *equal o. employer* Arbeitgeber, der keine Diskriminierung praktiziert.

oppose [ə'pəʊz] *v.t.* sich widersetzen, ablehnen (*the motorway project*); *be ≈d to s.th.* etw. ablehnen; *diametrically ≈d* diametral entgegengesetzt; *opposing views* gegensätzliche Ansichten.

opposite ['ɒpəzɪt] **I.** *n.* Gegenteil: *quite the o.* ganz im Gegenteil; **II.** *adj.* entgegengesetzt: *on the o. page* auf der Gegenseite; *live on the o. side of the road* auf der anderen Straßenseite wohnen; *travel in the o. direction* in Gegenrichtung fahren; *his o. number* sein

Pendant; **III.** *prep.* gegenüber: *the house o. the station* das Haus gegenüber dem Bahnhof.

opposition [ɒpəˈzɪʃn] *n.* **1.** Widerstand: *meet with fierce o.* auf heftigen Widerstand treffen; **2.** (*pol.*) Opposition: *Her Majesty's (Loyal) O.* (*GB*) Opposition (im Unterhaus); *Leader of the O.* (*GB*) Oppositionsführer.

or [ɔə] *conj.* oder: *are you coming o. not?* kommst du oder nicht?; *either … or* entweder … oder; *o. else* sonst; *o. rather* oder vielmehr; *somebody o. other* irgend jemand.

oral [ˈɔːrəl] **I.** *adj.* **1.** mündlich: *o. examination* mündliche Prüfung; **2.** (*anat.*) Mund-: *o. hygiene* Mundhygiene; **II.** *n.* mündliche Prüfung.

orange [ˈɒrɪndʒ] **I.** *n.* Orange, Apfelsine: *o. juice* Orangensaft; **II.** *adj.* orange(n)farben (*glow, light*).

orbit [ˈɔːbɪt] **I.** *n.* **1.** Umlaufbahn (*of the satellite*); **2.** (*fig.*) Einflußbereich; **II.** *v.t.* umkreisen (*the earth*).

orchestra [ˈɔːkəstrə] *n.* Orchester.

orchestrate [ˈɔːkəstreɪt] *v.t.* **1.** orchestrieren, für (ein) Orchester umschreiben; **2.** (*fig.*) inszenieren (*a campaign*).

order[1] [ˈɔːdə] **I.** *n.* **1.** Ordnung, Reihenfolge: *in alphabetical/chronological o.* alphabetisch/chronologisch geordnet; *in the right/wrong o.* in der richtigen/falschen Reihenfolge; *in o. of importance* nach (ihrer) Wichtigkeit (geordnet); **2.** Ordnung, Richtigkeit: *put s.th. in o.* etw. in Ordnung bringen; *call s.o. to o.* jdn. zur Ordnung rufen; **3.** Zustand: *in working/running o.* betriebsbereit; *out of o.* außer Betrieb; **4.** Ordnung, Disziplin: *keep o. in the classroom* Disziplin im Klassenzimmer wahren; *restore o.* Ruhe und Ordnung wiederherstellen; *law and o.* Recht und Ordnung; **II.** *v.t.* ordnen, regeln: *o. one's affairs* seine Angelegenheiten regeln.

order[2] **I.** *n.* **1.** Befehl, Anweisung: *on the o. of* auf Befehl von; *until further ≈s* bis auf weitere Anweisungen; *be under ≈s* an Anweisungen gebunden sein; *obey an o.* einem Befehl Folge leisten; **2.** Bestellung, Auftrag: *on o.* bestellt; *on receipt of o.* bei Auftragseingang; *place an o.* eine Bestellung erteilen; *receive an o.* einen Auftrag erhalten; *made to o.* maßgefertigt; **II.** *v.t.* **1.** befehlen: *o. s.o. about/around* jdn. herumkommandieren; **2.** bestellen.

order[3] *n.* **1.** Orden (*Gruppe*): *O. of the Garter* (*GB*) Hosenbandorden; *Benedictine o.* Benediktinerorden; **2.** Orden (*Auszeichnung*).

ordinary [ˈɔːdənərɪ] *adj.* gewöhnlich, üblich: *o. people* ganz gewöhnliche Leute; *nothing out of the o.* nichts Ungewöhnliches.

organ[1] [ˈɔːgən] *n.* **1.** (*biol.*) Organ: *o. of speech* Sprechorgan; *≈s of reproduction* Fortpflanzungsorgane; **2.** (*pol.*) Organ: *o. of government* Regierungsorgan; **3.** Organ (*Zeitung*).

organ[2] *n.* Orgel: *o. grinder* Leierkastenmann.

organic [ɔːˈgænɪk] *adj.* organisch: *o. chemistry* organische Chemie; *o. farmer* Bio-Bauer.

organization [ˌɔːgənaɪˈzeɪʃn] *n.* **1.** Organisation, Planung: *everything depends on good o.* alles hängt von einer guten Organisation/Planung ab; **2.** Organisation, Gruppe: *the local Conservative o.* die Ortsgruppe der konservativen Partei.

organize [ˈɔːgənaɪz] *v.t.; v.i.* (sich) organisieren: *get o.s. ≈d* sich vorbereiten.

origin [ˈɒrɪdʒɪn] *n.* Ursprung, Herkunft: *of humble o.(s)* aus bescheidenen Verhältnissen (stammend); *certificate of o.* Ursprungszeugnis.

original [əˈrɪdʒənl] **I.** *adj.* **1.** ursprünglich, Ur- : *the o. inhabitants* die Ureinwohner; *o. text/version* Urtext/Urfassung; *o. sin* Erbsünde; **2.** originell (*idea, painting*); **II.** *n.* Urfassung, Original: *read s.th. in the o.* etw. im Original lesen.

originate [əˈrɪdʒɪneɪt] **1.** *v.i.* entstehen: *o. from/in* entstehen/sich entwickeln aus; **2.** *v.t.* erfinden, sich ausdenken (*a new concept*).

other [ˈʌðə] **I.** *adj.* **1.** andere(r, s): *o. people* andere Leute; *on the o. hand* andererseits; *the o. world* das Jenseits; *any o. business* (*AOB*) (*Tagesordnung*) Verschiedenes; **2.** *the o. day* unlängst; **3.** *every o. ...* jeder zweite ...; **II.** *pron.* andere(r, s): *tell one from the o.* eins von dem anderen unterscheiden; *s.o. or o.* irgend jemand; *s.th. or o.* irgend etwas; *help ≈s* anderen helfen; **III.** *adv.* anders: *o. than* anders als: *there's nothing we can do o. than wait* wir können nur warten.

otherwise [ˈʌðəwaɪz] *adv.* sonst: *o. engaged* anderweitig gebunden; *we'd better hurry, o. we'll miss the train* wir täten gut daran, uns zu beeilen, sonst verpassen wir den Zug.

ought [ɔːt] *v.aux.* (*nur Präsensform*) (eigentlich) müssen, sollen: *you o. to be ashamed of yourself* du solltest dich schämen; *we o. to be more careful next time* beim nächsten Mal sollten wir vorsichtiger sein; *they oughtn't to say things like that in public* so etw. sollten sie nicht öffentlich sagen.

ounce [aʊns] *n.* Unze (*28,35 g*): *not an o. of truth in all this* (*fig.*) nicht ein Fünkchen Wahrheit daran.

our [ˈaʊə] *adj.* unser(e): *O. Father* (*rel.*) Vater unser.

ours [ˈaʊez] *pron.* unser(e, s): *o. is not to reason why* (*lit.*) es steht uns nicht an, nach den Gründen zu fragen.

out [aʊt] **I.** *adv.; adj.* **1.** heraus, hinaus: *come o.* herauskommen; *throw s.o. o.* jdn. hinauswerfen; **2.** draußen: *he's o.* er ist draußen; *the tide is o.* zur Zeit ist Ebbe; *go o.* ausgehen; **3.** erschienen, vorhanden: *the book is o.* das Buch ist erschienen; *is the sun o.?* scheint die Sonne?; *the secret is o.* das Geheimnis ist gelüftet; **4.** erloschen (*fire, light*); **5.** nicht mehr der Mode entsprechend (*short skirts*); **6.** erschöpft, bis zum letzten ausgenutzt: *I'm tired o.* ich bin völlig erschöpft; *work flat o.* bis zur Erschöpfung arbeiten; **7.** nicht richtig (berechnet): *be o. in o.'s reckoning* falsch gerechnet haben; *my watch is 5 minutes o.* meine Uhr geht 5 Minuten vor/nach; **8.** deutlich, laut: *speak o.* laut sprechen; (endlich) seine (ehrliche) Meinung sagen; **9.** auf etw. erpicht: *be o. for money* scharf auf Geld sein; **II.** *prep.: o. of* **1.** aus (*räumlich*): *run o. of the room* aus dem Zimmer rennen; *o. of danger* außer Gefahr; **2.** aus (*Motiv*): *o. of curiosity* aus Neugier; **3.** aus (*Material*): *made o. of gold* aus Gold hergestellt; **4.** aus, von (*Anteil*): *five o. of ten* fünf von zehn; **5.** ohne: *o. of breath* atemlos; *run o. of money* (langsam) kein Geld mehr haben; *o. of stock* nicht mehr vorrätig.

outcome [ˈaʊtkʌm] *n.* Ergebnis: *what was the o.* (*of it*)? was kam dabei heraus?

outdoor [ˌaʊtˈdɔː] *adj.* Straßen- (*shoes*); Freizeit- (*activies, sports*).

outdoors [aʊtˈdɔːz] *adv.* draußen, im Freien: *sleep o.* im Freien schlafen.

outer ['aʊtə] *adj.* äußere(r, s): *o. space* Weltraum; *o. wall* Außenmauer; *o. London* die Außenbezirke von London.

outline ['aʊtlaɪn] **I.** *n.* **1.** Umriß, Kontur, Silhouette (*of the trees in the garden*); **2.** Abriß, kurze Darstellung (*of the French Revolution*): *give a broad o. of s.th.* etw. grob skizzieren; **II.** *v.t.* in Umrissen darstellen, skizzieren.

outlook ['aʊtlʊk] *n.* **1.** Aussicht (*from the rear window*); **2.** Ausblick, (Zukunfts-)Aussichten: *a bright/bleak o.* gute/trostlose Aussichten; **3.** Einstellung, Haltung (*on life*).

output ['autpʊt] *n.* **1.** Ausstoß, Produktion(smenge) (*of 1000 cars per day*): *his literary o. was enormous* er war ein Vielschreiber; **2.** (*el.*) Leistung.

outset ['aʊtset] *n.* Beginn, Anfang: *at the o.* am Anfang, zu Beginn; *from the o.* von Anfang an.

outside ['aʊtsaɪd] **I.** *n.* **1.** Außenseite: *the o. of the house* die Hausfassade, das äußere Erscheinungsbild des Hauses; (*fig.*) äußerer Eindruck: *she seems calm on the o.* äußerlich erscheint sie ruhig (und gelassen); **2.** das Äußerste: *it'll cost us £200 at the* (*very*) *o.* mehr als £200 wird es uns nicht kosten; **II.** *adj.* **1.** Außen-: *o. help* Hilfe von außen; *o. lane* Außenspur; **2.** gering (*chance*); **III.** *adv.* draußen: *you'd better park your car o.* Sie täten besser daran, Ihr Auto draußen abzustellen.

outsider [aʊt'saɪdə] *n.* Außenseiter: *a rank o.* ein völlig unbekannter Kandidat.

outskirts ['aʊtskɜːts] *n. pl.* Außenbezirke (*of a city*): *live on the o.* am Stadtrand wohnen.

outstanding [aʊt'stændɪŋ] *adj.* **1.** hervorragend (*achievement, student*); **2.** (noch) ausstehend (*debts*).

oven ['ʌvən] *n.* (Back-)Ofen.

over ['əʊvə] **I.** *prep.* **1.** über: *o. the bed* über dem Bett; *jump o. the fence* über den Zaun springen; *roll o.* sich überschlagen; **2.** über, mehr als: *he's o. 2 metres (tall)* er ist mehr als 2 Meter groß; **3.** über (*Kontrolle*): *I have no one o. me* ich habe keinen Vorgesetzten; **4.** über (*Vorgang*): *discuss the matter o. a cup of coffee* etw. bei einer Tasse Kaffee besprechen; *sleep o. s.th.* etw. überschlafen; **5.** *o. and above*: zusätzlich zu; **II.** *adv.* **1.** hinüber, herüber: *cross o. to the other side* etw. überqueren; (*fig.*) die Seiten wechseln; **2.** herum, auf die andere Seite: *turn s.th. o.* etw. umdrehen; **3.** übrig: *have just £10 o.* ganze 10 Pfund übrig haben; *is anything left o.?* ist etw. übriggeblieben?; **4.** beendet, vorüber, vorbei: *the meeting was o. after 5 minutes* die Versammlung war nach 5 Minuten beendet; **5.** (*Erneuerung, Wiederholung*): *do the house o.* das Haus renovieren; *repeat s.th. several times o.* etw. mehrfach wiederholen.

overcome* [ˌəʊvə'kʌm] *v.t.* überwinden (*difficulties, problems*): *be o. with/by s.th.* von etw. überwältigt werden (*auch fig*).

overdraft ['əʊvədrɑːft] *n.* (*Konto*) Überziehung: *o. facility* Überziehungs-, Dispositionskredit.

overdraw* [əʊvə'drɔː] *v.t.* (*Konto*) überziehen.

overlook [ˌəʊvə'lʊk] *v.t.* **1.** überblicken: *our sitting room ≈s the park* von unserem Wohnzimmer haben wir eine Aussicht auf den Park; **2.** übersehen (*some mistakes*).

overtake* [əʊvə'teɪk] *v.t.* überholen

(*other cars*): *be ≈n by certain events* (*fig.*) von gewissen Ereignissen eingeholt werden.

overthrow* [ˌəʊvəˈθrəʊ] **I.** *v.t.* stürzen (*the government*); **II.** *n.* Sturz (*of the government*).

overtime [ˈəʊvətaɪm] *n.* Überstunden: *work o.*; *be on o.* Überstunden machen.

overwhelming [ˌəʊvəˈwelmɪŋ] *adj.* überwältigend (*kindness, majority*).

owe [əʊ] *v.t.* schulden (*s.o. a lot of money*): *o. s.th. to s.o.*; *o. s.o. s.th.* jdm. etw. schulden (*auch fig.*); *I o. you* (*IOU*) Schuldschein.

owing [ˈəʊɪŋ] **I.** *adj.* noch ausstehend (*amount, money*); **II.** *prep.*: *o. to* wegen (*bad weather, adverse circumstances, dense fog*).

own [əʊn] **I.** *adj.* eigen: *my o. house* mein eigenes Haus; *see s.th. with one's o. eyes* etw. mit eigenen Augen sehen; *get one's o. back* sich rächen; *o. goal* Selbsttor; **II.** *pron.* eigen: *I have a house of my o.* ich besitze ein Eigenheim; *for reasons of my o.* aus persönlichen Gründen; *come into one's o.* seine wahren Stärken zeigen; *hold one's o.* sich tapfer schlagen; **III.** *v.t.* **1.** besitzen: *we o. the place* das Anwesen ist unser Eigentum; **2.** zugeben: *o. o.s. defeated* sich geschlagen geben; *o. a child* Vaterschaft anerkennen; *o. to s.th.*; *o. up* (etw.) zugeben.

owner [ˈəʊnə] *n.* Eigentümer (*of the* property).

ownership [ˈəʊnəʃɪp] *n.* Eigentum: *private o.* Privateigentum; *under new o.* unter neuer Leitung; *bring into public o.* sozialisieren.

ox [ɒks] *n.* (*pl.* **oxen** [ˈɒksən]) Ochse.

oxygen (ˈɒksɪdʒen] *n.* Sauerstoff: *o. mask* Sauerstoffmaske.

ozone [ˈəʊzəʊn] *n.* Ozon: *o. gap* Ozonloch; *o. layer* Ozonschicht.

P

pace [peɪs] **I.** *n.* **1.** Schritt: *a few ≈s away* nur wenige Schritte entfernt; **2.** Tempo: *force the p.* das Tempo beschleunigen; *keep p.* (*with s.o./s.th.*) mithalten; *set the p.* das Tempo vorgeben; *put s.o./s.th. through his/its ≈s* jdn./etw. auf Herz und Nieren prüfen; *at a snail's p.* im Schneckentempo; **II. 1.** *v.i.* schreiten (*up and down the platform*); **2.** *v.prep.: p. out* abschreiten, messen (*the length of the hall*).

pacemaker ['peɪsmeɪkə] *n.* Schrittmacher (*auch Med.*).

pack [pæk] **I.** *n.* **1.** Bündel, Rucksack; **2.** Paket, Schachtel (*of cigarettes*), Packung; **3.** Rudel (*of wolves*); Meute (*of hounds*); **4.** (*pej.*) Menge: *p. of lies* lauter Lügen; *p. of thieves* Diebesbande; **II.** *v.t.* **1.** (ver)packen (*one's belongings, a suitcase*); **2.** vollstopfen, hineinzwängen: *the restaurant was ≈ed* das Restaurant war bis auf den letzten Platz besetzt; **3.** *send s.o. ≈ing* (*coll.*) jdn. davonjagen; **4.** *p. it in* (*coll.*) aufgeben, alles hinschmeißen.

package ['pækɪdʒ] **I.** *n.* **1.** Paket; **2.** (*fig.*) Bündel (*of measures*); *p. tour* Pauschalreise; **II.** *v.t.* verpacken.

packet ['pækɪt] *n.* **1.** Paket, Schachtel (*of cigarettes*); **2.** (*fig.*) Menge: *cost a p.* (*coll.*) ein Heidengeld kosten.

page [peɪdʒ] *n.* **1.** Seite; **2.** (*fig.*) Episode: *one of the finest ≈s in this country's history* eines der größten Ereignisse in unserer Geschichte.

pain [peɪn] *n.* **1.** Schmerz: *be in great p.* große Schmerzen haben; *cause/give s.o. a lot of p.* jdm. große Schmerzen bereiten (*auch fig.*); *she's a p. in the neck* (*coll.*) sie ist eine Nervensäge; *aches and ≈s* Wehwehchen; **2.** ≈**s** *pl.* Mühe: *be at/go to/take great ≈s* sich alle erdenkliche Mühe geben.

painful ['peɪnfəl] *adj.* **1.** schmerzhaft; **2.** schmerzlich (*experience*).

painstaking ['peɪnsteɪkɪŋ] *adj.* gewissenhaft.

paint [peɪnt] **I.** *n.* **1.** Farbe: *coat of p.* Anstrich, Farbschicht; *wet p.* (*Schild*) frisch gestrichen; **2.** (*coll.*) Schminke; **II.** *v.t.* **1.** anstreichen (*the ceiling*); **2.** malen (*a picture*); (*fig.*) zeichnen: *p. a gloomy picture of s.th.* etw. negativ darstellen; *p. the town red* (*coll.*) sich amüsieren, einen draufmachen.

painter ['peɪntə] *n.* Maler: *p. and decorator* Anstreicher.

painting ['peɪntɪŋ] *n.* Gemälde.

pair ['peə] **I.** *n.* **1.** (*Gegenstände*) Paar (*of gloves/shoes*): *p. of scissors* Schere; *p. of trousers* Hose; **2.** (*Menschen, Tiere*) Paar, Pärchen: *the happy p.* die Jungvermählten; *in ≈s* zusammen, paarweise; *the p. of you* (*coll.*) ihr beide; **II. 1.** *v.i.* (sich) paaren; **2.** *v.t.* verbinden, verkuppeln (*one's sister off with s.o.*).

palace ['pæləs] *n.* Palast, Residenz.

pale [peɪl] **I.** *adj.* bleich (*complexion, face*): *go/turn p. with anger* vor Wut blaß werden; *p. face* Bleichgesicht; *p. light* schwaches Licht; **II.** *v.i.* bleich werden, verblassen: *p. into insignificance (by comparison)* (vergleichsweise) unbedeutend werden.

palm[1] [pɑːm] *n.* Palme: *bear/carry the p.* den Sieg erringen.

palm[2] **I.** *n.* Handfläche: *read s.o.'s p.* jdm. aus der Hand lesen; *grease s.o.'s p.* (*coll.*) jdn. bestechen/schmieren; *have s.o. in the p. of one's hand* jdn. in der Hand haben;

II. *v.t.*: *p. s.o. off with s.th.* jdm. etw. andrehen; jdn. mit etw. abspeisen.

pan [pæn] **I.** *n.* Topf, Pfanne: *frying p.* Bratpfanne; **II.** *v.t.* (*Gold*) waschen.

panel ['pænl] **I.** *n.* **1.** Platte: *solar p.* Sonnenkollektor; Täfelung; (*Auto*) Karosserieteil: *wing p.* Kotflügelblech; *p. beater* Karosserieschlosser; **2.** Gremium: *p. of experts* Sachverständigenrat; *p. of jurors* Geschworenenliste; *p. game* Ratespiel; **II.** *v.t.* vertäfeln (*the ceiling*).

panic ['pænɪk] **I.** *n.* Panik: *get into a p.* in Panik geraten; *in a state of p.* panikartig; *p. button* Alarmknopf; **II. 1.** *v.i.* in Panik geraten: *don't p.!* nur keine Panik!; **2.** *v.t.* in Panik versetzen (*the government*).

pants [pænts] *n. pl.* **1.** (*GB*) Unterhose; **2.** (*US*) Hose: *be caught with one's p. down* (*fig.*) auf dem falschen Fuß erwischt werden; *scare the p. off s.o.* jdm. einen gehörigen Schrecken einjagen.

paper ['peɪpə] **I.** *n.* **1.** Papier: *writing p.* Schreibpapier; *p. bag* Papiertüte; *p. handkerchief* Papiertaschentuch; **2.** Zeitung: *today's p.* die Zeitung von heute; *local p.* Lokalblatt; **3.** Klausur, Aufgabe: *the maths p.* die Mathematikklausur; **4.** Aufsatz, Beitrag: *give/read a p. (at the conference)* Vortrag halten; **II.** *v.t.* tapezieren (*the sitting room*): *p. over the cracks* (*fig.*) Differenzen übertünchen.

paperback ['peɪpəˌbæk] *n.* Taschenbuch.

parade [pə'reɪd] **I.** *n.* Parade, Prozession: *on p.* zur Schau gestellt; *make a p. of s.th.* etw. aufbauschen; **II. 1.** *v.t.* zur Schau stellen (*a new dress, one's knowledge*); **2.** *v.i.* vorbeiziehen, aufmarschieren.

paragraph ['pærəˌgrɑːf] **I.** *n.* **1.** (*Text*) Absatz; **2.** kurzer Zeitungsartikel; **II.** *v.t.* Absätze bilden, gliedern.

parallel ['pærəlel] **I.** *adj.* **1.** parallel (*lines*): *run p. to/with s.th.* parallel zu etw. verlaufen; *p. bars* (*Sport*) Barren; **2.** gleichartig, gleichzeitig (*development, investigation*); **II.** *n.* **1.** Parallele; **2.** vergleichbarer Fall: *without p.* einzigartig; *draw a p. between A and B* A und B vergleichen; **3.** *in p.* (*el.*) parallel geschaltet; **III.** *v.t.* gleichen, vergleichbar sein: *her achievement has never been ≈led* ihre Leistung ist bislang unerreicht.

parcel ['pɑːsəl] **I.** *n.* **1.** Paket: *send s.th. by p. post* etw. als Paket aufgeben; *p. bomb* Paketbombe; **2.** Parzelle (*of land*); **II.** *v.prep.*: *p. out/up* aufteilen, parzellieren (*a plot of land*).

pardon ['pɑːdən] **I.** *n.* **1.** Begnadigung: *general p.* Amnestie; **2.** Vergebung, Nachsicht: *ask s.o.'s p.* jdn. um Verzeihung bitten; *I beg your p.!* ich muß doch sehr bitten!; **II.** *v.t.* **1.** begnadigen; **2.** vergeben, verzeihen: *p. my asking* entschuldigen Sie die Frage; *if you'll p. the expression* wenn ich das so sagen darf.

parent ['peərənt] *n.* Elternteil: *single p.* Alleinerziehende(r); *p. company* Muttergesellschaft; **≈s** *pl.* Eltern.

parents-in-law ['peərənsɪnlɔː] *n. pl.* Schwiegereltern.

park [pɑːk] **I.** *n.* Park; **II.** *v.t.* parken; (*fig.*) stehenlassen, zeitweilig abstellen (*luggage*).

parliament ['pɑːləmənt] *n.* Parlament; (*GB*) Unterhaus.

parliamentary ['pɑːləˌmentərɪ] *adj.* parlamentarisch.

part [pɑːt] **I.** *n.* **1.** Teil: *spend (a) p. of one's holiday abroad* einen Teil des Urlaubs im Ausland verbringen; *the greater p.* der größte Teil;

p. of speech (*gram.*) Satzteil: *p. and parcel of s.th.* fester Bestandteil von etw.; *in p.* teilweise; *for the most p.* größtenteils; *on my p.* meinerseits; *take p. in s.th.* sich an etw. beteiligen; **2.** (*theat.*) Rolle: *play a p.* Rolle spielen (*auch fig.*); *look the p.* richtig aussehen; *take s.o.'s p.* jdn. unterstützen; **II.** *v.i.* Abschied nehmen: *p. with s.th.* sich (widerstrebend) von etw. trennen.

partial [pɑːʃl] *adj.* **1.** teilweise (*agreement, success*); **2.** voreingenommen: *be p. to s.th.* für etw. eine Schwäche haben.

participate [pɑːˈtɪsɪpeɪt] *v.i.* teilnehmen, sich beteiligen (*in s.th.*).

participation [ˌpɑːtɪsɪˈpeɪʃn] *n.* Teilnahme, Beteiligung.

particular [pəˈtɪkjʊlə] *adj.* **1.** besonders (*case, reason*); *in p.* insbesondere; **2.** wählerisch: *be p. about (one's) food* in bezug auf das Essen sehr pingelig sein.

particulars [pəˈtɪkjʊləz] *n. pl.* Einzelheiten: *take down s.o.'s p.* jds. Namen und Adresse notieren.

partner [ˈpɑːtnə] **I.** *n.* **1.** Teilhaber, Gesellschafter (*in a firm*): *dormant/sleeping p.* stiller Teilhaber; *general p.* voll haftender Gesellschafter, Komplementär; *limited p.* beschränkt haftender Gesellschafter, Kommanditist; **2.** Mitspieler; Tanzpartner; **3.** Lebensgefährte, Lebensgefährtin; **4.** *p. in crime* Komplize; **II. 1.** *v.t.* als (jds.) Partner fungieren; **2.** (jdn.) als Mitspieler bestimmen.

partnership [ˈpɑːtnəʃɪp] *n.* **1.** Personengesellschaft; *general p.* offene Handelsgesellschaft (OHG); *limited p.* Kommanditgesellschaft (KG); **2.** Gemeinschaft, Partnerschaft.

part-time [ˈpɑːtaɪm] *adj.* Teilzeit- (*employment, work*).

part-timer [pɑːˈtaɪmə] *n.* Teilzeitkraft.

party [ˈpɑːtɪ] *n.* **1.** (*pol.*) Partei: *p. member* Parteimitglied; *the p. faithful* die Linientreuen; *p. man* Gefolgsmann; *follow the p. line* der Parteilinie folgen; *p. politics* Parteipolitik; **2.** (*jur.*) Partei: *p. to the contract* Vertragspartei; *the guilty p.* der/die Schuldige; *third p.* Dritter; *third-p. policy* Kfz-Haftpflichtversicherung; *be a p. to s.th.* an etw. beteiligt sein; **3.** Gruppe (*of schoolchildren/tourists*): *working p.* Arbeitsgruppe; **4.** Party, Feier: *birthday p.* Geburtstagsfeier; *give/throw a p.* Party geben; *p. dress* Partykleid.

pass [pɑːs; *US:* pæs] **I.** *n.* **1.** Ausweis, Passierschein: *free p.* Freikarte; *monthly p.* Monatskarte; **2.** (*Prüfung*) Bestehen: *she's got a p. in French* sie hat die Französischprüfung bestanden; **3.** (*Sport*) Paß, Vorlage; **4.** Bewegung (*with one's hands*); **5.** Paß(straße); **6.** (*Spiel*) Verzicht, Passen; **7.** Vorbeifliegen: *the planes made a few ≈es over the harbour* die Flugzeuge flogen mehrere Male über den Hafen; **8.** Ansprechen, Anmachen: *he made a p. at her* er machte bei ihr einen Annäherungsversuch; **9.** Entwicklung: *come to p.* passieren: *things have come to a pretty p.* so weit ist es schon gekommen; **II. 1.** *v.t.* vorbeifahren, überholen; **2.** über etwas hinausgehen: *it ≈es my understanding* es übersteigt mein Fassungsvermögen; **3.** bestehen (*an examination*); **4.** bestehen/durchgehen lassen (*all the candidates/vehicles*); **5.** reichen (*the bottle/salt*); zuspielen (*the ball*); **6.** verbringen (*one's holidays/the time*); **7.** *in Phrasen und präp. V: p. away* entschlafen; *p. by* vorbeigehen, vorbeifahren; (*Zeit*) verstreichen; *p. down* (*Tradition*) überliefern; *p. for/off* durchgehen (*as a native*); *p. off* ablaufen (*without incidents*); *p. on* weitergeben; *p. out* ohnmächtig werden; *p. over* übergehen; *p. through* durchfahren (*a town*); durchmachen (*a difficult time*).

passage ['pæsɪdʒ] *n.* **1.** Passage, Korridor; **2.** Durchfahrt; **3.** Verabschiedung (*of a bill by Parliament*); **4.** Verlauf (*of time*); **5.** Passage, Schiffsreise: *work one's p.* seine Überfahrt abarbeiten; **6.** Textauszug (*from the Bible*).

passenger ['pæsɪndʒə] *n.* Passagier, Fahrgast; Beifahrer: *we can't afford to carry any ≈s* (*fig.*) für Drückeberger ist hier kein Platz; *p. car* Personenkraftwagen (Pkw); *p. carryings* Fahrgastaufkommen; *p. train* Personenzug.

passion [pæʃn] *n.* **1.** Leidenschaft: *be in a p.* erregt sein; *fly into a p.* sich aufregen; *≈s ran high* es ging hoch her; **2.** (*rel.*) Passion: *p. play* Passionsspiel.

passionate ['pæʃənət] *adj.* leidenschaftlich.

passive ['pæsɪv] **I.** *adj.* passiv (*resistance, smoking*); teilnahmslos (*audience, expression*); **II.** *n.* (*gram.*) Passivform.

passport ['pɑːspɔːt] *n.* **1.** Paß: *hold a British p.* einen britischen Paß besitzen; **2.** (*fig.*) Schlüssel (*to happiness/success*).

password ['pɑːswɜːd] *n.* Stichwort, Parole.

past [pɑːst; *US:* pæst] **I.** *adj.* **1.** früher: *in times p.* in früheren Zeiten; *that's p. history* das gehört jetzt der Vergangenheit an; **2.** vorig, letzte(r, s): *in the p. few days* in den letzten (paar) Tagen; *the p. month* der letzte Monat; **II.** *n.* Vergangenheit: *be a thing of the p. der Vergangenheit angehören; a man/woman with a p.* ein Mann / eine Frau mit Vergangenheit; **III.** *prep.* **1.** (*Zeit*) nach: *five p. six* fünf Minuten nach sechs; **2.** über, hinaus: *be p. working* nicht mehr arbeitsfähig sein; *I'm p. caring* es ist mir völlig egal; *be p. it* (*coll.*) nicht mehr der/die Jüngste sein; *I wouldn't put it p. him* ich würde es ihm schon zutrauen; **IV.** *adv.* vorbei: *drive p.* vorbeifahren; *walk p.* vorbeigehen.

paste [peɪst] **I.** *n.* Paste, Kleister, Brei; (fetthaltiger) Teig; **II.** *v.t.* kleben, kleistern: *p. a notice (up) on the wall* Bekanntmachung an die Wand kleben.

pastry ['peɪstrɪ] *n.* **1.** (fetthaltiger) Teig: *puff p.* Blätterteig; **2.** Gebäck: *Danish p.* Hefeteilchen.

patch [pætʃ] **I.** *n.* **1.** Flicken (*on the elbows of a jacket*); *eye p.* Augenklappe; **2.** Fleck: *a black dog with a white p.* ein schwarzer Hund mit einem weißen Flecken; Farbtupfer (*of colour against a grey background*); **3.** kurze Phase: *≈es of rain* kurze Schauer; *go through a bad p.* eine schwierige Zeit durchmachen; **4.** Bezirk, Bereich, Revier (*z. B. Polizei*); Schrebergarten; **5.** (*coll.*) *not a p. on s.o./s.th.* längst nicht so gut wie jd./etw.; **II.** *v.i.* flicken (*a hole*); (*fig.*) ins Lot bringen: *they ≈ed up their differences* sie söhnten sich aus; *p. up the wounded* die Verwundeten medizinisch (notdürftig) versorgen.

patent[1] ['peɪtənt] *n.* Patent: *take out a p. for s.th.* etw. patentieren lassen; *p. medicine/recipe* (*fig.*) Patentrezept.

patent[2] *adj.* offenkundig (*lie*).

path [pɑːθ] *n.* Weg, Pfad (*across the fields*); *keep to the p.* den Weg nicht verlassen; Bahn (*of an ar-*

row); (*fig.*) Weg: *p. to success* Weg zum Erfolg; *I won't stand in your p.* ich will dir nicht im Wege stehen; *cross s.o.'s p.* jdm. über den Weg laufen.

patience ['peɪʃəns] *n.* Geduld: *lose one's p.* seine Geduld verlieren; *try s.o.'s p.* jdn. auf eine harte Geduldsprobe stellen.

patient ['peɪʃənt] **I.** *adj.* geduldig (*with s.o.*); **II.** *n.* Patient(in).

patron ['peɪtrən] *n.* **1.** Schirmherr, Mäzen (*of the arts*); *p. saint* Schutzheilige(r); **2.** Kunde, Gast: *regular ≈s* Stammkunden; *≈s only* (*Schild*) (Parken) nur für Kunden.

patronage ['pætrənɪdʒ] *n.* Schirmherrschaft.

patronize ['pætrənaɪz] *v.t.* **1.** herablassend/gönnerhaft behandeln; **2.** regelmäßig (als Kunde) aufsuchen (*pub, restaurant*).

pattern ['pætən] **I.** *n.* **1.** Muster: *checked p.* kariertes Muster; *flowery p.* Blümchenmuster; **2.** Muster, Vorlage: *according to a p.* nach Vorlage; *work to a p.* nach einem Muster arbeiten; *knitting p.* Strickmuster; Vorbild: *set a p.* Vorbild sein; **3.** Ablauf (*of behaviour/events*); **II.** *v.refl.; v.t.: p. o.s./s.th. on s.o./s.th.* sich/etw. an jdm./etw. orientieren.

pause [pɔːz] **I.** *n.* Pause: *p. for thought* Zeit zum Nachdenken; **II.** *v.i.* Pause machen (*for a cup of tea*).

pavement ['peɪvmənt] *n.* **1.** (*GB*) Bürgersteig; **2.** (*US*) Fahrbahn; **3.** Straßenbelag.

pay* [peɪ] **I. 1.** *v.t.* (be)zahlen (*the bill/by cheque*): *p. cash* bar zahlen; *p. back* zurückzahlen; (*fig.*) heimzahlen; **2.** (*fig.*) (*Dienst*) erweisen: *p. attention* aufpassen; *p. s.o. a compliment* jdm. ein Kompliment machen; *p. a visit* einen Besuch abstatten; **3.** *v.i.* sich bezahlt machen, sich lohnen: *the investment will p. (for itself) in less then five years* die Investition rentiert sich in weniger als fünf Jahren; *crime doesn't p.* Verbrechen lohnt sich nicht; **4.** *v.prep.: p. off* sich lohnen; abfinden; abzahlen; *p. out* auszahlen; *p. up* Schulden begleichen; **II.** *n.* Bezahlung, Lohn: *be in s.o.'s p.* für jdn. arbeiten/tätig sein; *p. claim* Lohn-/Gehaltsforderung; *p. settlement* Tarifabschluß.

payment ['peɪmənt] *n.* (Be-)Zahlung.

pea [piː] *n.* Erbse.

peace [piːs] *n.* **1.** Frieden: *make p.* Frieden schließen; *the P. of Versailles* der Friede von Versailles; *p. movement* Friedensbewegung; **2.** Ruhe und Ordnung: *keep the p.* öffentliche Ordnung wahren bzw. aufrechterhalten (*police*); **3.** innerer Frieden: *be at p. with o.s.* mit sich selbst im reinen sein; *give s.o. no p.* jdn. nicht in Ruhe lassen; *p. and quiet* Ruhe und Frieden.

peaceful ['piːsfʊl] *adj.* **1.** friedlich (*demonstration*); **2.** ruhig (*afternoon*).

peach [piːtʃ] *n.* **1.** Pfirsich; **2.** (*coll.*) Extraklasse: *you're a real p.!* du bist ein Schatz!; *a p. of a shot* ein Superschuß.

peak [piːk] **I.** *n.* **1.** (Berg-)Spitze: *the high ≈s* das Hochgebirge; *P. District* Gebirgslandschaft in Derbyshire (*Mittelengland*); **2.** (*fig.*) Spitze: *p. period/time* Spitzenzeit, Hochsaison; **II.** *v.i.* Höchststand erreichen.

peanut ['piːnʌt] *n.* **1.** Erdnuß; **2.** *≈s pl.* (*coll.*) lächerlicher Betrag.

pear ['peə] *n.* Birne; *≈-shaped adj.* birnenförmig.

pearl [pɜːl] *n.* Perle: *p. necklace* Perlenkette.

peasant ['peznt] *n.* **1.** (armer/rückständiger) Bauer; **2.** (*pej.*) Banause, Prolet.

peculiar [pɪ'kju:lɪə] *adj.* **1.** seltsam, sonderbar (*character, feeling, noise, person, smell*); **2.** eigentümlich, typisch, beschränkt: *this accent is p. to the north west of the country* dieser Dialekt ist typisch für den Nordwesten des Landes.

peculiarity [pəkjʊlɪ'ærətɪ] *n.* Eigenschaft, Besonderheit.

pedal ['pedl] **I.** *n.* Pedal; **II.** *v.t.; v.i.* radfahren.

pedestrian [pə'destrɪən] **I.** *n.* Fußgänger(in); **II.** *adj.* Fußgänger-: *p. crossing* Fußgängerüberweg; **2.** (*fig.*) schlicht: *a rather p. performance* eine eher bescheidene Leistung.

peel [pi:l] **I. 1.** *v.t.* schälen (*potatoes*): *p. off one's clothes* Kleidung abstreifen; **2.** *v.i.* sich lösen: *her skin began to p.* ihre Haut fing an, sich zu schälen; **II.** *n.* Schale (*orange*).

peg [peg] **I.** *n.* Pflock, Stift, Wäscheklammer: *off the p.* (*Kleidung*) von der Stange; *take s.o. down a p. or two* (*coll.*) jdm. einen Dämpfer geben; *a square p. in a round hole* (*fig.*) etwas Unvereinbares; **II. 1.** *v.t.* befestigen (*s.th. in place*): *p. away s.th.* ununterbrochen an etw. arbeiten; **2.** *v.prep.: p. out* (*Parzelle*) abstecken; (*coll.*) krepieren.

pen[1] [pen] **I.** *n.* **1.** Feder: *put p. to paper* schreiben; *fountain p.* Füllfederhalter; **2.** Schriftstellerei: *live by the p.* von der Schriftstellerei leben; **II.** *v.t.* schreiben.

pen[2] *n.* **1.** Pferch: *play p.* Laufstall; **2.** (*US*) (*coll.*) Gefängnis.

penal ['pi:nl] *adj.* Straf- (*colony, law, reform*).

penalize ['pi:nəlaɪz] *v.t.* bestrafen.

penalty ['penəltɪ] *n.* **1.** Strafe: *death p.* Todesstrafe; *p. clause* Strafklausel; *on p. of* unter Androhung von; **2.** (*Sport*) Strafstoß, Strafwurf.

pence [pens] → **penny**.

pencil ['pensl] **I.** *n.* (Blei-, Mal-)Stift; (Augenbrauen-, Eyeliner-)Stift; **II.** *v.t.* zeichnen, malen: *p. in a date* einen Termin vormerken.

penetrate ['penətreɪt] *v.t.* ein-, durchdringen: *the noise of the explosion ≈ed (through) the thick walls* der Krach der Explosion drang durch die dicken Mauern; (*fig.*) erkennen (*mystery, thoughts*).

penetration [penə'treɪʃn] *n.* **1.** Eindringen; **2.** Verständnis (*of s.o.'s mind*).

penny ['penɪ] *n.* (*pl.* **pennies** *bzw.* **pence** (*GB*)) **1.** (*GB*) Währungseinheit; **2.** *p. for your thoughts* (*coll.*) woran denkst du?; *two/ten a p.* zuhauf; *in for a p., in for a pound* (*prov.*) wer A sagt, muß auch B sagen; *spend a p.* mal eben verschwinden; *the p. has dropped* der Groschen ist gefallen.

pension ['penʃən] **I.** *n.* Pension, Rente: *old age p.* Altersrente; *draw a p.* Rente beziehen; **II.** *v.t.* pensionieren: *p. s.o. off* jdn. in den Ruhestand schicken.

pensioner ['penʃənə] *n.* Rentner(in): *old age p.* (*OAP*) Altersrentner(in).

people ['pi:pl] **I.** *n.* **1.** Menschen, Leute: *French p.* Franzosen; *he of all p.* ausgerechnet er; **2.** Bevölkerung, Volk: *the English p.* das englische Volk; *the common p.* das einfache Volk; *a man of the p.* ein Mann des Volkes; **3.** (*coll.*) Familie, Verwandte: *I'm staying with my p.* ich wohne bei Verwandten; **II.** *v.t.* bevölkern.

pepper ['pepə] **I.** *n.* **1.** Pfeffer: *black/white p.* schwarzer/weißer Pfeffer; **2.** Paprika; **II.** *v.t.* **1.** pfeffern; **2.** (*coll.*) beschießen (*s. th. with bullets*).

per [pɜ:] *prep.* pro: *p. capital/head*

pro Kopf; *revolutions p. minute* (*rpm*) Umdrehungen pro Minute; *miles p. hour* (*mph*) Meilen pro Stunde.

perceive [pə'si:v] *v.t.* wahrnehmen (*a change in s.o.'s behaviour*).

per cent (*GB*); **percent** (*US*) [pə'sent] Prozent.

percentage [pə'sentɪdʒ] *n.* Prozentsatz, Anteil.

perception [pə'sepʃn] *n.* **1.** Wahrnehmung; **2.** Einsicht, Einfühlungsvermögen.

perfect I. ['pɜ:fekt] *adj.* **1.** perfekt (*harmony, performance, weather*): *nobody is p.* niemand ist perfekt; **2.** total, absolut (*idiot, nonsense*): *a p. stranger* ein völlig Unbekannter; **II.** *n.* (*gram.*) Perfekt: *past p.* Plusquamperfekt; **III.** [pə'fekt] *v.t.* vervollkommnen (*a technique*).

perfection [pə'fekʃn] *n.* **1.** Vervollkommnung (*of a technique*); **2.** Perfektion, Vollkommenheit: *strive for p.* Perfektion anstreben; *to p.* ideal, vollkommen.

perform [pə'fɔ:m] **I.** *v.t.; v.i.* **1.** leisten: *p. an operation* eine Operation durchführen; *p. a task* eine Aufgabe erfüllen; *p. a miracle* ein Wunder zuwege bringen; *how does your new car p.?* wie läuft dein neues Auto?; **2.** (*theat.*) aufführen (*concert, play*); Rolle spielen: *she ≈ed well as Desdemona* sie spielte die Desdemona gut.

performance [pə'fɔ:məns] *n.* **1.** Leistung (*in an examination*): Erfüllung (*of one's duties*); **2.** (*theat.*) Aufführung: *first p.* Premiere; *two ≈s a day* zwei Aufführungen pro Tag; (*pej.*) Theater, Aufwand: *what a p.!* welch ein Aufwand!

perhaps [pə'hæps] *adv.* vielleicht (*auch in höflichen Bitten*): *p. you would be good enough to explain?* könnten Sie mir bitte die Sache erklären?

period ['pɪərɪəd] *n.* **1.** Zeitraum, Periode (*of two weeks*): *sunny ≈s* (*met.*) zeitweise Sonnenschein; *trial p.* Probezeit; **2.** historische Epoche: *p. furniture* Stilmöbel; **3.** Schulstunde; **4.** (*US*) (*Interpunktion*) Punkt.

periodical [pɪərɪ'ɒdɪkl] *n.* Zeitschrift.

permanent ['pɜ:mənənt] *adj.* dauernd, ständig: *p. employment* Dauerbeschäftigung; *p. address* ständige Adresse.

permission [pə'mɪʃn] *n.* Erlaubnis, Genehmigung: *without p.* ohne Genehmigung; *give p.* Genehmigung erteilen; *planning p.* Baugenehmigung.

permissive [pə'mɪsɪv] *adj.* freizügig, liberal: *p. society* liberale/tolerante Gesellschaft.

permit I. [pə'mɪt] *v.t.* **1.** genehmigen: *the rules do not p. smoking on the premises* in den Geschäftsräumen ist Rauchen nicht gestattet; **2.** zulassen, ermöglichen: *weather ≈ting* wenn es das Wetter zuläßt; **II.** ['pɜ:mɪt] *n.* (*Dokument*) Genehmigung.

person ['pɜ:sən] *n.* **1.** Person: *you're just the (type of) p. we need* Sie sind genau der/die Richtige; **2.** (*jur.*) *any p. committing such an offence will be prosecuted* jeder, der sich solch eines Vergehens schuldig macht, wird strafrechtlich verfolgt; *crime against the p.* Vergehen gegen eine (natürliche) Person; *missing p.* Vermißte(r); **3.** (*gram.*) Person: *1st p.* erste Person.

personal ['pɜ:sənəl] *adj.* **1.** persönlich (*affair, matter, opinion*): *p. effects* Privatgegenstände; *give s.th. one's p. attention* sich persönlich um etw. kümmern; **2.** (*gram.*) *p. pronoun* Personalpronomen.

personality [ˌpɜ:sə'nælətɪ] *n.* **1.** Persönlichkeit: *p. cult* Persönlichkeitskult; *television p.* Fernsehstar;

2. **personalities** *pl.* persönliche Bemerkungen.
personally ['pɜːsenəlɪ] *adv.* persönlich: *p. (speaking), I view the matter with great concern* ich persönlich sehe die Sache mit Besorgnis; *there's no need to take it p.* nimm es nicht persönlich.
personify [ˌpə'sɒnɪfaɪ] *v.t.* personifizieren.
personnel [ˌpɜːsə'nel] *n.* **1.** Personal, Belegschaft: *p. manager(ess)* Leiter(in) der Personalabteilung; **2.** *p. (department)* Personalabteilung.
perspective [pə'spektɪv] *n.* **1.** Perspektive (*in a picture*): *out of p.* perspektivisch verzerrt; **2.** Blickwinkel: *see things in (their proper) p.* die Dinge sehen, wie sie sind.
persuade [pə'sweɪd] *v.t.* **1.** überreden (*s.o. to do s.th.*); **2.** überzeugen: *I'm not ≈d of the truth of the statement* ich bin nicht von der Richtigkeit der Aussage überzeugt.
persuasion [pə'sweɪʒn] *n.* **1.** Überredung: *powers of p.* Überredungskünste; **2.** Überzeugung: *various political ≈s* verschiedene politische Überzeugungen; *it is my p. that* … ich bin der (festen) Überzeugung, daß … .
pet [pet] **I.** *n.* **1.** Haustier: *p. food* Tiernahrung; *p. shop* Tierhandlung; **2.** (*fig.*) Liebling: *teacher's p.* Lieblingsschüler(in); *p. subject* Lieblingsfach; **II.** *v.t.* streicheln, liebkosen.
petition [pə'tɪʃn] **I.** *n.* **1.** Petition, Unterschriftsaktion (*against the road scheme*); **2.** (*jur.*) Eingabe, Antrag: *p. for divorce* Scheidungsantrag; **II.** *v.t.* Gesuch einreichen: *p. the authorities for a zebra crossing* bei den Behörden eine Unterschriftenliste für einen Fußgängerüberweg einreichen.
petrol ['petrəl] (*GB*) *n.* Benzin: *p. station* Tankstelle.
petroleum [pə'trəʊlɪəm] *n.* Erdöl.
philosophical [ˌfɪlə'sɒfɪkəl] *adj.* **1.** philosophisch (*writings*); **2.** gelassen: *he was very p. about it* er nahm es sehr gelassen.
philosophy [fɪ'lɒsəfɪ] *n.* **1.** Philosophie; **2.** Einstellung, Haltung: *that's my p.* das ist meine Einstellung.
phone [fəʊn] **I.** *n.* Telefon: *be on the p.* am Apparat sein; ein Telefon haben; *p. book* Telefonbuch; *p. box* Telefonzelle; *p. number* Telefonnummer; **II.** *v.t.* anrufen, telefonieren: *p. back* zurückrufen; *p. up* anrufen.
photo ['fəʊtəʊ] *n.* Foto, Aufnahme.
photocopy ['fəʊtəʊˌkɒpɪ] *n.* Fotokopie.
photograph ['fəʊtəʊˌgrɑːf] *n.* Fotografie, Aufnahme.
photographer [fə'tɒgrəfə] *n.* Fotograf.
photography [fə'tɒgrəfɪ] *n.* Fotografie.
phrase [freɪz] **I.** *n.* **1.** (*gram.*) Phrase; **2.** Ausdruck: *to coin a p.* wenn ich mich so ausdrücken darf; *turn of p.* Formulierung; *p. book* Sprachführer; **II.** *v.t.* **1.** formulieren; **2.** (*mus.*) phrasieren.
physical ['fɪzɪkl] **I.** *adj.* **1.** körperlich (*disability, exercise, strength*): *p. education* (*PE*) (*Schule*) Sport; ärztlich (*examination*); **2.** physikalisch (*explanation, geography, map*); **3.** praktisch, technisch (*impossibility*); **4.** handgreiflich: *get p.* (*coll.*) handgreiflich werden; **II.** *n.* ärztliche Untersuchung.
physician [fɪ'zɪʃn] *n.* Arzt.
physicist ['fɪzɪsɪst] *n.* Physiker.
physics ['fɪzɪks] *n.* Physik.
physique [fɪ'ziːk] *n.* Körperbau.
piano [pɪ'ænəʊ] *n.* Klavier: *p. lessons* Klavierunterricht; *p. tuner* Klavierstimmer.
pick [pɪk] **I.** *v.t.* **1.** (aus)wählen: *p. a*

team Mannschaft aufstellen; *p. a winner* (*fig.*) auf das richtige Pferd setzen; *p. and choose* wählerisch sein; **2.** pflücken (*flowers, fruit*); **3.** abnagen (*meat from a bone*); **4.** knacken (*a lock*); **5.** gezielt suchen: *p. one's teeth* in den Zähnen stochern; *p. one's nose* in der Nase bohren; *p. s.o.'s brains* jdn. um geistige Hilfestellung bitten, jdn. ausfragen; *p. s.o.'s pocket* jdm. die Brieftasche stehlen; *p. a quarrel* Streit suchen; *have a bone to p. with s.o.* (*coll.*) mit jdm. ein Hühnchen zu rupfen haben; *p. holes in s.th.* an etw. herummäkeln; **6.** *v.prep.: p. on s.o.* auf jdm. herumhacken; *p. out* aussuchen; *p. up* auflesen, aufnehmen, empfangen (*radio signals*); lernen (*a skill*); verhaften; sich erholen; **II.** *n.* **1.** Auswahl: *take your p.* Sie haben freie Auswahl; *the p. of the bunch* die Crème de la crème; **2.** Spitzhacke.

pickpocket ['pɪkˌpɒkɪt] *n.* Taschendieb.

pick-up ['pɪkʌp] *n.* **1.** Kleintransporter; **2.** (*coll.*) (Zufalls-)Bekanntschaft; **3.** Abholung.

picnic ['pɪknɪk] **I.** *n.* Picknick; **II.** *v.i.* Picknick machen.

picture ['pɪktʃə] **I.** *n.* **1.** Bild, Gemälde, Zeichnung; *as pretty as a p.* bildhübsch; **2.** geistiges Bild, Vorstellung: *put s.o. in the p.* jdn. ins Bild setzen; *get the p.?* (*coll.*) verstehst du?; **3.** Idealbild: *look a p.* phantastisch aussehen; **4.** Abbild: *be/look a p. of happiness* überglücklich sein/aussehen; **II.** *v.t.* **1.** sich etwas vorstellen; **2.** darstellen.

pie [paɪ] *n.* Pastete: *meat p.* Fleischpastete; *p. in the sky* (*fig.*) Wunschvorstellung; *as easy as p.* (*coll.*) kinderleicht; *eat humble p.* (*fig.*) kleine Brötchen backen; *have a finger in every p.* (*fig.*) überall die Hand im Spiel haben; *p. chart* Kreis-, Tortendiagramm.

piece [piːs] **I.** *n.* Stück (*of cake*): *p. of furniture* Möbelstück; *come to ≈s* sich zerlegen lassen; *pick up the ≈s* die Scherben aufsammeln; *smash to ≈s* zerschlagen; *take to ≈s* auseinandernehmen, zerlegen; *p. wage* Akkord-, Stücklohn; *p. work* Akkordarbeit; *nasty p. of work* übler Charakter; *give s.o. a p. of one's mind* jdm. (gehörig) die Meinung sagen; Münze: *10p p.* 10-Pence-Münze; **II.** *v.prep.: p. together* zusammenfügen.

pig [pɪg] *n.* **1.** Schwein (*auch fig.*): *make a p. of o.s.* sich den Bauch vollschlagen; *buy a p. in a poke* die Katze im Sack kaufen; **2.** (*pej.*) Polizist, Bulle.

pigeon ['pɪdʒɪn] *n.* Taube: *not my p.* (*coll.*) nicht mein Bier; *put the cat among the ≈s* Unruhe verursachen.

pigeonhole ['pɪdʒɪnˌhəʊl] *n.* Ablage-, Abholfach.

pile [paɪl] **I.** *n.* **1.** Haufen, Stapel (*of books*); **2.** Menge, Masse (*of money*): *make one's p.* ein Vermögen machen; **3.** (*techn.*) Batterie; Atommeiler; **II.** *v.t.; v.i.; v.prep.: p. (up)* anhäufen, sich ansammeln (*letters on the desk*); *p. on* überhäufen: *don't p. it on* (*coll.*) trag es nicht zu dick auf.

pill [pɪl] *n.* Pille: *be on/take the p.* (*Frau*) Pille (regelmäßig) nehmen; *swallow the p.* (*fig.*) eine Kröte schlucken; *sugar/sweeten the p.* (*fig.*) die bittere Pille versüßen.

pillar ['pɪlə] *n.* Säule (*auch fig.*): *p. of society* Säule/Stütze der Gesellschaft; *from p. to post* (*coll.*) von Pontius zu Pilatus.

pillow ['pɪləʊ] *n.* (Kopf-)Kissen.

pilot ['paɪlət] **I.** *n.* **1.** Pilot; **2.** Lotse; *p. light* (Gas-)Zündflamme; *p. project* Modellprojekt; *p. survey*

Modelluntersuchung; **II.** *v.t.* steuern (*auch fig.*).

pin [pɪn] **I.** *n.* **1.** Stecknadel: *hear a p. fall* eine Stecknadel fallen hören; *be all ≈s and needles* (*fig.*) (wie) auf heißen Kohlen sitzen; *safety p.* Sicherheitsnadel; **2.** (*techn.*) Stift, Bolzen; **II.** *v.t.* **1.** stecken, heften; **2.** festhalten (*s.o. to the ground*); *p. one's hopes on s.o./s.th.* seine Hoffnungen auf jdn./etw. setzen; **3.** *v.prep.: p. up* anbringen (*a notice*).

pinch [pɪntʃ] **I.** *v.t.* **1.** kneifen (*s.o. in the arm*): *p. o.s.* (*fig.*) sich in den Arm kneifen; drücken (*shoes*); *p. and scrape* sich stark einschränken; *be ≈ed for money* knapp bei Kasse sein; **2.** (*coll.*) stehlen, klauen (*s.o.'s car*); **II.** *n.* **1.** Kneifen: *give s.o. a p.* jdn. kneifen; **2.** (*fig.*) Druck: *feel the p.* den Druck verspüren; *at a p.* zur Not; **3.** Quentchen, Prise: *take s.th. with a p. of salt* (*fig.*) etw. nicht ganz wörtlich nehmen.

pine[1] [paɪn] *n.* (*bot.*) Kiefer.

pine[2] *v.i.* sich sehnen (*for s.o./ s.th.*); sich verzehren (*with grief*); *p. away* dahinsiechen.

pineapple ['paɪnæpl] *n.* Ananas.

pink [pɪŋk] **I.** *adj.* rosa(farben): *salmon p.* lachsfarben; *be tickled p.* (*coll.*) köstlich amüsiert sein/werden; **II.** *n.* Rosa: *be in the p. of health* (*coll.*) vor Gesundheit strotzen.

pint [paɪnt] *n.* Hohlmaß (*GB: 0,568 dm³; US: 0,551 dm³*); Flasche (*of milk*); Glas (*of beer*); *have a p. (or two)* einen trinken gehen; *he likes his p.* er trinkt gern mal einen.

pipe [paɪp] **I.** *n.* **1.** Rohr; **2.** Pfeife: *put that in your p. and smoke it!* (*coll.*) schreib dir das hinter die Ohren!; **II.** *v.t.* **1.** in Rohren leiten (*water to every house*); **2.** pfeifen, flöten: *p. down* (*coll.*) leise(r) sein.

pipeline ['paɪplaɪn] *n.* Rohrleitung.

pit [pɪt] **I.** *n.* **1.** Grube: *work down the p.* unter Tage arbeiten; *gravel p.* Kiesgrube; Arbeitsgrube: *p. stop* (*Motorsport*) Boxenstopp; **2.** (Orchester-)Graben; (*GB*) (Theater-)Parkett; **3.** (*US*) Börsensaal; **4.** (*anat.*) *p. of one's stomach* Magengrube; **II.** *v.prep.: p. against* entgegensetzen: *p. all one's strength/wits against s.o./ s.th.* seine ganze Kraft/Intelligenz gegen jdn./etw. aufbieten.

pitch[1] [pɪtʃ] *n.* Pech: *≈-dark adj.* pechschwarz.

pitch[2] **I.** *v.t.* **1.** aufbauen: *p. camp* Zelte aufstellen; **2.** stimmen: *p. a voice too high* mit der Stimme zu hoch gehen; *p. one's aspirations high* seine Erwartungen/Hoffnungen hochschrauben; **II.** *n.* **1.** Spielfeld, Sportplatz; **2.** Tonhöhe, Tonlage: *reach a high p.* (*fig.*) ein hohes Niveau erreichen; *speculation was at fever p.* die Spekulationen hatten ihren Höhepunkt erreicht; **3.** Ansatz, Winkel: *sales p.* Verkaufsmasche.

pity ['pɪtɪ] **I.** *n.* **1.** Mitleid: *have/take p. on s.o.* Mitleid mit jdm. haben; **2.** bedauernswerter Umstand: *what a p.!* wie schade!; *(it's) a p. that…* schade, daß …; **II.** *v.t.* bedauern, bemitleiden.

place [pleɪs] **I.** *n.* **1.** Platz, Ort: *all over the p.* überall; *go ≈s* reisen; *a nice p. to live in* ein schöner Wohnort; eine schöne Wohnung; **2.** Stelle, Platz (*bes. fig.*): *take one's p.* seinen Platz einnehmen; *put s.o. in his/her p.* jdn. zurechtweisen; *in p.* an der richtigen Stelle; *out of p.* an der falschen Stelle; unangemessen; *in s.o.'s p.* an jds. Statt; **3.** Stellung: *find s.o. a p.* jdm. eine Stellung besorgen; **4.**

Stätte: *p. of work* Arbeitsplatz; *p. of birth* Geburtsort; *take p.* stattfinden; **II.** *v.t.* **1.** stellen, legen (*the book on the table*); **2.** einordnen: *I can't quite p. him* ich kann ihn nicht richtig einordnen; **3.** erteilen: *p. an order* Auftrag erteilen; *p. s.o. in charge/command* jdn. mit der Führung beauftragen; **4.** unterbringen (*people in jobs*); plazieren (*a new share*).

plain [pleɪn] **I.** *adj.* **1.** einfach, schlicht: *p. fare/food* einfaches Essen; *p. Jane* (*coll.*) nicht gerade eine Schönheit; **2.** klar, eindeutig: *in p. English* klar und deutlich; auf gut Deutsch; *make o.s. p.* sich klar und deutlich ausdrücken; *make s.th. p.* etw. klarstellen; *p. to see (for all)* offenkundig; **3.** unproblematisch: *it was p. sailing* (*fig.*) es ging alles glatt; **4.** ehrlich: *be p. with s.o.* mit jdm. offen reden; *p. dealing* Redlichkeit; **II.** *n.* Ebene, Flachland.

plan [plæn] **I.** *n.* **1.** Plan: *according to p.* planmäßig; *devise/draw up a p.* Plan erstellen; **2.** Zeichnung (*of a new machine*): *street p.* Stadtplan; *seating p.* Sitzordnung; *open-p. office* Großraumbüro; **II.** *v.t.* **1.** planen: *p. ahead* im voraus planen; beabsichtigen (*to go to Italy*); **2.** entwerfen (*the new hospital*).

plane[1] [pleɪn] **I.** *n.* **1.** Flugzeug (*Kurzform von:* **aeroplane** (*GB*)/ **airplane** (*US*)): *by p.* mit dem Flugzeug; **2.** (*math.*) Ebene (*auch fig.*): *on a totally different p.* auf einem ganz anderen Niveau; *live on a different p.* auf einem anderen Stern leben; **II.** *adj.* eben (*surface*): *p. geometry* zweidimensionale/ebene Geometrie.

plane[2] **I.** *n.* Hobel; **II.** *v.t.* hobeln.

plane[3] *n.* (*bot.*) (*auch:* **p. tree**) Platane.

planet ['plænət] *n.* Planet.

planetary ['plænətərɪ] *adj.* planetarisch: *p. motion* Planetenbewegung; *p. gear* (*techn.*) Planetengetriebe.

planner ['plænə] *n.* Planer.

planning ['plænɪŋ] *n.* Planung.

plant [plɑːnt; *US:* plænt] **I.** *n.* **1.** Pflanze: *rare p.* seltene Pflanze; **2.** Fabrik: *steel p.* Stahlwerk; *chemical p.* Chemiefabrik; **3.** (*ohne Pl.*) Anlagen, Maschinen: *p. hire* Vermietung von Maschinen/ Nutzfahrzeugen; *heavy p. crossing* (*Schild*) Baustellenverkehr; **4.** untergeschobener Gegenstand (*zwecks Kompromittierung*): *that shotgun was a p.* das Jagdgewehr war nur untergeschoben; **II.** *v.t.* **1.** pflanzen (*a tree*); **2.** aufstellen, positionieren (*a policeman on every corner*): *p. a bomb* eine Bombe legen; **3.** unterschieben (*drugs on s.o.*); **4.** setzen (*s.o./o.s. at the head of the table*).

plantation [plæn'teɪʃn] *n.* **1.** Plantage; **2.** Anpflanzung, Schonung (*of fir trees*).

plaster ['plɑːstə; *US:* 'plæstə] **I.** *n.* **1.** Putz, Stuck, Gips: *p. of Paris* (*med.*) Gipsverband; **2.** (*med.*) (*auch: sticking p.*) Heftpflaster; **II.** *v.t.* **1.** verputzen, zu-, eingipsen; **2.** vollkleistern, bepflastern; *≈ed adj.* (*coll.*) besoffen.

plastic ['plæstɪk] **I.** *n.* Plastik, Kunststoff; **II.** *adj.* Plastik- (*bag, bomb, money*).

plate [pleɪt] **I.** *n.* **1.** Teller: *hand s.o. s.th. on a p.* (*fig.*) jdm. etw. auf dem silbernen Tablett servieren; *have enough on one's p.* genug am Hals haben; **2.** Tafelsilber; **3.** Schild; **4.** Platte; **II.** *v.t.* versilbern, vergolden, verchromen.

platform ['plætfɔːm] *n.* **1.** Bahnsteig; **2.** Podium, Bühne; **3.** Partei-, Wahlprogramm.

play [pleɪ] **I.** *n.* **1.** Spiel: *watch chil-*

dren at p. Kindern beim Spiel zusehen; *child's p.* (*fig.*) Kinderspiel; **2.** (*Sport*) Spiel: *rain stopped p.* der Regen beendete das Spiel; *fair p.* (*fig.*) Fair play, Fairneß; **3.** Schauspiel: *TV p.* Fernsehspiel; **II. 1.** *v.i.* spielen (*with s.th.*); **2.** *v.t.* spielen (*the piano*); **3.** (*Sport*) spielen: *who are Liverpool ≈ing on Saturday?* gegen wen spielt Liverpool am Samstag?; *p. the game* (*fig.*) fair spielen; **4.** (*theat.*) Rolle spielen (*Juliet*); **5.** so tun, als ob: *p. the fool* den Dummen mimen; *p. along* mitmachen; *p. s.th. down* etw. herunterspielen; **6.** *v.prep.: p. about with s.th.* mit etw. herumspielen; *p. A off against B* A gegen B ausspielen.

player ['pleɪə] *n.* Spieler.

playwright ['pleɪraɪt] *n.* Dramatiker.

plead [pliːd] **1.** *v.i.* (inständig) bitten (*with s.o.*): *p. for mercy* um Gnade bitten; **2.** *v.t.* als Entschuldigung anführen (*ignorance, poverty*); **3.** (*jur.*) vor Gericht vortragen/aussagen: *they hired a lawyer to p. their case* sie nahmen sich einen Anwalt, um sich vor Gericht vertreten zu lassen; *p. (not) guilty* sich für (nicht) schuldig (im Sinne der Anklage) erklären.

pleasant ['pleznt] *adj.* angenehm (*surprise*); freundlich (*smile, weather*).

please [pliːz] **I.** *v.t.* gefallen, Freude machen: *she's very difficult to p.* ihr kann man kaum etwas recht machen; erfreuen: *I was ≈d to learn …* ich war sehr erfreut, zu erfahren …; *p. yourself* (*iron.*) wie du willst; **II.** *interj.* bitte: *will you p. listen* hör bitte zu; *yes, p.* ja, bitte.

pleasure ['pleʒə] *n.* **1.** Freude, Vergnügen: *it gave me great p.* es bereitete mir viel Freude; *with p.* sehr gern; *the p. is mine* es war mir ein Vergnügen; *take p. in (doing) s.th.* Vergnügen an etw. finden; *one of the ≈s of life* eine der (kleinen) Freuden des Lebens; **2.** Wunsch: *at one's p.* nach Belieben.

pledge [pledʒ] **I.** *n.* **1.** (feierliches) Versprechen, Zusicherung: *give a p.* feierlich versprechen; *take the p.* (*arch.*) dem Alkohol (und anderen Lastern) abschwören; **2.** Pfand: *as a p. of my love* als Zeichen meiner Liebe; **II.** *v.t.* **1.** (feierlich) versprechen: *p. one's support/loyalty* seine Unterstützung/Loyalität zusichern; **2.** verpfänden (*a diamond ring*).

plenty ['plentɪ] **I.** *pron.* viel: *get p. to eat* reichlich zu essen bekommen; *p. of money* viel Geld; **II.** *n.* Fülle: *a land of p.* ein Land des Überflusses; **III.** *adv.* reichlich: *there's p. more* es ist mehr als genug da.

plot [plɒt] **I.** *n.* **1.** Verschwörung, Komplott (*to overthrow the government*); **2.** (*lit.*) Handlung(sstruktur): *the p. thickens* (*fig.*) jetzt wird's spannend; **3.** Grundstück, Parzelle: *building p.* Baugrundstück; *vegetable p.* (kleiner) Gemüsegarten; **4.** Plan, Grundriß; **II. 1.** *v.i.* sich verschwören (*to kill s.o.*); **2.** *v.t.* aushecken: *p. s.o.'s overthrow* jds. Sturz planen; **3.** (auf dem Papier) planen, zeichnen; (*Kurs*) eintragen.

plough (*GB*); **plow** (*US*) [plaʊ] **I.** *n.* Pflug: *put one's hand to the p.* (*fig.*) sich (mächtig) ins Zeug legen; *snow p.* Schneepflug; **II.** *v.t.* pflügen (*a field*): *p. a lonely furrow* (*fig.*) allein dastehen; *p. back* (*fig.*) reinvestieren (*profits*); *p. through* durchpflügen (*auch fig.*): *the vessel ≈ed through the heavy seas* das Schiff stampfte durch die schwere See; *p. through a book* ein

Buch durcharbeiten; *p. one's way through s.th.* etw. durcharbeiten.

pluck [plʌk] **I.** *v.t.* **1.** pflücken (*a flower*); ausreißen (*a hair*); rupfen (*a chicken*); **2.** zupfen (*the strings of a guitar*); **3.** sammeln: *p. up courage* seinen (ganzen) Mut zusammennehmen; **II.** *n.* (*coll.*) Mut.

plucky ['plʌkɪ] *adj.* mutig.

plug [plʌg] **I.** *n.* **1.** Stöpsel: *pull the p. on s.o.* (*fig.*) jdn. plötzlich allein lassen; *pull the p. on s.th.* einer Sache die Grundlage entziehen; **2.** (*el.*) Stecker; Zündkerze; **3.** (*Tabak*) Pfriem; **4.** Schleichwerbung; **II. 1.** *v.t.* stopfen (*gap, hole*); **2.** Schleichwerbung betreiben; **3.** *v.i.: p. away (at s.th.)* sich abrackern; **4.** *v.prep.: p. in* (*el.*) einstöpseln.

plum [plʌm] *n.* Pflaume; (*fig.*) wünschenswertes Objekt: *p. job* Traumberuf; *p. site* Traumgrundstück.

plural ['plʊrəl] *n.* (*gram.*) Pluralform.

plus [plʌs] **I.** *conj.* plus; **II.** *adj.* plus: *p. sign* Pluszeichen; *p. pole* (*el.*) Pluspol; **III.** *n.* **1.** Plus, Vorzug: *knowlegde of languages a p.* (*Stellenanzeige*) Sprachkenntnisse von Vorteil; **2.** Pluszeichen.

p.m. *Abkürzung von:* **post meridiem** (*Lat.*) nach 12 Uhr mittags: *4 p.m.* 16 Uhr.

pocket ['pɒkɪt] **I.** *n.* **1.** (Hosen-/Rock-)Tasche: *have one's hands in one's ≈s* die Hände in der Tasche haben; *have s.o. in one's p.* (*fig.*) jdn. in der Tasche haben; *p. book* Taschenbuch; *p. calculator* Taschenrechner; *p. money* Taschengeld; **2.** Tasche, Fach; **3.** (*fig.*) Geldbeutel: *be in/out of p.* in den schwarzen/roten Zahlen sein; *line one's ≈s* sich bereichern; *put one's hands in one's ≈s* (*fig.*) tief in die Tasche greifen; **II.** *v.t.* **1.** in die Tasche stecken (*the keys*); **2.** kassieren: *p. the profits* den Gewinn abkassieren.

poem ['pəʊɪm] *n.* Gedicht.

poet ['pəʊɪt] *n.* Dichter.

poetess ['pəʊɪtes] *n.* Dichterin.

poetic [pəʊ'etɪk] *n.* dichterisch: *p. licence* dichterische Freiheit.

poetry ['pəʊtrɪ] *n.* **1.** Dichtung; **2.** Poesie, Schönheit.

point [pɔɪnt] **I.** *n.* **1.** Punkt: *boiling p.* Siedepunkt; *breaking p.* Belastungsgrenze; *decimal p.* Dezimalstelle; *freezing p.* Gefrierpunkt; *melting p.* Schmelzpunkt; **2.** Punkt, Ort: *meeting p.* Treffpunkt; *post police officers at several ≈s* Polizisten an verschiedenen Stellen postieren; **3.** Spitze (*of a needle*); **4.** Gesichtspunkt, Argument: *beside/off the p.* irrelevant; *that's not the p.* darum geht's nicht; *labour a p.* ein Argument breittreten; *have a p.* (z.T.) recht haben; *make a p.* Argument vortragen; *press a p.* Argument (allzu) nachdrücklich vertreten; *stretch a p.* großzügig verfahren; *take s.o.'s p.* sich überzeugen lassen; *a case in p.* ein treffendes Beispiel; **5.** (*Sport; Spiel*) Punkt: *win by five ≈s* mit fünf Punkten Vorsprung gewinnen; **6.** Sinn, Zweck: *what's the p.?* wozu (das ganze)?; *the p. is …* Sinn der Sache ist …; *there's no p. in it* es hat (doch) alles keinen Zweck; **7.** (*el.*) Steckdose; Zündkontakt; **II. 1.** *v.t.* richten (*a gun at s.o.*): *p. the finger at s.o.* auf jdn. zeigen; *p. the way* den Weg weisen (*auch fig.*): *everything ≈s that way* alles weist darauf hin; **2.** *v.prep.: p. at/to/towards s.th.* auf etw. zeigen; auf etw. schließen lassen (*a different motive*); *p. out* hinweisen auf.

pointed ['pɔɪntɪd] *adj.* **1.** spitz (*fingernails*); **2.** pointiert (*remark*).

poison ['pɔɪzən] **I.** *n.* Gift; **II.** *v.t.* vergiften (*auch fig.*).

poisonous ['pɔɪzənəs] *adj.* giftig (*medicine*): *p. snake* Giftschlange.

pole[1] [pəʊl] *n.* Stange: *tent p.* Zeltstange; *telegraph p.* Telegrafenmast.

pole[2] *n.* Pol: *North P.* Nordpol; *negative p.* Minuspol; *positive p.* Pluspol; *be ≈s apart* (*fig.*) Welten auseinander sein.

police [pə'li:s] **I.** *n.* Polizei: *the p. is/are in control of the situation* die Polizei hat alles unter Kontrolle; *p. constable* (*PC*) (*GB*) Wachtmeister; *p. officer* Polizeibeamter, Polizeibeamtin; *p. station* Polizeiwache; **II.** *v.t.* überwachen, kontrollieren (*all major roads*).

policeman [pə'li:smən] *n.* Polizist.

policewoman [pə'li:swʊmən] *n.* Polizistin.

policy[1] ['pɒləsɪ] *n.* **1.** Politik: *economic/social p.* Wirtschafts-/Sozialpolitik; **2.** Taktik, Verfahrensweise: *honesty is the best p.* (*prov.*) ehrlich währt am längsten.

policy[2] *n.* (Versicherungs-)Police: *p. holder* Versicherungsnehmer.

polish ['pɒlɪʃ] **I.** *v.t.* **1.** polieren (*furniture*): *p. one's shoes* seine Schuhe putzen; (*fig.*) überarbeiten (*my French*); verbessern (*an article*); **2.** (*coll.*) verdrücken: *he ≈ed (off) another portion* er verputzte eine weitere Portion; fertigmachen (*an opponent*); **II.** *n.* **1.** Politur: *floor p.* Bohnerwachs; *shoe p.* Schuhcreme; **2.** Glanz, Politur: *high p.* Hochglanz; **3.** Brillanz, Stil: *he lacks p.* er/sein Stil ist relativ holprig.

polite ['pəlaɪt] *adj.* höflich: *make p. conversation* gepflegt Konversation machen; *p. society* feine Gesellschaft; *there's no need to be p. about it* nur raus mit der Sprache.

politeness [pə'laɪtnəs] *n.* Höflichkeit.

political [pə'lɪtɪkl] *adj.* politisch (*asylum, debate, system*).

politician [ˌpɒlə'tɪʃn] *n.* Politiker.

politics ['pɒlətɪks] *n.* **1.** Politik: *be interested in p.* an Politik interessiert sein; *go into p.* Politiker werden; *talk p.* über Politik reden; *party p.* Parteipolitik; **2.** Ansichten: *what are her p.?* welche politischen Ansichten hat sie?; **3.** Politikwissenschaft: *study p.* Politikwissenschaft studieren.

poll [pəʊl] **I.** *n.* **1.** Umfrage: *(public) opinion p.* Meinungsumfrage; *exit p.* Befragung von Wählern beim Verlassen des Wahllokals; **2.** (*auch: ≈s pl.*) Wahl, Abstimmung: *result of the p.* Wahlergebnis; *go to the ≈s* (*GB*) wählen; *heavy p.* hohe Wahlbeteiligung; **II.** *v.t.* **1.** befragen: *more than half of those ≈ed supported the government* mehr als die Hälfte der Befragten unterstützte(n) die Regierung; **2.** Stimmen erzielen: *she only ≈ed 10,000 votes* sie erhielt nur 10000 Stimmen; *≈ing station* Wahllokal.

pollutant [pə'lu:tənt] *n.* Schadstoff.

pollute [pə'lu:t] **1.** *v.t.* verschmutzen (*the environment*); **2.** (*fig.*) verunreinigen, verderben (*the minds of young people*).

polluter [pə'lu:tə] *n.* Verschmutzer: *p. pays principle* Verursacherprinzip.

pollution [pə'lu:ʃn] *n.* **1.** (Umwelt-)Verschmutzung (*Vorgang*): *fight/struggle against p.* Kampf gegen die Umweltverschmutzung; **2.** Verschmutzung (*Ergebnis*): *clean up p.* Verschmutzung beseitigen; **3.** (*fig.*) Verschmutzung, Korrumpierung.

pond [pɒnd] *n.* Teich: *duck p.* Ententeich; *fish p.* Fischteich.

pool[1] [pu:l] *n.* Pfütze, Teich: *swimming p.* Schwimmbad; Lache: *p. of blood* Blutlache.

pool[2] **I.** *n.* **1.** gemeinsame Kasse, Fonds; Gemeinschaftseinrichtung: *car p.* Fahrgemeinschaft; *p. of cars* Fuhrpark; *typing p.* Schreibbüro; **2.** Kartell, Interessengemeinschaft; **3.** amerikanisches Billardspiel; **4.** ≈**s** *pl.* (*GB*) Fußballtoto: *win on the (football) ≈s* beim Fußballtoto gewinnen; **II.** *v.t.* zusammenlegen (*ideas, resources, savings*).

poor ['pʊə] *adj.* **1.** arm (*family*); **2.** armselig, dürftig: *p. quality* schlechte Qualität; *p. performance* keine Glanzvorstellung (*auch fig.*); *in p. taste* geschmacklos; **3.** krank: *in p. health* ernsthaft krank; **4.** schlecht: *a p. loser* ein schlechter Verlierer.

poorly ['pʊəlɪ] *adj.* krank, angeschlagen.

pop[1] [pɒp] **I.** *n.* **1.** (*coll.*) Knall: *go p.* knallen; *take a p. at s.th.* auf etw. schießen; **2.** Brause, Limonade; **II. 1.** *v.t.* zum Platzen bringen (*balloon*); **2.** stecken: *p. one's head out of the window* den Kopf aus dem Fenster strecken; *p. a letter into the letterbox* (mal eben) einen Brief einwerfen; **3.** *v.i.* knallen: *the champagne corks were ≈ping all afternoon* den ganzen Nachmittag knallten die Champagnerkorken; **4.** *in Phrasen und präp. V.:* (schnell) laufen: *p. across* mal eben herüberkommen; *p. in* kurz vorbeischauen; *p. off* verschwinden; *p. out* schnell rausgehen/rauskommen; *p. up* plötzlich auftauchen.

pop[2] (*coll.*) Vati, Papa: *p.-and-mom store* (*US*) Tante-Emma-Laden.

pop[3] *Abkürzung für* → **popular**; *z. B. in p. art, p. concert, p. music, p. star.*

pope [pəʊp] *n.* Papst.

popular ['pɒpjələ] *adj.* **1.** populär, beliebt (*with s.o.*); **2.** verbreitet, volkstümlich (*music, novels*): *p. science* Populärwissenschaft; *be in p. demand* sich großer Nachfrage erfreuen; *p. myth* weitverbreiteter Mythos.

popularity [ˌpɒpjə'lærətɪ] *n.* Beliebtheit, Popularität.

populated ['pɒpjʊleɪtɪd] *adj.* bevölkert: *densely/sparsely p.* dicht/dünn besiedelt.

population [ˌpɒpjə'leɪʃn] *n.* **1.** Bevölkerung: *working p.* arbeitende Bevölkerung, die Erwerbstätigen; **2.** (*biol.*) Population, Bestand: *tree p.* Baumbestand.

pork [pɔːk] *n.* Schweinefleisch: *roast p.* Schweinebraten.

porridge ['pɒrɪdʒ] *n.* **1.** Haferbrei; **2.** (*GB*) *do p.* (*coll.*) Zeit (im Gefängnis) absitzen.

port[1] [pɔːt] *n.* **1.** Hafen: *put into p.* (in den Hafen) einlaufen; *p. of call* Anlaufhafen; *p. of entry* Einfuhr-, Einreisehafen; **2.** Hafenstadt.

port[2] *n.* (*naut.*) Ladeluke.

port[3] *n.* (*naut.*) Backbord.

port[4] *n.* Portwein.

porter ['pɔːtə] *n.* **1.** Gepäckträger, Dienstmann; **2.** Portier, Pförtner: *≈'s lodge* Pförtnerloge.

portion ['pɔːʃn] **I.** *n.* **1.** Portion: *extra p.* zusätzliche Portion (*of potatoes*); **2.** Anteil (*of the estate*): *p. of the blame* Anteil an der Schuld; *the front p. of the train* der vordere Teil des Zuges; **II.** *v.prep.: p. out* gleichmäßig aufteilen (*cake, money, work*).

portrait ['pɔːtrɪt] *n.* **1.** Porträt: *have one's p. painted* sich porträtieren lassen; **2.** Darstellung, Schilderung (*of life before the war*).

portray [pɔː'treɪ] *v.t.* **1.** porträtieren (*s.o. at his home*); **2.** darstellen, schildern.

position [pə'zɪʃn] **I.** *n.* **1.** Standort, Platz: *strategic p.* strategisch günstige Stelle; **2.** richtige Stelle: *not in p.* nicht richtig (angebracht);

jockey for p. sich um eine günstige Ausgangsposition bemühen; **3.** Haltung: *in a sitting p.* sitzend; **4.** Lage: *in an awkward p.* in einer unangenehmen Lage; **5.** Stelle, Funktion: *in my p. as …* in meiner Funktion als …; *be in a p. to do s.th.* in der Lage sein, etw. zu tun; **6.** Einstellung, Haltung: *my p. on capital punishment* meine Haltung zur Todesstrafe; *take a p.* Standpunkt vertreten; **7.** Platz, Rang: *in fifth p.* an fünfter Stelle; **II.** *v.t.* aufstellen (*the ladder against the wall*): *p. o.s. near the gate* sich am Tor aufstellen.

positive ['pɒzɪtɪv] **I.** *adj.* **1.** eindeutig, sicher: *be p. (about s.th.)* sich sicher sein; *proof p.* eindeutiger Beweis; **2.** positiv, bejahend: *think p.* positiv/konstruktiv denken; *p. attitude* konstruktive/lebensbejahende Haltung; **3.** absolut, ausgesprochen: *a p. disgrace* eine wahre Schande; *≈ly cheap* ausgesprochen billig; **4.** erfreulich (*development, result*); hilfreich: *p. discrimination* Bevorzugung von benachteiligten Kandidaten (*bei gleichen Voraussetzungen*); **5.** (*sci.*) positiv (*results of the test*): *p. terminal* (*el.*) Pluspol; **II.** *n.* **1.** (*gram.*) Positiv (*Grundform eines Adjektivs/Adverbs*); **2.** (*phot.*) Positiv, Abzug; **3.** (*el.*) Pluspol.

possess [pə'zes] *v.t.* **1.** besitzen: *p. documents* über Dokumente verfügen; *p. a great deal of patience* viel Geduld haben; **2.** Besitz ergreifen von: *p. o.s. of s.th.* etw. an sich nehmen; *heaven only knows what ≈ed him* (*fig.*) weiß der Himmel, was in ihn gefahren ist; *be ≈ed by s.th.* von etw. besessen sein; *like a man ≈ed* wie ein Besessener.

possession [pə'zeʃn] *n.* **1.** Besitz: *in p. of drugs* im Besitz von Drogen; *in s.o.'s p.* in jds. Besitz; *come into p. (of s.th.)* Besitz erlangen; *take p. of s.th.* etw. in Besitz nehmen; *in (full) p. of one's faculties* im (Voll-)Besitz seiner (geistigen) Kräfte, zurechnungsfähig; **2.** Besitztum: *lose all one's ≈s* seinen ganzen Besitz verlieren; *overseas ≈s* überseeische Kolonien; *p. is nine points of the law* (*prov.*) hast du was, bist du was.

possessive [pə'zesɪv] **I.** *adj.* **1.** eigen, eifersüchtig (*behaviour*): *be very p. about s.th.* niemanden an etw. heranlassen; **2.** (*gram.*) Possessiv- (*adjective, pronoun*); **II.** *n.* (*gram.*) Possessivform.

possibility [ˌpɒsɪ'bɪlətɪ] *n.* **1.** (theoretische) Möglichkeit (*of an accident*): *within the bounds/realms of p.* im Bereich des Möglichen; *prepare for all possibilities* sich auf alles gefaßt machen; **2.** (praktische) Möglichkeit, Chance: *a distinct p.* eine echte Chance; *have possibilities* Entwicklungspotential haben.

possible ['pɒsɪbl] **I.** *adj.* möglich: *anything is p.* alles ist möglich; *if (at all) p.* falls (irgend) möglich; *as soon as p.* (*asap*) so bald wie möglich; *do everything (humanly) p.* alles mögliche unternehmen; **II.** *n.* **1.** Möglichkeit: *it's a p.* es ist durchaus möglich; *politics is the art of the p.* Politik ist die Kunst des Möglichen; **2.** in Betracht kommender Kandidat: *she's a p.* sie hätte Aussichten auf diese Stelle.

possibly ['pɒsɪblɪ] *adv.* **1.** möglich (*im Gegensatz zu »impossibly« als Satzadverb verwendet*): *you can't p. carry all that luggage* du kannst unmöglich all das Gepäck schleppen; **2.** möglicherweise, vielleicht.

post[1] [pəʊst] *n.* Pfosten: *goal p.* Torpfosten; *move the goal ≈s* (*fig.*) die

Spielregeln (nachträglich) ändern; *finishing p.* (*Pferderennen*) Zielpfosten; *be pipped at the p.* im letzten Moment verlieren; *first past the p. system* (*GB*) Mehrheitswahlrecht.

post[2] **I.** *n.* **1.** Post: *by p.* mit der Post; *by return of p.* postwendend; *catch the p.* die Post noch erreichen; *damaged in the p.* auf dem Postwege beschädigt; *parcel p.* Paketpost; *p. office* Postamt; **2.** Post(sendungen): *has the p. come?* ist die Post schon gekommen?; **II.** *v.t.* (*Postsendung*) aufgeben, einwerfen (*a letter*); *keep s.o. ≈ed* jdn. auf dem laufenden halten.

post[3] **I. 1.** Posten, Arbeitsplatz, Stelle: *be offered a p.* ein Stellenangebot erhalten; *relieve s.o. of his p.* jdn. seines Postens entheben; **2.** Posten: *at one's p.* auf seinem Posten; **II. 1.** aufstellen (*policemen at strategic points*); **2.** versetzen (*s.o. to Liverpool*).

post[4] *v.t.* anschlagen (*the news, an advertisement*); bekanntgeben: *the soldiers were ≈ed missing* die Soldaten wurden als vermißt gemeldet; (*Bilanz*) ausweisen (*a loss of £200m*).

postage ['pəʊstɪdʒ] *n.* Porto.

postal ['pəʊstl] *adj.* postalisch.

postcode ['pəʊstkəʊd] *n.* (*GB*) Postleitzahl (PLZ).

poster ['pəʊstə] *n.* Plakat: *put up a p.* Plakat anbringen.

postman ['pəʊstmən] *n.* Postbote.

postpone [pəst'pəʊn] *v.t.* verschieben, vertagen (*a decision, a holiday*).

pot [pɒt] **I.** *n.* **1.** Topf: *≈s and pans* Kochgeschirr; *coffee p.* Kaffeekanne; *flower p.* Blumentopf; **2.** Inhalt: *a p. of coffee* ein Kännchen Kaffee; *≈s of s.th.* (*coll.*) Riesenmengen; **3.** (*Spiel*) Topf; **4.** (*coll.*) Marihuana; **II.** *v.t.* **1.** eintopfen (*a cactus*); **2.** (*Billard, Schießsport*): schießen, treffen.

potato [pə'teɪtəʊ] *n.* Kartoffel: *hot p.* (*fig.*) heißes Eisen.

potential [pə'tenʃl] **I.** *adj.* möglich, potentiell (*danger, disadvantages, leader*); **II.** *n.* Potential: *p. for growth* Wachstumspotential; *export p.* Exportchancen.

pound[1] [paʊnd] *n.* **1.** (*Gewicht*) Pfund (*Abkürzung: lb.*) (*454 g.*); **2.** (*Währung*) Pfund: *p. sterling* (*GB*) Pfund Sterling; **3.** (*lit.*) *demand one's p. of flesh* seinen (nur formaljuristisch gerechtfertigten) Anteil einfordern.

pound[2] **1.** *v.i.* klopfen (*heart*); **2.** *v.t.; v.prep.* stampfen, hämmern (*on the door/table*).

pour [pɔː] **1.** *v.t.* gießen (*water down the drain*): *p. money into s.th.* viel Geld in etw. stecken; *p. oil on troubled waters* (*fig.*) Öl auf die Wogen gießen, die Wogen glätten; **2.** *v.i.* fließen, strömen: *it was ≈ing down* es goß in Strömen.

poverty ['pɒvətɪ] *n.* **1.** Armut: *grinding p.* drückende Armut; *live in p.* in armseligen Verhältnissen leben; *plead p.* (*jur.*) Armenrecht beanspruchen; **2.** (*fig.*) Armut, Mangel (*of imagination/ideas*).

poverty-stricken ['pɒvətɪˌstrɪkn] *adj.* notleidend.

powder ['paʊdə] **I.** *n.* **1.** Pulver: *keep one's p. dry* (*fig.*) sein Pulver trokken halten; *p. keg* (*fig.*) Pulverfaß; *gun p.* Schießpulver; *milk p.* Milchpulver; *soap p.* Seifenpulver; **2.** Puder: *talcum p.* Talkumpuder; **II.** *v.t.* pudern: *p. one's nose* (*euph.*) kurz verschwinden.

power ['paʊə] **I.** *n.* **1.** Macht: *in my p.* in meiner Macht; *the p. of the unions* die Macht der Gewerkschaften; **2.** (*Regierung*) Macht: *in p.* an der Macht; *come into p.* an die Macht kommen; *seize p.* put-schen; **3.** (*auch:* ≈**s** *pl.*) Kraft: *at the height of one's ≈s* im besten Mannesalter; *my ≈s are failing* meine Kräfte lassen nach; **4.** (Groß-)Macht: *the Four ≈s* die vier Mächte; *the ≈s that be* diejenigen, die das Sagen haben, die maßgeblichen Stellen; **5.** (*techn.*) Energie: *nuclear p.* Atomenergie; *cut the p. off* den Strom abschalten; *p. company* Elektrizitätsgesellschaft; *p. failure* Stromausfall; **6.** Vollmacht: *p. of attorney* Handlungs-/Vertretungsvollmacht; **7.** (*coll.*) Menge: *it'll do you a p. of good* das wird dir sehr guttun.

powerful ['paʊəfəl] *adj.* **1.** mächtig (*nation*); **2.** stark (*swimmer*); **3.** eindrucksvoll (*speech*).

practical ['præktɪkl] *adj.* **1.** praktisch (*experience, skills*); **2.** tatsächlich, faktisch: *for all p. purposes* de facto, in Wirklichkeit.

practice ['præktɪs] *n.* **1.** Praxis, Übung: *out of p.* außer Übung; *in p.* in der Praxis; *p. makes perfect* (*prov.*) Übung macht den Meister; *p. run* Probelauf; **2.** Gewohnheit, Brauch: *standard p.* übliche Gepflogenheit; *restrictive ≈s* kartellähnliche Absprachen; *sharp ≈s* Gaunereien; **3.** (Arzt-)Praxis: *group p.* Gemeinschaftspraxis.

practice (*US*); **practise** (*GB*) ['præktɪs] *v.t.* **1.** üben (*a piece on the piano*); **2.** (*Beruf*) ausüben: *p. law* den Anwaltsberuf ausüben; *p. medicine* als Arzt praktizieren; *p. what one preaches* (*prov.*) seinen Worten Taten folgen lassen.

praise [preɪz] **I.** *v.t.* loben (*s.o. for her good work*): *p. s.th. to the skies* etw. überschwenglich loben; preisen: *p. the Lord!* (*rel.*) lobet den Herrn!; **II.** *n.* Lob: *full of p.* voll des Lobes; *sing s.o.'s ≈s* jdn. überschwenglich loben; *win p.* Lob ernten; *p. indeed* ein hohes Lob (*auch iron.*).

praiseworthy ['preɪzwɜːðɪ] *adj.* lobenswert, löblich (*attempt*).

pram [præm] *n.* (*GB*) (*Kurzform von:* **perambulator**) Kinderwagen.

pray [preɪ] **1.** *v.i.* beten (*to s.o./s.th., for s.th.*): *we're ≈ing for a fine day* wir hoffen auf gutes Wetter; **2.** *v.t.* (*lit.*) bitten: *I p. you* ich bitte Sie.

prayer ['preə] *n.* Gebet: *say one's ≈s* beten; *p. book* Gebetbuch; *p. mat/rug* Gebetsteppich; *p. wheel* Gebetsmühle.

preach [priːtʃ] *v.t.* predigen: *p. a sermon* eine Predigt halten; *always p. the same old sermon* (*fig.*) immer dasselbe predigen; *p. to the converted* (*fig.*) offene Türen einrennen.

preacher ['priːtʃə] *n.* Prediger.

precaution [prɪ'kɔːʃn] *n.* Vorsichtsmaßnahme: *take ≈s* Vorsichtsmaßnahmen treffen.

precede [prɪ'siːd] **1.** *v.t.* vorangehen: *in the preceding year* im Vorjahr; **2.** *v.prep.* Vorrang haben (*over s.o./s.th.*).

precedence ['presɪdəns] *n.* Vorrang (*over s.th.*): *give p. to s.th.* etw. vorrangig behandeln; *in order of p.* der Rangfolge nach.

precedent ['presɪdənt] *n.* Präzedenzfall: *without p.* noch nie dagewesen; *set a p.* Präzedenzfall schaffen, präjudizieren; *law of p.* Fallrecht.

precious ['preʃəs] **I.** *adj.* wertvoll: *p. metal* Edelmetall; *p. stone* Edelstein; *a p. possession* ein (persönlich geschätzter) Wertgegenstand; **II.** *adv.* (*coll.*) furchtbar, mächtig: *p. little time* furchtbar wenig Zeit; *p. little sympathy* herzlich wenig Sympathie.

precise [prɪ'saɪs] *adj.* genau (*details, instructions*): *at the p. moment that…* genau in dem Augenblick, als…; *a very p. person* ein Genauigkeitsfanatiker / Kleinigkeitskrämer; *to be p.* genau gesagt.

precision [prɪ'sɪʒn] *n.* Präzision: *clockwork p.* absolute Präzision; *p. instrument* Präzisionsinstrument.

predict [prɪ'dɪkt] *v.t.* voraussagen: *be hard to p.* schwer vorauszusagen sein; prophezeien (*a catastrophe*).

predictable [prɪ'dɪktəbl] *adj.* vorhersagbar (*behaviour, weather*).

prediction [prɪ'dɪkʃn] *n.* Vorhersage, Prognose (*about the election results*).

prefer [prɪ'fɜ:] *v.t.* **1.** vorziehen, bevorzugen: *I'd p. to stay at home* ich möchte (in diesem Fall) lieber zu Hause bleiben; *would you p. me to call tomorrow?* wäre es Ihnen lieber, wenn ich morgen anriefe/ käme?; **2.** (*jur.*) einreichen: *p. a charge against s.o.* Anklage gegen jdn. erheben.

preferable ['prefərəbl] *adj.* vorzuziehen, besser: *anything is p. than having to go to that party* nichts ist schlimmer, als zu dieser Party gehen zu müssen.

preference ['prefərəns] *n.* **1.** Vorliebe (*for fast cars*): *in p. to* lieber als; **2.** Bevorzugung: *show p. for s.th.* etw. bevorzugen; *give p. to s.th.* sich für etw. entscheiden; *p. share* (*GB*) */ stock* (*US*) Vorzugsaktie; *p. tariff* Präferenz-, Vorzugszoll.

preferential [ˌprefə'renʃl] *adj.* Vorzugs- (*tariff, treatment*).

prefix ['pri:fɪks] *n.* (*ling.*) Präfix, bedeutungsverändernde Vorsilbe (*z.B.* »*in*« *und* »*out*« *in* »*input*« *und* »*output*«).

prejudice ['predʒʊdɪs] **I.** *n.* **1.** Vorurteil (*against s.o./s.th.*): *racial p.* Rassenvorurteil; **2.** (*jur.*) Nachteil, Schaden: *to the p. of (s.o./s.th.)* zum Nachteil/Schaden von; *without p.* ohne Gewähr; *without p. to s.o./s.th.* ohne Schaden für die Rechte einer Person/Sache; **II.** *v.t.* **1.** beeinflussen (*s.o.'s judgement*); **2.** beeinträchtigen (*s.o.'s rights*).

prejudiced ['predʒʊdɪst] *adj.* voreingenommen.

preparation [ˌprepə'reɪʃn] *n.* **1.** Vorbereitung (*for an exam*); *make ≈s* Vorbereitungen treffen; **2.** Präparat: *beauty p.* kosmetisches Mittel.

prepare [prɪ'peə] **1.** *v.t.* vorbereiten (*a speech*): *be ≈d for s.th.* auf etw. vorbereitet/gefaßt sein; **2.** zubereiten (*a meal*); **3.** *v.i.; v.prep.* sich vorbereiten (*auch mit Reflexivpronomen*): *she ≈d (herself) for the exam* sie bereitete sich auf die Prüfung vor.

preposition [ˌprepə'zɪʃn] *n.* (*ling.*) Präposition (*vor Nominalphrasen, d.h. Nomen, Pronomen und Gerundium*).

prescribe [prɪ'skraɪb] *v.t.* **1.** (*med.*) verschreiben (*a course of treatment*): *the ≈d dose* die vorgeschriebene Dosis; **2.** (*jur.*) vorschreiben: *what does the law p.?* was schreibt das Gesetz vor?

prescription [prɪ'skrɪpʃn] *n.* (*med.*) Rezept: *the doctor made out a p.* der Arzt stellte ein Rezept aus; *make up a p.* Medikament zubereiten; *p. only drug* rezeptpflichtiges Medikament.

presence ['prezəns] *n.* **1.** Anwesenheit, Präsenz: *not in the p. of children* nicht in Anwesenheit von Kindern; *your p. is required* deine Anwesenheit ist erforderlich; *make one's p. felt* sich bemerkbar machen; *p. of mind* Geistesgegenwart; **2.** Beteiligung, Aufgebot: *a strong police p.* ein starkes Polizeiaufgebot; **3.** Auftreten, Ausstrahlung: *a man of great p.* ein Mann mit großer Ausstrahlung.

present[1] ['prezənt] **I.** *adj.* **1.** gegenwärtig: *at the p. time* zur Zeit; *in* *the p. circumstances* unter den gegebenen Umständen; **2.** anwesend: *those p.* die Anwesenden; *p. company excepted* die Anwesenden natürlich ausgenommen; **3.** vorhanden (*gas in the pipe*); **4.** (*gram.*) *p. tense* Präsens; **II.** *n.* **1.** Gegenwart: *at p.* zur Zeit; *for the p.* bis auf weiteres; *there's no time like the p.* (*prov.*) was du heute kannst besorgen, das verschiebe nicht auf morgen; **2.** (*gram.*) Gegenwartsform, Präsens.

present[2] *n.* Geschenk: *birthday p.* Geburtstagsgeschenk; *Christmas p.* Weihnachtsgeschenk; *make s.o. a p. of s.th.* jdm. etw. schenken (*auch fig.*).

present[3] [prɪ'zent] *v.t.* **1.** überreichen, präsentieren: *p. a petition* eine Petition einreichen; *p. the awards/prizes* die Auszeichnungen/Preise übergeben; *p. a cheque* Scheck (zum Inkasso) einreichen; **2.** vor etw. stellen, darstellen: *the new situation ≈s us with great difficulties* die neue Lage stellt uns vor große Probleme; **3.** (*theat.*) aufführen (*Othello next week*); **4.** vorstellen (*s.o.; o.s.*).

present-day ['prezəntˌdeɪ] *adj.* heutig, derzeitig.

preservation [ˌprezə'veɪʃn] *n.* **1.** Erhaltungszustand: *in a good state of p.* in gutem Zustand (erhalten); *p. order* (*Gebäude*) Veränderungssperre; **2.** Konservierung (*of fruit*); **3.** Aufrechterhaltung (*of peace*).

preserve [prɪ'zɜːv] **I.** *v.t.* **1.** konservieren (*fruit*); **2.** gegen Verfall schützen (*manuscripts, Lenin's dead body*); **3.** schützen, retten: *may God p. you* Gott schütze dich; **4.** aufrechterhalten (*public order*); wahren (*one's sense of humour*); **II.** *n.* **1.** Eingemachtes, Kompott: *raspberry p.* (selbstgemachte) Himbeermarmelade; **2.** Jagdrevier (*auch fig.*).

preside [prɪ'zaɪd] **1.** *v.i.* Vorsitz innehaben (*at a meeting*); **2.** *v.prep.: p. over s.th.* etw. leiten; für etw. die Verantwortung tragen: *the Chancellor has ≈d over the decline of (the) manufacturing industry* (*GB*) der Schatzkanzler hat den Niedergang der gewerblichen Wirtschaft zu verantworten.

president ['prezɪdənt] *n.* Präsident (*of the United States of America*); Vorsitzender (*of a club*); (*US*) Aufsichtsratsvorsitzender (*of General Electric*).

presidential [ˌprezɪ'denʃl] *adj.* Präsidenten- (*election*): *p. year* (*US*) Präsidentenwahljahr.

press [pres] **I.** *v.t.* **1.** drücken (*the button*): *p. s.o.'s hand* jdm. (kräftig) die Hand drücken; *p. the accelerator* Gas geben; **2.** (aus)pressen (*grapes, oranges*): *p. flowers* Blumen pressen; **3.** bügeln (*trousers*); **4.** drängen (*s.o. to do s.th.*): *p. a claim* eine Forderung mit Nachdruck verfolgen; *p. a point* etwas nachdrücklich vertreten; *p. s.th. home* in einer Sache nicht nachlassen; *p. ahead/on with s.th.* eine Sache energisch verfolgen; **II.** *n.* **1.** Presse: *the p. were invited* die Presse war geladen; *freedom of the p.* Pressefreiheit; *have a good/bad p.* gute/schlechte Presse haben; *if the p. get wind of this* wenn die Presse davon erfährt; **2.** Druckerpresse: *go to p.* in Druck gehen; *come off the p.* soeben gedruckt sein; **3.** (*mech.*) Presse: *wine p.* Weinpresse; **4.** Druck: *give the button another p.* noch einmal auf den Knopf drücken; *give the trousers a p.* die Hose bügeln.

pressure ['preʃə] *n.* Druck: *under p.* unter Druck; *at high p.* mit Hoch-druck (*auch fig.*); *bring p. to bear on s.o.; put p. on s.o.* jdn. unter Druck setzen; *p. of work* Arbeitsbelastung; *p. cooker* Schnellkochtopf; *p. gauge* Manometer; *p. group* (starke) Interessenvertretung, Lobby; *p. point* Druckpunkt.

presumably [prɪ'zju:məblɪ] *adv.* vermutlich.

presume [prɪ'zju:m] *v.t.* **1.** annehmen, vermuten: *I p. so/not* das nehme ich an/nicht an; (*mit Infinitivkonstruktion*): *I ≈d them to be informed* ich ging davon aus, daß sie Bescheid wußten; **2.** (*jur.*) vermuten, unterstellen: *the accused is ≈d (to be) innocent until (he is) found/proved guilty* der Angeklagte gilt bis zum Beweis der Schuld als unschuldig; *missing, ≈d dead* verschollen/vermißt, mutmaßlich tot; **3.** sich erdreisten: *may I p. to ask you a personal question?* darf ich Ihnen eine persönliche Frage stellen?

pretence [prɪ'tens] *n.* **1.** Vorwand: *under false ≈s* unter falschem Vorwand; **2.** Anspruch: *he has little p. to education* er ist alles andere als gebildet.

pretend [prɪ'tend] *v.t.* **1.** vortäuschen; so tun als ob: *she was only ≈ing ignorance* sie tat nur so, als hätte sie keine Ahnung; **2.** (für sich) beanspruchen: *I don't p. to understand/to any understanding of this system* ich behaupte nicht, daß ich dieses System (auch nur ansatzweise) verstehe.

pretty ['prɪtɪ] **I.** *adj.* hübsch (*girl, hat*): *a p. state of affairs* (*coll.*) eine schöne Bescherung; *not a p. sight* kein schöner Anblick; *a p. penny* eine schöne Stange Geld; *things have come to a p. pass!* so weit ist es schon gekommen!; *sit p.* sich nicht rühren; **II.** *adv.* ganz, ziemlich (*expensive*): *p. much the same* ziemlich dasselbe; *p. hopeless* ziemlich hoffnungslos.

prevail [prɪ'veɪl] *v.i.* **1.** vorherrschen (*bad weather*): *the conditions ≈ing in this area* die in dieser Gegend vorherrschenden Bedingungen; **2.** sich durchsetzen: *reason has ≈ed* es war ein Sieg der Vernunft; **3.** *v.prep.: p. on s.o. to do s.th.* jdn. zu etw. überreden.

prevent [prɪ'vent] *v.t.* vorbeugen, verhindern (*accidents*): *I was ≈ed from finishing the job* ich wurde daran gehindert, die Arbeit/Aufgabe zu beenden.

preventive [prɪ'ventɪv] *adj.* vorbeugend (*measure*).

previous ['pri:vɪəs] *adj.* vorhergehend, vorherig: *p. experience* einschlägige Erfahrung; *p. conviction* (*jur.*) Vorstrafe.

price [praɪs] **I.** *n.* Preis (*of petrol*): *charge a p.* Preis berechnen; *put a p. on s.th.* Preis für etw. nennen; *at a p.* nicht gerade billig; *cheap at the p.* verhältnismäßig billig; *not at any p.!* (*fig.*) auf keinen Fall!; *asking p.* geforderter Preis; *selling p.* Verkaufspreis; **II.** *v.t.* mit einem Preis auszeichnen: *each item was ≈d at £15* jeder Posten kostete £15; *reasonably ≈d* preislich angemessen; *p. o.s. out of the market* durch überhöhte Preise seine Konkurrenzfähigkeit verlieren.

prick [prɪk] **I.** *n.* **1.** Stich (*of pain*); *≈s of conscience* Gewissensbisse; *kick against the ≈s* wider den Stachel löcken; **2.** (*vulg.*) Penis; **II. 1.** *v.t.* stechen: *p. one's fingers* sich in die Finger stechen; **2.** *v.prep.: p. up one's ears* die Ohren spitzen.

pride [praɪd] **I.** *n.* Stolz: *my p. and joy* mein ganzer Stolz; *p. comes before a fall* (*prov.*) Hochmut kommt vor dem Fall; *take p. in s.th.* auf etw. stolz sein; *p. of place*

Ehrenplatz; **II.** *v.prep.: p. o.s. on/upon s.th.* auf etw. stolz sein.

priest [priːst] *n.* Priester (*bes. der katholischen Kirche*).

primary ['praɪmərɪ] **I.** *adj.* **1.** Haupt- (*purpose*): *of p. importance* von überragender Bedeutung; **2.** primär: *p. industry* Grundstoffindustrie; *p. school* Grundschule; **II.** *n.* (*US*) (*auch: p. election*) Vorwahl (*zur Auswahl der Präsidentschaftskandidaten*).

prime [praɪm] **I.** *adj.* **1.** vorrangig (*concern, importance, motive*): *p. minister* Premierminister; *p. number* (*math.*) Primzahl; **2.** erstklassig (*quality, site*): *p. specimen* Prachtexemplar; *p. time* (*Werbung*) beste Sendezeit; **II.** *n.* Jugend, optimale Verfassung: *she's past her p.* sie ist nicht mehr die Jüngste; *in the p. of life* in der Blüte der Jahre; **III.** *v.t.* **1.** vorbehandeln, grundieren (*the wall*); **2.** bereitmachen, schärfen (*a gun*); *p. the pump* (*fig.*) Konjunktur ankurbeln; **3.** instruieren (*witnesses to say the right thing*).

prince [prɪns] *n.* **1.** Fürst: *P. of Wales* Fürst von Wales (*brit. Thronfolger*); **2.** Prinz (*Andrew, Edward*).

princess ['prɪnses] *n.* Prinzessin.

principal ['prɪnsəpl] **I.** *adj.* Haupt-: *the p. character in this play* die Hauptfigur in diesem Stück; **II.** *n.* **1.** Direktor, Leiter, Rektor (*of a college/school*); **2.** Konzertmeister; **3.** Kapital-, Kreditsumme: *pay p. and interest* Schuldendienst leisten; **4.** Auftraggeber, Bauherr; **5.** (*jur.*) Hauptschuldige(r).

principle ['prɪnsəpl] *n.* Prinzip: *in p.* im Prinzip; *moral ≈s* moralische Prinzipien; *against my ≈s* gegen meine innerste Überzeugung; *as a matter of p.; on p.* grundsätzlich.

print [prɪnt] **I.** *n.* **1.** Druck: *in p.* im Druck, erhältlich: *out of p.* vergriffen; *the fine/small p.* das Kleingedruckte; *rush s.th. into p.* etw. schnellstens drucken; **2.** Abdruck (*of a tyre*); **3.** Abzug (*of a photograph*); **II.** *v.t.* **1.** drucken: *≈ed matter* Drucksache; *the book is ≈ing* das Buch wird gerade gedruckt; **2.** in Druckschrift schreiben: *please p.* bitte in Druckbuchstaben ausfüllen.

printer ['prɪntə] *n.* **1.** (*Beruf*) Drukker; **2.** (*Computer*) Drucker; **3.** Druckerei(betrieb).

prior ['praɪə] *adj.* **1.** vorrangig (*claim*); **2.** vorherig (*engagement*): *have no p. knowledge of s.th.* keine Vorkenntnis von etw. haben; *p. to our arrival* vor unserer Ankunft.

priority [praɪ'ɒrətɪ] *n.* Vorrang (*over s.th.*): *have p.* Vorrang/Vorfahrt haben; *of top p.* von höchster Dringlichkeit; *give p. to s.th.* etw. vorrangig behandeln; *get one's priorities right/wrong* sich (entsprechend seiner Prioritäten) richtig/falsch verhalten.

prison ['prɪzn] *n.* **1.** Gefängnis: *be in p.* einsitzen; *go to p.; be sent to p.* ins Gefängnis gesteckt werden; **2.** Gefängnis-, Haftstrafe: *is there an alternative to p.?* gibt es eine Alternative zur Gefängnisstrafe?

prisoner ['prɪzənə] *n.* Gefangene(r): *take s.o. p.* jdn. gefangennehmen; *p. at the bar* Angeklagter (in Untersuchungshaft); *p. of war* (*POW*) Kriegsgefangener.

private ['praɪvət] **I.** *adj.* privat: *p. property* Privatgrundstück; *p. matter* Privatangelegenheit; *act in a p. capacity* als Privatperson handeln; *p. detective* Privatdetektiv; *p. law* Privatrecht; *p. life* Privatleben; *my p. opinion* meine persönliche Meinung; *private parts* Geschlechtsteile; *p. patient* Privatpatient; *p.*

treatment Privatbehandlung; **II.** *n.* (*mil.*) unterster Dienstgrad.

privilege ['prɪvəlɪdʒ] *n.* Privileg, Vorrecht: *it is my p. to …* (*Rede*) für mich ist es ein Privileg, …; *legal/ parliamentary p.* parlamentarische Immunität; *fight against p.* gegen Privilegien ankämpfen.

prize [praɪz] **I.** *n.* Auszeichnung, Preis: *win the first p.* den ersten Preis gewinnen; *award a p.* Preis verleihen; *there are no ≈s for guessing* es ist leicht zu erraten; **II.** *adj.* **1.** preisgekrönt (*entry, exhibit*); **2.** (*iron.*) völlig (*fool, idiot*); **III.** *v.t.* schätzen: *≈d possession* wertvoller Besitzgegenstand.

probability [ˌprɒbə'bɪlətɪ] *n.* **1.** Wahrscheinlichkeit: *in all p.* höchstwahrscheinlich; *the p. is that …* wahrscheinlich wird …; **2.** wahrscheinliches Ereignis: *a strike is a distinct p.* es wird wohl zum Streik kommen.

probable ['prɒbəbl] *adj.* wahrscheinlich (*result*).

problem ['prɒbləm] *n.* Problem: *no p.* kein Problem (*auch als Reaktion auf Dank*); *what's the p.?* worum geht's?; *p. page* (*Zeitung*) Kummerkasten; *have a drinking p.* Alkoholiker sein.

procedure [prə'siːdʒə] *n.* Verfahren: *legal p.* gerichtliches Verfahren; *law of penal p.* Strafprozeßordnung; *rules of p.* Verfahrensregeln.

proceed [prə'siːd] *v.t.* **1.** weiterfahren, weitergehen (*in the same direction*); **2.** weitermachen: *please p.* gehen Sie bitte weiter; **3.** vorgehen (*according to the rules*): *p. against s.o.* gerichtlich gegen jdn. vorgehen.

proceedings [prə'siːdɪŋz] *n. pl.* **1.** Verfahren: *institute legal p.* ein Gerichtsverfahren anstrengen; **2.** Protokoll (*of the scientific conference*).

process ['prəʊses] **I.** *n.* **1.** Ablauf, Verfahren: *be in the p. of doing s.th.* mit etw. beschäftigt sein; *a revolutionary p.* ein revolutionäres (technisches) Verfahren; **2.** (*jur.*) Prozeß, Gerichtsverfahren; **II.** *v.t.* behandeln, veredeln (*food*); bearbeiten (*application, claims, data*).

procession [prə'seʃn] *n.* Prozession, Umzug: *funeral p.* Trauerzug; *p. of cars* Autokorso.

produce[1] [prə'djuːs] *v.t.* **1.** produzieren, herstellen; **2.** hervorbringen (*ideas*); **3.** hervorholen, vorzeigen (*documents*): *p. a gun* (plötzlich) eine Pistole ziehen; **4.** (*theat.*) inszenieren (*Richard II*).

produce[2] ['prɒdjuːs] *n.* (*kein Pl.*) landwirtschaftliche(s) Erzeugnis(se): *p. of Spain* spanische(s) Agrarerzeugnis(se).

producer [prə'djuːsə] *n.* **1.** Erzeuger, Hersteller (*of microchips*); **2.** (*theat.*) Regisseur, Spielleiter; (Film-)Produzent.

product ['prɒdʌkt] *n.* **1.** Produkt, Erzeugnis: *semi-finished p.* halbfertiges Erzeugnis; *gross national p.* (*GNP*) Bruttosozialprodukt (BSP); **2.** Ergebnis (*of years of neglect*); **3.** (*math.*) Produkt.

production [prə'dʌkʃn] *n.* **1.** Produktion, Herstellung (*of television sets*); Förderung (*of coal*); Erzeugung (*of milk*): *go into/out of p.* Produktion aufnehmen/einstellen; *p. line* Fließband; **2.** Produktionsmenge; **3.** Vorzeigen: *only on p. of a pass* nur bei Vorzeigen eines Ausweises; **4.** (*theat.*) Inszenierung (*of Marlowe's Edward II*).

productive [prə'dʌktɪv] *adj.* **1.** produktiv, fruchtbar (*soil*): *a very p. meeting* eine sehr erfolgreiche Sitzung; **2.** Herstellungs- (*capacity*).

productivity [prədʌk'tɪvətɪ] *n.* Produktivität (*of labour/the soil*): *p. bonus* Leistungszulage.

profess [prə'fes] *v.t.* **1.** bekennen: *p. ignorance of s.th.* zugeben, daß man von etw. keine Ahnung/Kenntnis hat; **2.** erklären (*o.s. satisfied with the result*).

profession [prə'feʃn] *n.* **1.** (akademischer) Beruf: *by p.* von Beruf; *study for a p.* sich auf einen (akademischen) Beruf vorbereiten; *the caring ≈s* die Sozialberufe; *teaching p.* Lehrerberuf; **2.** Berufsstand, Berufsgruppe: *the legal p.* die Juristen.

professional [prə'feʃənəl] **I.** *adj.* **1.** fachlich: *p. advice* Rat vom Fachmann (*z.B. Arzt oder Jurist*); *p. association* Fachverband; *on a p. basis* hauptberuflich; *p. misconduct* standeswidriges Verhalten; *p. training* Fachausbildung; *p. standards* fachliche Maßstäbe; **2.** gekonnt: *a p. job* gute Arbeit; **II.** *n.* **1.** Fachmann: *he's a real p.* er ist ein wahrer Fachmann (auf seinem Gebiet); *that theft was the work of a p.* diesen Diebstahl beging ein echter Profi; **2.** (*Sport*) Profi: *he decided to turn p.* er entschloß sich, Profi zu werden.

professor [prə'fesə] *n.* Professor (*of history*).

professorship [prə'fesə,ʃɪp] *n.* Professur, Lehrstuhl.

profit ['prɒfɪt] **I.** *n.* Gewinn, Profit: *make a p.* Gewinn machen; *operate at a p.* gewinnbringend arbeiten; *sell at a p.* mit Gewinn verkaufen; **II.** *v.prep.: p. from s.th.* Nutzen ziehen aus.

profitability [,prɒfɪtə'bɪlətɪ] *n.* Rentabilität.

profitable ['prɒfɪtəbl] *adj.* gewinnbringend, rentabel (*business, investment*).

program (*US*); **programme** (*GB*) ['prəʊgræm] **I.** *n.* Programm; **II.** *v.t.* programmieren.

programmer ['prəʊgræmə] *n.* (*Computer*) Programmierer.

progress ['prəʊgres] *n.* (*kein Pl.*) **1.** Fortschritt: *make (good) p.* (gute) Fortschritte machen; **2.** Vorankommen: *make only slow p. through the jungle* nur mühselig im Dschungel vorwärtskommen (*auch fig.*); **3.** *in p.* im Gange: *work in p.* (*Schild*) Bauarbeiten.

progressive [prə'gresɪv] *adj.* **1.** zunehmend, fortschreitend (*increase in accidents*); **2.** fortschrittlich (*thinking*); **3.** progressiv (*system of taxation*); **4.** (*gram.*) *p. form/tense* progressive Tempusform (im Englischen), Verlaufsform.

prohibit [prə'hɪbɪt] *v.t.* **1.** verbieten: *strictly ≈ed* strengstens verboten; **2.** verhindern: *the cost alone would p. widespread use* schon die Kosten würden eine breite Verwendung verhindern.

prohibition [prəhɪ'bɪʃn] *n.* Verbot (*of drinking in public places*).

project[1] ['prɒdʒekt] *n.* **1.** Projekt, Vorhaben: *construction p.* Bauprojekt; **2.** (*Schule*) Projekt; Referat (*on North Africa*).

project[2] [prə'dʒekt] **1.** *v.t.* vorsehen, planen (*a new road*); **2.** projizieren (*slides on a screen*); **3.** darstellen, vermitteln (*a better image of o.s.*); **4.** schießen (*a rocket into space*); **5.** *v.i.* herausragen, vorspringen (*a rock*).

prolong [prə'lɒŋ] *v.t.* ausdehnen, verlängern (*life, a visit*): *don't p. the agony!* (*coll.*) spann uns nicht länger auf die Folter!; *her ≈ed absence* ihre längere Abwesenheit.

prominence ['prɒmɪnəns] *n.* Bekanntheit, herausragende Stellung: *come into p.* berühmt werden; *give s.th. p.* etw. (groß) herausstellen.

prominent ['prɒmɪnənt] *adj.* **1.** vorstehend (*teeth*); **2.** auffällig (*position*); **3.** führend, berühmt (*politician*).

promise ['prɒmɪs] **I.** *n.* **1.** Versprechen: *break a p.; go back/renege on a p.* Versprechen nicht einhalten; *keep a p.* Versprechen halten; *make a p.* versprechen; **2.** Hoffnung, Aussicht: *little p. of change in the weather* kaum Aussicht, daß sich das Wetter ändert; *show (great) p.* eine (große) Zukunft vor sich haben; **II.** *v.t.* **1.** versprechen: *p. s.o. the earth/moon* jdm. das Blaue vom Himmel versprechen; **2.** auf etwas schließen lassen (*better weather tomorrow*).

promising ['prɒmɪsɪŋ] *adj.* vielversprechend.

promote [prə'məʊt] *v.t.* **1.** befördern (*to [the rank of] major*): *our team has been ≈d to the 1st division* unsere Mannschaft ist in die erste Liga aufgestiegen; **2.** fördern (*peace, research, science*); **3.** werben für (*the new dictionary*); **4.** organisieren, veranstalten (*a boxing match*).

promotion [prə'məʊʃn] *n.* **1.** Beförderung (*to a senior position*): *p. to the 1st division* (*Sport*) Aufstieg in die erste Liga; **2.** Förderung (*of science*); **3.** Werbung (*of new products*); **4.** Organisation, Veranstaltung (*of a cycle race*).

prompt [prɒmt] **I.** *adj.* prompt, sofortig (*payment*): *be very p. in doing s.th.* etw. unverzüglich erledigen; **II.** *adv.* pünktlich: *at 8 o'clock p.* pünktlich um 8 Uhr; **III.** *v.t.* **1.** veranlassen (*s.o. to do s.th.*): *what ≈ed your remark?* was hat dich zu dieser Äußerung veranlaßt?; **2.** (*theat.*) soufflieren (*auch fig.*): *p. a witness* einem Zeugen die Stichworte liefern.

prompter ['prɒmtə] *n.* (*theat.*) Souffleur, Souffleuse.

pronoun ['prəʊnaʊn] *n.* (*ling.*) Pronomen: *demonstrative/interrogative / personal / possessive / relative / reflexive p.* Demonstrativ- / Interrogativ- / Personal- / Possessiv- / Relativ- / Reflexivpronomen.

pronounce [prə'naʊns] *v.t.* **1.** aussprechen (*the »r« like the Scots*); **2.** offiziell erklären (*the patient dead*); **3.** (*Gericht*) befinden (*for/against s.o.*).

pronunciation [prəˌnʌnsɪ'eɪʃn] *n.* Aussprache: *received p.* (*RP*) (*GB*) englische Standardaussprache.

proof [pru:f] **I.** *n.* **1.** Beweis: *conclusive/definitive p.* schlüssiger Beweis; *written p.* schriftlicher Beweis; *living p.* lebender Beweis; *put s.th. to the p.* etw. in der Praxis ausprobieren; *the p. of the pudding is in the eating* (*prov.*) Probieren geht über Studieren; **2.** (*phot.*) Kontaktabzug; (*Druck*) Fahne: *galley p.* Fahne; *page p.* Umbruch; **3.** Alkoholgehalt; **II.** *adj.* sicher (*against inflation*); dicht, undurchlässig (*against moisture*); **III.** *v.t.* imprägnieren.

proper ['prɒpə] *adj.* **1.** ordnungsgemäß, richtig: *think s.th. p.* etw. für angemessen halten; *in the p. order* in der richtigen Anordnung/Reihenfolge; *the p. thing (to do/say)* das Richtige; *the p. way (to do s.th.)* der richtige Weg; *it's only right and p.* es ist nur richtig; **2.** eigentlich: *the p. sense of the word* die eigentliche Bedeutung des Wortes; *he's not a p. plumber* er ist kein richtiger Klempner/Installateur; *in London p.* in London selbst; *p. name* Eigenname.

properly ['prɒpəlɪ] *adv.* **1.** richtig: *if a job's worth doing, it's worth doing p.* man sollte keine halben Sachen machen, wenn man schon etwas in Angriff nimmt; **2.** eigentlich: *p. speaking* genaugenommen.

property ['prɒpətɪ] *n.* **1.** Eigentum: *her personal p.* ihr persönliches Eigentum; *lost p. office* Fundbüro; **2.** (Grund-/Immobiliar-)Besitz: *buy some p.* Immobilie(n) erwerben; *p. development* Grundstückserschließung, Bauprojekt; **3.** Eigenschaft: *rain-resisting properties* wasserabweisende Eigenschaften.

proportion [prə'pɔːʃn] *n.* **1.** Verhältnis: *out of all p. (to s.th.)* in keinem Verhältnis (zu etw.); *p. of boys to girls* Verhältnis von Jungen zu Mädchen; *draw s.th. in p.* etw. perspektivisch zeichnen; *lose all sense of p.* jeden Sinn für Realität(en) verlieren; **2.** Anteil: *the p. of students cycling to university* der Anteil der Studenten, die mit dem Rad zur Uni fahren; **3.** ≈**s** *pl.* Ausmaße: *a lady of ample ≈s* eine sehr vollschlanke Dame.

proportional [prə'pɔːʃənəl] *adj.* entsprechend: *p. representation* (*PR*) Verhältniswahlrecht.

proportionate [prə'pɔːʃənət] *adj.* anteilmäßig: *p. to* im Verhältnis zu.

proposal [prə'pəʊzəl] *n.* **1.** Vorschlag: *make/submit a p.* Vorschlag machen/unterbreiten; **2.** Heiratsantrag.

propose [prə'pəʊz] *v.t.* **1.** vorschlagen (*to have another meeting*): *p. a toast* einen Trinkspruch ausbringen; **2.** beabsichtigen: *I p. to go to Brussels next week* ich beabsichtige, nächste Woche nach Brüssel zu fahren; **3.** (*ohne Objekt*) Heiratsantrag machen: *he ≈d to her after dinner* er machte ihr nach dem Abendessen einen Heiratsantrag.

proposition [ˌprɒpə'zɪʃn] *n.* **1.** Aussage, Lehrsatz (*that friction causes heat*); Theorie (*that the earth is flat*); **2.** Vorschlag (*to pool resources*); Projekt: *an expensive p.* ein teures Projekt; **3.** unsittlicher Antrag.

proprietor [prə'praɪətə] *n.* Inhaber (*of a hotel*): *newspaper p.* Zeitungsbesitzer.

proprietress [prə'praɪətrəs] *n.* Inhaberin.

prospect[1] ['prɒspəkt] *n.* **1.** Aussicht (*of success*): *I don't like the p. of being on my own next week* ich bin nicht begeistert davon, daß ich nächste Woche allein sein werde; *in p.* in Aussicht; *a job without ≈s* eine Tätigkeit ohne (längerfristige) Perspektiven; *hold out the p. of s.th.* etw. in Aussicht stellen; **2.** aussichtsreicher Kandidat; potentieller Kunde: *have several ≈s lined up for the car* bereits einige potentielle Kunden für den Wagen haben; **3.** Aussicht (*from our hotel window*).

prospect[2] [prə'spekt] *v.t.* nach Bodenschätzen suchen, explorieren.

prosperity [prə'sperətɪ] *n.* Wohlstand, Reichtum: *wish s.o. health, happiness and p.* jdm. Gesundheit, Glück und Wohlstand wünschen.

prosperous ['prɒspərəs] *adj.* reich, begütert: *p. times* Zeiten des Wohlstandes.

protect [prə'tekt] *v.t.* schützen (*against/from s.th.*): *p. one's head against injury* seinen Kopf gegen Verletzungen schützen; *p. an industry against foreign competition* einen Wirtschaftszweig gegen ausländische Konkurrenz schützen.

protection [prə'tekʃn] *n.* Schutz (*against the cold*): *our policy offers p. for all the family* unsere Versicherungspolice bietet Versicherungsschutz für die ganze Familie; *consumer p.* Verbraucherschutz; *p. money* Schutzgeld; *p. racket* Schutzgelderpressung.

protective [prə'tektɪv] *adj.* **1.** Schutz-: *p. clothing* Schutzkleidung; *p. custody* (*jur.*) Schutzhaft; *p. tariff* Schutzzoll; **2.** beschützend: *she's far too p. towards her children* sie behütet ihre Kinder zu sehr.

protest[1] ['prəʊtest] *n.* Protest: *under p.* unter Protest; *lodge a p.* Protest einlegen; *stage a p.* Protestdemonstration organisieren.

protest[2] [prə'test] **1.** *v.prep.: p. against s.th.* gegen etw. protestieren; **2.** *v.t.* beteuern (*one's innocence*).

Protestant ['prɒtəstənt] **I.** *n.* Protestant: *White Anglo-Saxon P.* (*WASP*) (*US*) Angehöriger der protestantischen Kernbevölkerung der USA.; **II.** *adj.* protestantisch (*church*).

proud [praʊd] **I.** *adj.* **1.** stolz (*of s.o./s.th.*): *be p. of o.s.* auf sich selbst stolz sein; *the p. owner of a new car* der stolze Besitzer eines neuen Autos; *as p. as a peacock* stolz wie ein Pfau; **2.** hervor-, herausragend (*the cement in the brickwork*); **II.** *adv.* fürstlich: *do s.o. p.* jdn. verwöhnen.

prove [pru:v] **1.** *v.t.* beweisen (*one's innocence*): *p. s.o. (to be) guilty* jds. Schuld beweisen; **2.** *v.i.* sich erweisen: *p. useful* sich als nützlich erweisen.

proven ['pru:vən] (*Scot.:* ['prəʊvən]) bewährt (*method*); *not p.* (*Scot.*) (*jur.*) mangels Beweises.

proverb ['prɒvɜ:b] *n.* Sprichwort.

provide [prə'vaɪd] *v.t.* besorgen, bereitstellen (*books, transport*): *p. information* Informationen liefern; *p. s.o. with everything* jdn. mit allem versorgen; *p. for s.th.* für etw. Vorsorge treffen; *p. against s.th.* Vorkehrungen für etw. treffen.

provided [prə'vaɪdɪd] (*that*) *conj.* vorausgesetzt, daß.

province ['prɒvɪns] *n.* **1.** Provinz: *the new film will be shown in the ≈s as from next week* (*GB*) der Film wird von der nächsten Woche an außerhalb von London zu sehen sein; **2.** Fach-, Aufgabenbereich: *outside my p.* außerhalb meines Fachbereichs.

provision [prə'vɪʒən] **I.** *n.* **1.** Bereitstellung (*of free meals*); **2.** Zuweisung (*of maths teachers*); **3.** Vorsorge (*for/against s.th.*): *make adequate p. for a contingency* angemessen für den Eventualfall vorsorgen; **4.** (*jur.*) Bestimmung: *the ≈s of the act* die Bestimmungen des Gesetzes; *with the p. that…* unter dem Vorbehalt, daß…; **5.** ≈**s** *pl.* Lebensmittel, Verpflegung; **II.** *v.t.* verpflegen, mit Proviant versorgen (*a ship*).

provocation [ˌprɒvə'keɪʃn] *n.* Provokation, Anlaß: *without the slightest p.* ohne den geringsten Anlaß.

provoke [prə'vəʊk] *v.t.* **1.** provozieren, reizen (*a dog*): *p. s.o. into doing s.th./to do s.th.* jdn. zu etw. veranlassen; **2.** hervorrufen (*criticism, an angry response*).

psychological [ˌsaɪkə'lɒdʒɪkl] *adj.* **1.** psychologisch: *p. warfare* psychologische Kriegsführung; **2.** psychologisch günstig (*moment*).

psychologist [saɪ'kɒlədʒɪst] *n.* Psychologe.

psychology [saɪ'kɒlədʒɪ] *n.* Psychologie.

pub [pʌb] *n.* (*Kurzform von:* **public house**) (*GB*) Gastwirtschaft, Kneipe: *go down/round to the p.* in die Kneipe gehen; *p. crawl* Zechtour, Zug durch die Gemeinde; *p. grub* (*coll.*) Wirtshausessen.

public ['pʌblɪk] **I.** *adj.* öffentlich: *p. opinion* öffentliche Meinung; *in the p. eye* in der/aller Öffentlichkeit; *p. office* öffentliches Amt; *p.*

service öffentlicher Dienst; *p. service obligation* (*PSO*) gesetzlicher Leistungsauftrag, Beförderungspflicht; *p. limited company* (*plc*) (*GB*) Aktiengesellschaft (AG); *go p.* an die Börse gehen, in eine AG umgewandelt werden; *p. relations* (*PR*) Öffentlichkeitsarbeit; *p. school* (*GB*) (von einer Stiftung getragene) Privatschule; *p. transport* öffentliche Verkehrsmittel; *p. utility* öffentliches Versorgungsunternehmen; **II.** *n.* **1.** Öffentlichkeit: *open to the p.* für die Öffentlichkeit geöffnet/zugänglich; **2.** Publikum: *reading p.* Lesepublikum.

publication [ˌpʌblɪ'keɪʃn] *n.* **1.** Veröffentlichung, Bekanntgabe (*of the election results*); **2.** Veröffentlichung, Publikation: *p. date* Datum der Veröffentlichung; **3.** Veröffentlichung, Publikation: *his latest p. has created a real stir* sein neuester Artikel/neuestes Buch hat für helle Aufregung gesorgt.

publicity [pʌb'lɪsətɪ] *n.* **1.** Publizität, öffentliche Aufmerksamkeit: *avoid/seek p.* Publizität vermeiden/suchen; *blaze/glare of p.* grelles Licht der Öffentlichkeit; **2.** Werbung, Reklame: *p. agency* Werbeagentur; *p. campaign* Werbekampagne.

publish ['pʌblɪʃ] *v.t.* **1.** veröffentlichen, verlegen (*books, magazines*); **2.** publizieren (*an interesting article*); **3.** veröffentlichen, bekanntgeben (*the latest trade figures*).

publisher ['pʌblɪʃə] *n.* Verleger, Verlag.

publishing ['pʌblɪʃɪŋ] *n.* Verlagstätigkeit: *p. house* Verlag.

pudding ['pʊdɪŋ] *n.* **1.** Pudding: *what's for p.?* was gibt es als Nachtisch?; **2.** *black p.* Blutwurst.

pull [pʊl] **I.** *v.t.* **1.** ziehen: *p. the trigger* (*Pistole*) abdrücken; *p. a tooth out* Zahn ziehen; **2.** (*fig.*) ziehen: *p. s.o.'s leg* jdn. auf den Arm nehmen; *p. a fast one on s.o.* jdn. übers Ohr hauen; *p. the strings* die Fäden ziehen; *p. one's weight* seinen Beitrag leisten; **3.** *in Phrasen und präp.V.: p. at s.th.* an etw. ziehen: *p. away* (*Fahrzeug*) losfahren; *p. down* abreißen (*the old building*); *p. in* einfahren (*train*); zur Seite fahren und anhalten (*car/motorist*); *p. off* zuwege bringen; *p. out* sich zurückziehen; herausziehen: *p. out all the stops* (*fig.*) alle Register ziehen; *p. over* zur Seite fahren und anhalten; *p. up* anhalten; *p. s.o. up* jdn. zurechtweisen; **II.** *n.* **1.** Ziehen, Zug: *give it a good p.* zieh mal fest; **2.** Zugvorrichtung (*to switch on the light*); **3.** Zugkraft (*auch fig.*); Einfluß.

pullover ['pʊlˌəʊvə] *n.* Pullover.

pulpit ['pʊlpɪt] *n.* (*Kirche*) Kanzel.

pump [pʌmp] **I.** *n.* **1.** Pumpe: *bicycle p.* Fahrradpumpe; *petrol p.* Zapfsäule; *prime the p.* (*fig.*) Konjunktur ankurbeln; **2.** Pumpen: *it takes a few ≈s* man muß mehrfach pumpen; **II. 1.** *v.t.* pumpen (*oil, water*); **2.** (*Hand*) kräftig schütteln; **3.** aushorchen (*s.o. for information*); **4.** *v.i.* pulsieren: *the patient's heart was ≈ing fast* das Herz des Patienten schlug heftig; *blood was ≈ing from his wound* Blut schoß aus seiner Wunde.

punch[1] [pʌntʃ] **I.** *v.t.* mit der Faust schlagen (*s.o. on the nose*); **II.** *n.* **1.** Faustschlag: *pull one's ≈es* (*fig.*) sich zurückhalten; **2.** Schlagkraft.

punch[2] **I.** *v.t.* lochen (*tickets, a hole into a belt*); *≈ed card* Lochkarte; **II.** *n.* Locher, Lochzange.

punch[3] *n.* Punschgetränk, Bowle.

punctual ['pʌnktʃʊəl] *adj.* pünktlich (*appearance, start*).

punish ['pʌnɪʃ] *v.t.* **1.** bestrafen (*of-*

fenders): **2.** nicht schonen (*an opponent, the engine of one's car*).

punishment ['pʌnɪʃmənt] *n.* **1.** Bestrafung, Strafe: *mete out a harsh p.* eine harte Strafe verhängen; *capital p.* Todesstrafe; *corporal p.* Prügelstrafe; **2.** grobe Behandlung: *the car took a lot of p.* das Auto wurde schonungslos gefahren.

pupil[1] [pju:pl] *n.* Schüler(in): *private p.* Privatschüler(in); *a p. of Haydn* ein Schüler von Haydn.

pupil[2] *n.* (*anat.*) Pupille.

purchase ['pɜ:tʃəs] **I.** *v.t.* kaufen, erwerben; (*fig.*) erkaufen (*victory*); **II.** *n.* **1.** Kauf, Erwerb (*of a house*); *p. price* Kaufpreis; *p. tax* Einkaufs-, Umsatzsteuer; **2.** Halt: *he got little p. on the rock face* er hatte wenig Halt an der Felswand.

pure ['pjʊə] *adj.* **1.** rein (*gold, wool*): *p. water* reines Wasser; **2.** ehrlich, lauter (*motives*); **3.** total (*nonsense*): *(by) p. chance/accident* reiner Zufall; *p. and simple* (*coll.*) schlicht und ergreifend.

purpose ['pɜ:pəs] **I.** *n.* Zweck: *on p.* absichtlich; *answer/serve a p.* einem Zweck dienen; *to little p.* mit wenig Erfolg; *to no p.* ohne Erfolg; *for a good p.* für einen guten Zweck; *for all practical ≈s* in der Praxis; **II.** *v.t.* beabsichtigen (*to go on a holiday*).

purse [pɜ:s] *n.* **1.** Geldbörse: *hold the p. strings* über die Finanzen verfügen; *beyond my p.* über meine Mittel; **2.** Geldmittel: *the public p.* öffentliche Gelder; **3.** (*US*) Damenhandtasche.

pursue [pə'sju:] *v.t.* **1.** verfolgen: *the police ≈d the hit-and-run driver* die Polizei verfolgte den unfallflüchtigen Fahrer; **2.** (*fig.*) verfolgen: *he is ≈ing his studies all right* keine Angst, sein Studium vernachlässigt er nicht; *p. a matter* einer Sache nachgehen; *p. s.th. with great interest* etw. mit großem Interesse verfolgen; *p. a policy* eine Politik verfolgen.

pursuit [pə'sju:t] *n.* **1.** Verfolgung: *be in hot p.* (jdm.) auf den Fersen sein; **2.** (*fig.*) Verfolgung (*of a policy*): *p. of happiness* Streben nach Glück; *p. of pleasure* Vergnügungssucht; *p. of profit* Gewinnstreben.

push [pʊʃ] **I.** *v.t.* **1.** schieben, drükken (*the button*): *don't p.!* nicht drängeln!; *p. and pull* drücken und ziehen; *p. the door open/shut* Tür auf-/zuschieben; *p. the boat out* (*fig.*) sich besondere Mühe geben; *p. one's luck* allzu viel riskieren; **2.** drängen (*s.o. to do s.th.*): *p. o.s. hard* sich schinden; **3.** nachdrücklich werben für (*a new product*); **4.** *in Phrasen und präp.V.: p. ahead with s.th.* etw. in Angriff nehmen; *p. along* sich auf den Weg machen; *p. s.o. around* jdn. herumschubsen; *p. for s.th.* auf etw. drängen; *p. off* (*coll.*) abhauen; *p. on* (zügig) weitermachen; *p. through* durchsetzen; *p. up* in die Höhe treiben (*prices*); *p. up the daisies* (*fig.*) die Radieschen von unten betrachten; **II.** *n.* **1.** Stoß, Schieben: *give the car a p.* Auto anschieben; *give s.o. the p.* (*coll.*) jdn. rausschmeißen; *get the p.* rausgeschmissen werden; **2.** Anstrengung, Offensive: *big p.* Großoffensive; Verkaufsanstrengung; *at a p.* im Notfall; *if/when it comes to the p.* wenn es darauf ankommt.

put* [pʊt] *v.t.* **1.** setzen, stellen, legen (*the cards on the table*): *p. s.o. in his/her place* jdn. zurechtweisen; *p. s.o. in an awkward position* jdn. in Verlegenheit bringen; *p. one's foot in it* ins Fettnäpfchen treten; *p. o.s. in s.o.'s position* sich in jds.

Lage versetzen; *p. across* vermitteln (*ideas*); *p. aside* zurücklegen (*some money*); beilegen (*differences*); *p. away* weglegen; zurücklegen (*some money for a rainy day*); (*Sport*) schießen (*goals*); *p. back* zurückdrehen (*the clock* – *auch fig.*); *p. down* hinlegen; niederschlagen (*the rebellion*); einschläfern (*an old dog*); notieren (*an address*); *p. one's name down* sich eintragen; *p. s.th. down to* etw. zurückführen auf; *p. forward* vorschlagen (*s.o.'s name for the job*); vorstellen (*the clock*); **2.** anbringen (*a picture on the wall*); *p. s.th. right* etw. in Ordnung bringen; *p. s.th. together* etw. zusammenfügen; **3.** einstufen, beziffern (*the value of the picture at £1m*); *not p. it past s.o.* jdm. etw. durchaus zutrauen; **4.** ausdrücken, formulieren: *p. a question* Frage stellen; *to p. it mildly* gelinde gesagt; *I wouldn't p. it that way* so würde ich es nicht formulieren; **5.** *v.prep.: p. about* verbreiten (*a rumour*); *p. in* (*Schiff*) einlaufen; geltend machen (*a claim*); leisten (*overtime*); einlegen (*a good word for s.o.*); *p. in for* beantragen (*a grant*); *p. off* verschieben (*that dental appointment*); vertrösten (*s.o. with all sorts of promises*); *p. s.o. off* jdn. vor den Kopf stoßen; *p. on* anziehen (*a new dress*): *p. it on rather thick* (*fig.*) ziemlich dick auftragen; einschalten (*the light*); *p. on weight* zunehmen; *p. on extra buses* zusätzliche Busse einsetzen; *p. a price on s.th.* etw. beziffern; *p. it on* so tun, als ob; inszenieren (*a new play*); *p. s.o. onto s.th.* jdn. zu etw. verleiten; *p. out* auslöschen (*the fire*); ausschalten (*the light*); verblüffen: *she was quite p. out by this remark* diese Bemerkung machte sie sprachlos; *p. o.s. out* sich alle erdenkliche Mühe geben; *p. s.o. out* jdn. bewußtlos machen; *p. through* (*tel.*) durchstellen; durchsetzen (*measures*); *p. up* aufstellen (*the tent*); errichten (*the new factory*); anschlagen (*the exam results*); erhöhen (*the price of beer*); unterbringen (*a Russian friend*); nächtigen (*at a bed-and-breakfast place*); leisten (*some resistance*); aufbringen (*money to pay for a new garage*); *p. up with s.o./s.th.* jdn./etw. akzeptieren; *p. s.o. up to s.th.* jdn. zu etw. verleiten/anstiften; *p. upon s.o.* jdm. zur Last fallen.

puzzle [pʌzl] **I.** *n.* **1.** Rätsel: *it's still a p. to me* für mich ist es immer noch ein Rätsel; **2.** Rate-, Geduldsspiel: *crossword p.* Kreuzworträtsel; *jigsaw p.* Puzzlespiel; **II.** *v.t.* **1.** verblüffen: *what ≈s me is the fact that*… was ich nicht ganz verstehe, ist die Tatsache, daß …; **2.** (*geistig*) anstrengen: *p. one's brains* sich Gedanken machen (*over s.th.*); *p. s.th. out* etw. austüfteln.

Q

qualification [ˌkwɒlɪfɪ'keɪʃn] *n.* **1.** Qualifikation, Leistungsnachweis: *gain a q.* Qualifikation erwerben; **2.** Voraussetzung (*for this job*); **3.** Einschränkung, Vorbehalt: *without ≈s* ohne Vorbehalt.

qualify ['kwɒlɪfaɪ] **1.** *v.i.* sich qualifizieren (*for the final*); **2.** *v.t.* befähigen (*s.o. for a job*): *five years of residence in this country q. you for British nationality* fünf Jahre Aufenthalt in diesem Land geben Ihnen ein Anrecht auf die britische Staatsbürgerschaft; **3.** einschränken (*what I've just said*); **4.** (*gram.*) qualifizieren, modifizieren (*adj.; adv.*).

quality ['kwɒlɪti] *n.* **1.** Qualität, Güte(klasse): *prime/choice q.* allererste Qualität; *poor q.* schlechte Qualität; **2.** Eigenschaft: *have many good qualities* viele gute Seiten haben.

quantity ['kwɒntɪtɪ] *n.* Quantität, Menge: *in large quantities* in großen Mengen, en gros; *vast q.* Riesenmenge.

quarrel ['kwɒrəl] **I.** *n.* **1.** Streit: *pick a q.* Streit anfangen; **2.** Einwand: *have no q. with s.o./s.th.* nichts gegen jdn./etw. (einzuwenden) haben; **II. 1.** *v.i.* sich streiten (*about/over s.th.*); **2.** *v.prep.* Einwände haben, etw. auszusetzen haben (*with s.o./s.th.*).

quarter ['kwɔːtə] **I.** *n.* **1.** Viertel: *three ≈s* drei Viertel; *at a q. of the price* zu einem Viertel des Preises; **2.** Viertelstunde: *a q. past nine* Viertel nach neun; **3.** Vierteljahr: *results for the third q.* Ergebnisse des dritten Vierteljahres; **4.** Stadtviertel: *the Greek q.* das Griechenviertel; **5.** Bereich, Ecke: *from all ≈s of the globe* aus der ganzen Welt; *it is believed in some ≈s that …* in einigen Kreisen glaubt man, daß …; *at close ≈s* in unmittelbarer Nähe; **6.** Schonung: *expect no q.* keine Gnade erwarten; **7.** **≈s** *pl.* Quartier: *be confined to ≈s* Stubenarrest bekommen; **II.** *v.t.* vierteilen.

queen [kwiːn] **I.** *n.* **1.** Königin: *beauty q.* Schönheitskönigin; **2.** (*Insekten*) Königin; **3.** (*Schach*) Königin; (*Kartenspiel*) Dame; **II.** *v.t.: q. it* (*coll.*) sich wie eine Königin aufführen.

queer [kwɪə] **I.** *adj.* **1.** seltsam (*behaviour, taste*): *q. noises* verdächtige Geräusche; **2.** unwohl: *feel q.* sich nicht ganz wohl fühlen; **3.** (*pej.*) homosexuell, schwul; **4.** (*pej.*) geistesgestört; **5.** *in q. street* (*coll.*) verschuldet; **II.** *n.* (*pej.*) Schwuler.

question ['kwestʃən] **I.** *n.* **1.** Frage: *ask a q.* Frage stellen; *put a q.* Frage formulieren; *leading q.* Suggestivfrage; **2.** Frage, Problem: *examine a q.* ein Problem untersuchen; *beyond q.* außer Frage; *without q.* fraglos; *beg the q.* eine/die Frage aufwerfen; *an open q.* eine offene Frage; **3.** Möglichkeit: *there's no q. that …* es kann keine Rede davon sein, daß …; **II.** *v.t.* **1.** befragen, verhören (*the suspect*); **2.** in Frage stellen (*her motives*).

questionnaire [ˌkwestʃə'neə] *n.* Fragebogen: *fill in* (*GB*)*/out* (*US*)*/complete a q.* Fragebogen ausfüllen.

queue [kjuː] **I.** *n.* Warteschlange (*outside the cinema*): *join the q.* sich (hinten) anstellen; *jump the q.* sich vordränge(l)n; **II.** *v.i.: q. (up)* Schlange stehen.

quick [kwɪk] **I.** *adj.* **1.** schnell: *be q. about it!* mach schnell!; *the ≈est way* der schnellste/kürzeste Weg;

2. aufmerksam, wach: *a q. eye* ein waches Auge; *q. wit* heller Verstand; *have a q. temper* leicht aufbrausen; *be q. on the uptake* schnell (etw.) kapieren; **3.** lebendig: *the q. and the dead* die Lebenden und die Toten; **II.** *n.* empfindliches Fleisch: *to the q.* bis ins Fleisch; (*fig.*) bis ins Mark.

quiet ['kwaɪət] **I.** *n.* **1.** still: *be q.!* sei still!; leise (*voice*); *keep q. about s.th.; keep s.th. q.* nichts verlauten lassen; **2.** ruhig: *lead a q. life* ein ruhiges Leben führen; **3.** unauffällig, schlicht (*elegance*); **II.** *n.* Ruhe: *peace and q.* Ruhe und Frieden; *on the q.* (still und) heimlich; *in the q. of the night* im Schutz der Nacht.

quit* [kwɪt] **I.** *v.t.* **1.** verlassen (*a job*): *q. work for a minute* seinen Arbeitsplatz für eine Minute verlassen; *q. working* aus dem Arbeitsleben ausscheiden; **2.** aufhören (*doing s.th.*): *q. it!* hör (damit) auf!; **II.** *adj.* frei, los: *be q. of s.o.* jdn. los sein.

quite [kwaɪt] **I.** *adv.* **1.** (*vor Adjektiven und Adverbien*) ziemlich (*big, expensive*): *write q. well* recht gut schreiben; *q. something* schon etw. Außergewöhnliches; **2.** (*vor Adjektiven und Adverbien*) völlig: *you're q. right* du hast völlig recht; *q. the best of the lot* eindeutig der/die/das Beste; *not q. know what to do* nicht so recht weiter wissen; *that's q. all right* das ist schon/völlig in Ordnung; *not q. the (done) thing* nicht ganz sauber; **II.** *interj.* (*als Reaktion auf eine Äußerung*) in der Tat, das kann man wohl sagen.

quotation [kwəʊ'teɪʃn] *n.* **1.** Zitat (*from Shakespeare*): *q. mark* Anführungszeichen; **2.** Zitieren: *support an argument by q.* eine These durch Belege untermauern; **3.** Preisangebot: *ask for a q.* Angebot/Kostenvoranschlag einholen; *submit a q.* Angebot/Kostenvoranschlag einreichen.

quote [kwəʊt] **I.** *v.t.* **1.** zitieren, wiedergeben (*a remark*): *please don't q. me* beruf dich nicht auf mich; **2.** anführen (*a case, an example*); **3.** (*Preis*) notieren: *shares are ≈d above/below par* Aktien werden über/unter dem Nennwert notiert; *q. a price* Preis nennen, Kostenvoranschlag machen; **II.** *n.* **1.** (*coll.*) Preisangabe, Kostenvoranschlag; **2.** **≈s** *pl.* (= *quotation marks*) Anführungszeichen.

R

rabbit ['ræbɪt] **I.** *n.* **1.** Kaninchen: *r. hutch* Kaninchenstall; *r. warren* Kaninchenbau; (*fig.*) Labyrinth; **2.** (*fig.*) schlechter Spieler, Versager: *pick a r.* (*Personal*) eine Niete ziehen; **II.** *v.prep.: r. on about s.th.* (*coll.*) über etw. schwafeln.

race[1] [reɪs] **I.** *n.* Rennen: *r. against time* Wettlauf mit der Zeit; *≈s pl.* (Pferde-, Hunde-)Rennen: *r. meeting* Pferderennen; **II.** *v.i.; v.t.* rennen: *r. against time/the clock* gegen die Uhr laufen; (*fig.*) unter Zeitdruck arbeiten; *r. s.o.* ein Wettrennen mit jdm. veranstalten.

race[2] *n.* Rasse: *the human r.* die menschliche Rasse; *r. relations* Beziehungen zwischen den Rassen.

racial ['reɪʃl] *adj.* Rassen- (*discrimination, hatred, segregation, tension*).

racialism ['reɪʃəlɪzm] *n.* Rassismus.

racialist ['reɪʃəlɪst] **I.** *adj.* rassistisch (*speech*); **II.** *n.* Rassist.

racist ['reɪsɪst] → **racialist**.

rack[1] [ræk] **I.** *n.* **1.** Gestell, Regal: *luggage r.* Gepäcknetz; *roof r.* (*Auto*) Dachgepäckträger; **2.** Folterbank: *put s.o. on the r.* (*fig.*) jdn. auf die Folter spannen; **II.** *v.t.* foltern: *r. one's brains* sich den Kopf zerbrechen.

rack[2] (eigentlich: **wrack**) *n.* Ruin, Verfall: *go to r. and ruin* verkommen, vor die Hunde gehen.

racket[1] ['rækət] (*auch:* **racquet**) *n.* (*Tennis, Squash, Badminton*) Schläger.

racket[2] **n.** (*coll.*) **1.** Krach, Lärm: *make a r.* Krach machen; **2.** Schwindel: *drug(s) r.* Drogengeschäft; *protection r.* Schutzgelderpressung.

radiation ['reɪdɪˌeɪʃn] *n.* Strahlung: *r. therapy/treatment* (*med.*) Strahlenbehandlung.

radical ['rædɪkl] **I.** *adj.* radikal (*reform, views*); **II.** *n.* Radikale(r): *left-wing r.* Linksradikaler.

radio ['reɪdɪəʊ] **I.** *n.* **1.** Radio, Rundfunkgerät: *turn off the r.* das Radio abschalten; **2.** Funk: *over the/by r.* per Funk; **3.** Rundfunkprogramm: *listen to the r.* Radio hören; **II. 1.** *v.t.* per Funk durchgeben (*a call for help*); **2.** *v.i.* sich melden.

rag[1] [ræg] *n.* **1.** Lappen (*to clean the bike*); *feel like a wet r.* (*coll.*) völlig ausgelaugt sein; *red r.* (*fig.*) rotes Tuch; **2.** Lumpen, Fetzen: *in ≈s and tatters* völlig heruntergekommen; *from ≈s to riches* vom Tellerwäscher zum Millionär; *r. and bone man* Lumpensammler; **3.** (*coll.*) unbedeutende Zeitung/Zeitschrift: *trade r.* Fachblatt, Verbandsblättchen.

rag[2] **1.** Karneval, Prozession: *r. week* Karnevalswoche; **2.** grober Streich.

rage [reɪdʒ] **I.** *n.* **1.** Wut: *fly into a r.* einen Wutausbruch haben; **2.** Mode: *all the r.* der letzte Schrei; **II.** *v.i.* toben, rasen: *r. against s.th.* gegen etw. wettern; wüten (*epidemic*).

raid [reɪd] **I.** *n.* **1.** Überfall: *air r.* Luftangriff; *bank r.* Banküberfall; **2.** (*Polizei*) Razzia: *dawn r.* Razzia im Morgengrauen; **II.** *v.t.* **1.** überfallen; **2.** eine Razzia durchführen.

rail[1] [reɪl] *n.* **1.** Schiene, Geländer: *towel r.* Handtuchhalter; **2.** Schiene, Gleis: *jump the ≈s* entgleisen; *go off the ≈s* (*fig.*) den Verstand verlieren; **3.** Eisenbahn: *go/travel by r.* mit der Bahn fahren.

rail[2] *v.prep.: r. against s.o./s.th.* über jdn./etw. schimpfen.

railroad ['reɪlrəʊd] (*US*) **I.** *n.* Eisenbahn; →**railway** (*GB*); **II.** *v.t.* **1.**

mit der Bahn befördern (*goods*); **2.** (*fig.*) durchpeitschen (*a bill through parliament*); nötigen (*s.o. into doing s.th.*).

railway ['reɪlweɪ] *n.* (*GB*) Eisenbahn: *r. line* Eisenbahnstrecke; *r. station* Bahnhof.

rain [reɪn] **I.** *n.* Regen: *come r. or shine* was auch immer passiert; *as right as r.* kerngesund; *r. of bullets* (*fig.*) Kugelhagel; **II. 1.** *v.i.* regnen: *it never ≈s but it pours* (*prov.*) ein Unglück kommt selten allein; **2.** *v.t.* schütten: *r. buckets; r. cats and dogs* wie mit/aus Kübeln gießen, nur so schütten; *r. blows on s.o.* einen Hagel von Schlägen auf jdn. niedergehen lassen.

rainbow ['reɪnbəʊ] *n.* Regenbogen: *(all) the colours of the r.* (alle) Regenbogenfarben, das (gesamte) Farbenspektrum; *r. trout* Regenbogenforelle.

raincoat ['reɪnkəʊt] *n.* Regenmantel.

rainy ['reɪnɪ] *adj.* regnerisch, Regen- (*season*): *save/keep s.th. for a r. day* (*fig.*) etw. für schlechte Zeiten sparen/zurücklegen.

raise [reɪz] **I.** *v.t.* **1.** heben (*the Titanic*): *r. s.o. to his feet* jdm. auf die Füße helfen (*auch fig.*); *r. one's hat to s.o.* den Hut vor jdm. ziehen; *r. one's eyebrows* mißbilligend blikken; *r. s.o. from the dead* jdn. von den Toten erwecken; *r. one's hand against s.o.* seine Hand gegen jdn. erheben; *not r. a finger/hand* keinen Schlag tun; **2.** erhöhen (*prices*): *r. standards* das Niveau erhöhen; *r. the temperature* die Temperatur erhöhen; (*fig.*) die Atmosphäre aufheizen; *r. one's voice* lauter sprechen; *r. one's voice against s.o./s.th.* sich gegen jdn./etw. aussprechen; *r. the roof* (*fig.*) Krach schlagen; Begeisterungsstürme verursachen; **3.** aufwerfen (*a number of questions/problems*); **4.** auslösen: *r. the alarm/alert* Alarm schlagen; *r. a cheer* Beifall ernten; *r. a fuss about s.th.* viel Aufhebens um etw. machen; **5.** großziehen (*a family*); züchten (*animals*); **6.** aufbringen (*£ 100,000 for a charity*); **7.** aufheben (*the embargo*); **II.** *n.* (*US*) (Lohn-, Gehalts-)Erhöhung.

random ['rændəm] **I.** *adj.* zufällig, Zufalls- : *r. sample* Zufallsstichprobe; *r. selection* zufällige Auswahl; *r. access memory* (*RAM*) (*Computer*) Direktzugriffsspeicher; **II.** *n.* (*nur mit Präp. »at«*): *at r.* zufällig, aufs Geratewohl.

range [reɪndʒ] **I.** *n.* **1.** Reichweite: *r. of vision* Sichtweite, Gesichtsfeld; *at close r.* aus kurzer Distanz; *out of r.* außer Reichweite; **2.** Reihe (*of colours*); Sortiment (*of articles*); *price r.* Preisklasse; *r. of temperature* Temperaturbereich; Breite: *r. of ability* Leistungsspektrum; **3.** Reihe, Kette (*of mountains*); **4.** Freiland: *free r. farming* Freilandtierhaltung; **II.** *v.i.* **1.** reichen: *prices r. from £100 to £500* die Preise liegen zwischen £ 100 und £ 500; **2.** wandern: *the discussion ≈d over a great many topics* in der Diskussion wurde eine Vielzahl von Themen angesprochen; **3.** *v.t.* anordnen (*the books in neat piles*).

rank [ræŋk] **I.** *n.* **1.** (*mil.*) Rang (*of general*): *people of high r.* hochgestellte Leute; **2.** (*mil.*) Reihe, Glied: *keep ≈s* in Reih und Glied stehen; *break ≈s* aus der Reihe treten; (*fig.*) ausscheren; *close ≈s* die Reihen schließen (*auch fig.*); *the ≈s* (*mil.*) die Mannschaftsdienstgrade; *the r. and file* (*mil.*) Mannschaften und Unteroffiziere; (*Partei; Gewerkschaft*) die Basis; **II. 1.** *v.t.* einordnen, einstufen: *how would you r. her performance?* wie würdest du ihre Leistung einstufen?; **2.** *v.i.* gelten (*as a great painter*): *r. high/low* viel/wenig gelten; *r. among* zählen zu (*the world's best tennis players*).

rape [reɪp] **I.** *v.t.* vergewaltigen; **II.** *n.* **1.** Vergewaltigung; **2.** Verschandelung (*of the countryside*).

rapid ['ræpɪd] **I.** *adj.* schnell (*action, change*): *in r. succession* in schneller Folge; **II.** *n.* ≈**s** *pl.* Stromschnellen: *shoot the ≈s* eine Wildwasserfahrt machen.

rare ['reə] *adj.* **1.** selten (*occurrence*): *with r. exceptions* mit nur ganz wenigen Ausnahmen; **2.** dünn (*air, atmosphere*); **3.** (*coll.*) phantastisch: *we had a r. old time* wir haben uns prächtig amüsiert; **4.** (*Fleisch*) nur leicht angebraten.

raspberry ['rɑ:zbərɪ] *n.* **1.** Himbeere; **2.** (*coll.*) rüdes Geräusch, bei dem die Unterlippe gegen die Zunge vibriert: *blow s.o. a r.* jdm. rüde seine Meinung zum Ausdruck bringen.

rat [ræt] **I.** *n.* **1.** Ratte: *look like a drowned r.* wie ein begossener Pudel aussehen; *smell a r.* (*fig.*) Verdacht schöpfen; *r. race* (*fig.*) Konkurrenz um Stellen (*in derselben Firma*); **2.** (*coll.*) Verräter: *you r.* du Hund; **II. 1.** *v.t.* Ratten jagen; **2.** *v.prep.* (*coll.*) *r. on s.o.* jdn. im Stich lassen; jdn. verpfeifen.

rate [reɪt] **I.** *n.* **1.** Rate: *birth r.* Geburtenrate; Quote: *r. of success* Erfolgsquote; Verhältnis: *r. of exchange* Wechselkurs; *r. of interest* Zinssatz; *the (going) r. for the job* die übliche Bezahlung für diese Tätigkeit; *bank r.* Diskontsatz; **2.** Tempo: *at this r.* bei diesem Tempo; wenn wir so weitermachen; *at a r. of knots* mit einer wahnsinnigen Geschwindigkeit; **3.** ≈**s** *pl.* (*GB*) Kommunalsteuern; *water ≈s* (*GB*) (pauschalierte) Wasserabgaben; **4.** *at any r.* auf jeden Fall; **II. 1.** *v.t.* schätzen, einstufen: *r. s.o.'s performance* jds. Leistung einstufen; *r. s.o. among one's friends* jdn. zu seinen Freunden zählen; *r. a property* (*GB*) steuerlichen Einheitswert für eine Immobilie festsetzen; **2.** *v.i.* gelten, rangieren (*low on my line of priorities*).

rather ['rɑ:ðə; *US:* 'ræðər] **I.** *adv.* **1.** ziemlich (*cold, old*); erheblich (*bei Untertreibungen*): *she drives r. fast* sie fährt ganz schön schnell; *I was r. pleased* ich habe mich sehr gefreut; **2.** lieber: *I'd r. walk* ich gehe lieber zu Fuß; *r. than spoil the fun, we decided to go along* um nicht als Spielverderber dazustehen, haben wir mitgemacht; **II.** *interj.* (*GB*) o ja!, gern!

raw [rɔ:] **I.** *adj.* **1.** roh (*meat, vegetables*); **2.** roh, unbearbeitet: *r. material* Rohstoff; *r. silk* Rohseide; *r. sewage* ungeklärte (Siedlungs-) Abwässer; *a r. recruit* ein blutiger Anfänger; **3.** (*Wunde*) offen; **4.** (*Wetter*) rauh: *a r. November day* ein scheußlicher Novembertag; **5.** brutal, nachteilig: *give s.o. a r. deal* jdn. benachteiligen.

ray [reɪ] *n.* Strahl (*of light*): *r. of hope* Hoffnungsschimmer; *r. of comfort/sunshine* Trost.

razor ['reɪzə] *n.* Rasierapparat; Rasiermesser: *on a r.('s) edge* (*fig.*) auf des Messers Schneide.

reach [ri:tʃ] **I.** *v.t.* **1.** erreichen (*Oxford by midnight*): *r. a ripe old age* ein stattliches Alter erreichen; *r. the end of the road* (*fig.*) nicht mehr weiterkönnen; *r. a conclusion* zu einer Schlußfolgerung gelangen; *r. a verdict* zu einem Urteil kommen; *it has ≈ed my ears* es ist mir zu Ohren gekommen; *r. the headlines* in die Schlagzeilen geraten; **2.** reichen: *please r. me that book* gib mir bitte das Buch da; *as far as the eye could r.* soweit das Auge reichte; **3.** *v. prep.* greifen: *r. for the sky/stars/moon* (*fig.*) nach den Sternen greifen; **II.** *n.* **1.** Reichweite: *within s.o.'s r.* in jds. Reichweite; *beyond/out of s.o.'s r.* außerhalb jds. Reichweite; *out of the r. of children* vor dem Zugriff von Kindern sicher; *within easy r.* leicht zu erreichen; *beyond my r.* (*fig.*) über meinen Horizont/Geldbeutel; **2.** Gebiet: *the upper ≈es of the river* der obere Flußlauf.

react [rɪ'ækt] *v.prep.* **1.** *r. to* reagieren auf (*the news*); **2.** *r. against* negativ reagieren, protestieren (*the government's decision to increase income tax*); **3.** *r. with* (*chem.*) reagieren; **4.** *r. on* sich auswirken auf (*his mood*).

reaction (rɪ'ækʃn] *n.* **1.** Reaktion (*to my criticism*); **2.** Protest, Widerstand (*against the latest cuts*); **3.** (*pol.*) Reaktion: *the forces of r.* die reaktionären Kräfte.

read* [ri:d] **I. 1.** *v.t.* lesen (*the small print*); **2.** denken: *r. s.o.'s mind/ thoughts* jds. Gedanken lesen; *r. s.th. into a text* etw. in einen Text hineininterpretieren; **3.** (*Sprechfunk*) verstehen: *do you r. me?* verstehen Sie mich?; **4.** (*Instrument*) anzeigen: *the meter ≈s X units* der Zählerstand ist X Einheiten; **5.** studieren (*English and History*); **6.** *v.i.* sich lesen lassen: *this book ≈s well* dieses Buch liest sich gut; **7.** besagen, lauten (*as follows*); **II.** *n.* **1.** Lesen, Lektüre: *have time for a good r.* Zeit für ein gutes Buch haben; **2.** Lektüre(stoff): *the novel may not be a good r.* der Roman ist vielleicht kein reines Lesevergnügen.

reader ['ri:də] *n.* **1.** Leser(in): *fast/ slow r.* schnelle(r)/langsame(r) Leser(in); **2.** Lesebuch: *French r.* Französischbuch für Schüler; **3.** (*GB*) Hochschuldozent (*in Italian*); **4.** (*auch: publisher's r.*) (Verlags-)Lektor.

readership ['ri:dəʃɪp] *n.* **1.** Leserschaft; **2.** (Hochschul-)Dozentur (*in German*).

reading ['ri:dɪŋ] *n.* **1.** Lesen: *r. and writing* Lesen und Schreiben; *r. age* Lesealter; *r. matter* Lesestoff; *r. room* Lesesaal; **2.** Lesestoff: *light r.* leichte Lektüre; *make good r.* sich gut lesen lassen; **3.** Vorlesung, Vortrag: *play r.* (gemeinsames) Lesen/Vortragen eines Theaterstückes; *today's r. is from St. John's gospel* die heutige Lesung ist aus dem Johannesevangelium; **4.** Ablesen (*of an instrument*); Zeiger-, Zählerstand; **5.** (*parl.*) Lesung (*of a bill*); **6.** Deutung: *my r. of the situation is somewhat different* ich sehe die Lage etwas anders; **7.** Belesenheit: *a man of wide r.* ein sehr belesener Mann.

readily ['redɪlɪ] *adv.* **1.** bereitwillig; **2.** ohne weiteres, sofort.

readiness ['redɪnes] *n.* **1.** Bereitschaft (*for war*); **2.** Bereitschaft, Bereitwilligkeit: *r. to help* Hilfsbereitschaft; **3.** Gewandtheit (*of speech*).

ready ['redɪ] **I.** *adj.* **1.** fertig: *are you r.?* bist du soweit?; *be/make r.* sich bereitmachen; *r., steady, go!* (*Sport*) auf die Plätze, fertig, los!; **2.** willig, bereit: *r. to help* hilfsbereit; **3.** sofort: *r. to criticize* (immer) schnell mit Kritik bei der Hand; *r. money* jederzeit verfügbares Geld, Bargeld; *find a r. market* sofortigen Absatz finden; *r. solution* Sofortlösung; **II.** *n.* **1.** (*mil.*) *at the r.* schußbereit; **2.** the r. (*coll.*) das nötige Kleingeld.

ready-made ['redɪ,meɪd] *adj.* vorgefertigt, Konfektions-: *a r. suit* ein

Anzug von der Stange; (*fig.*) Standard- (*answer*); Patent- (*solution*).

real ['rɪəl] **I.** *adj.* echt (*gold, wool*); eigentlich (*purpose of my visit*); *the r. reason* der wahre Grund; *the r. thing/McCoy* (*coll.*) das Wahre; *in r. terms* (*econ.*) real: *r. wages* Reallöhne; *r. estate* Immobilien, Liegenschaften; **II.** *adv.* (*US*) (*coll.*) wirklich: *r. good* echt spitze.

realism ['rɪəlɪzm] *n.* Realismus.

realistic [rɪə'lɪstɪk] *adj.* realistisch.

reality [rɪ'ælətɪ] *n.* Wirklichkeit: *in r.* in Wirklichkeit; *bring s.o. back to r.* jdn. auf den Boden der Tatsachen zurückbringen; *the realities of the situation* die wahre Lage.

realize ['rɪəlaɪz] *v.t.* **1.** einsehen (*a mistake*): *I r. you're very busy, but…* ich sehe zwar, daß Sie sehr beschäftigt sind, aber …; **2.** verwirklichen, realisieren (*a dream, an ambitious project*); **3.** verkaufen (*one's shares*); erbringen: *how much did the painting r.?* wieviel erbrachte das Gemälde?

really ['rɪəlɪ] **I.** *adv.* **1.** wirklich: *I don't r. know what to say* ich weiß wirklich nicht, was ich (dazu) sagen soll; *r. and truly* wirklich, so und nicht anders; **2.** (*vor Adj. und Adv. verstärkend*) wirklich (*cold, fast*); **3.** eigentlich (*bes. mit »ought to« und »should«*): *you r. ought to have asked first* eigentlich hättest du zunächst fragen sollen; **II.** *interj.* wirklich?, tatsächlich?

rear ['rɪə] **I.** *n.* **1.** hinterer Teil: *at the r.* hinten; *from the r.* von hinten; **2.** (*coll.*) Hinterteil: *kick s.o. in the r.* jdm. ins Hinterteil treten; **3.** (*mil.*) Nachhut (*auch fig.*); **II.** *adj.* Hinter- (*door, entrance*): *r. engine* Heckmotor; *r. wheel drive* Hinterradantrieb; *r. window* Heckfenster; **III.** *v.t.* **1.** züchten (*sheep*): *r. a family* eine Familie großziehen; **2.** zeigen: *violence has ≈ed its ugly head again* die Gewalt zeigt wieder ihr häßliches Gesicht.

reason ['ri:zən] **I.** *n.* **1.** Grund: *for no r. at all* ohne jeden Grund; *without r.* ohne Grund; *for the simple r. that…* aus dem einfachen Grund, daß …; *have every r. to believe* allen Grund zu der Annahme haben; *give s.o. r. for complaint* jdm. Anlaß zur Beschwerde geben; *for ≈s of state* aus Gründen der Staatsräson; **2.** Vernunft: *listen to r.* auf die Stimme der Vernunft hören; *beyond/past all r.; without rhyme or r.* bar jeder Vernunft; *it stands to r.* es ist (nur) logisch; **3.** Verstand: *lose/regain one's r.* seinen Verstand verlieren/wiedergewinnen; **II.** *v.t.; v.i.* **1.** argumentieren; **2.** überreden (*s.o. into/out of s.th.*); **3.** vernünftig reden (*with s.o.*).

reasonable ['ri:zənəbl] *adj.* **1.** vernünftig, recht und billig: *beyond all r. doubt* unzweifelhaft; *it would be r. to assume that …* man kann durchaus annehmen, daß …; **2.** zumutbar, vertretbar: *a r. price to pay* ein durchaus angemessener Preis.

rebuild [ˌri:'bɪld] *v.t.* wieder aufbauen (*the old quarter after the earthquake*); *r. confidence* Vertrauen wiederherstellen; umbauen (*the bungalow*).

receipt [rɪ'si:t] **I.** *n.* **1.** Erhalt, Eingang: *on r. of your letter* nach Eingang Ihres Schreibens; *confirm r.* Empfang bestätigen; *be in r. of s.th.* etw. erhalten haben; **2.** **≈s** *pl.* Einnahmen; **3.** Quittung: *make out a r.* eine Quittung ausstellen; **II.** *v.t.* quittieren (*payment*).

receive [rɪ'si:v] *v.t.* **1.** empfangen, erhalten (*a letter, a good education*): *r. no thanks* keinen Dank bekommen; *≈d with thanks* (Betrag) dankend erhalten; (*Radio*) empfangen; **2.** aufnehmen: *she was ≈d into the Catholic Church* sie konvertierte zum Katholizismus; akzeptieren: *the ≈d opinion* die landläufige Meinung; *≈d pronunciation* (*RP*) (*GB*) Standardaussprache; **3.** (*jur.*) Hehlerei betreiben.

receiver [rɪ'siːvə] *n.* **1.** Empfänger (*of a letter*); **2.** *r. of stolen goods* (*jur.*) Hehler; **3.** Radioempfänger; Telefonhörer: *lift/put down the r.* Hörer abnehmen/auflegen; **4.** (*jur.*) Konkursverwalter: *appoint an official r.* einen Konkursverwalter einsetzen.

recent ['riːsənt] *adj.* kürzlich: *r. developments* jüngste Entwicklungen; *in r. weeks* in den letzten Wochen.

recently ['riːsəntlɪ] *adv.* vor kurzem.

reception [rɪ'sepʃn] *n.* **1.** Empfang, Aufnahme: *the visitors were given a friendly r.* die Besucher wurden freundlich empfangen/aufgenommen; *the film met with a hostile r. on the part of the critics* der Film wurde von der Kritik verworfen; *r. is poor in our part of the world* wir können die Radio- bzw. Fernsehprogramme nur schlecht empfangen; **2.** Empfang: *wedding r.* Hochzeitsempfang; **3.** Empfang, (Hotel-)Rezeption: *report at/to the r. desk* sich bei der Rezeption melden.

receptionist [rɪ'sepʃənɪst] *n.* Empfangschef, Empfangsdame; Sprechstundenhilfe.

recipe ['resɪpɪ] *n.* Rezept (*auch fig.*): *r. for disaster* etw., das unweigerlich ins Unglück führt.

reckon ['rekn] *v.t.* **1.** berechnen, schätzen; **2.** meinen, glauben: *I r. so/not* ich glaube schon/nicht; **3.** betrachten, ansehen: *he is ≈ed (to be) one of the best teachers* er gilt als einer der besten Lehrer; **4.** *v.prep.: r. in* in die Kalkulation einbeziehen; *r. on s.o./s.th.* sich auf jdn./etw. verlassen: *can I r. on you to meet me at the station?* kann ich mich darauf verlassen, daß du mich am Bahnhof abholst?; *r. s.th. up* etw. zusammenrechnen; *r. up with s.o.* mit jdm. abrechnen (*auch fig.*); *r. with s.o./s.th.* mit jdm./etw. rechnen; *r. without s.o./s.th.* mit jdm./etw. nicht rechnen (*my mother-in-law, the bad weather*).

recognition [ˌrekəg'nɪʃn] *n.* **1.** Anerkennung: *in r. of* als Anerkennung für; *r. of the new regime* (diplomatische) Anerkennung des neuen Regimes; *win r.* Anerkennung finden; **2.** Erkennen: *in order to avoid r.* um nicht erkannt zu werden; *change beyond/out of (all) r.* sich völlig verändern.

recognize ['rekəgnaɪz] *v.t.* **1.** (wieder)erkennen: *r. s.o. by his hat* jdn. an seinem Hut erkennen; **2.** anerkennen (*the newly independent state*); *r. s.o.'s claim* jds. Anspruch anerkennen; **3.** anerkennen, einsehen: *I r. that I'm not the man for the job* ich sehe ein, daß ich nicht der Richtige für diese Aufgabe bin.

recommend [ˌrekə'mend] *v.t.* **1.** empfehlen (*a good restaurant, s.o. for a position*); vorschlagen, raten zu: *I r. extreme caution* ich rate zu größter Vorsicht; *this plan has nothing to r. it* für diesen Plan spricht gar nichts.

recommendation [ˌrekəmen'deɪʃn] *n.* **1.** Empfehlung: *on s.o.'s r.* auf jds. Empfehlung hin; **2.** Empfehlungsschreiben: *write/give s.o. a r.* jdm. eine Empfehlung schreiben; *letter of r.* Empfehlungsschreiben; **3.** positive Eigenschaft: *the biodegradability of this product is its only r.* für dieses Erzeugnis spricht nur die Tatsache, daß es biologisch abbaubar ist.

reconcile ['rekənsaıl] **1.** *v.t.* vereinbaren (*your beliefs with what you are doing*); *r. s.th. with s.th.* etw. mit etw. in Einklang bringen; **2.** aussöhnen, versöhnen: *be ≈d with one's relatives* sich mit seinen Verwandten aussöhnen; *r. differences* Differenzen beilegen; **3.** *v.refl.: r. o.s. to s.th.* sich mit etw. abfinden (*being unemployed*).

record I. ['rekɔːd] *n.* **1.** Aufzeichnung, Akten: *on (the) r.* aktenkundig; *put s.th. on r.* etw. aktenkundig machen; *keep a r./≈s of s.th.* über etw. Buch führen; *off the r.* inoffiziell, im Vertrauen; *set the r. straight* etw. richtigstellen; **2.** Vorgeschichte: *criminal r.* Strafregister, Vorstrafen; *medical r.* Krankengeschichte; **3.** (*Sport*) Rekord: *break/hold the world r.* den Weltrekord brechen/innehaben; **4.** Schallplatte; **II.** [rı'kɔːd] **1.** *v.t.* aufzeichnen, festhalten, protokollieren (*facts, events*); aufnehmen (*a concert*); **2.** registrieren: *the thermometer ≈ed 20° C below zero last night* das Thermometer zeigte in der vergangenen Nacht eine Temperatur von minus zwanzig Grad Celsius an.

recover [rı'kʌvə] **1.** *v.t.* wiedererlangen (*one's health*); zurückbekommen (*the stolen watch*); bergen (*the car from the canal*); *r. one's balance* sein Gleichgewicht wiedererlangen (*auch fig.*); *r. expenses* Spesen erstattet bekommen; *r. damages* Schadenersatz erhalten; **2.** *v.i.* sich erholen (*from the shock*); genesen (*after a prolonged illness*).

recovery [rı'kʌvərı] *n.* **1.** Wiedererlangung (*of the stolen property*); Erstattung (*of costs*); Bergung: *r. vehicle* Abschleppwagen, Pannenfahrzeug; *r. service* Pannendienst; **2.** Erholung (*from an illness*); (*fig.*) Wirtschaftsaufschwung; *make a (good) r.* sich (gut) erholen; *past r.* nicht mehr zu retten.

recreation [ˌrekrı'eıʃn] *n.* Erholung, Entspannung: *r. facilities* Freizeiteinrichtungen.

red [red] **I.** *adj.* rot: *turn r.* rot werden; *see r.* (*fig.*) rot sehen; *r. faces* verlegene Gesichter; *r. herring* (*fig.*) falsche Fährte; **II.** *n.* (*comm.*) Defizit: *in the r.* in den roten Zahlen.

reduce [rı'djuːs] *v.t.* **1.** kürzen, reduzieren: *r. prices* Preise senken; **2.** auf ein deutlich niedrigeres Niveau drücken: *be ≈d to (a mere) nothing* auf den Hund gekommen sein; *she was ≈d to begging* ihr blieb nur das Betteln übrig; *live in ≈d circumstances* in bescheidenen Verhältnissen leben.

reduction [rı'dʌkʃn] *n.* **1.** Kürzung, Reduzierung (*in the price of oil*); **2.** (*Abbildung, Text*) Verkleinerung.

refer [rı'fɜː] **1.** *v.prep.: r. to* sich beziehen auf (*your letter of 3rd May*); betreffen (*a delicate matter*); **2.** hinweisen auf: *don't (you) r. to this affair again* erwähne (bloß) diese Angelegenheit/Affäre nicht mehr; **3.** *v.t.* verweisen (*s.o. to s.th.*): *I ≈red her to an article I had published five years ago* ich verwies sie auf einen Beitrag, den ich vor fünf Jahren geschrieben hatte; **4.** überweisen: *the case was ≈red to an industrial tribunal* der Fall wurde an ein Arbeitsgericht verwiesen/übergeben.

referee [ˌrefə'riː] *n.* **1.** (*Sport*) Schiedsrichter; **2.** Gutachter.

reference ['refərəns] *n.* **1.** Hinweis: *make a r. to s.th.* auf etw. hinweisen; Anspielung (*to her age*); **2.** Bezugnahme: *with r. to your let-*

ter of… unter Bezugnahme/bezugnehmend auf Ihr Schreiben vom …; Beleg: *make sure to check your ≈s* achte darauf, daß deine Belegstellen/Zitate stimmen; *r. book* Nachschlagewerk; *r. library* Präsenzbibliothek; **3.** Referenz, Empfehlungsschreiben: *ask for a r.* um eine Referenz/ein Zeugnis bitten.

reflect [rɪ'flekt] **1.** *v.t.* spiegeln (*a tree in the water*); **2.** widerspiegeln (*grass roots opinion*); **3.** *v.i.* sich Gedanken machen: *that'll give you an opportunity to r.* (*on everything*) das wird dir Zeit zum Nachdenken (über alles) geben; **4.** *v.prep.: r. on* ein bezeichnendes Licht werfen auf: *the latest affair will r. on the trade union movement* die neueste Affäre wird ein bezeichnendes Licht auf die Gewerkschaftsbewegung werfen.

reflection [rɪ'flekʃn] *n.* **1.** Spiegelung; **2.** Spiegelbild: *see one's r. in a mirror* sich im Spiegel sehen; *a pale r. of one's former self* ein schwaches Abbild / Schatten seiner selbst; **3.** (*fig.*) Spiegel: *your speech is a r. of your education* deine Redeweise spiegelt deinen Bildungsstand wider; **4.** Nachdenken: *upon r.* beim Nachdenken; *on further r.* wenn man weiter darüber nachdenkt.

reform [rɪ'fɔ:m] **I.** *n.* Reform: *sweeping ≈s* weitgehende Reformen; **II. 1.** *v.t.* reformieren; **2.** *v.i.* sich bessern.

refresh [rɪ'freʃ] **1.** *v.refl.: r. o.s.* sich erfrischen, sich ausruhen; **2.** *v.t.* auffrischen: *r. one's/s.o.'s memory* sein/jds. Gedächtnis auffrischen.

refreshment [rɪ'freʃmənt] *n.* **1.** Erfrischung, Stärkung; **2. ≈s** *pl.* (leichte) Speisen und Getränke: *light ≈s* kleine Erfrischungen.

refrigerator [rɪ'frɪdʒəreɪtə] *n.* Kühlschrank.

refusal [rɪ'fju:zl] *n.* Weigerung, Ablehnung: *meet with a r.* eine Absage erhalten; *have the first r. on s.th.* die Option auf etw. haben.

refuse[1] [rɪ'fju:z] *v.t.* verweigern, ablehnen (*an offer, to do s.th.*): *r. s.o. s.th.* jdm. etw. verweigern (*a request, admission*).

refuse[2] ['refju:z] *n.* Abfall: *kitchen r.* Küchenabfall; *r. disposal* Abfallbeseitigung.

regard [rɪ'gɑ:d] **I.** *v.t.* betrachten, ansehen (*s.th. as unnecessary*): *she is highly ≈ed* sie ist hoch angesehen; *as ≈s; ≈ing* in bezug auf; **II.** *n.* **1.** Rücksicht: *have no r. for the feelings of others* keine Rücksicht auf die Gefühle anderer nehmen; **2.** Ansehen: *hold s.o. in high r.* jdn. sehr schätzen; **3.** Hinsicht: *in this r.* in dieser Hinsicht; *with r. to* in bezug auf; **4. ≈s** *pl.* Grüße: *with kind ≈s* mit herzlichen Grüßen; *give your mother my ≈s* richte deiner Mutter bitte meine Grüße aus.

region ['ri:dʒən] *n.* Gegend, Region: *in the r. of £500* (*fig.*) etwa £500.

regional ['ri:dʒənəl] *adj.* regional: *r. development* Landesentwicklung; *r. government* Landesregierung.

register ['redʒɪstə] **I.** *n.* **1.** Register, Verzeichnis: *electoral r.* Wählerverzeichnis; *r. of births, marriages and deaths* Personenstandsregister; *Lloyd's R. of Shipping* Lloyd's Schiffahrtsregister; **2.** (*Sprache*) Register: *specialist r.* Fachsprache; **3.** (*mus.*) Register; **4.** Registriergerät: *cash r.* Registrierkasse; **II. 1.** *v.i.* sich anmelden (*for a course*); *r. with the local authority* sich beim Einwohnermeldeamt anmelden; **2.** *v.t.* anmelden (*the birth of a child, the new car*); einschreiben (*a letter*); **3.** geltend machen (*a complaint*); **4.** bemerken (*that he was wearing a toupee*).

registration [ˌredʒɪs'treɪʃn] *n.* Anmeldung (*for a course*): *new car ≈s* Kfz-Neuzulassungen.

regret [rɪ'gret] **I.** *v.t.* bedauern: *we r. to hear/learn* wir haben zu unserem Bedauern gehört/erfahren; *you'll r. it* das wirst du noch bereuen; **II.** *n.* Bedauern: *much to my r.* sehr zu meinem Bedauern; *have no ≈s* nichts bereuen.

regular ['regjʊlə] *adj.* **1.** regelmäßig: *at r. intervals* in regelmäßigen Abständen; gleichmäßig: *as r. as clockwork* immer zu derselben Zeit; *r. comparison* (*gram.*) regelmäßige Steigerung; **2.** geregelt: *r. job* geregelte Arbeit; *go through r. channels* den Dienstweg benutzen; *my r. doctor* mein Hausarzt; **3.** Berufs-: *r. army* Berufsheer.

regulation [ˌregjʊ'leɪʃn] *n.* **1.** Bestimmung: *safety ≈s* Sicherheitsvorschriften; *traffic ≈s* Verkehrsregeln; *against ≈s* vorschriftswidrig; *the r. speed* die vorgeschriebene Geschwindigkeit; **2.** Kontrolle: *r. of prices* Preiskontrolle; *impose/lift currency ≈s* Devisenkontrollen verhängen/aufheben.

rehearsal [rɪ'hɜːsl] *n.* (*theat.*) Probe: *dress r.* Generalprobe.

rehearse [rɪ'hɜːs] *v.t.* **1.** (*theat.*) proben (*the first act*); **2.** aufzählen (*every detail*); (erneut) vortragen (*the arguments*).

reject [rɪ'dʒekt] *v.t.* **1.** zurückweisen (*a suggestion*): *r. a candidate* Kandidaten durchfallen lassen; **2.** aussortieren (*defective pieces*).

reject ['riːdʒekt] *n.* Ausschußartikel: *≈s* Ausschußware.

relate [rɪ'leɪt] *v.t.; v.i.* **1.** verbinden, in Beziehung setzen/stehen: *r. cause and effect* Ursache und Wirkung miteinander in Verbindung bringen; *the new law does not r. to breach of the peace* das neue Gesetz bezieht sich nicht auf Hausfriedensbruch; *≈d participle* (*gram.*) verbundenes Partizip; **2.** Beziehung finden: *he ≈s well to young people* er kommt mit jungen Leuten gut zurecht.

relation [rɪ'leɪʃn] *n.* **1.** Beziehung: *in r. to* in bezug auf; *bear no r. to s.th.* in keiner Beziehung zu etw. stehen; *diplomatic ≈s* diplomatische Beziehungen; *race ≈s* Beziehungen zwischen den Rassen; **2.** Verwandte(r) (*by marriage*): *she's no r. of mine* sie ist nicht mit mir verwandt; *the motorbike is a poor r. to the car* (*fig.*) das Motorrad ist das Auto für Arme; **3.** Erzählung, Aufzählung (*of every detail*).

relationship [rɪ'leɪʃənʃɪp] *n.* **1.** Beziehung (*between input and output*); **2.** persönliche/verwandtschaftliche/geschäftliche Beziehung: *have a r. with s.o.* ein Verhältnis mit jdm. haben; *mother-son r.* Mutter-Sohn-Verhältnis; *business r.* Geschäftsbeziehung; *have a good working r. with s.o.* gut mit jdm. zusammenarbeiten.

relative ['relətɪv] **I.** *adj.* **1.** verhältnismäßig, relativ: *live in r. comfort* in relativ gesicherten Verhältnissen leben; **2.** (*nur präd.*) sich beziehend (*to s.th.*): *papers r. to the case* für den Fall relevante Dokumente; **3.** (*gram.*) Relativ- (*clause, pronoun*); **II.** *n.* **1.** Verwandte(r): *a close/distant r.* ein enger/entfernter Verwandter; *invite the ≈s* die Verwandten einladen; **2.** (*gram.*) Relativsatz; Relativpronomen.

relax [rɪ'læks] **1.** *v.i.* sich entspannen: *just r.* nur die Ruhe, reg dich wieder ab; **2.** nachlassen: *tensions have ≈ed* die Spannungen haben nachgelassen; **3.** *v.t.* lockern (*regulations*); entspannen (*your muscles*).

release [rɪ'liːs] **I.** *v.t.* **1.** freilassen (*the prisoner*): *r. s.o. on bail* jdn. gegen

Kaution freilassen; freistellen (*an employee for a few hours a week*); **2.** lösen (*the handbrake*): *r. one's grip on s.th.* etw. loslassen; **3.** freigeben (*photos for publication*); bekanntgeben (*the latest crime statistics*); **II.** *n.* **1.** Entlassung (*from prison*); Erlösung: *death was a r. to him* der Tod war für ihn eine Erlösung; **2.** Loslassen; **3.** Lösevorrichtung; **4.** Freigabe (*for publication/sale*): *press r.* Pressemitteilung; *the latest r.* die neueste Publikation/Schallplatte.

relevant ['reləvənt] *adj.* relevant (*to s.th.*): *a r. point* ein wichtiger Gesichtspunkt; *r. information* sachdienliche Hinweise.

reliable [rɪ'laɪəbl] *adj.* zuverlässig (*car, person*).

relief [rɪ'li:f] *n.* **1.** Erleichterung: *heave a sigh of r.* einen Seufzer der Erleichterung ausstoßen; *r. of pain/suffering* Linderung der Schmerzen; *your arrival was a great r.* dein Kommen war eine große Hilfe; *much to my r.* zu meiner großen Erleichterung; *comic r.* (*lit.*) komische Szenen/Episoden; **2.** Hilfestellung: *provide/send r.* Hilfe leisten; *famine r.* Hungerhilfe; *poor r.* Armenhilfe; **3.** Ersatz: *put on a r. train* Entlastungszug einsetzen; **4.** (*jur.*) Rechtshilfe.

relieve [rɪ'li:v] *v.t.* **1.** lindern (*aches and pains*): *r. poverty* Armenhilfe leisten; *r. the boredom* die Langeweile mildern; **2.** erleichtern: *r. one's feelings* seinen Gefühlen freien Lauf lassen; *r. o.s.* (*coll.*) sich erleichtern; *be ≈d* erleichtert sein; entlasten (*the city centre of heavy traffic*); *r. s.o. of her coat* jdm. aus dem Mantel helfen; *r. s.o. of his money* (*coll.*) jdm. sein Geld abnehmen; **3.** ablösen (*the driver of the bus*).

religion [rɪ'lɪdʒn] *n.* Religion: *against my r.* gegen meine innerste Überzeugung; *make a r. out of s.th.* etw. zur Gewissensfrage machen.

religious [rɪ'lɪdʒəs] *adj.* **1.** religiös, gläubig; **2.** Religions-: *r. instruction* Religionsunterricht; **3.** gewissenhaft (*in everything*).

reluctant [rɪ'lʌktənt] *adj.* **1.** widerwillig, unwillig (*to do s.th.*); **2.** schüchtern (*bridegroom*).

rely [rɪ'laɪ] *v. prep.* sich verlassen (*on s.o./s.th.*): *can I r. on you to give me a ring?; can I r. on your giving me a ring?* kann ich mich darauf verlassen, daß du mich anrufst?

remain [rɪ'meɪn] *v.i.* bleiben (*at home*): *things r. (very much) as they are* alles ist (im großen und ganzen) so geblieben; *much ≈s to be done* es bleibt noch viel zu tun; *the fact ≈s that* … Tatsache ist, daß … .

remains [rɪ'meɪnz] *n.* (*nur Pl.*) **1.** Überreste (*of a meal*); **2.** Ruine (*of a Renaissance building*); **3.** Leiche: *his mortal r.* seine sterbliche Hülle.

remark [rɪ'mɑ:k] **I.** *v.t.* **1.** bemerken, Bemerkung machen (*that it was colder than usual*); **2.** bemerken, feststellen (*certain similarities between A and B*); **II.** *n.* **1.** Bemerkung: *snide r.* abfällige Bemerkung (*on s.o.*); **2.** Bemerkung, Feststellung: *worthy of r.* bemerkenswert; *escape r.* nicht auffallen.

remarkable [rɪ'mɑ:kəbl] *adj.* bemerkenswert (*achievement, person*).

remedy ['remədɪ] **I.** *n.* (*med.*) Heilmittel: *home-made r.* Hausmittel; *beyond/past r.* unheilbar, nicht mehr zu retten (*auch fig.*); *find a r.* (*fig.*) Ausweg finden; *legal r.* Rechtsmittel; **II.** *v.t.* (*med.*) heilen; (*Problem*) beheben: *r. the situation* die Lage verbessern.

remember [rɪ'membə] **1.** *v.t.* sich erinnern an: *I can't/don't r. a thing* ich kann mich an nichts erinnern; *as far as I can r.* soweit ich mich erinnern kann; **2.** daran denken, nicht vergessen (*to water the flowers*); **3.** gedenken (*the dead*); **4.** grüßen: *please r. me to your father* grüßen Sie bitte Ihren Vater von mir; **5.** *v.refl.: r. o.s.* sich (richtig) benehmen.

remind [rɪ'maɪnd] *v.t.* erinnern (*s.o. of s.o./s.th.*): *that ≈s me* da fällt mir gerade ein.

remote [rɪ'məʊt] *adj.* **1.** fern, entfernt: *in the ≈st parts of Africa* in den abgelegensten Gegenden von Afrika; *r. cousin* entfernt verwandter Vetter; *in the r. future/past* in der fernen Zukunft/Vergangenheit; **2.** entfernt, nicht dazugehörig: *rather r. from the subject* eigentlich nicht zum Thema passend; **3.** schwach, gering (*chance, possibility*): *I hadn't the ≈st idea* ich hatte nicht die leiseste Ahnung.

removal [rɪ'mu:vl] *n.* **1.** Entfernung, Beseitigung: *r. from office* Entfernung aus dem Amt; **2.** Umzug: *r. van* Möbelwagen.

remove [rɪ'mu:v] **I.** *v.t.* **1.** entfernen, beseitigen (*the dirt*): *r. a child from school* ein Kind von der Schule nehmen; *r. doubts* Zweifel aus der Welt schaffen; *r. s.o. from office* jdn. aus dem Amt entfernen; *a cousin twice ≈d* ein Cousin zweiten Grades; **2.** *v.i.* umziehen (*to the country*); **II.** *n.: a r. from* (*fig.*) nicht weit entfernt von (*the truth*).

render ['rendə] *v.t.* **1.** geben, leisten (*assistance, a service*): *r. unto Caesar the things which are Caesar's* (*Bibel*) gebet dem Kaiser, was des Kaisers ist; *r. (an) account* Rechenschaft ablegen; **2.** machen: *r. a contract nul and void* Vertrag null und nichtig machen; **3.** vortragen (*a Haydn sonata*); (*theat.*) spielen (*Othello*); wiedergeben, übersetzen (*a poem into another language*); **4.** *v.prep.: r. up* übergeben (*a town to the enemy*).

renew [rɪ'nju:] *v.t.* **1.** erneuern (*our friendship*); *feel ≈ed* sich wie ein neuer Mensch fühlen; **2.** ersetzen, erneuern (*tyres*); **3.** verlängern lassen (*passport*).

rent [rent] **I.** *n.* Miete: *be behind with the r.* mit der Miete im Rückstand sein; *ground r.* Bodenpachtzins; *peppercorn r.* Minimalmiete; **II. 1.** *v.t.* (an)mieten (*a holiday cottage, a car in California*); **2.** vermieten: *r. (out) rooms to students* Zimmer an Studenten vermieten; **3.** *v.i.* zu vermieten sein (*at £500 a month*).

repair [rɪ'peə] **I.** *v.t.* **1.** reparieren (*the car*); **2.** wiedergutmachen (*the damage, an error*); **II.** *n.* Reparatur: *beyond r.* nicht mehr zu reparieren; *in good/bad r.* in gutem/schlechtem Zustand; *state of r.* Erhaltungszustand.

repeat [rɪ'pi:t] **I.** *v.t.* **1.** wiederholen: *r. o.s.* sich wiederholen; *r. a year* sitzenbleiben; erneuern (*an order for bikes*); **2.** weitersagen: *what he said doesn't bear ≈ing* was er sagte, war so schlimm, daß ich mir jede Wiedergabe ersparen möchte; **3.** aufstoßen: *onions tend to r. on me* ich kann Zwiebeln nicht vertragen; **II.** *n.* **1.** Wiederholung: *r. order* Nachbestellung; *r. performance* weitere Vorstellung; **2.** (*mus.*) Wiederholungszeichen.

repetition [repə'tɪʃn] *n.* Wiederholung: *learn by r.* durch Wiederholen lernen; *let there be no r. of this!* das darf sich nicht wiederholen!

replace [rɪ'pleɪs] *v.t.* **1.** an seinen Platz zurückstellen: *r. the receiver* (*tel.*) den Hörer auflegen; **2.** ersetzen (*a light bulb*).

replacement [rɪ'pleɪsmənt] *n.* **1.** Austausch (*of the lock*); **2.** Ersatz: *find a r. for our teacher* einen Ersatzlehrer finden; *r. staff* Ersatzpersonal, Springer.

reply [rɪ'plaɪ] **I.** *v.t.* **1.** antworten (*to s.o./s.th.*); **2.** reagieren (*with a smile*); **II.** *n.* Antwort: *in r. to your letter* in Beantwortung Ihres Schreibens.

report [rɪ'pɔːt] **I.** *n.* **1.** Bericht: *annual r.* Jahresbericht; *newspaper r.* Zeitungsbericht; **2.** Zeugnis: *r. card* (*US*) Schulzeugnis; **3.** Gerücht: *r. has it that …* Gerüchten zufolge …; **4.** Ruf: *of good r.* von gutem Ruf; **5.** Knall (*of a pistol*); **II. 1.** *v.t.* berichten (*on the latest developments*); *≈ed speech* (*gram.*) indirekte Rede; **2.** melden: *r. s.o. missing* jdn. als vermißt melden; anzeigen: *r. s.o. to the police* jdn. bei der Polizei anzeigen; **3.** *v.i.* sich melden: *r. back* sich zurückmelden; *r. sick* sich krank melden; *r. for duty* sich zum Dienst melden; *r. to the manager* dem Geschäftsführer unterstehen.

reporter [rɪ'pɔːtə] *n.* Berichterstatter, Reporter.

represent [rɪ'prɪzent] *v.t.* **1.** vertreten (*all the inhabitants of a district*); *r. the accused* (*jur.*) den Angeklagten vertreten; **2.** darstellen (*s.o.'s motives as base*): *the painting ≈s Dido and Aeneas* das Gemälde stellt Dido und Aeneas dar; **3.** darstellen, verkörpern: *this dictionary ≈s many months of work* dieses Wörterbuch ist das Ergebnis monatelanger Arbeit; **4.** *v.refl.: r. o.s. as* sich ausgeben als.

representation [ˌreprɪzən'teɪʃn] *n.* **1.** Vertretung: *no taxation without r.* keine Besteuerung ohne (Volks-)Vertretung; *r. in court* Vertretung vor Gericht; *proportional r.* (*PR*) Verhältniswahlrecht; **2.** Darstellung (*of the Crucifixion of the Lord*); **3.** *≈s pl.* Protest: *make ≈s to the government* bei der Regierung vorstellig werden.

representative [ˌreprɪ'zentətɪv] **I.** *adj.* **1.** repräsentativ: *a r. cross-section* ein repräsentativer Querschnitt; *r. of majority opinion* die Mehrheitsmeinung widerspiegelnd; **2.** (*pol.*) repräsentativ: *r. democracy* indirekte Demokratie; **II.** *n.* Vertreter (*of the parents*); *House of Representatives* (*US*) Repräsentantenhaus; *sales r.* (*coll.: sales rep*) Handelsvertreter; *medical r.* Pharmareferent.

reproduce [ˌriːprə'djuːs] **1.** *v.t.* wiedergeben (*every detail*); erneut hervorbringen/erzielen (*these test results*); **2.** *v.i.; v.refl.* (*biol.*) sich fortpflanzen/vermehren: *birds r. (themselves) by laying eggs* Vögel vermehren sich, indem sie Eier legen.

reproduction [ˌriːprə'dʌkʃn] *n.* **1.** Wiedergabe (*of the concert*); Darstellung (*of every detail*); **2.** Kopie, Imitat: *r. furniture* Stilmöbel; **3.** (*biol.*) Fortplanzung.

republic [rɪ'pʌblɪk] *n.* Republik: *federal r.* Bundesrepublik; *people's r.* Volksrepublik.

republican [rɪ'pʌblɪkən] **I.** *adj.* republikanisch: *R. Party* (*US*) Republikanische Partei; *Irish R. Army* (*IRA*) Irisch-Republikanische Armee; **II.** *n.* Republikaner: *R.* (*US*) Mitglied/Anhänger der Republikanischen Partei.

reputation [ˌrepjʊ'teɪʃn] *n.* Ruf: *have an excellent r.* einen ausgezeichneten Ruf haben; *acquire a r.* sich einen Ruf erwerben; *live up to one's r.* seinem Ruf gerecht werden.

request [rɪ'kwest] **I.** *n.* Bitte (*for help*): *at the r. of* auf Bitten von; *on r.* auf Wunsch; *r. stop* Bedarfshaltestelle; **II.** *v.t.* bitten (*s.o. to do *s.th.; s.th. of/from s.o.*): *you are ≈ed to refrain from smoking* Sie werden (höflich) gebeten, nicht zu rauchen.

require [rɪ'kwaɪə] *v.t.* **1.** benötigen, brauchen: *if ≈ed* falls nötig; *do you r. assistance?* kommen Sie (allein) zurecht?; **2.** verlangen, fordern: *passengers are ≈d to show their tickets on demand* Fahrgäste müssen ihre Fahrausweise auf Verlangen vorzeigen; *≈d reading* Pflichtlektüre.

requirement [rɪ'kwaɪəmənt] *n.* Erfordernis: *meet all ≈s* allen Ansprüchen gerecht werden; *surplus to ≈s* überflüssig.

rescue ['reskju:] **I.** *v.t.* retten (*s.o. from a sinking ship*): *r. a company* ein Unternehmen sanieren; **II.** *n.* Rettung: *come to s.o.'s r.* jdn. retten (*auch fig.*); *r. party/team* Rettungsmannschaft.

research [rɪ'sɜ:tʃ] **I.** *n.* Forschung (*into s.th.*): *piece of r.* Forschungsarbeit; *r. and development* (*R & D*) Forschung und Entwicklung; *medical r.* medizinische Forschung; **II.** *v.t.; v.prep.* forschen: *r. (into/on) s.th.* etw. erforschen.

resemble [rɪ'zembl] *v.t.* ähneln (*s.o. in every respect*).

resent [rɪ'zent] *v.t.* übelnehmen (*the fact that she was more successful*).

resentment [rɪ'zentmənt] *n.* Ärger, Groll (*against s.o.*).

reservation [ˌrəzə'veɪʃn] *n.* **1.** Vorbehalt: *without r.* ohne Vorbehalt; *have ≈s* Bedenken haben; **2.** Reservierung: *make a r. for a room* ein Zimmer reservieren lassen; **3.** (*GB*) *central r.* (*Autobahn*) Mittelstreifen; **4.** Reservat: *Indian r.* Indianerreservat.

reserve [rɪ'zɜ:v] **I.** *v.t.* **1.** aufsparen: *r. one's strength* seine Kräfte sparen; **2.** sich vorbehalten (*the right to reject the goods*); *r. one's judgment/opinion* sich mit seinem Urteil/seiner Meinung zurückhalten; **3.** buchen, reservieren (lassen), vorbestellen (*a table for five*); **II.** *n.* **1.** Reserve, Vorrat: *oil ≈s* Ölvorräte; *keep s.th. in r.* etw. vorrätig haben; **2.** Vorbehalt: *without r.* vorbehaltlos, offen; **3.** Zurückhaltung: *she lost her r.* sie verlor ihre (übliche) Zurückhaltung; **4.** (*mil.*) Reserve, Ersatzheer; **5.** Reservat: *wildlife r.* Wildreservat; **6.** Mindestpreis: *there was a r. on the Rubens* (*Auktion*) für den Rubens galt ein Mindestpreis.

reside [rɪ'zaɪd] *v.i.* **1.** wohnen, Wohnsitz haben (*at the above address*); **2.** (*jur.*) liegen: *sovereignty ≈s in parliament* die Souveränität liegt beim Parlament.

residence ['rezɪdəns] *n.* **1.** Residenz, Amtssitz: *the ambassador's (official) r.* der Amtssitz des Botschafters; **2.** (großes) Wohnhaus: *a desirable country r.* eine attraktive Villa auf dem Lande; **3.** Wohnsitz: *take up r.* sich niederlassen; *be in r.* (*Staatsoberhaupt*) anwesend sein; *r. permit* Aufenthaltsgenehmigung; *hall of r.* (Studenten-)Wohnheim.

resident ['rezɪdənt] **I.** *adj.* **1.** wohnhaft (*on Guernsey for tax reasons*); **2.** ortsansässig: *the r. population* die örtliche Bevölkerung; *our r. expert* unser Fachmann vor Ort; **II.** *n.* **1.** Bewohner; (Hotel-)Gast: *≈s only* (Parken) nur für Anwohner/Gäste; Insasse (*of a mental institution*); **2.** Anstaltsarzt.

residential [ˌrezɪ'denʃl] *adj.* **1.** Wohn-: *r. area* Wohngegend; *r. requirement* Aufenthaltsbestimmung (*u.a. bei Wahlen*); **2.** mit Unterbringung: *r. conference* (mehrtägige) Konferenz mit Unterkunft.

resign [rɪ'zaɪn] **1.** *v.t.; v.i.* zurücktreten: *r. (from) a post* von einem Amt zurücktreten; **2.** *v. refl.: r. o.s. to s.th.* resignieren, sich abfinden mit: *r. o.s. to one's fate* sich mit seinem Schicksal abfinden.

resignation [ˌrezɪgˈneɪʃn] *n.* **1.** Rücktritt (*from the committee*): *tender one's r.* seinen Rücktritt erklären; **2.** Resignation: *accept s.th. with r.* etw. resigniert hinnehmen.

resist [rɪˈzɪst] *v.t.* **1.** Widerstand leisten, sich widersetzen: *r. arrest* Widerstand gegen die Festnahme leisten; **2.** widerstehen: *r. the temptation* der Versuchung widerstehen; **3.** beständig sein: *r. corrosion* korrosionsfest sein.

resistance [rɪˈzɪstəns] *n.* **1.** Widerstand (*to s.th.*): *meet with r.* auf Widerstand stoßen; *offer no r.* keinen Widerstand leisten; *put up r.* Widerstand leisten; *take the line of least r.* den Weg des geringsten Widerstandes wählen; *r. movement* Widerstandsbewegung; **2.** (*el.*) Widerstand.

resolution [ˌrezəˈluːʃn] *n.* **1.** Entschließung, Beschluß: *adopt/carry/pass a r.* Entschließung annehmen; *reject a r.* Entschließung ablehnen/verwerfen; **2.** Entschlossenheit, Vorsatz: *make a r.* sich etw. vornehmen; *New Year ≈s* Vorsätze für das Neue Jahr; *show r.* Entschlossenheit zeigen; **3.** Lösung (*of a problem/question*); **4.** (*phys.*) Auflösung (*of light into the colours of the spectrum*).

resolve [rɪˈzɒlv] **I.** *v.t.* **1.** lösen (*a problem*); **2.** beschließen, sich entschließen (*to do s.th.*): *he ≈d never to contact her again* er entschloß sich, mit ihr nie wieder in Kontakt zu treten; *r. against (doing) s.th.* sich gegen etw. entschließen; **II.** *n.* Entschluß (*not to drink any more*): *make a r.* einen Entschluß fassen; *break a r.* einen Vorsatz nicht einhalten; *stiffen/strengthen s.o.'s r.* jdn. in seiner Entschlossenheit bestärken; *do s.th. with r.* etw. mit Entschiedenheit betreiben.

resort [rɪˈzɔːt] **I.** *n.* **1.** Ausweg: *as a last r.* als letztes Mittel; *have r. to s.th.* etw. als Mittel einsetzen; **2.** Urlaubsort: *seaside r.* Seebad; **II.** *v.prep.: r. to s.th.* etw. als Mittel einsetzen: *r. to industrial action* zum Mittel des Streiks greifen.

resource [rɪˈzɔːs] **1.** *≈s pl.* Bodenschätze, Ressourcen: *financial ≈s* Finanzmittel; *pool ≈s* Ressourcen zusammenfassen; *waste ≈s* Ressourcen vergeuden; **2.** Ausweg: *you are my last r.* du bist meine letzte Rettung.

respect [rɪˈspekt] **I.** *n.* **1.** Respekt: *show r. (for)* Respekt zeigen; *with (due) r.* bei allem Respekt; **2.** Rücksicht: *out of r. for* aus Rücksicht auf; **3.** Hinsicht: *in r. of; with r. to* in bezug auf; *in this r.* in dieser Hinsicht; **II. 1.** *v.t.* respektieren: *r. s.o.'s feelings* jds. Empfindungen respektieren; achten: *r. s.o.'s right* jds. Rechte achten; **2.** berücksichtigen (*your wishes*); **3.** *v.refl.: r. o.s.* Selbstachtung zeigen, sich nicht gehenlassen.

respectable [rɪˈspektəbl] *adj.* **1.** angesehen (*person*); ehrenhaft (*motives*); **2.** ansehnlich (*sum of money*).

respond [rɪˈspɒnd] *v.t.* **1.** antworten (*to a letter*); **2.** reagieren (*to a suggestion*): *r. to treatment* (*med.*) auf eine Therapie reagieren.

response [rɪˈspɒns] *n.* **1.** Antwort: *in r. to your letter of…* in Beantwortung Ihres Schreibens vom …; **2.** Reaktion: *meet with little r.* kaum Reaktionen hervorrufen.

responsibility [rɪˌspɒnsɪˈbɪlətɪ] *n.* **1.** Verantwortung: *on one's own r.* auf eigene Verantwortung; *bear the r.* die Verantwortung tragen; *claim r.* die Verantwortung übernehmen;

disclaim r. Verantwortung bestreiten; *take the r.* die Verantwortung übernehmen; **2.** Verantwortungs-, Aufgabenbereich: *that's not my r.* dafür bin ich nicht zuständig.

responsible [rɪ'spɒnsɪbl] *adj.* **1.** verantwortlich (*for s.th.*): *be personally r.* persönlich verantwortlich sein; **2.** unterstellt: *be r. to the manager* dem Geschäftsführer unterstellt sein; **3.** verantwortungsbewußt.

rest[1] [rest] **I.** *n.* **1.** Ruhe, Pause: *have a r.* sich ausruhen; *need a r.* sich ausruhen müssen; *a well-earned r.* eine wohlverdiente Ruhepause; *give it a r.!* laß das!, hör auf!; **2.** seelische Ruhe: *put/set s.o.'s mind at r.* jdn. beruhigen; **3.** Tod: *lay s.o. to r.* (*euph.*) jdn. begraben; *lay s.th. to r.* (*fig.*) sich von etw. endgültig verabschieden (*a crazy scheme*); **4.** (*mus.*) Pause; **5.** Auflage, Stütze, Telefongabel; **II.** **1.** *v.i.* sich ausruhen (*from one's efforts*): *let s.th. r.* etw. auf sich beruhen lassen; *you may r. assured* (*Brief*) Sie dürfen versichert sein; *not r. until …* nicht zur Ruhe kommen, bis …; **2.** bleiben: *responsibility ≈s with the parents* Eltern haften für ihre Kinder; **3.** *v.prep.: r. on* lehnen an, ruhen auf: *his feet ≈ed on the table* er hatte seine Füße auf dem Tisch; *r. on one's laurels* sich auf seinen Lorbeeren ausruhen; beruhen auf (*false premises*); **4.** *v.t.* stützen: *r. one's head on the table* den Kopf auf den Tisch legen.

rest[2] *n.* Rest (*of the money*): *and all the r. of it* (*coll.*) und so weiter; *for the r.* im übrigen.

restaurant ['restərənt] *n.* Restaurant: *r. car* Speisewagen.

restore [rɪ'stɔː] *v.t.* **1.** wiederherstellen (*law and order*); *r. s.o. to health* jdn. wieder gesund machen; **2.** wiedereinsetzen (*s.o. to his old job*): *r. s.o. to power* jdn. wieder an die Macht bringen.

restrain [rɪ'streɪn] *v.t.* zurückhalten: *r. o.s.* sich beherrschen; *r. s.o. from doing s.th.* jdn. davon abhalten, etw. zu tun.

restraint [rɪ'streɪnt] *n.* **1.** Beschränkung: *without r.* ohne Ein-, Beschränkung; *keep s.o./s.th. under r.* jdn./etw. unter Kontrolle halten; *place s.o. under r.* (*jur.*) jdn. inhaftieren; **2.** Zurückhaltung: *show great r.* große Zurückhaltung an den Tag legen; *wage r.* Zurückhaltung bei Lohnforderungen.

restrict [rɪ'strɪkt] **1.** *v.t.* ein-, beschränken (*s.o.'s rights*): *r. the speed* die Geschwindigkeit beschränken; *≈ed area* Sperrgebiet; (*GB*) Zone mit Geschwindigkeitsbeschränkung; **2.** *v.refl.: r. o.s. (to s.th.)* sich einschränken.

restriction [rɪ'strɪkʃn] *n.* Ein-, Beschränkung (*of freedom*): *impose/lift ≈s* Beschränkungen auferlegen/aufheben; *speed r.* Geschwindigkeitsbeschränkung.

result [rɪ'zʌlt] **I.** *n.* **1.** Folge (*of the accident*): *as a r.* folglich; Ergebnis: *without r.* ergebnislos; **2.** Leistung, Ergebnis: *achieve/show ≈s* Ergebnisse erzielen; *the net r. is …* unter dem Strich ergibt sich …; *annual ≈s* Jahresergebnis; **II.** *v.i.* sich ergeben, resultieren: *r. from an air raid* auf einen Luftangriff zurückzuführen sein; *r. in success* zum Erfolg führen.

retail I. ['riːteɪl] *n.* (*nur zus. mit Präp. und in Komposita*) Einzelhandel: *sell by r.* im Einzelhandel verkaufen; *r. price index* Einzelhandelspreisindex; *r. outlet* Einzelhandelsgeschäft; **II.** *adv.* im Einzelhandel: *buy wholesale and r.* en gros und en detail kaufen; **III.** [rɪ'teɪl] *v.t.* im Einzelhandel vertreiben (*office* *equipment*): *r. stories* (*fig.*) Geschichten erzählen.

retailer ['ri:teɪlə] *n.* Einzelhändler: *r. and wholesaler* Einzelhändler und Großhändler.

retain [rɪ'teɪn] *v.t.* ein-, zurückhalten (*some money*): *r. one's faculties* noch im Besitz seiner Kräfte sein; *r. water* Wasser speichern; *≈ing wall* Stützmauer.

retire [rɪ'taɪə] *v.i.* in den Ruhestand treten, sich zurückziehen (*from public life*): *≈d civil servant* Beamter im Ruhestand.

retirement [rɪ'taɪəmənt] *n.* **1.** Pensionierung: *early r.* Vorruhestand; *age of r.* Pensions-, Ruhestandsalter; *r. pension* Altersrente; **2.** Zurückgezogenheit: *live in r.* zurückgezogen leben.

retreat [rɪ'tri:t] **I.** *n.* **1.** Rückzug: *orderly r.* geordneter Rückzug; *beat a (hasty) r.* (schnell) den Rückzug antreten; (*fig.*) Rückzieher machen; *sound the r.* zum Rückzug blasen; **2.** Zurückgezogenheit: *live in r.* zurückgezogen leben; *island r.* (abgeschieden gelegener) Platz auf einer Insel; **II.** *v.i.* **1.** (*mil.*) sich zurückziehen (*from the battlefield*); **2.** (*fig.*) sich flüchten (*into a dream world*).

return [rɪ'tɜ:n] **I. 1.** *v.i.* zurückkommen (*from an expedition*): *r. to one's old ways* in seine alten Gewohnheiten zurückfallen; *r. to the fold* (*fig.*) in den Schoß der Gemeinde zurückkehren; **2.** *v.t.* zurückgeben (*bottles, books*): *r. the lost property to its owner* die Fundsache dem Eigentümer zurückgeben; **3.** erwidern (*the compliment, greetings, the visit*); **4.** (*jur.*) verkünden (*a verdict of guilty*); **5.** (*GB*) wählen: *Cyril Smith was ≈ed as MP for Rochdale* Cyril Smith wurde zum Abgeordneten für Rochdale gewählt; **6.** erzielen (*a nice profit*); **II.** *n.* **1.** Rückkehr (*from a holiday*): *by r. of mail/post* postwendend; *point of no r.* Punkt, an dem es kein Zurück gibt; *r. ticket* Rückfahrkarte; *sale or r.* Verkauf oder Rückgabe; **2.** Erklärung: *file an income tax r.* eine Einkommensteuererklärung abgeben; **3.** Rendite (*on the invested capital*); **4.** Wiederkehr: *many happy ≈s* herzliche Glückwünsche (zum Geburtstag).

reveal [rɪ'vi:l] *v.t.* offenbaren, enthüllen (*a scandal*): *r. one's innermost feelings* seine innersten Gefühle preisgeben; *r. a secret* ein Geheimnis preisgeben.

revealing [rɪ'vi:lɪŋ] *adj.* erhellend, bezeichnend, aufschlußreich (*remarks*).

revenge [rɪ'vendʒ] **I.** *n.* Rache: *in r. for* als Rache für; *out of r.* aus Rache; *take r.* Rache nehmen; *r. is sweet* (*coll.*) Rache ist süß; **II. 1.** *v.t.* rächen (*an injustice*); **2.** *v. refl.: r. o.s. on s.o.* sich an jdm. rächen.

revenue ['revənju:] *n.* Aufkommen, Einnahme: *tax ≈s* Steueraufkommen; *Inland* (*GB*)/*Internal* (*US*) *R.* Einkommensteuerbehörde.

reverse [rɪ'vɜ:s] **I.** *adj.* umgekehrt: *in r. order* in der umgekehrten Reihenfolge; Rück-: *the r. side* die Rückseite; *r. gear* Rückwärtsgang; **II.** *n.* **1.** Gegenteil: *quite the r.* ganz im Gegenteil; **2.** Rückschlag: *≈s of fortune* Schicksalsschläge; **3.** Rückseite: *on the r.* auf der Rückseite; **4.** Rückwärtsgang: *put in/engage r.* den Rückwärtsgang einlegen; **III. 1.** *v.t.* umkehren (*a decision*): *r. thrust* Schub umkehren; *r. charges* (*tel.*) R-Gespräch führen; **2.** *v.i.* rückwärts fahren (*into the garage*): *reversing lights* Rückfahrscheinwerfer.

review [rɪ'vju:] **I.** *n.* **1.** Überprüfung:

be under r. zur Zeit überprüft werden; *subject to r.* Änderungen vorbehalten; *come up for r.* zur Überprüfung anstehen; *judicial r.* (erneute) gerichtliche Überprüfung, Revision; **2.** Rück-, Überblick (*of the year to end-February*): *r. of progress* Fortschrittsbericht; **3.** Kritik, Rezension: *unfavourable r.* Verriß; *r. copy* Belegexemplar; **4.** Zeitschrift; **II.** *v.t.* **1.** überprüfen (*the situation*): *r. a decision* eine Entscheidung überprüfen; **2.** rezensieren (*a book on George Orwell*).

revise [rɪ'vaɪz] **1.** *v.t.* überarbeiten (*a book*); revidieren (*one's opinion*): *r. downwards/upwards* nach unten/oben korrigieren; *≈d edition* revidierte/überarbeitete Auflage; **2.** durcharbeiten (*notes in order to prepare for the exam*); **3.** *v.i.* lernen (*for an exam*).

revision [rɪ'vɪʒn] *n.* **1.** Revision, Überarbeitung (*of an article*); **2.** überarbeitete Fassung; **3.** Lernen, Wiederholen des Stoffes.

revive [rɪ'vaɪv] **1.** *v.t.* (neu) beleben: *the brandy will r. him* der Cognac wird ihn wieder zu sich kommen lassen/wieder auf die Beine bringen; *r. old customs* alte Bräuche wiederaufleben lassen; *r. a play* ein (fast vergessenes) Stück wieder aufführen; **2.** *v.i.* sich erholen: *she'll r. all right* keine Angst, sie wird wieder zu sich kommen.

revolution [ˌrevə'lu:ʃn] *n.* **1.** Revolution: *The Glorius R.* (*GB*) die glorreiche (unblutige) Revolution von 1688/89; *the computer r.* die elektronische Revolution; **2.** Umdrehung: *≈s per minute* (*rpm*) (*Drehzahlmesser*) Umdrehungen pro Minute.

revolutionary [ˌrevə'lu:ʃənərɪ] **I.** *adj.* **1.** revolutionär (*party*); **2.** radikal, grundlegend (*consequences*); **II.** *n.* Revolutionär, Revoluzzer.

reward [rɪ'wɔ:d] **I.** *n.* Belohnung (*for information leading to s.o.'s arrest*): *expect s.th. in r.* etw. als Belohnung erwarten; *receive one's just r.* seinen gerechten Lohn erhalten; **II.** *v.t.* belohnen (*s.o. for/with s.th.*).

rewarding [rɪ'wɔ:dɪŋ] *adj.* lohnend: *a r. hobby* ein Hobby, das Freude macht.

rhyme [raɪm] **I.** *n.* Reim: *put s.th. into r.* etw. in Reimen ausdrücken; *there's no r. or reason in all this* es ergibt überhaupt keinen Sinn; **II.** **1.** *v.t.* reimen (*with words ending in »ee«*); **2.** *v.i.* sich reimen (*the couplet at the end of a Shakespearean sonnet*).

rhythm [rɪðm] *n.* Rhythmus.

ribbon ['rɪbən] *n.* Band: *typewriter r.* Farbband; *in ≈s* in Fetzen.

rice [raɪs] *n.* Reis: *rice field/paddy* Reisfeld.

rich [rɪtʃ] *adj.* **1.** reich (*country, individual*): *hard times for r. and poor* harte Zeiten für arm und reich; *the r.* die Reichen; *r. in mineral deposits* reich an Bodenschätzen; *r. in proteins* reich an Eiweißstoffen; *r. in vitamins* vitaminreich; *strike it r.* plötzlich reich werden; **2.** kalorienreich (*cake, dessert*); **3.** kräftig (*colours*); **4.** (*coll.*) herrlich: *that's r.!* na, toll! (*iron.*).

riches ['rɪtʃɪz] *n. pl.* Reichtümer.

rid* [rɪd] *v.t.* befreien (*s.o. of s.th.*): *r. the world of poverty* die Welt von der Armut befreien; *be/get r. of s.o./s.th.* jdn./etw. loswerden.

ride* [raɪd] **I. 1.** *v.t.* reiten (*a horse*): *r. a bike* Fahrrad/Motorrad fahren; *r. the waves* Wellen reiten; *r. out the storm* das Unwetter überstehen (*auch fig.*); **2.** *v.i.* reiten (*on an elephant*); *r. at anchor* (*naut.*) vor Anker liegen; *r. roughshod over* *s.o./s.th.* sich (brutal) über jdn./ etw. hinwegsetzen; **II.** *n.* Ritt, Fahrt (*in the new car/train*): *helicopter r.* Hubschrauberflug; *give a child a r. on one's back* Kind auf den Schultern tragen; *a 5-minute r.* eine Fahrt von fünf Minuten; *take s.o. for a r.* (*coll.*) jdn. auf den Arm nehmen.

ridge [rɪdʒ] *n.* Rücken (*of mountains*): *r. of high pressure* (*met.*) Hochdruckkeil; *r. of a roof* Dachfirst.

ridiculous [rɪ'dɪkjʊləs] *adj.* lächerlich: *look r.* lächerlich aussehen; *make o.s. r.* sich lächerlich machen.

rifle[1] ['raɪfl] *n.* Gewehr (*mit gezogenem Lauf*): *r. range* Schießplatz.

rifle[2] *v.t.* durchsuchen (*a drawer*).

right[1] [raɪt] **I.** *adj.* rechts: *turn r.* rechts abbiegen; *left, r. and centre* (*coll.*) in jeder Hinsicht, überall: *look for s.o. left, r. and centre* jdn. überall suchen; *the r. wing* (*pol.*) der rechte Flügel; **II.** *n.* **1.** *the r.* (*pol.*) die Rechte; **2.** rechte Seite: *keep to my r.* halt dich rechts von mir.

right[2] **I.** *adj.* **1.** (moralisch) richtig: *do the r. thing* das Richtige tun; *it's only r. that he should be punished* seine Strafe hat er allemal verdient; **2.** richtig, recht: *be r.* recht haben; *get every answer r.* jede Frage richtig beantworten; **3.** gesund: *feel all r.* sich gesund (genug) fühlen; *not quite r. in one's head* geistig nicht ganz normal; **II.** *n.* Recht: *r. to s.th.* Recht auf etw. (*work*); *as of r.; by ≈s* von Rechts wegen; *be within one's ≈s* seine Befugnisse nicht überschreiten; *be in the r.* im Recht sein; *have every r. to (do) s.th.* jedes Recht auf etw. haben; *know the difference between r. and wrong* den Unterschied zwischen Recht und Unrecht kennen; *r. of way* Wegerecht; **III.** *v.refl.: r. itself* sich von selbst lösen (*problem*).

ring[1] [rɪŋ] **I.** *n.* **1.** Ring: *engagement r.* Verlobungsring; *key r.* Schlüsselring; *wedding r.* Ehering; **2.** Kreis, Ring: *run ≈s around s.o.* (*coll.*) jdn. in die Tasche stecken; **3.** (*Sport*) Ring; *circus r.* Manege; **4.** Vereinigung: *drug r.* Drogenkartell; **II.** *v.t.* **1.** umzäunen (*the field with a fence*); **2.** einkringeln (*the right answers*); **3.** beringen (*birds*).

ring*[2] **I. 1.** *v.i.* läuten (*telephone*); sich anhören (*true/false*): *r. hollow* nicht echt klingen; *r. in s.o.'s ears* (noch) in jds. Ohr klingen; *r. with s.th.* von etw. widerhallen; **2.** *v.t.* läuten (*the church bells*): *r. in the New Year* das Neue Jahr einläuten; anrufen (*your girlfriend*); *that ≈s a bell* (*fig.*) das erinnert mich an etwas; **3.** *v.prep.: r. off* (*tel.*) den Hörer auflegen; *r. up* anrufen (*the police*); **II.** *n.* **1.** Läuten: *was there a r. at the door?* hat es geschellt?; **2.** Anschein: *that has the r. of truth about it* das klingt sehr wahrscheinlich; **3.** Anruf: *give s.o. a r.* jdn. anrufen.

riot ['raɪət] **I.** *n.* **1.** Aufruhr (*in the streets*): *run r.* randalieren; *her imagination runs r.* ihr geht die Phantasie durch; *read s.o. the r. act* (*fig.*) jdm. eine Standpauke halten; *r. police* Bereitschaftspolizei; **2.** Wildwuchs (*of exotic flowers*); **II.** *v.i.* randalieren (*all over the town*).

ripe [raɪp] *adj.* reif (*apples*): *the time is r.* die Zeit ist reif; *live to a r. old age* ein hohes Alter erreichen.

rise* [raɪz] **I.** *v.i.* **1.** ansteigen: *the river is bound to r. after all that rain* der Fluß wird unweigerlich nach all dem Regen ansteigen; *prices have ≈n yet again* die Preise sind schon wieder gestiegen; *after the village, the road ≈s steeply* nach dem Dorf steigt die Straße stark an; aufsteigen (*smoke from chimneys*): *r. from the ranks* (von einer niederen) in eine höhere Position aufsteigen; **2.** sich erheben, aufstehen (*not before 9 a.m.*): *r. and shine!* (*GB*) (*coll.*) nun steh schon auf!; *r. from the dead* von den Toten auferstehen; **3.** sich erheben (*against the government*); **4.** entstehen, entspringen (*river*); **5.** sich vertagen (*Parliament, the court*); **6.** *v.prep.: r. above s.th.* etw. souverän überwinden (*all the difficulties*); *r. to s.th.* auf etw. angemessen reagieren: *r. to the bait* sich ködern lassen; *r. to the challenge/occasion/task* sich tapfer schlagen; **II.** *n.* **1.** Anstieg (*in the price of bread*): *demand a r.* mehr Lohn/Gehalt fordern; **2.** Anhöhe (*where the church is*); **3.** Anlaß: *give r. to s.th.* zu etw. Anlaß geben.

risk [rɪsk] **I.** *n.* Risiko: *at one's own r.* auf eigenes Risiko; *at the r. of …* auf die Gefahr, daß …; *put s.th. at r.* etw. gefährden; *take/run a r.* ein Risiko eingehen; **II.** *v.t.* riskieren: *r. one's neck* Kopf und Kragen riskieren.

river ['rɪvə] *n.* Fluß: *The R. Rhine* der Rhein; *the Mississippi R.* der Mississippi; *≈s of blood* Ströme von Blut; *sell s.o. down the r.* (*fig.*) jdn. übers Ohr hauen.

road [rəʊd] *n.* **1.** Straße: *major/minor r.* Haupt-/Nebenstraße; *by r.* auf dem Straßenwege, mit dem Wagen; *we've been on the r. for ten hours* wir sind schon seit zehn Stunden unterwegs; *one for the r.* (*coll.*) noch ein letztes Glas; *r. accident* Verkehrsunfall; *r. traffic* Straßenverkehr; **2.** (*fig.*) Straße, Weg: *be on the right r.* auf dem richtigen Wege sein; *r. to disaster* Weg ins Unglück; *somewhere along the r.* auf halbem Wege.

roar [rɔː] **I.** *v.i.* brüllen (*lion*); donnern: *I've had enough of all these trucks ≈ing past my bedroom window* ich bin diese LKWs leid, die an meinem Schlafzimmerfenster vorbeidonnern; **II.** *n.* Gebrüll (*lion*): *r. of laughter* schallendes Gelächter; *r. of traffic* Verkehrslärm.

roast [rəʊst] **I. 1.** *v.t.* braten (*meat*); rösten (*coffee*); **2.** *v.i.* braten, schwitzen (*in the sun*); **II.** *n.* Braten: *have a r. for Sunday* zum Sonntag einen Braten haben; **III.** *adj.* gebraten: *r. pork* Schweinebraten.

rob [rɒb] *v.t.* berauben (*s.o. of s.th.*): *we've been ≈bed!* wir sind bestohlen worden!; *r. a bank* eine Bank ausrauben; *r. s.o. of his/her sleep* jdn. um seinen/ihren Schlaf bringen; *r. Peter to pay Paul* ein Loch stopfen, indem man ein anderes aufreißt.

robber ['rɒbə] *n.* Räuber: *bank r.* Bankräuber.

robbery ['rɒbərɪ] *n.* Raubüberfall: *armed r.* bewaffneter Raubüberfall; *sheer r.* (*coll.*) der reinste Nepp; *taxation is the modern form of highway r.* das Steuersystem ist die moderne Form von Wegelagerei.

rock[1] [rɒk] *n.* Fels: *as solid as a r.* wie ein Fels; *r. climbing* Felsklettern; *hit the ≈s* (*fig.*) scheitern; *hit/reach r. bottom* (*fig.*) den absoluten Tiefpunkt erreichen.

rock[2] **1.** *v.t.* schaukeln, wiegen (*a baby to sleep*): *r. the boat* (*fig.*) etw. gefährden; **2.** *v.i.* schwanken, beben, schaukeln (*to and fro*).

rocket ['rɒkɪt] **I.** *n.* **1.** Rakete: *launch a r.* Rakete abschießen/starten; **2.** (*coll.*) Tadel: *get a r.* eine Zigarre verpaßt bekommen; *give s.o. a r.*

jdm. eine Zigarre verpassen; **II.** *v.i.* in die Höhe schnellen (*prices*).

role [rəʊl] *n.* (*theat.*) Rolle: *play a r.* eine Rolle spielen (*auch fig.*); *title r.* Titelrolle; *key r.* Schlüsselrolle; *r. play* Rollenspiel.

roll [rəʊl] **I.** *n.* **1.** Rolle (*of carpet/film*): *r. of fat* (*around one's stomach*) Fettrolle; *r. of banknotes* Bündel Banknoten; **2.** Liste: *on our r.* auf unserer Liste; *electoral r.* Wählerverzeichnis; **3.** Brötchen (*for breakfast*); **4.** Rolle, rollende Bewegung, Schlingern (*of the ship*): *have a r. in the hay* es (miteinander) im Heu treiben; **5.** (*Geräusch*) Grollen (*of thunder*); **II. 1.** *v.i.* rollen (*down the hill*): *heads will have to r.* da müssen eben (einige) Köpfe rollen; *tears were ≈ing down her cheeks* Tränen kullerten über ihre Wange; *r. in money* steinreich sein; *keep the ball ≈ing* (*fig.*) die Dinge in Schwung halten; *r. up* (mit dem Auto) ankommen; **2.** (*naut.*) schlingern (*in the high seas*); **3.** (*Geräusch*) grollen (*thunder*); **4.** *v.t.* rollen, walzen (*steel*): *r. one's own cigarettes* sich seine Zigaretten selbst drehen; *r. s.th. back* etw. zurückdrehen (*a development*); **5.** *v.prep.: r. out* ausrollen (*the new plane*); *r. up one's sleeves* die Ärmel aufkrempeln.

romantic [rəʊ'mæntɪk] **I.** *adj.* **1.** romantisch (*area, story*): *r. novel* Liebesroman; **2.** (*Epoche*) romantisch: *R. poetry/music* Dichtung/Musik der Romantik; **II.** *n.* **1.** romantisch veranlagte Person; **2.** (*lit.; mus.*) Romantiker.

roof [ru:f] **I.** *n.* Dach (*of a house*): *live under the same r.* unter einem Dach wohnen; *go through the r.* (*fig.*) in die Luft gehen; (*Preise*) untragbar werden; **II.** *v.t.* mit einem Dach versehen, überdachen (*the carport*).

room [ru:m] **I.** *n.* **1.** Zimmer: *single/double r.* Einzel-/Doppelzimmer; *enter/leave the r.* das Zimmer betreten/verlassen; *let a r.* ein Zimmer vermieten; *rent a r.* ein Zimmer mieten; **2.** Raum, Platz: *not enough r. for two people to work in* nicht genug Platz, damit zwei Leute arbeiten können; *there's no r. to swing a cat* (*coll.*) es ist reichlich eng; **3.** Möglichkeit, Spielraum: *there's r. for improvement* es läßt sich noch einiges verbessern; *there's no r. for doubt* es steht außer Zweifel; **II.** *v.i.* (*US*) zur Untermiete wohnen (*students*).

root [ru:t] **I.** *n.* **1.** Wurzel: *take r.* Wurzeln schlagen (*auch fig.*); *get to the r. of s.th.* einer Sache auf den Grund kommen; *the r. cause of s.th.* die eigentliche Ursache von etw.; *r. and branch* (*fig.*) mit Stumpf und Stiel; **2.** *≈s pl.* Herkunft: *put down ≈s* sich niederlassen (*in New York State*); **3.** (*ling.; math.*) Wurzel: *square/cube r.* Quadrat-/Kubikwurzel; **II. 1.** *v.i.* (*biol.*) Wurzel schlagen, angehen (*in any soil*); **2.** *v.prep.: r. about/round* herumwühlen; *r. for s.th.* nach etw. (intensiv) suchen; *r. s.th. out* etw. ausrotten; *r. s.th. up* etw. ausgraben (*auch fig.*).

rope [rəʊp] **I.** *n.* **1.** Seil: *give s.o. enough/plenty of r.* (*fig.*) jdn. an der langen Leine laufen lassen; *money for old r.* (*coll.*) leicht verdientes Geld; **2.** *the r.* der Strick: *bring back the r.* (*GB*) die Todesstrafe wieder einführen; **3.** *the ≈s pl.* (*Sport*) Seile: *be on the ≈s* in den Seilen hängen (*auch fig.*); **4.** *the ≈s* Fertigkeiten: *know the ≈s* sich auskennen; *learn the ≈s* sich einarbeiten; *show s.o. the ≈s* jdn. einweisen; **II. 1.** *v.t.* binden (*s.o. to a tree*); **2.** *v.i.: r. up/to-*

gether (*Bergsteigen*) sich anseilen; **3.** *v.prep.: r. s.o. in* jdn. beteiligen; *r. s.th. off* etw. (mit Seilen) absperren.

rose [rəʊz] *n.* Rose: *not all ≈s* (*coll.*) nicht ganz einfach.

rot [rɒt] **I. 1.** *v.i.* verfaulen (*meat, wood*): *let s.o. r.* (*fig.*) jdn. vor die Hunde gehen lassen; **2.** *v.t.* verfaulen lassen (*organic waste on the compost*): *too much alcohol will r. your liver* zuviel Alkohol wird deine Leber ruinieren; **II.** *n.* **1.** Fäulnis: *the r. has set in* der Verfall hat begonnen (*auch fig.*); *stop the r.* (*fig.*) den Niedergang aufhalten; **2.** (*coll.*) Unsinn: *don't talk r.!* red nicht solch einen Quatsch!

rotten ['rɒtn] *adj.* **1.** verfault (*apples*); faul (*eggs*); **2.** korrupt, verdorben: *r. to the core* durch und durch verdorben; **3.** abscheulich (*weather*): *feel r.* sich elend fühlen; (*fig.*) ein schlechtes Gewissen haben.

rough [rʌf] **I.** *adj.* **1.** rauh (*hands, voice*): *r. diamond* Rohdiamant; (*fig.*) ungebildete Person; *r. sea* stürmische See; *have a r. time* es nicht leicht haben; *r. and ready* grob zusammengeschustert; *be r. with s.o.* jdn. grob behandeln; **2.** ungefähr: *have a r. idea* eine ungefähre Vorstellung haben; *r. draft* erster Entwurf, Skizze; **II.** *adv.* grob: *play r.* brutal spielen; *sleep r.* im Freien übernachten; **III.** *n.* **1.** Grobian: *be assailed by a gang of ≈s* von einer Gruppe von Schlägern angegriffen werden; **2.** *the r.* das Grobe: *in the r.* im Rohzustand; **3.** unwegsames Gelände; (*Golf*) Rauh; **4.** Rohentwurf: *draw s.th. in r.* etw. skizzieren; **IV.** *v.t.* **1.** *r. it* im Freien schlafen; **2.** *r. s.th. out* etw. grob skizzieren; **3.** *r. s.o. up* jdn. zusammenschlagen; *r. s.o.'s hair up* jds. Haar zerzausen.

roughly ['rʌflɪ] *adv.* **1.** grob: *treat s.o. r.* jdn. grob behandeln; **2.** ungefähr (*£50*): *r. speaking* grob gesagt.

round [raʊnd] **I.** *adj.* **1.** rund (*table*): *r. robin* Petition; *r. cheeks* Pausbacken; *r. trip* Hin- und Rückfahrt; **2.** ungefähr: *in r. figures/numbers* ab-, aufgerundet; **3.** voll: *a r. dozen* ein volles Dutzend; **II.** *adv.* **1.** rundherum: *r. and r.* rundherum; *go r.* außen herum fahren/gehen; *there wasn't enough wine to go r.* es war nicht für alle Wein da; *there's a wall all r.* rundherum ist eine Mauer; **2.** wieder: *come r.* wieder zu sich kommen; **3.** ungefähr: *r. about 8 o'clock* so gegen acht Uhr; **III.** *prep.* um … herum: *travel r. the world* um die Welt reisen; *there's a filling station r. the corner* um die Ecke gibt es eine Tankstelle; *show s.o. r. the house* jdn. durch das Haus führen; **IV.** *n.* **1.** Runde: *do/make the ≈s* eine Runde machen (*to see if everything is all right*); **2.** (*Sport*) Runde: *be knocked out in the fifth r.* in der fünften Runde k.o. geschlagen werden; **3.** (*Kneipe*) Runde: *the next r. is on me* die nächste Runde geht auf mich; **4.** Serie, Runde: *r. of negotiations* Verhandlungsrunde; *r. of applause* Applaus; *r. of shots* Schußfolge; **V. 1.** *v.t.* umrunden (*the corner, Cape Horn*); **2.** *r. down/up* ab-, aufrunden; *r. off* auf- bzw. abrunden; **3.** *v.prep.: r. s.o. up* jdn. ergreifen.

route [ruːt] **I.** *n.* Route: *bus r.* Buslinie; **II.** *v.t.* schicken, führen, umleiten (*the train via the West Coast Main Line*); (*US*) (*tel.*) durchstellen (*a call*).

row[1] [rəʊ] *n.* **1.** Reihe (*of houses*): *r. house* (*US*) Reihenhaus; **2.** Folge: *five draws in a r.* fünfmal hintereinander unentschieden.

row[2] **I. 1.** *v.t.; v.i.* rudern: *r. across the Channel* über den Ärmelkanal rudern; *r. for Oxford* für Oxford rudern; *≈ing boat* Ruderboot; **II.** *n.* Rudern: *go for a r.* rudern gehen.

row[3] [raʊ] **I.** *n.* **1.** Krach: *stop making such a r.!* mach nicht so einen Krach!; **2.** Streit: *they're always having ≈s* sie haben immer (miteinander) Streit; **II.** *v.i.* sich streiten (*over money*).

royal ['rɔɪəl] *adj.* **1.** königlich: *the r. family* die königliche Familie; *the bill has received the r. assent* (*GB*) das Gesetz ist von der Königin unterzeichnet worden (und damit rechtskräftig); **2.** großartig: *give s.o. a (right) r. welcome* jdm. einen großartigen Empfang bereiten.

rub [rʌb] **I. 1.** *v.t.* reiben: *r. one's hands* sich die Hände reiben; *r. s.o.'s nose in s.th.* jdm. etw. (dauernd) unter die Nase halten; *r. salt in s.o.'s wounds* jdm. Salz in die Wunde streuen; *r. shoulders with s.o.* mit jdm. in Berührung kommen; *r. o.s./s.th. down* sich/etw. abreiben; **2.** *v.prep.: r. along with s.o.* mit jdm. zurechtkommen; *r. in* einreiben: *don't r. it in!* du mußt das nicht immer vorbringen!; *r. off* abreiben (*the mud*); *r. off on s.o.* auf jdn. abfärben; *r. out* ausradieren; *r. up* polieren; *r. up against s.o.* (*coll.*) jdn. zufällig treffen; **II.** *n.* **1.** Reiben: *give s.th. a good r.* etw. gründlich polieren/scheuern; **2.** *the r.* das Problem: *there's the r.* da ist der Haken.

rubber ['rʌbə] *n.* **1.** Gummi: *natural r.* Naturkautschuk; *synthetic r.* Synthesekautschuk; *r. band* Gummiband; *r. stamp* Stempel; **2.** Radiergummi; **3.** (*coll.*) Kondom, Gummi; **4.** *≈s pl.* Überschuhe; Ölzeug.

rubbish ['rʌbɪʃ] **I.** *n.* **1.** Abfall: *r. bin* Mülltonne; *r. tip* Müllkippe; **2.** (*coll.*) Unsinn, dummes Zeug: *what r.!* was für ein Quatsch!; *talk r.* dummes Zeug reden; **II.** *v.i.* total verreißen (*a good book*).

rude [ru:d] *adj.* **1.** unhöflich: *don't be r.!* sei nicht unhöflich!; **2.** obszön, unflätig (*joke*); **3.** primitiv (*hut*); **4.** unangenehm (*reminder*): *we had a r. awakening* (*fig.*) wir wurden unangenehm an die Realitäten erinnert; **5.** stark: *be in r. health* vor Gesundheit strotzen.

rudeness ['ru:dnəs] *n.* Unhöflichkeit.

rug [rʌg] *n.* **1.** Teppich, Läufer: *hearth r.* Kaminvorleger; *pull the r. from under s.o.'s feet* (*fig.*) jdm. den Boden unter den Füßen wegziehen; **2.** (dicke) Wolldecke: *travelling r.* Reisedecke; *be as snug as a bug in a r.* (*coll.*) sich pudelwohl fühlen.

ruin ['ru:ɪn] **I.** *n.* **1.** Ruine: *fall into r.* zur Ruine werden (*church*); *≈s* Überreste (*of a building*): *my career is in ≈s* (*fig.*) meine Karriere ist ruiniert; **2.** Verfall: *that'll be your r.* das ist dein Untergang; *go to rack and r.* vor die Hunde gehen; **II.** *v.t.* ruinieren (*promotion prospects*); verderben (*our holiday*).

rule [ru:l] **I.** *n.* **1.** Regel: *as a r.* gewöhnlich; *make it a r.* es (sich) zur Regel machen; *r. of thumb* Faustregel; **2.** Regel, Vorschrift: *bend the ≈s* die Vorschriften sehr großzügig auslegen; *work to r.* nach Vorschrift arbeiten; *the ≈s of the game* die Spielregeln (*auch fig.*); **3.** Herrschaft: *under British r.* unter britischer Herrschaft; *mob r.* Herrschaft/Gesetz der Straße; *r. of law* Rechtsstaatlichkeit; *≈s of the road* Verkehrsregeln; **4.** Metermaß: *folding r.* Zollstock; **II. 1.** *v.t.* herrschen über (*a huge country*): *r. the roost* (*fig.*) Herr im Hause sein; *r. with a rod of iron/an iron hand* mit eiserner Faust regieren; **2.** beherrschen: *don't let your heart r. your head* du darfst dich nicht von deinen Gefühlen leiten lassen; **3.** (*jur.*) entscheiden: *the court ≈d that* ... das Gericht entschied, daß ...; **4.** *v.prep.: r. out* ausschließen (*a possibility*).

ruler ['ru:lə] *n.* **1.** Herrscher; **2.** Lineal.

rumour ['ru:mə] **I.** *n.* Gerücht: *r. has it that* ... Gerüchten zufolge ...; *all sorts of ≈s are going round* alle möglichen Gerüchte gehen um; *r. mill* Gerüchteküche; **II.** *v.t.* (*Gebrauch nur im Passiv*): *it's ≈ed that* ... es wird gemunkelt, daß ... .

run* [rʌn] **I. 1.** *v.i.* laufen, rennen (*up the hill*): *r. in the race* am Rennen teilnehmen; *r. for your lives!* lauft um euer Leben!; *r. about/around* herumlaufen; *r. along!* geh spielen!; *r. away* fortlaufen (*from s.o./s.th.*); *r. away with the cash* sich mit der Barschaft davonmachen; **2.** fließen: *blood was ≈ning down his leg* Blut lief an seinem Bein herunter; *the Thames ≈s into the North Sea* die Themse mündet in die Nordsee; *r. dry* austrocknen; *r. down* zur Neige gehen (*supplies*); **3.** verkehren: *the train ≈s every hour* der Zug verkehrt stündlich; laufen: *the play has been ≈ning for two years* das Stück läuft schon seit zwei Jahren; *the programme is ≈ning late* das Programm läuft länger als geplant; **4.** funktionieren, arbeiten: *things are ≈ning smoothly* alles läuft am Schnürchen; *that car of yours ≈s beautifully* dein Auto läuft prächtig; **5.** lauten: *the story ≈s as follows* die Geschichte geht so; **6.** verlaufen, führen: *the roads ≈s through the jungle* die Straße führt durch den Dschungel; *r. in the family* erblich bedingt sein; **7.** kandidieren (*for s.th., against s.o.*); **8.** *v.t.* laufen (*a mile a day*): *r. errands* Besorgungen machen; *r. s.o. off his/her feet* jdn. auf Trab halten; *r. the gauntlet* Spießruten laufen; *r. s.o. down* jdn. überfahren; *r. down the wanted man* den Gesuchten ausfindig machen; *r. s.o. in* jdn. einsperren; *r. s.th. in* etw. einfahren (*the new car*); *r. s.o. over* jdn. überfahren; **9.** betreiben (*a bus service*); leiten (*a company*): *r. the house* den Haushalt führen; *r. a car* Auto unterhalten; **10.** bringen (*s.o. home in a taxi*); **11.** laufen lassen (*three horses in this year's Derby*); aufstellen (*an attractive candidate*); **12.** einlaufen lassen (*a bath*); **13.** *v.prep.: r. across* zufällig treffen (*an old friend*); *r. after* nachlaufen (*every woman that crosses his path*); *r. into s.o.* jdn. zufällig treffen; *r. into bad weather* in eine Schlechtwetterzone geraten; *r. into a car* auf ein Fahrzeug auffahren; *r. off* ablaufen (lassen) (*water*); produzieren (*500 copies*); davonlaufen (*with s.o.*); sich davonmachen (*with all the money*); *r. on* nicht aufhören; *r. out* zur Neige gehen: *we're ≈ning out of wine* unsere Weinvorräte gehen zur Neige; *r. out* hinauswerfen (*the stranger*); *r. over* überfahren (*a child*); (etw.) durchgehen (*a list*); *r. through* durchgängig sein (*a sense of gloom*); sich belaufen auf (*500 pages*); *r. up* hochziehen: *r. up the flag* die Flagge hissen; *r. up against s.th.* auf etw. stoßen (*great problems*); **II.** *n.* **1.** Lauf: *at a r.* im Laufschritt; *go for a r.* joggen gehen; *break into r.* plötzlich laufen; *on the r.* (*Gesuchter*) flüchtig; **2.** Fahrt: *go for a r.* eine Autofahrt machen; **3.** Route: *the Dover-Ca-*

lais r. die Strecke von Dover nach Calais; **4.** Folge: *r. of bad luck* Pechsträhne; *in the long r.* langfristig; *in the short r.* kurzfristig; **5.** Serie: *print r.* Druckauflage; *the common/general r.* der Durchschnitt; **6.** Ansturm (*on a bank*); **7.** *the* ≈**s** *pl.* (*coll.*) Durchfall.

rural ['ru:rəl] *adj.* ländlich (*area*).

rush [rʌʃ] **I. 1.** *v.i.* eilen, sich beeilen (*to get s.th. finished in time*): *there's no need to r.* zur Eile besteht kein Anlaß; **2.** *v.t.* hetzen: *don't (you) r. me* hetz mich nicht; *r. s.o. into s.th.* jdm. vorschnell eine Entscheidung abverlangen; *r. s.o. to hospital* jdn. schnellstens ins Krankenhaus bringen; *r. a job* einen Auftrag beschleunigt abfertigen; **II.** *n.* **1.** Eile: *make a r. for the door* zur Tür stürzen; *r. job* Eilauftrag; **2.** Andrang: *the holiday r.* der Andrang zur Ferienzeit; *r. hour* Stoßzeit; *r. on/for s.th.* plötzliche starke Nachfrage nach etw. (*sunglasses in summer*).

rust [rʌst] **I.** *n.* Rost; **II.** *v.i.* rosten: *badly* ≈*ed* stark gerostet.

rusty ['rʌstɪ] *adj.* **1.** rostig (*old car*); **2.** (*fig.*) eingerostet (*my French*).

S

sack [sæk] **I.** *n.* Sack (*of coal*): *by the s.* sackweise; *give s.o. the s.* (*coll.*) jdn. feuern; **II.** *v.t.* (*coll.*) entlassen, feuern.

sacrifice ['sækrɪfaɪs] **I.** *n.* Opfer (*auch fig.*): *make ≈s* Opfer bringen; *at a s.* (*fig.*) mit Verlust; **II.** *v.t.* opfern (*auch fig.*): *s. one's career* seine Karriere opfern.

sad [sæd] *adj.* **1.** traurig: *feel s.* traurig sein; *s. to say …* leider …; **2.** bedauernswert, schlimm: *in a s. state* in einem schlimmen Zustand.

saddle ['sædl] **I.** *n.* **1.** Sattel: *in the s.* im Sattel (*auch fig.*); **2.** Bergrükken; **3.** (Fleisch-)Rücken: *s. of lamb* Lammrücken; **II.** *v.t.* **1.** satteln (*a horse*): *s. up* aufsatteln; **2.** belasten (*s.o. with s.th.*): *s. the employees with even more work* den Beschäftigten noch mehr Arbeit aufbürden.

sadness ['sædnəs] *n.* (*auch Pl. möglich*) Traurigkeit.

safe [seɪf] **I.** *adj.* sicher: *be s. from s.o./s.th.* vor jdm./etw. sicher sein; *keep s.th. s.* etw. sicher aufbewahren; *play s.* auf Nummer Sicher gehen; *better s. than sorry* (*coll.*) Vorsicht ist die Mutter der Porzellankiste; *s. and sound* gesund und wohlbehalten; *as s. as houses* absolut sicher; *in s. hands* in sicheren Händen; *it's a s. bet* darauf kann man sich verlassen; *it's s. to say* man kann mit Gewißheit sagen; *be on the s. side* kein Risiko eingehen; *s. seat* (*parl.*) sicherer Wahlkreis; **II.** *n.* Safe, Geldschrank: *break/bust* (*coll.*) *a s.* einen Geldschrank knacken.

safety ['seɪftɪ] *n.* Sicherheit: *for your own s.* zur Ihrer eigenen Sicherheit; *s. first* Sicherheit hat Priorität; *there's s. in numbers* gemeinsam sind wir sicher; *road s.* Sicherheit im Straßenverkehr.

sail [seɪl] **I.** *n.* **1.** Segel: *in full s.* mit vollen Segeln; *set s.* in See stechen; **2.** Segelfahrt: *go for a s.* segeln gehen; **3.** (*Windmühle*) Segel; **II. 1.** *v.i.; v.t.* segeln (*around the world*); *s. close to the wind* hart am Wind segeln (*auch fig.*); **2.** *v.i.* abfahren (*from Southampton*); **3.** ziehen, gleiten: *s. through an exam* (*fig.*) eine Prüfung mühelos bestehen.

sailor ['seɪlə] *n.* Seemann: *I'm a bad s.* ich bin nicht seefest.

saint [seɪnt; *vor Namen*: s[ɪ]nt] *n.* Heilige(r): *St. John* der Heilige Johannes; (*Ortsname*) Sankt Johann; *be a s. (to put up with this)* eine Engelsgeduld haben.

sake [seɪk] *n. in Phrasen: for the s. of…* um … willen; *for your s.* dir zuliebe; *for God's/Heaven's s.* um Gottes/Himmels willen; *for the s. of a few pennies* alles wegen ein paar Pfennigen.

salad ['sæləd] *n.* (zubereiteter) Salat: *s. bowl* Salatschüssel.

salary ['sælərɪ] *n.* Gehalt: *be on/earn a good s.* ein ordentliches Gehalt beziehen.

sale [seɪl] *n.* **1.** Verkauf: *(up) for s.* zu verkaufen; *on s. (at)* verkäuflich/angeboten (bei); *put s.th. up for s.* etw. zum Verkauf anbieten; *going for a quick s.* (*Anzeige*) umständehalber billig abzugeben; *on s. or return* (*comm.*) auf Kommissionsbasis; *≈s clerk* (*US*) Verkäufer(in); *≈s respresentative* (Handels-)Vertreter; **2.** Ausverkauf: *clearance/closing down* (*GB*)*/close-out* (*US*) *s.* Räumungsverkauf; *buy s.th. at the ≈s* etw. im (Sommer-/Winter-)Schlußverkauf kaufen; **3.** *≈s pl.* Umsatz: *on ≈s of* bei einem

Umsatz von; ≈*s tax* (Waren-)Umsatzsteuer.

salesman ['seɪlzmən] *n.* Verkäufer.

saleswoman ['seɪlz,wʊmən] *n.* Verkäuferin.

saloon [sə'lu:n] *n.* **1.** (*GB*) Personenwagen, Pkw, Limousine; **2.** Saal: *dancing s.* Tanzsaal; **3.** (*US*) Kneipe.

salt [sɔ:lt] **I.** *n.* Salz: *bath s.* Badesalz; *table s.* Tafelsalz; *rub s. into s.o.'s wounds* (*fig.*) Salz in jds. Wunde streuen; *take s.th. with a pinch of s.* (*coll.*) etw. nicht ganz so ernst nehmen; *be worth one's s.* (*coll.*) etw. taugen; **II.** *v.t.* **1.** salzen, würzen (*the soup*); **2.** einsalzen, pökeln (*meat*); *s. s.th. away* (*fig.*) etw. auf die hohe Kante legen; **3.** Salz streuen auf (*the road*).

same [seɪm] *adj.* gleich: *the s.* das gleiche, dasselbe: *men are all the s.* die Männer sind alle gleich (schlecht); *very much the s.* praktisch gleich; *at the s. time* gleichzeitig; *be of the s. mind* gleicher Meinung sein; *be in the s. boat* (*fig.*) im gleichen Boot sitzen; *by the s. token/in the s. way* genauso; *amount to the s.* auf dasselbe hinauslaufen; *not in the s. street* (*fig.*) nicht von derselben Qualität; *(the) s. to you* (*Glückwunsch/Gruß*) Dir/Ihnen auch.

sample ['sɑ:mpl; *US:* 'sæmpl] **I.** *n.* **1.** Muster, Probe: *blood s.* Blutprobe; *free s.* Werbegeschenk; *true to s.* (*comm.*) mustergetreu; **2.** Stichprobe: *random s.* Zufallsstichprobe; *representative s.* repräsentative Auswahl; **II.** *v.t.* probieren, kosten (*wine*).

sand [sænd] **I.** *n.* Sand: *bury one's head in the s.* den Kopf in den Sand stecken; *the ≈s are running out* (*fig.*) die Uhr läuft ab; **II.** *v.t.* **1.** Sand streuen (*to prevent wheel slip*); **2.** schmirgeln.

satellite ['sætəlaɪt] *n.* Satellit (*auch fig.*).

satisfaction [,sætɪs'fækʃn] *n.* **1.** Zufriedenheit: *to s.o.'s s.* zu jds. Zufriedenheit; *give (full/complete) s. to one's customers* seine Kunden (voll) zufriedenstellen; **2.** Befriedigung (*of desires/hopes/wishes*); **3.** Satisfaktion: *demand s.* Satisfaktion verlangen; befriedigende Antwort (*from the local authority*); **4.** Erleichterung: *it's no s. to hear…* es ist kein Trost, zu erfahren … .

satisfactory [,sætɪs'fæktərɪ] *adj.* befriedigend (*explanation, results*).

satisfy ['sætɪsfaɪ] **1.** *v.t.* zufriedenstellen (*customers*): *be hard to s.* sehr anspruchsvoll sein; *I hope your're satisfied!* (*iron.*) ich hoffe, du bist (jetzt) zufrieden!; **2.** befriedigen (*desires, wants*): *s. the requirements* den Ansprüchen genügen; *s. the conditions* die Bedingungen erfüllen; **3.** überzeugen (*the police*); **4.** *v.refl.: s. o.s.* sich vergewissern (*that nothing is missing*).

satisfying ['sætɪsfaɪɪŋ] *adj.* befriedigend (*result*); sättigend (*meal*).

Saturday ['sætədɪ] *n.* Samstag.

sauce [sɔ:s] *n.* **1.** Sauce: *what's s. for the goose is s. for the gander* (*prov.*) was dem einen recht ist, ist dem anderen billig; **2.** Frechheit: *I'll have none of your s.!* deine Frechheiten lasse ich mir nicht bieten!

saucer ['sɔ:sə] *n.* Untertasse: *flying s.* fliegende Untertasse.

sausage ['sɒsɪdʒ] *n.* Wurst: *liver s.* Leberwurst; *not a s.!* (*coll.*) rein gar nichts!

savage ['sævɪdʒ] **I.** *adj.* wild (*lion*); brutal (*attack, criticism*); *be in a s. temper* fuchsteufelswild sein; **II.** *n.* Wilde(r); **III.** *v.t.* zerfleischen: *s. a book* (*fig.*) ein Buch verreißen.

save[1] [seɪv] **I.** *v.t.* **1.** retten (*s.o. from drowning*): *s. jobs* Arbeitsplätze erhalten; *s. s.o.'s life* jdm. das Leben retten; *s. one's skin/neck* seine Haut retten; *s. the day* eine Niederlage (in letzter Minute) abwenden, die Situation retten; **2.** sparen: *s. energy* Energie sparen; *s. money for a rainy day* Notgroschen zurücklegen; **3.** ersparen (*s.o. a lot of trouble*); **II.** *n.* (*Sport*) Ballabwehr: *what a s.!* phantastisch gehalten!

save² *prep.* außer: *s. that* ... mit der Ausnahme, daß ... .

saving ['seɪvɪŋ] *n.* **1.** Ersparnis (*of time*): *quite a s.* eine gehörige Einsparung; **2.** ≈**s** *pl.* Ersparnisse: *≈s account* Sparkonto; *≈s bank* Sparkasse.

saviour ['seɪvɪə] *n.* Retter: *the S.* (Jesus,) der Erlöser.

saw* [sɔː] **I.** *n.* Säge: *circular s.* Kreissäge; **II.** *v.t.* sägen (*wood*): *≈n timber* Schnittholz.

say* [seɪ] **I.** *v.t.* **1.** sagen: *what shall I s.?* was soll ich (denn) sagen?; *s. what you like* sag, was du willst; *all I can s.* ... ich kann nur sagen ...; *you don't s.!* (*coll.*) sag bloß!; *you can s. that again!* das kann man wohl sagen!; **2.** melden, anzeigen: *it ≈s in the instructions that* ... in der Gebrauchsanweisung steht ...; *it ≈s a lot about her honesty* es sagt viel über ihre Ehrlichkeit aus; **3.** meinen: *what do you s. (to that)?* was meinst du (dazu)?; *shall we s. tomorrow?* also dann morgen?; *it's not for me to s.* dazu kann ich mir kein Urteil erlauben; *I must s.* ... ich muß schon sagen ...; **II.** *n.* **1.** Äußerung: *let him have his s.* laß ihn ausreden; **2.** Mitspracherecht: *have a s. in s.th.* ein Mitspracherecht bei etw. haben.

scale¹ [skeɪl] **I.** *n.* **1.** Maßstab: *on a grand s.* im großen Maßstab; *draw s.th. to s.* etw. maßstabgerecht zeichnen; **2.** Skala: *decimal s.* Dezimalskala; *salary s.* Gehaltstarif; *s. of charges* Gebührenordnung; **3.** ≈**s** *pl.* Waage: *tip/turn the ≈s in s.o.'s favour* (*fig.*) zu jds. Gunsten entscheiden; **4.** Umfang: *on a large s.* im großen Umfang; *on an international s.* grenzüberschreitend (*crime*); **5.** (*mus.*) Tonleiter: *practise ≈s* Tonleitern üben; **II.** **1.** *v.t.: s. s.th. down/up* etw. reduzieren/erhöhen (*our investment in South Africa*); **2.** auf die Waage bringen, wiegen (*boxer*); **3.** klettern (*the cliff/wall*).

scale² **I.** *n.* **1.** Schuppe: *fish and reptiles have ≈s* Fische und Reptilien haben Schuppen; *the ≈s fell from my eyes* es fiel mir wie Schuppen von den Augen; **2.** (*techn.*) Kesselstein; **II.** **1.** *v.t.* Schuppen entfernen; **2.** *v.i.* abblättern (*rust*).

scan [skæn] **I.** **1.** *v.t.* absuchen (*the horizon*); abtasten (*s.th. by radar*); (auf Radioaktivität) untersuchen; durchleuchten; überfliegen (*today's newspaper*); **2.** (*lit.*) skandieren, in Versfüße zerlegen (*a poem*); **3.** *v.i.* (*lit.*) sich in Versfüße zerlegen lassen: *modern poems may not rhyme, but at least they s.* moderne Gedichte mögen vielleicht keinen Reim haben, aber sie haben immerhin ein Metrum; **II.** *n.* (*med.*) Szintigraphie, szintigraphische Untersuchung.

scar [skɑː] **I.** *n.* (*med.*) Narbe; (*fig.*) Wunde, Makel; **II.** **1.** *v.i.* (*med.*) vernarben (*wound*); **2.** *v.t.* (*fig.*) zeichnen: *≈red for life* fürs Leben gezeichnet.

scarce ['skeəs] *adj.* knapp (*resources*): *make o.s. s.* (*coll.*) sich rar machen.

scarcely ['skeəslɪ] *adv.* **1.** knapp, nicht ganz (*500 people, £100*); **2.** kaum: *you can s. expect me to* *phone again* du kannst wohl kaum von mir erwarten, daß ich noch einmal anrufe.

scare ['skeə] **I. 1.** *v.t.* erschrecken: *s. s.o. stiff/to death* jdn. zu Tode erschrecken **2.** *v.prep.: s. s.o. into doing s.th.* jdn. zu etw. nötigen; *s. away/off* verschrecken (*animals*); **II.** *n.* **1.** Schreck: *give s.o. a s.* jdm. einen Schrecken einjagen; **2.** Panik (*caused by the outbreak of typhoid*).

scatter ['skætə] **I. 1.** *v.t.* streuen (*light*): *s. grit on the icy road* die vereiste Straße streuen; *s. money* Geld verschleudern; **2.** verscheuchen (*the birds*); zerstreuen, sprengen (*the assembly*); **3.** *v.i.* auseinanderlaufen (*demonstrators when they saw the police*); **II.** *n.* Vielzahl, Unmenge (*of telephone calls*).

scene [siːn] *n.* **1.** (*theat.*) Szene: *behind the ≈s* hinter den Kulissen (*auch fig.*); *change of s.* Szenenwechsel (*auch fig.*); *make a s.* (*coll.*) eine Szene machen; **2.** Schauplatz, Ort: *s. of the accident* Unfallort; *s. of the crime* Tatort; **3.** Anblick: *a delightful rural s.* eine reizende ländliche Idylle; **4.** (Gruppen-)Szene: *drug s.* Drogenszene; *gay s.* Homosexuellenmilieu.

scenery ['siːnərɪ] *n.* **1.** Landschaft: *stop to admire the s.* anhalten, um die Landschaft zu bewundern; **2.** (*theat.*) Kulissen, Ausstattung.

scent [sent] **I.** *n.* **1.** Geruch, Duft (*of lavender*); **2.** (*GB*) Parfüm: *a bottle of s.* eine Flasche Parfüm; **3.** Gespür: *there was a s. of danger in the air* Gefahr lag in der Luft; **4.** Witterung, Fährte: *on the s. of s.o.* jdm. auf der Spur; *lose the s.* die Spur verlieren; *throw s.o. off the s.* jdn. von der Fährte abbringen; **II.** *v.t.* **1.** wittern (*danger*); riechen (*a fox*); **2.** parfümieren (*a handkerchief*).

schedule ['ʃedjuːl; *US*: 'skedjuːl] **I.** *n.* Plan, Fahrplan: *on s.* im Plan, pünktlich; *be behind s.* Verspätung haben; *work to a tight s.* knappe Zeitvorgaben haben; **II.** *v.t.* planen, vorsehen: *≈d flight* Linienflug; *the meeting is ≈d for Saturday* die Zusammenkunft ist für Samstag geplant.

scheme [skiːm] **I.** *n.* **1.** Plan, Projekt: *statutory health insurance s.* gesetzliche Krankenversicherung; **2.** System, Schema: *colour s.* Farbschema; *rhyme s.* Reimschema; *in the s. of things* so wie die Dinge liegen; **3.** Komplott (*to overthrow the government*), Intrige; **II.** *v.i.* intrigieren (*to get rid of s.o.*).

scholar ['skɒlə] *n.* **1.** Gelehrter: *a medieval s.* ein Mediävist; **2.** Stipendiat: *a Rhodes s.* ein Rhodes-Stipendiat.

scholarly ['skɒləlɪ] *adj.* gelehrt, wissenschaftlich (*periodical*).

scholarship ['skɒləʃɪp] *n.* **1.** Gelehrsamkeit; **2.** Stipendium: *win a s.* ein Stipendium bekommen.

school [skuːl] **I.** *n.* **1.** Schule: *at s.* in der Schule; *attend s.* die Schule besuchen; *leave s.* die Schule verlassen; von der Schule abgehen; *comprehensive s.* Gesamtschule; *primary s.* Grundschule; *secondary s.* weiterführende Schule; **2.** (*Hochschule*) Fachbereich: *business s.* betriebswirtschaftliche Fakultät; *law s.* juristische Fakultät; *London S. of Economics* (*LSE*) Londoner Wirtschaftshochschule; **3.** Gruppe: *the Pre-Raphaelite S.* (*of painters and writers*) die Präraffaeliten; *the Manchester S.* die Frühkapitalisten; *s. of thought* Denkrichtung; **II.** *v.t.* ausbilden (*s.o. in s.th.*): *s. o.s. to do s.th.* sich zu etw. zwingen.

science ['saɪəns] *n.* (Natur-)Wissenschaft: *s. and the humanities* Naturwissenschaft und die Geisteswissenschaften; *s. subject* naturwissenschaftliches Fach.

scientific [ˌsaɪən'tɪfɪk] *adj.* wissenschaftlich.

scientist ['saɪəntɪst] *n.* Wissenschaftler(in); Student(in) der Naturwissenschaften.

scissors ['sɪzəz] *n. pl.* Schere: *a pair of s.* eine Schere; *a s. and paste job* (*coll.*) eine zusammengestückelte Sache.

scold [skəʊld] *v.t.* schelten, ausschimpfen (*s.o. for always being late*).

scope [skəʊp] *n.* **1.** Spielraum (*for improvement*): *give s.o. sufficient s.* jdm. genügend Möglichkeiten bieten; **2.** Bereich: *beyond her s.* außerhalb ihrer Möglichkeiten; *s. of the inquiry* Rahmen der Untersuchung; *not within the s. of my duties* nicht zu meinem Aufgabenbereich gehörend.

score [skɔː] **I.** *n.* **1.** (*Sport*) Ergebnis, Spielstand: *what's the s.?* wie steht's?; *keep the s.* das Ergebnis festhalten; *no s.* 0:0; **2.** (*fig.*) Rechnung: *settle an old s.* eine alte Rechnung begleichen; **3.** (*mus.*) Partitur: *film s.* Filmmusik; **4.** Grund: *on that s.* aus diesem Grund; *on more ≈s than one* aus mehr als einem Grund; **5.** (*arch.*) zwanzig: *three s.* sechzig; *≈s of people* viele Leute; **6.** Kerbe, Rille; **II.** *v.t.* **1.** (*Sport*) erzielen (*two goals*): *s. well* ein achtbares Ergebnis erzielen; *s. a great success* einen großen Erfolg erzielen; **2.** Punkte zählen, Ergebnis festhalten; **3.** (*mus.*) komponieren (*a piece for flute and harpsichord*).

Scotch[1] [skɒtʃ] **I.** *adj.* schottisch (*Gebrauch beschränkt auf Landeserzeugnisse: S. whisky*); **II.** *n.* schottischer Whisky.

scotch[2] *v.t.* verhindern (*a plan*); aus der Welt schaffen (*rumours*).

Scottish ['skɒtɪʃ] *adj.* schottisch.

scrap[1] [skræp] **I.** *n.* **1.** Stückchen, Fetzen (*of paper*): *there's not a s. of food anywhere* es gibt nirgendwo was zu essen; *not a s. of good* überhaupt nichts Gutes; *not a s. of evidence* nicht das geringste Indiz; **2.** ≈**s** *pl.* Reste (*of the meal*); **3.** Schrott: *collect s.* Schrott sammeln; *s. merchant* Schrotthändler; *sell for s.* als Schrott verkaufen; **II.** *v.t.* verschrotten (*the old car*); *s. plans* Pläne begraben.

scrap[2] **I.** *n.* (*coll.*) Streit: *get into a s.* in einen Streit geraten; **II.** *v.i.* sich streiten.

scrape [skreɪp] **I. 1.** *v.t.* kratzen (*the paint off the door*): *s. one's leg* einen Kratzer am Bein bekommen; *s. the bottom of the barrel; s. a living; pinch and s.* gerade noch überleben; **2.** *in Phrasen und präp.V.: s. along* (gerade noch) zurechtkommen; *s. along s.th.* an etw. entlangschrammen (*another car*); *s. in/into* gerade noch zugelassen werden (*university*); *s. together/up* zusammenharken (*the leaves*); auftreiben (*the money*); *s. through* es gerade noch schaffen (*the driving test*); **II.** *n.* **1.** Kratzen; **2.** Schramme, Kratzer; **3.** (*coll.*) Klemme: *get into a s.* in Verlegenheit geraten.

scratch [skrætʃ] **I. 1.** *v.t.* kratzen: *s. one's name into a tree* seinen Namen in einen Baum einritzen; *s. the surface* (*fig.*) etw. nur oberflächlich behandeln; *you s. my back and I s. yours* (*coll.*) eine Hand wäscht die andere; *s. one's head* (*fig.*) scharf nachdenken; **2.** *v.prep.: s. away/off* abkratzen; *s. out* ausradieren; *s. to-*

gether/up auftreiben (*money*); **II.** *n.* **1.** Kratzer (*on the car door*): *without a s.* unversehrt; **2.** Kratzen: *our dog's having a s.* unser Hund kratzt sich gerade; **3.** (*coll.*) *in Phrasen: from s.* ganz von vorne; *be/come up to s.* Erwartungen erfüllen; *bring s.th. up to s.* etw. auf Vordermann bringen.

scream [skri:m] **I. 1.** *v.i.; v.t.* schreien (*for help*): *s. with laughter* lauthals lachen; *s. one's head off* sich die Lunge aus dem Hals schreien; **2.** (*fig.*) *s. past* vorbeisausen (*motorbike*); **II.** *n.* **1.** Schrei: *s. of pain* Schmerzensschrei; **2.** (*coll.*) Lacherfolg (*his latest play*).

screen [skri:n] **I.** *n.* **1.** Schirm, Trennwand (*between beds in a hospital*): *use s.th. as a s. for s.th. else* etw. als Tarnung für etw. anderes nutzen; **2.** Bildschirm; Leinwand; **3.** engmaschiges Gitter (*to keep flies out*); feines Sieb; **II.** *v.t.* **1.** abschirmen (*the house from view*); **2.** (*Fernsehen; Film*) zeigen; **3.** sieben (*auch fig.*): *would-be public employees are ≈ed* alle Bewerber für den öffentlichen Dienst werden überprüft.

screw [skru:] **I.** *n.* **1.** Schraube: *a turn of the s.* eine Drehung der Schraube (*auch fig.*); *have a s. loose* (*coll.*) eine Schraube locker haben; *put the ≈s on* (*fig.*) die Daumenschrauben anlegen; **2.** Drehung: *give it another s.* dreh noch einmal; **3.** (*vulg.*) Nummer: *she's a good s.* sie bumst gut; **II.** *v.t.* **1.** schrauben, drehen (*a light bulb into the socket*): *have one's head ≈ed on (the right way)* ein vernünftiger Mensch sein; **2.** (*coll.*) übers Ohr hauen: *Robert Maxwell ≈ed them all* Robert Maxwell hat sie alle übers Ohr gehauen; **3.** (*vulg.*) vögeln; **4.** *v.prep.: s. s.th. out* etw. auswringen: *s. money out of s.o.* aus jdm. Geld herauspressen; *s. s.th. up* etw. vermasseln; *s. up one's courage* seinen ganzen Mut zusammennehmen.

sea [si:] *n.* **1.** Meer, See: *by s.* auf dem Seeweg; *by/on the s.* am Meer; *heavy s./≈s* schwere See; *put to s.* (*naut.*) in See stechen; *be all at s.* (*fig.*) nicht (mehr) durchblicken; *s. bed* Meeresboden; *s. level* Meeresspiegel; *s. mile* Seemeile; **2.** (*fig.*) Menge: *a s. of faces* eine Menge Gesichter.

seal[1] [si:l] **I.** *n.* Siegel: *s. of approval* offizielle Genehmigung; *s. of quality* Gütesiegel; *s. of friendship* Zeichen der Freundschaft; *set the s. on s.th.* etw. endgültig bestätigen; **II.** *v.t.* versiegeln (*a letter*); verplomben (*the cargo*); verschließen: *my lips are ≈ed* meine Lippen sind verschlossen; *s. in* versiegeln (*food in vacuum packs*); *s. off* abriegeln: *the police ≈ed off the district* die Polizei riegelte den Bezirk ab.

seal[2] *n.* Seehund.

search [sɜ:tʃ] **I.** *v.t.* suchen: *s. high and low* überall suchen; *s. one's pockets/the house* seine Taschen/das Haus durchsuchen; *s. one's heart/conscience* sein Gewissen erforschen; *s. out* aufstöbern, ausfindig machen; **II.** *n.* Suche (*for the missing children*): *be in s. of s.th.* auf der Suche nach etw. sein; *job s.* Arbeitsplatzsuche; *s. party* Suchtrupp; *s. warrant* (*jur.*) Durchsuchungsbefehl.

seasick ['si:sɪk] *adj.* seekrank.

seaside ['si:saɪd] *n.* Küste: *by the s.* (*Badeort*) am Meer.

season ['si:zən] **I.** *n.* **1.** Jahreszeit: *rainy s.* Regenzeit; *in/out of s.* zur/außerhalb der Erntezeit (*strawberries*); *be out of s.* (*Tier*) Schonzeit haben; *silly s.* (*Presse*) Sauregurkenzeit; *(the) ≈'s greetings* Weihnachts- (und Neujahrs-)grüße; **2.** Saison: *off s.* Vor- bzw. Nachsaison; *holiday s.* Urlaubszeit; *theatre s.* Theaterspielzeit; **II. 1.** *v.t.* würzen (*food*); **2.** *v.t.; v.i.* reifen, ablagern (*wood*): *a ≈ed traveller* ein erfahrener Reisender.

seat [siːt] **I.** *n.* **1.** Sitzplatz: *please take a s.* nehmen Sie bitte Platz; *is this s. taken?* ist dieser Platz besetzt?; *be in the driving s.* (*fig.*) das Sagen haben; **2.** (*parl.*) Sitz, Mandat: *win/lose a s.* ein Mandat erringen/verlieren; **3.** Sitzfläche (*made of plastic*): *fly by the s. of one's pants* (*coll.*) schleunigst das Weite suchen; **II.** *v.t.* **1.** Sitzgelegenheit bieten: *the hall ≈s 400* die Halle hat 400 Sitzplätze; **2.** auf einem Sitzplatz unterbringen (*our daughter in the first row*).

second ['sekənd] **I.** *adj.; pron.* zweite(r, s): *finish s.* als zweite(r) durchs Ziel gehen; *every s. year* alle zwei Jahre; *s. to none* unübertroffen; *be s. only to s.o./s.th.* nur von jdm./etw. übertroffen werden; *travel s. class* zweiter Klasse reisen; *buy s.th. (at) s. hand* etw. aus zweiter Hand kaufen; **II.** *n.* **1.** Sekunde: *just a s.!* Moment mal!; *I won't be a s.* ich komme sofort; *s. hand* Sekundenzeiger **2.** **≈s** *pl.* Nachschlag; **3.** **≈s** *pl.* Ware zweiter Wahl; **III.** *v.t.* unterstützen (*a motion*).

secondary ['sekəndərɪ] *adj.* **1.** zweitrangig, sekundär: *of s. importance* von geringer Bedeutung; **2.** Folge-, Sekundär-: *s. infection/literature* Sekundärinfektion/-literatur; *s. sector* gewerblicher Sektor; *s. school* weiterführende Schule.

secrecy ['siːkrəsɪ] *n.* Geheimhaltung: *swear s.o. to s.* jdn. zur Geheimhaltung verpflichten.

secret ['siːkrət] **I.** *adj.* geheim (*agent, document, passage*): *s. police* Geheimpolizei; **II.** *n.* Geheimnis: *in s.* insgeheim; *open s.* offenes Geheimnis; *let s.o. in on the s.* jdn. in das Geheimnis einweihen; *keep a s.* ein Geheimnis wahren; *make no s. of s.th.* keinen Hehl aus etw. machen.

secretary ['sekrətrɪ] *n.* **1.** Sekretär(in): *personal s.* persönliche Sekretärin; **2.** hoher Ministerialbeamter: *s. of state* Staatssekretär; **3.** (*Partei, Gewerkschaft*) Vorsitzender: *s. general* Generalsekretär; (*Verein*) Schriftführer.

section ['sekʃn] *n.* **1.** Abschnitt (*of the road*); Absatz (*of a contract*); **2.** Abteilung: *record-keeping s.* Archiv; Gruppe: *the string s.* (*mus.*) die Streicher; **3.** Schnitt: *cross s.* Querschnitt; *longitudinal s.* Längsschnitt; **4.** (*med.*) Sektion, Schnitt.

sector ['sektə] *n.* **1.** Bereich, Sektor: *the public and private ≈s* der öffentliche und der private Sektor; *the manufacturing s.* die gewerbliche Wirtschaft; **2.** Abschnitt, Sektor: *Berlin and Vienna were divided into four ≈s* Berlin und Wien waren in vier Sektoren aufgeteilt; **3.** (*math.*) Ausschnitt, Sektor.

secure [sɪ'kjʊə] **I.** *adj.* sicher (*against/from s.th.*): *feel s.* sich sicher fühlen; *s. job* sicherer Arbeitsplatz; *make s.th. s.* etw. befestigen; **II.** *v.t.* sichern (*all the doors and windows*): *s. a good price* einen guten Preis erzielen; garantieren: *s. a loan* (*comm.*) ein Darlehen besichern.

security [sɪ'kjʊrətɪ] *n.* **1.** Sicherheit, Geborgenheit (*of a good home*); **2.** Sicherheit (*from attacks*): *the police have tightened up s.* die Polizei hat die Sicherheitsvorkehrungen verstärkt; *s. risk* Sicherheitsrisiko; **3.** (*comm.*) Sicherheit, Garantie: *serve as s.* als Sicherheit dienen; **4.** *securities pl.* Wertpapiere, Effekten.

see* **1.** [siː] *v.t.* sehen (*s.o., s.th.*): *be able to s. again* Sehkraft wiedergewinnen; *s. red* (*fig.*) rot sehen; **2.** anschauen (*a film*): *s. Othello at the National Theatre* eine »Othello«-Aufführung im Nationaltheater besuchen; **3.** treffen: *nice to s. you* schön, dich zu treffen; *s. you!* bis dann!; aufsuchen (*a doctor about that back of yours*); **4.** verstehen: *I s.* ich verstehe; so also liegen die Dinge; *s. no point in s.th.* keinen Sinn in etw. sehen; *I can't s. the joke* ich weiß nicht, wo der Witz sein soll; **5.** überprüfen, nachsehen (*if there's s.o. at the door*): *s. s.o. home* jdn. nach Hause bringen; **6.** erleben: *that we should live to s. this!* daß wir das noch erleben durften!; *1599 saw the first performance of Henry V* Heinrich V. wurde 1599 erstmals aufgeführt; **7.** *v.prep.: s. about s.th.* sich um etw. kümmern: *we'll s. about that!* (*coll.*) das werden wir schon sehen!; *s. s.o. off* jdn. verabschieden; mit jdm. fertigwerden; *s. out* überstehen (*the winter with our oil*); *s. over* inspizieren (*the house before buying it*); *s. to s.th.* dafür sorgen, daß etw. erledigt wird; *s. through* durchschauen (*s.o.'s little game*); *s. a job through* für die Erledigung eines Auftrages sorgen.

seed [siːd] **I.** *n.* Samen: *go/run to s.* (*bot.*) schießen; *s. corn* Samenkörner; (*fig.*) Investitionskapital; *sow the ≈s of s.th.* (*fig.*) die Grundlagen für etw. schaffen (*the next revolution*); **II.** **1.** *v.i.* (*bot.*) schießen; **2.** *v.t.* säen; **3.** entkernen (*raisins*); **4.** (*Sport*) aufstellen (*players for a match*).

seek* [siːk] **1.** *v.t.* suchen (*an answer, happiness, work*): *s. a job* eine Arbeit suchen; *the answer is not far to s.* die Antwort ist naheliegend; *play hide and s.* Verstecken spielen (*auch fig.*); **2.** bitten um, nachsuchen: *s. advice* Rat einholen (*from an expert*); *s. help* um Hilfe bitten; *s. permission* um Erlaubnis bitten; **3.** versuchen: *s. to kill s.o.* jdm. nach dem Leben trachten; **4.** *v.prep.: s. out* ausfindig machen (*her former address*).

seem [siːm] *v.i.* scheinen: *he ≈s happy enough* er scheint einigermaßen glücklich zu sein; *it would s. that…* es sieht ganz so aus, als ob…; *so it ≈s* es sieht (zumindest) ganz danach aus.

seize [siːz] **1.** *v.t.* ergreifen, packen (*her by the arm*); *s. an opportunity* eine Gelegenheit ergreifen; beschlagnahmen (*drugs*); **2.** *v.prep.: s. on s.th.* sich auf etw. stürzen (*my mistakes*); *s. up* (*Motor*) Kolbenfresser haben.

seldom ['seldəm] *adv.* selten.

select [sɪ'lekt] **I.** *v.t.* auswählen (*a gift*): *s. a team for the Cup Final* eine Mannschaft für das Pokalendspiel zusammenstellen; **II.** *adj.* ausgewählt, erlesen (*wines*): *s. area* vornehme Wohngegend; *s. committee* Sonderausschuß.

selection [sɪ'lekʃn] *n.* **1.** Auslese, Auswahl (*of suitable candidates*); **2.** Angebot, Auswahl (*of chocolates*).

selective [sɪ'lektɪv] *adj.* **1.** wählerisch (*about s.th.*); **2.** gegliedert: *s. school system* gegliedertes Schulsystem.

self [self] *n.* Selbst: *one's whole s.* seine ganze Person; *be one's old s. again* wieder in Form sein; *pay s.* (*Scheck*) zahlen Sie an mich/den Kontoinhaber.

self-conscious [ˌself'kɒnʃəs] *adj.* gehemmt.

self-defence [ˌselfdɪ'fens] *n.* Selbstverteidigung, Notwehr.

self-determination [ˌselfdɪtɜːmɪ'neɪʃn] *n.* Selbstbestimmung.

self-employed [ˌselfem'plɔɪd] *adj.* selbständig.

self-esteem [ˌselfə'stiːm] (*auch:* **≈-respect** [ˌselfrɪ'spekt]) *n.* Selbstachtung.

self-service [ˌself'sɜːvɪs] *n.* Selbstbedienung.

self-sufficient [ˌselfsə'fɪʃənt]) *adj.* autark.

sell* [sell] **I. 1.** *v.t.* verkaufen (*your car*): *the dictionary has sold 10,000 copies* von dem Wörterbuch sind 10000 Exemplare verkauft worden; *s. s.o. a pup* (*coll.*) jdm. etw. Minderwertiges andrehen; *s. s.o. down the river* (*fig.*) jdn. verschaukeln; *s. o.s.* für sich werben; **2.** *v.i.* sich verkaufen (*like hot cakes*); **3.** *v.prep.: s. off* abstoßen (*old stock*); *s. out* ausverkaufen: *s. s.o. out* jdn. verraten; *s. up* alles verkaufen (*the house and all*); **II.** *n.* Verkaufstechnik: *hard/soft s.* aggressive / geschickte Verkaufstaktik.

semi ['semɪ] **I.** *pref.* Halb-; **II.** *n.* (*coll.*) → **semi-detached.**

semi-detached [ˌsemɪdɪ'tætʃt] (*GB*) *adj.* halb freistehend: *s. house* Doppelhaushälfte.

send* [send] **1.** *v.t.* schicken (*a letter*): *who sent you?* wer hat dich geschickt?; *s. one's regards* Grüße übermitteln lassen; *s. s.o. to Coventry* (*fig.*) nicht mehr mit jdm. sprechen; *s. down* (*GB*) von der Universität verweisen; zu einer Gefängnisstrafe verurteilen; **2.** verursachen: *the explosion sent everybody running out into the street* die Explosion veranlaßte alle, auf die Straße zu laufen; *s. s.o. packing* (*coll.*) jdn. zum Teufel jagen; **3.** *v.prep.: s. for s.o./s.th.* jdn./etw. holen lassen; *s. off* abschicken (*the letter*).

sender ['sendə] *n.* Absender: *return to s.* an den Absender zurück.

senior ['siːnɪə] **I.** *adj.* **1.** älter: *s. citizen* Rentner; **2.** ranghöher: *s. management* die leitenden Angestellten; **II.** *n.* **1.** ältere Person: *he's my s. by two years* er ist zwei Jahre älter als ich; **2.** Vorgesetzte(r).

sensation [sen'seɪʃn] *n.* **1.** Gefühl (*of pain*): *feel no s.* nichts spüren (*after the injection*); *I had the s. that there was s.o. else in the room* ich hatte das Gefühl, daß noch jemand im Zimmer war; **2.** Sensation: *cause/create a s.* eine Sensation hervorrufen.

sense [sens] **I.** *n.* **1.** Sinn: *the five ≈s* die fünf Sinne; *sixth s.* sechster Sinn; *s. of smell* Geruchssinn; *s. of direction* Orientierungssinn; *business s.* Geschäftssinn; **2.** Gefühl, Gespür, Sinn: *s. of humour* Sinn für Humor; *s. of guilt* Schuldgefühl; *s. of shame* Schamgefühl; **3.** Sinn, Vernunft: *talk s.* vernünftig reden; *there's no s. in this* das macht keinen Sinn; *common s.* gesunder Menschenverstand; *make s.* Sinn machen; **4.** Sinn, Bedeutung: *in a s.* in gewisser Hinsicht; *in the strict s.* in der engeren Bedeutung; *in every s.* in jeder Hinsicht; **II.** *v.t.* spüren, fühlen (*a feeling of hostility*).

sensible ['sensɪbl] *adj.* **1.** vernünftig (*idea, suggestion*): *wear s. shoes* praktische Schuhe tragen; **2.** merklich (*increase in road accidents*).

sensitive ['sensɪtɪv] *adj.* **1.** empfindlich (*skin*): *don't be so s.!* sei doch nicht so empfindlich!; *s. to light* lichtempfindlich (*films*); *a s. issue* ein heikles Thema; **2.** einfühlsam (*to what his students wanted*).

sensitivity [ˌsensɪ'tɪvətɪ] *n.* **1.** Empfindlichkeit (*to criticism/light/pain*); **2.** Sensibilität, Einfühlungsvermögen.

sentence ['sentəns] **I.** *n.* **1.** (*gram.*) Satz; **2.** (*jur.*) Urteil, Strafmaß: *pass s.* Urteil verkünden; *serve a s.* Strafmaß verbüßen; *death s.* Todesurteil; *life s.* lebenslängliche Freiheitsstrafe; *prison s.* Gefängnisstrafe; **II.** *v.t.* (*jur.*) verurteilen (*s.o. to six months' prison*).

separate **I.** ['sepərət] *adj.* getrennt: *go one's s. ways* getrennte Wege gehen; *keep s.th. s.* etw. getrennt halten; verschieden: *there are four s. meanings to this word* dieses Wort hat vier verschiedene Bedeutungen; **II.** ['sepəreɪt] **1.** *v.t.* trennen: *s. the sheep from the goats; s. the wheat from the chaff* (*fig.*) die Spreu vom Weizen trennen; **2.** *v.i.* sich trennen (*after being married for seven years*).

separation [sepə'reɪʃn] *n.* Trennung (*from his family*): *decide on (a) s.* Trennung vereinbaren.

September [sep'tembə] *n.* September.

serial ['sɪərɪəl] **I.** *adj.* Serien-, Reihen-: *s. novel* Fortsetzungsroman; *Dr. Crippen was a s. killer* Dr. Crippen war ein Serienmörder; *s. number* fortlaufende Nummer; **II.** *n.* Fortsetzungsroman; Fernsehserie.

series ['sɪəri:z] *n.* Reihe (*of concerts*): *TV s.* Fernsehserie; *in s.* (*el.*) in Reihe.

serious ['sɪərɪəs] *adj.* ernst (*problem, situation*): *be s. about s.th.* etw. ernst meinen; *look s.* ernst aussehen (*people, situation*); *you can't be s.!* das meinst du doch nicht ernst!

servant ['sɜ:vənt] *n.* Diener, Dienstmädchen; Bedienstete(r): *public s.* Arbeitnehmer im öffentlichen Dienst.

serve [sɜ:v] **I.** *v.t.* **1.** dienen (*his master, her country*): *this pen has ≈d me well over the years* dieser Füllfederhalter hat mir jahrelang treue Dienste geleistet; *s. in an advisory capacity* beratend tätig sein; *s. its purpose* seinen Zweck erfüllen; *s. s.o. right* (*iron.*) jdm. recht geschehen; *s. two masters* zwei Herren (gleichzeitig) dienen; **2.** betreuen (*our guests*): *are you being ≈d?* werden Sie schon bedient?; *s. coffee* Kaffee reichen; *s. customers in the shop* Kunden im Laden bedienen; *first come first s.* immer der Reihe nach; wer zuerst kommt, mahlt zuerst; **3.** ableisten: *s. an apprenticeship* eine Lehre machen; *s. a prison sentence* eine Gefängnisstrafe verbüßen; **4.** (*jur.*) (*Urkunde*) zustellen: *s. a summons on s.o.* jdn. vorladen; **5.** (*Ballspiel*) aufschlagen; **II.** *n.* (*Ballspiel*) Aufschlag.

service ['sɜ:vɪs] **I.** *n.* **1.** Dienst: *render a s.* einen Dienst leisten; *goods and ≈s* Waren und Dienstleistungen; *s./≈s sector* Dienstleistungssektor; *bus/train s.* Bus-/Zugverbindung; *be at s.o.'s s.* jdm. zu Diensten sein: *can I be of s. to you?* kann ich Ihnen helfen?; *do s.o. a s.* jdm. einen Gefallen tun; **2.** Bedienung: *pay extra for good s.* für (die) gute Bedienung zuzahlen; *s. entrance* Diensteingang; Kundendienst, Wartung: *after-sales s.* Kundendienst; *take the car for its 50,000 mile s.* das Auto zur 50000-Meilen-Inspektion bringen; *s. engineer* Wartungstechniker; **3.** Betrieb: *in/out of s.* in/außer Betrieb; **4.** Gottesdienst: *funeral s.* Trauergottesdienst; **5.** (*Geschirr*) Service: *coffee/tea s.* Kaffee-/Teeservice; **6.**

(*Ballspiel*) Aufschlag; **II.** *v.t.* **1.** warten (*the car at regular intervals*); **2.** (*comm.*) bedienen, Schuldendienst leisten: *s. a loan* Kredit bedienen; **3.** (*zool.*) decken (*cow, mare*).

session ['seʃn] *n.* **1.** Sitzung: *be in s.* Sitzung abhalten; *parliamentary s.* parlamentarische Sitzungsperiode; **2.** (*med.*) Behandlung; Sitzung: *drinking s.* Saufgelage; **3.** (*US; Scot.*) (*Universität*) Vorlesungszeit.

set* [set] **I. 1.** *v.t.* stellen: *s. food on the table* Essen auf den Tisch stellen; *s. pen to paper* zum Stift greifen; **2.** richten, einstellen (*the alarm for 6 a.m.*): *s. a date* Datum festlegen; *s. the table* Tisch dekken; *s. the pace* das Tempo vorgeben; **3.** verursachen: *s. the people free* dem Volk die Freiheit geben; *s. s.o. thinking* jdn. zum Nachdenken veranlassen; *s. the house on fire* das Haus in Brand setzen (*auch fig.*); *s. o.s. a task* sich eine Aufgabe stellen; *s. things in motion* die Dinge in Bewegung bringen; **4.** schaffen: *s. a precedent* einen Präzedenzfall schaffen; *s. a world record* Weltrekord erzielen; *s. an example* Vorbild sein; *s. the tone* die (richtige) Atmosphäre schaffen; **5.** richten, festigen: *she had her hair washed and s.* sie ließ sich ihr Haar waschen und legen; *his arm was s. in plaster* sein Arm wurde eingegipst; *s. one's face/heart/mind on/against s.th.* sich fest für/gegen etw. entscheiden; **6.** (*Druck*) (ab)setzen (*in bold*); **7.** *s. s.th. to music* etw. vertonen; **8.** *v.i.* sich legen; untergehen: *the sun never s. in the British Empire* im britischen Weltreich ging die Sonne nie unter; *the concrete will s. after a while* der Beton wird nach einiger Zeit hart; **9.** *in Phrasen und präp.V.: s. about doing s.th.* sich an die Arbeit machen; *s. aside* beiseite legen (*some money every month*); *s. aside a judgment* ein Urteil aufheben; *s. back* zurückwerfen: *the fire has s. back our plans* der Brand hat unsere Pläne verzögert; *the price will s. us back quite a bit* der Preis wird ein Loch in unsere Tasche reißen; *s. down* absetzen (*passengers*); *s. forth* darlegen (*a plan*); *s. in* einsetzen (*rain*); *s. off* abfahren; auslösen (*an explosion*): *s. on* hetzen (*the dogs on s.o.*); *s. out* darlegen (*her reasons for s.th.*); anordnen, gliedern (*an essay*); *s. out to do s.th.* etw. in Angriff nehmen; *s. up* aufrichten (*a sick patient*); gründen (*a language school*); *s. up in business* sich selbständig machen; *s. o.s. up as an author* sich als Schriftsteller ausgeben; **II.** *adj.* **1.** fertig: *be all s. for s.th.* startklar sein; **2.** fest, starr: *s. hours* feste Besuchszeiten; *she has very s. opinions* sie hat eine feste Meinung (zu allem); *become very s. in one's ways* sich feste Gewohnheiten zulegen; *s. phrase* abgedroschene Phrase; *s. piece* Pflichtübung; **3.** entschlossen: *be clearly s. against/on doing s.th.* fest gegen/zu etw. entschlossen sein; **III.** *n.* **1.** Satz, Garnitur (*of chairs*): *s. of teeth* Gebiß; *s. of rules* Regelwerk; **2.** Gruppe: *the smart s.* die Schickeria; *be in the top s.* (*Schule*) zur Spitzengruppe gehören (*in physics*); **3.** Gerät: *TV set* Fernseher; *do not adjust your s.* (*TV*) Bildstörung; **4.** (*Tennis*) Satz; **5.** Frisur: *could I have a shampoo and s. please?* bitte Waschen und Legen; **6.** Bühnenbild, Aufnahmeort (*film*); **7.** (*math.*) Reihe, Menge: *s. theory* Mengenlehre.

setting ['setıŋ] *n.* **1.** Rahmen, Umgebung: *a beautiful s. to build a house in* eine schöne Umgebung für ein (noch zu bauendes) Haus; **2.** Einfassung (*of the diamond*); **3.** Schauplatz (*of the film*); **4.** Einstellung (*of the camera*): *temperature s.* Temperatureinstellung; **5.** (*mus.*) Vertonung (*of a poem*); **6.** Untergang (*sun, moon*).

settle [setl] **1.** *v.i.* sich niederlassen (*in London*): *s. down in an armchair* es sich in einem Sessel gemütlich machen; sich legen: *the dust had ≈d on everything* alles war verstaubt; (*fig.*) alles hatte sich beruhigt; **2.** *v.t.* erledigen: *s. a dispute* einen Streit beilegen; *that ≈s it* damit ist die Sache erledigt; *s. with one's creditors* (*comm.*) sich mit seinen Gläubigern vergleichen; *s. a matter out of court* eine Sache außergerichtlich regeln; *s. an (old) account with s.o.* eine (alte) Rechnung mit jdm. begleichen; **3.** *v.prep.: s. for s.th.* sich auf etw. einlassen (*a lower price*); *s. in* sich einleben; *s. on s.th.* sich auf etw. einigen (*a colour*); *s. s.th. on s.o.* jdm. etw. vermachen (*a fixed income*); *s. up* bezahlen.

settlement ['setlmənt] *n.* **1.** Regelung, Beilegung (*of a dispute*): *reach a s.* eine Einigung erzielen (*after a long strike*); *out-of-court s.* außergerichtlicher Vergleich; *in s. of your claim* zur Befriedigung Ihres Anspruchs; *in s. of your account* (*comm.*) zur Begleichung Ihrer Rechnung; **2.** Vermächtnis (*of £10,000 a year*); **3.** Besiedlung (*of the American West*); Siedlung: *New York was a Dutch s.* New York war eine holländische Gründung.

several ['sevrəl] *adj.; pron.* **1.** mehrere (*of the paintings*): *that'll cost you s. thousand pounds* das wird dich einige tausend Pfund kosten; **2.** verschiedene: *they went their s. ways* jeder ging seiner Wege; *joint and s.* (*jur.*) gesamtschuldnerisch.

severe [sı'vıə] *adj.* **1.** streng (*discipline, punishment*): *s. criticism* herbe Kritik; **2.** stark (*pain*); hart (*cold winter*): *s. competition* harter Wettbewerb; *s. weather* rauhes Wetter.

sew* [səʊ] *v.t.* nähen: *≈ing machine* Nähmaschine; *s. up* zunähen; (*fig.*) unter Dach und Fach bringen (*a deal*): *we've got the election ≈n up* wir haben die Wahl praktisch schon gewonnen.

sewage ['su:ıdʒ] *n.* Abwässer: *raw s.* ungeklärte Abwässer; *s. disposal* Abwasserbeseitigung; *s. farm* Rieselfelder; *s. plant* Kläranlage.

sewer ['su:ə] *n.* Abwasserkanal, Kloake.

sex [seks] **I.** *n.* **1.** Geschlecht: *male/female s.* männliches/weibliches Geschlecht; *both ≈es* beide Geschlechter; **2.** Geschlechtsverkehr: *have s. with s.o.* Geschlechtsverkehr mit jdm. haben; **3.** Sexualität, Sex: *there's too much s. on TV* im Fernsehen wird zuviel Sex gezeigt; *s. education* Sexualerziehung; **II.** *v.t.* Geschlecht bestimmen (*chicks*).

sexual ['sekʃʊəl] *adj.* sexuell (*activity, feelings*); Geschlechts-: *s. intercourse* Geschlechtsverkehr; *s. organs* Geschlechtsorgane.

shade [ʃeıd] **I.** *n.* **1.** Schatten: *sit in the s.* im Schatten sitzen; *the temperature was 35°C in the s.* die Temperatur betrug 35° Celsius im Schatten; *put s.o. in the s.* (*fig.*) jdn. in den Schatten stellen; **2.** Schirm (*for the lamp*); **≈s** *pl.* (*US*) Sonnenbrille; **3.** Schatten, Schattierung: *light and s. in a Rembrandt painting* Licht und Schatten in einem Rembrandtgemälde;

various ≈s of blue verschiedene Blautöne; *≈s* (*fig.*) Nuancen (*of meaning*); *it's a s. colder today* heute ist es etwas kälter; *≈s of s.o./s.th.* Anklänge an jdn./etw.; **II. 1.** *v.t.* vor der Sonne schützen (*your eyes*); **2.** schraffieren; mit Farbe ausmalen (*the animals in the picture book*); **3.** *v.i.* ineinander übergehen (*colours*).

shadow [ˈʃædəʊ] **I.** *n.* **1.** Schatten: *in the ≈s* im Dunkeln; *cast a s.* Schatten werfen; *be afraid of one's own s.* sich vor seinem eigenen Schatten fürchten; *a s. of one's former self* ein Schatten seiner selbst; *s. boxing* Schattenboxen; *s. cabinet* (*GB*) Schattenkabinett; *wear o.s. to a s.* sich aufreiben; **2.** Beschattung: *put a s. on s.o.* jdn. beschatten lassen; **II.** *v.t.* **1.** beschatten (*the suspect*); **2.** Schatten werfen auf, überschatten: *the drive was ≈ed by a hedge* die Einfahrt wurde von einer Hecke verdeckt.

shake* [ʃeɪk] **I. 1.** *v.t.* schütteln: *s. well* (vor Gebrauch) gut schütteln; *s. one's fist at s.o.* jdm. mit der Faust drohen; *s. hands* sich per Handschlag begrüßen/verabschieden; *s. one's head* den Kopf schütteln; **2.** erschüttern (*my belief in democracy*): *she was badly ≈n by the news* die Nachricht hat sie sehr mitgenommen; **3.** *v.i.* zittern (*with cold/fear*): *s. like a leaf* wie Espenlaub zittern; *s. in one's shoes* das große Zittern kriegen; **4.** *in Phrasen und präp. V.: s. down* (*US*) durchsuchen; kampieren; sich einleben; *s. s.th. off* etw. abschütteln (*the car following us; the snow*); *s. out* ausschütteln (*the tablecloth*); *s. up* erschüttern; auf Vordermann bringen; **II.** *n.* **1.** Schütteln (*of the head*); **2.** *the ≈s pl.* (*coll.*) das große Zittern.

shall [ʃæl] *v. aux.* **1.** (*Futur*): *I s. give you a ring tomorrow* ich rufe dich morgen an; **2.** (*Entschlossenheit*): *you s.!* (*auf Drängen des Gesprächspartners*) du sollst deinen Willen bekommen!; **3.** (*bei Fragen, die auf Zustimmung oder Ablehnung abzielen*): *s. we have a break now?* sollen wir jetzt eine Pause einlegen?; **4.** (*in Vertragstexten*): *payment s. be effected by …* Zahlung ist bis spätestens zum … zu leisten.

shallow [ˈʃæləʊ] **I.** *adj.* seicht (*water*): *better get in at the s. end* es ist besser, dort ins Wasser zu gehen, wo es seicht ist (*auch fig.*); *s. argument* dürftiges Argument; **II.** *n.* **≈s** *pl.* seichte Stelle, Untiefe.

shame [ʃeɪm] **I.** *n.* **1.** Scham(gefühl): *hang one's head in s.* den Kopf beschämt hängen lassen; *have you no s.?* hast du kein Schamgefühl?; *s. on you!* schäm dich!; *put s.o. to s.* jdn. beschämen (*with kindness*); **2.** Schande: *what a s.!* welche Schande!; **II.** *v.t.* **1.** beschämen (*us all by working so hard*); *s. s.o. into doing s.th.* jdn. moralisch erpressen; **2.** Schande bringen über (*the family with his latest affair*).

shan't [ʃɑːnt] (*coll.*) *Kurzform von:* **shall not.**

shape [ʃeɪp] **I.** *n.* **1.** Form: *oblong s.* rechteckige Form; *in all ≈s and sizes; of every s. and size* in allen Variationen; *be out of s.* seine Form verloren haben; *take s.* Gestalt annehmen; **2.** Zustand: *in poor s.* in einem dürftigen Zustand; *be in good s.* (gut) in Form sein; *get/knock/lick s.th./s.o. into s.* etw./jdn. auf Vordermann bringen; *get o.s. into s.* sich körperlich ertüchtigen; **II. 1.** *v.t.* formen: *s. clay* Ton formen; (*fig.*) *an event that ≈d my life* ein Ereignis, das mein Leben prägte; **2.** *v.i.* sich entwikkeln: *things are shaping (up) nice-*

ly die Dinge entwickeln sich prächtig.

share [ˈʃeə] **I.** *n.* **1.** Anteil: *in equal ≈s* zu gleichen Teilen; *(a) fair s.* zustehender/erheblicher Anteil; *do one's s.* seinen Teil beitragen; *have a s. in s.th.* an etw. beteiligt sein; *go ≈s with s.o.* sich mit jdm. die Kosten teilen; *the lion's s.* der Löwenanteil; **2.** Aktie: *stocks and ≈s* Wertpapiere; *s. capital* Aktienkapital; **II. 1.** *v.t.* (sich) teilen, gemeinsam nutzen (*the bathroom*): *s. and s. alike* (*coll.*) brüderlich teilen; **2.** *v.prep.: s. in s.th.* sich an etw. beteiligen (*the cost*); *s. out* verteilen (*the profit*).

shark [ʃɑːk] *n.* **1.** Hai(fisch); **2.** (*coll.*) Gauner, Betrüger: *loan s.* Kredithai.

sharp [ʃɑːp] **I.** *adj.* **1.** scharf (*knife, scissors*): *have a s. tongue* (*fig.*) eine scharfe Zunge haben; **2.** scharf, deutlich (*contrast*): *a s. bend* eine scharfe Kurve; *a s. rise in road accidents* ein starker Anstieg der Verkehrsunfälle; *a s. smell/taste of …* ein starker Geruch/Geschmack von …; *a s. pain* ein stechender Schmerz; **3.** hellwach, intelligent: *a s. mind* ein heller Verstand; *s. as a needle* hochintelligent; **4.** gerissen: *s. practices* Gaunereien; **II.** *adv.* **1.** pünktlich: *at 6 o'clock s.* Punkt sechs Uhr; **2.** plötzlich: *stop s.* plötzlich anhalten; **III.** *n.* (*mus.*) Kreuz.

shave [ʃeɪv] **I.** *v.t.* **1.** (sich) rasieren: *s. every morning* sich jeden Morgen rasieren; *s. off one's beard* (sich) den Bart abrasieren; **2.** hobeln (*a millimetre off the door*); *s. s.th. off the price* den Preis leicht herabsetzen; **3.** streifen: *our car just ≈d the crash barrier* unser Auto streifte leicht die Leitplanke; **II.** *n.* Rasur: *go and have a s.* geh und rasier dich; *dry/wet s.* Trocken-/Naßrasur; *close s.* (*fig.*) knappes Entkommen; *that was a close s.!* das war knapp!

she [ʃiː] **I.** *pers. pron.* **1.** sie (*is my daughter*); **2.** sentimental verklärtes Objekt: *isn't s. a beauty?* ist sie nicht super? (*locomotive, motorbike, ship*); **II.** *n.* weibliches Wesen: *is it a he or a s.?* ist es ein Junge oder ein Mädchen?

shed*[1] [ʃed] *v.t.* **1.** abstreifen: *snakes s. their skins at regular intervals* Schlangen häuten sich in regelmäßigen Abständen; *s. one's clothes* sich (nackt) ausziehen; *the lorry s. its load in the accident* der Lkw verlor beim Unfall seine Ladung; *s. workers* Arbeitnehmer freisetzen; **2.** vergießen (*blood, tears*); **3.** verbreiten: *s. light on s.th.* (*fig.*) Licht auf etw. werfen.

shed[2] *n.* Schuppen: *bike s.* Fahrradschuppen; *engine s.* Lokomotivschuppen.

sheep [ʃiːp] *n.* Schaf (*pl.* **sheep**): *flock of s.* Schafherde; *separate/sort the s. from the goats* (*fig.*) die Spreu vom Weizen trennen; *black s.* (*fig.*) schwarzes Schaf.

sheet [ʃiːt] *n.* **1.** Tuch, Laken: *change the ≈s* die Bettwäsche wechseln; *as white as a s.* leichenblaß; **2.** Blatt (*of paper*); **3.** (dünnes) Blech; *s. glass* Flachglas; **4.** Schicht (*of ice*): *the rain was coming down in ≈s* es regnete in Strömen; *a s. of flames* ein Flammenmeer.

shelf [ʃelf] *n.* (*pl.* **shelves** [ʃelvz]) Regal: *off the s.* von der Stange; *s. life* Haltbarkeitsdauer; *she has been left on the s.* (*fig.*) sie ist (inzwischen) eine alte Jungfer.

shell [ʃel] **I.** *n.* **1.** Schale (*of an egg*): *sea s.* Muschel; *come out of one's s.* (*fig.*) aus sich herausgehen; *retire/withdraw into one's s.* sich in sein Schneckenhaus verkriechen; **2.** (*Gebäude*) Rohbau: *only the s. of the buildung remained after the bombing* nach dem Bombenangriff standen nur noch die Außenwände; **3.** Granate; **II.** *v.t.* **1.** schälen, knacken (*nuts*); palen, enthülsen (*peas*); **2.** mit Artillerie beschießen (*the city*); **3.** *v.prep.: s. out* (*coll.*) blechen (*for s.o./s.th.*).

shelter ['ʃeltə] **I.** *n.* **1.** Schutz (*from the rain*): *seek s.* Schutz suchen; Unterkunft: *provide s. for s.o.* jdn. unterbringen; *reach s.* (*Schiff*) sicheren Ankerplatz/Hafen erreichen; **2.** Unterstand, Bunker: *air raid s.* Luftschutzbunker; *bus s.* Wartehäuschen; **II. 1.** *v.t.* Schutz bieten (*from the icy wind*): *s. the homeless* die Obdachlosen unterbringen; schützen (*an industry from competition*); *s. children from real life* Kinder allzusehr beschützen; *lead a ≈ed life* behütetes Leben führen; **2.** *v.i.* Schutz finden (*under a tree*).

shield [ʃiːld] **I.** *n.* Schild: *riot s.* (*Polizei*) Schutzschild; Schutzvorrichtung (*for a chain saw*); **II.** *v.t.* schützen (*one's eyes*): *s. s.o. from the truth* jdm. die Wahrheit vorenthalten.

shift [ʃɪft] **I. 1.** *v.t.* verschieben, verlegen (*production to a low-wage country*): *s. one's ground* (*fig.*) seine Haltung ändern; *s. yourself!* (*coll.*) beweg dich!; *s. stains* Flecken entfernen; *s. gear* (*Auto*) schalten; **2.** *v.i.* sich bewegen: *the wind has ≈ed* der Wind hat sich gedreht; *s. for o.s.* selbst zurechtkommen; **II.** *n.* **1.** Veränderung (*in public opinion*): *s. of population* Bevölkerungsverschiebung; **2.** (Arbeits-)Schicht: *work ≈s* Schicht arbeiten; *night s.* Nachtschicht; **3.** Trick, Mittel: *dubious ≈s* zweifelhafte Mittel.

shine* [ʃaɪn] **I. 1.** *v.i.* scheinen: *the sun ≈s every day in this part of the world* hier scheint die Sonne jeden Tag; leuchten, glänzen (*eyes, hair*): *she doesn't exactly s.* (*coll.*) sie ist nicht gerade eine Leuchte; **2.** *v.t.* mit etw. leuchten: *s. your torch here* leuchte mit deiner Taschenlampe (hierhin); **3.** polieren (*shoes*); **II.** *n.* Glanz: *the surface had a beautiful s.* die Oberfläche hatte einen schönen Glanz; *give your shoes a s.* bring deine Schuhe auf Hochglanz; *take a s. to s.o./s.th.* plötzlich jdn./etw. mögen.

ship [ʃɪp] **I.** *n.* Schiff: *merchant s.* Handelsschiff; *jump s.* desertieren; *when one's s. comes home/in* (*fig.*) wenn man (endlich) reich wird; **II.** *v.t.* **1.** verschiffen, versenden: *s. goods* Waren versenden; *s. off one's daughter to a boarding school* seine Tochter in ein Internat verfrachten; **2.** ins Boot nehmen: *s. one's oars* Ruder einziehen; *s. water* (*Boot*) leck sein.

shipment ['ʃɪpmənt] *n.* **1.** Verschiffung, Versand (*by air*); **2.** Ladung, Sendung.

shirt [ʃɜːt] *n.* Hemd: *keep one's s. on* (*coll.*) sich nicht aufregen; *lose one's s.* (*fig.*) alles verlieren; *put one's s. on s.th.* sein letztes Hemd für etw. verwetten; jede Wette auf etw. eingehen; *he's a stuffed s.* (*coll.*) er ist ein arroganter Fatzke.

shock [ʃɒk] **I.** *n.* Erschütterung (*caused by the explosion*): *s. absorber* Stoßdämpfer; *s. wave* Druckwelle; (*fig.*) Erschütterung, Schock: *news of the tragedy sent s. waves throughout the community* die Nachricht von der Tragödie erschütterte die Einwohner; *electric s.* Elektroschock; *give s.o. a s.* jdm. einen Schock versetzen; **II.** *v.t.* erschüttern, schockieren: *s.*

s.o. into doing s.th. jdn. aus seiner Lethargie aufrütteln; *we were ≈ed to hear that …* wir waren bestürzt, als wir hörten, daß … .

shocking [ˈʃɒkɪŋ] *adj.* schockierend (*behaviour*): *the food was absolutely s.* das Essen war eine Zumutung; *s. news* erschütternde Nachricht.

shoe* [ʃuː] **I.** *n.* **1.** Schuh: *put on/take off one's ≈s* seine Schuhe an-/ausziehen: *be in s.o.'s ≈s* (*fig.*) in jds. Lage sein; *put o.s. in s.o.'s ≈s* sich in jds. Lage versetzen; *step into/fill s.o.'s ≈s* in jds. Fußstapfen treten; **2.** (*Pferd*) Huf; **3.** Bremsklotz; **II.** *v.t.* (*Pferd*) beschlagen: *find a blacksmith to s. our horse* einen Schmied finden, der unserem Pferd neue Hufeisen verpaßt; *well-shod* (*fig.*) gut betucht.

shoot* [ʃuːt] **I. 1.** *v.t.* schießen (*rabbits*): *s. s.o. dead* jdn. erschießen; *s. o.s. in the foot* (*fig.*) sich selbst ein Bein stellen; *s. one's bolt* sein Pulver verschießen; *s. a film* einen Film drehen; **2.** werfen: *s. a glance at s.th.* Blick auf etw. werfen; **3.** rasch durchfahren: *s. the rapids* Stromschnellen durchfahren; *s. the lights* bei Rot über die Ampel fahren; **4.** *v.i.* schießen (*at s.o./s.th.*); **5.** rasen: *the red Ferrari shot past us* der rote Ferrari schoß an uns vorbei; **II.** *n.* **1.** (*bot.*) Schößling, Keim: *new ≈s* neue Triebe; (*fig.*) erste Anzeichen; **2.** Jagdgesellschaft; **3.** Jagdgelegenheit: *a Sunday s.* eine Sonntagsjagd; **4.** Jagdgebiet.

shop [ʃɒp] **I.** *n.* **1.** Geschäft, Laden: *go to the ≈s* einkaufen gehen; *set up s.* ein Geschäft eröffnen; sich selbständig machen; *shut up s.* Laden schließen; *all over the s.* überall verstreut; *s. assistant* Verkäufer(in); **2.** Betrieb: *talk s.* fachsimpeln; *paint s.* Lackiererei; *s. steward* Vertrauensmann; *on the s. floor* im Betrieb; **II. 1.** *v.i.* einkaufen (*for Christmas*): *s. around* sich nach günstigen Angeboten umsehen; *go ≈ping* einkaufen gehen; **2.** *v.t.* (*US*) (*bestimmtes Geschäft*) aufsuchen; **3.** (*GB*) (*coll.*) verraten: *s. s.o.* jdn. verpfeifen.

shore[1] [ʃɔː] *n.* Küste, Ufer: *on s.* an Land; *off (the) s.* der Küste vorgelagert (*island*); *many immigrants have come to our ≈s* (*GB*) viele Einwanderer sind in unser Land gekommen.

shore[2] *v.prep.: s. up* abstützen (*the wall*): *s. up the economy* die Wirtschaft unterstützen.

short [ʃɔːt] **I.** *adj.* **1.** kurz: *the ≈est distance* die kürzeste Entfernung; *s. cut* Abkürzung; *a s. time afterwards* kurze Zeit danach; *have a s. memory* ein kurzes Gedächtnis haben; *at s. notice* kurzfristig; *in the s. run/term* auf kurze Sicht; *make s. work of s.th.* kurzen Prozeß mit etw. machen; *give s.o. s. shrift* jdn. abblitzen lassen; **2.** knapp: *be s. of s.th.* nur wenig von etw. besitzen (*milk, money*): *be on s. commons* (*coll.*)*/rations* (*fig.*) haushalten müssen; *in s. supply* nur in begrenzten Mengen verfügbar; *give s.o. s. measure* jdm. zu wenig einschenken; **II.** *adv.* **1.** plötzlich: *stop s.* plötzlich anhalten/innehalten; *cut s.o. s.* jdn. unterbrechen; *cut s.th. s.* etw. vorzeitig beenden; **2.** knapp: *go s. (of s.th.)* zu wenig haben; *fall s. of s.th.* etw. verfehlen; *run s. of s.th.* (langsam) nicht mehr genug von etw. haben: *we're running s. of petrol* uns geht (langsam) das Benzin aus; *sell s.o. s.* jdn. übers Ohr hauen; **III.** *n.* **1.** (*el.*) Kurzschluß; **2.** Kurzfilm; **3.** (*coll.*) Kurzer (*gin, whisky*); **IV.** *v.t.* (*el.*) kurzschließen.

shortage [ˈʃɔːtɪdʒ] *n.* Knappheit: *s. of*

skilled workers Facharbeitermangel.

shorten ['ʃɔːtn] **1.** *v.t.* kürzen, verkürzen (*a text*); **2.** *v.i.* kürzer werden (*nights in spring*).

shortly ['ʃɔːtlɪ] *adv.* **1.** in Kürze: *I'll be back s.* ich bin gleich wieder da; **2.** kurz, knapp: *she spoke to us only s.* sie sprach nur kurz mit uns.

shot [ʃɒt] **I.** *n.* **1.** Schuß: *fire a s.* einen Schuß abgeben; *s. across the bow* Schuß vor den Bug (*auch fig.*); *a s. in the dark* (*fig.*) ein Schuß ins Blaue, ein Versuch (aufs Geratewohl); *have a s. at s.th.* etw. versuchen; **2.** (*med.*) Injektion: *s. in the arm* (*fig.*) Finanzspritze; **3.** (*phot.*) Aufnahme; **4.** Geschoß, Munition: *lead s.* Schrot; **5.** Schütze: *good/poor s.* guter/schlechter Schütze; *big s.* (*coll.*) wichtige Person; **II.** *adj.* **1.** (*Textil*) durchwirkt (*with red*); **2.** (*coll.*) *be s. of s.o./s.th.* jdn./etw. los sein.

should [ʃʊd] *v.aux.* **1.** (*Pflicht, Ratsamkeit*): *you s. see a doctor* du solltest zum Arzt gehen; **2.** (*Erwartung, Schlußfolgerung*): *she s. be here by now* sie müßte eigentlich schon hier sein; **3.** (*Meinungsäußerung als Reaktion*): *I s. think so!* das will ich wohl meinen!; *I s. think/have thought that …* ich würde meinen, daß …; **4.** (*in abhängigen Nebensätzen nach »that«*) *it's odd that you s. mention her* es ist seltsam, daß du sie erwähnst; *he left a notice on the table so that she s. know where he was* er ließ einen Zettel auf dem Tisch, damit sie wußte, wo er war; **5.** (*in hypothetischen Konditionalsätzen*) *s. anything happen/if anything s. happen to me* sollte mir etw. zustoßen.

shoulder ['ʃəʊldə] **I.** *n.* **1.** Schulter: *shrug one's ≈s* mit den Achseln zucken; *put one's s. to the wheel* (*fig.*) sich ins Zeug legen; *s. to s.* Seite an Seite; **2.** (*Fleisch*) Schulter (*of pork*); **3.** (*Straße*) Seitenstreifen: *hard s.* befestigter Randstreifen (*for emergency stops*); **II.** *v.t.* **1.** auf sich nehmen (*a heavy burden*): *s. the responsibility* die Verantwortung auf sich nehmen; **2.** mit der Schulter stoßen (*s.o. to the side*).

shout [ʃaʊt] **I.** *v.t.* (laut) sprechen: *we had to s. to make ourselves heard* wir mußten laut rufen, um uns Gehör zu verschaffen; *don't (you) s. at me!* schrei mich nicht so an!; *s. s.o. down* jdn. niederschreien; *s. s.th. from the rooftops* (*fig.*) etw. lauthals verkünden; **II.** *n.* Ruf, Schrei: *warning s.* Warnruf; *give me a s.* sag mir Bescheid.

show* [ʃəʊ] **I. 1.** *v.t.* zeigen (*s.o. some pictures*): *he ≈s his age* man sieht ihm sein Alter an; *s. s.o. around* jdm. das Anwesen zeigen; aufweisen: *my shoes are ≈ing signs of wear* meine Schuhe sehen abgetragen aus; *all these years, and you've nothing to s. for it!* all die Jahre, und du hast nichts vorzuweisen!; *s. the way* den Weg weisen (*auch fig.*); ausstellen (*paintings*); beweisen (*the evidence to be hard and fast*); *s. s.o. up* jdn. vorführen; **2.** *v.i.* sich zeigen: *the scar won't s. after a while* nach einiger Zeit wird die Narbe nicht mehr zu sehen sein; *it (just) goes to s. that …* da zeigt sich mal wieder, daß …; **3.** *v.prep.: s. off* angeben; *s. up* sich blicken lassen; **II.** *n.* **1.** Schau: *just for s.* nur zur Schau; **2.** Ausstellung: *on s.* ausgestellt; *motor s.* Automobilausstellung; **3.** Aufführung, Fernsehshow: *steal the s.* (*fig.*) die Schau stehlen; *get the s. on the road* (*fig.*) etwas in Gang setzen; **4.** Zeichen, Demonstration (*of strength*): *s. of hands* offene Abstimmung; *put up a good s.* sich tapfer schlagen.

shower ['ʃaʊə] **I.** *n.* **1.** Regenschauer: *occasional ≈s* vereinzelt Regen; *s. of bullets* Kugelhagel; **2.** Dusche: *take a s.* sich duschen; **II. 1.** *v.i.* heftig regnen; **2.** *v.t.* überschütten (*s.o. with presents*).

shut* [ʃʌt] **1.** *v.t.* schließen (*doors and windows*): *s. one's eyes* die Augen schließen; die Augen (vor etw.) verschließen; *s. your mouth!* (*coll.*) halt den Mund!; *keep one's mouth s.* den Mund halten; *s. s.th. down* etw. (zeitweilig) stillegen (*the nuclear power station*); **2.** *v.i.* sich schließen lassen: *the door simply won't s.* die Tür geht einfach nicht zu; **3.** *in Phrasen und präp. V.: s. away* wegschließen (*letters*); *s. o.s./s.th. in* sich/etw. einschließen; *s. s.th. off* abstellen (*the gas*); *s. s.o./s.th. out* jdn./etw. ausschließen; *s. s.o. up* (*coll.*) jdm. das Maul stopfen; *s. s.th. up* etw. schließen (*the shop for the weekend*).

shy [ʃaɪ] **I.** *adj.* **1.** schüchtern (*child*): *a s. look* ein verstohlener Blick; *be s. of doing s.th.* vor etw. Hemmungen haben; *fight s. of s.th.* einem Problem aus dem Weg gehen; **2.** (*US*) (*coll.*) knapp: *be s. on s.th.* nur knapp mit etw. bestückt sein (*red wine*); **II.** *v.i.* scheuen: *the horse shied at the fence* das Pferd scheute am Zaun; zurückschrekken (*away from s.th.*).

sick [sɪk] **I.** *adj.* **1.** krank: *be off s.* wegen Krankheit fehlen; *report s.* sich krank melden; *be on the s. list* krank geschrieben sein; *s. note* Arbeitsunfähigkeitsbescheinigung; *s. at heart* vom Kummer verzehrt; **2.** übel: *be s.* sich übergeben; *herrings make me s.* von Heringen wird mir schlecht; *you make me s.!* (*coll.*) du ekelst mich an!; *I'm s. and tired of the lot of you!* von euch allen habe ich die Nase (gestrichen) voll!; **II.** *n.* Erbrochenes.

sickness ['sɪkness] *n.* **1.** Krankheit: *sleeping s.* Schlafkrankheit; *s. benefit* Krankengeld; **2.** Übelkeit.

side [saɪd] **I.** *n.* **1.** Seite (*of the road*): *s. entrance* Seiteneingang; *this s. up!* diese Seite nach oben!; **2.** (*fig.*) Seite: *on my mother's s.* mütterlicherseits; *the other s. of the coin* die andere Seite der Medaille; *there's a nice s. to him* er hat auch positive Charakterzüge; *on the s.* nebenbei, heimlich: *put s.th. on one s.* etw. (heimlich) beiseite legen; *be on the safe s.* auf Nummer Sicher gehen; *get on the wrong s. of s.o.* es mit jdm. verderben; *keep one's s. of the bargain* seinen Teil der Vereinbarung erfüllen; *look on the bright s.* das Positive sehen; **3.** Mannschaft: *the winning/losing s.* die Gewinner/Verlierer; *put ≈s* Spieler für zwei Mannschaften auswählen; *change ≈s* die Seiten wechseln; (*fig.*) ins andere Lager wechseln; *which s. are you on?* auf wessen Seite stehst du eigentlich?; *take ≈s* sich parteiisch verhalten; **II.** *v.i.: s. with/against s.o.* für/gegen jdn. Partei ergreifen.

sidewalk ['saɪdwɔːk] (*US*) *n.* Bürgersteig: *s. café* Straßencafé.

sigh [saɪ] **I. 1.** *v.i.* seufzen: *s. with relief* einen Seufzer der Erleichterung ausstoßen; **2.** *v.prep.: s. for s.o.* sich nach jdm. sehnen; **II.** *n.* Seufzer: *heave a s. of relief* Seufzer der Erleichterung ausstoßen.

sight [saɪt] **I.** *n.* **1.** Sehvermögen: *my s. is failing* mein Sehvermögen läßt nach; **2.** Sicht: *at first s.* auf den ersten Blick; *in s.* in Sicht; *out of s.* nicht zu sehen; *out of s., out of mind* (*prov.*) aus den Augen, aus dem Sinn; *catch s. of s.o./s.th.*

jdn./etw. zu Gesicht bekommen; *come into s.* ins Blickfeld geraten; *keep out of s.* sich nicht blicken lassen; *know s.o. by s. (only)* jdn. (nur) vom Ansehen her kennen; *lose s. of s.o./s.th.* jdn./etw. aus den Augen verlieren; *buy s.th. s. unseen* etw. unbesehen kaufen; **3.** Anblick: *their garden looks a s.* ihr Garten sieht schrecklich aus; *the desert is a beautiful s. in spring* die Wüste sieht im Frühjahr sehr schön aus; *I can't bear the s. of her* ich kann sie nicht ausstehen; **4. ≈s** *pl.* Sehenswürdigkeiten (*of Edinburgh*); **5. ≈s** *pl.* Zielvorrichtung: *have the elephant in one's ≈s* den Elefanten im Visier haben; (*fig.*) Ambitionen: *lower one's ≈s* seine Ansprüche herunterschrauben; *set one's ≈s on s.th.* sich etw. zum Ziel machen; **6.** *in Phrasen: a (darned) s. better* (*coll.*) um einiges besser; *not by a long s.* bei weitem noch nicht; **II.** *v.t.* sichten.

sign [saın] **I.** *n.* Zeichen: *give a s.* Zeichen geben; *look (out) for a s.* nach einem Zeichen Ausschau halten; *s. of the zodiac* Sternzeichen; Anzeichen (*of illness*): *there was no s. of life* es gab kein Anzeichen von Leben; *a s. of the times* typisch für die heutige Zeit; **II. 1.** *v.t.* unterschreiben: *s. (your name) on the cheque* unterschreiben Sie den Scheck (mit Ihrem Namen); *s. on the dotted line* (*coll.*) seinen Friedrich-Wilhelm unter etwas setzen; *≈ed and sealed* unterschrieben und besiegelt; unter Dach und Fach; **2.** (durch Zeichen) mitteilen (*to s.o. to be quiet*); **3.** *in Phrasen und präp. V.: s. away* verzichten auf (*a nice sum of money*); *s. for s.th.* den Empfang von etw. bestätigen (*a recorded delivery letter*); *s. in* seine Ankunft registrieren; *s. off/out* sich austragen; *s. s.o. on/up* jdn. verpflichten (*a football player*); *s. s.th. over* etw. übertragen (*the house to one's daughter*); *s. up for s.th.* sich für etw. anmelden.

signal ['sıgnəl] **I.** *n.* **1.** Zeichen: *hand s.* Handzeichen; *smoke s.* Rauchzeichen; *the Chancellor's speech is a s. that there will be a change of course soon* die Rede des Schatzkanzlers ist ein Anzeichen für eine baldige Kursänderung; **2.** Signal: *traffic s.* Verkehrsampel; **II.** *v.t.* Zeichen geben (*with his hat*): *s. (to) the waitress to bring another bottle of claret* der Kellnerin ein Zeichen geben, noch eine Flasche (roten) Bordeaux zu bringen; **III.** *adj.* außergewöhnlich (*success, stupidity*).

signature ['sıgnətʃə] *n.* **1.** Unterschrift: *put one's s. to s.th.* etw. unterschreiben (*auch fig.*); *specimen s.* Unterschriftsmuster; **2.** Unterschriftsleistung: *ready for s.* unterschriftsreif; **3.** Erkennungsmerkmal: *s. tune* Erkennungsmelodie.

significance [sıg'nıfıkəns] *n.* Bedeutung: *what's the s. of this?* was soll das bedeuten?; *attach great s. to s.th.* einer Sache große Bedeutung beimessen.

significant [sıg'nıfıkənt] *adj.* **1.** bedeutsam (*look, smile*); **2.** erheblich (*rise in crime*).

signpost ['saınpəʊst] **I.** *n.* Wegweiser: *follow the ≈s to Chorley* folgen Sie den Schildern nach Chorley; **II.** *v.t.* **1.** mit Wegweisern versehen (*the new road*); **2.** zu erkennen geben (*her interest*).

silence ['saıləns] **I.** *n.* **1.** Ruhe, Stille: *there was absolute s.* es war totenstill; **2.** Schweigen: *in s.* schweigend; *break one's s.* sein Schweigen brechen; *reduce s.o. to s.* jdn. zum Schweigen bringen; *s. is gold* (*prov.*) Schweigen ist Gold; **II.** *v.t.*

zum Schweigen bringen: *s. one's critics* seine Kritiker zum Schweigen bringen.

silent ['saɪlənt] *adj.* **1.** still: *s. movie* Stummfilm; *s. partner* (*econ.*) stiller Teilhaber; **2.** schweigend: *remain s.* nichts sagen; *the s. majority* die schweigende Mehrheit.

silk [sɪlk] *n.* Seide: *as smooth as s.* seidenweich; *take s.* (*GB*) (*jur.*) zum Kronanwalt bestellt werden.

silly ['sɪlɪ] *adj.* dumm: *don't be s.!* rede kein dummes Zeug!; *laugh o.s. s.* sich totlachen; *s. season* (*Presse*) Sauregurkenzeit.

silver ['sɪlvə] **I.** *n.* **1.** Silber: *every cloud has a s. lining* (*prov.*) alles hat seine guten Seiten; *s. tongue* Silberzunge; **2.** Silbermünzen; **3.** Silberbesteck; **II. 1.** *v.t.* versilbern; **2.** *v.i.* ergrauen (*hair*).

similar ['sɪmɪlə] *adj.* ähnlich (*to s.o./s.th.*).

similarity [ˌsɪmɪ'lærɪtɪ] *n.* Ähnlichkeit (*between A and B*).

simple ['sɪmpl] *adj.* **1.** einfach, schlicht (*dress, food, furniture, life*): *s. sentence* (*gram.*) einfacher Satz (*d. h. ohne Nebensätze*); **2.** naiv: *she's rather s.* sie ist recht naiv; *he's a bit s.* er hat ein schlichtes Gemüt.

simplicity [sɪm'plɪsɪtɪ] *n.* Einfachheit, Schlichtheit: *be s. itself* (*coll.*) kinderleicht sein.

sin [sɪn] **I.** *n.* Sünde: *commit a s.* eine Sünde begehen; *confess one's ≈s* seine Sünden beichten; *deadly s.* Todsünde; *venial s.* läßliche Sünde; *live in s.* in Sünde leben; *for my ≈s* (*coll.*) leider; **II.** *v.i.* sündigen (*against s.th.*).

since [sɪns] **I.** *conj.* **1.** seit: *it's been a long time s. we met* wir haben uns schon lange nicht mehr gesehen; *we've been all over Europe s. leaving Amsterdam* seitdem wir Amsterdam verließen, sind wir überall in Europa gewesen; **2.** da, weil: *s. you've turned up, you might as well give us a hand* da du (nun einmal) gekommen bist, kannst du auch ein bißchen helfen; **II.** *prep.* seit (*Monday, last year*); **III.** *adv.* seitdem: *I haven't been on speaking terms with her s.* seitdem rede ich nicht mehr mit ihr.

sincere [sɪn'sɪə] *adj.* ehrlich, aufrichtig (*apology, hope*): *yours ≈ly* (*Brief*) Hochachtungsvoll; mit freundlichen Grüßen.

sing* [sɪŋ] **1.** *v.t.* singen (*a popular song*): *s. a different tune* (*fig.*) seine Meinung ändern; *s. s.o.'s praises; s. the praises of s.th.* Loblied auf jdn./etw. singen; **2.** *v.i.*: *s. past* vorbeipfeifen (*bullets*).

single ['sɪŋgl] **I.** *adj.* **1.** einzig: *my s. aim in life* mein einziges Lebensziel; *every s. penny* jeder einzige Pfennig; *not a s. thing* überhaupt nichts; **2.** alleinstehend: *remain s.* nicht heiraten; **3.** Einzel- (*room*): *s. ticket* einfache Fahrkarte (*ohne Rückfahrt*); **4.** (*math.*) einstellig: *inflation is still in s. figures* die Inflation ist noch unter 10%; **II.** *n.* **1.** einfache Fahrkarte; **2.** Schallplatte mit nur einer Aufnahme pro Seite; **3.** **≈s** *pl.* (*Sport*) Single (*golf*); Einzel (*tennis*); **4.** **≈s** *pl.* Unverheiratete; **III.** *v.prep.*: *s. s.o./s.th. out* jdn./etw. auswählen (*for criticism*).

singular ['sɪŋgjʊlə] **I.** *adj.* **1.** (*gram.*) Singular- (*ending, form*); **2.** einzigartig (*beauty*); ungewöhnlich (*circumstances*); **II.** *n.* (*gram.*) Singular.

sink* [sɪŋk] **I. 1.** *v.i.* sinken: *s. like a stone* wie ein Stein untergehen; (*fig.*) versinken, verschwinden: *s. without trace* spurlos verschwinden; *s. or swim* (*fig.*) sterben oder (kämpfend) überleben; *my heart/*

spirits sank mein Mut schwand; *the sun sank behind the mountains* die Sonne verschwand hinter den Bergen; *be sunk in thought* in Gedanken vertieft sein; *get that ≈ing feeling* (*coll.*) (wieder einmal) das Gefühl haben, daß nichts mehr klappt; *≈ing fund* (*econ.*) Tilgungsfonds; **2.** *v.t.* versenken (*the Bismarck*): *s. one's differences* (*fig.*) Meinungsverschiedenheiten beilegen; *we're sunk* wir sind verloren; **3.** graben: *s. a well* Brunnen graben; *s. a shaft* Schacht abteufen; **II.** *n.* Wasch-, Spülbecken: *stainless steel s.* Edelstahl-/Nirostaspüle.

sinner ['sɪnə] *n.* Sünder(in): *≈s' taxes* (*coll.*) Steuern auf Alkohol und Tabak.

sir [sɜː] *n.* **1.** (*Anrede*) Herr; (*Schule*) Herr Lehrer; (*Brief*) *Dear S./≈s* Sehr geehrte(r) Herr(en); (*Leserbrief*) *S.*; **2.** (*GB*) (*Titel*) Ritter: *S. Michael Brown.*

sister ['sɪstə] *n.* Schwester; (*Gewerkschaft*) Kollegin; (*Krankenhaus*) Oberschwester; *s. ship* Schwesterschiff.

sister-in-law ['sɪstərɪnlɔː] *n.* Schwägerin.

sit* [sɪt] **1.** *v.i.* sitzen: *are you ≈ting comfortably?* Sitzen Sie bequem?; *s. for an exam* Prüfung ablegen; tagen: *the Commons sat until after midnight* (*GB*) das Unterhaus tagte bis in die frühen Morgenstunden; *s. in judgment* richten (*on/over s.o./s.th.*) (*auch fig.*); *s. on the fence* (*fig.*) neutral bleiben; *s. tight* sich nicht vom Fleck rühren; *be ≈ting pretty (coll.)* es gut haben (*with all that money from his aunt*); *s. on one's hands* nichts tun; **2.** passen: *that coat ≈s well* der Mantel paßt gut; **3.** sich setzen: *s. down* setz dich; *s.!* (*Hund*) sitz!; **4.** *v.t.* setzen: *s. the girl on the stool* das Mädchen auf den Hocker setzen; **5.** *in Phrasen und präp.V.: s. around* herumsitzen; *s. back* sich zurücklehnen, sich ausruhen; *s. for a constituency* (*GB*) einen Wahlkreis im Parlament vertreten; *s. in* Sitzstreik veranstalten; *s. on a committee* Ausschußmitglied sein; *s. on s.o.* Druck auf jdn. ausüben; *s. up* aufbleiben (*all night*); gerade sitzen.

site [saɪt] **I.** *n.* **1.** Grundstück, Gelände, Parzelle: *archaeological s.* Grabungsstätte, Fundstelle; *building s.* Baustelle; *on s.* auf der Baustelle; **2.** Schauplatz, Ort (*of the accident/battle*); **II.** *v.t.* ansiedeln, bauen (*a nuclear power station next to the hospital*).

sitting room ['sɪtɪŋˌruːm] *n.* (*GB*) Wohnzimmer.

situate ['sɪtjʊeɪt] *v.t.* ansiedeln (*new industries in the north*).

situated ['sɪtjʊeɪtɪd] *adj.* **1.** gelegen (*in town, in the country*); **2.** situiert, gut/schlecht gestellt: *with all that money, she was well s.* mit all dem Geld war sie gut situiert.

situation [ˌsɪtjʊ'eɪʃn] *n.* **1.** Lage, Situation: *my financial s.* meine finanzielle Lage; *save the s.* die Lage retten; **2.** Lage, Standort: *the bungalow was in a beautiful s.* der Bungalow war schön gelegen; **3.** Stelle: *≈s vacant* (*Anzeige*) Stellenangebote; *≈s wanted* Stellengesuche.

sizable; **sizeable** ['saɪzəbl] *adj.* relativ groß, ordentlich (*income*).

size [saɪz] **I.** *n.* Größe: *medium s.* mittlere Größe; *what s. are your shoes?* welche Schuhgröße haben Sie?; *try this for s.* schauen Sie mal, ob das paßt; *that's about the s. of it* (*coll.*) so etwa sieht die Sache/Lage aus; **II.** *v.prep.: s. up* abschätzen (*the situation*): *s. each other up* (*coll.*) sich beschnuppern.

skate [skeɪt] **I.** *n.* Schlittschuh; Kufe;

roller s. Rollschuh: *get one's ≈s on* (*fig.*) sich auf die Socken machen; **II.** *v.i.* Schlittschuh/Rollschuh laufen: *s. on thin ice* (*fig.*) sich auf dünnem Eis bewegen; *s. over/ round s.th.* etw. umgehen (*the problem*).

sketch [sketʃ] **I.** *n.* **1.** Skizze, Zeichnung: *charcoal s.* Kohleskizze; **2.** kurze Beschreibung (*of her life*); **3.** (*theat.*) (kurzes) Stück; **II. 1.** *v.t.* skizzieren (*the house*); **2.** kurz beschreiben (*the project*); **3.** *v.prep.: s. out* in Umrissen darstellen.

ski [ski:] **I.** *n.* Ski: *s. jump* Sprungschanze; **II.** *v.i.* Ski laufen/fahren.

skilful (*GB*); **skillful** (*US*) ['skɪlfəl] *adj.* geschickt (*at doing s.th.*).

skill [skɪl] *n.* **1.** Geschick: *show great s. at s.th.* großes Geschick bei etw. zeigen; **2.** Fertigkeit: *listening ≈s* Hörverständnis; *practical ≈s* praktische Fertigkeiten.

skilled [skɪld] *adj.* **1.** geschickt (*at doing s.th.*); **2.** ausgebildet: *s. worker* Facharbeiter.

skin [skɪn] **I.** *n.* **1.** Haut: *dark/fair s.* dunkle/helle Haut; *s. disease* Hautkrankheit; *soaked to the s.* bis auf die Haut naß; *be all s. and bone* nur Haut und Knochen sein; (*fig.*): *have a thick/thin s.* ein dikkes Fell / eine dünne Haut haben; *save one's s.* seine Haut retten; *get under s.o.'s s.* jdm. unter die Haut gehen; *it's no s. off my nose* es ist mir völlig egal; *under the s.* im Grunde; eigentlich (*we're all equal*); **2.** Fell (*rabbit, sheep*); Schale (*tomato*); **II.** *v.t.* abziehen: *s. a rabbit* einem Kaninchen das Fell abziehen; *s. s.o. alive* (*coll.*) jdm. das Fell über die Ohren ziehen.

skip [skɪp] **I. 1.** *v.i.* springen, hüpfen, seilspringen; **2.** *v.t.* auslassen, schwänzen (*the French lesson*); **3.** *v.prep.: s. off* (*coll.*) verschwinden; **II.** *n.* **1.** Sprung: *with a hop and a s. (and a jump) he was gone* plötzlich war er weg; **2.** Müllcontainer, Bauschuttcontainer.

skirt [skɜ:t] **I.** *n.* **1.** Rock: *a bit of a s.* (*coll.*) ein Weibsstück; **2.** (*techn.*) Schürze (*of a hovercraft*); **3.** Rand, Saum; **II.** *v.t.* umfahren (*the town*); (*fig.*) umgehen (*the problem*).

sky [skaɪ] *n.* Himmel: *blue s./skies* blauer Himmel; *the s.'s the limit* (*coll.*) nach oben gibt es keine Grenze(n); *praise s.o./s.th. to the skies* jdn./etw. in den höchsten Tönen loben.

slave [sleɪv] **I.** *n.* Sklave, Sklavin: *treat s.o. like a s.* jdn. wie einen Sklaven behandeln; *be a s. to s.o./ s.th.* Sklave von jdm./etw. sein: *he's a s. to duty* er kennt nur seine Pflicht/Arbeit; *s. trade* Sklavenhandel; **II.** *v.i. s. away (at s.th.)* sich abrackern.

slavery ['sleɪvərɪ] *n.* **1.** Sklaverei; **2.** Sklavenarbeit.

sleep* [sli:p] **I.** *n.* Schlaf: *get some s.* etwas schlafen; *go to s.* schlafen gehen; *put s.o. to s.* jdn. einschläfern (*with drugs*); *put an animal to s.* ein Tier einschläfern; **II. 1.** *v.i.* schlafen (*all night*): *s. like a log/ top* (*coll.*) wie ein Murmeltier schlafen; *not s. a wink* kein Auge zumachen; *s. rough* unter freiem Himmel schlafen; *s. tight!* schlaf gut!; *s. over s.th.* (*fig.*) etw. erstmal überschlafen; **2.** *v.t.* die Nacht verbringen: *s. the s. of the just* den Schlaf des Gerechten schlafen; *s. s.th. off* etw. ausschlafen (*the effect of the whisky*); **3.** Schlafgelegenheit bieten: *our mobile home will s. six adults at a pinch* in unserem Wohnmobil können zur Not sechs Erwachsene schlafen.

sleeper ['sli:pə] *n.* **1.** Schläfer: *be a bad s.* (in der Regel) schlecht schlafen; **2.** (*GB*) Eisenbahnschwelle; **3.** Schlafwagen.

sleepy ('sli:pı] *adj.* verschlafen (*eyes, village*).

sleeve [sli:v] *n.* Ärmel: *roll up one's ≈s* die Ärmel hochkrempeln (*auch fig.*); *have s.th. up one's s.* etw. in der Hinterhand haben.

slender ['slendə] *adj.* **1.** schlank (*figure*); dünn (*thread*); **2.** knapp (*majority*): *of s. means* minderbemittelt.

slice [slaıs] **I.** *n.* **1.** Schnitte, Scheibe (*of bread*): *a s. of the profits* einen Anteil am Gewinn; *win a s. of the market* einen Marktanteil erobern; **2.** (*Tennis*) unterschnittener Ball; **II.** *v.t.* **1.** in Scheiben schneiden (*bread*): *the best thing since ≈d bread* (*coll.*) das Beste seit der Erfindung des Rades; *s. through s.th.* etw. durchschneiden; **2.** (*Tennisball*) unterschneiden.

slide* [slaıd] **I. 1.** *v.i.* gleiten, rutschen (*on the ice*); *let s.th. s.* etw. sich selbst überlassen; *s. out of the room* sich aus dem Zimmer stehlen; **2.** *v.t.* gleiten lassen, schieben (*the key under the door*): *s. a coin into s.o.'s hand* jdm. eine Münze in die Hand drücken; **II.** *n.* **1.** Rutschen: *go into a s.* ins Rutschen kommen (*car*); (*fig.*) Fall: *s. in prices* Preisverfall; **2.** Rutschbahn; **3.** (*GB*) Haarspange; **4.** (*phot.*) Diapositiv: *s. lecture* Lichtbildervortrag; (*Mikroskop*) Objektträger.

slight [slaıt] **I.** *adj.* **1.** gering (*difference*): *not have the ≈est idea* überhaupt keine Ahnung haben; *not in the ≈est!* überhaupt nicht!; **2.** schwach: *her s. frame* ihre schwächliche Gestalt; **II.** *v.t.* kränken, beleidigen: *feel ≈ed* sich gekränkt fühlen; **III.** *n.* Kränkung: *regard s.th. as a s. on one's character* etw. als persönlichen Affront betrachten.

slim [slım] **I.** *adj.* **1.** schlank (*figure*): *get s.* abmagern, abnehmen; **2.** (*fig.*) gering (*hopes, prospects*): *our chances are s.* unsere Chancen stehen nicht gut; **II. 1.** *v.i.* Schlankheitskur machen; **2.** *v.t.* (*fig.*) reduzieren (*the workforce*).

slip [slıp] **I. 1.** *v.i.* rutschen: *I ≈ped and sprained my ankle* ich bin ausgerutscht und habe mir den Fuß verstaucht; *the load tends to s.* die Ladung verrutscht leicht; **2.** entkommen (*to France for a weekend*); unbemerkt vorbeifahren/vorbeigehen: *she ≈ped into the room* sie kam unbemerkt ins Zimmer; *the years have ≈ped by* die Jahre sind vergangen, ohne daß wir es bemerkt haben; *let s.th. s.* sich etw. entgehen lassen (*a chance*); *I must be ≈ping* (*coll.*) mit mir geht's (geistig) bergab; **3.** *v.t.* schieben: *she ≈ped him a tenner* sie steckte ihm eine 10-Pfund-Note zu; **4.** (sich) lösen von: *s. a disc* (*med.*) einen Bandscheibenvorfall haben; *it has ≈ped my memory* ich kann mich nicht mehr erinnern; **5.** *v.prep.: s. up* nicht aufpassen; **II.** *n.* **1.** Ausrutscher (*auch fig.*); Flüchtigkeitsfehler (*in the translation*): *s. of the tongue* Versprecher; **2.** Entkommen: *give s.o. the s.* jdm. entwischen; **3.** Zettel (*of paper*); **4.** Unterrock; **5.** zierliche Person: *a mere s.* (*coll.*) eine halbe Portion; **6.** (*bot.*) Steckling.

slippery ['slıpərı] *adj.* glatt (*road*): *as s. as an eel* aalglatt; *be on s. ground* (*fig.*) sich auf glattem Parkett bewegen.

slope [sləʊp] **I.** *n.* **1.** Abhang: *ski s.* Skipiste (*für Abfahrten*); *the slippery s.* (*fig.*) der Anfang einer gefährlichen Entwicklung; **2.** Schräge (*of 45°*); **II.** *v.i.* sich neigen: *your handwriting ≈s left/right* du hast eine nach links/rechts geneigte Handschrift.

slow [sləʊ] **I.** *adj.* **1.** langsam (*progress*): *s. train* Bummelzug; *my watch is 5 minutes s.* meine Uhr geht 5 Minuten nach; **2.** (geistig) schwerfällig: *s. on the uptake* (*coll.*) begriffsstutzig; *she's a s. learner* sie hat Lernprobleme; **II.** *adv.* langsam: *go s.* das Tempo drosseln; **III. 1.** *v.i.* langsamer werden: *s. (down) to a halt* langsam zum Stehen kommen; **2.** *v.t.* verlangsamen (*production*).

small [smɔːl] *adj.* klein (*house, income*): *in a s. way* in kleinem Maßstab; *s. wonder that …* (*coll.*) es kann nicht verwundern, daß …; *a s. fortune* ein hübsches Vermögen; *work into the s. hours* bis in die frühen Morgenstunden arbeiten; *feel s.* sich schämen.

smart [smɑːt] **I.** *adj.* **1.** schick: *look s.* schick aussehen; *the s. set* die Schickeria; **2.** schlau (*answer*): *s. aleck* (*coll.*) Schlauberger; **3.** schnell, kräftig: *a s. blow* ein kräftiger Schlag; **II.** *v.i.* schmerzen (*wound*): *she's still ≈ing from the insult* die Beleidigung tut ihr immer noch weh; **III.** *n.* Schmerz.

smash [smæʃ] **I. 1.** *v.t.* zerschlagen: *s. the window* die Fensterscheibe einschlagen; *s. (up) a car* Auto zu Schrott fahren; *s. one's fist down* mit der Faust auf den Tisch hauen; **2.** *v.i.* zerspringen: *the plate ≈ed* der Teller zerbrach; **II.** *n.* **1.** Scheppern, Krach; **2.** Unfall, Karambolage; **3.** Pleite, Zusammenbruch.

smell* [smel] **I. 1.** *v.i.* riechen (*of perfume*); **2.** *v.t.* riechen (*gas*): *s. a rat* (*fig.*) Verdacht schöpfen; **II.** *n.* **1.** Geruchssinn: *find s.th. by s.* etw. durch Riechen herausfinden; **2.** Geruch (*of fish*): *s. of burning* Brandgeruch; **3.** Riechen: *have a s. at this* riech mal daran.

smile [smaɪl] **I.** *n.* Lächeln (*on her face*): *be all ≈s* sehr glücklich aussehen; **II. 1.** *v.i.* lächeln (*at s.o.*): *s. on s.th.* (*fig.*) etw. wohlwollend zur Kenntnis nehmen; **2.** *v.t.* lächeln: *s. approval/thanks* lächelnd seine Zustimmung / seinen Dank zum Ausdruck bringen.

smog [smɒg] *n.* Smog.

smoke [sməʊk] **I.** *n.* **1.** Rauch: *go up in s.* in Rauch aufgehen (*auch fig.*); *(there is) no s. without fire* (*prov.*) kein Rauch ohne Flamme; **2.** Rauchen: *go out for a s.* draußen eine rauchen; *be dying for a s.* unbedingt eine rauchen müssen; **II. 1.** *v.t.* rauchen (*a good cigar*); **2.** räuchern (*ham, salmon*); *s. s.th. out* etw. ausräuchern (*auch fig.*); **3.** *v.i.* rauchen, qualmen: *s. like a chimney* wie ein Schlot rauchen.

smoker ['sməʊkə] *n.* Raucher.

smooth [smuːð] **I.** *adj.* **1.** glatt: *a s. sea* eine ruhige See; *as s. as silk* spiegelglatt; *in s. waters* (*fig.*) in ruhigen Gewässern; **2.** sanft, weich (*landing*): *a s. ride* eine angenehme Fahrt; *the bill was given a s. passage through Parliament* der Gesetzentwurf passierte problemlos alle parlamentarischen Hürden; **3.** (*Paste*) weich, sämig; angenehm weich (*whisky, cigar*); **4.** (*pej.*) aalglatt: *he's a s. operator* er ist ein aalglatter Vertreter; **II.** *v.t.* glätten (*one's dress*): *s. down the edges* die Kanten glätten/schmirgeln; *s. things/some ruffled feathers* (*fig.*) die Wogen (der Erregung) glätten; *s. s.o.'s way* jdm. den Weg ebnen; *s. s.th. away* (*fig.*) etw. übertünchen; *s. s.th. over* etw. bereinigen (*differences*).

snack [snæk] *n.* Imbiß: *s. bar* Imbißstube.

snake [sneɪk] **I.** *n.* Schlange: *poisonous s.* Giftschlange; *she's a s. in the grass* (*fig.*) ihr kann man nicht trauen; **II.** *v.i.* sich winden (*river, road*): *the road ≈s through the foothills* die Straße windet sich durch das Vorgebirge.

snow [snəʊ] **I.** *n.* **1.** Schnee: *covered in s.* schneebedeckt; **2.** Schneefall: *during the ≈s* in der Zeit, als der Schnee fiel; **II. 1.** *v.i.* schneien; **2.** *v.prep.: s. s.o. in/up* jdn. einschneien; *s. s.o. under* jdn. zuschneien; (*fig.*) jdn. überschwemmen (*with requests for money*).

so [səʊ] **I.** *adv.* **1.** (*intensivierend*) so: *it was s. cold that…* es war so kalt, daß …; *not s. … as…* nicht so … wie …; *would you be s. kind as to…* wären Sie so lieb und…; **2.** auch (*in bestätigenden Kommentaren mit Inversion*): *we've been rather successful – s. have we* wir sind recht erfolgreich gewesen – wir auch; **3.** also (*Einleitung einer kritischen Äußerung*): *s. you've come back, have you?* du bist also zurückgekommen; *s. what!* na und?; **II.** *conj.* deshalb: *he didn't really feel like working, s. he took the entire term off* er hatte eigentlich keine Lust zum Arbeiten, deshalb nahm er sich das ganze Semester frei; **III. 1.** (*Pronominalersatz nach Verben des Denkens und Sagens*): *I don't think s.* das glaube ich nicht; *anyone who told you s.* jeder, der ihnen das gesagt hat; **2.** (*Pronominalersatz in Kommentaren*): *I'm not myself today – s. I notice* ich bin heute nicht in Form – das sehe ich.

soap [səʊp] **I.** *n.* Seife; **II.** *v.t.* einseifen: *s. yourself down properly* seif dich richtig ein.

sober ['səʊbə] **I.** *adj.* **1.** nüchtern (*in the morning*): *as s. as a judge* stocknüchtern; **2.** ernsthaft, nüchtern: *on s. reflection* bei nüchterner Betrachtung; **3.** (*Farbe*) gedeckt; **II.** *in Phrasen und präp.V.: s. down/up* ausnüchtern: *some coffee will s. him up!* etwas Kaffee wird ihn nüchtern machen!

sociable ['səʊʃəbl] *adj.* gesellig (*atmosphere, mood, person*).

social ['səʊʃl] *adj.* **1.** sozial: *s. conscience* soziales Gewissen; *s. security* soziale Sicherheit; *s. worker* Sozialarbeiter(in); **2.** gesellschaftsbezogen: *s. life* gesellschaftliches Leben; *there are many s. insects* es gibt viele Insektenarten, die einen Staat bilden; **3.** gesellig.

socialism ['səʊʃəlɪsm] *n.* Sozialismus.

socialist ['səʊʃəlɪst] **I.** *adj.* sozialistisch; **II.** *n.* Sozialist(in).

society [sə'saɪətɪ] *n.* **1.** Gesellschaft: *s. has a right to…* die Gesellschaft hat ein Recht auf…; *offenders are often seen as victims of s.* Straftäter werden oft als Opfer der Gesellschaft angesehen; **2.** Gruppe, Gesellschaft: *in the s. of one's friends* inmitten seiner Freunde; **3.** gehobene/feine Gesellschaft: *get into s.* in den Kreis der feinen Leute gelangen; **4.** Gesellschaft (*Unternehmensform*): *building s.* (*GB*) Bausparkasse; *cooperative s.* Genossenschaft; *friendly s.* (*GB*) gemeinwirtschaftlich orientiertes Unternehmen; **5.** Verein: *debating s.* Debattierklub.

sock[1] [sɒk] *n.* Socke: *a pair of ≈s* ein Paar Socken; *pull one's ≈s up* (*coll.*) sich am Riemen reißen.

sock[2] **I.** *n.* Schlag (*on the chin*); **II.** *v.t.* schlagen (*s.o. on the jaw*).

sofa ['səʊfə] *n.* Sofa.

soft [sɒft] *adj.* **1.** weich (*skin*): *s. cheese* Weichkäse; *be s. with s.o.* (*fig.*) jdm. gegenüber nachgiebig sein; **2.** matt (*light*); **3.** leicht (*breeze*); **4.** leise (*music, rain*).

soften ['sɒfn] **1.** *v.i.* weich werden: *his attitude has ≈ed* seine Haltung ist nicht mehr so hart; **2.** *v.t.* abschwächen: *s. the blow* (*fig.*) den Schock mildern; **3.** *v.prep.: s. up* aufweichen (*the enemy position by bombing it*).

soil [sɔɪl] **I.** *n.* **1.** Boden: *sandy s.* Sandboden; **2.** Heimatland: *born on British s.* in Großbritannien geboren; **II.** *v.t.* be-, verschmutzen (*the goods in transit*): *s. one's hands* sich die Hände schmutzig machen.

soldier ['səʊldʒə] **I.** *n.* Soldat: *play at ≈s* Krieg spielen; *s. of fortune* Söldner; **II.** *v.prep.: s. on* weitermachen (*irrespective of the consequences*).

solemn ['sɒləm] *adj.* feierlich (*music, promise*): *give a s. undertaking* feierlich versprechen.

solid ['sɒlɪd] **I.** *adj.* **1.** fest: *s. body* Festkörper; *s. fuel* fester Brennstoff; *s. gold* Massivgold; *s. wood* Massivholz; *s. foundations* solide Fundamente; *s. as a rock* felsenfest; **2.** solide: *a s. worker* ein zuverlässiger Arbeiter; ununterbrochen: *work ten s. hours/ten hours s.* zehn Stunden ununterbrochen arbeiten; **II.** *n.* **1.** Feststoff; **2.** (*geom.*) Festkörper.

solution [sə'lu:ʃn] *n.* **1.** Lösung (*to/of a problem*): *call for a s.* Lösung erfordern; *come up with a s.* eine Lösung finden; **2.** (*Flüssigkeit*) *Lösung* (*of salt and water*); **3.** (*chem.*) Auflösung (*of sugar in water*).

solve [sɒlv] *v.t.* lösen (*a puzzle*): *s. a murder case* einen Mordfall aufklären.

some [sʌm] **I.** *adj.* **1.** etwas (*money*); einige (*visitors this morning*); *for s. time* für eine gewisse Zeit; *s. help!* (*iron.*) das nennt sich Hilfe!; **2.** ungefähr: *s. thirty people were killed in the coach crash* etwa dreißig Menschen kamen bei dem Autobusunglück ums Leben; **II.** *pron.* **1.** *sg.* etwas (*of the money*); **2.** *pl.* einige (*of our visitors*).

somebody ['sʌmbədɪ]; **someone** ['sʌmwʌn] *pron.* irgend jemand (*has been asking for you*).

somehow ['sʌmhaʊ] *adv.* irgendwie: *we've got to manage s.* wir müssen irgendwie zurechtkommen; *s. or other* auf irgendeine Weise.

something ['sʌmθɪŋ] *pron.* irgend etwas: *there's s. in what you've said* an dem, was du sagst, ist etwas dran; *he's gone to the cinema or s.* er ist ins Kino gegangen oder so; *that's quite s.* so etwas habe ich noch nie gesehen; *be s. of a celebrity* so etwas wie eine Berühmtheit sein.

sometimes ['sʌmtaɪmz] *adv.* gelegentlich.

somewhat ['sʌmwɒt] *adv.* etwas: *I was s. amused to hear that …* ich war etwas amüsiert, als ich erfuhr, daß … .

somewhere ['sʌmweə] *adv.* irgendwo: *s. else* woanders.

son [sʌn] *n.* Sohn: *her eldest s.* ihr ältester Sohn; *s. of a bitch* (*pej.*) Hurensohn, Scheißkerl.

song [sɒŋ] *n.* **1.** Lied: *love s.* Liebeslied; **2.** Gesang: *burst into s.* Lied anstimmen; *bird s.* Vogelgezwitscher; *sell s.th. for a s.* (*coll.*) etw. verschleudern; *make a s. and dance about s.th.* (*coll.*) viel Aufhebens um etw. machen.

son-in-law ['sʌnɪnlɔ:] *n.* Schwiegersohn.

soon [su:n] *adv.* bald: *see you s.!* bis bald!; *as s. as* sobald; *the ≈er, the better* je eher, desto besser; *≈er or later* früher oder später; *no ≈er … than* kaum …, da …; *I'd just as s. …* mir wäre es ebenso lieb, wenn …; *speak too s.* voreilig sein.

sophisticated [sə'fɪstɪkeɪtɪd] *adj.* kultiviert (*taste*); elegant (*lady*); anspruchsvoll (*discussion*); raffiniert (*equipment*); kompliziert (*device*).

sore [sɔ:] **I.** *adj.* **1.** schmerzhaft, wund: *have a s. throat* Halsschmerzen haben; *a s. point* (*fig.*) ein wunder Punkt; *that building sticks out like a s. thumb* das Gebäude ist ein Schandfleck; **2.** verärgert (*about s.th./at s.o.*): *don't be s.!* ärgere dich nicht!; **3.** ernsthaft: *be in s. need of help* dringend Hilfe benötigen; **II.** *n.* wunde Stelle: *open old ≈s* (*fig.*) alte Wunden aufreißen.

sorry ['sɒrɪ] **I.** *adj.* **1.** traurig: *I was s. to learn …* es tat mir leid, zu erfahren …; mitleidsvoll: *I feel s. for her* sie tut mir leid; *don't you feel s. for yourself!* Selbstmitleid hilft dir auch nicht!; *better safe than s.* (*prov.*) Vorsicht ist die Mutter der Porzellankiste; **2.** beschämt: *be/feel s. for what has happened* sich wegen etw. schämen; **3.** kläglich: *be in a s. state* in einem kläglichen Zustand sein; *cut a s. figure* einen miserablen Eindruck machen; **II.** *interj.* **1.** Entschuldigung!; **2.** (*nach Äußerung des Gesprächspartners*): wie bitte?

sort [sɔ:t] **I.** *n.* Sorte (*of coffee/person*): *what s. of tea would you like?* was für einen Tee möchten Sie haben?; *she's not a bad s. really* sie ist eigentlich in Ordnung; *I know the s.* diese Art (von Mensch) kenne ich; *nothing of the s.!* (*coll.*) von wegen!; *feel out of ≈s* sich nicht besonders gut fühlen; *s. of* (*coll.*) etwa: *I s. of thought …* ich dachte mir so …; **II.** *v.t.; v.prep.* sortieren: *s. letters* Briefe sortieren (*in the ≈ing office*); *s. out the men from the boys* die Tüchtigen/Geeigneten herausfinden; *s. s.o. out* mit jdm. fertigwerden; *s. s.th. out* etw. in Ordnung bringen; *s. through s.th.* etw. durchgehen/durchsehen (*all the papers*).

soul [səʊl] *n.* **1.** Seele: *upon my s.* bei meiner Seele; *sell one's s.* seine Seele verkaufen; *be the s. of s.th.* ein perfektes Beispiel für etw. sein (*honesty*); **2.** Person: *don't tell a s.* erzähle es niemandem; *she's a simple s.* sie ist etwas simpel.

sound[1] [saʊnd] **I.** *n.* **1.** Geräusch: *don't make a s.* macht kein Geräusch, seid leise; *hear a s.* ein Geräusch hören; *like the s. of one's own voice* sich selbst gern reden hören; *s. barrier* Schallgrenze; **2.** (*fig.*) Eindruck: *from the s. of it, I don't like it* irgendwie gefällt mir das nicht; **II. 1.** *v.i.* sich anhören: *≈s good* (*coll.*) hört sich gut an; *that ≈s reasonable* das klingt vernünftig; **2.** *v.t.* erklingen lassen (*the bells*): *s. the alarm* Alarm schlagen; *s. one's horn* hupen; *s. the hour* die Stunde schlagen; *s. the retreat* zum Rückzug blasen; **3.** *v.prep.: s. out* sondieren: *I tried to s. her out, but to no avail* ich habe bei ihr vorsichtig angefragt, aber ohne Erfolg.

sound[2] *adj.* **1.** gesund: *safe and s.* gesund und wohlbehalten; **2.** solide (*company, foundation*); **3.** vernünftig (*views*).

soup [su:p] **I.** *n.* Suppe: *tinned s.* Dosensuppe; *be in the s.* (*coll.*) in der Tinte sitzen; **II.** *v.prep.: s. up* (*coll.*) frisieren (*a motorbike*).

sour ['saʊə] **I.** *adj.* sauer (*fruit*): *turn s.* sauer werden; *(it's) s. grapes* (*fig.*) die Trauben hängen zu hoch; **II. 1.** *v.i.* sauer werden (*milk*); **2.** *v.t.* säuern: *the heat has ≈ed the milk* durch die Hitze ist die Milch sauer geworden.

source [sɔ:s] *n.* Quelle (*of the Nile*): *at s.* an der Quelle (*auch fig.*); *have* *it from a reliable s.* (etwas) aus zuverlässiger Quelle wissen.

south [saʊθ] **I.** *n.* Süden: *to the s. of…* südlich von …; **II.** *adj.* Süd- (*Africa, America*); **III.** *adv.* **1.** in Richtung Süden: *go s.* nach Süden fahren; **2.** im Süden: *live down s.* im Süden leben.

southern ['sʌðən] *adj.* südlich (*England*).

southerner ['sʌðənə] *n.* Bewohner(in) des südlichen Landesteils.

sow*¹ [səʊ] *v.t.* säen (*a field with wheat*): *s. the seeds of hatred* (*fig.*) die Saat des Hasses säen; *s. one's wild oats* (*fig.*) sich die Hörner abstoßen.

sow² [saʊ] *n.* Sau.

space [speɪs] **I.** *n.* **1.** Platz, Raum: *for lack of s.* aus Raummangel; *we are cramped for s.* wir haben kaum Platz; *parking s.* Parkgelegenheit; **2.** Luftraum, Weltraum: *air s.* Luftraum; *outer s.* Weltraum; *s. shuttle* Weltraumfähre; *s. station* Weltraumstation; **II.** *v.t.* aufteilen: *s. a letter properly* die äußere Form eines Briefes beachten; *s. out payments* Zahlungen in Raten leisten.

spade [speɪd] *n.* **1.** Spaten: *call a s. a s.* (*coll.*) die Dinge beim Namen nennen; **2.** **≈s** *sg./pl.* (*Spielkarten*) Pik: *≈s is/are trumps; ≈s has/have come up trumps* Pik ist Trumpf.

spare ['speə] **I.** *adj.* Ersatz-: *s. part* Ersatzteil; *s. room* Gästezimmer; *s. wheel* Ersatzrad; übrig: *have some s. time* etwas Zeit übrig haben; *in my s. time* in meiner freien Zeit; *have you got a s. moment?* haben Sie einen Moment Zeit?; **II.** *n.* Ersatzteil: *≈s department* Ersatzteillager; **III.** *v.t.* **1.** verschonen: *s. s.o.'s feelings* Rücksicht auf jds. Gefühle nehmen; *s. the rod and spoil the child* (*prov.*) die Rute macht aus bösen Kindern gute; **2.** erübrigen: *can you s. me a few minutes?* haben Sie ein paar Minuten Zeit für mich übrig?; *have time to s.* Zeit übrig haben; **3.** ersparen: *s. me the details* verschone mich mit den Einzelheiten; *s. no pains* nichts unversucht lassen; *s. no expense* keine Kosten scheuen.

sparrow ['spærəʊ] *n.* Spatz.

speak* [spiːk] **1.** *v.i.* sprechen: *s. more slowly* langsamer sprechen; *s. up* lauter sprechen; *≈ing* (*tel.*) am Apparat; **2.** reden: *s. in public* öffentliche Reden halten; *not to s. of…* ganz zu schweigen von …; *not be on ≈ing terms with s.o.* mit jdm. nicht (mehr) reden; *s. ill of s.o.* schlecht über jdn. reden; *that ≈s for itself* das sagt alles; *s. of the devil* (*coll.*) wenn man vom Teufel spricht; **3.** *v.t.* sprechen (*five languages*): *s. one's mind* sich offen äußern; *s. volumes* (*fig.*) Bände sprechen; **4.** *v.prep.: s. out (against s.th.)* seine Meinung deutlich äußern; *s. up for s.o.* sich für jdn. einsetzen.

speaker ['spiːkə] *n.* **1.** Redner; **2.** Sprecher: *native s.* Muttersprachler(in); **3.** Lautsprecher; **4.** (*GB*) *the S.* Parlamentspräsident(in).

special ['speʃl] **I.** *adj.* **1.** Sonder-: *s. case* Sonderfall; *s. train* Sonderzug; *on s. occasions* bei besonderen Anlässen; **II.** *n.* **1.** Sondersendung; **2.** Sonderzug; **3.** Sonderangebot.

specialist ['speʃəlɪst] *n.* Fachmann; Facharzt: *you ought to see a heart s.* du solltest einen Herzspezialisten aufsuchen.

specialize ['speʃəlaɪz] *v.i.* sich spezialisieren (*in Russian literature*).

specific [spə'sɪfɪk] *adj.* **1.** klar, deutlich, genau (*instructions*); **2.** spezifisch (*gravity*).

specimen ['spesɪmən] *n.* **1.** Muster, Beispiel: *s. signature* Unterschriftsprobe; **2.** Probe (*of urine*); **3.** Exemplar: *he's a fine/prime s.* (*coll.*) er ist ein Prachtexemplar.

spectacle ['spektəkl] *n.* **1.** Schauspiel: *the fireworks was a magnificent s.* das Feuerwerk war ein großartiges Schauspiel; *make a s. of o.s.* sich blamieren; **2.** ≈**s** *pl.* Brille.

spectator [spek'teɪtə] *n.* Zuschauer: *s. sport* Publikumssport.

speech [spiːtʃ] *n.* **1.** Sprache, Sprechen: *he was rather slow of s.* er konnte nur relativ langsam sprechen; *slurred s.* undeutliches Sprechen; *power of s.* Sprechfertigkeit; *s. impediment* Sprachfehler; *s. therapy* Logopädie; **2.** Sprechweise: *children's s.* Kindersprache; **3.** Rede: *deliver/give/make a s.* eine Rede halten; *freedom of s.* Redefreiheit; **4.** (*gram.*) Rede: *indirect/reported s.* indirekte Rede.

speed* [spiːd] **I.** *n.* Geschwindigkeit: *at s.* bei hoher Geschwindigkeit; *pick up s.* schneller werden; *with all s.* mit größter Eile; *s. limit* Geschwindigkeitsbegrenzung; **II. 1.** *v.i.* rasen: *be fined for ≈ing* Bußgeld für überhöhte Geschwindigkeit zahlen müssen; **2.** (*mit regelmäßiger Präterital- und Partizipialbildung*) *v.t.; v.prep.: s. s.th. (up)* etw. beschleunigen (*delivery*).

spell*[1] [spel] **1.** *v.t.* buchstabieren (*one's name*); **2.** bedeuten: *this case ≈s disaster for all of us* dieser Fall bedeutet für uns alle eine Katastrophe; **3.** *v.prep.: s. out* laut buchstabieren; ausführlich erklären.

spell[2] *n.* Zeitabschnitt, Periode: *there will be prolonged ≈s of rain* es wird längere Zeit regnen; *do a s. in prison* eine Zeitlang im Gefängnis sitzen; *take ≈s (at s.th.)* abwechselnd Dienst tun, sich (bei etw.) ablösen, Pause(n) einlegen.

spelling ['spelɪŋ] *n.* **1.** Rechtschreibung: *your s. is atrocious* deine Rechtschreibung ist grauenhaft; **2.** Schreibweise: *British/American s.* britische/amerikanische Schreibweise.

spend* [spend] *v.t.* **1.** ausgeben (*money*); *s. a penny* (*coll.*) zur Toilette gehen; **2.** verwenden: *s. one's time at home* seine Zeit zu Hause verbringen; *s. one's energy on s.th.* seine Energie auf etw. verwenden; *spent fuel rod* abgebrannter Brennstab.

spending ['spendɪŋ] *n.* (*kein Pl.*) Ausgaben: *public s.* öffentliche Ausgaben.

sphere ['sfɪə] *n.* **1.** (*geom.*) Kugel; **2.** Sphäre, Bereich: *s. of interests* Interessensphäre; *within my s.* innerhalb meines Bereichs.

spider ['spaɪdə] *n.* Spinne.

spin* [spɪn] **I. 1.** *v.t.* spinnen (*wool*): *s. a yarn* (*fig.*) Geschichten erzählen; *s. s.th. out* etw. strecken (*our money till the end of the month*); **2.** drehen (lassen): *s. a top* einen Kreisel drehen; **3.** *v.i.* sich drehen: *she spun round* sie drehte sich plötzlich um; *my head is ≈ning* in meinem Kopf dreht sich alles; **II.** *n.* **1.** Drehung: *give s.th. a s.* etw. in Drehbewegung versetzen; *put the washer on »s.«* die Waschmaschine auf »Schleudern« einstellen; **2.** Spritztour: *take the Porsche for a s.* mit dem Porsche eine Spritztour machen.

spirit ['spɪrɪt] **I.** *n.* **1.** Geist: *be there in s.* im Geiste anwesend sein; **2.** Geist (*als Wesen*): *evil ≈s* böse Geister; *the Holy S.* der Heilige Geist; **3.** Geist, Charakter: *break s.o.'s s.* jds. Widerstand/Mut brechen; *the s. is willing, but the flesh is weak* (*lit.*) der Geist ist willig, aber das Fleisch ist schwach; **4.** Geist, Tenor: *the s. of the law* der Geist/Sinn des Gesetzes; *take s.th. in the wrong s.* etw. falsch auffassen; **5.** Geist, Stimmung, Haltung: *team s.* Mannschaftsgeist; *the s. of the times* der Geist der Zeit; **6.** Person (*mit bestimmten Eigenschaften*): *a generous s.* eine großzügige Person; *one of the leading ≈s* einer der führenden Köpfe; *kindred ≈s* gleichgesinnte Personen; **7.** **≈s** *pl.* Spirituosen: *methylated ≈s* Methylalkohol; **II.** *v.t.: s. s.o./s.th. away* jdn./etw. rasch verschwinden lassen.

spiritual ['spɪrɪtʃʊəl] *adj.* **1.** geistig: *my s. home* meine geistige Heimat; *s.o.'s s. welfare* jds. Seelenheil; **2.** geistlich: *lords s.* (*GB*) Bischöfe (der anglikanischen Kirche) im Oberhaus.

spit*[1] [spɪt] **I.** **1.** *v.t.* spucken: *s. blood* Blut (aus)spucken; *s. at s.o.* (*fig.*) jdn. anfauchen; *s. it out!* (*coll.*) heraus mit der Sprache!; **2.** *v.i.* (*coll.*) leicht regnen; **II.** *n.* Spucke, Speichel: *s. and polish* Blankputzen; *be the s. of s.o.* (*coll.*) jdm. aufs Haar gleichen.

spit[2] *n.* **1.** Spieß (*for roasting meat*); **2.** Landzunge.

spite [spaɪt] **I.** *n.* **1.** Bösartigkeit, Gehässigkeit: *out of/from s.* aus reiner Gehässigkeit; **2.** *in s. of* trotz.

splendid ['splendɪd] *adj.* großartig, herrlich (*weather*): *what a s. idea!* ein ausgezeichneter Vorschlag!

split* [splɪt] **I.** **1.** *v.t.* spalten: *s. wood with an axe* Holz mit einer Axt spalten; *s. the party* die Partei spalten; *s. the infinitive* (*gram.*) zwischen Infinitiv und »to« ein Adverb einschieben; *s. hairs* (*fig.*) Haarspalterei betreiben; *s. the difference* sich die Differenz teilen; **2.** *v.i.* sich aufspalten (*into groups*): *s. three ways* sich in drei Gruppen spalten; **3.** *v.prep.: s. away from* sich abspalten von; *s. on s.o.* (*coll.*) jdn. verpfeifen; *s. up* sich trennen.

spoil* [spɔɪl] **1.** *v.t.* verderben: *too many cooks s. the broth* (*prov.*) zu viele Köche verderben den Brei; *s. s.o.'s appetite* jdm. den Appetit verderben; **2.** verwöhnen (*the child for life*): *be ≈t for choice* die Qual der Wahl haben; **3.** *v.i.* verderben (*food in a warm room*); **4.** *v.prep.: be ≈ing for s.th.* auf etw. erpicht sein.

sponge [spʌndʒ] **I.** *n.* **1.** Schwamm: *bath s.* Badeschwamm; *throw in/up the s.* (*fig.*) das Handtuch werfen; **2.** Schnorrer; **II.** **1.** *v.t.* mit dem Schwamm abwischen (*the stain*); **2.** *v.prep.: s. on/off s.o.* bei jdm. schnorren.

spoon [spu:n] **I.** *n.* **1.** Löffel; **2.** (*Menge*) Löffel; **II.** *v.t.* löffeln: *s. s.th. up* etw. aufessen (*the soup*); *s. th. out* etw. austeilen.

sport [spɔ:t] **I.** *n.* **1.** Sport: *do/play a lot of s.* viel Sport treiben; *winter ≈s* Wintersportarten; **2.** Vergnügen: *it was great s.* es hat viel Spaß gemacht; **3.** (*coll.*) anständige Person, prima Kerl: *come on, be a s.!* komm, verdirb uns den Spaß nicht!; **II.** *v.t.* tragen (*a beard*).

sportsman ['spɔ:tsmən] *n.* Sportler.

sportswoman ['spɔ:tsˌwʊmən] *n.* Sportlerin.

spot [spɒt] **I.** *n.* **1.** Flecken (*of red ink*); (*med.*) Pickel; *change one's ≈s* sein Äußeres ändern; **2.** Punkt: *weak s.* (*fig.*) Schwachpunkt; *bright s.* erfreuliches Zeichen; *put s.o. on the s.* jdn. in Verlegenheit bringen; **3.** Ort, Stelle: *a beauty spot* ein hübsches Fleckchen Erde; **4.** (*coll.*) etwas: *have a s. of bother* etwas Ärger haben; **5.** Werbesendung: *TV s.* Fernsehwerbespot; **II.** **1.** *v.t.* erkennen (*s.o. in the crowd*); *s. the mistake* den Fehler (sofort) erkennen; **2.** *v.i.* (*coll.*)

leicht regnen; **3.** Flecken bekommen (*skin*).

spread* [spred] **I. 1.** *v.t.* verbreiten: *s. the news* die Nachricht verbreiten; *s. a rumour* ein Gerücht ausstreuen; **2.** ausbreiten: *the eagle s. (out) its wings* der Adler breitete seine Schwingen aus; *s. out one's arms* die Arme ausbreiten; *s. o.s. out* es sich bequem machen; *s. the risk* (*Vers.*) das Risiko streuen; **3.** zudecken: *s. a blanket over s.th.* eine Decke über etw. ausbreiten; bestreichen (*a slice of bread with margarine*); **4.** *v.i.* sich ausbreiten (*like wildfire*); **5.** sich streichen lassen (*butter*); **6.** sich erstrecken: *London ≈s over a large area* London erstreckt sich über eine große Fläche; **II.** *n.* **1.** Spannweite (*of a bird's wings*); Verbreitungsgebiet (*of a newspaper*); *a wide s. of opinion* ein großes Meinungsspektrum; **2.** Breite, Üppigkeit: *what a s.!* was für ein üppig gedeckter Tisch!; *middle-age s.* Altersspeck; **3.** Druckseite: *double-page s.* doppelseitige Anzeige; **4.** Verbreitung (*of crime/disease/knowledge*).

spring* [sprɪŋ] **I. 1.** *v.i.* (plötzlich) springen: *s. to one's feet* plötzlich aufstehen; *s. to s.o.'s defence* jdn. spontan verteidigen; *s. open* aufspringen (*box*); *s. to life* (*fig.*) plötzlich lebendig werden; *s. to s.o.'s mind* jdm. plötzlich einfallen; **2.** entspringen: *s. from the people* aus dem einfachen Volk stammen; *tears sprang to her eyes* ihre Augen wurden plötzlich feucht; **3.** *v.t.* (plötzlich) auslösen: *s. a leak* (plötzlich) leckschlagen; *s. a surprise on s.o.* jdn. aus heiterem Himmel überraschen; **4.** *v.prep.: s. up* aus dem Boden schießen (*new houses*); **II.** *n.* **1.** Frühling: *s. flowers* Frühlingsblumen; **2.** Quelle: *hot ≈s* heiße Quelle(n); **3.** (*techn.*) Feder: *leaf s.* Blattfeder; **4.** Elastizität: *with a s. on one's step* mit federnden Schritten.

spur [spɜː] **I.** *n.* **1.** Sporn: *dig in one's ≈s* dem Pferd die Sporen geben; *win one's ≈s* seine Sporen verdienen; **2.** (*fig.*) Ansporn: *act as a s.* als Ansporn dienen; *on the s. of the moment* ganz spontan; **3.** (*geol.*) Vorsprung; **4.** Stichbahn; Stichstraße; **II.** *v.t.* anspornen: *s. s.o. (on) to do s.th.* jdn. anspornen, etw. zu tun.

spy [spaɪ] **I.** *n.* Spion: *industrial s.* Industriespion; *s. scandal* Spionageskandal; **II. 1.** *v.prep.: s. on s.o./s.th.* jdn./etw. ausspionieren; *s. out the land* (*fig.*) die Lage erkunden; **2.** *v.t.* erspähen: *I finally spied her in the distance* endlich sah ich sie in der Ferne.

square ['skweə] **I.** *adj.* **1.** quadratisch: *s. metre* Quadratmeter; *a s. peg in a round hole* (*fig.*) jd./etwas, der/das fehl am Platze oder unpassend ist; **2.** rechtwinklig, kantig (*shoulders*); **3.** (*fig.*) ehrlich: *fair and s.* absolut ehrlich; *a s. deal* eine für alle Seiten gerechte Vereinbarung; **4.** in Ordnung: *be all s.* ordentlich abgerechnet haben, quitt sein; *a s. meal* ein ordentliches Essen; **II.** *n.* **1.** Quadrat: *back to s. one* (*fig.*) noch einmal von vorne; **2.** Platz: *market s.* Marktplatz; **3.** (*coll.*) altmodische Person; **III. 1.** *v.t.* (*math.*) quadrieren; in quadratische Form bringen: *s. the circle* die Quadratur des Kreises zuwege bringen; **2.** straffen (*one's shoulders*); **3.** in Einklang bringen (*words and deeds*); *s. (up) accounts* Konten ausgleichen; **4.** *v.prep.: s. up to s.th.* sich auf etw. vorbereiten; mit etw. fertigwerden.

squash [skwɒʃ] **I. 1.** *v.t.* zerquetschen (*tomatoes*): *the car was ≈d by the train* das Auto wurde vom Zug völlig zerdrückt; *s. five grown-ups into a small car* fünf Erwachsene in einen Kleinwagen quetschen; **2.** zunichte machen (*hopes*): *s. dissent* abweichende Meinungen zum Schweigen bringen; *feel ≈ed* sich klein vorkommen; **3.** *v.i.* sich zwängen (*into the lift*): *s. up to make room for others* ganz eng zusammenrücken, um Platz für andere zu machen; **II.** *n.* **1.** Gedränge: *it was a bit of a s.* es war etwas eng; **2.** Fruchtkonzentrat: *orange s.* Orangensaft; **3.** (*Sport*) Squash.

squeeze [skwiːz] **I. 1.** *v.t.* fest drükken (*s.o.'s hand*): *s. an orange* eine Orange auspressen; *s. toothpaste out of a tube* Zahnpasta aus einer Tube drücken; *s. s.th. out of s.o.* (*fig.*) etw. aus jdm. herausquetschen (*more money*); **2.** *v.i.* sich ein-, durchzwängen (*through the window*): *s. into an already crowded tram* sich in eine bereits überfüllte Straßenbahn hineinzwängen; *s. past* gerade noch vorbeikommen; *s. up* zusammenrükken; **II.** *n.* **1.** Drücken: *give s.th. a s.* etw. zusammendrücken; *give s.o. a s.* jdn. (kräftig) umarmen; **2.** etwas: *a s. of toothpaste* etwas Zahnpasta; *a s. of lemon* ein Spritzer Zitrone; **3.** Druck: *feel the s.* (*fig.*) den Druck verspüren; *put the s. on s.o.* Druck auf jdn. ausüben.

stability [stə'bɪlətɪ] *n.* Stabilität.

stable[1] ['steɪbl] *adj.* stabil (*foundations, structure*): *her condition is described as s.* (*Patient*) ihr Zustand wird als stabil bezeichnet.

stable[2] **I.** *n.* **1.** Stall: *riding ≈s* Reitstall; *lock the s. door after the horse has bolted* (*fig.*) zu spät reagieren; **2.** Rennstall: *be of/from the same s.* (*fig.*) aus demselben (Renn-)Stall kommen (*auch fig.*); **II.** *v.t.* (im Stall) unterbringen.

stadium ['steɪdɪəm] (*pl.* **stadia, stadiums**) *n.* Stadion: *football s.* Fußballstadion.

staff [stɑːf] **I.** *n.* **1.** Personal: *be on the s.* zum Personal gehören; *all our s. support the scheme* unser gesamtes Personal steht hinter dem Projekt; *teaching s.* Lehrkörper; **2.** (*mil.*) Stab; **3.** (*pl.* **staves** [steɪvz]) Stock, Stab: *s. of office* Amtsstab; **II.** *v.t.* mit Personal ausstatten.

stage [steɪdʒ] **I.** *n.* **1.** (*theat.*) Bühne: *on s.* auf der Bühne; *go on the s.* Schauspieler(in) werden; *set the s. for s.th.* (*fig.*) etw. in die Wege leiten; **2.** Stadium, Phase: *at this s.* zu diesem Zeitpunkt; *be in its early ≈s* im Anfangsstadium sein; *go through a difficult s.* eine schwierige Phase durchmachen; **3.** Etappe: *do the journey in several ≈s* die Reise in verschiedene Etappen aufteilen; *fare s.* (*öffentl. Verkehrsmittel*) Zahlgrenze; **II.** *v.t.* (*theat.*) inszenieren (*Richard II*): *s. a strike* (*fig.*) Streik veranstalten.

stain [steɪn] **I. 1.** *v.t.* beflecken (*the tablecloth with red wine*): *blood-≈ed* blutgetränkt; beizen (*wood*); *the scandal ≈ed her reputation* (*fig.*) der Skandal befleckte/besudelte ihren guten Ruf; **2.** *v.i.* Flekken bekommen (*carpet*); **II.** *n.* **1.** Fleck (*on my sleeve*); (*fig.*) Makel; **2.** Beize, Färbemittel.

stair ['steə] *n.* Treppenstufe; *(flight of) ≈s* Treppe: *below ≈s* (*arch.*) beim Hauspersonal.

staircase ['steəkeɪs]; **stairway** ['steəweɪ] *n.* Treppe: *spiral s.* Wendeltreppe.

stall [stɔːl] **I.** *n.* **1.** Verkaufsstand: *market s.* Marktstand; **2.** Kabine (*for getting changed*); **3.** *≈s pl.* (*GB*) (*theat.*) Parkett; **4.** (*Flugzeug*) Überziehen: *get (the plane)* *out of a s.* das Flugzeug wieder abfangen; **II. 1.** *v.i.* (*Motor*) absterben; **2.** hinhaltend taktieren; **3.** *v.t.* (*Motor*) abwürgen; (*Flugzeug*) überziehen, zu steil hochziehen; **4.** hinhalten (*one's creditors*).

stamp [stæmp] **I.** *n.* **1.** (Wert-)Marke, Briefmarke: *collect ≈s* Briefmarken sammeln; *postage s.* Postwertzeichen; *trading s.* Rabattmarke; *s. collection* Briefmarkensammlung; **2.** (*auch: rubber s.*) Stempel; **3.** Stempelaufdruck (*on the document*); **4.** (*fig.*) Merkmal: *a man of his s.* ein Mann seines Schlages; *have the s. of truth about it* überzeugend wirken; **II. 1.** *v.t.* **1.** stempeln (*a passport*); **2.** frankieren: *≈ed addressed envelope* (*SAE*) frankierter Rückumschlag; **3.** *v.t.; v.i.* (mit dem Fuß) stampfen: *he was ≈ing around the office* im Büro stampfte er (wütend) hin und her; *s. the soil* den Boden feststampfen; **4.** *v.prep.: s. on* zerquetschen (*an insect*): *s. on a rebellion* massiv gegen eine Rebellion vorgehen; *s. out* stanzen; austreten (*a fire*): *s. out all resistance* jeden Widerstand brechen.

stand* [stænd] **I. 1.** *v.i.* stehen: *s. still* still stehen; stillstehen; *where do you s.?* (*fig.*) wo stehst du? (*in dieser Frage*); **2.** (*auch: s. up*) aufstehen (*when s.o. comes in*); *s. back* zurücktreten (*to make room for s.o.*).; *s. down* seine Kandidatur zurückziehen; **3.** stehen, bleiben: *s. empty* leerstehen; *as things s.* wie die Dinge z.Zt. liegen; *the offer still ≈s* das Angebot gilt noch; *s. aside* beiseite stehen; *s. by* sich bereithalten; *s. fast* durchhalten; *s. in* einspringen; *s. out* hervorstechen, herausragen; *s. out for/against s.th.* sich für/gegen etw. einsetzen; **4.** *v.t.* stellen (*the ladder against the wall*): *s. s.th. on its head* etw. auf den Kopf stellen; **5.** leisten, stellen: *s. bail* Kaution stellen; *s. security* Bürgschaft leisten; **6.** aushalten: *I can't s. her/the noise* ich kann sie/den Krach nicht ausstehen; *s. trial* Angeklagte(r) im Strafverfahren sein; **7.** spendieren (*s.o. a drink*); **8.** *v.prep.: s. by s.o.* jdm. beistehen; *s. for s.th.* etw. darstellen; für etw. kandidieren (*the local council*); *s. over s.o.* jdm. über die Schulter schauen; *s. up for s.o.* jdn. unterstützen; *s. up to s.o.* jdm. Widerstand leisten; *s. up to s.th.* etw. aushalten; **II.** *n.* **1.** Stand, Halt: *come to a s.* zum Stehen kommen; **2.** Standplatz; Tribüne; (*jur.*) Zeugenstand; **3.** Verkaufs-, Ausstellungsstand (*at the Frankfurt Book Fair*); *market s.* Marktstand; **4.** Ständer: *umbrella s.* Schirmständer; **5.** Stellplatz: *taxi s.* Taxistand; **6.** (*fig.*) Standpunkt: *take a firm s.* eine feste Position beziehen; **7.** (*mil.*) Widerstand: *make a s.* Widerstand leisten; *Custer's last s.* (*US*) General Custers letztes Abwehrgefecht.

standard ['stændəd] **I.** *n.* **1.** Standard, Norm: *be below s.* nicht der Norm entsprechen; *be up to s.* den Anforderungen genügen; *by modern ≈s* nach heutigen Maßstäben; *set new ≈s* neue Maßstäbe setzen; *s. of living; living s.* Lebensstandard; **2.** Flagge, Standarte: *the royal s.* (*GB*) die Flagge der Königin; **II.** *adj.* einheitlich, Einheits- (*size*): *s. practice* übliche Praxis; *s. time* Normalzeit.

star [stɑː] **I.** *n.* **1.** Stern: *sleep under the ≈s* im Freien übernachten; *it's all in the ≈s* es steht in den Sternen; **2.** Stern, Auszeichnung, Symbol: *a five-s. hotel* ein Fünfsternehotel; *Stars and Stripes* (*US*)

Sternenbanner; **3.** Star: *film/tennis s.* Film-/Tennisstar; **II. 1.** *v.i.: s. in s.th.* eine Hauptrolle in etw. spielen; **2.** *v.t.: s. s.o.* jdm. die Hauptrolle geben.

stare ['steə] **I.** *v.i.* starren (*at s.o.*): *s. s.o. in the face* jdm. ins Gesicht sehen; *the solution ≈d us in the face* (*fig.*) die Lösung lag auf der Hand; **II.** *n.* starrer Blick: *give s.o. a s.* jdn. anstarren; *vacant s.* leerer Blick.

start [stɑ:t] **I.** *n.* **1.** Anfang: *for a s.* für den Anfang; *make a s.* (zumindest) anfangen; *it's a s.* der Anfang ist gemacht; **2.** Start: *s. and finish* Start und Ziel; *get off to a good s.* einen guten Start haben (*auch fig.*); *give s.o. a s.* jdm. einen Vorsprung geben; *false s.* Fehlstart; **3.** Schrecken: *he gave her such a s. that* … er erschreckte sie so sehr, daß …; *wake up with a s.* mit einem Schrecken aufwachen; **II.** *v.t.; v.i.* anfangen (*early, work at 8 a.m.*): *to s. with* zunächst einmal; *s. from scratch* von vorn anfangen; *s. all over again* von vorn anfangen; *s. the ball rolling* (*fig.*) die Kugel ins Rollen bringen; *s. a family* eine Familie gründen; *s. on the wrong foot with s.o.* mit jdm. sogleich ein ungünstiges Verhältnis haben; *now you've ≈ed something!* jetzt hat du was Feines angeleiert!

starve [stɑ:v] **1.** *v.i.* hungern: *s. to death* verhungern; *I'm starving!* ich habe einen Riesenhunger!; *s. for s.th.* (*fig.*) sich nach etw. sehnen; **2.** *v.t.* aushungern, verhungern lassen: *s. s.o. into (doing) s.th.* jdn. durch Hunger zu etw. nötigen; *s. s.o. out* jdn. aushungern; *our school is being ≈d of resources* unsere Schule bekommt nicht die erforderlichen Geldmittel.

4**state**[1] [steɪt] *n.* **1.** Zustand: *s. of health* Gesundheitszustand; *s. of emergency* Notstand; *in a bad s. of repair* (*Gebäude*) baufällig; *s. of play* (*Sport*) Spielstand; *be s. of the art* auf dem neuesten Stand der Technik sein; **2.** Staat: *police s.* Polizeistaat; *welfare s.* Wohlfahrtsstaat; *matters of s.* staatliche Angelegenheiten; *s. school* öffentliche Schule.

state[2] *v.t.* erklären, darlegen (*the facts*): *s. one's case* sein Anliegen vortragen; *s. the obvious* nichts Neues sagen; *at the ≈d time* zur angegebenen Zeit.

statement ['steɪtmənt] *n.* **1.** Erklärung: *make a s.* eine Erklärung abgeben; **2.** (*auch: s. of account*) Kontoauszug.

station ('steɪʃn] **I.** *n.* **1.** Bahnhof (*GB: railway s.*; *US: train s.*): *bus s.* Busbahnhof; **2.** Station, Wache: *fire s.* Feuerwache; *police s.* Polizeiwache; *research s.* Forschungsstation; *petrol s.* Tankstelle, **3.** Radio-, Fernsehstation: *pick up several ≈s* mehrere Sender hereinbekommen; **4.** (*AUS; NZ*) Farm: *sheep s.* Schafzuchtfarm; **5.** gesellschaftliche Stellung: *she married beneath her s.* sie heiratete nicht standesgemäß; **II.** *v.t.* stationieren (*troops*); postieren, aufstellen (*police officers*).

stationer ['steɪʃənə] *n.* Schreibwarenhändler: *buy s.th. at the ≈'s* etw. im Schreibwarenladen kaufen.

stationery ['steɪʃənərɪ] *n.* **1.** Büro-, Schreibmaterial; **2.** Briefpapier: *company s.* Firmenpapier.

statistics [stə'tɪstɪks] *n.* **1.** (*math.*) Statistik; **2.** Statistik(en): *the latest s.* die neueste(n) Statistik(en); *vital s.* Bevölkerungsstatistik; (*coll.*) (*Frau*) Proportionen.

statue ['stætju:] *n.* Statue: *S. of Liberty* (*US*) Freiheitsstatue.

status ['steɪtəs] *n.* Status, Stellung:

marital s. Familienstand; *social s.* sozialer Rang; *s. symbol* Statussymbol.

stay [steɪ] **I. 1.** *v.i.* bleiben (*at home*): *s. with friends* bei Freunden wohnen; *s. in* im Hause bleiben; *s. up late* lange aufbleiben; *s. out on strike* weiter streiken; *be here to s.; have come to s.* sich durchgesetzt haben (*certain ideas*); *s. put* sich nicht rühren; **2.** *v.t.* aufhalten (*progress*): *s. s.o.'s hand* jdn. zurückhalten; **3.** durchhalten: *s. the course* unbeirrt weitermachen; **II.** *n.* **1.** Aufenthalt: *overnight s.* Übernachtung; **2.** (*jur.*) Aussetzung: *s. of execution* Aussetzung der Vollstreckung.

steady ['stedɪ] **I.** *adj.* **1.** fest: *the ladder is s.* die Leiter wackelt nicht; *as s. as a rock* felsenfest; *s. hand/nerves* ruhige Hand/Nerven; *she's not very s. on her legs* sie ist etwas wackelig auf den Beinen; **2.** stetig, beständig: *at a s. speed* mit gleichbleibender Geschwindigkeit; *make s. progress* ständig Fortschritte machen; *keep a s. course* unbeirrt Kurs halten (*auch fig.*); *find a s. job* einen festen Arbeitsplatz finden; *go s.* mit jdm. (fest) gehen; *s.!* langsam!; **II.** *v.t.; v.i.* (sich) beruhigen: *the franc has steadied lately* der Franc hat sich in letzter Zeit stabilisiert.

steak [steɪk] *n.* Steak.

steal* [sti:l] **1.** *v.t.* stehlen (*a bicycle*): *s. a march on s.o.* (*fig.*) jdm. die Schau stehlen; *s. a glance (at s.o./s.th.)* verstohlen blicken; *s. a kiss from s.o.* jdn. (plötzlich) küssen, jdm. einen Kuß rauben; **2.** *v.i.: s. away/off* sich davonstehlen; *a new mood was ≈ing over the country* eine neue Stimmung verbreitete sich unmerklich im Land.

steam [sti:m] **I.** *n.* **1.** Dampf: *s. engine* Dampfmaschine; Dampflokomotive; *s. turbine* Dampfturbine; **2.** (*fig.*) Energie: *get up s.* in Schwung kommen; *let off s.* Dampf ablassen; *run out of s.* Schwung verlieren; *under one's own s.* mit eigener Kraft; *full s. ahead* (*naut.*) mit voller Kraft voraus; **II. 1.** *v.i.* dampfen: *the kettle was ≈ing* der Kessel dampfte; *s. over/up* beschlagen (*windows*); **2.** dampfen, fahren: *the Titanic was ≈ing along nicely when ...* die Titanic machte gute Fahrt, als ...; *s. off* abfahren; **3.** *v.t.* mit Dampf behandeln: *s. open an envelope* einen Briefumschlag über Dampf öffnen; *≈ed fish* gedünsteter Fisch.

steamer ['sti:mə] *n.* **1.** Dampfer, **2.** Schnellkochtopf.

steel [sti:l] **I.** *n.* Stahl: *stainless s.* rostfreier Stahl; *s. industry* Stahlindustrie; *nerves of s.* (*fig.*) Nerven aus Stahl; **II.** *v.t.; v.refl.* (*fig.*) (sich) stählen: *s. o.s. for hard times* sich auf schwere Zeiten gefaßt machen.

steep [sti:p] **I.** *adj.* **1.** steil (*hill*): *s. roof* Steildach; **2.** (*coll.*) überzogen, unverschämt: *£10,000 – that's a bit s.!* £10000 – das ist reichlich überzogen!; **II.** *v.t.* tränken, einweichen (*the washing overnight*); *be ≈ed in s.th.* von etw. durchdrungen sein: *a city ≈ed in history* eine Stadt mit einer reichen Vergangenheit; *she ≈ed herself in 18th century literature* sie beschäftigte sich intensiv mit der Literatur des 18. Jahrhunderts.

steer ['stɪə] **1.** *v.t.* steuern: *s. a course* einen Kurs steuern (*auch fig.*); *s. the conversation away from that topic* das Gespräch von dem Thema ablenken; *s. clear of s.o./s.th.* jdn./etw. meiden; **2.** *v.i.* sich steuern lassen: *my car ≈s well* mein Auto läßt sich leicht lenken.

stem [stem] **I.** *n.* **1.** (*bot.*) Stamm,

Stiel; **2.** (*Glas*) Stiel; **3.** (*fig.*) Stamm: *s. of a word* (*ling.*) Wortstamm; (*Familie*) Stammlinie; **II. 1.** *v.t.* eindämmen (*the flow of blood*); **2.** *v.i.* stammen (*from s.th.*).

step [step] **I.** *n.* **1.** Schritt: *take a s. forward* vorwärts gehen; (*fig.*) Fortschritte machen; *she watched his every s.* sie beobachtete ihn auf Schritt und Tritt; *hear ≈s* Schritte hören; **2.** (*fig.*) Schritt, Maßnahme: *take ≈s (to do s.th.)* Schritte unternehmen; Maßnahmen treffen; *s. by s.* schrittweise; *false s.* Fehltritt; *mind/watch one's s.* aufpassen; *take legal ≈s* gerichtliche Schritte ergreifen; **3.** kurze Entfernung: *it's only a few ≈s from here* es ist nur einige Schritte von hier; **4.** Gleichschritt (*auch fig.*): *in s. (with)* im Gleichschritt; *be out of s.* aus dem Schritt sein; **5.** Stufe: *mind the ≈s!* Vorsicht Stufen!; *flight of ≈s* Treppe; **II. 1.** *v.i.* treten: *s. on s.o.'s foot* jdm. auf den Fuß treten (*auch fig.*); *s. on it* (*coll.*) Gas geben; *s. outside* (für einen Moment) nach draußen gehen; *s. aside* Platz machen; *s. back* herab-/hinabsteigen; (*fig.*) (*Amt*) zurücktreten; *s. down* zurücktreten; *s. forward* sich melden; *s. in* einspringen; *s. up to s.o.* auf jdn. zugehen; **2.** *v.prep.: s. up* steigern (*production*).

steward ['stjʊəd] *n.* **1.** Verwalter; **2.** Saalordner; **3.** Steward.

stewardess [ˌstjʊə'des] *n.* Stewardeß.

stick[1] [stɪk] *n.* **1.** Stock, Holzstück: *collect/gather ≈s for the fire* Holzstückchen für das Feuer sammeln; *be in a cleft s.* (*coll.*) in der Klemme sitzen; **2.** Stock: *walking s.* Spazierstock; *hockey s.* Hockeyschläger; *get a lot of s.* verprügelt werden; (*fig.*) heftig kritisiert werden; *get hold of the wrong end of the s.* (*fig.*) (etw.) falsch verstehen; **3.** Stück, Stange (*of celery/dynamite*); **4.** (*coll.*) verstockte Person: *funny old s.* komischer Kauz; *he's a (real) s. in the mud* mit ihm kann man nichts anfangen.

stick*[2] **1.** *v.t.* stecken: *s. pins into s.th.* Stecknadeln in etw. stechen; *s. a letter into the postbox* (*coll.*) einen Brief einwerfen; *s. flowers into a vase* Blumen in eine Vase stellen; *s. one's neck out* (*fig.*) sich zu weit vorwagen; *s. one's nose into s.th.* seine Nase in etw. stekken; *tell him he can s. it (elsewhere)* (*coll.*) sag ihm, er kann mich mal; **2.** kleben (*s.th. with glue*): *s. a stamp on a letter* Briefmarke auf einen Brief kleben; **3.** aushalten: *how could you s. him for so long?* wie konntest du ihn so lange ertragen?; **4.** *v.i.* festsitzen: *a splinter has (got) stuck in my thumb* ich habe einen Splitter im Daumen; *that nickname has stuck* dieser Spitzname hat sich eingebürgert; *s. in s.o.'s throat* jdm. im Hals steckenbleiben (*auch fig.*); *s. together* zusammenhalten; **5.** kleben: *that glue doesn't s. very well* der Kleber haftet nicht besonders gut; *s. to s.o. like a leech* wie eine Klette an jdm. kleben; **6.** *v.prep.: s. at s.th.* beharrlich weitermachen; *s. by s.o.* jdm. beistehen; *s. s.th. on* etw. ankleben; *s. out* herausstrecken (*your tongue*); *s. to s.th.* bei etw. bleiben; *s. up* herausragen; überfallen (*a bank*); *s. up for s.o./s.th.* sich für jdn./etw. einsetzen; *s. with s.o.* jdm. beistehen; *s. with s.th.* bei etw. bleiben.

sticky ['stɪkɪ] *adj.* klebrig, zäh (*auch fig.*): *a rather s. business* eine heikle Sache; *come to a s. end* ein böses Ende nehmen; *s. fingers* (*coll.*) Langfinger; *be on a s.*

wicket (*GB*) (*coll.*) in der Klemme sein.

stiff [stɪf] **I.** *adj.* **1.** steif: *feel rather s.* sich ziemlich steif fühlen (*after the walk*); *have a s. neck* einen steifen Nacken haben; **2.** starr: *frozen s.* vor Kälte erstarrt; *be bored s.* (*fig.*) zu Tode gelangweilt sein; **3.** (*coll.*) stark: *pay a s. price* einen (zu) hohen Preis zahlen; *I need a s. whisky* jetzt brauche ich einen starken Whisky; *the judge imposed a s. sentence* der Richter verhängte eine hohe (Gefängnis-)Strafe; **II.** *n.* (*coll.*) Leiche.

still[1] [stɪl] **I.** *adj.* still, ruhig: *keep s.!* beweg dich nicht!; *sit s.* ruhig sitzen; *s. day* ruhiger Tag (*ohne Wind*); *s. water* stilles (Mineral-)Wasser; *s. waters run deep* (*prov.*) stille Wasser gründen tief; *s. birth* Totgeburt; *s. life* Stilleben; **II.** *n.* **1.** Ruhe: *in the s. of the night* in der Stille der Nacht; **2.** (*Film*) Einzelaufnahme; **III.** *v.t.; v.i.* (sich) beruhigen.

still[2] *adv.* **1.** (*Zeit*) noch: *are you s. there?* bist du noch da?; *she's s. not come* sie ist immer noch nicht gekommen; **2.** (*Unterschied*) noch: *s. better* noch besser; *better s.* um so besser; **3.** trotzdem: *that s. doesn't explain everything* damit ist (immer) noch nicht alles erklärt.

sting* [stɪŋ] **I.** **1.** *v.t.* stechen: *I've been stung by a wasp* ich bin von einer Wespe gestochen worden; *≈ing nettle* Brennessel; *be stung (to the quick)* (*fig.*) (bis ins Mark) getroffen/verletzt werden; *s. s.o. into (doing) s.th.* jdn. zu etw. anstacheln: *we were stung into action* wir mußten sofort handeln; *s. s.o. (for s.th.)* (*coll.*) jdn. übers Ohr hauen; **2.** *v.i.* stechen: *her eyes were ≈ing from the smoke* der Rauch brannte ihr in den Augen; **II.** *n.* **1.** Stachel: *worker bees have no s.* Arbeitsbienen haben keinen Stachel; *take the s. out of s.th.* (*fig.*) etw. entschärfen (*the situation*); *the s. in the tail* (*fig.*) der Pferdefuß; **2.** Stich: *the s. of a wasp is no fun* ein Wespenstich ist kein Vergnügen; *s. of remorse* (*fig.*) (plötzliche) Gewissensbisse.

stir [stɜː] **I.** **1.** *v.t.* rühren: *s. sugar into s.th.* Zucker in etw. einrühren; **2.** anregen: *s. s.o.'s imagination* jds. Phantasie beflügeln; *s. s.o.'s blood* jds. Blut in Wallung bringen; *s. s.o./s.th. up* jdn./etw. in Bewegung versetzen; **2.** *v.i.* sich rühren: *not s. before 8* vor acht Uhr nicht aufstehen; **II.** *n.* **1.** Rühren: *give the soup a s.* die Suppe umrühren; **2.** Aufruhr: *create a s.* für (helle) Aufregung sorgen.

stock [stɒk] **I.** *n.* **1.** Bestand, Vorrat (*of goods*): *have s.th. in s.* etw. vorrätig haben; *lay in a s. (of s.th.)* Vorrat anlegen; *we've run out of s.* unsere Vorräte sind zur Neige gegangen; *supply from s.* ab Lager liefern; *take s.* Inventur machen (*auch fig.*); **2.** Kapitalstock, Grundkapital: *≈s and shares* Wertpapiere; *government ≈s* Staatsanleihen; *s. exchange* (Wertpapier-)Börse; *his s. is high* (*fig.*) sein Ansehen ist (z. Zt.) groß; **3.** Basis, Konzentrat: *soup made with chicken s.* Hühnerbrühe; **4.** Herkunft: *he comes of peasant s.* er kommt aus einer Bauernfamilie; **5.** (*Gewehr*) Schaft: *lock, s. and barrel* (*coll.*) mit allem Drum und Dran; **6.** **≈s** *pl.* (*Schiffbau*) Helling: *the ship is on the ≈s* das Schiff wird z. Zt. gebaut; **7.** **≈s** *pl.* (*Strafe*) Stock: *in the ≈s* am Pranger; **II.** *adj.* Standard- (*sizes*): *I'm tired of his s. answers* ich bin seine Standardantworten leid; **III.**

v.t. **1.** führen: *we s. all sizes* wir führen alle Größen; **2.** füllen (*the shelves with goods*): *we are well ≈ed* wir sind gut sortiert; *s. up on s.th.* den Bestand auffüllen.

stocking ['stɒkɪŋ] *n.* Damenstrumpf: *nylon/silk ≈s* Nylon-/Seidenstrümpfe.

stomach ['stʌmək] **I.** *n.* Magen: *work on a full/an empty s.* mit vollem/nüchternem Magen arbeiten; *have no s. for s.th.* (*fig.*) keine Lust auf etw. haben; *that's nothing for delicate ≈s* das ist nichts für empfindliche Gemüter; *that film turned my s.* bei diesem Film drehte sich mir der Magen um; **II.** *v.t.* vertragen (*seafood*): *I couldn't s. another of his jokes* ich habe genug von seinen Witzen.

stone [stəʊn] **I.** *n.* Stein: *throw a s.* einen Stein werfen; Naturstein: *the wall was faced with s.* die Mauer hatte eine Natursteinfassade; *have a heart of s.* (*fig.*) ein Herz aus Stein haben; *kill two birds with one s.* (*fig.*) zwei Fliegen mit einer Klappe schlagen; *leave no s. unturned* (*fig.*) nichts unversucht lassen; *a rolling s. gathers no moss* (*prov.*) wer rastet, der rostet; *precious s.* Edelstein; **II.** *v.t.* **1.** steinigen (*s.o. to death*); **2.** entkernen (*cherries, plums*): *≈d fruit* entkerntes Obst.

stool [stu:l] *n.* **1.** Hocker: *bar s.* Barhocker; *fall between two ≈s* (*fig.*) sich zwischen zwei Stühle setzen; **2.** (*med.*) Stuhl.

stop [stɒp] **1.** *v.i.* anhalten: *s. for a cup of coffee* unterwegs Kaffeepause machen; *s. for petrol* Tankpause machen; **2.** aufhören: *has the rain ≈ped?* hat es aufgehört zu regnen?; **3.** bleiben (*for the night*): *I'm not ≈ping* ich schau nur kurz rein; *s. by/in* kurz hereinschauen; *s. off* kurze Pause machen; *s. over* seine Reise unterbrechen; **4.** zurückschrecken: *s. dead* plötzlich innehalten; *s. at nothing* vor nichts zurückschrecken; *s. short of (doing) s.th.* alles, nur eins nicht tun; **5.** *v.t.* anhalten (*a car*): *rain ≈ped play* das Spiel wurde wegen des Regens abgebrochen; **6.** beenden: *s. it!* hör auf (damit)!; *she has ≈ped smoking* sie hat das Rauchen aufgegeben; *s. s.o. (from) doing s.th.* jdn. an etw. hindern; **7.** sperren: *s. a cheque* (*comm.*) einen Scheck sperren; **8.** stopfen: *s. one's ears* sich die Ohren zuhalten; **II.** *n.* **1.** Halt: *make a s.* anhalten; *put a s. to s.th.* etw. beenden; **2.** Haltestelle: *bus s.* Bushaltestelle; *request s.* Bedarfshaltestelle; **3.** (*Interpunktion*) *(full) s.* Punkt; **4.** (*phon.*) Verschlußlaut; **5.** (*mus.*) Register: *pull out all the ≈s* (*fig.*) alle Register ziehen.

storage ['stɔ:rɪdʒ] *n.* Lagerung, Speichern: *our furniture is in s.* unsere Möbel werden gelagert; *s. capacity* Speicherkapazität; *s. heater* Nachtspeicherofen; *s. tank* Vorratstank.

store [stɔ:] **I.** *v.t.* aufbewahren (*food*): *s. s.th. away* etw. lagern; *s. s.th. up* einen Vorrat von etw. anlegen; *our freezer can s. plenty of food* unsere Kühltruhe hat reichlich Platz für Lebensmittel; **II.** *n.* **1.** Vorrat: *lay in a s. of s.th.* einen Vorrat von etw. anlegen; *have s.th. in s. for s.o.* (*coll.*) etw. für jdn. bereithalten (*a few surprises*); *set great/little s. by s.th.* (*fig.*) einer Sache viel/wenig Bedeutung beimessen; **2.** (*bes. US*) Laden, Geschäft: *food s.* Lebensmittelgeschäft; *department s.* Warenhaus; *s. detective* Ladendetektiv.

storey (*GB*); **story** (*US*) ['stɔ:rɪ] *n.* Stockwerk: *live on the second s.* im zweiten Stock wohnen; *multi-s. car park* Parkhaus.

stork [stɔːk] *n.* Storch.

storm [stɔːm] **I.** *n.* Sturm: *s. warning* Sturmwarnung; *s. of protest* (*fig.*) Proteststurm; *ride out/weather a s.* einen Sturm überstehen (*auch fig.*); *take s.th. by s.* etw. im Sturm nehmen; *s. in a teacup* Sturm im Wasserglas; **II. 1.** *v.t.* erstürmen (*the city*); **2.** *v.i.* toben (*about his mother-in-law*); **3.** *v.prep.: s. about* wütend herumlaufen; *s. off* wütend davonstürmen.

stormy ['stɔːmɪ] *adj.* stürmisch (*weather*): *a very s. debate* (*fig.*) eine hitzige Debatte; *s. petrel* Sturmvogel, Unglücksbote.

story ['stɔːrɪ] *n.* Geschichte: *tell stories* Geschichten erzählen; *fairy s.* Märchen; *love s.* Liebesgeschichte; *to cut a long s. short* um es kurz zu machen; *a likely s.* (*iron.*) eine nicht sehr wahrscheinliche Erklärung; *the same old s.* immer dasselbe Lied; *tall s.* Phantasiegeschichte.

stove [stəʊv] *n.* Herd, Ofen: *wood-burning s.* Holzofen.

straight [streɪt] **I.** *adj.* **1.** gerade (*road*): *s. hair* glattes Haar; *get s.th. s.* (*fig.*) etw. zurechtrücken; *set the record s.* etw. klarstellen; *keep a s. face* keine Miene verziehen; *stay on/stick to the s. and narrow* (*coll.*) keine krummen Dinger drehen; **2.** aufrichtig: *be s. with s.o.* jdm. gegenüber aufrichtig sein; *do some s. talking* offen miteinander reden; **3.** aufeinanderfolgend: *seven s. wins* sieben Siege in Folge; **II.** *adv.* **1.** gerade: *keep s. on* geradeaus weiterfahren; *try to walk s.* versuche, gerade zu gehen; *s. ahead of you* unmittelbar vor dir; *go s.* (*fig.*) den geraden Weg beschreiten; **2.** direkt: *go s. home; go home s. away* sofort nach Hause gehen/fahren; *she went s. to university* sie ging sofort zur Universität; *tell s.o. s.th. s. out* jdm. etw. direkt (ins Gesicht) sagen.

strain[1] [streɪn] **I.** *n.* **1.** Belastung: *break unter the s. of heavy traffic* dem schweren Verkehr nicht gewachsen sein; *mental/nervous s.* seelische/nervliche Belastung; *be under great s.* großen Belastungen ausgesetzt sein; *how do you cope with the stresses and ≈s of life?* wie wirst du mit all den Belastungen des Lebens fertig?; *take the s. off s.o.* jdn. entlasten; **2.** (*med.*) Zerrung (*of a muscle*): *eye s.* Überanstrengung der Augen; **3.** **≈s** *pl.* (*mus.*) Klänge (*of the orchestra*); **II. 1.** *v.t.* belasten (*s.th. to breaking point*); **2.** überanstrengen (*every muscle*): *you'll s. your eyes working every night* du verdirbst dir die Augen, wenn du jeden Abend arbeitest; *s. one's ears* angestrengt zuhören; *s. every nerve* sein Letztes geben; **3.** überfordern, zuviel zumuten: *s. s.o.'s patience* jds. Geduld strapazieren; **4.** *v.i.* sich anstrengen (*to hear everything*): *s. after effect* Effekthascherei betreiben.

strain[2] **I.** *n.* **1.** Merkmal, Veranlagung (*of madness*); **2.** (*biol.*) Zuchtsorte: *a new s. of peas* eine neue Sorte Erbsen; **II.** *v.t.* sieben: *s. tea* Tee durch ein Sieb gießen.

strange [streɪndʒ] *adj.* **1.** fremd: *in a s. country* in einem fremden Land; *that's s. to me* das ist mir neu; **2.** seltsam: *s. happenings* seltsame Vorkommnisse; *feel s.* sich nicht ganz wohl fühlen; *s. to say* so seltsam es klingen mag.

stranger ['streɪndʒə] *n.* Fremde(r): *she's a complete s. to me* ich kenne sie überhaupt nicht; *I'm a s. here myself* ich bin auch nicht von hier;

be no s. to misfortune nicht zum ersten Mal Pech haben.

straw [strɔ:] *n.* **1.** Stroh: *s. hat* Strohhut; **2.** Strohhalm: *drinking s.* Trinkstrohhalm; *the (last) s. that breaks the camel's back* (*fig.*) der Tropfen, der das Faß zum Überlaufen bringt; *clutch at a s.* (*fig.*) sich an einen Strohhalm klammern; *s. poll* Probeabstimmung.

strawberry ['strɔ:bərı] *n.* Erdbeere.

stream [stri:m] **I.** *n.* **1.** kleiner Fluß, Bach; **2.** Strömung: *go/swim against the s.* (*fig.*) gegen den Strom schwimmen; *be/go on s.* produziert werden; *s. of consciousness* (*lit.*) Bewußtseinsstrom; *in ≈s* in Massen (*people*); **3.** (*GB*) Leistungsgruppe: *the A s.* die Spitzengruppe; **II. 1.** *v.i.* strömen: *tears were ≈ing down her cheeks* sie weinte heftig; *people were ≈ing in by the thousand* die Leute strömten zu Tausenden herein; **2.** *v.t.* (*Flüssigkeit*) abgeben: *the wound ≈ed blood* die Wunde blutete stark; **3.** in Leistungsgruppen einteilen (*all the eleven-year-olds*).

street [stri:t] *n.* Straße: *in the s.* auf der Straße; *s. map/plan* Stadtplan; *walk the ≈s* auf den Strich gehen; *≈s ahead* (*fig.*) viel besser; *not in the same s.* (*fig.*) nicht von derselben Qualität; *that's right up my s.* (*coll.*) das ist genau mein Fall; *the man in the s.* der kleine Mann.

streetcar ['stri:tkɑ:] (*US*) *n.* Straßenbahn.

strength [streŋθ] *n.* **1.** Stärke: *be beyond s.o.'s s.* jds. Kräfte übersteigen; *go from s. to s.* immer stärker werden; *s. of mind* Charakterstärke; *position of s.* Position der Stärke; *one of her ≈s* eine ihrer starken Seiten; *on the s. of* (*fig.*) aufgrund von; **2.** Anzahl: *be below s.* nicht vollzählig sein; *the police were out in s.* die Polizei war mit einem großen Aufgebot vertreten; *bring s.th. up to (full) s.* etw. vollzählig machen.

strengthen ['streŋθən] **1.** *v.t.* verstärken; **2.** *v.i.* stärker werden.

stress [stres] **I.** *n.* **1.** Belastung, (Druck-/Zug-)Spannung: *the heavy traffic puts great s. on the bridge* der Schwerverkehr belastet die Brücke sehr stark; **2.** (*psych.*) Belastung, Anspannung: *be under a lot of s.* großen Belastungen ausgesetzt sein; *the ≈es and strains of an executive position* die Belastungen, die mit einer Führungsposition einhergehen; **3.** Betonung: *the s. is/falls on the first syllable* die Betonung ist auf der ersten Silbe; *lay great s. on s.th.* (*fig.*) großen Wert auf etw. legen; **II.** *v.t.* **1.** betonen (*the second syllable*): *I should like to s. that …* ich möchte betonen/hervorheben, daß …; **2.** (*techn.*) belasten.

stretch [stretʃ] **I. 1.** *v.t.* dehnen, straffen: *s. one's shoes* seine Schuhe weiten (*for them to fit properly*); spannen (*a rope*); *s. one's legs* sich die Beine vertreten; *s. s.o.'s patience* (*fig.*) jds. Geduld strapazieren; *s. the rules* die Regeln großzügig interpretieren; *s. a point* fünf gerade sein lassen; *we're fully ≈ed* wir sind an der Grenze unserer Möglichkeiten angelangt; **2.** *v.i.* sich dehnen lassen (*rope*): *I'm afraid our financial means won't s. that far* ich fürchte, unser Geld wird dafür nicht reichen; **3.** sich ausdehnen: *the desert ≈ed as far as they could see* die Wüste erstreckte sich, so weit ihre Augen reichten; **4.** *v.prep.: s. (o.s.) out* sich strecken (*on the sofa*); **II.** *n.* **1.** Dehnen, Strecken: *have a good s.* sich strecken/recken; *be at full s.* voll ausgelastet sein; *by no s. of the* *imagination* (*fig.*) beim besten Willen nicht; **2.** Elastizität: *this material has plenty of s.* dieses Material ist hochelastisch; **3.** Strecke, Abschnitt: *s. of road* Straßenabschnitt; *home/finishing s.* Zielgerade (*auch fig.*); **4.** Zeitabschnitt: *do a s. in prison* eine Zeitlang (im Gefängnis) einsitzen.

strict [strɪkt] *adj.* **1.** streng, genau, strikt: *be s. with children* Kindern nichts durchgehen lassen; *tell s.o. s.th. in the ≈est confidence* jdm. etw. streng vertraulich mitteilen; **2.** genau, eng: *a very s. interpretation* eine sehr enge Auslegung; *≈ly speaking* genaugenommen.

strike* [straɪk] **I. 1.** *v.t.* schlagen: *s. the first blow* zuerst schlagen; *s. s.o. to the ground* jdn. zu Boden schlagen; *s. one's fist on the table* mit der Faust auf den Tisch hauen; *struck by lightning* vom Blitz getroffen; *disaster struck after midnight* das Unglück ereignete sich nach Mitternacht; *s. the hours* (*Uhr*) die Stunden schlagen; *s. a note of caution* vorsichtige Töne anschlagen; *s. coins* Münzen prägen; *s. the right/a balance* den (richtigen) Mittelweg finden; *s. a bargain* eine Einigung erzielen; *s. fear into s.o.'s heart* jdn. erschrekken; *s. the iron while it is hot* (*prov.*) das Eisen schmieden, solange es heiß ist; **2.** treffen, finden (*gold, oil*): *s. it rich* das große Geld machen; **3.** beeindrucken: *he doesn't s. me as particularly bright* er macht nicht den Eindruck, als sei er besonders intelligent; **4.** streiken (*for a pay rise*); **5.** abbauen: *s. camp* Lager auflösen; **6.** *v.prep.: s. off* (von der Liste) streichen; *s. on/upon s.th.* auf etw. stoßen (*a good idea*); *s. out* durchstreichen; sich aufmachen (*towards the border*); selbständig handeln (*on one's own*); *s. up* (*mus.*) anstimmen (*a march*); anfangen (*an acquaintance*); **II.** *n.* **1.** Streik: *on s.* im Ausstand; *call a s.* Streik ausrufen; *break a s.* Streik brechen; *go on s.* streiken; *wildcat s.* wilder Streik; **2.** Fund: *oil s.* Ölfund; *lucky s.* (*fig.*) Glückstreffer; **3.** Schlag: *air s.* Luftangriff.

striking ['straɪkɪŋ] *adj.* auffällig: *s. similarities* auffällige Ähnlichkeiten.

string* [strɪŋ] **I.** *n.* **1.** Band, Faden, Schnur: *a piece of s.* ein Bindfaden; *pull the ≈s* (*fig.*) die Fäden ziehen; *there are no ≈s (attached)* es gibt keine zusätzlichen Bedingungen; *have s.o. on a s.* jdm. am Gängelband haben; *s. puppet* Marionette; **2.** (*mus.*) Saite: *the ≈s* die Streicher; **3.** (*Bogen*) Sehne: *have more ≈s to one's bow* (*fig.*) noch mehr Pfeile im Köcher haben; **4.** Reihe (*of visitors*): *s. of pearls* Perlenkette; **II.** *v.t.* **1.** aufreihen: *s. a few sentences together* einige Sätze zusammenhängend formulieren; **2.** bespannen (*tennis racquet, violin*): *be highly strung* (*fig.*) sehr nervös sein; **3.** *s. s.o. along* jdn. hinhalten; **4.** *v.prep.: s. out* aufhängen (*the washing*); *s. up* aufknüpfen (*the murderer*).

strip [strɪp] **I. 1.** *v.t.* schälen, abreißen (*the wallpaper*): *s. the paint off* die Farbe abkratzen; *s. an engine (down)* einen Motor zerlegen; **2.** ausziehen: *s. s.o. naked* jdn. ganz ausziehen; *s. s.o. off his/her office* (*fig.*) jdn. seines Amtes entheben; **3.** *v.i.* sich ausziehen: *the doctor asked her to s.* der Arzt bat sie, sich freizumachen; **II.** *n.* **1.** Streifen (*of land*): *s. of paper* Fetzen Papier; *tear a s./≈s off s.o.* (*coll.*) jdn. zur Minna machen; **2.** (*GB*) (*Sport*) Trikot; **3.** Striptease.

stripe [straɪp] *n.* **1.** Streifen: *blue and red ≈s* blaue und rote Streifen; *≈d* gestreift; **2.** Ärmelstreifen, Rangabzeichen.

strive* [straɪv] *v.i.* streben: *s. for s.th.* nach etw. streben; *s. to improve one's performance* eine Leistungssteigerung anstreben.

stroke [strəʊk] *n.* **1.** Schlag: *s. of the axe* Axthieb; *s. of lightning* Blitzschlag; **2.** (*Sport*) Schlag: *fast s.* (*Rudern*) schneller Schlag; Schwimmstil: *which is your favourite s., breast-s. or back-s.?* was machst du lieber, Brustschwimmen oder Rückenschwimmen?; **3.** (*fig.*) Schlag: *at a s.* auf einen Schlag/Streich; *with a s. of the pen* mit einem Federstrich; *that was a s. of genius* das war ein Geniestreich; *on the s. of ten* um Punkt 10 Uhr; *that was a s. of luck* das war ein Glück; *not do a s. (of work)* keinen Schlag tun; **4.** (*med.*) Herzschlag: *suffer a s.* einen Schlag(anfall) bekommen.

strong [strɒŋ] *adj.* **1.** stark, solide: *s. foundations* solides Fundament (*auch fig.*); *have a s. constitution* (*med.*) kerngesund sein; *have a s. stomach* alles verdauen können (*auch fig.*); *still going s.* (*coll.*) immer noch in blendender Verfassung sein; **2.** (physisch und psychisch) stark: *are you s. enough to lift the piano?* bist du stark genug, um das Klavier anzuheben?; *have a s. will* willensstark sein; *she is a very s. personality* sie ist eine sehr starke Persönlichkeit; *it is my s. conviction that …* ich bin der festen Überzeugung, daß …; **3.** (*geistig*) stark: *be s. in maths* in Mathematik gut sein; *my s. points* meine Stärken; **4.** nachhaltig, intensiv: *a s. smell* ein starker Geruch; *s. voice* durchdringende Stimme; **5.** wahrscheinlich: *there's a s. possibility that …* es ist durchaus wahrscheinlich, daß …; *a s. candidate* ein aussichtsreicher Kandidat; **6.** (*iron.*) stark: *that's rather s.!* das ist ein starkes Stück!

structural ['strʌktʃərəl] *adj.* **1.** Bau-: *s. damage* Bauschaden; **2.** strukturell (*unemployment*).

structure ['strʌktʃə] **I.** *n.* **1.** Struktur: *social s.* Sozialstruktur; *sentence s.* (*gram.*) Satzstruktur; **2.** Bau, Konstruktion: *a beautiful s.* ein Prachtbau; **II.** *v.t.* strukturieren (*an article*).

struggle ['strʌgl] **I.** *n.* **1.** Kampf: *s. for survival* Überlebenskampf; *armed s.* bewaffnete Auseinandersetzung; *not give up without a s.* nicht kampflos aufgeben; *put up a s.* sich wehren; *class s.* Klassenkampf; *power s.* Machtkampf; **2.** Mühe: *after a long s.* nach vielen Mühen; *life is an uphill s.* das Leben ist eine einzige Mühe; **II.** *v.i.* **1.** kämpfen (*against/with s.o./s.th.*): *s. to get free* sich freikämpfen; *s. with a problem* mit einem Problem ringen; *s. against inflation* gegen die Inflation ankämpfen; **2.** sich abmühen (*up the stairs*).

student ['stjuːdənt] *n.* Student(in): *medical s.* Medizinstudent(in); *be a s. of s.th.* etw. studieren/lernen.

studio ['stjuːdɪəʊ] *n.* Studio: *television s.* Fernsehstudio.

study ['stʌdɪ] **I.** *n.* **1.** Studium, Studieren: *give most of one's time to s.* den Großteil seiner Zeit dem Studium widmen; **2.** Studie, Untersuchung (*of social conditions in Glasgow*): *feasibility s.* Machbarkeitsstudie; **3.** Arbeitszimmer; **II.** **1.** *v.t.* studieren (*law*); **2.** (*fig.*) genau studieren (*the map*); **3.** *v.i.* studieren (*to be a teacher*).

stuff [stʌf] **I.** *n.* **1.** Zeug, Material:

what s. is your tent made of? aus welchem Material ist dein Zelt?; *they are made of sterner s.* (*fig.*) sie sind viel zäher; *have a drop of the hard s.* einen Schluck von dem scharfen Zeug trinken; *do one's s.* seine Pflicht tun; *know one's s.* wissen, wovon man redet; *that's the s.!* das ist genau das Richtige!; *s. and nonsense!* dummes Zeug!; **2.** Ausrüstung, Zeug: *where can I leave my s.?* wo kann ich mein Zeug lassen?; **II.** *v.t.* stopfen: *s. a hole* ein Loch stopfen; *s. a dead animal* ein Tier ausstopfen; *s. o.s.* sich vollstopfen; *get ≈ed!* (*coll.*) du kannst mich mal!

stumble ['stʌmbl] **I. 1.** *v.i.* stolpern (*over s.th.*): *stumbling block* (*fig.*) Stolperstein; **2.** *v.prep.: s. across s.th.* (unerwartet) auf etw. stoßen; *s. through s.th.* mehr schlecht als recht durch etw. kommen (*a novel by Dickens*); **II.** *n.* Stolpern.

stupid ['stju:pɪd] *adj.* dumm: *don't be s.!* sei nicht so dumm!; *I'm not that s.* so blöd bin ich nun auch wieder nicht.

style [staɪl] **I.** *n.* **1.** Stil: *literary s.* literarischer Stil; *Romanesque s.* romanischer Stil; *not my s.* nicht mein Stil; **2.** Eleganz: *live in s.* elegant leben; *have real s.* Format haben; **3.** Art und Weise, Mode: *the latest s.* die neueste Mode; *hair s.* Haarschnitt; **4.** *s. of address* Anrede; **II.** *v.t.* **1.** gestalten (*s.o.'s hair*); **2.** anreden: *how am I to s. a duchess?* wie muß ich eine Herzogin anreden?

subject I. ['sʌbdʒɪkt] *n.* **1.** Gegenstand, Thema (*of the book*): *change the s.* das Thema wechseln; *while we're on the s. of…* da wir gerade beim Thema sind … ; **2.** Schulfach: *English and History are my favourite ≈s* Englisch und Geschichte sind meine Lieblingsfächer; **3.** (*gram.*) Subjekt; **4.** (*arch.*) Untertan; **II.** *adj.* **1.** (*meist präd.*) unterworfen (*to s.th.*): *fares are s. to change without notice* Fahrpreisänderungen vorbehalten; *s. to confirmation* vorbehaltlich der Zustimmung; *s. offer* (*comm.*) Angebot mit Vorbehalt; **2.** (*attr.*) unterworfen: *s. nations* unterworfene Völker; **III.** [səb'dʒekt] **1.** *v.t.* unterwerfen: *Turkey ≈ed the entire Balkan (to its rule)* die Türkei unterwarf den gesamten Balkan; **2.** unterziehen: *all our products are ≈ed to rigorous tests* alle unsere Erzeugnisse werden strengen Prüfungen unterzogen; **3.** *v.refl.: s. o.s. to s.th.* sich einer Sache unterziehen.

submarine [sʌbmə'ri:n] **I.** *n.* Unterseeboot; **II.** *adj.* Untersee- (*cable, plants*).

submit [səb'mɪt] **1.** *v.i.* sich unterwerfen: *s. to force* sich der Gewalt beugen; **2.** *v.t.* vorlegen (*proposals*); **3.** (*jur.*) behaupten (*that her client has an alibi*); **4.** *v.prep.: s. o.s. (to s.th.)* sich unterziehen (*an examination*).

substance ['sʌbstəns] *n.* **1.** Substanz, Stoff: *radioactive s.* radioaktive Substanz; **2.** Substanz, Gehalt: *what she was saying in s. was that…* der Kern ihrer Aussage war…; *lack s.* ohne Substanz sein; **3.** Geld, Besitz: *a man of s.* ein vermögender Mann.

substantial [səb'stænʃl] *adj.* **1.** stark, solide: *I could do with a s. meal* ich könnte ein richtiges Essen vertragen; **2.** erheblich, beträchtlich (*income*): *make a s. contribution* einen erheblichen Beitrag leisten; *s. difference* wesentlicher Unterschied.

substitute ['sʌbstɪtju:t] **I.** *n.* Ersatz: *bring on a s.* (*Fußball*) Ersatzspieler einsetzen; *margarine is re-*

garded as a s. for butter Margarine wird als Buttterersatz angesehen; **II. 1.** *v.t.* ersetzen: *s. artificial sweetener for sugar* Zucker durch Süßstoff ersetzen; **2.** *v.i.* einspringen (*for a colleague*).

subtle ['sʌtl] *adj.* **1.** subtil, fein: *s. difference* feiner Unterschied; **2.** raffiniert (*plan*); **3.** feinsinnig (*mind*).

subtract [səb'trækt] *v.t.* (*math.*) subtrahieren, abziehen (*15 from 30*).

suburb ['sʌbɜ:b] *n.* Vorstadt: *live in the ≈s* am Stadtrand wohnen.

subway ['sʌbweɪ] *n.* **1.** (*GB*) Fußgängerunterführung; **2.** (*US*) U-Bahn.

succeed [sək'si:d] *v.i.* **1.** Erfolg haben (*in doing s.th.*): *if at first you don't s., try, try again* wenn es beim ersten Mal nicht klappt, dann versuche es immer wieder; *nothing ≈s like success* Erfolg führt zu Erfolg; **2.** nachfolgen: *the eldest son usually ≈s to the title* der älteste Sohn erbt normalerweise den Titel.

success [sək'ses] *n.* **1.** Erfolg: *make a s. of s.th.* etw. erfolgreich bewältigen; *a real s. story* eine echte Erfolgsstory; **2.** erfolgreiche Person/Sache: *as a teacher, she wasn't exactly a s.* als Lehrerin war sie nicht gerade erfolgreich; *that book has become a real s.* dieses Buch ist zu einem wahren Erfolg geworden.

successful [sək'sesfl] *adj.* erfolgreich (*manager, plan*).

succession [sək'seʃn] *n.* **1.** Folge: *in quick s.* in rascher Folge; **2.** Nachfolge: *s. to the throne* Thronfolge.

successor [sək'sesə] *n.* Nachfolger: *s. to the throne* Thronfolger.

such [sʌtʃ] **I.** *adj.* solche(r, s): *s. people* solche Leute; *s. an interesting person* eine so interessante Person; *all/few/many s.* alle/wenige/viele von dieser Sorte; *do no s. thing* nichts dergleichen tun; *... or some s. remark* ... oder eine ähnliche Bemerkung; *she's no s. fool as to believe him* sie ist nicht so dumm, daß sie ihm glauben würde; **II.** *pron.* dergleichen: *s., s. were the joys* (*lit.*) so groß waren die Freuden; *s. as* so wie; *as s.* als solche(r, s); *the damage was s. that we decided to move house* der Schaden war so groß, daß wir uns entschieden umzuziehen.

suck [sʌk] **I. 1.** *v.t.* saugen: *s. lemonade through a straw* Limonade mit einem Strohhalm trinken; *get ≈ed into s.th.* (*fig.*) in etw. hineingezogen werden; **2.** lutschen: *s. one's thumb* Daumen lutschen; **3.** *v.prep.: s. up to s.o.* (*coll.*) sich bei jdm. beliebt machen; **II.** *n.* Saugen: *have/take a s. at s.th.* an etw. saugen.

sudden ['sʌdn] *adj.* plötzlich: *his s. death* sein plötzlicher Tod; *all of a s.* ganz plötzlich.

suddenly ['sʌdnlɪ] *adv.* plötzlich: *I s. realized that ...* plötzlich wurde mir klar, daß ... .

sue [sju:; su:] **1.** *v.t.* (*jur.*) verklagen: *s. s.o. for damages* jdn. auf Schadenersatz verklagen; **2.** *v.prep.: s. for s.th.* um etw. bitten (*mercy*).

suffer ['sʌfə] **1.** *v.t.* leiden (*pain*): *s. a loss* Verlust machen; **2.** ertragen: *he doesn't s. fools gladly* Dummheit ist ihm ein Greuel; **3.** *v.i.* beeinträchtigt werden: *your studies will s. if you don't read enough* dein Studium wird leiden, wenn du nicht genug liest; **4.** *v.prep.: s. from s.th.* an etw. leiden (*a protracted illness*).

suffering ['sʌfərɪŋ] *n.* Leiden: *there's a lot of s. in the Third World* in der Dritten Welt herrscht viel Leid; *bear one's ≈s* seine Leiden ertragen.

sufficient [sə'fɪʃənt] *adj.* ausreichend: *s. reason* hinreichender Grund.

sugar ['ʃʊgə] **I.** *n.* **1.** Zucker: *do you take s.?* nehmen Sie Zucker?; **2.** Zuckerstück, Löffel Zucker; **3.** (*US*) (*coll.*) (*Anrede*) Schatz; **II.** *v.t.* versüßen: *s. the pill* (*fig.*) die bittere Pille versüßen.

suggest [sə'dʒest] *v.t.* **1.** vorschlagen: *I s. that we call the police; I s. calling the police* ich schlage vor, die Polizei zu rufen; **2.** schließen lassen: *the latest events s. (that there is) a conspiracy* die jüngsten Ereignisse lassen auf eine Verschwörung schließen; **3.** andeuten: *are you ≈ing that I'm to blame?* wollen Sie damit sagen, daß ich (dafür) verantwortlich bin?

suggestion [sə'dʒestʃən] *n.* **1.** Vorschlag: *be open to ≈s* gern Vorschläge entgegennehmen; *make a s.* einen Vorschlag machen; *after all, it was (on/at) your s. that we ...* schließlich haben wir auf deinen Vorschlag hin ...; **2.** Anspielung, Hinweis: *there's no s. that ...* es gibt keinen Hinweis darauf, daß...; *I resent that s.* ich verbitte mir diese Unterstellung; **3.** Spur: *there was a s. of malice in her voice* in ihrer Stimme war eine Spur von Böswilligkeit; **4.** (*psych.*) Suggestion: *power of s.* Suggestivkraft.

suicide ['su:ɪsaɪd] *n.* **1.** Selbstmord: *commit s.* Selbstmord begehen; *attempted s.* Selbstmordversuch; **2.** (*jur.*) Selbstmörder.

suit [sju:t; su:t] **I.** *n.* **1.** Anzug: *pinstripe s.* Nadelstreifenanzug; *single-breasted/double-breasted s.* einreihiger/zweireihiger Anzug; *diving s.* Taucheranzug; **2.** (*Kartenspiel*) Farbe: *follow s.* Farbe bedienen; (*fig.*) dem Beispiel folgen; *my strong s.* meine starke Seite; **3.** (*jur.*) (Zivil-)Prozeß: *bring a s. against s.o.* gegen jdn. prozessieren; *press one's s.* seinen Fall mit Nachdruck verfolgen; **II.** *v.t.* **1.** passen, gefallen: *that ≈s me fine* das ist mir recht; *s. yourself!* mach, was du willst!; **2.** passen zu: *that new hairstyle ≈s you* die neue Frisur steht dir (gut); **3.** anpassen: *s. one's action to one's words* seinen Worten Taten folgen lassen.

suitable ['su:təbl] *adj.* passend (*house*): *be s. for a job* für eine Stellung/Aufgabe geeignet sein.

suitcase ['su:tkeɪs] *n.* Koffer.

sum [sʌm] **I.** *n.* **1.** Summe, Menge: *a large s. of money* eine große Geldsumme; **2.** (*math.*) Summe: *s. total* Gesamtsumme; *be good at ≈s* gut kopfrechnen können; **II.** *v.prep.* **1.** *s. up* zusammenfassen (*all the points made*); *to s. up ...* zusammenfassend ...; **2.** *s. up* abschätzen (*the situation*): *he ≈med her up at a glance* er taxierte sie mit einem Blick.

summarize ['sʌməraɪz] *v.t.* zusammenfassen.

summary ['sʌmərɪ] **I.** *n.* Zusammenfassung (*of the latest events*): *in s.* zusammenfassend; **II.** *adj.* **1.** (*jur.*) summarisch (*punishment*); **2.** zusammenfassend (*report*).

summer ['sʌmə] *n.* Sommer: *high s.* Hochsommer; *Indian s.* Altweibersommer.

sun [sʌn] **I.** *n.* **1.** Sonne: *the earth moves around the s.* die Erde dreht sich um die Sonne; *there's nothing new under the s.* (*prov.*) es ist alles schon einmal dagewesen; **2.** Sonnenschein: *let in the/shut out the s.* die Sonne hereinlassen/aussperren; *a place in the s.* (*hist.*) ein Platz an der Sonne; **II.** *v.refl.: s. o.s.* sich sonnen (*on the beach*).

Sunday ['sʌndɪ] *n.* Sonntag: *on ≈s*

sonntags; *in one's S. best* in seinem besten Anzug; *in a month of ≈s* ewig lang.

sunny ['sʌnɪ] *adj.* **1.** sonnig: *s. intervals* (*met.*) sonnige Abschnitte, stellenweise sonnig; **2.** (*fig.*) heiter, rosig: *look on the s. side of things* die Dinge von der angenehmen Seite nehmen.

sunrise ['sʌnraɪz] *n.* Sonnenaufgang: *s. industry* moderne Industrie.

sunset ['sʌnset] *n.* Sonnenuntergang.

sunshine ['sʌnʃaɪn] *n.* **1.** Sonnenschein; **2.** (*GB*) (*coll.*) (*Anrede*) Schatz: *hello, s.!* hallo, mein Schatz!

super ['su:pə] *adj.* (*coll.*) ausgezeichnet: *what a s. idea!* was für eine phantastische Idee!

superior [su:'pɪərɪə] **I.** *adj.* **1.** besser (*quality*): *consider o.s. s.* sich für besser/überlegen halten; **2.** ranghöher: *s. officer* Vorgesetzter; *Mother S.* (*Kloster*) Oberin; **II.** *n.* Vorgesetzter.

supermarket ['su:pəˌmɑ:kɪt] *n.* Supermarkt.

superstition [ˌsu:pə'stɪʃn] *n.* Aberglaube: *s. and ignorance* Aberglaube und Unwissen; *a common s.* ein verbreiteter Aberglaube.

superstitious [ˌsu:pə'stɪʃəs] *adj.* abergläubisch.

supervise ['su:pəvaɪz] *v.t.* überwachen (*workers*).

supervision [ˌsu:pə'vɪʒn] *n.* Überwachung, Beaufsichtigung: *under s.* unter Aufsicht.

supper ['sʌpə] *n.* Abendessen: *the Last/Lord's S.* (*Bibel*) das Abendmahl.

supplement ['sʌpləmənt] **I.** *n.* **1.** Zuschlag (*to s.o.'s income*): *pay a s.* (*Bahn*) Zuschlag zahlen; **2.** (*Zeitung*) Beilage; (*Buch*) Ergänzungsband; **II.** *v.t.* ergänzen, aufbessern (*one's income by working in a pub*).

supply [sə'plaɪ] **I.** *v.t.* **1.** liefern (*electricity, gas*): *textbooks are supplied free of charge* Textbücher werden unentgeltlich gestellt; *we were well supplied with drinks* wir wurden reichlich mit Getränken versorgt; **2.** befriedigen (*needs*); **II.** *n.* **1.** Lieferung: *electricity s.* Stromversorgung; **2.** Vorrat: *be in short s.* knapp sein; *lay in a s.* einen Vorrat anlegen; *food supplies* Lebensmittelvorräte; *money s.* (*econ.*) Geldmenge; **3.** (*econ.*) Angebot: *s. and demand* Angebot und Nachfrage.

support [sə'pɔ:t] **I.** *v.t.* **1.** stützen, tragen: *the bridge is ≈ed by strong pillars* die Brücke ruht auf starken Pfeilern; *since she was unable to walk I had to s. her* ich mußte sie stützen, da sie nicht gehen konnte; *the Bank of England intervened to s. the pound* die Bank von England griff ein, um das Pfund zu stützen; *the findings s. my theory* die Ergebnisse bestätigen meine Theorie; **2.** unterstützen: *s. a charity* einen Wohlfahrtsverband (finanziell) unterstützen; *I have a family to s.* ich muß eine Familie ernähren; *s. a football team* eine Fußballmannschaft unterstützen; *the desert doesn't s. much wildlife* in der Wüste gibt es nur wenige Lebewesen; **II.** *n.* **1.** Unterstützung: *ask for financial s.* um finanzielle Unterstützung bitten; *be/speak in s. of s.th.* für etw. sein/sprechen; *have no means of s.* über keine Eigenmittel verfügen; *drum up s.* um Unterstützung werben; **2.** Stütze: *wear a s.* (*med.*) Stützkorsett tragen.

supporter [sə'pɔ:tə] *n.* **1.** Anhänger (*of a football team*); **2.** Befürworter (*of a plan*).

suppose [sə'pəʊz] *v.t.* **1.** annehmen, vermuten: *I s. so* das vermute ich; *I s. not* ich vermute nein; *you're* *not ≈d to do that* das solltest du (eigentlich) nicht tun; *what am I ≈d to do?* was wird von mir erwartet?; *I don't s. you could call a little earlier* (*iron.*) könntest du vielleicht etwas eher kommen?; *s. you were rich* was würdest du tun, wenn du reich wärst?; **2.** voraussetzen: *this scheme ≈s a massive investment* dieses Projekt setzt eine Rieseninvestition voraus.

suppress [sə'pres] *v.t.* unterdrücken: *s. opposition* Widerstand brechen; *s. a laugh* sich das Lachen verkneifen; *s. a newspaper* eine Zeitung mundtot machen.

sure ['ʃʊə] **I.** *adj.* sicher: *are you s.?* bis du sicher?; *I'm not so s.* ich bin mir (da) nicht so sicher; *one thing is s.* eines ist sicher; *they were s. of success* sie waren sich ihres Erfolges sicher; *be s. to switch the light(s) off* vergiß nicht, das Licht auszuschalten; *it's s. to snow* es wird ganz sicher schneien; *make s. (of s.th./that)* sich vergewissern; *to be s.* tatsächlich; *know for s.* ganz sicher wissen; **II.** *adv.* sicher (*als Antwort/Reaktion*); *he s. is rich* (*US*) er ist ohne Zweifel reich; *s. enough* tatsächlich.

surely ['ʃʊəlɪ] *adv.* **1.** sicher: *s. it should be possible to do s.th.* es müßte doch wohl möglich sein, etw. zu unternehmen; **2.** ganz sicher: *that will s. lead to disaster* das wird ganz sicher in die Katastrophe führen.

surface ['sɜːfəs] **I.** *n.* Oberfläche: *s. of the road* Straßenbelag; *rise to the s.* auftauchen; *s. tension* (*Flüssigkeit*) Oberflächenspannung; *s. worker* (*Bergbau*) Übertagearbeiter; *on the s.* (*fig.*) bei oberflächlicher Betrachtung; **II. 1.** *v.i.* auftauchen (*auch fig.*); **2.** *v.t.* mit einem Belag versehen (*the road*).

surgeon ['sɜːdʒən] *n.* (*med.*) Chirurg: *dental s.* Zahnarzt; *orthodontic s.* Kieferchirurg.

surgery ['sɜːdʒərɪ] *n.* **1.** (*med.*) Chirurgie; Operation: *undergo s.* sich einer Operation unterziehen; **2.** Sprechzimmer; **3.** Sprechstunde (*nicht nur Med.*).

surname ['sɜːneɪm] *n.* Familien-, Nachname.

surplus ['sɜːpləs] **I.** *n.* Überschuß: *(balance of) trade s.* Handelsbilanzüberschuß; *be in s.* in den schwarzen Zahlen sein; **II.** *adj.* überschüssig: *s. stocks* Überschußbestände; *be s. to requirements* nicht (mehr) benötigt werden (*auch fig.*).

surprise [sə'praɪz] **I.** *n.* Überraschung: *what a s.!* welch eine Überraschung!; *(much) to my s.* zu meiner (großen) Überraschung; *spring a s. on s.o.*; *take s.o. by s.* jdn. überraschen; **II.** *v.t.* **1.** überraschen (*everybody*): *I wouldn't be ≈d if…* mich würde es nicht wundern, wenn …; **2.** ertappen (*the burglars*).

surprising [sə'praɪzɪŋ] *adj.* überraschend: *it's hardly s. that …* es kann nicht verwundern, daß … .

surrender [sə'rendə] **I. 1.** *v.i.* (*mil.*) sich ergeben, kapitulieren; sich stellen (*to the police*); **2.** *v.refl.: s. o.s.* sich hingeben (*to despair*); **3.** *v.t.* übergeben, hinterlegen (*documents*); **II.** *n.* **1.** (*mil.*) Kapitulation: *unconditional s.* bedingungslose Kapitulation; **2.** Übergabe (*of documents*): *s. value* (*Lebensversicherung*) Rückkaufwert.

surround [sə'raʊnd] **I.** *v.t.* **1.** umgeben: *a high wall ≈s the garden* eine hohe Mauer umgibt den Garten; *he likes being ≈ed by women* er liebt die Gesellschaft von Frauen; **2.** (*mil.*) umzingeln (*the village*); **II.** *n.* Umrandung, Rand.

surroundings [sə'raʊndɪŋz] *n. pl.*

Umgebung: *the bungalow is situated in beautiful s.* der Bungalow ist in einer schönen Umgebung gelegen.

survey I. [sə'veɪ] *v.t.* **1.** betrachten: *s. the scene* die Szene betrachten; **2.** begutachten (*a plan*); **3.** vermessen: *s. a plot of land* ein Grundstück vermessen; **II.** ['sɜːveɪ] *n.* **1.** Überblick (*of the situation*): *s. of trends* Tendenzanalyse; *s. of modern literature* Gesamtdarstellung der modernen Literatur; **2.** Gutachten (*of a house*); **3.** Vermessung; **4.** Erhebung (*of public attitudes*).

survival [sə'vaɪvəl] *n.* **1.** Überleben: *s. of the fittest* (*Darwinismus*) Überleben des Stärkeren; *s. training* Überlebenstraining; **2.** Überbleibsel (*from a different age*).

survive [sə'vaɪv] **I. 1.** *v.i.* überleben: *s. on a small pension* mit einer kleinen Rente gerade noch zurechtkommen; **2.** *v.t.* überleben: *s. an operation* eine Operation überstehen; *he ≈d many of his pupils* er überlebte viele seiner Schüler.

suspect I. [sə'spekt] *v.t.* **1.** verdächtigen: *the police s. him of manslaughter* die Polizei verdächtigt ihn des Totschlags; **2.** anzweifeln: *we s. her motives* wir bezweifeln ihre Motive; **3.** vermuten: *it was just as I ≈ed* es war genauso, wie ich vermutet hatte; **II.** ['sʌspekt] *n.* Verdächtige(r): *he's one of two prime ≈s* er ist einer von zwei Hauptverdächtigen; **III.** *adj.* verdächtig (*noise*).

suspend [sə'spend] **1.** *v.t.* auflösen (*parliament*); zeitweilig aufheben (*restrictions*): *s. judgment* sich ein Urteil vorbehalten; *≈ed sentence* (*jur.*) Bewährungsstrafe; *≈ed animation* zeitweilige Leblosigkeit; **2.** suspendieren, sperren: *s. s.o. from duty* jdn. vom Dienst suspendieren; **3.** aufhängen: *the balloons were ≈ed from the ceiling* die Ballons hingen an der Decke.

suspense [sə'spens] *n.* **1.** Spannung: *keep s.o. in s.* jdn. auf die Folter spannen; **2.** Schwebezustand: *the matter is still in s.* die Sache ist noch in der Schwebe.

suspension [sə'spenʃən] *n.* **1.** zeitweilige Aufhebung (*of civil rights*): *s. of trading* (*Börse*) Aussetzung der Notierung; **2.** zeitweiliger Verweis (*from school*): *s. of a player* (*Sport*) Sperrung eines Spielers; **3.** (*techn.*) Aufhängung, Federung: *independent s.* (*Auto*) unabhängige Radaufhängung; *s. bridge* Hängebrücke; **4.** (*chem.*) Suspension.

suspicion [sə'spɪʃən] *n.* **1.** Verdacht: *arrest s.o. on s. of (having done) s.th.* jdn. wegen eines bestimmten Verdachts festnehmen; *arouse s.* Verdacht erregen; *be above s.* über jeden Verdacht erhaben sein; *be under s.* (*jur.*) unter Verdacht stehen; *I have a sneaking s. that …* (*iron.*) ich habe den leisen Verdacht, daß …; *I have my ≈s* ich habe (da) gewisse Zweifel; **2.** Hauch, Spur (*of salt in the soup*).

suspicious [sə'spɪʃəs] *adj.* **1.** argwöhnisch: *a s. look* ein argwöhnischer Blick; **2.** verdächtig (*behaviour*): *if you notice anything s., get in touch with us at once* wenn Sie etwas Verdächtiges bemerken, benachrichtigen Sie uns sofort.

sustain [səs'teɪn] *v.t.* **1.** aushalten (*the weight*): *s. a family* eine Familie ernähren; *her support ≈ed him throughout the crisis* ihre Unterstützung gab ihm während der ganzen Krise Halt; **2.** aufrechterhalten (*the pupils' interest in this topic*): *make a ≈ed effort* eine längere Anstrengung unternehmen; *the magistrate ≈ed his claim* der

Amtsrichter bestätigte die Rechtmäßigkeit seines Anspruchs; **3.** erleiden: *s. injuries* Verletzungen davontragen; *s. a loss* (*comm.*) einen Verlust machen.

swallow[1] ['swɒləʊ] **I. 1.** *v.t.* schlukken: *s. one's pride* (*fig.*) seinen Stolz überwinden; *s. it whole; s. everything* (*fig.*) alles (leichtfertig) glauben; *s. one's words* alles zurücknehmen; *s. the bitter pill* (*fig.*) die Kröte schlucken; **2.** *v.i.* schlukken: *s. hard* kräftig schlucken; **3.** *v.prep.: s. s.th. up* etw. verschlucken (*auch fig.*); **II.** *n.* Schluck: *take a good s.* (*Getränk*) einen guten Schluck nehmen.

swallow[2] *n.* Schwalbe: *one s. does not make a summer* (*prov.*) eine Schwalbe macht noch keinen Frühling/Sommer.

swear* ['sweə] **1.** *v.i.* fluchen, unflätig reden: *s. at s.o.* jdn. beschimpfen; *s. like a trooper* unflätige Reden führen; *s. word* Schimpfwort; **2.** *v.t.* schwören: *s. an oath* Eid schwören; *s. allegiance* Treueeid leisten; *I could have sworn that …* ich hätte schwören können, daß…; *s. blind* (*fig.*) Stein und Bein schwören; **3.** *v.prep.: s. by s.th.* bei etw. schwören (*all that's holy*); *s. in* vereidigen (*the jury*); *s. to s.th.* etw. beschwören: *I'm sure, but I couldn't s. to it* ich bin sicher, aber ich kann es nicht beschwören.

sweat [swet] **I.** *n.* **1.** Schweiß: *dripping with s.* schweißtriefend; *by the s. of their brow* (*Bibel*) im Schweiße ihres Angesichts; *be in a s.* schwitzen (*auch fig.*); *get into a s.* (*fig.*) ins Schwitzen geraten; **2.** Anstrengung: *not be worth the s.* die Anstrengung nicht wert sein; *no s.!* (*coll.*) kein Problem!; *s. shop* Ausbeuterbetrieb; **II. 1.** *v.i.* schwitzen: *s. profusely* kräftig schwitzen; *let s.o. s.* (*fig.*) jdn. schwitzen lassen; **2.** *v.t.* schwitzen lassen: *s. s.th. out* etw. ausschwitzen; *s. blood* (*fig.*); *s. one's guts out* (*fig.*) sich abrackern.

sweater ['swetə] *n.* Pullover.

sweep* [swi:p] **I. 1.** *v.t.* fegen (*the floor*): *s. the chimney* den Kamin kehren; *s. s.th. under the carpet* (*GB*)/*rug* (*US*) (*fig.*) etw. unter den Teppich kehren; *s. the board* alles gewinnen (*at the casino*); *s. away* hinwegfegen (*auch fig.*); *her dress swept the ground* ihr Kleid raschelte über den Boden; **2.** spülen: *she was swept off her feet by the flood* sie wurde von der Flut mitgerissen; **3.** absuchen: *the searchlight swept the coastline* der Suchscheinwerfer suchte die Küste ab; *s. mines* Minen räumen; **4.** *v.i.* gleiten, fegen: *the blaze swept through the building* die Feuersbrunst fegte durch das Gebäude; **5.** *v.prep.: s. up* zusammenkehren.

sweet [swi:t] **I.** *adj.* **1.** süß: *have a s. tooth* (*coll.*) gern Süßes essen; **2.** (*fig.*) süß, lieb: *isn't he s.?* ist er nicht süß?; *keep s.o. s.* jdn. bei Laune halten; *in one's own s. time/way* auf seine eigene Art und Weise; *the s. smell of success* das schöne Gefühl des Erfolgs; **II.** *n.* **1.** Bonbon: *box of ≈s* Schachtel Pralinen; **2.** Dessert.

swell* [swel] **I. 1.** *v.i.* (an)schwellen: *have a swollen ankle* einen geschwollenen Knöchel haben; *s. with pride* vor Stolz anschwellen; *s. into a crowd* zu einer Menschenmenge werden; **2.** *v.t.* steigern: *s. the ranks of the unemployed* die Zahl der Arbeitslosen ansteigen lassen; *her promotion will s. her head* (*fig.*) ihre Beförderung wird ihr zu Kopf steigen; **II.** *n.* **1.** Seegang: *heavy s.* schwere See; **2.** (*mus.*) Crescendo; **III.** *adj.* (*US*) (*coll.*) phantastisch.

swift [swɪft] *adj.* flink, schnell: *be s. to do s.th.* schnell auf etw. reagieren; *s. runner* schneller Läufer.

swim* [swɪm] **I. 1.** *v.i.* schwimmen: *s. against the tide* (*fig.*) gegen den Strom schwimmen; **2.** (*fig.*) verschwimmen: *my head was ≈ming* in meinem Kopf drehte sich alles; **3.** *v.t.* schwimmen: *s. breaststroke* brustschwimmen; *s. a mile* eine Meile schwimmen; **II.** *n.* **1.** Schwimmen: *go for a s.* schwimmen gehen; **2.** *be in/out of the s.* (*fig.*) mitmischen/den Anschluß verpaßt haben.

swing* [swɪŋ] **I. 1.** *v.i.* schwingen: *the boy was ≈ing on a rope* der Junge schwang an einem Seil; *s. from tree to tree* sich von Baum zu Baum schwingen (*monkey*); *s. to the right/left* (*pol.*) Rechtsschwenk/Linksschwenk machen; *s. into action* (*coll.*) aktiv werden; *s. for s.th.* (*coll.*) wegen etw. gehängt werden; *s. around* sich plötzlich umdrehen; **2.** *v.t.* schwingen: *s. a child* ein Kind schaukeln; *s. an axe* die Axt schwingen; *s. the lead* (*coll.*) sich drücken; **3.** beeinflussen (*public opinion in his favour*); *s. a deal* (*coll.*) Geschäft unter Dach und Fach bringen; **II.** *n.* **1.** schwingende Bewegung: *take a s.* (*Golf*) ausholen; *in full s.* (*fig.*) im Gange; **2.** Schaukel: *what you lose on the ≈s you gain on the roundabouts* (*fig.*) was man auf der einen Seite verliert, gewinnt man auf der anderen; **3.** Umschwung: *s. of the pendulum* (*pol.*) Trendwende; **4.** Swingmusik.

switch [swɪtʃ] **I.** *n.* **1.** (*el.*) Schalter: *light s.* Lichtschalter; **2.** Veränderung, Wechsel: *make a s.* Wechsel vornehmen; **3.** Rute, Gerte; **II. 1.** *v.t.* wechseln: *s. one's conversation to s.th. else* Thema der Unterhaltung wechseln; *s. positions* Stellen tauschen; **2.** schalten: *s. s.th. off/on* etw. ab-/anschalten; *s. over (to s.th. else)* umschalten (*TV*); **3.** *v.i.* tauschen: *s. to electricity* auf elektrischen Betrieb umstellen; *the wind has ≈ed to north-east* der Wind hat auf Nordost gedreht.

sword [sɔːd] *n.* Schwert: *cross ≈s* (*fig.*) die Klingen kreuzen; *put s.o. to the s.* jdn. mit dem Schwert töten; *those that live by the s. shall die by the s.* (*lit.*) wer das Schwert ergreift, soll durch das Schwert umkommen.

syllable ['sɪləbl] *n.* Silbe.

syllabus ['sɪləbəs] *n.* Lehrplan.

symbol ['sɪmbl] *n.* **1.** Symbol (*of hope*); **2.** Zeichen.

sympathetic [sɪmpə'θetɪk] *adj.* **1.** verständnisvoll: *they were (being) very s.* sie zeigten viel Verständnis; **2.** aufgeschlossen (*to our suggestion*); **3.** angenehm (*atmosphere*).

sympathy ['sɪmpəθɪ] *n.* **1.** Mitgefühl: *express one's s.* sein Mitgefühl ausdrücken; *letter of s.* Kondolenzschreiben; **2.** Verständnis: *have a lot of s. for s.th.* viel Verständnis für etw. haben; **3.** Unterstützung: *come out in s.* in Solidaritätsstreik treten; *be in s. with s.o.'s ideas* jds. Vorstellungen teilen.

system ['sɪstəm] *n.* **1.** System: *s. of government* Regierungssystem; *postal s.* Postwesen; **2.** Funktionsweise, System: *digestive s.* (*anat.*) Verdauungstrakt; *get s.th. out of one's s.* (*psych.*) sich etw. von der Seele reden; etw. loswerden; *pass through the s.* den Körper auf natürlichem Wege verlassen; **3.** *the s.* (*pol.*) das System: *blame everything on the s.* alles dem (gesellschaftlichen) System anlasten.

T

table [teɪbl] **I.** *n.* **1.** Tisch: *at t.* bei Tisch; *lay/set the t.* den Tisch dekken; *dining t.* Eßtisch; *drink s.o. under the t.* jdn. unter den Tisch trinken; *lay/put one's cards on the t.* (*fig.*) die Karten auf den Tisch legen; *turn the ≈s (on s.o.)* den Spieß umdrehen; *the offer is still on the t.* das Angebot gilt immer noch; **2.** Tabelle: *see t. one* vgl. Tabelle 1; *multiplication t.* (kleines) Einmaleins; **II.** *v.t.* einbringen: *t. a motion/resolution* Entschließung einbringen.

tablet ['tæblət] *n.* **1.** (*med.*) Tablette; **2.** Stück (*of soap*); **3.** Tafel: *memorial t.* Gedenktafel.

tact [tækt] *n.* Takt: *call for a great deal of t.* viel Takt erfordern.

tactful ['tæktfəl] *adj.* taktvoll.

tail [teɪl] **I.** *n.* **1.** Schwanz: *wag one's t.* mit dem Schwanz wedeln; *it was a case of the t. wagging the dog* (*fig.*) da hat mal wieder der Schwanz mit dem Hund gewedelt; *with one's t. between one's legs* mit eingezogenem Schwanz; *have s.o. on one's t.* jdn. (dicht) auf den Fersen haben; *put a t. on s.o.* jdn. beschatten lassen; *turn t.* sich drücken, kneifen; **2.** **≈s** *pl.* (*Münze*) Zahl: *not be able to make head or t. of s.th.* etw. nicht verstehen, sich keinen Reim auf etw. machen können; **3.** **≈s** *pl.* Frack; **II.** **1.** *v.t.* dicht folgen, beschatten; **2.** *v.i.: t. away; t. off* nachlassen.

tailor ['teɪlə] **I.** *n.* Schneider; **II.** *v.t.* **1.** schneidern; **2.** (*fig.*) maßgerecht anfertigen (*s.th. to meet s.o.'s requirements*).

take* [teɪk] **I.** **1.** *v.t.* nehmen: *t. as much as you like* nimm soviel, wie du willst; *s.o. has ≈n my purse* irgend jemand hat mir die Geldbörse gestohlen; *t. the children to school* die Kinder zur Schule bringen; *t. the dog for a walk* den Hund spazierenführen; *t. things as they come* die Dinge nehmen, wie sie kommen; *t. five from ten* (*math.*) fünf von zehn subtrahieren; *t. the blame* die Verantwortung übernehmen; *I can't t. any more!* (*coll.*) ich bin fix und fertig!; *t. it from me* laß es dir gesagt sein; **2.** einnehmen, erobern (*a city*): *t. prisoners* Gefangene machen; **3.** kaufen: *I'll t. the red ones* ich nehme die roten (*apples*); *t. a newspaper* Zeitung abonnieren; **4.** (*Prüfung*) machen: *t. one's driving* (*GB*)/*driver's* (*US*) *test for the umpteenth time* seine Fahrprüfung zum x-tenmal machen; **5.** reagieren: *how did she t. it?* wie hat sie es aufgenommen?; **6.** annehmen: *I t. it that …* ich nehme an, daß …; *t. the view that …* die Meinung vertreten, daß…; **7.** brauchen: *it doesn't t. much* es ist relativ leicht; *the journey ≈s about an hour* die Fahrt dauert ca. eine Stunde; *have what it ≈s* das nötige Rüstzeug haben; **8.** *v.i.* (*med.*) anschlagen: *the pill didn't t.* die Pille wirkte nicht; **9.** *in Phrasen: t. apart* auseinandernehmen (*auch fig.*); *t. away* fort-/mitnehmen; *t. back* zurücknehmen; *t. down* notieren; *t. home* netto verdienen; **10.** *v.prep.: t. in* einnehmen (*£ 1,500*); einbeziehen; täuschen; *t. in lodgers* (Zimmer an Untermieter) vermieten; *t. off* (*aeronaut.*) abheben; abnehmen; reduzieren; *t. s.o. off* jdn. imitieren; *t. o.s. off* abreisen; *t. out* herausnehmen; *t. s.o. out for a meal* jdn. zum Essen einladen; *t. it out on s.o.* sich an jdm. abreagieren; *t. out an insurance policy* eine Versicherung abschließen; *t. to* *s.th.* sich für etw. erwärmen; sich etw. zur Gewohnheit machen; *t. up* aufnehmen; aufgreifen (*an offer*); in Anspruch nehmen (*your time*); *t. up a job* Arbeit aufnehmen; *t. up an invitation* eine Einladung annehmen; *t. s.th. upon o.s.* etw. auf sich nehmen: *t. it upon o.s. to do the dirty work* die Drecksarbeit selbst übernehmen; **II.** *n.* **1.** (*Film*) Aufnahme; **2.** Einnahme, Umsatz.

tale [teɪl] *n.* Geschichte: *fairy t.* Märchen; *tell ≈s* flunkern.

talent ['tælənt] *n.* **1.** Talent, Begabung (*for s.th.*); **2.** Talente: *there's a lack of t. in this country* es gibt einen Mangel an Begabten in diesem Land; **3.** (*GB*) (*coll.*) Miezen, Bräute.

talk [tɔːk] **I. 1.** *v.i.* sprechen, reden: *t. to/with s.o.* mit jdm. sprechen; *t. to s.o.* mit jdm. ein ernstes Wort sprechen; *what are you ≈ing about?* wovon redest du?; *stop ≈ing!* hör auf zu schwatzen!; *get o.s. ≈ed about* ins Gerede kommen; **2.** *v.t.* sprechen, reden: *t. nonsense* dummes Zeug reden; *t. business* geschäftliche Dinge besprechen; *t. shop* fachsimpeln; *t. s.o. into/out of (doing) s.th.* jdn. zu etw. überreden / von etw. abbringen; *t. o.s. out of s.th.* sich aus etw. herausreden; **3.** *v.prep.: t. at s.o.* auf jdn. einreden (*without paying attention to his/her replies*); *t. s.th. up* (*US*) etw. hochjubeln; **II.** *n.* **1.** Unterhaltung, Gespräch: *have a t.* sich unterhalten; *small t.* belanglose Konversation; **2.** Verhandlung: *pay ≈s* (Gehalts-/Lohn-)Tarifverhandlungen; **3.** Gerede: *he's all t.* er ist ein Schwätzer vor dem Herrn; *t. of the town* Stadtgespräch; **4.** Vortrag: *give a t. on s.th.* einen Vortrag über etw. halten.

tall [tɔːl] *adj.* **1.** groß (*person*); hoch (*tree*); **2.** (*fig.*) überzogen: *that's a t. order* das ist ganz schön viel verlangt; *t. story* Märchen, frei erfundene Geschichte.

tame [teɪm] **I.** *adj.* **1.** zahm (*animal*); **2.** (*fig.*) lahm, langweilig (*story*); **II.** *v.t.* zähmen (*an animal*): *t. nature* die Natur unter Kontrolle bringen.

tap[1] [tæp] **I.** *n.* **1.** (*techn.*) Hahn: *turn the t. on/off* den Hahn aufdrehen/zudrehen; *gas t.* Gashahn; *on t.* (*fig.*) sofort verfügbar; **2.** (*tel.*) Abhören; **II.** *v.t.* **1.** anzapfen: *t. a barrel* ein Faß anstechen; *t. reserves* (*fig.*) Reserven anzapfen; **2.** (*tel.*) abhören.

tap[2] **I.** *v.t.* (leicht) schlagen, klopfen (*s.o. on the shoulder*): *t. one's fingers on the table* mit den Fingern auf den Tisch klopfen; **II.** *n.* Klopfen: *hear a t. on the door* ein Klopfen an der Tür hören.

tape [teɪp] **I.** *n.* **1.** Band: *adhesive/sticky t.* Klebeband; *insulating t.* Isolierband; **2.** Zielband: *break the t.* als erste(r) durchs Ziel gehen; **3.** Tonband: *have everything on t.* alles auf Band haben; *t. recorder* Tonbandgerät; **II.** *v.t.* **1.** mit Band umwickeln; **2.** auf Tonband aufnehmen; **3.** *have (got) s.o./s.th. ≈d* (*fig.*) jdn./etw. in den Griff bekommen.

tank [tæŋk] **I.** *n.* **1.** Tank: *petrol t.* Benzintank; **2.** (*mil.*) Panzer; **II.** *v.prep.: t. up* auftanken; *be/get ≈ed up* (*coll.*) betrunken sein / sich betrinken.

target ['tɑːgɪt] **I.** *n.* **1.** Ziel, Zielscheibe (*auch fig.*): *hit the t.* ins Schwarze treffen; *t. practice* Schießübungen; **2.** (*fig.*) Ziel: *sales t.* angestrebter Umsatz; *we're on t.* wir haben unser Soll erreicht; **II.** *v.t.* ins Visier nehmen, als Ziel haben: *t. an advertising campaign at OAPs* Werbekampagne auf Altersrentner (als Zielgruppe) abstellen.

task [tɑːsk] *n.* **1.** Aufgabe: *set o.s. the t. of doing s.th.* sich etw. zur Aufgabe machen; *thankless t.* undankbare Aufgabe; **2.** *take s.o. to t.* sich jdn. vorknöpfen.

taste [teɪst] **I.** *n.* **1.** Geschmack: *this soup has no t.* diese Suppe schmeckt nach nichts; (*fig.*) Vor-, Nachgeschmack: *a t. of things to come* ein Vorgeschmack auf das, was noch kommt; *leave a bad t. in s.o.'s mouth* einen üblen Nachgeschmack hinterlassen (*auch fig.*); **2.** Geschmack, Stil: *in bad t.* geschmacklos; *not to my t.* nicht meinem Geschmack/Stilempfinden entsprechend; **3.** Vorliebe: *have a t. for expensive clothes* eine Vorliebe für teure Kleidung haben; **II.** **1.** *v.t.* *schmecken: I can't t. anything* ich schmecke überhaupt nichts; **2.** probieren, kosten, abschmekken (*the soup*); **3.** (*fig.*) erfahren (*freedom*).

tasty ['teɪstɪ] *adj.* schmackhaft (*meal*).

tax [tæks] **I.** *n.* **1.** Steuer: *before/after t.* brutto/netto; vor/nach Abzug der Steuern; *pay t.* Steuer(n) zahlen; *raise ≈es* Steuern erhöhen; *income t.* Einkommen(s)steuer; *value-added t.* (*VAT*) Mehrwertsteuer; *t. avoidance* (legale) Steuerumgehung; Steuerminderung; *t. evasion* Steuerhinterziehung; **2.** (*fig.*) Belastung (*on my health*); **II.** *v.t.* **1.** besteuern: *t. income at source* Einkünfte an der Quelle besteuern; **2.** (*fig.*) belasten: *t. s.o.'s patience* jds. Geduld auf die Probe stellen.

taxi ['tæksɪ] **I.** *n.* Taxi: *take a t.* ein Taxi nehmen; *t. driver* Taxifahrer; *t. rank* (*GB*) Taxenstand; **II.** *v.i.* (*Flugzeug*) rollen.

taxpayer ['tækspeɪə] *n.* Steuerzahler(in).

tea [tiː] *n.* **1.** Tee: *a cup of t.* eine Tasse Tee; *not my cup of t.* (*coll.*) nicht mein Bier; **2.** Essen (*am Nachmittag bzw. frühen Abend*): *have the neighbours in for t.* die Nachbarn zum Essen einladen.

teach* [tiːtʃ] *v.t.* lehren, unterrichten: *t. English as a foreign language* Englisch als Fremdsprache unterrichten; *t. s.o. a lesson* (*fig.*) jdm. eine Lektion erteilen.

teacher ['tiːtʃə] *n.* Lehrer(in): *t. of French; French t.* Französischlehrer(in).

teaching ['tiːtʃɪŋ] *n.* **1.** Unterrichten: *go into t.* den Lehrerberuf ergreifen; **2.** Lehre: *the t./≈s of the church* die Lehre(n) der Kirche.

team [tiːm] **I.** *n.* **1.** Mannschaft: *t. effort* gemeinsame Anstrengung; **2.** Gespann (*of oxen*); **II.** *v.prep.: t. up* sich zusammenschließen.

tear[1] ['tɪə] *n.* Träne: *in ≈s* in Tränen (aufgelöst); *shed ≈s* Tränen vergießen; *crocodile ≈s* (*fig.*) Krokodilstränen.

tear*[2] ['teə] **I.** **1.** *v.t.* reißen: *t. s.th. to pieces/shreds* etw. in Stücke reißen; (*fig.*) verreißen (*a play*); *be torn between two people* zwischen zwei Leuten hin und her gerissen sein; *t. one's hair* sich die Haare raufen; **2.** *v.i.* reißen: *this material won't t. so easily* dieser Stoff reißt nicht so leicht; **3.** rasen: *t. past* vorbeirasen; **4.** *v.prep.: t. at s.th.* an etw. zerren; *t. into s.th.* etw. zerfleischen; über etw. herfallen; *t. off* abreißen: *t. a strip off s.o.* (*coll.*) jdn. zur Schnecke machen; *t. out* herausreißen; *t. up* aufreißen (*the road*); **II.** *n.* Riß: *wear and t.* Abnutzung.

technical ['teknɪkl] *adj.* **1.** technisch: *t. college* (*GB*) gewerbliche Schule; **2.** fachbezogen: *t. term* Fachausdruck.

technician [tek'nɪʃn] *n.* **1.** Techniker; **2.** Facharbeiter.

technique [tek'ni:k] *n.* Technik, Methode.

technology [tek'nɒlədʒɪ] *n.* Technologie, Technik: *high t.* (*auch: hitech*) Hochtechnologie; *modern t.* moderne Technik; *college of t.* Fachhochschule für Technik.

teeth [ti:θ] → **tooth.**

teenager ['ti:neɪdʒə] *n.* Teenager, Junge/Mädchen im Alter von 13 bis 19.

telegram ['telɪgræm] *n.* Telegramm.

telegraph ['telɪgrɑ:f] **I.** *n.* Telegraf; **II.** *v.t.* telegrafieren.

telephone ['telɪfəʊn] → **phone I.** *n.* Telefon: *be on the t.* Fernsprechanschluß haben; am Apparat sein; *by t.* telefonisch; *t. booth/box* Fernsprechzelle; *t. directory* Telefonbuch; *t. number* Telefonnummer; *t. operator* Telefonvermittler(in); **II.** *v.t.* telefonieren (*s.o. in the middle of the night*).

televise ['telɪvaɪz] *v.t.* im Fernsehen senden/übertragen.

television ['telɪvɪʒən] *n.* Fernsehen: *on t.* im Fernsehen; *watch t.* fernsehen; *t. screen* Bildschirm, Mattscheibe; *t. set* Fernsehapparat.

telex ['teleks] **I.** *n.* **1.** Fernschreiber: *by t.* per Fernschreiber; **2.** Fernschreiben: *send/receive a t.* Fernschreiben schicken/erhalten; **II.** *v.t.* per Fernschreiben mitteilen.

tell* [tel] **1.** *v.t.* erzählen (*a joke, stories*); sagen: *t. the truth* die Wahrheit sagen; *t. me …* sag mal …; *I told you so* das habe ich dir doch gesagt; *don't t. me …* sagen Sie mir bloß nicht …; *there's no ≈ing* es läßt sich nicht (mit Sicherheit) sagen; *t. s.o. off* jdn. ausschimpfen; **2.** wissen, erkennen: *you never can t.* man weiß nie; *you can t. when she's in a good mood* man weiß gleich, wenn sie guter Laune ist; unterscheiden: *it's hard to t. which is which* es ist schwer, die beiden zu unterscheiden; *t. the difference* den Unterschied erkennen; **3.** befehlen: *t. s.o. to do s.th.* jdm. etw. auftragen; *do as you are told* tu, was man dir sagt; *t. her to wait* sag, sie soll warten; **4.** *v.i.* sich bemerkbar machen: *his age is beginning to t. (on him)* sein Alter macht sich langsam bemerkbar; *t. against s.o.* gegen jdn. sprechen.

temper ['tempə] **I.** *n.* **1.** Laune: *be in a bad t.* schlechte Laune haben; *fly into a t.* einen Wutanfall haben; *keep one's t.* sich beherrschen; *lose one's t.* die Beherrschung verlieren; **2.** (*Metall*) Härtegrad; **II.** *v.t.* **1.** mäßigen, mildern: *t. justice with mercy* bei aller Gerechtigkeit Milde walten lassen; **2.** (*techn.*) härten (*steel*).

temperature ['temprətʃə] *n.* **1.** Temperatur (*of 150° C*); **2.** (*med.*) Fieber: *have got a t.* Fieber haben; *take s.o.'s t.* jds. Temperatur messen.

temple[1] ['templ] *n.* Tempel (*of Jupiter*).

temple[2] *n.* (*anat.*) Schläfe.

temporary ['tempərərɪ] **I.** *adj.* zeitweilig: *t. employment* zeitweilige Beschäftigung; **II.** *n.* (*coll.:* **temp**) Aushilfskraft.

tempt [tempt] *v.t.* verleiten: *t. s.o. into (doing) s.th.* jdn. zu etw. verleiten; *I'm ≈ed to take a day off* ich bin versucht, mir einen Tag freizunehmen; *t. fate/providence* das Schicksal herausfordern.

temptation [temp'teɪʃn] *n.* **1.** Versuchung: *yield to t.* der Versuchung erliegen; **2.** verlockendes Objekt: *that cake was a real t.* dieser Kuchen war eine wahre Verlockung.

tend[1] [tend] **1.** *v.i.* tendieren, neigen: *the weather ≈s to be very cold at times* das Wetter kann zuweilen sehr kalt sein; **2.** *v.prep.: t. towards* neigen zu: *she ≈s towards extremist views* sie neigt zu extremistischen Ansichten.

tend[2] *v.t.* sich kümmern um (*the sick*); bedienen (*machines*).

tender[1] ['tendə] *adj.* **1.** zart, empfindlich (*plants*): *of t. age* im zarten Alter; *a t. subject* ein heikles Thema; **2.** zart (*meat*); **3.** zärtlich (*parents*): *t. loving care* liebevolle Pflege.

tender[2] *n.* **1.** Hüter, Pfleger; **2.** (*Bahn, Schiff*) Tender.

tender[3] **I.** *n.* **1.** Angebot: *invite ≈s (for s.th.); put (s.th.) out to t.* Ausschreibung veranstalten; **2.** *legal t.* gesetzliches Zahlungsmittel; **II. 1.** *v.t.* anbieten (*one's services*): *please t. exact fare* bitte das Fahrgeld abgezählt bereithalten; **2.** *v.prep.: t. for s.th.* sich an einer Ausschreibung beteiligen.

tennis ['tenɪs] *n.* Tennis: *play t.* Tennis spielen; *t. court* Tennisplatz; *t. match* Tennisspiel; *t. racquet/racket* Tennisschläger.

tense[1] [tens] **I.** *adj.* straff, gespannt (*atmosphere*): *feel rather t.* recht nervös sein; **II.** *v.t.; v.i.* (sich) spannen/straffen.

tense[2] *n.* (*gram.*) Tempus: *present t.* Präsens.

tension ['tenʃən] *n.* Spannung: *nervous t.* nervliche Belastung; *social t.* soziale Spannung(en); *high-t. cable* (*el.*) Hochspannungsleitung.

tent [tent] *n.* Zelt.

term [tɜːm] **I.** *n.* **1.** Zeitraum: *t. of office* Amtszeit; *in the long/short t.* lang-/kurzfristig; *be near the end of its t.* (*Vertrag*) bald abgelaufen sein; **2.** (*Universität*) Trimester, Semester, Quartal: *summer t.* Sommersemester; Sommertrimester; **3.** Ausdruck: *technical t.* Fachausdruck; *t. of abuse* Schimpfwort; *tell s.o. in no uncertain ≈s* mit jdm. Tacheles reden; *in ≈s of money* in Geld ausgedrückt; *in real ≈s* (*econ.*) real; *a contradiction in ≈s* ein Widerspruch in sich; **4.** (*math.*) Term; **5.** **≈s** *pl.* Bedingungen: *≈s of delivery/payment* Liefer-/Zahlungsbedingungen; *easy ≈s* günstige (Zahlungs-)Bedingungen; *be on good ≈s with s.o.* sich gut mit jdm. stehen; *come to ≈s with s.th.* mit etw. fertigwerden/zurechtkommen; *they're not on speaking ≈s* sie sprechen nicht miteinander; *≈s of reference* Aufgabenbereich; **II.** *v.t.* benennen.

terminal ['tɜːmɪnəl] **I.** *adj.* **1.** End-, Abschluß- (*examination*); **2.** (*med.*) unheilbar (*cancer*): *t. ward* Station für unheilbare Kranke; **II.** *n.* **1.** Endstation, Terminal; **2.** (*el.*) Pol.

terminate ['tɜːmɪneɪt] **1.** *v.t.* beenden: *t. a pregnancy* (*med.*) eine Schwangerschaft abbrechen; **2.** *v.i.* enden.

terminus ['tɜːmɪnəs] *n.* Endstation; (*Eisenbahn*) Kopfbahnhof.

terrace ['terəs] **I.** *n.* **1.** Terrasse; *≈s* (*Stadion*) Ränge; **2.** Häuserreihe; **II.** *v.t.* terrassenförmig anlegen: *≈ed house* (*GB*) Reihenhaus.

terrible ['terɪbl] *adj.* schrecklich (*auch iron.*).

territory ['terɪtərɪ] *n.* **1.** Staatsgebiet, Territorium: *tread on rather dangerous t.* (*fig.*) sich auf recht gefährlichem Terrain bewegen; Revier: *animals usually defend their t.* Tiere verteidigen normalerweise ihr Revier; **2.** Aufgabenbereich, Bezirk (*of a representative*); Spezialgebiet: *Early Middle English is my t.* Frühmittelenglisch ist mein Spezialgebiet.

terror ['terə] *n.* **1.** Schrecken: *be in t. of one's life* eine Heidenangst haben; *have a t. of s.th.* vor etw. mächtig Angst haben; *strike t. into s.o.* jdn. erschrecken; *reign of t.* Schreckensherrschaft; **2.** (*Person*) Schrecken: *he is the t. of the town* er versetzt die Stadt in Angst und Schrecken; **3.** (*coll.*) Teufel: *she's a real t.* sie ist ein wahrer Teufel.

terrorist ['terərɪst] **I.** *n.* Terrorist(in); **II.** *adj.* terroristisch (*attack*).

test [test] **I.** *n.* Test, Prüfung: *put s.th. to the t.* etw. (auf Herz und Nieren) prüfen; *stand the t. of time* sich (über Jahre hinweg) bewähren; *take a t.* eine Prüfung machen; *aptitude t.* Eignungstest; *driving t.* Fahrprüfung; *Ministry of Transport (MOT) t.* Überprüfung durch den Technischen Überwachungsverein (TÜV); *t. case* (*jur.*) Musterprozeß; *t. tube* (*chem.*) Reagenzglas; **II.** *v.t.* prüfen (*pupils*): *t. the water* (*fig.*) die Lage peilen; *≈ing times* schwere Zeiten.

testament ['testəment] *n.* **1.** Beleg, Zeugnis (*of her ability*); **2.** *last will and t.* Testament.

testify ['testɪfaɪ] **1.** *v.prep.: t. to s.th.* etw. bezeugen; **2.** *v.i.* (*jur.*) aussagen: *she testified under oath that she had seen him* sie sagte unter Eid aus, daß sie ihn gesehen hatte.

testimony ['testɪmənɪ] *n.* **1.** (*jur.*) Zeugenaussage: *false t.* Falschaussage, Meineid; **2.** (*fig.*) Zeugnis, Beweis (*to s.o.'s skills*).

text [tekst] *n.* **1.** Text: *original t.* Originaltext; *the full t.* der volle Wortlaut; **2.** Bibeltext: *today's t. is from St John's* die heutige Lesung ist aus dem Johannesevangelium.

textbook ['tekstbʊk] *n.* Lehrbuch: *a t. example* ein Paradebeispiel.

than [ðæn] *conj.* als: *better t. ...* besser als ...; *I'd rather do it myself t. being got at all the time* ich mache es lieber selbst, als daß man mir ununterbrochen auf die Nerven geht; *no sooner had she put in an appearance t. he would turn up* kaum hatte sie sich blicken lassen, tauchte er auch schon (wieder) auf.

thank [θæŋk] *v.t.* danken (*s.o. for s.th.*): *t. you very much!* vielen Dank! (*auch iron.*); *no, t. you!* nein danke!; *t. God/goodness/heaven!* Gott sei Dank!; *have only o.s. to t. for s.th.* etw. nur sich selbst zu verdanken haben (*oft iron.*).

thankful ['θæŋkfəl] *adj.* dankbar: *be t. for small mercies* für alles dankbar sein.

thanks [θæŋks] *n. pl.* (*coll.*) Dank: *many t.* vielen Dank; *vote of t.* Danksagung; *t. to* dank (*the fine weather*).

that[1] [ðæt] **I.** *adj.* (*pl.* → **those** [ðəʊz]) jene(r, s), diese(r, s): *who is t. woman (over there)?* wer ist die Frau da?; *at t. time* zu jener Zeit; (*oft pej.*): *I'm not sure about t. boyfriend of hers* ich habe so meine Bedenken gegen ihren Freund; **II.** *pron.* das: *t.'s it* das ist es; das war's; *and t. was t.* und das war's auch schon; *t.'ll do* das genügt; *who's t.?* (*oft pej.*) wer ist das denn?; *leave it at t.* es dabei belassen; *look at t.!* schau dir das mal an!; *t. is to say* das will besagen; *with friends like t.* (*iron.*) bei solchen Freunden; **III.** *adv.* so: *did it cost t. much?* hat es (wirklich) soviel gekostet?; *it won't take t. long* so lange wird es nicht dauern; **IV.** *relat. pron.* der, das, welches (*nur bei notwendigen Relativsätzen; vgl. aber die nachfolgende Anmerkung*): **1.** *the parcel t. arrived this morning* das Paket, das heute morgen ankam; **2.** (*bei Personen oft pej.*): *the man t. she met at the pub* der Mann, den sie in der Kneipe kennenlernte; **3.**

(*bes. nach betonten Nominalphrasen*): *the best thing t. has ever happened in our town* das Beste, was je in unserer Stadt passiert ist; *anything t. can help us* alles, was uns helfen kann; **4.** (*nach Zeitangaben*): *the moment t. he put in an appearance* der Moment, in dem er sich blicken ließ. *Bei* **1.**, **2.** *und* **4.** *kann das Relativpronomen »t.« als Objekt in der Regel weggelassen werden (»zero link« oder »contact clause«). Bei* **3.** *kann »t.« ebenfalls entfallen. Allerdings wird bei gleichem Subjekt (wie hier) oft eine Infinitivkonstruktion zur Verkürzung verwendet.*

that[2] *conj.* daß: *we trust t. the goods will reach you soon* wir hoffen, daß die Ware bald bei Ihnen eintrifft. *In der Regel kann die Konj. »t.« entfallen.*

the [ðə; *vor Vokalen*: ðɪ; *betont*: ði:] **I.** *art.* der, die, das **1.** (*mit spezifischem Bezug*): *t. letters I received yesterday* die Briefe, die ich gestern erhielt; *all t. family were there* die ganze Familie war da; *Charles t. Second* Karl der Zweite; *how's t. wife?* (*coll.*) wie geht's Ihrer Frau?; **2.** (*vor nominalisierten Adjektiven*): *t. rich and t. poor* die Reichen und die Armen; *this is asking for t. impossible* hier wird Unmögliches verlangt; *t. accused* (*jur.*) der/die Angeklagte(n); *t. French* die Franzosen; **3.** (*mit Sg. als Gattungsbezeichnung*): *t. West Highland is not very demanding* der West-Highland-Terrier ist nicht sehr anspruchsvoll; *t. steam engine was t. most important producer of energy for over a hundred years* mehr als einhundert Jahre lang war die Dampfmaschine der wichtigste Energieerzeuger; **4.** (*bei Maßeinheiten*): *by t. dozen* im Dutzend; *pay s.o. by t. hour* jdn. stundenweise bezahlen; **5.** (*bei Jahrzehnten*): *in t. 60s* in den sechziger Jahren; **6.** (*betont*): *it was t. event of the year* es war das wichtigste Ereignis des Jahres; **7.** (*koll. nach: how, what, where, who, why*): *what t. Dickens/devil are you doing here?* was zum Teufel tust du hier?; **II.** *adv. t. …, t.* je …, um so …: *t. sooner, t. better* je eher, um so besser.

theater (*US*); **theatre** (*GB*) ['θɪətə] *n.* **1.** Theater: *what's on at the t.?* was wird gespielt?; *go to the t.* ins Theater gehen; *go into the t.* ans Theater gehen; **2.** Saal (*für besondere Zwecke*): *lecture t.* Hörsaal; *operating t.* Operationssaal; *t. nurse/sister* OP-Schwester; **3.** Schauplatz: *t. of war* Kriegsschauplatz.

theft [θeft] *n.* Diebstahl.

their ['ðeə] *poss. adj. pl.* **1.** ihr: *t. own house* ihr eigenes Haus; *they have a house of t. own* sie haben ein Eigenheim; **2.** (*allg. Bezug*): *has everybody collected t. worksheet?* hat jeder sein Arbeitsblatt abgeholt?

theirs ['ðeəz] *poss. pron. pl.* ihre(r, s): *a friend of t.* einer ihrer Freunde.

them [ðem] **I.** *pers. pron. pl.* (*Objektform*): *have you seen t. lately?* hast du sie in letzter Zeit gesehen?; (*betont anstelle der Subjektform*): *it's t.!* sie sind es!; *t. and us* (*GB*) (*coll.*) die da oben und wir da unten; **II.** (*coll.*) *art. pl.* die: *where did you get t. books?* wo hast du die Bücher her?

theme [θi:m] *n.* **1.** Thema (*of a congress*): *t. park* Freizeitpark (*mit thematischem Schwerpunkt*); **2.** (*mus.*) Motiv, Melodie: *t. tune* Erkennungsmelodie.

themselves [ðəm'selvz] *refl. pron. pl.* sie/sich selbst: *they have only t. to* *blame* sie sind selbst schuld; *did they really do it by t.?* haben sie es wirklich selbst gemacht?

then [ðen] **I.** *adv.* **1.** damals: *I didn't know t.* damals wußte ich noch nicht Bescheid; **2.** zu diesem Zeitpunkt: *she'll have gone by t.* zu diesem Zeitpunkt wird sie schon fort sein; *he's not been heard of since t.* seitdem hat man nichts mehr von ihm gehört; **3.** dann, danach: *we'll have one more and t. go home* einen trinken wir noch und dann gehen wir nach Hause; **4.** außerdem: *t. there's your mother* außerdem ist da noch deine Mutter; **5.** dann (*als Konsequenz*): *if* $x = 2$ *and* $y = 6$, *t.* $xy = 12$ wenn $x = 2$ und $y = 6$, dann ist $xy = 12$; **6.** also: *it's true t.* es stimmt also; *all right t.* nun gut; **7.** *in Phrasen: now and t.* hin und wieder; **II.** *adj. attr.* damalig: *the t. president* der damalige Präsident.

theoretical [ˌθɪəˈretɪkl] *adj.* theoretisch.

theory [ˈθɪərɪ] *n.* Theorie: *in t.* theoretisch.

there [ˈðeə] *adv.* **1.** dort, da: *here and t.* hier und da; *t. she is* da ist sie (ja); **2.** dahin: *t. and back* hin und zurück; *get t.* (*fig.*) es schaffen; **3.** in dieser Hinsicht: *I agree with you t.* hier stimme ich dir zu; **3.** *in Phrasen: t. is/are …* es gibt …; *t. you are* hier bitte; *t.'s a good boy/girl!* sei brav!

thereafter [ˌðeərˈɑːftə] *adv.* danach.

thereby [ðeəˈbaɪ] *adv.* dadurch.

therefore [ˈðeəfɔː] *adv.* deshalb.

thermometer [θəˈmɒmətə] *n.* Thermometer.

these [ðiːz] → **this.**

they [ðeɪ] *pers. pron. pl.* **1.** sie: *who are these girls? t. are my daughters* wer sind diese Mädchen? Es sind meine Töchter; **2.** (*nach Kollektivnomina*): *the government say t.'ve got the situation in hand* die Regierung sagt, sie habe die Lage unter Kontrolle.

thick [θɪk] **I.** *adj.* **1.** dick (*slice of bread*): *a t. wall* eine dicke/starke Wand; *give s.o. a t. ear* (*coll.*) jdm. ein paar hinter die Ohren geben; *have a t. skin* (*fig.*) dickfellig sein; *lay it on t.* (*coll.*) es dick auftragen; *that's a bit t.!* (*coll.*) das ist ein starkes Stück!; *have a t. skull; be a bit t.* (*coll.*) ein bißchen schwer von Begriff sein; *the t. end* (*coll.*) das dicke Ende; **2.** dicht (*forest, hair*): *t. mist* dichter Nebel; *the place was t. with people* am Ort herrschte ein großes Gedränge; *t. on the ground* (*fig.*) in Massen vorhanden; **II.** *n. in Phrasen: in the t. of it* mittendrin; *through t. and thin* durch dick und dünn.

thickness [ˈθɪknəss] *n.* **1.** Dicke, Stärke (*of the wall*); **2.** Lage, Schicht (*of newspaper*).

thief [θiːf] (*pl.* **thieves** [θiːvz]) *n.* Dieb: *stop t.!* haltet den Dieb!; *be as thick as thieves* (*coll.*) dicke Freunde sein.

thin [θɪn] **I.** *adj.* **1.** dünn (*paper*): *t. wire* dünner Draht; *the t. end of the wedge* (*fig.*) erst der Anfang einer (schlimmen) Entwicklung; *skate on t. ice* (*fig.*) sich aufs Glatteis begeben; *wear t.* dünner werden (*rope*); *vanish into t. air* sich in Luft auflösen; **2.** dünn gesät, spärlich: *t. hair* schütteres Haar; *t. on the ground* (*fig.*) nur spärlich vorhanden (*experts*); **3.** (*fig.*) fadenscheinig (*excuse*): *a t. disguise* eine leicht zu erkennende Tarnung; **II. 1.** *v.t.* lichten (*trees*); verringern (*the population*); **2.** *v.i.* geringer/schwächer werden: *the fog is beginning to t. (out)* der Nebel beginnt sich zu lichten.

thing [θɪŋ] *n.* **1.** Ding, Objekt: *what's that t.?* was ist das (denn)?;

there wasn't a t. to eat es gab nichts zu essen; *you are seeing ≈s* du hast Halluzinationen; **2.** ≈**s** *pl.* Sachen: *don't forget your ≈s* vergiß deine Sachen nicht; **3.** Sache, Angelegenheit: *for one t.* zunächst einmal; *the real t.* das Wahre; *the best t. (to do)* das Beste; *a t. of the past* etwas, das der Vergangenheit angehört; *all ≈s considered* wenn man alles bedenkt; *I prefer doing my own t.* ich ziehe es vor, mich selbst zu beschäftigen; *she's got a t. about dogs* sie hat was gegen Hunde; *he knows a t. or two* (*coll.*) er ist nicht unbeleckt; *the t. is …* die Frage ist … .

think* [θɪŋk] **I. 1.** *v.i.* denken: *let me t.* laß mich mal nachdenken; *it makes you t.* es stimmt nachdenklich; *t. again* noch einmal überdenken; *t. twice about doing s.th.* etw. genau überdenken; **2.** *v.t.* meinen: *what do you t.?* was meinst du?; *t. that …* der Meinung sein, daß …; *I t. so/not* ich meine ja/nein; *I thought as much* das habe ich mir schon gedacht; *t. nothing of it* ohne Bedenken etw. tun; *t. the world of s.o./s.th.* viel von jdm./etw. halten; **3.** *v.prep.: t. about s.th.* über etw. nachdenken; *t. about doing s.th.* etw. in Betracht ziehen; *t. of s.o./s.th.* an jdn./etw. denken; *t. s.th. out* etw. durchdenken; *t. s.th. up* sich etw. ausdenken; **II.** *n.* (*coll.*) Denken: *have a t. about s.th.* über etw. nachdenken.

thinking ['θɪŋkɪŋ] *n.* **1.** Denken: *do some t.* nachdenken; *wishful t.* Wunschdenken; **2.** Meinung: *according to my way of t.* meiner Meinung nach.

third [θɜːd] **I.** *adj.* dritte(r, s): *t.-party insurance* (*Kfz*) Haftpflichtversicherung; *the T. World* die Dritte Welt; **II.** *n.* Drittel.

thirst [θɜːst] *n.* **1.** Durst: *quench one's t.* seinen Durst löschen; **2.** (*fig.*) Verlangen: *t. for knowledge* Wissensdurst.

thirsty ['θɜːstɪ] *adj.* durstig.

this [ðɪs] (*pl.* **these** [ðiːz]) **I.** *pron.* diese(r, s): *what's (all) t.?* was ist das (denn)?; *t. and that* dies und jenes; *t., that and the other* Verschiedenes; **II.** *adj.* diese(r, s): *these people will stop at nothing* diese Leute schrecken vor nichts zurück; *these days* heutzutage.

thorough ['θʌrə] *adj.* gründlich: *a t. examination* eine gründliche Untersuchung.

thoroughfare ['θʌrəfeə] *n.* Durchgangsstraße: *no t.* (*Schild*) Durchfahrt verboten.

those [ðəʊz] *pl. von* → **that I.** *pron.* jene, diejenigen: *t. in charge* die Verantwortlichen; *t. attending/present* die Anwesenden; **II.** *adj.* jene: *it's one of t. things* (*coll.*) so ist es nun mal.

thou [ðaʊ] (*arch.*) *pron. 2. pers. sg.* du: *t. art* du bist.

though [ðəʊ] **I.** *conj.* obwohl: *even t.* selbst wenn; *as t.* so als ob; *strange t. it may seem* auch wenn es seltsam scheint; **II.** *adv.* (*nachgestellt*) trotzdem: *… I'll have a word with him, t. …* trotzdem werde ich ihn (darauf) ansprechen.

thought [θɔːt] *n.* **1.** Denken: *deep in t.* in Gedanken vertieft; **2.** Gedanke; Idee: *my first t.* mein erster Gedanke; *it was just a t.* es war nur so eine Idee; *on second ≈s* nach nochmaliger Überlegung; *perish the t.!* Gott behüte!; **3.** Nachdenken: *after much t.* nach intensivem Nachdenken; *spare a t. for s.o.* an jdn. denken; **4.** Denken, Philosophie: *medieval t.* Philosophie des Mittelalters; **5.** ein wenig: *a t. more attentive* etw. aufmerksamer.

thread [θred] **I.** *n.* **1.** Faden: *needle and t.* Nadel und Faden; *hang by a t.* (*fig.*) an einem dünnen Faden hängen; **2.** (*fig.*) roter Faden: *lose the t.* den roten Faden verlieren; **3.** (*techn.*) Gewinde; **II.** *v.t.* einfädeln (*a needle*); *t. one's way through* sich durchschlängeln.

threat [θret] *n.* **1.** Drohung: *empty t.* leere Drohung; **2.** Bedrohung (*to peace*).

threaten ['θretn] **1.** *v.t.* bedrohen (*s.o. with a knife*); **2.** drohen (*to do s.th.*); **3.** *v.i.* drohen, bevorstehen: *if a hurricane ≈s* wenn ein Orkan droht.

throat [θrəʊt] *n.* Kehle: *cut s.o.'s t.* jds. Kehle durchschneiden; *force s.th. down s.o.'s t.* (*fig.*) jdm. etw. aufzwingen.

through [θru:] **I.** *prep.* **1.** durch: *come in t. the door* durch die Tür hereinkommen; **2.** durch, vermittels: *get a job t. the job centre* (*GB*) mit Hilfe des Arbeitsamtes eine Beschäftigung/Stelle finden; **3.** (*Zeit*) durch: *sleep t. the night* die ganze Nacht durchschlafen; *she nursed him t. his illness* sie pflegte ihn während seiner Krankheit; **4.** (*US*) von … bis: *Wednesday t. Friday* von Mittwoch bis Freitag; **II.** *adv.* durch: *I didn't get t.* (*tel.*) ich kam nicht durch; *get t. with one's work* seine Arbeit schaffen; *t. and t.* durch und durch; **III.** *adj.* **1.** (*attr.*) Durch-: *no t. traffic* Durchfahrt verboten; **2.** (*pred.*) fertig: *I'm t. with you* (*coll.*) es ist aus mit uns.

throughout [θru:'aʊt] **I.** *prep.* **1.** überall in …: *t. the world* in der ganzen Welt; **2.** während des/der ganzen …: *t. the war* während des ganzen Krieges; **II.** *adv.* **1.** überall: *the place is bugged t.* das Gebäude ist voller Abhörwanzen; **2.** während der ganzen Zeit.

throw* [θrəʊ] **I.** *v.t.* **1.** werfen (*a ball*): *t. o.s. to the floor* sich auf den Boden werfen; *t. money at a problem* ein Problem nur mit Geld zu lösen versuchen; *t. good money after bad* Geld zum Fenster hinauswerfen; **2.** (*fig.*) werfen: *t. s.o. into prison* jdn. ins Gefängnis werfen; *t. tantrums* Wutanfälle bekommen; *t. light on s.th.* Licht auf etw. werfen; *t. doubt on s.th.* etw. in Frage stellen; *t. cold water on s.th.* Erwartungen dämpfen; **3.** (*fig.*) umwerfen: *I was completely thrown by question five* mit Frage Nr. 5 konnte ich überhaupt nichts anfangen; **4.** *v.refl.: t. o.s. into s.th.* sich (begeistert) in etw. stürzen; **5.** *v.prep.: t. s.th. in* dazugeben; (*Ball*) einwerfen; *t. off* abwerfen; abschütteln; *t. out* hinauswerfen; *t. up* hochwerfen (*the ball*); sich übergeben, erbrechen; **II.** *n.* Wurf: *a stone's t.* (nur) ein Steinwurf entfernt.

thru (*US*) (*coll.*) → **through**.

thumb [θʌm] **I.** *n.* Daumen: *be all ≈s* (*fig.*) zwei linke Hände haben; *be under s.o.'s t.* (*fig.*) unter jds. Fuchtel/Pantoffel stehen; *give s.th. the ≈s up/down* etw. gutheißen/ablehnen; *stick out like a sore t.* eine Verschandelung der Landschaft darstellen; **II.** *v.t.* **1.** *t. a lift* per Anhalter fahren; **2.** *t. through s.th.* etw. durchblättern (*the new dictionary*); **3.** *t. one's nose at s.o./s.th.* lange Nase machen; (*fig.*) auf jdn./etw. pfeifen.

thunder ['θʌndə] **I.** *n.* Donner (*auch fig.*): *steal s.o.'s t.* jdm. die Schau stehlen; **II.** *v.i.* donnern: *t. at s.o.* jdn. anbrüllen.

thunderstorm ['θʌndəstɔ:m] *n.* Gewitter.

Thursday ['θɜ:zdɪ] *n.* Donnerstag.

thus [ðʌs] *adv.* **1.** auf diese Art: *the evidence t. gathered* das so gesammelte Beweismaterial; **2.** somit, folglich: *he did his homework on the train, t. killing two birds with one stone* er erledigte seine Hausaufgaben im Zug und schlug so zwei Fliegen mit einer Klappe.

tick[1] [tɪk] **I.** *n.* **1.** Ticken (*of the clock*); **2.** (*coll.*) Moment: *in a t.* in einer Sekunde; **3.** Haken: *put a t. against the name(s)* Namen abhaken; **II. 1.** *v.i.* ticken: *the hours ≈ed away* die Stunden verstrichen; *make s.o. t.* (*fig.*) jdn. motivieren; *make s.th. t.* dafür sorgen, daß etw. funktioniert; *the engine is nicely ≈ing over* der Motor läuft (im Leerlauf) schön rund; **2.** *v.t.* abhaken: *t. (off) the names of those present* die Namen der Anwesenden abhaken; **3.** *t. s.o. off* (*coll.*) jdm. eine Zigarre verpassen.

tick[2] *n.* (*zool.*) Zecke.

tick[3] *n.* (*coll.*) *on t.* auf Kredit.

ticket ['tɪkət] **I.** *n.* **1.** Fahrausweis: *air t.* Flugschein; *single t.* einfache Fahrkarte; *return t.* Rückfahrkarte; *train t.* Bahnfahrkarte; *t. collector* Schaffner; **2.** Eintrittskarte; **3.** Strafzettel: *get a parking t.* ein Knöllchen/einen Knollen bekommen; *speeding t.* Strafzettel für zu schnelles Fahren; **4.** (*US*) Kandidatenliste: *be on the Democratic t.* auf der Kandidatenliste der demokratischen Partei stehen; **II.** *v.t.* (*bes. im Passiv*) **1.** Strafzettel ausstellen: *I've not been ≈ed for a while* ich habe seit einiger Zeit keine Strafzettel (mehr) bekommen; **2.** mit Preisschild versehen (*the coats*).

tickle ['tɪkl] **I.** *v.t.* **1.** kitzeln (*s.o.*); **2.** (*fig.*) erfreuen: *be ≈d pink* (*coll.*) sich riesig freuen; **II.** *n.* Kitzeln.

tide [taɪd] **I.** *n.* **1.** Gezeiten: *the t. is in/out* es ist Flut/Ebbe; **2.** Strömung (*auch fig.*): *swim against/with the t.* gegen den / mit dem Strom schwimmen; *stem the t.* die Entwicklung aufhalten; **II.** *v.t.: t. s.o. over* jdm. (finanziell) aus der Klemme helfen.

tidy ['taɪdɪ] **I.** *adj.* **1.** sauber, ordentlich: *have t. habits* ein ordentlicher Mensch sein; **2.** ordentlich (*sum of money*); **II.** *v.t.* säubern, aufräumen.

tie [taɪ] **I.** *n.* **1.** Krawatte: *bow t.* Fliege; **2.** Band (*auch fig.*): *≈s of friendship* Freundschaftsbande; Bindung, Belastung: *children are quite a t.* Kinder sind schon eine Belastung; **3.** (*Sport*) Unentschieden; **4.** (*US*) (*Eisenbahn*) Schwelle; **II. 1.** *v.t.* binden: *t. s.o. up* jdn. festbinden; *my hands are ≈d* (*fig.*) mir sind die Hände gebunden; *t. o.s. down* sich binden; **2.** *v.prep.: t. in with s.th.* zu etw. passen.

tiger ['taɪgə] *n.* Tiger.

tight [taɪt] *adj.* **1.** fest, eng (*shoes*): *these jeans are a t. fit* diese Jeans sitzen sehr eng; *hold t.* festhalten; *pull a rope t.* Seil spannen; *shut s.th. t.* etw. fest schließen; *it'll be a t. squeeze* es wird sehr eng werden; **2.** (*fig.*) eng, knapp: *t. security* strenge Sicherheitsmaßnahmen; *be in a t. spot* (*coll.*) in der Klemme sitzen; *run a t. ship* (*fig.*) straffes Regiment führen; **3.** knapp bei Kasse; **4.** (*auch: ≈-fisted*) knauserig.

tights [taɪts] (*GB*) *n. pl.* Strumpfhose.

till [tɪl] *prep.; conj.* → **until**.

timber ['tɪmbə] **I.** *n.* **1.** Nutzholz: *standing t.* Nutzwald; *put land under t.* Land aufforsten, Nutzwald pflanzen; **2.** Balken; **II.** *v.t.* mit Balken versehen, abstützen (*the roof*).

time [taɪm] **I.** *n.* **1.** Zeit (*allg.*): *all the t.* während der ganzen Zeit; *at this point in t.* zu diesem Zeitpunkt; *for the t. being* vorläufig; *only a matter/question of t.* nur eine Frage der Zeit; *have little t.* wenig Zeit haben; *have t. on one's hands* noch (genügend) Zeit haben; *pass the t.* die Zeit verbringen; **2.** Zeitpunkt: *what t. is it/do you make it?* wieviel Uhr ist es?; *arrive (spot) on t.* (auf die Minute) pünktlich ankommen; *not at this t. of night* nicht jetzt in der Nacht; *there's a t. (and place) for everything* alles zu seiner Zeit; *at the/that t.* damals; *at the present t.* jetzt; *(at) any t.* jederzeit; *now's the time to …* jetzt ist der Zeitpunkt gekommen, um …; *this t. tomorrow* morgen um diese Zeit; *t., gentlemen!* (*Kneipe*) wir machen gleich zu!; *Greenwich Mean T. (GMT)* westeuropäische Zeit; **3.** Zeitraum: *in t.* rechtzeitig; *those were hard ≈s* damals waren harte Zeiten; *her t. is up* ihre Stunde hat geschlagen; *in my t.* damals; **4.** Gelegenheit, Mal: *next t.* beim nächsten Mal; *many a t.* manches Mal; *for hours at a t.* stundenlang; *there's always a first t.* es gibt immer ein erstes Mal; **5.** (*math.*) mal: *5 ≈s 5 is 25* 5 mal 5 ist 25; *pay s.o. t. and a half* jdm. 50% Zuschlag (für Überstunden) zahlen; **6.** Zeit, Erlebnis: *we had a glorious t.* wir verbrachten eine herrliche Zeit; *have the t. of one's life* sich prächtig amüsieren; *have a rough t.* es schwer haben; **7.** (*mus.*) Takt: *keep in t.* im Takt bleiben; **II.** *v.t.* **1.** Zeitpunkt (für etw.) wählen: *t. one's departure cleverly* den Zeitpunkt für seine Abreise geschickt wählen; **2.** Zeit nehmen: *t. s.o. over the mile* jdn. über die Meilendistanz stoppen.

timetable ['taımteıbl] **I.** *n.* **1.** Fahrplan, Flugplan; **2.** (*Schule*) Stundenplan; **3.** Zeitplan: *have a busy t.* sehr beschäftigt sein; **II.** *v.t.* planen.

timid ['tımıd] *adj.* ängstlich, schüchtern.

tin [tın] **I.** *n.* **1.** (*chem.*) Zinn: *t. plate* Weißblech; **2.** Konservendose: *a t. of soup* eine Dose Suppe; *t. opener* Dosenöffner; **3.** Blech; Blechdose: *biscuit t.* Keksdose; **II.** *v.t.* **1.** verzinnen; **2.** in Dosen konservieren (*pineapples*).

tiny ['taını] *adj.* winzig (klein).

tip[1] [tıp] **I.** *n.* Spitze: *the t. of the iceberg* (*fig.*) die Spitze des Eisbergs; *have s.th. on the t. of one's tongue* etw. auf der Zunge liegen haben; *to the ≈s of one's fingers* bis in die Fingerspitzen; **II.** *v.t.* mit einer Spitze versehen: *≈ped cigarettes* Filterzigaretten.

tip[2] **I. 1.** *v.t.* umkippen (*the chair*): *t. the balance/scales* den Ausschlag geben; *t. the scales at 85 kg* (genau) 85 Kilo wiegen; **2.** abkippen: *t. a load of gravel on the drive* eine Ladung Kies auf die Einfahrt kippen; *no ≈ping!* Schutt abladen verboten!; **3.** *v.i.* umkippen: *watch that chair, it'll t.* paß auf den Stuhl auf, er kippt leicht um; **II.** *n.* Müllkippe: *her place looks like a t.* ihre Wohnung sieht aus wie eine Müllkippe.

tip[3] **I.** *v.t.* **1.** antippen, berühren: *t. one's cap* seine Mütze antippen (um jdn. zu grüßen); **2.** Trinkgeld geben (*the porter*); **3.** (*Wette*) setzen auf (*the winner*); *t. s.o. off* jdm. einen Wink geben; **II.** *n.* **1.** Ratschlag, Hinweis: *give s.o. a t.* jdm. einen Hinweis geben; **2.** Trinkgeld; **3.** Berührung.

tire[1] ['taıə] **1.** *v.i.* ermüden: *she never seems to t.* sie kennt offenbar keine Müdigkeit; **2.** aufhören: *some people never t. of hearing themselves talk* einige Leute hören sich selber gerne reden; **3.** *v.t.*

ermüden: *that dog of ours ≈s me (out)* unser (verflixter) Hund macht mich fertig.

tire[2] (*US*) → **tyre** (*GB*).

tired ['taɪəd] *adj.* **1.** müde: *t. out* fix und fertig; **2.** leid, überdrüssig: *I'm sick and t. of the lot of you* (*coll.*) ich habe von euch allen die Nase voll.

tissue ['tɪʃu:] *n.* **1.** Gewebe: *skin t.* Hautgewebe; *a t. of lies* (*fig.*) ein Lügengespinst; **2.** Papiertaschentuch: *facial t.* Gesichtstuch.

title ['taɪtl] *n.* **1.** (*lit.*) Titel: *t. page* Titelblatt; *t. role* Titelrolle; **2.** Titel, Anrede; **3.** (*jur.*) Rechtstitel, Anspruch (*to s.th.*); **4.** (*Sport*) Titel: *t. fight* Titelkampf.

to (*vor Konsonanten:* tə; *vor Vokalen:* tʊ; *betont:* tu:) **I.** *prep.* **1.** (*Richtung*) zu, nach: *go t. school* zur Schule gehen; *go t. England* nach England fahren; *go t. hell!* (*coll.*) geh zum Teufel!; **2.** (*Orientierung*): *t. the north of Manchester* nördlich von Manchester; **3.** (*Ort/Zeit*) bis: *it's only 50 miles t. Brighton* bis Brighton sind es nur 50 Meilen; *t. date* bisher; *t. this day* bis auf den heutigen Tag; *(from) nine t. five* (*GB*) von neun bis fünf (*typische Bürozeit*); *t. the end* bis zum Ende; *up t. one's ears in debt* (*fig.*) hochverschuldet; **4.** (*gram.*) (*indirektes Objekt anzeigend*): *I'll leave it t. you* ich überlasse es dir (*auch fig.*); *to whom did you speak?; who(m) did you speak t.?* mit wem hast du gesprochen?; **5.** (*Ergebnis*) bis: *move s.o. t. tears* jdn. zu Tränen rühren; *has it come t. this?* ist es soweit gekommen?; **6.** (*Verhältnis*): *win by five goals t. four* (mit einem Torverhältnis von) fünf zu vier gewinnen; *I prefer cycling to walking* ich fahre lieber Rad, als daß ich spazierengehe; **7.** (*bei ungefähren Angaben*) bis: *it'll take you five t. six weeks* dafür wirst du fünf bis sechs Wochen brauchen; **8.** dicht an: *bumper t. bumper* Stoßstange an Stoßstange; **9.** (*Reaktion*) zu: *t. my surprise* zu meiner Überraschung; *not t. my taste* nicht nach meinem Geschmack; **10.** (*Zweck*) für: *have you got a key t. this door?* hast du einen Schlüssel für diese Tür?; **II.** *adv.* **1.** geschlossen, zu: *push the door t.* mach die Tür zu; *come t.* das Bewußtsein wiedererlangen; **2.** *t. and fro* hin und her.

toast[1] [təʊst] **I.** *n.* (*Brot*) Toast: *as warm as t.* (*coll.*) mollig warm; *have s.o. on t.* (*fig.*) jdn. in der Hand haben; **II.** *v.t.* rösten, toasten: *t. one's feet by the fire* sich die Füße am Feuer wärmen.

toast[2] **I.** *n.* Trinkspruch, Toast: *propose a t.* einen Trinkspruch ausbringen; *be the t. of the party* (*fig.*) der Star der Party sein; **II.** *v.t.* Trinkspruch (auf jdn./etw.) ausbringen: *we ≈ed his success* wir feierten seinen Erfolg.

tobacco [tə'bækəʊ] *n.* Tabak.

today [tə'deɪ] **I.** *adv.* **1.** heute: *a week t.* heute in einer Woche; **2.** heutzutage: *young people t. have different attitudes* junge Leute denken heutzutage anders; **II.** *n.* heute: *≈'s newspaper* die Zeitung von heute.

toe [təʊ] **I.** *n.* Zeh: *be on one's ≈s* (*fig.*) auf Zack sein; *tread on s.o.'s ≈s* (*fig.*) jdm. auf die Füße treten; **II.** *v.t.* (*nur in Idiomen*): *t. the line* (*GB*)/*mark* (*US*) sich konform verhalten.

together [tə'geðə] *adv.* **1.** zusammen: *live t.* zusammenleben; *be close t.* ein enges Verhältnis haben; *put s.th. t.* etw. zusammenfügen; *get one's act/s.th. t.* etw. auf die Reihe bekommen; **2.** gemeinsam, zusammen: *all t. now!* (*Sprechen, Singen*) jetzt alle zusammen!; **3.** hintereinander: *for hours t.* stundenlang.

toilet ['tɔɪlət] *n.* **1.** Toilette(nanlage): *where's the t.?* wo ist die Toilette?; *go to the t.* auf die Toilette gehen; **2.** (*arch.*) Toilette, Körperpflege: *be at one's t.* sich waschen und anziehen; *t. articles* Körperpflegemittel.

toll[1] [təʊl] *n.* **1.** (Straßen-, Brükken-)Zoll, Maut: *t. road* Mautstraße; **2.** (*fig.*) Zoll, Tribut: *take a heavy t.* viele Opfer fordern.

toll[2] **I.** *v.t.; v.i.* läuten: *for whom the bell ≈s* (*lit.*) wem die Stunde schlägt; **II.** *n.* Läuten.

tomato [tə'mɑːtəu; *US:* tə'meɪtəʊ] *n.* Tomate.

tomorrow [tə'mɒrəʊ] **I.** *adv.* morgen: *t. night* morgen abend; **II.** *n.* **1.** morgen: *≈'s newspapers* die Zeitungen von morgen; **2.** die Zukunft: *≈'s world* die Welt von morgen.

ton [tʌn] *n.* (*Gewicht*) Tonne: *she weighs a t.* (*coll.*) sie wiegt eine Tonne; *≈s of s.th.* Riesenmengen von etw.; *do the t.* (*coll.*) 100 Meilen pro Stunde (*ca. 160 km/h*) fahren; *come down on s.o. like a t. of bricks* (*coll.*) jdn. fertigmachen.

tone [təʊn] **I.** *n.* **1.** Ton: *busy* (*US*)/ *engaged* (*GB*) *t.* (*tel.*) Besetztzeichen; *I didn't like the t. of her voice* mir mißfiel der Klang ihrer Stimme; **2.** (*mus.*) Ton; *half t.* Halbton; (*GB*) Note; **3.** Farbton: *several ≈s of blue* verschiedene Blautöne; **4.** Stil, Charakter: *these newcomers will bring down the t. of the neighbourhood* diese Neuankömmlinge werden dem Ansehen unseres Viertels schaden; **II. 1.** *v.t.* (*Farbe*) tönen; *t. s.th. down* etw. abschwächen; **2.** *v.i.* (farblich) harmonisieren: *the carpet ≈s (in) with the chairs* der Teppich paßt farblich zu den Sesseln; **3.** *v.prep.: t. up* straffen (*your muscles*).

tongue [tʌŋ] *n.* **1.** Zunge: *bite one's t.* (*fig.*) verlegen sein; *get one's t. around s.th.* (*fig.*) etw. nur mit Schwierigkeiten aussprechen können; *hold your t.!* halte deinen Mund!; *have a loose t.* ein loses Mundwerk haben; *stick one's t. out* seine Zunge herausstrecken; *with one's t. in cheek* schmunzelnd; *a slip of the t.* ein Versprecher; **2.** (*fig.*) Zunge: *t. of land* Landzunge; *t. and groove* Feder und Nut; **3.** Sprache: *mother/ native t.* Muttersprache.

tonight [tə'naɪt] **I.** *adv.* heute nacht; heute abend; **II.** *n.* heute nacht; heute abend: *≈'s weather* das Wetter heute nacht/abend.

too [tuː] *adv.* **1.** (*vor Adj. und Adv. intensivierend*) zu: *it's (far) t. hot here* es ist (viel) zu heiß hier; *that was t. much for her* das war zuviel/zu anstrengend für sie; *we're only t. pleased that …* wir freuen uns sehr, daß …; *t. bad* schade, da kann man nichts machen; **2.** (*nachgestellt*) auch: *me t.* ich auch; *I can do that t.* das kann ich auch.

tool [tuːl] *n.* Werkzeug: *the ≈s of the trade* das Handwerkszeug (*auch fig.*); *he was a mere t. in her hands* (*fig.*) sie benutzte ihn nur als Mittel zum Zweck.

tooth [tuːθ] *n.* (*pl.* **teeth** [tiːθ]) Zahn: *have a t. out* sich einen Zahn ziehen lassen; *false teeth* Gebiß, Zahnprothese; *brush/clean one's teeth* sich die Zähne putzen; *cut a t.* (*Kind*) zahnen; *fight s.th. t. and nail* (*fig.*) etw. bis aufs Blut bekämpfen; *get one's teeth into s.th.* (*fig.*) sich energisch an etw. machen; *kick s.o. in the teeth* (*fig.*) jdn. vor den Kopf stoßen; *lie in/ through one's teeth* (*coll.*) wie gedruckt lügen; *set s.o.'s teeth on edge* (*fig.*) jdn. (bis zur Weißglut) reizen; *show one's teeth* jdm. die Zähne zeigen (*auch fig.*).

toothache ['tu:θeɪk] *n.* Zahnschmerzen.

toothbrush ['tu:θbrʌʃ] *n.* Zahnbürste.

toothpaste ['tu:θpeɪst] *n.* Zahnpasta.

top [tɒp] **I.** *n.* **1.** Spitze, oberer Teil: *from t. to bottom* von oben bis unten; *from t. to toe* vom Scheitel bis zur Sohle; *on t. of s.th.* (*fig.*) obendrein; *get on t. of s.th.* (*fig.*) etw. in den Griff bekommen; *work one's way to the t.* (*fig.*) sich hocharbeiten; *feel on t. of the world* (*fig.*) sich phantastisch fühlen; **2.** Oberteil, Deckel: *bottle t.* Flaschenverschluß; *soft t.* (*Cabriolet*) Faltdach; *working t.* Arbeitsfläche; *blow one's t.* (*fig.*) einen Wutausbruch bekommen; **II.** *adj.* oberste(r, s): *t. scientist* renommierter Naturwissenschaftler; *t. speed* Höchstgeschwindigkeit; *be t. dog* (*coll.*) der/die Erste/Größte/Stärkste sein; **III. 1.** *v.t.* übersteigen (*the £1,000 mark*); **2.** an der Spitze stehen: *t. the list* ganz oben auf der Liste stehen; **3.** *v.prep.: t. out a building* den Rohbau fertigstellen; *≈ping-out ceremony* Richtfest; *t. up* auffüllen (*the tank*).

topic ['tɒpɪk] *n.* Thema, Gegenstand: *t. of conversation* Gesprächsthema.

torch [tɔ:tʃ] **I.** *n.* **1.** Taschenlampe: *shine one's t. into a corner* mit der Taschenlampe in eine Ecke leuchten; **2.** Fackel: *the Olympic t.* das olympische Feuer; **3.** (*US*) Lötlampe; **II.** *v.t.* in Brand setzen (*the stolen car*).

torture ['tɔ:tʃə] **I.** *n.* **1.** Folterung: *confess under t.* unter der Folter gestehen; **2.** (*fig.*) Folter, Qual: *sheer t.* eine wahre Qual; **II.** *v.t.* **1.** foltern (*prisoners*); **2.** (*fig.*) quälen: *be ≈d by feelings of guilt* von Schuldgefühlen geplagt werden.

total ['təʊtl] **I.** *adj.* total, ganz: *the t. number* die Gesamtzahl; *the sum t.* die Endsumme; *a t. waste of time* eine reine Zeitverschwendung; **II.** *n.* Gesamtsumme: *what's the t.?* auf wieviel beläuft es sich insgesamt?; **III.** *v.t.* **1.** insgesamt betragen: *her income ≈s some £60,000 a year* sie hat ein Jahreseinkommen von £60000; **2.** aufaddieren (*all the figures*).

touch [tʌtʃ] **I. 1.** *v.t.* berühren: *don't t.!* nicht anfassen!; *did you t. anything?* hast du irgend etwas angefaßt?; *I wouldn't t. her with a barge pole* (*coll.*) ich würde sie nicht mit einer Kneifzange anfassen; *t. bottom* den Tiefpunkt/die Talsohle erreichen; *t. wood* (*coll.*) auf Holz klopfen, die Daumen drücken; **2.** herankommen, erreichen: *there's no one to t. her when it comes to that* in dieser Hinsicht ist sie unerreicht; **3.** emotional berühren: *I was deeply ≈ed by that film* der Film ist mir sehr nahegegangen; *a very ≈ing story* eine sehr bewegende Geschichte; **3.** *v.i.* sich berühren: *t. down* (*Flugzeug*) aufsetzen; **4.** *v.prep.: t. s.o. for s.th.* (*coll.*) jdn. anpumpen; *t. s.th. off* etw. auslösen; *t. on s.th.* etw. kurz streifen (*a different subject*); *t. s.th. up* etw. (kosmetisch) ausbessern (*the scratch marks with a bit of paint*); **II.** *n.* **1.** Berührung: *at the slightest t.* bei der leisesten Berührung; **2.** (*fig.*) Berührung, Kontakt: *at the t. of a button* auf Knopfdruck; *get in t. with s.o.* mit jdm. in Kontakt treten; *be out of t.* keinen Kontakt (mit der Realität) haben; *keep in t.* Kontakt halten; *lose t. (with s.o.)* den Kontakt verlieren;

3. Geschick, Note: *personal t.* persönliche Note; *he has the common t.* (*pol.*) er spricht die einfachen Leute an; *lose one's t.* sein besonderes Geschick verlieren; **4.** Spur, Hauch: *a t. of spring in the air* ein Frühlingslüftchen; *put the finishing ≈es to s.th.* etw. den letzten Schliff geben.

tough [tʌf] **I.** *adv.* **1.** zäh: *as t. as leather* zäh wie Leder; *a t. nut to crack* (*fig.*) eine harte Nuß; **2.** schwierig: *a t. job/problem* ein schwieriges Problem; *he's a pretty t. customer* er ist ein zäher Bursche; **3.** hart, brutal: *a t. area* eine ziemlich üble Gegend; **4.** (*coll.*) hart: *that's pretty t.* das ist ganz schön hart; *t. luck!* was für ein Pech!; **II.** *n.* (*coll.*) Schlägertyp; **III.** *v.prep.: t. s.th. out* etw. durchstehen.

tour ['tʊə] **I.** *n.* **1.** Reise: *package t.* Pauschalreise; *t. operator* Reiseveranstalter; **2.** Rundgang, Besichtigung (*of the chocolate factory*); **3.** Tournee: *be on t.* (*theat.*) auf Tournee sein; **4.** Auslandsdienst: *a two-year t. in Turkey* zwei Jahre Auslandsdienst in der Türkei; **II.** *v.t.; v.i.* (be)reisen: *our friends are ≈ing (in) Australia* unsere Freunde machen eine Rundreise durch Australien.

tourist ['tʊərɪst] *n.* Reisende(r), Tourist(in): *this place is full of ≈s in summer* im Sommer sind hier sehr viele Touristen; *t. agency* Fremdenverkehrsamt; *t. class* Touristenklasse; *t. trap* Nepplokal.

toward [tə'wɔ:d]; *GB zumeist:* **towards** [tə'wɔ:dz] *prep.* **1.** nach, in Richtung: *walk t. the centre* in Richtung Zentrum gehen; *t. a new theory* auf dem Wege zu einer neuen Theorie; **2.** (*Haltung*) gegenüber: *she was sitting with her back t. me* sie saß mir mit dem Rücken gegenüber; *what's your attitude t. immigrants?* (*fig.*) welche Einstellung hast du gegenüber Einwanderern?; **3.** (*Zeit*) gegen: *t. the end of the millennium* gegen Ende des Jahrtausends; **4.** für: *that contribution will go (some way) t. alleviating famine in the Sudan* diese Spende wird dazu beitragen, die Hungersnot im Sudan (etwas) zu lindern.

towel ['taʊəl] **I.** *n.* Handtuch: *throw in the t.* (*fig.*) das Handtuch werfen; **II.** *v.refl.: t. o.s. (down)* sich abtrocknen.

tower ['taʊə] **I.** *n.* Turm: *the T. of Babel* der Turm von Babel; *ivory t.* Elfenbeinturm; *he is a t. of strength* er ist ein starker (Rück-)Halt; **II.** *v.prep.: t. above* überragen (*auch fig.*).

town [taʊn] *n.* **1.** Stadt: *in t.* in der Stadt; *out of t.* außerhalb; *t. and country* Stadt und Land; *t. and gown* (*GB*) die einheimische Bevölkerung und die Angehörigen der Universität (*bes. Oxford u. Cambridge*); *it's all over the t.* es ist stadtbekannt; *go to t.* (*coll.*) keine Kosten scheuen; *paint the t. red* (*coll.*) einen draufmachen; *t. council* Stadtrat; *t. hall* Rathaus; **2.** (*GB*) London: *go up to t.* nach London fahren.

toy [tɔɪ] **I.** *n.* Spielzeug: *t. shop* Spielwarenladen; **II.** *v.prep.: t. with s.th.* mit etw. spielen: *t. with an idea* mit dem Gedanken spielen.

trace [treɪs] **I.** *n.* Spur: *lost without t.* spurlos verschwunden; *≈s of blood* Blutspuren; **II.** *v.t.* **1.** verfolgen: *t. s.th. back* etw. zurückverfolgen; *he was ≈d to a house in Gloucester* seine Spur führte zu einem Haus in Gloucester; **2.** zeichnen: *t. s.th. on transparent paper* etw. auf Transparentpapier nachzeichnen; *t. one's* *name* seinen Namen (mühselig) malen.

track [træk] **I.** *n.* **1.** Spur: *on the right/wrong t.* auf der richtigen/falschen Spur; *there were tyre ≈s in the mud* im Schlamm waren Reifenspuren zu erkennen; *be on s.o.'s t.* jdm. auf der Spur sein; *cover up one's ≈s* seine Spuren verwischen; *keep t. of s.th.* etw. im Auge behalten; *lose t. of s.th.* etw. aus dem Auge verlieren; *make ≈s* (*coll.*) sich auf die Socken machen; **2.** Fahrweg, Strecke: *off the beaten t.* abseits (gelegen); *the t. of the comet* die Flugbahn des Kometen; (*Eisenbahn*) Gleis: *single t.* eingleisige Strecke; (*US*) Bahnsteig; *jump the t.* entgleisen; (*Sport*) Strecke: *race t.* Rennstrecke; *running t.* Laufstrecke; *stop s.o. in his/her ≈s jdn. abrupt stoppen; t. events* (*Sport*) Laufdisziplinen; *t. record* (*fig.*) bisherige Leistung; *t. suit* Trainingsanzug; **II.** *v.t.* verfolgen: *t. (down) a wanted person* einen Gesuchten ausfindig machen.

tractor ['træktə] *n.* Traktor; (*Sattelzug*) Zugmaschine.

trade [treɪd] **I.** *n.* **1.** Handel: *international t.* Außenhandel; *t. gap* Außenhandelsdefizit; *t. mark* Warenzeichen; *t. price* Großhandelspreis; *t. wind* Passat(wind); **2.** Branche: *in the t.* in unserer Branche; *be in the furniture t.* in der Möbelbranche tätig sein; *t. directory* Branchenverzeichnis; **3.** Handelstätigkeit: *do a brisk/roaring t.* einen schwunghaften Handel treiben; **4.** Gewerbe, erlernter Beruf: *he is a joiner by t.* er ist gelernter Tischler/Schreiner; *t. secret* Betriebsgeheimnis; *t. test* Gesellenprüfung; *t. union* (*GB*) Gewerkschaft (*ursprünglich und eigentlich nur für Facharbeiter*); *Trades Union Congress* (*TUC*) (*GB*) Gewerkschaftsbund; **II.** **1.** *v.t.* tauschen (*s.th. for s.th. else*): *t. one's old car in* sein altes Auto in Zahlung geben; *t. s.th. off against s.th. else* (*fig.*) etw. durch etw. anderes kompensieren; *t. insults* (*fig.*) sich gegenseitig beschimpfen; **2.** *v.i.* Handel betreiben (*with China*); **3.** *v.prep.: t. at* (*US*) einkaufen bei; *t. in s.th.* mit etw. handeln; *t. on/upon s.th.* (*fig.*) etw. ausnutzen (*s.o.'s reputation*).

trader ['treɪdə] *n.* **1.** Händler; **2.** (*arch.*) Handelsschiff.

tradition [trə'dɪʃn] *n.* Tradition: *by/according to t.* traditionell; *break with a t.* mit einer Tradition brechen.

traditional [trə'dɪʃənl] *adj.* traditionell.

traffic ['træfɪk] **I.** *n.* **1.** Verkehr: *heavy/light t.* starker/schwacher Verkehr; *t. check* (*Polizei*) Verkehrskontrolle; *t. circle* (*US*) Kreisverkehr; *t. jam* Stau; *t. light(s)* Verkehrsampel; *t. warden* Hilfspolizist (*zur Überwachung des ruhenden Verkehrs*), Politesse; *air t. controller* Fluglotse; **2.** Verkehrsaufkommen, Umschlag: *passenger t.* Beförderungszahlen; **3.** (*pej.*) Handel: *drug(s) t.* Drogenhandel; **II.** *v.i.* (*pej.*) handeln (*in drugs*).

tragedy ['trædʒədɪ] *n.* **1.** (*lit.*) Tragödie: *Shakespeare's tragedies* Shakespeares Tragödien; **2.** (*fig.*) Tragödie: *end in t.* tragisch enden.

tragic ['trædʒɪk] **1.** (*lit.*) tragisch: *t. actor* Tragödienschauspieler; **2.** (*fig.*) tragisch (*loss*).

train[1] [treɪn] *n.* **1.** (Eisenbahn-)Zug: *go/travel by t.* mit dem Zug fahren; *change ≈s* umsteigen; *t. station* (*US*) Bahnhof; **2.** Karawane: *camel t.* Kamelkarawane; **3.** Gefolge (*of supporters*); **4.** Abfolge: *t. of* *thought* Gedankengang; **5.** Folge: *bring s.th. in its t.* etw. mit sich bringen (*disaster*); *put s.th. in t.* etw. in die Wege leiten.

train[2] **1.** *v.t.* ausbilden: *t. apprentices* Lehrlinge ausbilden; *t. an animal* ein Tier abrichten; **2.** ausrichten: *t. one's binoculars on s.th.* sein Fernglas auf etw. richten; *t. plants along s.th.* Pflanzen an etw. hochwachsen lassen; **3.** *v.i.* eine Ausbildung machen: *she's ≈ing as/to be a nurse* sie macht eine Ausbildung als Krankenschwester.

training ['treɪnɪŋ] *n.* **1.** Ausbildung: *teacher t.* Lehrerausbildung; *further t.* Weiterbildung; **2.** (*Sport*) Training: *be in/out of t.* in/nicht in Form sein.

tram [træm] (*GB*) *n.* Straßenbahn.

transfer I. [træns'fɜː] **1.** *v.t.* verlagern (*production to a low-wage country*); übertragen (*property*); überweisen (*money*); **2.** *v.i.* umsteigen (*at Crewe*): *t. to a different department* sich in eine andere Abteilung versetzen lassen; **II.** ['trænsfɜː] *n.* **1.** Übertragung (*of powers*); Überweisung (*of money*); **2.** Umsteigen: *t. passengers* Umsteigepassagiere; **3.** Abziehbild.

translate [træns'leɪt] **1.** *v.t.* übersetzen (*»Othello« into German*); interpretieren: *he ≈d her smile as assent* er interpretierte ihr Lächeln als Zeichen der Zustimmung; **2.** umsetzen (*ideas into reality*); **3.** *v.i.* sich übersetzen lassen: *legal texts do not t. easily* juristische Texte sind nicht leicht zu übersetzen.

translation [træns'leɪʃn] *n.* **1.** Übersetzen: *teach t.* Übersetzen unterrichten; **2.** Übersetzung: *is there no German t. of Marlowe's »Edward II«?* gibt es keine deutsche Übersetzung von Marlowes *Edward II.*?; *read s.o. in t.* etw. in einer übersetzten Fassung lesen; **3.** Umsetzung (*of ideas*).

translator [træns'leɪtə] *n.* Übersetzer(in).

transport I. ['trænspɔːt] *n.* **1.** Transport, Beförderung: *t. by road; road t.* Straßengüterverkehr; *t. café* Fernfahrerlokal; *means of t.* Verkehrsmittel; **2.** Verkehrssystem: *Department of T.* (*GB*) Verkehrsministerium; **3.** (*fig.*) Entrückung, Ekstase: *she was in ≈s of delight* sie war entzückt; **II.** [træns'pɔːt] **1.** transportieren, befördern (*goods by train*); **2.** (*arch.*) deportieren (*convicts to Australia*); **3.** (*fig.*) entzücken: *we were ≈ed with joy* wir waren hocherfreut.

transportation [trænspɔː'teɪʃn] *n.* **1.** Transport, Beförderung (*of goods*); **2.** (*US*) Verkehrssystem: *T. Department* Verkehrsministerium; **3.** (*arch.*) Deportierung (*to Botany Bay*).

trap [træp] **I.** *n.* **1.** Falle: *lay/set a t.* Falle stellen; *be caught in a t.* in der Falle sitzen (*auch fig.*); *walk into a t.* in eine Falle tappen; **2.** Falltür; (*theat.*) Versenkung; **3.** (*coll.*) Mund: *keep your t. shut!* halt die Klappe!; **II.** *v.t.* (in einer Falle) fangen (*animals*); *be ≈ped in the snow* im Schnee festsitzen; *get one's fingers ≈ped* sich die Finger einklemmen; *t. s.o. into (doing) s.th.* jdn. ködern.

trash [træʃ] *n.* **1.** (*US*) Abfall: *t. can* Mülltonne; **2.** Ramsch, Schund: *what a load of t.!* was für ein Quatsch!; *talk t.* dummes Zeug reden; **3.** (*pej.*) Gesindel: *white t.* (*US*) weißes Lumpenproletariat (*bes. in den Südstaaten*).

travel ['trævəl] **I.** **1.** *v.i.* reisen (*around the world*): *he has ≈(l)ed a long way* er ist weit gereist; (*fig.*) er hat es weit gebracht; *he*

≈s in cosmetics er ist Kosmetikvertreter; *t. light* mit leichtem Gepäck reisen; **2.** sich bewegen, fließen: *electricity ≈s very fast* elektrischer Strom fließt sehr schnell; **3.** *v.t.* bereisen (*the world*): *t. a new district* (*Vertreter*) neuen Bezirk betreuen; **II.** *n.* **1.** Reisen, Tourismus: *t. broadens the mind* Reisen bildet; *t. agency/agent* Reisebüro; **2.** **≈s** *pl.* Reisen: *Gulliver's Travels* (*lit.*) Gullivers Reisen; **3.** (*techn.*) Weg, Hub.

traveler (*US*); **traveller** (*GB*) ['trævələ] *n.* **1.** Reisende(r): *commercial t.* Handelsvertreter; *≈'s cheque* (*GB*)/*check* (*US*) Reisescheck; *fellow t.* (*pol.*) Mitläufer; **2.** **≈s** *pl.* (*GB*) fahrendes Volk: *New Age ≈s* Hippies.

tray [treɪ] *n.* **1.** Tablett; **2.** (Ablage-)Korb: *in/out t.* Korb für Eingangs-/Ausgangspost.

tread* [tred] **I.** **1.** *v.i.* treten: *t. on s.th.* auf etw. treten; *t. carefully* (*fig.*) vorsichtig vorgehen; *t. on s.o.'s toes* (*fig.*) jdm. auf die Füße treten; *t. in s.o.'s footsteps* in jds. Fußstapfen treten; *t. on s.o.'s heels* jdm. auf den Fersen sein; **2.** *v.t.* treten, stampfen: *t. mud in* Dreck ins Haus bringen; *t. grapes* Trauben stampfen; *t. water* Wasser treten; *t. a cigarette out* eine Zigarette austreten; **II.** *n.* **1.** Schritt: *hear s.o.'s t.* jds. Schritte hören; **2.** (Treppen-) Stufe; **3.** Reifenprofil: *drive with worn ≈s* mit abgefahrenen Reifen fahren.

treasure ['treʒə] **I. n. 1.** Schatz: *T. Island* (*lit.*) Schatzinsel; *t. trove* Fundgrube; *art t.* Kunstschatz; **2.** (*coll.*) Schatz: *she's a real t.* (*coll.*) sie ist eine Perle; **II.** *v.t.* hochschätzen: *t. one's paintings* seine Bildersammlung lieben; *t. s.th. up* etw. sammeln.

treasury ['treʒərɪ] *n.* **1.** Schatzkammer; **2.** *the T.* (*GB*) das Schatzamt/Finanzministerium.

treat [tri:t] **I.** *v.t.* **1.** behandeln: *t. children well* Kinder gut behandeln; *t. s.o. like dirt* (*coll.*) jdn. wie den letzten Dreck behandeln; *t. patients* (*med.*) Patienten behandeln; *t. wood with a wood preserver* Holz mit einem Holzschutzmittel behandeln; **2.** einladen: *t. s.o. to the restaurant* jdn. ins Restaurant einladen; *t. o.s. to s.th.* sich etw. gönnen; **3.** *v.i.* verhandeln (*with s.o.*); **II.** *n.* Freude: *that was a real t.* das hat sehr viel Spaß gemacht; *this is my t.* dieses Mal bezahle ich.

treatment ['tri:tmənt] *n.* Behandlung: *private t.* (*med.*) Privatbehandlung; *preferential t.* Vorzugsbehandlung; *give s.o. the full t.* (*coll.*) großen Aufwand für jdn. betreiben.

treaty ['tri:tɪ] *n.* (*jur.*) **1.** (*Völkerrecht*) Vertrag: *peace t.* Friedensvertrag; **2.** (*Privatrecht*) Vertrag: *sell a house by private t.* Haus an Privatkäufer veräußern (*d.h. nicht versteigern*).

tree [tri:] *n.* Baum: *bark up the wrong t.* (*fig.*) an der falschen Adresse sein; *money doesn't grow on ≈s* (*fig.*) Geld fällt nicht vom Himmel; *t. line* Baumgrenze.

tremble ['trembl] **I.** *v.i.* zittern: *t. with excitement* vor Aufregung zittern; *t. at the prospect of s.th.* (*fig.*) vor etw. Angst haben; **II.** *n.* Zittern: *he was all of a t.* er zitterte am ganzen Körper.

tremendous [trə'mendəs] *adj.* **1.** riesig, enorm: *there was a t. explosion* es gab eine Riesenexplosion; **2.** phantastisch: *have a t. time* sich prächtig amüsieren.

trial ['traɪəl] *n.* **1.** (*jur.*) Strafprozeß: *be on/stand t.* angeklagt sein; *bring s.o. to t.* jdn. vor Gericht bringen; *murder t.* Mordprozeß; **2.** Experiment: *undergo ≈s* sich in der Experimentierphase befinden; *t. run* Probefahrt, Probelauf; *t. of strength* Kraftprobe; *by t. and error* durch Ausprobieren; **3.** Belastung: *life's ≈s* die Beschwernisse des Lebens; *≈s and tribulations* Schwierigkeiten.

tribe [traɪb] *n.* **1.** (Volks-)Stamm: *the Massai t.* der Stamm der Massai; **2.** (*coll.*) Bande (*of politicians*).

trick [trɪk] **I.** *n.* **1.** Trick: *it's a t.* es ist eine Falle; *be up to one's old ≈s* (*coll.*) seine alten Gewohnheiten praktizieren; *you can't teach an old dog new ≈s* einem alten Hasen kannst du nichts beibringen; *know all the ≈s of the trade; know every t. in the book* mit allen Wassern gewaschen sein; *that'll do the t.* das wird das Problem lösen; **2.** Streich: *play a t. on s.o.* jdm. einen Streich spielen; *that's a dirty t.* das ist gemein; **3.** (*Kartenspiel*) Stich: *take a t.* einen Stich machen; **II.** *v.t.* täuschen: *t. s.o. into (doing)/out of s.th.* jdn. hereinlegen.

tricky ['trɪkɪ] *adj.* **1.** schwierig (*problem*); **2.** gerissen (*politician*).

trip [trɪp] **I. 1.** *v.i.* stolpern (*over s.th.*): *t. wire* Stolperdraht; **2.** trippeln (*in and out*); **3.** *v.t.: t. s.o. (up)* jdn. stolpern lassen (*auch fig.*); **4.** auslösen (*the alarm*); **II.** *n.* **1.** Reise: *business t.* Geschäftsreise; **2.** (*Drogen*) Trip; **3.** Stolpern: *I've had a nasty t.* ich bin böse gestolpert.

troop [tru:p] **I.** *n.* **1.** Gruppe (*of students*); **2.** ≈**s** *pl.* (*mil.*) Truppen; **II.** *v.i.* in Gruppen laufen (*in and out*).

trouble ['trʌbl] **I.** *n.* **1.** Problem: *what's the t.?* was ist das Problem?; *(the) t. is that …* das Problem ist, daß …; *that's asking for t.* das wird Probleme hervorrufen; *get into t.* Schwierigkeiten bekommen; *give s.o. t.* jdm. Probleme bereiten; *get a woman into t.* (*coll.*) eine Frau schwängern; **2.** Mühe: *go to a lot of t.; take the t. (to do s.th.)* sich viel/die Mühe geben; **II. 1.** *v.t.* beunruhigen: *what ≈s me is the fact that …* was mich beunruhigt, ist die Tatsache, daß …; *pour oil on ≈d waters* (*fig.*) die Wogen glätten; **2.** belästigen, bemühen: *may I t. you for the mineral water?* können Sie mir bitte das Mineralwasser reichen?; **3.** *v.i.* sich bemühen: *don't t.* mach dir keine Mühe.

trousers ['traʊzəz] *n. pl.* Hose: *catch s.o. with his t. down* (*fig.*) jdn. in einer schwachen Minute erwischen; *wear the t.* (*fig.*) die Hosen anhaben.

truck[1] [trʌk] **I.** *n.* **1.** Lastkraftwagen, Lkw; **2.** (*GB*) Güterwagen; **3.** Karren, Handwagen; **II.** *v.t.* per Lkw befördern (*goods*).

truck[2] *n.* **1.** (*US*) Gemüse (*zum Verkauf*): *t. gardener* Handelsgärtnerei; **2.** Geschäfte: *have no t. with s.o.* (*fig.*) nichts mit jdm. zu tun haben (wollen).

true [tru:] *adj.* **1.** wahr: *a t. story* eine wahre Geschichte; *too good to be t.* zu gut, um wahr zu sein; *ring t.* sich richtig anhören; *show one's t. colours* (*fig.*) seinen wahren Charakter zeigen; **2.** getreu: *a t. likeness* eine getreue Wiedergabe/Kopie; *t. to life* lebensecht; *t. to sample* (*comm.*) mustergetreu; **3.** treu: *a t. friend* ein treuer Freund; *be t. to s.o.* jdm. die Treue halten; **4.** korrekt, ausgerichtet: *the pole is not quite t.* der Pfosten steht nicht ganz gerade; *t. north* echter (*im Gegensatz zum magnetischen*) Nordpol; **II.** *adv.* genau, richtig: *speak t.* die Wahrheit sagen; *breed t.* (*biol.*) sich reinrassig fortpflanzen; **III.** *n.* korrekte Position: *out of t.* schief.

trunk [trʌŋk] *n.* **1.** Baumstamm; (*anat.*) Rumpf; *t. call* (*tel.*) Ferngespräch; *t. road* Fernstraße; **2.** (*Elefant*) Rüssel; **3.** Überseekoffer; (*US*) (*Auto*) Kofferraum; **4.** ≈**s** *pl.* (*Sport*) kurze Hose: *swimming ≈s* Badehose.

trust [trʌst] **I.** *n.* **1.** Vertrauen: *have t. in s.o.* jdm. vertrauen; *position of t.* Vertrauensposition; *take s.th. on t.* etw. in gutem Glauben nehmen; *put t. in s.o.* Vertrauen in jdn. setzen; **2.** (*jur.*) Treuhand: *hold s.th. in t.* etw. treuhänderisch verwalten; *t. fund* Treuhand(stiftung); **II.** *v.t.* **1.** (ver)trauen: *I wouldn't t. her* ihr würde ich nicht trauen; **2.** zutrauen: *t. him to do s.th. like that!* (*coll.*) das ist typisch für ihn!; **3.** (*Geschäftsbrief*) hoffen: *we t. that the goods will reach you soon* wir hoffen, daß die Ware bald bei Ihnen eintrifft; **4.** *v.prep.: t. in s.th.* auf etw. vertrauen; *t. to s.th.* sich auf etw. verlassen: *t. to chance* es dem Zufall überlassen.

trustee [trʌ'sti:] *n.* Treuhänder, Bevollmächtigter: *board of ≈s* Kuratorium.

trustworthy ['trʌstwɜ:ðɪ] *adj.* vertrauenswürdig, glaubwürdig.

truth [tru:θ] *n.* Wahrheit: *in t.* in Wahrheit; *tell the t.* die Wahrheit sagen; *the t. of the matter* der wahre Grund; *not a grain of t.* kein Körnchen Wahrheit.

truthful ['tru:θfəl] *adj.* **1.** ehrlich (*person*); **2.** wahrheitsgemäß.

try [traɪ] **I.** *v.t.* **1.** versuchen: *t. (to do) s.th.* etw. versuchen; *t. one's hand at s.th.* sich an etw. versuchen; *t. one's luck* sein Glück versuchen; **2.** ausprobieren (*our new cake mix*): *tried and tested* bewährt; **3.** (*jur.*) unter Anklage stellen (*the murder suspect*); **4.** *v.prep.: t. for s.th.* sich um etw. bewerben; *t. s.th. on* etw. anprobieren; *t. s.th. out* etw. ausprobieren; **II.** *n.* Versuch: *give s.th. a t.* etw. ausprobieren; *have a t.* versuche es mal; *worth a t.* einen Versuch wert.

tub [tʌb] *n.* Kübel: *bath t.* Badewanne; Becher (*of ice cream*).

tube [tju:b; *US:* tu:b] *n.* **1.** Schlauch: *inner t.* (*Fahrrad*) Schlauch; *rubber t.* Gummischlauch; **2.** Röhre: *the bronchial ≈s* (*anat.*) die Bronchien; *Fallopian t.* (*anat.*) Eileiter; **3.** *the T.* (*GB*) (*coll.*) Londoner Untergrundbahn; **4.** Tube (*of toothpaste*).

Tuesday ['tju:zdɪ] *n.* Dienstag.

tune [tju:n; *US:* tu:n] **I.** *n.* **1.** (*mus.*) Melodie: *whistle a t.* eine Melodie pfeifen; *sing a different t.; change one's t.* (*fig.*) ganz anders reden; **2.** (*mus.*) Tonhöhe: *in/out of t.* nicht ganz richtig (*auch fig.*); **3.** *to the t. of* (*coll.*) in Höhe von (*£1,000*); **II.** **1.** *v.t.* (*mus.*) (*Instrument*) stimmen; *t. up* Instrumente stimmen; *fine tuning* Feinabstimmung (*auch fig.*); **2.** *v.prep.: t. into s.th.* (*Radio, TV*) Sender einstellen: *t. into a programme* Programm wählen.

turkey ['tɜ:kɪ] *n.* Truthahn, Pute(r): *talk t.* (*US*) (*coll.*) Tacheles reden.

turn [tɜ:n] **I.** **1.** *v.t.* drehen: *t. the key in the lock* den Schlüssel im Schloß drehen; *t. s.th. upside down* etw. auf den Kopf stellen (*auch fig.*); *t. s.th. over* etw. umdrehen; *t. one's back on s.th.* einer Sache den Rücken kehren; *t. the corner* um die Ecke fahren; (*fig.*) es schaffen; *t. a deaf ear to s.th.* etw. ignorieren; *t. one's hand to s.th.* etw. in die Hand nehmen; *t. s.o.'s head* jdm. den Kopf verdrehen; *t. one's nose up at s.th.* etw. zurückweisen; *t. over a new leaf* einen Neuanfang machen; *t. the tables (on s.o.)*

den Spieß umkehren; **2.** *in Phrasen und präp.V.:* (*transitiver Gebrauch*): *t. s.o. away* jdn. von der Tür weisen; *t. s.th. down* etw. ablehnen; *t. s.th. on* etw. einschalten; *t. s.th. off* etw. abschalten; *t. s.th. out* etw. (in Massen) produzieren; *t. s.th. up* etw. lauter stellen (*the radio*); **3.** *v.i.* sich drehen: *t. in one's grave* sich im Grabe umdrehen; *t. left* links abbiegen; *make s.o.'s stomach t.* jdn. anekeln; *t. turtle* sich überschlagen; *t. Catholic* zum Katholizismus konvertieren; **4.** *in Phrasen und präp.V.:* (*intransitiver Gebrauch*): *t. around* umkehren; *t. away* sich abwenden (*in horror*); *t. out* sich herausstellen; *t. over* sich umdrehen (*in bed*); *t. up* auftauchen, plötzlich erscheinen; **II.** *n.* **1.** Drehung: *just give it a t.* drehe einmal; **2.** Wendung, Wende: *t. of the century* Jahrhundertwende; *t. of events* Verlauf der Ereignisse; *t. of the tide* Gezeitenwechsel; (*fig.*) Trendwende; *take a t. for the worse* sich zum Schlechteren wenden; **3.** Kurve: *sharp t.* scharfe Kurve; *make a right t.* rechts abbiegen; **4.** Reihe: *it's your t.* du bist an der Reihe; *take ≈s* sich abwechseln; **5.** Tat: *do s.o. a good t.* jdm. einen Gefallen tun; *one good t. deserves another* (*prov.*) eine Hand wäscht die andere; **6.** Hang: *t. of mind* geistige Neigung; **7.** *t. of phrase* Redewendung.

turning ['tɜːnɪŋ] *n.* Abzweig, Abfahrt: *t. circle* (*Auto*) Wendekreis.

twice [twaɪs] *adv.* zweimal: *once or t.* ein- oder zweimal; *t. as good* doppelt so gut; *think t.* noch einmal nachdenken, sich etw. gut überlegen; *once bitten, t. shy* (*prov.*) ein gebranntes Kind scheut das Feuer.

twin [twɪn] **I.** *n.* Zwilling: *identical ≈s* eineiige Zwillinge; *t. brother* Zwillingsbruder; **II.** *v.t.* partnerschaftlich vereinen: *Sheffield is ≈ned with Bochum* die Partnerstadt von Sheffield ist Bochum.

twist [twɪst] **I. 1.** *v.t.* (fest)drehen, wickeln: *t. a sheet into a rope* ein Laken zu einem Seil drehen; *t. a knob* einen Knopf drehen; *t. s.o.'s arm* (*fig.*) jdn. nötigen; *t. s.o. round one's little finger* (*fig.*) jdn. um den kleinen Finger wickeln; *t. s.th. off* etw. losdrehen (*the lid*); **2.** verdrehen (*the truth*); **3.** *v.i.* sich drehen: *t. and turn* sich unruhig herumwälzen; *t. round* sich plötzlich umdrehen; **4.** sich winden: *the road ≈s around the hillside* die Straße windet sich am Hang entlang; **II.** *n.* **1.** Drehung: *give s.th. a t.* (fest und plötzlich) an etw. drehen; **2.** Kurve: *full of ≈s and turns* kurvenreich; **3.** Wendung: *t. of fate* (unerwartete) Schicksalswende.

type[1] [taɪp] **I.** *n.* Typ: *t. of car* Wagentyp; *she's not the t. of person to get on with* sie ist nicht die Art Mensch, mit der man zurechtkommt; *not my t.* nicht mein Typ; *revert to t.* sich seinen Urinstinkten gemäß verhalten; **II.** *v.t.* klassifizieren (*people by age*).

type[2] **I.** *n.* **1.** Drucktype; **2.** Schrifttyp; **II.** *v.t.* mit der Schreibmaschine schreiben.

typewriter ['taɪpraɪtə] *n.* Schreibmaschine.

typical ['tɪpɪkl] *adj.* typisch: *how t. of him!* das ist typisch für ihn!

typist ['taɪpɪst] *n.* Schreibkraft: *shorthand t.* Stenotypist(in).

tyre (*GB*) (*US:* **tire**) ['taɪə] *n.* Reifen: *spare t.* Ersatzreifen; *fit a new t.* einen neuen Reifen aufziehen; *inflate a t.* einen Reifen aufpumpen; *t. pressure* Reifendruck.

U

ugly ['ʌglɪ] *adj.* **1.** häßlich: *u. duckling (fig.)* häßliches Entlein; **2.** übel; ekelhaft: *u. scenes* ekelhafte Szenen; **3.** bösartig: *turn u.* fies werden; *u. customer (coll.)* mieser Typ.

ultimate ['ʌltɪmət] **I.** *adj.* **1.** letzte(r, s): *u. outcome/result* endgültiges Ergebnis; **2.** eigentlich, ursprünglich: *the u. reason* der eigentliche Grund; **3.** perfekt: *the u. luxury* der höchste Luxus; **II.** *n.: the u.* das Beste: *the u. in comfort* das Nonplusultra in Sachen Komfort.

umbrella [ʌm'brelə] *n.* **1.** Schirm: *put up an u.* Schirm aufspannen; **2.** *(fig.)* Schutz: *under the u. of the U.N.* unter dem Schutz / der Schirmherrschaft der Vereinten Nationen; **3.** *(fig.)* Dachverband: *the TUC is the u. organisation of British trade unions* der TUC ist der Dachverband der britischen Gewerkschaften.

umpire ['ʌmpaɪə] → **referee** **I.** *n.* *(Sport)* Schiedsrichter *(z.B. Cricket)*; **II.** **1.** *v.t.* als Schiedsrichter entscheiden; **2.** *v.i.* als Schiedsrichter fungieren *(at tomorrow's game)*.

uncle ['ʌŋkl] *n.* **1.** Onkel; **2.** *(coll.)* Onkel: *U. Joe (hist.)* Stalin; *U. Sam (US)* Onkel Sam (= USA); *U. Tom (US) (coll.)* unterwürfiger Schwarzer.

unconscious [ʌn'kɒnʃəs] **I.** *adj.* **1.** bewußtlos: *knock s.o. u.* jdn. bewußtlos schlagen; **2.** unbewußt *(of what was going on behind his back)*; **II.** *n.: the u. (psych.)* das Unbewußte.

under ['ʌndə] **I.** *prep.* **1.** *(Ort)* unter: *u. the tree* unter dem Baum; *wear s.th. u. one's shirt* etw. unter dem Hemd tragen; **2.** unter, weniger als: *u. age* minderjährig; **3.** *(Macht)* unter: *she has 20 people u. her* sie hat 20 Leute unter sich; *Russia u. Stalin* Rußland unter Stalins Herrschaft; **4.** *(Position)* unter: *look (it) up u. »burlesque«* schlag unter »burlesk« nach; *u. a false name* unter einem falschen Namen; **5.** *(jur.)* nach Maßgabe von: *be liable u. the act* nach dem Gesetz haftbar/verantwortlich sein; **6.** *(Erfahrung)* unter: *u. pressure from above* unter Druck von oben; *be u. the impression that …* den Eindruck haben, daß …; *labour u. a delusion* sich einer Illusion hingeben; *drive u. the influence (of alcohol)* unter Alkoholeinfluß fahren; **7.** *(Phase)* in: *u. discussion* in der Diskussion; *be u. review* z. Zt. überprüft werden; **II.** *adv.* unter: *she went u. in no time* es (= *das Schiff*) sank sehr schnell.

underclothes ['ʌndəkləuðz] *n. pl.* → **underwear** Unterwäsche.

undergo* [,ʌndə'gəu] *v.t.* erfahren: *u. treatment (med.)* behandelt werden; *u. changes* Veränderungen erfahren; *u. a lot* viel mitmachen.

undergraduate [,ʌndə'grædʒuət] **I.** *n.* Student(in) *(ohne Examen)*; **II.** *adj.* nichtgraduiert: *u. student* Student(in) *(ohne Examen)*; *u. course* Lehrveranstaltung für Studenten.

underground **I.** [,ʌndə'graʊnd] *adj.* **1.** unterirdisch: *u. railroad (US)/railway (GB)* Untergrundbahn, U-Bahn; **2.** *(pol.)* Untergrund-: *u. movement* illegale Bewegung; **II.** *adv.* **1.** unterirdisch: *bury s.th. deep u.* etw. tief in der Erde vergraben; **2.** *(pol.)* im/in den Untergrund: *go u.* untertauchen; **III.** ['ʌndəgraʊnd] *n.* **1.** *(GB)* Untergrundbahn, U-Bahn; → **subway** *(US)*; → **tube** *(GB)*; **2.** *(pol.)* Untergrund: *join the u.* sich der Widerstandsbewegung anschließen.

underline [ˌʌndəˈlaɪn] *v.t.* **1.** unterstreichen (*all the unknown words*); **2.** (*fig.*) unterstreichen, betonen (*the need for more money*).

underneath [ˌʌndəˈni:θ] **I.** *prep.* unter (*the table*): *u. the paint* unter der Farbschicht; **II.** *adv.* unterhalb, darunter: *find s.th. u.* etw. darunter finden; *he's a kind person u.* (*fig.*) in Wirklichkeit ist er ein liebenswürdiger Mensch; **III.** *n.* Unterseite: *the u. of the car* der Unterboden des Autos.

underpass [ˈʌndəpɑ:s; *US:* ˈʌndəpæs] *n.* → **subway** (*GB*) Unterführung.

understand* [ˌʌndəˈstænd] *v.t.* **1.** verstehen: *I can't u. a word of what you're saying* ich verstehe kein Wort; *make o.s. understood* sich Gehör verschaffen; **2.** (*fig.*) verstehen, Verständnis haben für: *I'm sure you'll u.* ich bin sicher, Sie haben dafür Verständnis; *u. one another/each other* gut miteinander zurechtkommen; **3.** verstehen, deuten: *I u. that there are a few problems* ich habe den Eindruck, daß es ein paar Probleme gibt; *am I to u. that ...?* heißt das, daß ...?; *she gave me to u. that she was no longer interested* sie gab mir zu verstehen, daß sie nicht mehr interessiert war; *as I u. it* so wie ich die Sache sehe.

understanding [ˌʌndəˈstændɪŋ] **I.** *n.* **1.** Verständnis, Auffassungsgabe: *this is beyond human u.* das übersteigt jedes menschliche Verständnis; **2.** Kenntnisse: *I have little enough u. of Russian* meine Russischkenntnisse sind recht bescheiden; **3.** Verständnis, Sympathie: *international u.* Völkerverständigung; **4.** Verständnis, Interpretation: *my u. of the situation is somewhat different* ich sehe die Lage etwas anders; **5.** (formlose/stillschweigende) Vereinbarung, Übereinkunft: *reach an u.* zu einer Vereinbarung gelangen; *on the u. that ...* unter der Voraussetzung, daß ...; **II.** *adj.* verständnisvoll (*parents*).

understatement [ˌʌndəˈsteɪtmənt] *n.* Untertreibung: *that's the u. of the year!* (*coll.*) das ist der Witz des Jahres!

undertake* [ˌʌndəˈteɪk] *v.t.* **1.** übernehmen, auf sich nehmen: *u. a task* Aufgabe übernehmen; **2.** sich verpflichten (*to do s.th.*).

undertaking [ˌʌndəˈteɪkɪŋ] *n.* **1.** Unternehmung, Aufgabe: *risky u.* riskantes Unterfangen; **2.** Verpflichtung, Zusage: *give an u. (that .../ to ...)* sich (zu etw.) verpflichten.

underwear [ˈʌndəweə] *n.* → **underclothes** Unterwäsche: *men's u.* Herrenunterwäsche.

undo* [ʌnˈdu:] *v.t.* **1.** lösen: *u. a zip* einen Reißverschluß aufmachen; **2.** zerstören, zunichte machen (*the work of months*).

unemployed [ˌʌnɪmˈplɔɪd] *adj.* **1.** arbeitslos; **2.** ungenutzt (*capital*).

unemployment [ˌʌnɪmˈplɔɪmənt] *n.* Arbeitslosigkeit: *u. benefit* (*GB*)/*compensation* (*US*) Arbeitslosenunterstützung.

unfortunately [ʌnˈfɔ:tʃənətlɪ] *adj.* leider.

unhappy [ʌnˈhæpɪ] *adj.* **1.** unglücklich; **2.** nicht (ganz) zufrieden (*about s.th.*); **3.** unpassend: *an u. choice* eine schlechte Wahl.

uniform [ˈju:nɪfɔ:m] **I.** *adj.* einheitlich (*size*); gleichmäßig, gleichbleibend (*temperature*); **II.** *n.* Uniform: *he was in u. for five years* er war fünf Jahre beim Militär.

unify [ˈju:nɪfaɪ] *v.t.* vereinigen: *Italy was unified in the 19th century* Italien wurde im 19. Jh. vereinigt.

union ['ju:nɪən] *n.* **1.** Vereinigung, Zusammenschluß (*of the Houses of Lancaster and York*); **2.** (*arch.*) Ehe; **3.** (*pol.*) Union: *state of the U. address* (*US*) Bericht zur Lage der Nation; *U. Jack* britische Nationalflagge; **4.** Organisation: *Students' U.* Allgemeiner Studentenausschuß (ASTA); (*Kurzform für: labor* (*US*)/*trade* (*GB*) *u.*) Gewerkschaft: *u. member* Gewerkschaftsmitglied; *u. power* gewerkschaftliche Macht.

unique [ju:'ni:k] *adj.* **1.** einzigartig: *a u. opportunity* eine einmalige Gelegenheit; **2.** (*pred.*) beschränkt: *an animal species u. to the Galapagos Islands* eine nur auf den Galapagosinseln anzutreffende Tierart.

unit ['ju:nɪt] *n.* **1.** Einheit: *monetary u.* Währungseinheit; *u. of account* (*U/A*) Rechnungseinheit; *u. of length* Längenmaß; *u. price* (*el.; tel.*) Tarifeinheit; **2.** Element: *housing u.* Wohneinheit; *kitchen u.* Küchenmöbel(stück); *power u.* (*techn.*) Aggregat; **3.** Gruppe: *military u.* Militäreinheit; *the family as a small u.* die Familie als Kleingruppe; **4.** (*math.*) Einer: *tens and ≈s* Zehner und Einer.

unite [ju:'naɪt] *v.t.; v.i.* (sich) vereinigen: *u. to do s.th.* sich (zu etw.) zusammenschließen.

unity ['ju:nɪtɪ] *n.* **1.** Einheit: *make an appeal for u.* Einheit beschwören; *u. of purpose* gemeinsame Ziele; **2.** Einheitlichkeit (*of the picture*); **3.** (*math.*) Einheit; Eins.

universe ['ju:nɪvɜ:s] *n.* Universum.

university [ju:nɪ'vɜ:sɪtɪ] *n.* Universität: *go to u.* studieren.

unknown [ˌʌn'nəʊn] **I.** *adj.* unbekannt: *u. quantity* unbekannte Größe; **II.** *n.* **1.** Unbekannte(r); **2.** *the u.* das Unbekannte; **3.** (*math.*) Unbekannte.

unless [ʌn'les] *conj.* wenn .... nicht, es sei denn: *u. I'm mistaken* wenn ich mich nicht irre; *u. otherwise stated* wenn nicht anders angegeben.

unlike [ʌn'laɪk] **I.** *prep.* **1.** anders als (*his brother*); **2.** nicht typisch für: *it's u. him to behave like that* solch ein Verhalten ist nicht typisch für ihn; **II.** *adj.* (*pred.*) ungleich: *the two are quite u.* die beiden sind sehr verschieden.

unlikely [ʌn'laɪklɪ] *adj.* unwahrscheinlich: *a rather u. event* ein eher unwahrscheinliches Ereignis; *it is u. to snow* es wird wohl kaum schneien.

unpleasant [ʌn'plezənt] *adj.* unangenehm: *an u. surprise* eine unangenehme Überraschung; *an u. person* ein unangenehmer Zeitgenosse.

until [ʌn'tɪl] **I.** *conj.* bis: *wait u. I give you a ring* warte, bis ich anrufe; **II.** *prep.* bis: *u. recently* bis vor kurzem; *u. Easter* bis Ostern.

unusual [ʌn'ju:ʒl] *adj.* ungewöhnlich: *nothing u.* nichts Ungewöhnliches; *his work is nothing if not u.* sein Werk ist höchst bemerkenswert.

up [ʌp] **I.** *adv.* **1.** oben: *u. here/there* hier/da oben; *u. in the sky* oben am Himmel; **2.** nach oben, auf: *u. and down* auf und ab; *stand u.* aufstehen; *time to get u.!* Zeit zum Aufstehen!; *prices are going u. again* die Preise steigen schon wieder; *put u. a building* ein Gebäude errichten; **3.** (*GB*) im/nach Norden: *go/live u. north* nach Norden fahren/im Norden wohnen; **4.** (*vollständig*): *tear s.th. u.* etw. zerreißen; *eat everything u.* alles aufessen; **5.** (*intensivierend*): *speak u.* lauter sprechen; *turn the radio u.* das Radio lauter stellen; *things are hotting u.* jetzt wird es spannend; **II.** *adj.* **1.** (*attr.*) nach oben führend: *the u. escalator* die nach oben führende Rolltreppe; *the u. train* (*GB*) der nach London/in die Großstadt fahrende Zug; **2.** (*pred.*) höher: *prices are u. again* die Preise sind schon wieder gestiegen; **3.** *in Phrasen: what's u.?* was ist los?; *be u. against s.th.* mit etw. konfrontiert sein; *u. and about* (wieder) auf den Beinen; *be u. before the magistrate* vor Gericht stehen; *be u. for s.th.* für etw. vor Gericht stehen; *it's u. to you* die Entscheidung liegt bei dir; *she wasn't u. to it* sie war überfordert; *what are you u. to?* was hast du vor?; *she's well u. in Spanish* ihre Spanischkenntnisse sind gut; *his time was u.* seine Zeit war abgelaufen; **III.** *prep.* oben, auf: *u. the road* weiter oben auf der Straße; *have s.th. u. one's sleeve (fig.)* etw. in petto haben; *travel u. and down the country* das ganze Land bereisen; *go u. the Rhine* rheinaufwärts fahren; **IV.** *n.* **1.** Aufwärtsbewegung: *be on the u. and u.* auf dem aufsteigenden Ast sein; **2.** *≈s and downs* Höhen und Tiefen.

upon [ə'pɒn] *prep.* **1.** auf (*relativ förmlich;* → **on**); **2.** (*Zeit*) vor: *Christmas is u. us again* Weihnachten steht wieder bevor; *once u. a time …* es war einmal …; **3.** (*Reihung*) auf, und: *row u. row of houses* endlose Häuserreihen.

upper ['ʌpə] **I.** *adj.* **1.** obere(r, s): *the u. end of the scale* das obere Ende der Skala; *u. lip* Oberlippe; *the u. reaches of the Severn* der Oberlauf des Severn; *get/gain the u. hand* (*fig.*) die Oberhand gewinnen; **2.** höher(e, es): *the u. classes* die Oberschicht; *the u. income brackets* die oberen Einkommensgruppen; **II.** *n.* **≈s** *pl.* **1.** Oberleder: *be on one's ≈s* (*fig.*) auf den Hund gekommen sein; **2.** (*Drogen*) Aufputschmittel.

upright ['ʌpraɪt] **I.** *adj.* **1.** aufrecht: *u. piano* Klavier; *in an u. position* senkrecht; **2.** aufrichtig, rechtschaffen (*citizen*); **II.** *adv.* aufrecht: *sit (bolt) u.* gerade sitzen; **III.** *n.* **1.** Pfosten, Säule; **2.** (normales) Klavier.

upset* **I.** [ʌp'set] *v.t.* **1.** umstoßen (*the milk bottle*): *u. the boat* das Boot zum Kentern bringen; *u. the applecart* (*fig.*) alles durcheinanderbringen; **2.** bestürzen: *she's most u.* sie ist zutiefst bestürzt; **3.** (*Magen*) verstimmen: *herring ≈s me/my stomach* ich kann Heringe nicht vertragen; **II.** ['ʌpset] *n.* **1.** Aufregung, Verstimmung: *she had an emotional u. when he left her* sie war tief getroffen, als er sie verließ; **2.** Magenverstimmung.

upstairs [ˌʌp'steəz] **I.** *adv.* (nach) oben: *live u.* oben wohnen; *kick s.o. u.* (*coll.*) jdn. durch Beförderung loswerden; **II.** *adj.* obere(r, s): *an u. room* ein im oberen Stockwerk gelegenes Zimmer; **III.** *n.* (*coll.*) oberes Stockwerk.

up-to-date [ˌʌptə'deɪt] *adj.* auf dem neuesten Stand, hochmodern (*methods*): *bring s.o. u.* jdn. über den neuesten Erkenntnisstand informieren.

upward ['ʌpwəd] **I.** *adj.* aufwärts: *u. trend* steigender Trend; *u. mobility* soziale Aufstiegsmöglichkeiten; **II.** *adv.* (*auch:* **upwards** ['ʌpwədz]) **1.** nach oben: *look u.* nach oben schauen; *prices are moving u.* die Preise steigen; **2.** ab: *from £ 1,000 u.* ab £ 1000.

urban ['ɜːbən] *adj.* städtisch: *u. area* Stadtgebiet; *u. renewal* Stadterneuerung.

urge [ɜːdʒ] **I.** *v.t.* **1.** drängen (*s.o. to do s.th.*); **2.** dringend empfehlen: *u. caution* (dringend) zur Vorsicht raten; **3.** *u. s.o. on* jdn. antreiben: *u. the horses on with a whip* die Pferde mit der Peitsche antreiben; **II.** *n.* dringendes Bedürfnis: *feel the u.* das dringende Bedürfnis verspüren.

urgency ['ɜ:dʒənsɪ] *n.* Dringlichkeit: *a matter of great u.* eine Sache, die keinen Aufschub duldet.

urgent ['ɜ:dʒənt] *adj.* dringlich: *u. message* wichtige Mitteilung; *u. plea* eindringliche Bitte.

us [ʌs] *pers. pron.* wir (*Objektform von* → **we**; *Gebrauch anstelle der Subjektform in Ausrufen*); *who's there? (it's) u.!* wer ist da? Wir!

usage ['ju:sɪdʒ] *n.* **1.** Gebrauch: *rough u.* grobe Behandlung; **2.** Brauch: *common u.* übliche Praxis; **3.** (*ling.*) Gebrauch: *English u.* Sprachgebrauch des Englischen.

use I. [ju:z] *v.t.* **1.** gebrauchen, benutzen: *u. the phone* zum Telefon greifen; *u. a computer* einen Computer einsetzen; *u. force* Gewalt anwenden; *I could u. a whisky* (*coll.*) ein Whisky täte mir gut; *u. one's loaf* (*coll.*) seinen Grips anstrengen; **2.** behandeln: *she has been ill ≈d* man hat ihr übel mitgespielt; **3.** verbrauchen: *my car ≈s too much petrol* mein Auto verbraucht zuviel Benzin; *u. s.th. up* etw. aufbrauchen; **II.** [ju:s] *n.* **1.** Gebrauch, Verwendung: *in u.* gebräuchlich; *out of u.* außer Betrieb; nicht mehr gebräuchlich; *come into u.* in Gebrauch kommen; *have no u. for s.o.* (*coll.*) nichts für jdn. übrig haben; *have no u. for s.th.* keine Verwendung für etw. haben; *make u. of s.th.* etw. verwenden; *put s.th. to good u.* etw. (sinnvoll) einsetzen; *what's the u. of …?* welchen Sinn hat…?; **2.** Nutzung: *have the u. of the garden* den Garten benutzen (dürfen); *lose the u. of one's legs* das Gehen verlernen.

used I. [ju:zd] *adj.* **1.** gebraucht: *u. car* Gebrauchtwagen; **2.** (*pred.*) gewohnt: *I'm u. to insults/being insulted* ich bin Beleidigungen gewohnt; *you'll get u. to it (all right)* du wirst dich (schon) daran gewöhnen; **II.** [ju:st] *v. aux.* (*nur Präteritalform*) gewöhnlich tun: *when I was your age I u. to work really hard* als ich so alt wie du war, habe ich richtig geschuftet.

useful ['ju:sfl] *adj.* nützlich: *that'll come in u.* das wird eine echte Hilfe sein; *you could make yourself u.* du könntest mithelfen.

useless ['ju:sləs] *adj.* **1.** nutzlos, nicht zu gebrauchen: *these tyres are u. in snow* diese Reifen sind im Schnee nicht zu gebrauchen; **2.** sinnlos: *it's u. arguing with her* es hat keinen Sinn, mit ihr zu streiten; **3.** inkompetent: *I'm u. at maths* Mathe kann ich überhaupt nicht.

usual ['ju:ʒl] *adj.* gewöhnlich: *as u.* wie üblich; *it's the u. thing these days* das ist heutzutage üblich; *business as u.* (*coll.*) nichts Neues.

utility [ju:'tɪlətɪ] *n.* **1.** Nutzen: *u. vehicle* (kleines) Nutzfahrzeug; **2.** *(public) u.* öffentlicher Versorgungsbetrieb.

utilize ['ju:tɪlaɪz] *v.t.* nutzen, verwenden: *u. one's talents* seine Talente (sinnvoll) einsetzen.

utmost ['ʌtməʊst] **I.** *adj.* äußerste(r, s): *of the u. importance* von größter Bedeutung; **II.** *n.: the u.* das Äußerste: *try one's u.* nichts unversucht lassen.

utter ['ʌtə] *adj.* völlig: *u. nonsense* totaler Unsinn.

utterly ['ʌtəlɪ] *adv.* völlig: *be u. surprised* völlig überrascht sein.

V

vacancy ['veɪkənsɪ] *n.* **1.** freie Stelle: *fill a v.* eine Stelle besetzen; *vacancies* Stellenangebote; **2.** freies Zimmer: *»vacancies«* »Zimmer frei«; *»no vacancies«* »belegt«; **3.** Leere: *the v. of his look* die Ausdruckslosigkeit seines Blicks.

vacant ['veɪkənt] *adj.* **1.** frei, unbesetzt: *is this seat v.?* ist dieser Platz frei?; (*Haus/Stelle*) *fall v.* frei werden; *»situations v.«* »Stellenangebote«; *v. possession* (*Haus*) bezugsfertig; **2.** leer: *a v. look* ein ausdrucksloser Blick.

vacation [və'keɪʃn] *n.* **1.** (*US*) Urlaub, Ferien: *on v.* im Urlaub; *take a v.* Urlaub nehmen; **2.** Gerichtsferien; Semesterferien; **3.** Räumung (*of the property*).

vacuum ['vækjʊəm] **I.** *n.* **1.** luftleerer Raum, Vakuum: *v. cleaner* Staubsauger; **2.** (*fig.*) Leere: *his disappearance left a v. in her life* sein Verschwinden hinterließ eine Lükke in ihrem Leben; *live in a v.* isoliert leben; **II.** *v.t.* staubsaugen.

vague [veɪg] *adj.* **1.** vage, unbestimmt: *a v. description* eine vage Beschreibung; *our plans are still v.* unsere Pläne sind noch sehr vage; *I haven't the ≈st idea* ich habe nicht die leiseste Ahnung; **2.** nur in Umrissen erkennbar (*shapes in the fog*); **3.** zerstreut, geistig abwesend: *have a v. look in one's eyes* einen verwirrten Eindruck machen.

vain [veɪn] *adj.* **1.** eitel, eingebildet; **2.** vergeblich, eitel, leer: *v. promises* leere Versprechen; *a v. attempt* ein vergeblicher Versuch; *in v.* vergeblich; *it was all in v.* es war alles umsonst.

valid ['vælɪd] *adj.* **1.** gültig: *v. passport* gültiger Paß; *v. claim* (*jur.*) berechtigter Anspruch; **2.** glaubhaft, begründet: *v. excuse* glaubhafte Ausrede; *make a v. point* ein stichhaltiges Argument vorbringen.

validity [və'lɪdətɪ] *n.* **1.** Gültigkeit, Berechtigung (*of a claim*); **2.** Stichhaltigkeit (*of an argument*).

valley ['vælɪ] *n.* Tal.

valuable ['væljʊəbl] *adj.* **1.** wertvoll (*painting*); **2.** nützlich (*suggestion*).

valuables ['væljʊəbəlz] *n. pl.* Wertsachen.

value ['vælju:] **I.** *n.* **1.** (Geld-)Wert: *go up/down in v.* im Wert steigen/fallen; *to the v. of* im Werte von; *get v. for money* etw. für sein Geld bekommen; *loss of v.* Wertminderung; **2.** Wert, Nutzen: *of great v.* von großem Nutzen; *attach great v. to s.th.* großen Wert auf etw. legen; **3.** (*math.*) Zahlenwert; (*mus.*) Notenwert, Dauer; **4.** **≈s** *pl.* (moralische) Werte: *set of ≈s* Wertsystem; **II.** *v.t.* **1.** bewerten, taxieren (*a house*); **2.** (*fig.*) schätzen: *v. s.o.'s advice* jds. Rat schätzen.

van[1] [væn] *n.* **1.** Lieferwagen: *furniture v.* Möbelwagen; **2.** (*GB*) (*Eisenbahn*) Gepäckwagen.

van[2] *n.* (*mil.*) *the v.* die Vorhut.

vandal ['vændl] *n.* **1.** (*hist.*) Vandale; **2.** zerstörungswütiger Mensch.

vandalism ['vændəlɪzm] *n.* mutwillige Zerstörung.

vanish ['vænɪʃ] *v.i.* **1.** verschwinden: *v. into thin air* sich in Luft auflösen; *v. from the face of the earth* spurlos verschwinden; **2.** schwinden: *our hopes have ≈ed* unsere Hoffnungen haben sich zerschlagen.

variable ['veərɪəbl] **I.** *adj.* **1.** veränderlich, variabel: *v. weather* unbeständiges Wetter; **2.** uneinheitlich: *his performance tends to be v.* seine Leistung ist ungleichmäßig; **3.** regulierbar: *the driver's seat is v.* der Fahrersitz läßt sich verstellen; **II.** *n.* Variable: *there are too many ≈s in this scheme* in diesem Projekt gibt es zu viele Variablen.

variation [ˌveərɪ'eɪʃn] *n.* **1.** Veränderung: *seasonal ≈s* saisonbedingte Schwankungen; **2.** (*mus.*) Variation; **3.** Variante, Abweichung: *regional ≈s* regional bedingte Abweichungen.

variety [və'raɪətɪ] *n.* **1.** Abwechslung: *lack v.* monoton sein; *v. is the spice of life* (*prov.*) öfter mal was Neues; **2.** Vielfalt: *for a v. of reasons* aus einer Vielzahl von Gründen; *offer a large v. of articles* eine große Sortimentsbreite anbieten; **3.** Variante: *a new v. of cucumber* eine neue Gurkensorte; **4.** (*theat.*) Varieté.

various ['veərɪəs] *adj.* **1.** verschiedenartig: *in v. parts of the country* in verschiedenen Teilen des Landes; **2.** mehrere: *for v. reasons* aus mehreren Gründen; *v. people* mehrere Leute.

vary ['veərɪ] **1.** *v.i.* variieren, schwanken: *prices v. with the season* die Preise sind saisonbedingten Schwankungen unterworfen; *opinions v.* die Meinungen sind geteilt; **2.** *v.t.* variieren, verändern: *v. a programme* ein Programm verändern.

vase [vɑːz; *US:* veɪs; veɪz] *n.* Vase.

vast [vɑːst] *adj.* riesig: *the v. expanse of the Sahara* die riesige Weite der Sahara; *that'll cost a v. sum of money* das wird ein Heidengeld kosten.

veal [viːl] *n.* Kalbfleisch.

vegetable ['vedʒətəbl] **I.** *n.* **1.** ≈**s** *pl.* Gemüse: *v. garden* Gemüsegarten; **2.** (*bot.*) Pflanzenart; **3.** (*fig.*) geistig umnachtete Person: *after the stroke, he was just a v.* nach dem Schlaganfall vegetierte er nur noch vor sich hin; **II.** *adj.* pflanzlich (*matter, oil*).

vehicle ['viːɪkl] *n.* **1.** Fahrzeug: *road v.* Straßenfahrzeug; *commercial v.* Nutzfahrzeug; *passenger v.* Personenkraftwagen, Pkw; **2.** Vehikel, Mittel: *television is a v. for propaganda* Fernsehen ist ein Mittel der Propaganda.

vein [veɪn] *n.* **1.** (*anat.*) Vene: *≈s and arteries* Venen und Adern; **2.** (*min.*) Ader: *v. of gold* Goldader; **3.** (*fig.*) Ader: *have an artist's v.* eine künstlerische Ader haben; **4.** Stimmung, Laune: *be in a serious v.* nicht zum Spaßen aufgelegt sein.

venture ['ventʃə] **I.** *n.* Unternehmung, Unterfangen: *embark on a v.* sich auf etwas einlassen; *commercial v.* kommerzielle Unternehmung; *joint v.* Gemeinschaftsunternehmen; *a v. into the unknown* eine Reise ins Ungewisse; *v. capital* Risikokapital; **II. 1.** *v.t.* riskieren: *nothing ≈(d), nothing gain(ed)* (*prov.*) wer wagt, gewinnt; **2.** wagen: *v. an explanation* eine Erklärung vorbringen; *may I v. to suggest that …?* darf ich vielleicht sagen/vorschlagen, daß…?; **3.** *v.i.* sich wagen (*outside*); **4.** *v.prep.: v. on/upon s.th.* sich auf etw. einlassen (*a risky project*).

verb [vɜːb] *n.* (*gram.*) Verb: *auxiliary v.* Hilfsverb; *defective auxiliary v.* unvollständiges Hilfsverb (*d.h. es können nicht alle Tempusformen gebildet werden*); *(in)transitive v.* (in)transitives Verb; *phrasal v.* Verb mit Präposition bzw. Adverb.

verbal ['vɜːbl] *adj.* **1.** mündlich (*agreement*); **2.** sprachlich (*skills*); **3.** wörtlich (*translation*); **4.** (*gram.*) Verbal-: *v. noun* Verbalsubstantiv, Gerundium.

verse [vɜːs] *n.* **1.** Vers: *blank v.* Blankvers; *attempt a v. translation rather than a prose translation* Versübersetzung anstelle einer Prosaübersetzung versuchen; **2.** Vers, Zeile, Strophe.

version ['vɜːʃn] *n.* **1.** Version (*of what s.o. said*); **2.** Übersetzung, Fassung: *the Authorized V.* die King-James-Fassung der Bibel (*1611*); *film v.* Verfilmung (*of a novel*); **3.** Variante: *the de-luxe v.* die Luxusausführung.

versus ['vɜːsəs] *prep.* (*Auseinandersetzung*) gegen: *Liverpool v. Everton* Liverpool (spielt) gegen Everton; *Regina v. West* (*GB*) (*jur.*) Strafprozeß gegen West.

very ['verɪ] **I.** *adv.* **1.** sehr: *v. kind of you* sehr lieb von dir; **2.** (*Superl. verstärkend*): *the v. best* das Allerbeste; *at the v. latest* allerspätestens; **3.** (*allg. Betonung*): *the v. same person* genau dieselbe Person; *I have my v. own boat* ich habe mein eigenes Boot; **4.** *v. much* sehr: *thank you v. much* ganz herzlichen Dank; *she liked it v. much* es gefiel ihr sehr; **5.** *v. well* nun gut: *v. well, if that's what you intend to do* nun gut, wenn du das vorhast; **II.** *adj.* **1.** genau: *at that v. moment* in genau diesem Augenblick; *that's the v. thing for you* das ist genau das Richtige für dich; **2.** äußerst(e, er, es): *at the v. end* ganz zum/am Schluß; **3.** bloß, allein: *the v. thought of it* allein der Gedanke daran.

vessel ['vesl] *n.* **1.** Wasserfahrzeug, Schiff: *motor v.* (*MV*) Motorschiff; *fishing v.* Fischereifahrzeug; **2.** Gefäß: *drinking v.* Trinkgefäß; **3.** (*anat.*) Gefäß: *blood v.* Blutgefäß.

vest [vest] **I.** *n.* **1.** (*GB*) Unterhemd; **2.** (*US*) Weste: *bullet-proof v.* kugelsichere Weste; **II.** *v.t.* ausstatten: *v. s.o. with powers* jdn. mit Vollmachten ausstatten; *have a ≈ed interest in s.th.* ein persönliches Interesse an etw. haben; *thinking in terms of ≈ed interests* Besitzstandsdenken.

via ['vaɪə] *prep.* (*Route*) über: *fly to Manchester v. London* nach Manchester mit Zwischenlandung in London fliegen.

vice[1] [vaɪs] *n.* **1.** Laster, Untugend: *v. squad* (*Polizei*) Sittendezernat; **2.** Unart, Laster: *white wine is one of my little ≈s* Weißwein gehört zu meinen kleinen Lastern.

vice[2] (*US:* **vise**) [vaɪs] *n.* (*techn.*) Schraubstock.

vice versa [ˌvaɪsɪ'vɜːsə] *adv.* (*Lat.*) umgekehrt.

vicious ['vɪʃəs] *adj.* **1.** bösartig (*animal, man, kick*); **2.** (*med.*) bösartig, stark (*headache*); **3.** (*fig.*) bösartig: *v. circle/spiral* Teufelskreis.

victim ['vɪktɪm] *n.* **1.** Opfer: *v. of a crime* Opfer eines Verbrechens; *fall v. to s.th.* einer Sache zum Opfer fallen; **2.** (*auch: sacrificial v.*) Tier-, Menschenopfer.

victory ['vɪktərɪ] *n.* Sieg: *claim v.* den Sieg für sich beanspruchen; *snatch v. from the jaws of defeat* noch in letzter Minute gewinnen; *win a v.* einen Sieg erringen.

view [vjuː] **I.** *n.* **1.** Sicht: *(with)- in/ out of v.* in/außer Sicht; *in full v. of all those present* vor aller Augen; *come into v.* in Sicht kommen; *be lost from v.* nicht mehr zu sehen sein; *in v. of* angesichts; **2.** Aussicht: *enjoy the v.* die Aussicht genießen; *get a good v. from here* gute Aussicht von hier haben; *insist on a room with a v.* auf einem Zimmer mit einer (guten) Aussicht bestehen; *with a v. to (doing s.th.)* in der Absicht (etw. zu tun); **3.** Besichtigung: *be on v.* zu besichtigen sein; **4.** Ansicht, Meinung: *in* *my v.* meiner Meinung nach; *take a dim v. of s.th.* nicht viel von etw. halten; *hold strong ≈s on s.th.* eine dezidierte Meinung von etw. haben; **II.** *v.t.* **1.** betrachten: *how do you v. her chances?* wie siehst du ihre Chancen?; *we v. the matter with great concern* wir sehen die Sache mit großer Sorge; **2.** besichtigen, inspizieren (*the scene of the accident*); **3.** intensiv betrachten (*s.th. through one's binoculars*).

viewer ['vju:ə] *n.* **1.** Zuschauer (*of a TV programme*); **2.** (*Dias*) Bildbetrachter.

viewpoint ['vju:pɔɪnt] *n.* Standpunkt, Gesichtspunkt.

village ['vɪlɪdʒ] *n.* Dorf: *v. idiot* Dorftrottel.

villain ['vɪlən] *n.* Schurke (*bes. lit.*): *the v. of the piece* der Übeltäter.

vine [vaɪn] *n.* **1.** (Wein-)Rebe; **2.** (*bot.*) Rebengewächs; Kletterpflanze.

vinegar ['vɪnɪgə] *n.* (Wein-)Essig: *malt v.* Essig auf Malzbasis.

violation [vaɪə'leɪʃn] *n.* **1.** (*jur.*) Verstoß, Bruch: *v. of human rights* Verstoß gegen die Menschenrechte; **2.** Schändung (*of the old town centre*).

violence ['vaɪələns] *n.* **1.** Gewalt: *resort to/use v.* gewalttätig werden; **2.** Leidenschaftlichkeit: *express o.s. with some v.* starke Worte benutzen; **3.** Verschandelung: *the new post office does v. to the square* das neue Postamt verschandelt den Platz.

violent ['vaɪələnt] *adj.* **1.** gewalttätig, brutal: *die a v. death* als Opfer einer Gewalttat sterben; *v. clashes* gewalttätige Auseinandersetzungen; **2.** heftig: *a v. storm* ein heftiger Sturm; *be in a v. temper* toben.

violin ['vaɪəlɪn] *n.* Geige, Violine.

virtue ['vɜ:tju:] *n.* **1.** Tugend: *make a v. of necessity* aus der Not eine Tugend machen; *v. is its own reward* (*prov.*) die Tugend bedarf keines Lohns; **2.** Keuschheit: *a woman of easy v.* ein Flittchen; **3.** Vorzug, Vorteil: *this scheme has the v. of being cheap* dieses Projekt hat den Vorteil, daß es billig ist; **4.** *by v. of* kraft, aufgrund (*her nationality*).

visa ['vi:zə] *n.* Visum: *entry v.* Einreisevisum.

visible ['vɪzɪbl] *adj.* **1.** sichtbar: *v. to the naked eye* mit dem bloßem Auge zu erkennen; **2.** deutlich: *there has been little v. progress lately* in der letzten Zeit hat es wenig merkliche Fortschritte gegeben.

vision ['vɪʒn] *n.* **1.** Sehvermögen: *impaired v.* Sehbehinderung; *field of v.* Gesichtsfeld; **2.** Vision: *that man has a v.* dieser Mann hat eine Vision; *it came to her in a v.* es erschien ihr in einer Vision; **3.** (*Fernsehen*) Bildqualität: *get poor v.* einen schlechten Bildempfang haben.

visit ['vɪzɪt] **I. 1.** *v.t.* besuchen (*an old friend*); **2.** aufsuchen, besichtigen (*a museum*); inspizieren: *v. the scene of the crime* den Tatort besichtigen; **3.** heimsuchen: *v. the sins of the fathers upon their children* die Kinder für die Sünden der Väter strafen; **4.** *v.prep.: v. with s.o.* (*US*) (*coll.*) mit jdm. plaudern; **II.** *n.* **1.** Besuch: *pay a v.* einen Besuch abstatten; **2.** (*US*) (*coll.*) Unterhaltung.

visitor ['vɪzɪtə] *n.* **1.** Besucher(in), Gast: *have ≈s* Besuch haben; *≈s' book* Gästebuch; *prison ≈s* (*GB*) Gefängnisaufsicht; **2.** Zugvogel.

visual ['vɪʒʊəl] *adj.* visuell, optisch: *v. memory* visuelles Gedächtnis; *v. display unit* (*VDU*) Datensichtgerät.

vital ['vaɪtl] *adj.* **1.** lebenswichtig: *v. organ* (*med.*) lebenswichtiges Organ; *v. statistics* Bevölkerungsstatistik; (*coll.*) (*Frau*) Maße; **2.** unerläßlich: *of v. importance* lebenswichtig; *play a v. role* eine wichtige Rolle spielen; **3.** vital (*person*).

viz [vɪz] *adv.* (*Kurzform von:* (*lat.*) **videlicet**) nämlich, das heißt.

vocabulary [və'kæbjʊlərɪ] *n.* **1.** Wortschatz: *some people seem to get by on a v. of 100 words* einige Leute scheinen mit einem Wortschatz von 100 Wörtern auszukommen; *active/passive v.* aktiver/passiver Wortschatz; **2.** Wortschatzliste, Glossar.

voice [vɔɪs] **I.** *n.* **1.** Stimme: *at the top of one's v.* in voller Lautstärke; *hear ≈s* Stimmen hören (*auch fig.*); *raise/lower one's v.* lauter/leiser sprechen; *find/lose one's v.* seine Stimme verlieren/wiedergewinnen; *like the sound of one's v.* sich gern reden hören; **2.** Stimme, Mitspracherecht: *have no v. in the matter* kein Mitspracherecht haben; **3.** Stimme, Organ: *v. of reason* Stimme der Vernunft; *the v. of the people* die Stimme des Volkes; *give v. to s.th.* etw. artikulieren; *with one v.* einmütig; **4.** (*gram.*) Aktionsart: *active/passive v.* Aktiv-/Passiv(form); **5.** (*phon.*) Stimmhaftigkeit (*durch Schwingung der Stimmbänder entstehend*); **II.** *v.t.* **1.** äußern, artikulieren: *v. an opinion* eine Meinung äußern; **2.** (*phon.*) stimmhaft artikulieren: *≈d consonant* stimmhafter Konsonant.

volume ['vɒljuːm] *n.* **1.** (*math.*) Volumen (*of 16,000 cubic metres*); **2.** (*fig.*) Volumen, Ausmaß (*of protest*): *in large ≈s* in großen Mengen; *v. of traffic* Verkehrsaufkommen; *v. car* in großer Stückzahl hergestelltes Auto; **3.** Lautstärke: *turn up the v.* (*Radio, TV*) (etwas) lauter stellen; **4.** Band: *Shakespeare's works in 10 ≈s* Shakespeares Werk in 10 Bänden; *that speaks ≈s* (*coll.*) das spricht Bände.

voluntary ['vɒləntrɪ] **I.** *adj.* freiwillig: *on a v. basis* auf freiwilliger Basis; **II.** *n.* (*mus.*) Solo.

volunteer [ˌvɒlən'tɪə] **I.** *n.* Freiwillige(r): *any ≈s?* wer meldet sich freiwillig?; **II.** *v.i.* sich freiwillig melden (*for a dangerous mission*).

vomit ['vɒmɪt] **I. 1.** *v.i.* sich übergeben (*because the sea was rough*); **2.** *v.t.* ausspucken (*blood*); ausspeien: *the chimney was ≈ing black smoke* der Schornstein spie schwarzen Qualm aus; **II.** *n.* Erbrochenes (*all over the floor*).

vote [vəʊt] **I.** *n.* **1.** (*Wahl*) Stimme: *cast one's v.* Stimme abgeben; *poll 12,000 ≈s* 12000 Stimmen erhalten; *casting v.* ausschlaggebende Stimme; **2.** Abstimmung: *put s.th. to the v.* über etw. abstimmen lassen; *v. of confidence* (*parl.*) Vertrauensfrage; **3.** Stimmzettel: *spoil one's v.* seinen Stimmzettel ungültig machen; **4.** *the v.* (*nur Sg.*) Stimmrecht: *women got the v. after World War I* Frauen erhielten das Stimmrecht nach dem Ersten Weltkrieg; **5.** *the v.* (*nur Sg.*) Stimmen einer Gruppe: *he's after the pensioners' v.* er hat es auf die Stimmen der Rentner abgesehen; **6.** *the v.* (*nur Sg.*) Wahlergebnis einer Partei: *10% of the Labour v.* 10% der Wähler der Labour-Partei; **II. 1.** *v.prep.: v. for/against s.o./s.th.* für/gegen jdn./etw. stimmen; **2.** *v.t.* wählen (*Labour*): *v. s.th. down* etw. durch Wahl ablehnen; *v. s.o. into/out of office* jdn. in ein Amt wählen/abwählen; *v. s.th.*

through etw. über die parlamentarischen Hürden bringen; **3.** bewilligen (*£ 10,000 for the library*).
voter ['vəʊtə] *n.* Wähler(in): *floating v.* Wechselwähler.
vowel ['vaʊəl] *n.* Vokal.
voyage ['vɔɪɪdʒ] **I.** *n.* (See-)Reise: *outward/homeward v.* Hin-/Rückreise; **II.** *v.i.* eine (See-)Reise machen.
vulnerable ['vʌlnərəbl] *adj.* **1.** verwundbar, verletzlich: *v. to cold* kälteempfindlich; **2.** ungeschützt: *feel v.* sich wehrlos vorkommen; *be in a v. position* in einer exponierten Lage sein.

W

wage [weɪdʒ] *n.* **1.** (Arbeits-)Lohn: *weekly w.* Wochenarbeitslohn; *a fair day's w. for a fair day's work* ein ordentlicher Lohn für ordentliche Arbeit; *a living w.* ein zum Leben ausreichender Lohn; *minimum w.* Mindestlohn; *w. claim/demand* Lohnforderung; *w. packet* Lohntüte; *w. settlement* Tarifabschluß; **2.** (*fig.*) Lohn: *≈s of fear* Lohn der Angst.

waggon (*GB*); **wagon** (*US*) ['wægən] *n.* **1.** Fuhrwerk, Pferdewagen; Leiterwagen; **2.** (*GB*) (*Eisenbahn*) Güterwagen; **3.** (*US*) *paddy w.* (*coll.*) grüne Minna.

waist [weɪst] *n.* Taille: *stripped to the w.* mit entblößtem Oberkörper.

wait [weɪt] **I. 1.** *v.i.* warten: *w. for s.o./s.th.* auf jdn./etw. warten; *what are we ≈ing for?* worauf warten wir noch?; *keep s.o. ≈ing* jdn. warten lassen; *w. behind* zurückbleiben; *w. and see* abwarten; *I can't w.* ich kann es kaum erwarten; *w. for it!* paß auf!; *just you w.!* paß nur auf! (*Drohung*); *w. a minute!* Moment mal!; **2.** *v.t.* warten auf: *w. one's chance/opportunity* auf seine Chance warten; *w. one's turn* warten, bis man an der Reihe ist; **3.** *v.prep.: w. at* (*GB*)/*on* (*US*) *table* servieren; *w. in* zu Hause bleiben; *w. on s.o.* jdn. bedienen: *w. on s.o. hand and foot* jdn. total verwöhnen; *w. s.th. out* etw. aussitzen; *w. up for s.o.* für jdn. aufbleiben; **II.** *n.* **1.** Warten: *it was a long w.* wir mußten lange warten; **2.** Hinterhalt: *lie in w.* (jdm.) auflauern.

waiter ['weɪtə] *n.* Kellner: *head w.* Oberkellner.

waiting room ['weɪtɪŋˌruːm] *n.* Wartezimmer; (*Eisenbahn*) Wartesaal.

waitress ['weɪtrəs] *n.* Kellnerin.

wake*[1] [weɪk] **1.** *v.i.* aufwachen: *I usually w. (up) at 8* ich wache gewöhnlich um 8 Uhr auf; **2.** *v.prep.: w. (up) to s.th.* sich einer Sache bewußt werden: *at long last he woke (up) to the seriousness of the situation* schließlich erkannte er doch noch den Ernst der Lage; **3.** *v.t.* aufwecken: *the noise woke me (up)* das Geräusch weckte mich; *w. the dead* (*coll.*) einen Heidenlärm machen; *w. s.o. (up) to s.th.* jdm. etw. bewußt machen; **II.** *n.* (*bes. Irl.*) Totenwache.

wake[2] *n.* Kielwasser: *in the w. of* (*fig.*) im Gefolge von.

walk [wɔːk] **I. 1.** *v.i.* (zu Fuß) gehen: *w. to work* zu Fuß zur Arbeit gehen; *w. up and down* auf und ab gehen; *w. on air* (*fig.*) überglücklich sein; *w. tall* stolz (auf sich) sein; **2.** *v.t.* (aus)führen: *w. the dog* den Hund ausführen; *w. the old lady across the street* der alten Dame über die Straße helfen; *w. s.o. off their feet/legs* jdn. total erschöpfen; **3.** regelmäßig abschreiten: *w. the boards* (*theat.*) auf den Brettern stehen; *w. the streets* auf den Strich gehen; *w. the wards* (*med.*) (*Arzt*) Visite machen; **4.** *in Phrasen und präp.V.: w. about* einen Rundgang machen; *w. away from s.th.* (ungeschoren) davonkommen; *w. in* hereinspazieren; *w. into s.th.* in etw. hineingeraten; *w. off with s.th.* mit etw. abziehen; *w. on* weitergehen; *w. out on s.o.* jdn. sitzenlassen; *w. over s.o.* jdn. in die Tasche stecken; *w. through s.th.* etw. spielend schaffen; *w. up to s.o.* auf jdn. zugehen; **II.** *n.* **1.** Spaziergang: *go for a w.* spazieren gehen; **2.** Gang(art): *slow to a w.* in ein normales Schrittempo verfallen; *recognize s.o. by his w.* jdn. an seinem Gang erkennen; **3.** Wanderweg: *coastal* *w.* Küstenwanderweg; **4.** *w. of life* Bevölkerungsschicht: *people from all ≈s of life* Leute aus allen Schichten und Berufen.

wall [wɔːl] **I.** *n.* **1.** Mauer: *city w.* Stadtmauer; *the Berlin W.* die Berliner Mauer; *w. of silence* (*fig.*) Mauer des Schweigens; **2.** Wand: *hang a picture on the w.* ein Bild an die Wand hängen; *drive s.o. up the w.* (*coll.*) jdn. auf die Palme bringen; *go to the w.* (*coll.*) pleite gehen; *≈s have ears* (*fig.*) Wände haben Ohren; *the writing on the w.* (*Bibel*) das Menetekel; **3.** (*anat.*) Wand: *abdominal w.* Bauchdecke; **II. 1.** *v.t.* mit einer Mauer umgeben: *a ≈ed city* eine von einer Mauer umgebene Stadt; **2.** *v.prep.: w. off* durch eine Mauer abtrennen; *w. up* zumauern.

wallet [ˈwɒlət] *n.* **1.** (*GB*) Brieftasche; **2.** (*US*) Geldbörse.

wallpaper [ˈwɒlpeɪpə] **I.** *n.* Tapete; **II.** *v.t.* tapezieren.

wander [ˈwɒndə] **I. 1.** *v.i.* (ohne Ziel) wandern: *w. around* umherwandern; *w. off* sich verlaufen; **2.** (*fig.*) sich verirren: *his mind ≈s (off)* seine Gedanken schweifen ab; **3.** *v.t.* durchstreifen: *w. the streets* in den Straßen umherwandern; **II.** *n.* Spaziergang: *go for a little w.* einen kleinen Spaziergang machen.

want [wɒnt] **I.** *v.t.* **1.** wollen: *what do you w.?* was willst du?; *we w. you to come* wir möchten, daß du kommst; *I've been ≈ing to go to America for years* seit Jahren schon will ich nach Amerika; **2.** brauchen, benötigen: *you w. to be careful!* sei vorsichtig!; *you w. your head seen to!* (*coll.*) du bist wohl verrückt!; *you're ≈ed on the phone* du wirst am Telefon verlangt; *the floor ≈s cleaning* der Fußboden muß gereinigt werden; **3.** suchen: *he's ≈ed by the police* die Polizei ist hinter ihm her; *≈ed persons list/file* Fahndungskartei; **4.** mangeln: *he ≈s courage* ihm fehlt der Mut; **5.** *v.prep.: w. out of s.th.* aus etw. heraus wollen; **II.** *n.* **1.** Mangel: *for w. of* aus Mangel an; *it wasn't for w. of trying* es ist nicht so, als ob ich es nicht versucht hätte; **2.** Not: *live in w.* in Not leben; **3.** Bedarf: *satisfy ≈s* den Bedarf decken.

war [wɔː] **I.** *n.* Krieg: *civil w.* Bürgerkrieg; *make/wage w.* Krieg führen; *w. of nerves* Nervenkrieg; *you've been in the ≈s* (*coll.*) du siehst ganz schön mitgenommen aus; **II.** *v.i.* sich bekriegen: *the ≈ring factions of the Tory party* die im Streit liegenden Gruppen der konservativen Partei.

wardrobe [ˈwɔːdrəʊb] *n.* **1.** Kleiderschrank; **2.** Kleidung, Garderobe; **3.** (*theat.*) Kostüme; Kleiderkammer.

warfare [ˈwɔːfeə] *n.* Krieg: *open w.* offener Krieg (*auch fig.*).

warm [wɔːm] **I.** *adj.* **1.** warm: *keep w.* sich warm halten; *wear w. clothes* warme Kleidung tragen; *make it w. for s.o.* (*fig.*) jdm. die Hölle heiß machen; **2.** (*fig.*) warm, herzlich: *they were given a w. welcome* ihnen wurde ein herzlicher Empfang bereitet; *he's a w. person* er ist ein sehr lieber Mensch; **3.** (*fig.*) (*Spur*) heiß: *you're getting w.* (*Spiel*) es wird wärmer; **II.** *n.* Wärme: *come into the w.* ins Warme kommen; **III. 1.** *v.t.* erwärmen: *w. the water* das Wasser warm machen; *w. s.th up* etw. aufwärmen; *w. s.o.'s heart* (*fig.*) jds. Herz erwärmen; **2.** *v.i.* warm werden: *the milk is ≈ing* die Milch wird warm; *w. up* sich erwärmen; (*fig.*) brenzlig werden; **3.** *v.prep.: w. to s.th.* (*fig.*) sich für etw. erwärmen.

warmth [wɔːmθ] *n.* Wärme (*auch fig.*).

warn [wɔːn] *v.t.* **1.** warnen: *w. s.o. against s.th.* jdn. vor etw. warnen; *you have been ≈ed!* sag nicht, du seist nicht gewarnt worden!; *w. s.o. off* jdn. verwarnen; **2.** informieren: *w. s.o. off s.th.* jdn. auf etw. hinweisen.

warning [ˈwɔːnɪŋ] *n.* Warnung: *give s.o. (plenty of) w.* jdn. (hinreichend) warnen; *heed a w.* eine Warnung beachten; *let that be a w. to you!* das soll dir eine Warnung sein!

wash [wɒʃ] **I. 1.** *v.t.* waschen: *w. one's hands* sich die Hände waschen; *w. one's hands of it* (*fig.*) seine Hände in Unschuld waschen; *w. one's dirty linen in public* (*fig.*) schmutzige Wäsche waschen; **2.** (*Strömung*) spülen: *a dead body has been ≈ed ashore* eine Leiche ist an Land gespült worden; **3.** übertünchen; **4.** *v.i.* sich waschen: *w. and dress* sich waschen und anziehen; **5.** sich waschen lassen: *these trousers might w. well, but they'll shrink* diese Hose mag sich zwar gut waschen lassen, aber sie läuft ein; (*fig.*) überzeugen: *that story won't w. (with me)* diese Geschichte überzeugt (mich) nicht; **6.** *mit Adv. und präp.V.: w. away* hinwegspülen; *w. s.th. down* etw. abspülen; (*coll.*) runterspülen (*a meal with a bottle of wine*); *w. off* abwaschen; *w. out* auswaschen; ausspülen; *w. over* überspülen (*the deck of the ship*); *w. up* spülen (*the dishes*); an Land schwemmen; **II.** *n.* **1.** Wäsche: *have a good w.* sich gründlich waschen; **2.** (*Textilien*) Wäsche (*als Vorgang*): *it'll all come out in the w.* es wird alles herausgehen/herauskommen (*auch fig.*); **3.** Wäsche(stücke): *take the w. to the laundry* die Wäsche zur Wäscherei bringen; **4.** Kielwasser, Wellen; **5.** Anstrich.

washer [ˈwɒʃə] *n.* **1.** (*techn.*) Dichtungsring; **2.** (*coll.*) Waschmaschine.

washing [ˈwɒʃɪŋ] *n.* **1.** Wäsche, Waschen: *do the w.* Wäsche waschen; *w. machine* Waschmaschine; *w. up* (*Geschirr*) Spülen; **2.** Wäsche: *hang the w. on the line* Wäsche aufhängen; *take in w.* für andere Leute waschen.

wasp[1] [wɒsp] *n.* (*zool.*) Wespe.

Wasp[2]; **W.A.S.P.** (*US*) *n.* (*Abkürzung für:* **White Anglo-Saxon Protestant**) Angehörige(r) der protestantischen Kernbevölkerung der USA.

waste [weɪst] **I.** *adj.* **1.** brachliegend, öde: *lie w.* brachliegen; *w. land* Ödland, Brache; **2.** überschüssig: *w. matter* Abfall(stoffe); *w. paper basket* Papierkorb; *w. product* Abfallprodukt; **3.** verwüstet: *lay s.th. w.* etw. verwüsten; **II.** *n.* **1.** Verschwendung: *it's just a w. of time* es ist reine Zeitverschwendung; **2.** Abfall: *domestic/residential w.* Siedlungsabfall; *toxic w.* Giftmüll; **3.** Wildnis, Wüste: *the icy ≈s of Canada* die Eiswüsten von Kanada; **III. 1.** *v.t.* verschwenden, vergeuden (*time and money*): *w. no time* keine Zeit verlieren; *w. one's breath* umsonst reden; *w. not, want not* (*prov.*) spare in der Zeit, so hast du in der Not; **2.** auszehren: *a wasting disease* eine auszehrende Krankheit; **3.** verwüsten; **4.** *v.i.: w. away* verkümmern.

watch [wɒtʃ] **I. 1.** *v.t.* beobachten, zuschauen: *w. s.o. (do/doing s.th.)* jdn. (bei etw.) beobachten; *w. television* fernsehen; **2.** aufpassen auf: *w. it!* (*Drohung*) paß bloß auf!; *w. one's weight* auf sein Gewicht achten; *w. every penny* auf sein Geld achten; *w. one's step* (*fig.*) vorsichtig sein; **3.** *v.i.* wachen (*all night*); **4.** *v.prep.: w. for s.th.* nach etw. Ausschau halten; *w. out for s.th.* sich vor etw. in acht nehmen; *w. over s.o./s.th.* über jdn./etw. wachen; **II.** *n.* **1.** Armbanduhr; Taschenuhr; **2.** Wache: *be on the w. for s.o./s.th.* nach jdm./etw. Ausschau halten; *keep w.* Wache halten; *keep a close w. on s.o./s.th.* auf jdn./etw. genau achten.

water ['wɔːtə] **I.** *n.* **1.** Wasser: *drinking w.* Trinkwasser; *fresh w.* Süßwasser; *running w.* fließendes Wasser; *hold w.* (*fig.*) glaubhaft erscheinen; *make w.* (*Schiff*) lecken; *make/pass w.* urinieren; **2.** Wasser, Gewässer: *by w.* auf dem Wasserweg; *keep one's head above the w.* (*fig.*) sich über Wasser halten; *w. under the bridge* (*fig.*) Schnee von gestern; *muddy ≈s* (*fig.*) trübe Gewässer; *territorial ≈s* Hoheitsgewässer; *still ≈s run deep* (*prov.*) stille Wasser gründen tief; **II.** **1.** *v.t.* bewässern; *w. down* verwässern; **2.** *v.i.* tränen; triefen: *make s.o.'s mouth w.* jdm. den Mund wäßrig machen.

wave [weɪv] **I.** *n.* **1.** Welle: *Britannia rules the ≈s* (*Lied*) Britannien beherrscht die See; *w. of strikes* (*fig.*) Streikwelle; *heat w.* Hitzewelle; **2.** (*techn.*) Welle: *medium w.* Mittelwelle; *sound w.* Schallwelle; **3.** (*Haar*) Welle: *permanent w.* (*coll.: perm*) Dauerwelle; **4.** Handbewegung: *give s.o. a w.* jdm. zuwinken; **II.** **1.** *v.t.* winken, schwenken: *w. s.o. goodbye* jdm. zum Abschied winken; *w. one's fist* mit der Faust drohen; *w. one's hat* den Hut schwenken; *w. s.o. through* (*Polizei*) jdn. durchwinken; *w. s.th. aside* etw. zurückweisen; **2.** *v.i.* winken (*at s.o.*); **3.** (*Flagge*) wehen (*in the wind*).

wax[1] [wæks] **I.** *n.* Wachs: *be like w. in s.o.'s hands* (*fig.*) Wachs in jds. Händen sein; *w. candle* Wachskerze; **II.** *v.t.* wachsen, bohnern.

wax[2] *v.i.* wachsen, größer werden: *w. and wane* zu- und abnehmen (*moon*); *w. indignant* sich entrüsten.

way [weɪ] **I.** *n.* **1.** Weg: *the shortest w. from A to B* der kürzeste Weg von A nach B; *on the w.* unterwegs; *the w. there and back* der Hin- und Rückweg; *w. in* Eingang; *w. out* Ausgang; *is there a w. out (of the dilemma)?* (*fig.*) gibt es einen Ausweg?; *don't go out of your w. (to do s.th.)* machen Sie keine Umstände; *know one's w. about* sich zurechtfinden; *lead the w.* (mit gutem Beispiel) vorangehen; *lose one's w.* sich verirren; *make one's w. (up)* Karriere machen; **2.** Art, Methode: *no w.* (*coll.*) auf keinen Fall; *in a w.* in gewisser Hinsicht; *in some ≈s* in mancher Hinsicht; *that's the w. to do it* (*coll.*) so wird's gemacht; *change/mend one's ≈s* sich bessern; *find a w. of doing s.th.* eine Methode finden; *have a w. with s.o.* mit jdm. gut umgehen können; *have it both ≈s* beides haben, auf zwei Hochzeiten tanzen; *I prefer to do it my w.* ich ziehe vor, es auf meine Art zu tun; **3.** Zustand: *she's in a bad w.* ihr geht es nicht gut; *things are in a bad w.* die Dinge stehen schlecht; **4.** *in Präpositionalphrasen: by the w.* übrigens; *by w. of* als, für: *what are you planning to do by w. of a holiday?* wie sehen deine Urlaubspläne aus?; **II.** *adv.* (*coll.*) erheblich: *w. ahead* deutlich vor; *w. above* erheblich über; *w. back* vor langer Zeit.

we [wiː] *pron.* **1.** wir: *w. have received your letter of the 15th inst.* (*comm.*) wir haben Ihren

Brief vom 15. d. M. erhalten; **2.** wir (*als Pluralis majestatis und in Leitartikeln*); **3.** (*coll.*) wir: *how are w. today, Mrs Smith?* wie geht es uns denn heute, Mrs Smith?

weak [wi:k] *adj.* **1.** schwach: *feel w.* sich schwach fühlen; **2.** (*fig.*) schwach: *a w. smile* ein schwaches Lächeln; *in a w. moment* in einem schwachen Augenblick; *be w. in the head* (*coll.*) dumm sein; *w. forms* (*gram.; phon.*) schwache Formen; *be w. in/at maths* in Mathe schwach sein.

weaken ['wi:kən] **1.** *v.t.* schwächen: *w. one's grip* (*fig.*) Kontrolle lokkern; *w. s.o.'s position* jds. Position schwächen; **2.** *v.i.* sich abschwächen: *the pound has ≈ed again* das Pfund ist wieder schwächer geworden; *she's beginning to w.* ihre Widerstandskraft läßt nach.

weakness ['wi:knəs] *n.* **1.** Schwäche: *w. of character* Charakterschwäche; **2.** Fehler: *we all have our ≈es* wir haben alle kleine Fehler; **3.** Vorliebe, Schwäche: *he has a w. for fast cars and blondes* er hat eine Schwäche für schnelle Autos und Blondinen.

wealth [welθ] *n.* **1.** Reichtum, Wohlstand: *a man of w.* ein wohlhabender Mann; **2.** (*fig.*) Reichtum: *his w. of knowledge* seine umfassende Bildung.

wealthy ['welθɪ] *adj.* wohlhabend, reich.

weapon ['wepən] *n.* **1.** Waffe: *nuclear ≈s* Kernwaffen; **2.** (*fig.*) Waffe: *use the scandal as a w. to beat one's opponents with* den Skandal ausnutzen, um damit seine Gegner zu schlagen.

wear* [weə] **I. 1.** *v.t.* tragen: *w. a new hat* einen neuen Hut tragen; *she ≈s her hair long* sie trägt ihr Haar lang; *w. the trousers* (*coll.*) die Hosen anhaben; **2.** (*Ausdruck*) haben: *he wore an angry frown* er runzelte verärgert die Stirn; *w. a big smile* über das ganze Gesicht strahlen; **3.** abnutzen: *I've worn holes in my shoe* mein Schuh ist durchgelaufen; *w. s.th. smooth* etw. abschleifen; **4.** (*fig.*) akzeptieren: *I won't w. it* das lasse ich nicht zu; **5.** *v.i.* sich tragen lassen (*the new pair of shoes*); **6.** sich abnutzen: *your tyres are worn* deine Reifen sind abgefahren; *w. thin* dünn werden; *your jokes are beginning to w. thin* deine Witze werden langsam langweilig; *for a man of his age, he has worn well* für einen Mann seines Alters hat er sich gut gehalten; **7.** *mit Adv. und präp. V.: w. away* (sich) abnutzen; *w. down* zermürben (*one's opponents*); *w. off* nachlassen; *w. on* sich hinziehen; *w. out* (sich) abnutzen: *I'm utterly worn out* (*coll.*) ich bin fix und fertig; *w. through* (sich) durchscheuern; **II.** *n.* **1.** Tragen: *my blue suit hasn't had much w.* ich habe meinen blauen Anzug nur selten getragen; **2.** Abnutzung, Verschleiß: *w. and tear* normaler Verschleiß; *look the worse for w.* ziemlich mitgenommen aussehen; **3.** Kleidung: *ladies' w.* Damenbekleidung.

weary ['wɪərɪ] **I.** *adj.* **1.** ermüdet, matt: *feel w.* sich schlapp fühlen; *a w. smile* ein schwaches Lächeln; **2.** leid: *be/grow w. of s.th.* etw. leid sein/werden; **3.** anstrengend: *a w. climb* ein anstrengender Anstieg; **II. 1.** *v.t.* ermüden; **2.** langweilen: *your constant complaints are beginning to w. me* deine ewigen Beschwerden gehen mir langsam auf die Nerven; **3.** *v.i.* es leid werden: *she began to w. of her work* sie wurde ihre Arbeit langsam leid.

weather ['weðə] **I.** *n.* Wetter: *fair/fine w.* schönes Wetter; *w. permit-*

ting wenn das Wetter es zuläßt; *be/feel under the w.* (*coll.*) angeschlagen sein; *make heavy w. of s.th.* (*coll.*) sich mächtig über etw. aufregen; *w. forecast* Wettervorhersage; **II. 1.** *v.i.* verwittern; **2.** (*Holz*) ablagern; **3.** (*fig.*) überstehen (*the crisis*); **4.** *v.i.* verwittern.

weave* [wi:v] **I. 1.** *v.t.* weben (*cloth*); flechten (*baskets*); *w. a story/tale* eine Geschichte erfinden; *w. one's way through the crowds* sich durch die Menge schlängeln; **2.** *v.i.* sich weben lassen (*cotton yarn*); **3.** sich hin und her bewegen: *he wove in and out of the traffic* er wechselte permanent die Fahrspur; **4.** *get weaving* (*coll.*) loslegen; **II.** *n.* Gewebe.

wedding ['wedɪŋ] *n.* Hochzeit: *golden w.* goldene Hochzeit; *w. ring* Ehering.

Wednesday ['wenzdɪ] *n.* Mittwoch.

weed [wi:d] **I.** *n.* **1.** Unkraut: *w. killer* Unkrautvernichtungsmittel; **2.** (*coll.*) Gras (*Marihuana*); **3.** (*coll.*) Schwächling; **II.** *v.t.* jäten (*the garden*): *w. out the unsuitable candidates* die ungeeigneten Kandidaten aussieben.

week [wi:k] *n.* Woche: *five-day w.* Fünftagewoche; *w. in, w. out* Woche für Woche; *for ≈s (on end)* wochenlang.

weekday ['wi:kdeɪ] *n.* Wochentag.

weekend [ˌwi:k'end; 'wi:kənd] **I.** *n.* Wochenende: *long w.* langes Wochenende; **II.** *v.i.* Wochenende verbringen (*in Paris*).

weekly ['wi:klɪ] **I.** *adj.* wöchentlich: *w. wage* Wochenarbeitslohn; **II.** *adv.* wöchentlich: *this train only runs w.* dieser Zug verkehrt nur wöchentlich; **III.** *n.* Wochenzeitung.

weep* [wi:p] **I. 1.** *v.i.* weinen: *w. for s.o./s.th.* um jdn./etw. weinen; *w. for joy* Freudentränen vergießen; **2.** tränen, nässen: *the wound is no longer ≈ing* die Wunde näßt nicht mehr; **3.** *v.t.* Tränen vergießen: *w. tears of joy* Freudentränen vergießen; **II.** *n.* Weinen: *have a good w.* sich richtig ausweinen.

weigh [weɪ] **1.** *v.t.* wiegen: *w. this bag of potatoes* diesen Sack Kartoffeln wiegen; *w. o.s.* sich auf die Waage stellen; **2.** abwägen: *w. the pros and cons of s.th.* die Vor- und Nachteile einer Sache abwägen; *w. one's words* seine Worte abwägen; **3.** (*naut.*) *w. anchor* Anker lichten; **4.** *v.i.* wiegen: *how much do you w.?* wie schwer bist du?; *this parcel ≈s a ton* (*coll.*) dieses Paket ist verdammt schwer; **5.** lasten: *this business has been ≈ing on my mind for weeks* diese Angelegenheit beschäftigt mich schon seit Wochen; *his criminal record ≈s against him* seine kriminelle Vergangenheit spricht gegen ihn; **6.** *mit Adv. und präp.V.: w. down* drücken; belasten: *w. in at 90 kilos* (*Sport*) 90 Kilo auf die Waage bringen; *w. out* auswiegen; *w. up* abwägen.

weight [weɪt] **I.** *n.* **1.** (Körper-)Gewicht: *lose w.* abnehmen; *put on w.* zunehmen; *be worth one's w. in gold* (*coll.*) Gold(es) wert sein; *pull one's w.* seinen Teil dazutun; *throw one's w. about* seinen Einfluß geltend machen; **2.** Gewicht(sstück): *a 100 gram w.* ein Hundertgrammgewicht; **3.** (*Maßeinheit*) Gewicht: *≈s and measures* Maße und Gewichte; *metric ≈s* metrische Gewichte; **4.** schwerer Gegenstand: *he can't lift ≈s* er kann nichts Schweres heben; **5.** (*fig.*) Gewicht, Bedeutung: *add w. to s.th.* einer Sache zusätzliche Bedeutung verleihen; *we don't attach any w. to this matter* wir messen dieser Sache keine Bedeutung bei; *her opinion carries no w.* ihre Meinung fällt nicht ins Gewicht; **II.** *v.t.* **1.** beschweren; **2.** beeinflussen: *w. s.th. in favour of s.o./s.th.* etw. zugunsten von jdn./etw. beeinflussen.

welcome ['welkəm] **I.** *v.t.* **1.** begrüßen (*the visitors*); **2.** (*fig.*) begrüßen: *the suggestions were ≈ed by everybody* die Vorschläge wurden von allen begrüßt; **II.** *n.* Begrüßung: *an enthusiastic w.* ein begeisterter Empfang; *outstay/overstay one's w.* länger als erwünscht bleiben; **III.** *adj.* willkommen: *you're always w. at our house* bei uns bist du ein gern gesehener Gast; *make s.o. feel w.* jdm. das Gefühl geben, daß er willkommen ist; *you're w.!* (*Reaktion auf Dank*) keine Ursache!; **IV.** *interj.* willkommen: *w. home!* willkommen daheim!

welfare ['welfeə] *n.* **1.** Wohlergehen: *the w. of one's own children* das Wohl der eigenen Kinder; **2.** (*pol.*) Wohlfahrt: *social w.* Sozialfürsorge; *w. state* Wohlfahrtsstaat.

well[1] [wel] **I.** *adv.* **1.** gut: *she does her job w.* sie macht ihre Arbeit gut; *everything went w.* alles lief glatt; *w. done* gut gemacht; (*Steak*) (gut) durchgebraten; *she did w. in her finals* sie hat ein gutes Abschlußexamen gemacht; *mean w.* es gut meinen; *speak w. of s.o.* sich positiv über jdn. äußern; **2.** gründlich, gut: *rinse the bottle w.* die Flasche gründlich ausspülen; *you'd better book w. in advance* du tätest gut daran, möglichst früh zu buchen; *we were w. beaten* wir haben glatt verloren; *you only know too w.* du weißt nur zu gut; **3.** gut, durchaus: *that may w. be the case* das mag durchaus zutreffen; *we couldn't very w. leave her* wir konnten sie doch nicht allein lassen; *you might as w. stay where you are* du kannst genausogut da bleiben, wo du bist; **4.** *as w.* auch: *is your mother-in-law coming as w.?* kommt deine Schwiegermutter auch?; **II.** *interj.* **1.** nun: *w., it was better that way* nun, so war es besser; *very w. then* nun gut; **2.** (*Erstaunen*): *w., w.!* sieh mal an!; *w., I never …* wer hätte das gedacht?; **III.** *adj.* (*nur präd.*) **1.** gesund, gut: *she's not been w. lately* in der letzten Zeit ging es ihr nicht besonders gut; **2.** gut: *all's w. that ends w.* (*prov.*) Ende gut, alles gut; *that's all very w./w. and good, but…* das ist ja alles sehr schön, aber …; *it's all very w. for you to…* du hast gut reden …; *it would be just as w. to go home* es wäre genausogut, nach Hause zu fahren.

well[2] **I.** *n.* **1.** Brunnen: *sink a w.* einen Brunnen anlegen; *oil w.* Ölquelle; **2.** Schacht; **3.** (*theat.*) Parkett, Zuschauerraum; **II.** *v.i.* strömen: *tears ≈ed (up) in her eyes* ihre Augen wurden feucht.

west [west] **I.** *n.* Westen: *travel w.* nach Westen fahren; *go w.* (*coll.*) vor die Hunde gehen; **II.** *adj.* westlich: *w. wind* Westwind.

western ['westən] **I.** *adj.* **1.** westlich: *w. regions* westliche Regionen; **2.** (*fig.*) westlich: *w. traditions* westliche/abendländische Traditionen; **II.** *n.* Wildwestfilm: *spaghetti w.* (*coll.*) italienischer Wildwestfilm.

wet [wet] **I.** *adj.* **1.** naß: *get w.* naß werden; *w. through* durchnäßt; *»w. paint«* »frisch gestrichen«; *w. behind the ears* (*coll.*) grün hinter den Ohren; **2.** (*met.*): *the w. season* die Regenzeit; **3.** (*GB*) (*Person*) schwach: *don't be so w.!* sei nicht so feige!; **II.** *n.* **1.** Feuchtigkeit; **2.** Nässe: *come in out of the w.* aus der Nässe ins Haus kommen;

3. (*coll.*) Waschlappen: *a Conservative/Tory w.* (*GB*) (*pej.*) ein gemäßigter Konservativer; **III.** *v.t.* nässen: *w. one's bed* Bettnässer sein; *w. one's whistle* (*coll.*) seine Kehle anfeuchten.

whale [weɪl] **I.** *n.* **1.** (*zool.*) Wal: *blue w.* Blauwal; **2.** *have a w. of a time* (*coll.*) sich prächtig amüsieren; **II.** *v.i.* auf Walfang gehen.

what [wɒt] **I.** *interrog. pron.* was: *w. are you doing tonight?* was hast du heute abend vor?; *w. about …?* wie wär's, wenn …?; *w. if …?* was wäre, wenn …?; *≈'s the problem?* worum geht's?; *w. of it?* na und?; **II.** *interrog. adj.* was für ein(e, r), welche(r, s): *w. time is it?* wieviel Uhr ist es?; *w. friends has she got?* was für Freunde hat sie?; **III.** *relat. pron.* was: *w. I want to know is …* was ich wissen will, ist…; *she didn't react to w. was, in fact, an insult* sie reagierte nicht auf etwas, das in Wirklichkeit eine Beleidigung war; *come w. may* komme, was da wolle; **IV.** *relat. adj.* was; diejenigen, welche: *w. friends he had* die Freunde, die er hatte; **V.** *adj.* (*in Ausrufen*) was für, welch ein(e, s): *w. weather!* was für ein (scheußliches) Wetter!; *w. big feet you've got!* was hast du für große Füße!; **VI.** *interj.* (*als Reaktion*) was!

whatever [wɒtevə] **I.** *pron.*: was (*betont*): *w. is the matter with her?* was hat sie denn (bloß)?; *w. do you mean?* was meinst du?; *w. next?* was kommt als nächstes auf uns zu?; **II.** *adj.* welche(r, s) auch immer: *for w. reason* aus welchen Gründen auch immer; **III.** *adv.* überhaupt: *there's no doubt w.* es gibt überhaupt keine Zweifel; *there's no truth w. in this* daran ist kein Fünkchen Wahrheit.

wheat [wi:t] *n.* Weizen: *separate the w. from the chaff* (*fig.*) die Spreu vom Weizen trennen.

wheel [wi:l] **I.** *n.* **1.** Rad: *w. of fortune* Glücksrad; *oil the ≈s* (*fig.*) die Dinge erleichtern; *put one's shoulder to the w.* (*fig.*) mithelfen; *≈s within ≈s* (*fig.*) Beziehungsgeflecht; **2.** Lenkrad: *at/behind the w.* am Steuer; **3.** Schwenkung: *execute a left/right w.* (*mil.*) nach links/rechts schwenken; **II.** **1.** *v.t.* schieben (*a pram*); **2.** *v.i.* kreisen; **3.** schwenken (*left/right*); **4.** *w. and deal* mauscheln, Geschäfte machen.

when [wen] **I.** *interrog.* wann: *w. did she phone?* wann hat sie angerufen?; *since w. do you smoke?* seit wann rauchst du denn?; **II.** *conj.* **1.** wenn, als: *w. I was young* als ich jung war; *you can go w. you have finished* du kannst gehen, wenn du fertig bist; **2.** obwohl: *how could you do that w. you knew …?* wie konntest du das tun, obwohl du wußtest …?

whenever [wen'evə] **I.** *conj.* **1.** jedesmal, wenn: *w. I call* jedesmal, wenn ich vorbeikomme; **2.** wann auch immer: *I'll call w. you want* ich komme vorbei, wann immer du willst; **II.** *interrog.* wann (*betont*): *w. do I have time?* wann habe ich schon Zeit?

where ['weə] **I.** *interrog.* wo: *w. do you live?* wo wohnen Sie?; **II.** *conj.* wo: *there's a lot of crime w. we live* es gibt viel Kriminalität, wo wir wohnen.

whereas [ˌweər'æz] *conj.* während, wohingegen: *he has a nice job, w. she is unemployed* er hat einen guten Arbeitsplatz, während sie arbeitslos ist.

whereby [weə'baɪ] *conj.* wodurch: *a noise w. you can recognize him* ein Geräusch, an dem du ihn erkennen kannst.

wherever [weə'revə] **I.** *interrog.* wo (*betont*): *w. did you find that?* wo hast du das denn gefunden?; **II.** *conj.* wo auch immer: *w. she is, the photographers will be there* wo sie auch ist, die Fotografen sind schon da.

whether ['weðə] *conj.* ob: *I was asked w. I was interested* ich wurde gefragt, ob ich interessiert sei; *tell me w. you're coming or not* sag mir, ob du kommst oder nicht.

which [wɪtʃ] **I.** *interrog. pron.* (*im Gegensatz zu* →**what** *selektiv*) welche(r, s): *w. of the two do you like better?* welche(r, s) von den beiden gefällt dir besser?; **II.** *interrog. adj.* (*im Gegensatz zu* →**what** *selektiv*) welche(r, s): *w. Shakespeare edition do you use?* welche Shakespeareausgabe verwenden Sie?; **III.** *relat. pron.* der, die, das, welche(r, s): *the book w. you are reading* das Buch, das du z. Zt. liest; **IV.** *relat. adj.* ein(e) …, welche(r, s): *the phone rang at midnight, at w. time I'm usually asleep* das Telefon klingelte um Mitternacht, zu einer Zeit, wo ich normalerweise schlafe.

while [waɪl] **I.** *n.* Weile, Zeitdauer: *for a w.* eine Zeitlang; *all the w.* während der ganzen Zeit; *once in a w.* alle Jubeljahre; *be worth one's w.* sich lohnen; **II.** *v.t.: w. away one's time* sich die Zeit vertreiben; **III.** *conj.* **1.** während (*Zeit*): *w. we were in Russia* während/als wir in Rußland waren; **2.** während (*Gegensatz*): *he drinks tea w. she insists on coffee* er trinkt Tee, während sie auf Kaffee besteht; **3.** obwohl: *w. there may be doubts, …* obwohl es Zweifel geben mag, … .

whip [wɪp] **I.** *n.* **1.** Peitsche: *crack one's w.* mit der Peitsche knallen; *have the w. hand* (*fig.*) die Oberhand haben; **2.** (*parl.*) Einpeitscher; **3.** Schlagsahne, Creme; **II.** *v.t.* **1.** peitschen: *the supporters were ≈ped into a frenzy* die Anhänger wurden in den Zustand der Ekstase versetzt; **2.** schlagen: *≈ped cream* Schlagsahne; **3.** (*coll.*) schnell bewegen: *w. s.o. to the station* jdn. schnellstens zum Bahnhof bringen; *w. s.th.* etw. stehlen; **4.** *v.i.* peitschen, schlagen; **5.** schnell fahren: *a motorbike ≈ped past the window* ein Motorrad sauste am Fenster vorbei.

whiskey (*US; Irl.*); **whisky** (*GB*) ['wɪskɪ] *n.* Whisky.

whisper ['wɪspə] **I. 1.** *v.t.* flüstern (*s.th. into s.o.'s ear*); **2.** tuscheln: *it's being ≈ed that* es geht das Gerücht um, daß …; **3.** *v.i.* flüstern, tuscheln, raunen; **II.** *n.* **1.** Geflüster: *say s.th. in a w.* etw. flüstern; **2.** Gerücht: *I've heard a w.* ich habe ein Gerücht gehört.

whistle ['wɪsl] **I.** *n.* **1.** Pfeife: *blow the w.* (*Schiedsrichter*) pfeifen; (*fig.*) protestieren; **2.** Pfeifton: *the engine gave a w.* die Lokomotive pfiff; **II. 1.** *v.t.* pfeifen: *w. a merry tune* eine fröhliche Melodie pfeifen; **2.** *v.i.* pfeifen: *w. in the dark* (*fig.*) im Dunkeln pfeifen, sich selbst Mut machen.

white [waɪt] **I.** *adj.* **1.** weiß: *paint s.th. w.* etw. weiß anstreichen; *as w. as snow* schneeweiß; *w. elephant* (*fig.*) Investitionsruine; *w. ensign* britische (Kriegs-)Marineflagge; *w. hope* (*Person*) große Hoffnung; *the w. knight* der strahlende Retter; *w. lie* Notlüge; *w. meat* helles Fleisch; **2.** (*Gesichtsfarbe*) weiß, blaß: *turn w.* blaß werden; *as w. as a sheet* leichenblaß; **II.** *n.* **1.** (*Farbe*) Weiß: *the w. of their eyes* das Weiße ihrer

Augen; **2.** Weiße(r): *South Africa's ≈s* die weiße Bevölkerung Südafrikas.

who [hu:] **I.** *interrog. pron.* **1.** (*Subjektform*) wer: *≈'s there?* wer ist da?; *guess ≈'s come* rate mal, wer gekommen ist; **2.** (*Objektform*) → **whom** wem; wen: *w. do you see?* wen siehst du?; *w. did you give that book (to)?* wem hast du das Buch gegeben?; **II.** *relat. pron.* **1.** (*Subjektform*) der, die, welche(r): *the gentleman w. called this morning* der Herr, der heute vorbeikam; **2.** (*Objektform*) dem, den, die, denen: *the lady w. you spoke to* die Dame, mit der du gesprochen hast; *the people w. we met on the cruise* die Leute, die wir auf der Kreuzfahrt trafen. [*Als Relativpronomen kann who (Objektform) entfallen (sog. »zero link« in notwendigen Relativsätzen*).]

whoever [hu:'evə] *pron.* wer auch immer: *w. told you that wants his head seen to* wer (auch immer) dir das erzählt hat, ist nicht ganz normal.

whole [həʊl] **I.** *adj.* **1.** ganz: *the w. truth* die ganze Wahrheit; **2.** ganz, heil: *not a plate was left w.* kein Teller blieb heil; **II.** *n.* **1.** Gesamtheit: *the w. of France will be cold tomorrow* in ganz Frankreich wird es morgen kalt sein; *on the w.* im großen und ganzen; **2.** Ganzheit: *buy s.th. as a w.* etw. als Ganzes kaufen; *the w. is more important than its constituent parts added together* das Ganze ist wichtiger als die Summe seiner Bestandteile.

wholesaler ['həʊlseɪlə] *n.* Großhändler.

whom [hu:m] (*traditionelle Objektform von* → **who**) **I.** *interrog. pron.* **1.** wem: *w. did you give the envelope (to)?* wem hast du den Umschlag gegeben?; **2.** wen: *w. did you meet?* wen hast du getroffen?; **II.** *relat. pron.* **1.** dem, der, denen: *the lady (to) w. I gave my address* die Dame, der ich meine Adresse gab; **2.** den, die: *the visitor w. I found waiting* der Besucher, der schon auf mich wartete; **3.** (*in Partitivsätzen*): *the group, some of w. …* die Gruppe, von der einige … . [*Bei* **1.** *und* **2.** *kann w. entfallen (sog. »zero link« in notwendigen Relativsätzen*).]

whose [hu:z] (*Genitivform von* → **who**) **I.** *interrog. pron.* wessen: *w. work is that?* wessen Arbeit ist das?; **II.** *relat. pron.* dessen, deren **1.** (*Subjektbezug bei Personen und Sachen*): *the boy w. mother phoned this morning* der Junge, dessen Mutter heute morgen anrief; *the city, w. centre is 500 years old* die Stadt, deren Zentrum 500 Jahre alt ist; **2.** (*Objektbezug bei Personen und Sachen*): *President Kennedy, w. assassination …* Präsident Kennedy, dessen Ermordung …; *the Tower of Babel, w. construction was never completed …* der Turm von Babel, dessen Bau nie vollendet wurde, … .

why [waɪ] **I.** *interrog.* warum: *w. are we waiting?* warum warten wir?; **II.** *conj.* weshalb: *that's w. I insist on doing it my way* genau darum bestehe ich darauf, es so zu machen, wie ich es für richtig halte; **III.** *interj.* wieso: *w., it's all clear to me!* wieso? Mir ist es ganz klar!

wicked ['wɪkɪd] **I.** *adj.* **1.** bösartig: *a w. person* eine bösartige Person; **2.** boshaft (*smile*); **II.** *n. pl.: the w.* die Bösen: *there's no peace for the w.* für die Bösen gibt es keinen Frieden.

wide [waɪd] *adj.* **1.** breit (*road*); (*fig.*) *far and w.* weit und breit; **2.** groß: *a w. selection* eine große Auswahl; *have w. experience* große Erfahrung haben; **3.** weit daneben: *w. off the mark* deutlich daneben; *give s.o. a w. berth* (*fig.*) einen großen Bogen um jdn. machen.

widespread ['waɪdspred] *adj.* (weit) verbreitet.

widow ['wɪdəʊ] **I.** *n.* Witwe; **II.** *v.t.* zur Witwe machen: *she was ≈ed twice* sie wurde zweimal Witwe.

widower ['wɪdəʊə] *n.* Witwer.

width [wɪdθ] *n.* **1.** Breite: *10 metres in w.* 10 Meter breit; **2.** Breite (*als Maß*): *5 ≈s of curtain material* fünfmal die (Standard-)Breite des Vorhangstoffes.

wife [waɪf] (*pl.* **wives** [waɪvz]) *n.* Ehefrau: *the six wives of Henry VIII* die sechs Frauen von Heinrich VIII.; *not tell the w.* (*coll.*) es der eigenen Frau nicht erzählen.

wild [waɪld] **I.** *adj.* **1.** wild: *w. animal* Tier in freier Wildbahn; *the W. West* der Wilde Westen; *run w.* sich frei entwickeln; **2.** wild, ungestüm: *lead a w. life* unbändiges Leben führen; *the crowd went w.* die Menge wurde wild; **3.** begeistert: *he's not exactly w. about her* er ist nicht gerade in sie vernarrt; **4.** verrückt, maßlos: *in my ≈est dreams* in meinen kühnsten Träumen; **II.** *n.* Wildnis: *live in the w./≈s* in der Wildnis leben.

wildlife ['waɪldlaɪf] *n.* Tierleben: *w. sanctuary* Tierschutzgebiet.

will* [wɪl] **I. 1.** *v.t.* wollen: *whether you w. it or not* ob du es willst oder nicht; **2.** zwingen, nötigen: *I ≈ed myself to finish the job* ich zwang mich dazu, diese Aufgabe zu Ende zu bringen; *she ≈ed him to apply* sie brachte ihn dazu, sich zu bewerben; **3.** vererben, hinterlassen: *he ≈ed his body to medical research* er vermachte seinen Körper der medizinischen Forschung; **4.** *v. aux.* (*Zukunft*) werden: *it won't rain tomorrow* morgen wird es nicht regnen; *if it rains tomorrow, we won't be able to proceed as planned* wenn es morgen regnet, dann können wir nicht wie geplant verfahren; *we'll see* wir werden (ja) sehen; **5.** (*Zwang*) werden: *new staff members w. report to the head* neue Mitarbeiter werden/müssen sich beim Vorgesetzten melden; **6.** (*Vermutung*) werden: *that'll be our taxi* das wird unser Taxi sein; **7.** (*Gewohnheit*): *pigs w. eat anything* Schweine sind Allesfresser; *accidents w. happen* Unfälle passieren nun einmal; *he w. sit for hours on end watching the seagulls* er sitzt stundenlang und beobachtet die Möwen; **8.** (*Möglichkeit*): *the car w. hold five grown-ups at a pinch* zur Not passen fünf Erwachsene in das Auto; **9.** (*Bitte*): *w. you post this parcel for me?* kannst/würdest du dieses Paket für mich aufgeben?; **10.** (*Aufforderung*): *w. you come in?* kommen Sie doch herein!; *w. you marry me?* willst/wirst du mich heiraten?; **11.** (*Frage*): *w. you be calling again?* kommen Sie wieder vorbei?; **12.** (*Wollen*): *do what you w.* mach, was du willst; *I won't have it* das lasse ich nicht zu; *if you w. get everything wrong, there's nothing I can do* wenn du unbedingt alles falsch machen willst, dann kann ich dir auch nicht helfen; **II.** *n.* **1.** Wille: *against one's w.* gegen seinen Willen; *with a w.* entschlossen; *with the best w. in the world* beim besten Willen nicht; *of one's own free w.* aus freien Stücken; *the w. to succeed* der Wille, es zu schaffen; *where there's a w., there's a way* (*prov.*) wo ein Wille ist, da ist auch ein Weg; **2.** Testament (auch: *last w. and testament*): *make one's w.* sein Testament machen.

willing ['wılıŋ] *adj.* willens, gewillt, bereit: *he is w. to cooperate* er ist zur Mitarbeit bereit; *the w. horse* (*coll.*) das Arbeitstier.

win* [wın] **I.** *v.t.* **1.** gewinnen: *w. the battle* die Schlacht gewinnen (*auch fig.*); *w. the day* letztlich gewinnen; *w. the first prize* den ersten Preis gewinnen; *w. the upper hand* die Oberhand gewinnen; *w. support* Unterstützung finden; **2.** gewinnen, produzieren (*oil*); **3.** *v.prep.: w. out* sich durchsetzen; *w. s.o. over* jdn. für sich gewinnen; *w. through* es schaffen; **II.** *n.* **1.** Sieg: *it will be another Tory w.* es wird wieder einen Sieg der Konservativen geben; **2.** Gewinn: *have a big w. on the football pools* großen Gewinn beim Fußballtoto machen.

wind [wınd] **I.** *n.* **1.** Wind: *west w.* Westwind; *gust of w.* Windstoß; *the eye of the w.* das Zentrum des Windes; *sail close to the w.* hart am Wind segeln (*auch fig.*); *see which way the w. blows* (*fig.*) sehen, woher der Wind weht; *take the w. out of s.o.'s sails* (*fig.*) jdm. den Wind aus den Segeln nehmen; **2.** Witterung: *get w. of s.th.* (*fig.*) etw. wittern; **3.** Atem, Luft: *be short of w.* außer Atem sein; *get one's second w.* (*fig.*) den toten Punkt überwinden; **4.** (*med.*) Blähung(en): *bring up w.* rülpsen; **5.** (*mus.*) *the w. (section)* die Bläsergruppe; **II.** *v.t.* **1.** (jdm.) den Atem nehmen; **2.** (*Tier*) wittern.

wind* [waınd] **I. 1.** *v.t.* drehen, kurbeln: *w. the clock up* die Uhr aufziehen; *w. the window down* das Fenster herunterkurbeln; *w. up a business* (*comm.*) ein Geschäft liquidieren/abwickeln; **2.** aufrollen (*wool*); binden (*a bandage around s.o.'s wrist*); **3.** finden: *w. one's way through the crowds* sich durch die Menge schlängeln; **4.** *v.i.* sich schlängeln: *the river ≈s through the valley* der Fluß schlängelt sich durch das Tal; **5.** *in Phrasen: w. down* sich entspannen; *w. up* enden (*in prison*); **II.** *n.* **1.** Drehung: *give the clock a w.* die Uhr aufziehen; **2.** Windung (*of the road*).

window ['wındəʊ] *n.* **1.** Fenster: *close the w.* das Fenster schließen; *French w.* Verandatür; *w. envelope* Briefumschlag mit Fenster; **2.** Schaufenster: *go w. shopping* einen Schaufensterbummel machen; *w. dressing* Schaufensterdekoration; (*fig.*) Augenwischerei.

windscreen (*GB*) ['wındskri:n]; **windshield** (*US*) ['wındʃi:ld] *n.* (*Auto*) Windschutzscheibe; *w. wiper* Scheibenwischer.

windy ['wındı] *adj.* **1.** windig (*day*); **2.** (*fig.*) geschwätzig.

wine [waın] **I.** *n.* Wein: *w., women and song* (*lit.*) Wein, Weib und Gesang; **II.** *v.t.: w. and dine s.o.* jdn. aufwendig bewirten.

wing [wıŋ] **I.** *n.* **1.** Flügel: *clip s.o.'s ≈s* (*fig.*) jdm. die Flügel stutzen; *spread one's ≈s* flügge werden; *take s.o. under one's ≈s* jdn. unter seine Fittiche nehmen; **2.** (*Gebäude*) Flügel; *wait in the ≈s* (*theat.*) in den Kulissen warten (*auch fig.*); **3.** (*pol.*) Flügel: *the left w.* der linke Flügel; **4.** (*Sport*) Flügel: *play on the w.* auf der Außenposition spielen; **5.** (*GB*) Kotflügel: *w. mirror* Außenspiegel; **II. 1.** *v.t.: w. one's way* fliegen; **2.** mit Flügeln versehen: *≈ed insect* Insekt mit Flügeln; **3.** am Flügel verletzen (*the duck that got away*); **4.** *v.i.* fliegen.

winner ['wınə] *n.* **1.** Gewinner (*of the lottery*); **2.** (*fig.*) Treffer: *be onto a w.; pick a w.* das große Los ziehen (*auch fig.*).

winter ['wɪntə] **I.** *n.* Winter; **II.** *v.i.* überwintern (*in Florida*).

wipe [waɪp] **I. 1.** *v.t.* wischen: *w. the table with a damp cloth* den Tisch mit einem feuchten Tuch abwischen; *w. the slate clean* (*fig.*) einen Neuanfang machen; *w. the floor with s.o.* (*fig.*) jdn. fertigmachen; **2.** *in Phrasen und präp. V.: w. away* wegwischen: *w. one's tears away* sich die Tränen abwischen; *w. down* abwischen; *w. off* wegwischen; (*fig.*) ausradieren; *w. out* auswischen; (*fig.*) auslöschen; *w. up* aufwischen; **II.** *n.* Wischen: *give s.th. a w.* etw. sauber wischen.

wire ['waɪə] **I.** *n.* **1.** Draht: *barbed w.* Stacheldraht; *pull ≈s* seine Beziehungen spielen lassen; **2.** Drahtzaun; **3.** (*el.*) Stromkabel: *high-tension ≈s* Hochspannungsleitung; *live w.* stromführendes Kabel; *get one's ≈s crossed* (*fig.*) etw. falsch verstehen; **4.** (*bes. US*) Telegramm; **II. 1.** *v.t.* mit Draht verbinden/befestigen; **2.** (*el.*) verdrahten: *w. s.th. up* etw. anschließen; **3.** telegrafisch überweisen (*money*); **4.** *v.i.* telegrafieren.

wisdom ['wɪzdəm] *n.* **1.** Weisheit: *w. tooth* Weisheitszahn; **2.** Klugheit, Sinn: *I beg to query the w. of your decision* ich erlaube mir, den Sinn deiner Entscheidung in Zweifel zu ziehen; **3.** Meinung: *the received w.* die allgemein akzeptierte Meinung.

wise [waɪz] **I.** *adj.* weise, klug: *a w. choice* eine gute Wahl; *be w. after the event* hinterher gut reden haben; *be none the ≈r* hinterher auch nicht mehr wissen; *get w. to s.th.* etw. spitzkriegen; **II.** *v.prep.* (*US*) *w. up to s.th.* hinter etw. kommen.

wish [wɪʃ] **I. 1.** *v.t.* (*formell*) wünschen: *I w. to be left alone* ich wünsche allein gelassen zu werden; *we w. to inform you that …* (*comm.*) wir möchten Ihnen hiermit mitteilen, daß …; **2.** (*Anlaß*) wünschen: *we w. you a Merry Christmas* wir wünschen (Euch) frohe Weihnachten; *w. s.o. many happy returns* jdm. alles Gute zum Geburtstag wünschen; *w. s.o. well* jdm. alles Gute wünschen; **3.** (*in Wunschsätzen*) wünschen: *I w. I were rich* ich wünschte, ich wäre reich; *I w. it would never happen* ich wünschte, es würde nie passieren; *I w. I had never met her* ich wünschte, ich hätte sie nie getroffen; **4.** *in Phrasen: w. s.th. away* etw. fortwünschen; *w. for s.th.* sich etw. wünschen; *w. s.th. on s.o.* jdm. etw. (an den Hals) wünschen; **II.** *n.* **1.** Wunsch: *you have three ≈es* du hast drei Wünsche; *your w. is my command* dein Wunsch ist mir Befehl; **2.** Gruß: *with best ≈es* mit herzlichen Grüßen.

wit [wɪt] *n.* **1.** Geist: *full of w.* geistreich; *battle of ≈s* geistige Auseinandersetzung; **2.** Verstand: *be at one's ≈s' end* mit seinem Latein am Ende sein; *gather one's ≈s* sich konzentrieren.

with [wɪð; wɪθ] **I.** *prep.* **1.** (*Gesellschaft*) mit: *travel w. a dog* mit einem Hund reisen; *she's been w. us all these years* sie ist schon all die Jahre bei uns; *are you w. me?* (*fig.*) kannst du noch folgen?; **2.** (*Mittel*) mit: *write with a pen* mit einem Federhalter schreiben; **3.** (*Zusatz*) mit: *fill s.th. w. water* etw. mit Wasser füllen; **4.** (*Zustimmung*): *I am w. you on this* in dieser Sache bin ich auf deiner Seite; **5.** (*Tasche, Gepäck*) dabei: *you must have enough money w. you* du mußt genug Geld dabei haben; **6.** (*Fall*) bei: *it's the same w. us* bei uns ist es genauso; **7.** trotz:

w. all her faults trotz all ihrer Fehler.

withdraw* [wɪð'drɔ:] **1.** *v.t.* zurücknehmen (*a remark*); zurückziehen (*an offer*); **2.** abheben (*money from an account*); **3.** *v.i.* sich zurückziehen.

within [wɪ'ðɪn] **I.** *prep.* **1.** (*Ort*) innerhalb: *w. these walls* innerhalb dieser (vier) Wände; *w. sight of success* unmittelbar vor dem Erfolg stehend; *w. limits* in Maßen; *w. reach* in Reichweite; **2.** (*Zeit*) innerhalb: *w. an hour* innerhalb einer Stunde; **II.** *adv.* innen: *the enemy w.* der innere Feind.

without [wɪ'ðaʊt] **I.** *prep.* ohne (*friends, money*): *w. doubt* ohne Zweifel; *w. so much as …* ohne auch nur …; **II.** *adv.* draußen: *from w.* von draußen.

witness ['wɪtnəs] **I.** *n.* Zeuge, Zeugin: *act as a w.* als Zeuge auftreten; *bear w. to s.th.* Zeugnis über etw. ablegen; **II. 1.** *v.t.* Zeuge sein bei (*an accident*); **2.** bezeugen; **3.** *v.prep.: w. to s.th.* etw. bezeugen.

wolf [wʊlf] (*pl.* **wolves** [wʊlvz]) **I.** *n.* Wolf: *a w. in sheep's clothing* ein Wolf im Schafspelz; *cry w.* blinden Alarm schlagen; *keep the w. from the door* (*fig.*) sich über Wasser halten; **II.** *v.t.: w. s.th. down* etw. hinunterschlingen.

woman ['wʊmən] (*pl.* **women** ['wɪmɪn]) *n.* Frau: *single/unmarried w.* unverheiratete Frau; *a w. of the world* eine Dame von Welt; *w. doctor* Ärztin.

wonder ['wʌndə] **I.** *n.* **1.** Bewunderung: *be filled with w.* voller Bewunderung sein; **2.** Wunder: *the Seven Wonders of the World* die sieben Weltwunder; *work ≈s* Wunder bewirken; *≈s never cease* es gibt noch Wunder; *small w. that …* es kann nicht verwundern, daß …; **II. 1.** *v.t.* sich fragen, überlegen: *I w. what she's up to* ich frage mich, was sie vorhat; *I w.* ich weiß nicht so recht; *I w. why* ich frage mich warum; *I was ≈ing whether you could lend me £1,000?* könntest du mir vielleicht 1000 Pfund leihen?; **2.** *v.i.* sich Gedanken machen: *I've been ≈ing about that* darüber mache ich mir (schon seit einiger Zeit) Gedanken; *I shouldn't w.* es würde mich nicht überraschen.

wonderful ['wʌndəfʊl] *adj.* wunderbar.

won't [wəʊnt] (*coll.*) *Kurzform von:* **will not.**

wood [wʊd] *n.* **1.** Holz: *chop w.* Holz hacken; *soft/hard w.* Weich-/Hartholz; *w. wind* Holzblasinstrumente; **2.** Wald: *not see the w. for the trees* (*fig.*) vor lauter Bäumen den Wald nicht sehen können; *out of the ≈s* (*fig.*) aus dem Schlimmsten heraus; **3.** Holzfaß: *beer from the w.* Bier vom (Holz-)Faß.

wooden ['wʊdn] *adj.* **1.** hölzern (*houses*); **2.** (*fig.*) steif (*manners*).

woodwork ['wʊdwɜ:k] *n.* **1.** Holzteile; **2.** Arbeiten mit Holz (*als Unterrichtsfach*).

wool [wʊl] *n.* Wolle: *sheep's w.* Schafswolle; *cotton w.* Watte; *pull the w. over s.o.'s eyes* (*fig.*) jdm. Sand in die Augen streuen.

woolen (*US*); **woollen** (*GB*) ['wʊlən] **I.** *adj.* aus Wolle hergestellt: *w. socks* Wollsocken; **II.** *n.* **≈s** *pl.* Wollsachen.

word [wɜ:d] **I.** *n.* **1.** (Einzel-)Wort: *learn ten Russian ≈s every day* jeden Tag zehn russische Wörter lernen; *≈s and phrases* Wörter und Phrasen/Wortverbindungen; *not believe a w. (of it)* kein einziges Wort glauben; **2.** Wort, Äußerung: *be as good as one's w.* Wort halten; *not breathe a w. of it to anyone* kein

Wörtchen verlauten lassen; *have a w. with s.o.* ein Wörtchen mit jdm. reden; *go back on one's w.* wortbrüchig sein; *have the last w.* das letzte Wort haben; *take s.o.'s w. for it* jds. Ehrenwort glauben; *weigh one's ≈s* seine Worte abwägen; **II.** *v.t.* formulieren (*s.th. very carefully*).

work [wɜ:k] **I.** *n.* **1.** Arbeit: *dirty w.* schmutzige Arbeit (*auch fig.*); *hard w.* schwere Arbeit; *be at w. on s.th.* an etw. arbeiten; *put in a lot of w.* viel Arbeit in etw. stecken; *a good day's w.* ein gutes Stück Arbeit; **2.** Arbeit, Beschäftigung: *out of w.* arbeitslos; *go to w.* zur Arbeit gehen; *seek w.* Arbeit suchen; **3.** Werk: *w. of art* Kunstwerk; *Shakespeare's ≈s* Shakespeares Werke; **4.** **≈s** *pl.* Fabrik: *the Ford ≈s* die Fordwerke; **5.** **≈s** *pl.* (*fig.*) System, Getriebe: *throw a spanner into the ≈s* (*fig.*) Sand ins Getriebe streuen; **6.** **≈s** *pl.* Drum und Dran: *give s.o. the ≈s* (*coll.*) jdn. gehörig in die Mangel nehmen; jdn. verwöhnen; **II. 1.** *v.i.* arbeiten (*day and night*); **2.** funktionieren: *how does it w.?* wie funktioniert es?; **3.** sich (langsam) bewegen: *w. loose* sich lösen; **4.** *v.t.* bedienen: *w. the gears* die Gangschaltung bedienen; **5.** arbeiten lassen: *w. s.o. to death* jdn. schinden; *w. o.s. to death* sich zu Tode arbeiten; **6.** bewirken: *that'll w. the trick* (*coll.*) damit klappt's; *w. wonders* Wunder bewirken; **7.** bearbeiten (*the clay into shape*); **8.** ausbeuten, abbauen (*a mine*); **9.** langsam vorantreiben: *w. one's way up* sich (langsam) hocharbeiten; **10.** *v.prep.: w. in* einarbeiten; *w. off* abarbeiten; *w. on s.th.* an etw. arbeiten; *w. out* klappen; ausrechnen.

worker ['wɜ:kə] *n.* Arbeiter(in): *blue-collar w.* Lohnempfänger(in), Arbeiter(in); *white-collar-w.* Gehaltsempfänger(in), Angestellte(r).

workman ['wɜ:kmən] *n.* Handwerker: *have the workmen in* die Handwerker im Haus haben.

workshop ['wɜ:kʃəp] *n.* Werkstatt.

world [wɜ:ld] *n.* **1.** Welt, Erde: *all over the w.* in der ganzen Welt; *New/Old W.* Neue/Alte Welt; **2.** Gesellschaft, Welt: *come up in the w.* aufsteigen; *all the w.* die ganze Welt; *in the eyes of the w.* in den Augen der Welt; *a man of the w.* ein Mann von Welt; *the outside w.* die Welt draußen; *the w. owes us a living* die Welt muß uns unterstützen; **3.** Leben, Welt: *come into the w.* auf die Welt kommen; *out of this w.* (*coll.*) phantastisch.

worldwide [ˌwɜ:ld'waɪd] *adj.; adv.* weltweit.

worm [wɜ:m] **I.** *n.* Wurm: *(even) the w. will turn* (*prov.*) auch der Wurm krümmt sich, wenn er getreten wird; **II.** *v.t.* **1.** zwängen: *w. one's way through s.th.* sich durch etw. schlängeln; **2.** herausbekommen: *w. s.th. out of s.o.* jdm. Informationen entlocken; **3.** entwurmen (*the cat*).

worry ['wʌrɪ] **I. 1.** *v.i.* sich Sorgen machen (*about s.o./s.th.*): *not to w.* (*coll.*) mach dir keine Sorgen; **2.** *v.t.* beunruhigen: *what worries me most is …* was mich am meisten beunruhigt, ist …; *w. o.s. sick* vor Sorge fast umkommen; **3.** stören (*s.o. with s.th.*); **4.** (*Hund*) reißen (*rats, sheep*); **II.** *n.* Sorge: *I have no worries at the moment* zur Zeit habe ich keine Sorgen.

worse [wɜ:s] **I.** *adj.* **1.** (*Komp. von:* →**bad**) schlechter, schlimmer: *to make matters w.* und zu allem Übel; *so much the w.* um so schlimmer; *be none the w. for it* ohne dabei Schaden zu nehmen; **2.** (*Komp. von:* →**ill**): *he's w. to-*

day heute geht es ihm schlechter; **3.** (*Komp. von:* → **evil**): *murder is w. than manslaughter* Mord ist schlimmer als Totschlag; **II.** *adv.* **1.** schlechter: *do w.* schlechter abschneiden; **2.** schlimmer: *she behaved w. and w.* ihr Verhalten wurde immer schlimmer; **III.** *n.* Schlechteres: *go from bad to w.* immer schlechter/schlimmer werden.

worship ['wɜ:ʃɪp] **I.** *n.* **1.** Verehrung: *hero w.* Heldenverehrung; **2.** Gottesdienst: *morning w.* Frühgottesdienst; **3.** (*bes. GB: Anrede bei Amtsrichtern und Bürgermeistern*) *Your W.* Euer Ehren; **II. 1.** *v.t.* anbeten, verehren: *she absolutely ≈s him* sie ist total in ihn vernarrt; **2.** *v.i.* beten: *w. at the parish church* zum Gottesdienst in die Pfarrkirche gehen.

worst [wɜ:st] **I.** *adj.* **1.** (*Superl. von:* → **bad**) schlechteste(r, s), schlimmste(r, s): *my w. fears* meine schlimmsten Befürchtungen; **2.** (*Superl. von:* → **evil**): schlimmste(r, s): *he's the w. of the lot* er ist der schlimmste von allen; **II.** *adv.* (*Superl. von:* → **badly**) am schlimmsten: *the w. affected areas* die am schlimmsten betroffenen Gegenden; **III.** *n.* Schlimmstes: *be prepared for the w.* auf das Schlimmste gefaßt sein; *at the w.* schlimmstenfalls; *when the w. comes to the w.* wenn alle Stricke reißen.

worth [wɜ:θ] **I.** *adj.* wert: *is it w. it?* ist es das wert?; *it's w. a lot to me* mir ist es viel wert; *for what it's w.* (*coll.*) was auch immer davon zu halten ist; *was is w. your while?* hat sich die Anstrengung denn gelohnt?; **II.** *n.* **1.** Wert: *£50 w. of goods* Waren im Wert von £50; **2.** (*fig.*) Wert: *show one's true w.* seine wahren Werte zeigen; *for all one's w.* mit allen Kräften.

worthwhile [wɜ:θ'waɪl] *adj.* lohnend: *it's w. making the effort* die Anstrengung lohnt sich.

worthy ['wɜ:ðɪ] *adj.* **1.** würdig, wert: *be w. of s.th.* einer Sache würdig sein; *a w. opponent* ein achtbarer Gegner; **2.** ehrenwert, gut: *a w. cause* eine gute Sache; *the w. citizens* die ehrenwerten Bürger.

would [wʊd] → **will** *v.aux.* **1.** (*in indirekter Rede als Präteritalform von:* → **will**): *she said she w. give me a ring as soon as she knew* sie sagte, sie würde mich anrufen, sobald sie Bescheid wüßte; **2.** (*hypothetischer Gebrauch, bes. in Konditionalsätzen*): *what w. you do if you were me?* was würdest du an meiner Stelle tun?; *I ≈n't have gone to such lengths* so weit wäre ich nicht gegangen; **3.** (*Gewohnheit*): *he w. take the dog for a walk in the morning* er führte (regelmäßig) den Hund morgens aus; …, *but then she w., ≈n't she?* …, aber das ist doch nur typisch für sie!; **4.** (*Starrsinn*): *she simply ≈n't listen* sie wollte einfach nicht zuhören; **5.** (*Bitte*): *w. you please pass me the paper?* würdest du mir bitte die Zeitung herüberreichen?; *we w. ask you to …* (*comm.*) wir möchten Sie bitten, …; **6.** (*Angebot*): *w. you like another cup of coffee?* möchten Sie noch eine Tasse Kaffee?; **7.** (*in Finalsätzen*): *we fitted new locks so that our old keys ≈n't be any good* wir haben neue Schlösser eingebaut, damit unsere alten Schlüssel nicht mehr paßten.

wound [wu:nd] **I.** *n.* Wunde: *bullet w.* Schußverletzung; *old ≈s* (*fig.*) alte Wunden; *lick one's ≈s* sich die Wunden lecken (*auch fig.*); **II.** *v.t.* **1.** verwunden; **2.** (*fig.*) verletzen: *≈ed pride* gekränkte Eitelkeit.

wrap [ræp] **I.** *v.t.* **1.** verpacken, einwickeln: *w. parcels (up) in brown paper* Pakete in braunes Packpapier einschlagen; *w. s.o. up in cotton wool* (*fig.*) jdn. in Watte verpacken; *the deal is ≈ped up* (*fig.*) die Vereinbarung ist unter Dach und Fach; **2.** wickeln: *w. a blanket around one's legs* sich eine Decke um die Beine wickeln; **3.** (*fig.*) faszinieren: *he's absolutely ≈ped up in his work* er geht total in seiner Arbeit auf; **II.** *n.* **1.** Mantel, Umhang; **2.** Verhüllung: *under ≈s* verhüllt, getarnt.

wreck [rek] **I.** *n.* **1.** Wrack, Trümmerhaufen: *my car is a w.* mein Auto hat einen Totalschaden; **2.** (*fig.*) angeschlagene Person: *she's a nervous w.* sie ist fix und fertig; **II.** *v.t.* **1.** zerstören (*a car*); **2.** (*fig.*) zunichte machen (*all our hopes*).

wrestling ['reslıŋ] *n.* (*Sport*) Ringen.

wretched ['retʃıd] *adj.* elendig: *feel w.* sich miserabel fühlen.

wrist [rıst] *n.* Handgelenk: *w. watch* Armbanduhr.

write* [raıt] **1.** *v.t.* schreiben: *learn to read and w.* Lesen und Schreiben lernen; *w. s.o. a letter* jdm. einen Brief schreiben; *nothing (much) to w. home about* (*coll.*) nichts Besonderes; *w. s.th down* etw. niederschreiben; **2.** *v.prep.: w. in* sich schriftlich melden; *w. s.th. off* (*comm.*) etw. abschreiben; (*fig.*) etw. aufgeben; *w. out* ausschreiben; (*Scheck*) ausstellen; *w. s.th. up* (*Kritik*) über etw. schreiben.

writer ['raıtə] *n.* **1.** Schriftsteller(in); Autor(in); **2.** Schreiber (*of a letter*): *≈'s cramp* Schreibkrampf.

writing ['raıtıŋ] *n.* **1.** literarische Tätigkeit: *take up w.* Schriftsteller(in) werden; **2.** Schreibtätigkeit: *w. materials* Schreibmaterial; *w. utensil* Schreibgerät; **3.** Schrift: *I can't make out your w.* ich kann deine Schrift nicht entziffern; *in w.* schriftlich; *the w. on the wall* (*Bibel*) das Menetekel; **4.** **≈s** *pl.* literarische Werke, Schriften.

wrong [rɒŋ] **I.** *adj.* **1.** (moralisch) falsch: *it's w. to tell lies* es ist nicht richtig, zu lügen; *what's w. with having a few drinks?* was ist schon dabei, wenn man sich ein paar Gläschen genehmigt?; **2.** nicht korrekt, falsch: *she's got all her answers w.* sie hat alle Fragen falsch beantwortet; *I'm afraid you're w. there* ich fürchte, in dieser Sache hast du nicht recht; *you can't go w. if …* du kannst nichts falsch machen, wenn …; *there's something w. with my car* mit meinem Auto stimmt irgend etwas nicht; *get hold of the w. end of the stick* (*fig.*) etw. mißverstehen; **II.** *n.* Unrecht: *be in the w.* im Unrecht sein; *do s.o. a great w.* jdm. ein großes Unrecht antun; *know right from w.* zwischen Recht und Unrecht unterscheiden können; *put s.o. in the w.* jdn. ins Unrecht setzen; *right a w.* ein Unrecht wiedergutmachen; **III.** *v.t.* (jdm.) Unrecht tun.

wrongdoing ['rɒŋdu:ıŋ] *n.* Missetat: *he'll be punished for his ≈s* für seine Missetaten wird er bestraft werden.

X

Xmas *n. Kurzform von:* → **Christmas.**

xenophobia [zenəˈfəʊbɪə] *n.* Fremdenfeindlichkeit.

X-ray [ˈeksreɪ] **I.** *n.* Röntgenstrahl: *take an x. of s.th.* etw. röntgen; **II.** *v.t.* röntgen.

Y

yacht [jɒt] *n.* Yacht.

yard[1] [jɑːd] *n.* **1.** Hof: *back y.* Hinterhof; **2.** Betriebsgelände: *builder's y.* Bauhof; **3.** (*US*) Garten.

yard[2] **1.** (*Längenmaß*) Yard (*0,91 m*); *sell s.th. by the y.* etw. yardweise verkaufen; **2.** (*naut.*) Rah.

yawn [jɔːn] **I.** *v.i.* **1.** gähnen (*all through the lecture*); **2.** (*Abgrund, Loch*) sich auftun: *a ≈ing gap* (*fig.*) eine klaffende Lücke; **II.** *n.* **1.** Gähnen: *give a big y.* auffällig gähnen; **2.** (*fig.*) langweilige Sache: *that film was a real y.* der Film war zum Einschlafen.

year ['jɪə] *n.* **1.** Jahr: *this y.* dieses Jahr; *in a ≈'s time* in einem Jahr; *all the y. round* das ganze Jahr; *y. after y.* Jahr für Jahr; *I haven't seen her for/in ≈s* ich habe sie seit Jahren nicht gesehen; **2.** Jahr, Alter: *he is 54 ≈s old/of age* er ist 54 Jahre alt; *a 33-y.-old woman* eine 33jährige Frau; **3.** Jahr, Jahrgang, Rechnungsjahr: *fiscal y.* Steuerjahr; *he was in his second y. at university* er war das zweite Jahr an der Universität.

yearly ['jɪəlɪ] **I.** *adj.* jährlich: *insist on a y. pay increase* auf einer jährlichen Lohn-/Gehaltserhöhung bestehen; **II.** *adv.* jährlich: *three times y.* dreimal pro Jahr.

yell [jel] **I. 1.** *v.i.* schreien, brüllen: *she ≈led at him* sie schrie ihn an; **2.** *v.t.* schreien: *y. abuse at s.o.* jdn. lauthals beschimpfen; **II.** *n.* Schrei: *give a y.* Schrei ausstoßen.

yellow ['jeləʊ] **I.** *adj.* **1.** gelb: *Y. Pages* Gelbe Seiten; *y. peril* (*pol.*) gelbe Gefahr; *y. press* Boulevardpresse; **2.** (*coll.*) feige; **II.** *n.* **1.** Gelb; Eigelb; **2.** (*coll.*) Feigheit: *have a streak of y.* feige sein; **III. 1.** *v.i.* vergilben; **2.** *v.t.* gelb einfärben.

yes [jes] *interj.* ja: *y., please* ja bitte; *y., madam/sir* ja, gnädige Frau/mein Herr; *say y. to s.th.* etw. akzeptieren.

yesterday ['jestədeɪ] **I.** *adv.* gestern: *the day before y.* vorgestern; **II.** *n.* Gestern: *≈'s men* (*fig.*) die Männer von gestern; *all our ≈s* unsere Vergangenheit.

yet [jet] **I.** *adv.* **1.** noch: *he might come y.* er könnte noch kommen; **2.** (*in verneinten Sätzen*) noch: *I haven't finished y.* ich bin noch nicht fertig; *not just y.* noch nicht; **3.** (*verstärkend*) noch: *this is y. another example* das ist noch ein weiteres Beispiel; *y. another reason* noch ein weiterer Grund; *y. again* schon wieder; **4.** (*nach Superl.*) bislang: *the best film y.* der bislang beste Film; **II.** *conj.* aber: *they're complaining all the time, y. live at (the) taxpayer's expense* sie maulen die ganze Zeit, liegen aber dem Steuerzahler auf der Tasche.

yield [jiːld] **I. 1.** *v.t.* hervorbringen: *y. good results* gute Ergebnisse erzielen; *y. fruit* Obst tragen; *y. a good return* (*comm.*) gute Rendite abwerfen; *y. up secrets* Geheimnisse preisgeben; **2.** *v.i.* nachgeben: *y. to pressure* sich dem Druck beugen; *y. to temptation* der Versuchung erliegen; **3.** (*US*) Vorfahrt beachten; **II.** *n.* (*comm.*) Ertrag, Rendite.

you [juː] *pers. pron.* **1.** du; ihr; Sie: *what are y. doing this afternoon?* was hast du / habt ihr / haben Sie heute nachmittag vor?; **2.** man: *y. never can tell* man weiß nie; *in Britain, y. drive on the left* in Großbritannien fährt man links.

young [jʌŋ] *adj.* jung: *y. people* junge Leute; *watch it, y. man!* passen Sie auf, junger Mann!; *you are only y. once* man ist nur einmal jung im Leben.

youngster [ˈjʌŋstə] *n.* Kind; Junge; Jugendliche(r).

your [ˈjɔː] *poss. adj.* **1.** dein; euer; Ihr: *it's y. turn* du bist / ihr seid / Sie sind dran; **2.** (*allg.*): *too much coffee is not good for y. health* zuviel Kaffee ist nicht gut für die Gesundheit; **3.** (*coll.*) typisch: *y. Italian* der typische Italiener.

yours [ˈjɔːz] *poss. pron.* **1.** deiner, dein, deines; eurer, eure, eures; Ihrer; Ihre; Ihres: *is that y.?* gehört das dir/euch/Ihnen?; *a friend of y.* einer deiner/eurer/Ihrer Freunde; **2.** (*in Briefen*): *y. (faithfully, sincerely, truly)* Ihr(e) … .

yourself [jɔːˈself] (*pl.* **yourselves** [jɔːˈselvz]) *refl. pron.* **1.** sich: *help y.* bedienen Sie sich; **2.** (*betont*) selbst: *did you do it (by) y.?* hast du/habt ihr/haben Sie es selbst gemacht?

youth [juːθ] *n.* **1.** (*nur Sg.*) Jugend: *in my y.* in meiner Jugend; **2.** Jugendliche(r): *the police arrested twenty ≈s* die Polizei nahm zwanzig Jugendliche fest; **3.** (*mit Sg. oder Pl.*) Jugend: *the y. of the country is/are facing bleak prospects* die Jugend des Landes sieht einer düsteren Zukunft entgegen; *y. hostel* Jugendherberge.

youthful [ˈjuːθfl] *adj.* jugendlich.

Z

zeal [zi:l] *n.* Eifer: *religious z.* religiöser Eifer.
zealous ['zeləs] *adj.* eifrig.
zero ['zɪərəʊ] **I.** *n.* Null: *15 degrees below z.* 15 Grad unter Null; *z. growth* (*econ.*) Nullwachstum; **II.** *v.prep.: z. in on s.th.* auf etw. zielen; (*fig.*) sich auf etw. konzentrieren.
zip (*GB*) [zɪp]; **zip fastener** ['zɪp fɑ:sənə]; **zipper** (*US*) ['zɪpə] *n.* Reißverschluß.
ZIP (*Abkürzung von:* **Zone Improvement Plan**) **code** (*US*) ['zɪpˌkəʊd] *n.* Postleitzahl.
zone [zəʊn] **I.** *n.* Zone: *time z.* Zeitzone; **II.** *v.t.* **1.** in Zonen aufteilen; **2.** Bebauungsplan erstellen.
zoo [zu:] *n.* Zoo.

Unregelmäßige Verben

Die mit * gekennzeichneten Verben weisen unter bestimmten Voraussetzungen auch regelmäßige Präterital- und Partizipialformen auf. Die jeweiligen Unterschiede werden, sofern relevant, im Wörterbuch unter dem betreffenden Stichwort erklärt.

Infinitiv	*Präteritum*	*Partizip Perfekt*	
arise	arose	arisen	entstehen; aufstehen
awake	awoke	awoken; *US:* awaked	wecken
be	was	been	sein
bear	bore	borne; *US:* born	tragen; gebären
beat	beat	beaten	schlagen
become	became	become	werden
beget	begot	begotten	zeugen
begin	began	begun	beginnen
bend	bent	bent	beugen
bet	bet	bet	wetten
bid	bad, bid	bid, bidden	bieten
bind	bound	bound	binden
bite	bit	bitten	beißen
bleed	bled	bled	bluten
blow	blew	blown	blasen
break	broke	broken	brechen
breed	bred	bred	züchten
bring	brought	brought	bringen
broadcast	broadcast	broadcast	senden, übertragen
build	built	built	bauen
burn*	burnt	burnt	brennen
burst	burst	burst	platzen
buy	bought	bought	kaufen
cast	cast	cast	werfen
catch	caught	caught	fangen
choose	chose	chosen	wählen
cleave*	cleft	cleft	spalten
cling	clung	clung	sich klammern
come	came	come	kommen
cost*	cost	cost	kosten
creep	crept	crept	kriechen
cut	cut	cut	schneiden
deal	dealt	dealt	handeln

Infinitiv	*Präteritum*	*Partizip Perfekt*	
dig	dug	dug	graben
do	did	done	tun
draw	drew	drawn	ziehen
dream*	dreamt	dreamt	träumen
drink	drank	drunk	trinken
drive	drove	driven	fahren
dwell*	dwelt	dwelt	wohnen
eat	ate	eaten	essen
fall	fell	fallen	fallen
feed	fed	fed	füttern
feel	felt	felt	fühlen
fight	fought	fought	(be)kämpfen
find	found	found	finden
flee	fled	fled	fliehen
fling	flung	flung	werfen
fly	flew	flown	fliegen
forbid	forbad(e)	forbidden	verbieten
forget	forgot	forgotten	vergessen
forgive	forgave	forgiven	vergeben
freeze	froze	frozen	frieren
get	got	got, *US:* gotten	bekommen
give	gave	given	geben
go	went	gone	gehen
grind	ground	ground	mahlen
grow	grew	grown	wachsen
hang*	hung	hung	hängen
have	had	had	haben
hear	heard	heard	hören
hide	hid	hidden	verstecken
hit	hit	hit	schlagen
hold	held	held	halten
hurt	hurt	hurt	verletzen
keep	kept	kept	behalten
kneel	knelt	knelt	knien
know	knew	known	wissen
lay	laid	laid	legen
lead	led	led	führen
lean*	leant	leant	lehnen
leap*	leapt	leapt	springen
learn*	learnt	learnt	lernen
leave	left	left	verlassen
lend	lent	lent	leihen
let	let	let	lassen
lie	lay	lain	liegen
light*	lit	lit	anzünden
lose	lost	lost	verlieren
make	made	made	machen

Infinitiv	*Präteritum*	*Partizip Perfekt*	
mean	meant	meant	bedeuten
meet	met	met	treffen
mow*	mowed	mown	mähen
overcome	overcame	overcome	überwinden
overdraw	overdrew	overdrawn	überziehen
overtake	overtook	overtaken	überholen
overthrow	overthrew	overthrown	stürzen, zu Fall bringen
pay	paid	paid	bezahlen
put	put	put	setzen, stellen, legen
quit*	quit	quit	verlassen
read	read	read	lesen
rid	rid	rid	befreien
ride	rode	ridden	reiten
ring	rang	rung	läuten
rise	rose	risen	ansteigen
run	ran	run	laufen
saw*	sawed	sawn	sägen
say	said	said	sagen
see	saw	seen	sehen
seek	sought	sought	suchen
sell	sold	sold	verkaufen
send	sent	sent	schicken
set	set	set	stellen
sew*	sewed	sewn	nähen
shake	shook	shaken	schütteln
shear*	shore	shorn	scheren
shed	shed	shed	abstreifen
shine	shone	shone	scheinen
shoe*	shod	shod	beschlagen
shoot	shot	shot	schießen
show*	showed	shown	zeigen
shrink	shrank	shrunk	schrumpfen
shut	shut	shut	schließen
sing	sang	sung	singen
sink	sank	sunk	sinken
sit	sat	sat	sitzen
slay	slew	slain	erschlagen
sleep	slept	slept	schlafen
slide	slid	slid	gleiten
sling	slung	slung	schleudern
slink	slunk	slunk	schleichen
slit	slit	slit	schlitzen
smell*	smelt	smelt	riechen
sow*	sowed	sown	säen
speak	spoke	spoken	sprechen

Infinitiv	*Präteritum*	*Partizip Perfekt*	
speed*	sped	sped	rasen
spell*	spelt	spelt	buchstabieren
spend	spent	spent	ausgeben
spill*	spilt	spilt	vergießen
spin	spun	spun	spinnen
spit	spat	spat	spucken
split	split	split	spalten
spoil*	spoilt	spoilt	verderben
spread	spread	spread	verbreiten
spring	sprang	sprung	springen
stand	stood	stood	stehen
steal	stole	stolen	stehlen
stick	stuck	stuck	stecken
sting	stung	stung	stechen
stink	stank	stunk	stinken
strike	struck	struck	schlagen
string	strung	strung	aufreihen
strive	strove	striven	streben
swear	swore	sworn	schwören
sweep	swept	swept	fegen
swell*	swelled	swollen	schwellen
swim	swam	swum	schwimmen
swing	swung	swung	schwingen
take	took	taken	nehmen
teach	taught	taught	lehren
tear	tore	torn	reißen
tell	told	told	erzählen
think	thought	thought	denken
throw	threw	thrown	werfen
thrust	thrust	thrust	stoßen
tread	trod	trodden	treten
undergo	underwent	undergone	erfahren
understand	understood	understood	verstehen
undertake	undertook	undertaken	übernehmen
undo	undid	undone	lösen; zunichte machen
upset	upset	upset	umstoßen
wake*	woke	woken	aufwachen
wear	wore	worn	tragen
weave*	wove	woven	weben
weep	wept	wept	weinen
win	won	won	gewinnen
wind	wound	wound	drehen
withdraw	withdrew	withdrawn	zurücknehmen
wring	wrung	wrung	wringen
write	wrote	written	schreiben

Inhalt

Reclam Wissen

Howard Clark Kee: *Was wissen wir über Jesus?* 174 S. UB 8920

Kleines Fremdwörterbuch. Mit einem Verzeichnis gebräuchlicher Abkürzungen. Bearbeitet von Michael Müller. 349 S. UB 8438

Kleines Wörterbuch der Architektur. 144 S. Mit 113 Abbildungen. UB 9360

Angelika und Ingemar König: *Der römische Festkalender der Republik.* Feste, Organisation und Priesterschaften. 152 S. UB 8693

Ingemar König: *Der römische Staat.* Teil 1: Die Republik. 262 S. UB 8834

Heinrich Laag: *Kleines Wörterbuch der frühchristlichen Kunst und Archäologie.* 277 S. Mit einem Anhang altgriechischer Fachwörter und 100 Abbildungen. UB 8633

Johanna Lanczkowski: *Kleines Lexikon des Mönchtums.* 280 S. UB 8867

Peter Niehenke: *Astrologie.* Eine Einführung. 277 S. Mit 28 Abbildungen. UB 7296

Sven Pieper / Bärbel Schmidt: *Kartenspiele.* Vorwort von Detlef Hoffmann. 287 S. UB 4216

Reclams Englisches Wörterbuch. Englisch – Deutsch. Von Dieter Hamblock. 387 S. UB 9476

Reclams Namenbuch. Deutsche und fremde Vornamen nach Herkunft und Bedeutung erklärt. Herausgegeben von Friedhelm Debus. 96 S. UB 7399

Jürgen Roloff: *Einführung in das Neue Testament.* 267 S. UB 9413

Annemarie Schimmel: *Der Islam.* Eine Einführung. 159 S. UB 8639

Hans Schmoldt: *Das Alte Testament.* Eine Einführung. 266 S. UB 8940

– *Kleines Lexikon der biblischen Eigennamen.* 247 S. UB 8632

Willy Steputat: *Reimlexikon.* Bearbeitet von Karl Martin Schiller. 367 S. UB 2876

Wolfgang Trapp: *Kleines Handbuch der Maße, Zahlen, Gewichte und der Zeitrechnung.* 311 S. Mit Tabellen und Abbildungen. UB 8737

Hans-Heinrich Voigt: *Das Universum.* Planeten – Sterne – Galaxien. Mit 28 Abbildungen und 8 Tabellen. 301 S. UB 5228

Joachim Wehler: *Grundriß eines rationalen Weltbildes.* 285 S. UB 8680

Philipp Reclam jun. Stuttgart